Tiedtke/Mörs
Kommunalwahlgesetz Nordrhein-Westfalen

Kommunalwahlgesetz Nordrhein-Westfalen

Kommentar

von

Markus Tiedtke
Ministerialrat, stellvertretender Landeswahlleiter

und

Norbert Mörs
Landrat a. D., ehem. Dozent an der Hochschule für Polizei und Verwaltung des Landes Nordrhein-Westfalen

2. Auflage

KSV Medien

Die Herstellung bei KSV Medien erfolgt weitgehend digital
und in dem Bewusstsein, eine möglichst ressourcenschonende
Produktion zu gewährleisten.

Bibliografische Information der Deutschen Nationalbibliothek
Die Deutsche Nationalbibliothek verzeichnet diese Publikation in der Deutschen Nationalbibliografie; detaillierte bibliografische Daten sind im Internet über http://dnb.dnb.de abrufbar.

Konrad-Adenauer-Ring 13 · 65187 Wiesbaden
info@ksv-medien.de · www.ksv-medien.de

Satz: C.H.Beck.Media.Solutions · Nördlingen
Druck: CPI books

ISBN 978-3-8293-2060-3

Inhalt

---

1) Bearbeiter:
Tiedtke: §§ 1–13, 46f–46k, 47–51
Mörs: §§ 14–46e

Abkürzungsverzeichnis

a. a. O.	= am angegebenen Ort
Az	= Aktenzeichen
BayVGH	= Bayrischer Verfassungsgerichtshof
BayVBl.	= Bayerische Verwaltungsblätter (Zeitschrift)
Bd	= Band
BGB	= Bürgerliches Gesetzbuch
BGBl.	= Bundesgesetzblatt
BGG NRW	= Behindertengleichstellungsgesetz Nordrhein-Westfalen
BGH	= Bundesgerichtshof
BVerfG	= Bundesverfassungsgericht
BVerfGE	= Entscheidungen des Bundesverfassungsgerichts
BWG	= Bundeswahlgesetz
BWO	= Bundeswahlordnung
DÖV	= Die öffentliche Verwaltung (Zeitschrift)
DVBl.	= Deutsches Verwaltungsblatt (Zeitschrift)
EUV	= Vertrag über die Europäische Union
EuWG	= Europawahlgesetz
EuWO	= Europawahlordnung
ff.	= fortfolgende
GG	= Grundgesetz für die Bundesrepublik Deutschland
ggf.	= gegebenenfalls
GO	= Gemeindeordnung für das Land Nordrhein-Westfalen
GS. NRW.	= Sammlung des bereinigten Landesrechts Nordrhein-Westfalen 1945–1956
GV. NRW.	= Gesetz- und Verordnungsblatt für das Land Nordrhein-Westfalen
IM	= Innenministerium
KommJur	= Kommunal-Jurist (Zeitschrift)
KommPWahlen	= Kommunal-Praxis Wahlen (Zeitschrift)
KrO	= Kreisordnung für das Land Nordrhein-Westfalen
KWahlG	= Gesetz über die Kommunalwahlen im Lande Nordrhein-Westfalen (Kommunalwahlgesetz)
KWahlGO	= Kommunalwahlgeräteordnung
KWahlO	= Kommunalwahlordnung
LBG	= Landesbeamtengesetz für das Land Nordrhein-Westfalen
LT-Drs.	= Landtags-Drucksache
LV	= Landesverfassung
LWahlG	= Gesetz über die Wahl zum Landtag des Landes Nordrhein-Westfalen (Landeswahlgesetz)
MBl. NRW.	= Ministerialblatt für das Land Nordrhein-Westfalen
MeldeG	= Meldegesetz für das Land Nordrhein-Westfalen
m. w. N.	= mit weiteren Nachweisen
Nds	= Niedersachsen
NdsVerwBl.	= Niedersächsische Verwaltungsblätter (Zeitschrift)
NJW	= Neue Juristische Wochenschrift (Zeitschrift)

Abkürzungsverzeichnis

NRW	=	Nordrhein-Westfalen
NVwZ	=	Neue Zeitschrift für Verwaltungsrecht
NW	=	Nordrhein-Westfalen
NWVBl.	=	Nordrhein-Westfälische Verwaltungsblätter
OVG	=	Oberverwaltungsgericht
OVGE	=	Entscheidungen des Oberverwaltungsgerichts
OWiG	=	Gesetz über Ordnungswidrigkeiten
PartG	=	Parteiengesetz
RdErl.	=	Runderlass
Rdnr.	=	Randnummer
SGV. NRW.	=	Sammlung des bereinigten Gesetz- und Verordnungsblattes für das Land Nordrhein-Westfalen
SMBl. NRW.	=	Sammlung des bereinigten Ministerialblattes für das Land Nordrhein-Westfalen
StGB	=	Strafgesetzbuch
ThürVerfGH	=	Thüringer Verfassungsgerichtshof
VerfGH NRW	=	Verfassungsgerichtshof Nordrhein-Westfalen
VfBbg	=	Verfassungsgericht Brandenburg
VerwRspr	=	Verwaltungsrechtsprechung
VG	=	Verwaltungsgericht
VGH	=	Verfassungsgerichtshof
VwGO	=	Verwaltungsgerichtsordnung
VwVfG	=	Verwaltungsverfahrensgesetz
WählGTranspG	=	Wählergruppentransparenzgesetz

Literaturverzeichnis

Bätge: Wahlen und Abstimmungen in Nordrhein-Westfalen, Kommentar für die Praxis, Loseblattsammlung, aktuelle Fassung

Held//Winkel/Wansleben (Hrsg.): Kommunalverfassungsrecht Nordrhein-Westfalen, Loseblattsammlung, Wiesbaden, aktuelle Fassung

Rietdorf: Gesetz über die Kommunalwahlen im Lande Nordrhein-Westfalen, Stuttgart 1956

Schellen/Geuer: Leitfaden für die Vorbereitung und Durchführung der Kommunalwahlen 2025 in Nordrhein-Westfalen, Stuttgart 2025

Schreiber: Kommentar zum Bundeswahlgesetz, aktuelle Fassung

Gesetz über die Kommunalwahlen im Lande Nordrhein-Westfalen (Kommunalwahlgesetz)

in der Fassung der Bekanntmachung vom 30. Juni 1998 (GV. NRW. S. 454, bereinigt S. 509 und 1999 S. 70), zuletzt geändert durch Gesetz vom 4. Juni 2025

– Text –

I.
WAHLGEBIET

1.
Geltungsbereich

§ 1

(1) Dieses Gesetz gilt für die Wahl der folgenden Vertretungen:

des Rates in den Gemeinden,
des Kreistages in den Kreisen.

Es gilt darüber hinaus für die Wahl

der Bezirksvertretungen nach Maßgabe des § 46a,
der Bürgermeister und Landräte nach Maßgabe der §§ 46b bis 46e,
der Verbandsversammlung des Regionalverbandes Ruhr nach Maßgabe der §§ 46 f bis 46 k.

(2) Das Gebiet der Körperschaft, deren Vertretung gewählt wird, bildet das Wahlgebiet. Das Wahlgebiet des Regionalverbands Ruhr erstreckt sich auf das Gebiet der dem Verband gemäß § 1 des Gesetzes über den Regionalverband Ruhr in der Fassung der Bekanntmachung vom 3. Februar 2004 (GV. NRW. S. 96) in der jeweils geltenden Fassung angehörenden Mitgliedskörperschaften.

2.
Wahlorgane

§ 2

(1) Wahlorgane sind

für das Wahlgebiet der Wahlleiter und der Wahlausschuss sowie für die Gemeinde der Briefwahlvorsteher und der Briefwahlvorstand,

für den Stimmbezirk der Wahlvorsteher und der Wahlvorstand.

Für die Briefwahl können mehrere Wahlvorsteher und Wahlvorstände eingesetzt werden.

(2) Wahlleiter für das Wahlgebiet der Gemeinde ist der Bürgermeister, für das Wahlgebiet des Kreises der Landrat, stellvertretender Wahlleiter jeweils sein Vertreter im Amt. Bürgermeister, Landräte und ihre Vertreter können im Falle ihrer Bewerbung für das

Amt des Bürgermeisters oder des Landrates ab ihrer Aufstellung nicht Wahlleiter oder stellvertretender Wahlleiter in dem Wahlgebiet sein, in dem sie sich bewerben; an ihre Stelle tritt der jeweilige Vertreter im Amt. Bei gleichzeitigen Wahlen des Bürgermeisters einer kreisangehörigen Gemeinde und des Landrates desselben Kreises kann ein Bürgermeister, der sich für das Amt des Landrates bewirbt, nicht Wahlleiter für das Wahlgebiet der Gemeinde und der Landrat, der sich für das Amt des Bürgermeisters in einer kreisangehörigen Gemeinde bewirbt, nicht Wahlleiter für das Wahlgebiet des Kreises sein; an die Stelle des Bürgermeisters oder Landrates tritt der jeweilige Vertreter im Amt. Wahlleiter und ihre Vertreter können auf ihr Amt als Wahlleiter oder stellvertretender Wahlleiter verzichten; an ihre Stelle tritt der jeweilige Vertreter im Amt. Der Wahlleiter ist für die ordnungsmäßige Vorbereitung und Durchführung der Wahl verantwortlich, soweit nicht dieses Gesetz und die Wahlordnung bestimmte Zuständigkeiten anderen Wahlorganen übertragen.

(3) Der Wahlausschuss besteht aus dem Wahlleiter als Vorsitzendem und vier, sechs, acht oder zehn Beisitzern, die die Vertretung des Wahlgebiets wählt; eine Benennung oder Bestellung weiterer Mitglieder ist nicht zulässig. Der Wahlausschuss entscheidet in öffentlicher Sitzung. Er ist ohne Rücksicht auf die Zahl der erschienenen Beisitzer beschlussfähig. Bei Stimmengleichheit gibt die Stimme des Vorsitzenden den Ausschlag. Im Übrigen finden auf den Wahlausschuss die allgemeinen Vorschriften des kommunalen Verfassungsrechts entsprechende Anwendung.

(4) Der Wahlvorstand besteht aus dem Wahlvorsteher, dem stellvertretenden Wahlvorsteher und drei bis sieben Beisitzern. Der Bürgermeister beruft die Mitglieder des Wahlvorstandes und berücksichtigt hierbei nach Möglichkeit die in der Gemeinde vertretenen Parteien und Wählergruppen. Die Beisitzer des Wahlvorstandes können im Auftrage des Bürgermeisters auch vom Wahlvorsteher berufen werden. Der Wahlvorstand entscheidet mit Stimmenmehrheit. Bei Stimmengleichheit gibt die Stimme des Wahlvorstehers den Ausschlag.

(5) Die Behörden des Landes sowie die der Aufsicht des Landes unterstehenden Körperschaften und sonstigen juristischen Personen des öffentlichen Rechts sind verpflichtet, auf Anforderung des Bürgermeisters Bedienstete aus der Gemeinde zum Zweck der Berufung als Mitglieder des Wahlvorstandes unter Angabe von Name, Vorname, Geburtsdatum und Anschrift zu benennen. Die ersuchte Stelle hat den Betroffenen über die übermittelten Daten und den Empfänger zu benachrichtigen.

(6) Der Bürgermeister ist befugt, folgende Daten geeignet erscheinender Wahlberechtigter zum Zweck ihrer erstmaligen Berufung zu Mitgliedern von Wahlvorständen oder einer erneuten Berufung bei künftigen Wahlen zu verarbeiten:

1. Name,
2. Vorname,
3. Geburtsdatum,
4. Anschrift,
5. Telefonnummern und E-Mail-Adressen,
6. Bankverbindung und
7. bisherige Mitwirkung in Wahlvorständen und ausgeübte Funktion.

Die Verarbeitung der Daten hat für künftige Wahlen zu unterbleiben, sofern die betroffene Person der Verarbeitung insoweit widersprochen hat. Die betroffene Person ist über das Widerspruchsrecht zu unterrichten.

(7) Niemand darf in mehr als einem Wahlorgan Mitglied sein. Bewerber für das Amt des Bürgermeisters oder des Landrates können nicht Mitglied des Wahlausschusses der Gemeinde oder des Kreises oder eines Wahlvorstandes sein. Andere Wahlbewerber dürfen nicht Mitglied eines Wahlvorstandes in dem Wahlbezirk sein, in dem sie aufgestellt

sind (Wahlbezirksbewerber) oder ihre Wohnung haben (auf Reservelisten aufgestellte Bewerber).

(8) Die Mitglieder der Wahlorgane und ihre Stellvertreter dürfen in Ausübung ihres Amtes ihr Gesicht nicht verhüllen.

(9) Die Beisitzer in den Wahlausschüssen und Wahlvorständen sowie die Wahlvorsteher und ihre Stellvertreter üben eine ehrenamtliche Tätigkeit aus, auf die sinngemäß die allgemeinen Vorschriften des kommunalen Verfassungsrechts mit Ausnahme der Vorschriften über Ausschließungsgründe Anwendung finden. Ihnen kann von der Gemeinde, im Falle der Beisitzer von Wahlausschüssen der Kreise auch vom zuständigen Kreis, Ersatz für Sachschäden, die sie bei Ausübung ihrer ehrenamtlichen Tätigkeit erlitten haben, gewährt werden.

3.
Zahl der Vertreter

§ 3

(1) Die Vertreter werden in den Wahlbezirken und aus den Reservelisten gewählt.

(2) Die Zahl der zu wählenden Vertreter beträgt

a) für Gemeinden mit einer Bevölkerungszahl von

5 000 und weniger		20 Vertreter, davon 10 in Wahlbezirken;
über 5 000,	aber nicht über 8 000	26 Vertreter, davon 13 in Wahlbezirken;
über 8 000,	aber nicht über 15 000	32 Vertreter, davon 16 in Wahlbezirken;
über 15 000,	aber nicht über 30 000	38 Vertreter, davon 19 in Wahlbezirken;
über 30 000,	aber nicht über 50 000	44 Vertreter, davon 22 in Wahlbezirken;
über 50 000,	aber nicht über 100 000	50 Vertreter, davon 25 in Wahlbezirken;
über 100 000,	aber nicht über 250 000	58 Vertreter, davon 29 in Wahlbezirken;
über 250 000,	aber nicht über 400 000	66 Vertreter, davon 33 in Wahlbezirken;
über 400 000,	aber nicht über 550 000	74 Vertreter, davon 37 in Wahlbezirken;
über 550 000,	aber nicht über 700 000	82 Vertreter, davon 41 in Wahlbezirken;
über 700 000		90 Vertreter, davon 45 in Wahlbezirken;

b) für Kreise mit einer Bevölkerungszahl von

200 000 und weniger		48 Vertreter, davon 24 in Wahlbezirken;
über 200 000,	aber nicht über 300 000	54 Vertreter, davon 27 in Wahlbezirken;
über 300 000,	aber nicht über 400 000	60 Vertreter, davon 30 in Wahlbezirken;
über 400 000,	aber nicht über 500 000	66 Vertreter, davon 33 in Wahlbezirken;
über 500 000		72 Vertreter, davon 36 in Wahlbezirken.

Die Gemeinden und Kreise können bis spätestens 45 Monate nach Beginn der Wahlperiode durch Satzung die Zahl der zu wählenden Vertreter um zwei, vier, sechs, acht, zehn oder zwölf, davon je zur Hälfte in Wahlbezirken, verringern; die Zahl von 20 Vertretern darf nicht unterschritten werden. Die nach Satz 2 durch Satzung verringerte Zahl der zu wählenden Vertreter bleibt bestehen, bis sie spätestens 45 Monate nach Beginn einer späteren Wahlperiode nach Satz 2 durch Satzung verändert wird.

(3) Weitere Vertreter werden aus den Reservelisten gewählt, soweit dies zur Durchführung des Verhältnisausgleichs gemäß § 33 erforderlich ist, mit der Maßgabe, dass die Gesamtzahl der Vertreter gerade ist.

(4) Gesetzliche Mitgliederzahl ist die Zahl der nach Absatz 2 und 3 in jedem Wahlgebiet zu wählenden Gesamtzahl von Vertretern. Sie erhöht sich um die nach § 33 Absatz 3 zuzuteilenden weiteren Sitze. Sie vermindert sich um die nach § 33 Absatz 6 unbesetzt bleibenden Sitze.

4.
Wahlbezirke

§ 4

(1) Der Wahlausschuss der Gemeinde teilt spätestens 51 Monate, der Wahlausschuss des Kreises spätestens 53 Monate nach Beginn der Wahlperiode das Wahlgebiet in so viele Wahlbezirke ein, wie Vertreter gemäß § 3 Abs. 2 in Wahlbezirken zu wählen sind.

(2) Bei der Abgrenzung der Wahlbezirke ist darauf Rücksicht zu nehmen, dass räumliche Zusammenhänge möglichst gewahrt werden. Sind Bezirke nach der Gemeindeordnung für das Land Nordrhein-Westfalen in der Fassung der Bekanntmachung vom 14. Juli 1994 (GV. NRW. S. 666) in der jeweils geltenden Fassung vorhanden, so soll die Bezirkseinteilung nach Möglichkeit eingehalten werden. Die Abweichung von der durchschnittlichen Anzahl der Wahlberechtigten der Wahlbezirke im Wahlgebiet darf nicht mehr als 15 vom Hundert nach oben oder unten betragen. In begründeten Ausnahmefällen, etwa zur Wahrung räumlicher Zusammenhänge oder zur Rücksichtnahme auf gewachsene Ortsstrukturen, ist eine Abweichung bis zu 25 vom Hundert zulässig.

(3) Finden Gemeinde- und Kreiswahlen gleichzeitig statt, so dürfen die Grenzen der Wahlbezirke der Gemeinde durch die Grenzen der Wahlbezirke des Kreises nicht durchschnitten werden.

5.
Stimmbezirke

§ 5

(1) Der Bürgermeister teilt, soweit erforderlich, die Wahlbezirke in Stimmbezirke ein.

(2) Die Stimmbezirke sollen nach den örtlichen Verhältnissen so abgegrenzt sein, dass allen Wahlberechtigten die Teilnahme an der Wahl möglichst erleichtert wird. Die Verwaltungsbezirksgrenzen sollen eingehalten werden. Kein Stimmbezirk soll mehr als 2500 Einwohner umfassen. Die Einwohnerzahl eines Stimmbezirks darf nicht so gering sein, dass sich die Wahlentscheidung der einzelnen Wahlberechtigten ermitteln ließe.

(3) Finden Gemeinde- und Kreiswahlen gleichzeitig statt (verbundene Wahlen), so müssen die Stimmbezirke für beide Wahlen dieselben sein. Der Bürgermeister hat dem Landrat die Abgrenzung der Wahlbezirke und der Stimmbezirke in seiner Gemeinde mitzuteilen.

§ 6

Die Einteilung des Wahlgebietes in Wahlbezirke ist vom Wahlleiter des Wahlgebietes unverzüglich, spätestens vier Wochen nach dem Beschluß des Wahlausschusses über die

Einteilung der Wahlbezirke, öffentlich bekanntzugeben; vereinfachte Bekanntmachung genügt.

II.
WAHLBERECHTIGUNG, WÄHLBARKEIT, UNVEREINBARKEIT

1.
Wahlberechtigung

§ 7

Wahlberechtigt für die Wahl in einem Wahlgebiet ist, wer am Wahltag Deutscher im Sinne von Artikel 116 Abs. 1 des Grundgesetzes ist oder die Staatsangehörigkeit eines Mitgliedstaates der Europäischen Union besitzt, das sechzehnte Lebensjahr vollendet hat und mindestens seit dem 16. Tag vor der Wahl in dem Wahlgebiet seine Wohnung, bei mehreren Wohnungen seine Hauptwohnung hat oder sich sonst gewöhnlich aufhält und keine Wohnung außerhalb des Wahlgebiets hat.

§ 8

Ausgeschlossen vom Wahlrecht ist, wer infolge Richterspruchs in der Bundesrepublik Deutschland das Wahlrecht nicht besitzt.

2.
Wählerverzeichnisse und Wahlscheine

§ 9

(1) Wählen kann nur, wer in ein Wählerverzeichnis eingetragen ist oder einen Wahlschein hat.

(2) Ein Wahlberechtigter, der in das Wählerverzeichnis eingetragen ist, erhält auf Antrag einen Wahlschein. Ein Wahlberechtigter, der nicht in das Wählerverzeichnis eingetragen ist, erhält auf Antrag einen Wahlschein, wenn

1. er nachweist, dass er aus einem von ihm nicht zu vertretenden Grund die Einspruchsfrist versäumt hat;
2. er aus einem von ihm nicht zu vertretenden Grund nicht in das Wählerverzeichnis aufgenommen worden ist;
3. seine Berechtigung zur Teilnahme an der Wahl erst nach der Einspruchsfrist entstanden ist oder sich herausstellt.

(3) Wird der Wahlschein versagt, so kann dagegen Einspruch eingelegt werden. § 11 Abs. 3 bis 5 ist sinngemäß anzuwenden.

§ 10

(1) In jedem Stimmbezirk wird ein Wählerverzeichnis geführt. In das Wählerverzeichnis werden alle Personen eingetragen, bei denen am zweiundvierzigsten Tage vor der Wahl (Stichtag) feststeht, dass sie wahlberechtigt und nicht vom Wahlrecht ausgeschlossen sind. Von Amts wegen in das Wählerverzeichnis einzutragen sind auch die nach dem Stichtag bis zum 16. Tag vor der Wahl zugezogenen und bei der Meldebehörde gemeldeten Wahlberechtigten. Wahlberechtigte zur Kreiswahl, die bisher eine Wohnung in einer

anderen kreisangehörigen Gemeinde desselben Kreises gehabt haben, nach dem 16. Tag vor der Wahl zuziehen und vor der Wahl bei der Meldebehörde gemeldet sind, werden von Amts wegen für die Kreiswahl in das Wählerverzeichnis eingetragen.

(2) Der Wähler kann nur in dem Stimmbezirk wählen, in dessen Wählerverzeichnis er eingetragen ist.

(3) Inhaber eines Wahlscheins können in jedem Stimmbezirk des Wahlbezirks oder durch Briefwahl wählen.

(4) Jeder Wahlberechtigte hat das Recht, an den Werktagen vom 20. bis zum 16. Tag vor der Wahl während der allgemeinen Öffnungszeiten der Gemeindebehörde die Richtigkeit oder Vollständigkeit der zu seiner Person im Wählerverzeichnis eingetragenen Daten zu prüfen. Zur Überprüfung der Richtigkeit oder Vollständigkeit der Daten von anderen im Wählerverzeichnis eingetragenen Personen haben Wahlberechtigte während des in Satz 1 genannten Zeitraumes nur dann ein Recht auf Einsicht in das Wählerverzeichnis, wenn sie Tatsachen glaubhaft machen, aus denen sich die Unrichtigkeit oder Unvollständigkeit des Wählerverzeichnisses ergeben kann. Das Recht zur Überprüfung gemäß Satz 2 besteht nicht hinsichtlich der Daten von Wahlberechtigten, für die im Melderegister eine Auskunftssperre gemäß § 51 des Bundesmeldegesetzes vom 3. Mai 2013 (BGBl. I S. 1084) in der jeweils geltenden Fassung eingetragen ist.

(5) Ab Beginn der in Absatz 4 Satz 1 genannten Frist können Personen nur auf rechtzeitigen Einspruch in das Wählerverzeichnis aufgenommen oder darin gestrichen werden, es sei denn, dass es sich um offenbare Unrichtigkeiten handelt, die vom Bürgermeister bis zum Tag vor der Wahl zu berichtigen sind. Absatz 1 Satz 3 und 4 bleibt unberührt.

§ 11

(1) Wer das Wählerverzeichnis für unrichtig oder unvollständig hält, kann innerhalb der Einsichtsfrist bei der Gemeindeverwaltung Einspruch einlegen.

(2) Richtet sich der Einspruch gegen die Eintragung eines anderen, so ist dieser vor der Entscheidung zu hören.

(3) Der Bürgermeister hat die Entscheidung unverzüglich zu fällen und dem Antragsteller und dem Betroffenen zuzustellen.

(4) Gegen die Entscheidung des Bürgermeisters kann binnen drei Tagen nach Zustellung Beschwerde eingelegt werden, über die die Aufsichtsbehörde entscheidet.

(5) Die Einspruchs- oder Beschwerdeentscheidung ist für die Berechtigung zur Teilnahme an der Wahl endgültig. Sie schließt die Erhebung eines Einspruchs im Wahlprüfungsverfahren nicht aus (§ 39 Abs. 2).

3.
Wählbarkeit

§ 12

(1) Wählbar ist jede wahlberechtigte Person, die am Wahltag das achtzehnte Lebensjahr vollendet hat und seit mindestens drei Monaten in dem Wahlgebiet ihre Wohnung, bei mehreren Wohnungen ihre Hauptwohnung hat oder sich sonst gewöhnlich aufhält und keine Wohnung außerhalb des Wahlgebiets hat.

(2) Nicht wählbar ist, wer am Wahltag infolge Richterspruchs in der Bundesrepublik Deutschland die Wählbarkeit oder die Fähigkeit zur Bekleidung öffentlicher Ämter nicht besitzt.

4.

Unvereinbarkeit

§ 13

(1) Beamte und Arbeitnehmer (soweit sie nicht überwiegend körperliche Arbeit verrichten oder sonst die Verwaltungsführung ihres Dienstherrn oder Arbeitgebers inhaltlich nicht beeinflussen können), die im Dienst einer der in den Buchstaben a bis e genannten Körperschaften stehen, können in den folgenden Fällen nicht gleichzeitig einer Vertretung angehören:

a) Sie können nicht der Vertretung ihrer Anstellungskörperschaft angehören.

b) Stehen sie im Dienst des Landes und sind sie in einer staatlichen Behörde unmittelbar mit der Ausübung der allgemeinen Aufsicht oder der Sonderaufsicht über Gemeinden und Gemeindeverbände befasst, können sie nicht der Vertretung einer beaufsichtigten Gemeinde oder eines beaufsichtigten Gemeindeverbandes angehören.

c) Stehen sie im Dienste des Landes und werden sie in einer Kreispolizeibehörde beschäftigt, so können sie nicht der Vertretung des Kreises angehören, bei dem die Kreispolizeibehörde gebildet ist.

d) Stehen sie im Dienst eines Kreises und sind sie bei dem Landrat als untere staatliche Verwaltungsbehörde unmittelbar mit der Ausübung der allgemeinen Aufsicht oder der Sonderaufsicht über kreisangehörige Gemeinden befasst, können sie nicht der Vertretung einer kreisangehörigen Gemeinde angehören.

e) Stehen sie im Dienste einer Gemeinde, so können sie nicht Mitglied der Vertretung des Kreises sein, dem die Gemeinde angehört, es sei denn, dass sie bei einer öffentlichen Einrichtung (§ 107 Abs. 2 der Gemeindeordnung) oder einem Eigenbetrieb der Gemeinde beschäftigt sind.

Die vorstehenden Vorschriften finden auf abgeordnete Beamte sinngemäß Anwendung, wenn die Abordnung an eine der in Buchstaben a bis e genannten Körperschaften die Dauer von insgesamt drei Monaten überschreitet.

(2) Bewerben sich Beamte oder Arbeitnehmer des öffentlichen Dienstes um einen Sitz im Wahlgebiet, so ist ihnen der zur Vorbereitung der Wahl erforderliche Urlaub auch dann zu erteilen, wenn im Falle der Wahl ein Hindernis für die gleichzeitige Zugehörigkeit zur Vertretung gemäß Absatz 1 vorliegen würde.

(3) Werden Beamte oder Arbeitnehmer des öffentlichen Dienstes gewählt, die gemäß Absatz 1 an der gleichzeitigen Zugehörigkeit zur Vertretung gehindert sind, so können sie das Mandat nur ausüben, wenn sie die Beendigung ihres Dienstverhältnisses nachweisen. Stellt der Wahlleiter nachträglich fest, dass ein Bewerber das Mandat ausübt, obwohl er nach Absatz 1 an der gleichzeitigen Zugehörigkeit zur Vertretung gehindert war, und weist der Vertreter nicht innerhalb einer Frist von einer Woche nach Zustellung der nachträglichen Feststellung die Beendigung seines Dienstverhältnisses nach, so scheidet er mit Ablauf der Frist aus der Vertretung aus. Den Verlust der Mitgliedschaft stellt der Wahlleiter fest.

(4) Werden Mitglieder einer Vertretung Beamte oder Arbeitnehmer des öffentlichen Dienstes, die gemäß Absatz 1 an der gleichzeitigen Zugehörigkeit zur Vertretung gehindert sind, so gilt Absatz 3 Satz 2 und 3 entsprechend.

(5) Absätze 1 bis 4 finden auf Ehrenbeamte keine Anwendung.

(6) Arbeitnehmer einer rechtsfähigen Gesellschaft oder Stiftung sowie Beamte und Arbeitnehmer einer rechtsfähigen Anstalt, an der eine Gemeinde, ein Kreis oder ein Zweckverband maßgeblich beteiligt ist, können, soweit sie allein oder mit anderen ständig, auch vertretungsweise, berechtigt sind, das Unternehmen in seiner Gesamtheit zu

vertreten, wie Vorstandsmitglieder, stellvertretende Vorstandsmitglieder, Geschäftsführer, stellvertretende Geschäftsführer und Prokuristen, nicht zugleich der Vertretung dieser Gemeinde, dieses Kreises oder der Vertretung einer Mitgliedskörperschaft dieses Zweckverbandes angehören. Die maßgebliche Beteiligung erfasst die Gewährträgerschaft und neben den Fällen einer Kapitalbeteiligung mit einem Anteil von mehr als 50 vom Hundert auch die Fälle, in denen die Gebietskörperschaft aufgrund ihrer Stimmenmehrheit in Aufsichts- und Kontrollorganen oder in sonstiger Weise entscheidenden Einfluss auf die Unternehmensführung besitzt. Die Bestimmungen der Absätze 2 bis 5 finden entsprechende Anwendung.

III.
WAHLVORBEREITUNG

1.
Wahltag

§ 14

(1) Wahltag ist ein Sonntag. Der Wahltag für die allgemeinen Kommunalwahlen wird von dem für Inneres zuständigen Ministerium festgelegt und bekannt gemacht (Wahlausschreibung). Im Übrigen wird der Wahltag von der Aufsichtsbehörde festgelegt und bekannt gemacht, soweit dieses Gesetz und die Wahlordnung nichts anderes bestimmen.

(2) Die Wahlperiode endet bei allgemeinen Kommunalwahlen nach fünf Jahren. Die neue Wahlperiode beginnt am ersten Tag des folgenden Monats. Die allgemeinen Kommunalwahlen finden im vorletzten oder letzten Monat der laufenden Wahlperiode statt.

(3) Die Wahlzeit dauert von 8 bis 18 Uhr. Der Wahlausschuss der Gemeinde kann die Wahlzeit schon mit einem früheren Beginn festsetzen, wenn besondere Gründe es erfordern.

2.
Wahlvorschläge

§ 15

(1) Beim Wahlleiter können bis zum neunundsechzigsten Tage vor der Wahl, 18 Uhr, Wahlvorschläge für die Wahl in den einzelnen Wahlbezirken des Wahlgebiets eingereicht werden. Wahlvorschläge können von politischen Parteien im Sinne des Artikels 21 des Grundgesetzes (Parteien), von mitgliedschaftlich organisierten Gruppen von Wahlberechtigten (Wählergruppen) und von einzelnen Wahlberechtigten (Einzelbewerbern) eingereicht werden.

(2) Die Wahlvorschläge von Parteien und Wählergruppen müssen von der für das Wahlgebiet zum Zeitpunkt der Einreichung zuständigen Leitung unterzeichnet sein. Ist die Partei oder Wählergruppe in der im Zeitpunkt der Wahlausschreibung laufenden Wahlperiode nicht ununterbrochen in der zu wählenden Vertretung, in der Vertretung des zuständigen Kreises, im Landtag oder auf Grund eines Wahlvorschlages aus dem Land im Bundestag vertreten, so kann sie einen Wahlvorschlag nur einreichen, wenn sie nachweist, dass sie einen nach demokratischen Grundsätzen gewählten Vorstand, eine schriftliche Satzung und ein Programm hat; dies gilt nicht für Parteien, die die Unterlagen gemäß § 6 Abs. 3 Satz 1 Nummer 1 und 2, Abs. 4 des Parteiengesetzes in der Fassung der Bekanntmachung vom 31. Januar 1994 (BGBl I S. 149), das zuletzt durch Artikel 4 des Gesetzes vom 10. August 2021 (BGBl I S. 3436) geändert worden ist, bis zum Zeitpunkt

der Wahlausschreibung ordnungsgemäß beim Bundeswahlleiter eingereicht haben. Die Wahlvorschläge von Parteien und Wählergruppen nach Satz 2, erster Halbsatz müssen ferner

in Wahlbezirken bis zu	5 000 Einwohnern von 5,
in Wahlbezirken von	5 000 bis 10 000 Einwohnern von 10,
in Wahlbezirken von mehr als	10 000 Einwohnern von 20

Wahlberechtigten des Wahlbezirks persönlich und handschriftlich unterzeichnet sein und sollen die Angabe einer E-Mail-Adresse und einer Telefonnummer der Unterzeichner enthalten; dies gilt auch für Wahlvorschläge von Einzelbewerbern, es sei denn, dass sie in der zu wählenden Vertretung einen Sitz auf Grund eines Wahlvorschlages haben, in dem sie als Einzelbewerber benannt waren, und der Wahlvorschlag von ihnen selbst unterzeichnet ist. Die Wahlberechtigung ist nachzuweisen. Die ordnungsgemäße Unterzeichnung mit dem Nachweis der Wahlberechtigung der Unterzeichner bis zum Ablauf der Einreichungsfrist ist Voraussetzung für das Vorliegen eines gültigen Wahlvorschlages, es sei denn, der Nachweis kann infolge von Umständen, die der Wahlvorschlagsberechtigte nicht zu vertreten hat, nicht rechtzeitig erbracht werden.

(3) Jeder Wahlvorschlag muss Familienname, Vorname, Beruf, Geburtsdatum, Geburtsort, Anschrift, E-Mail-Adresse, Telefonnummer, Staatsangehörigkeit sowie bei Parteien oder Wählergruppen deren Namen oder Bezeichnung und, sofern sie eine Kurzbezeichnung verwenden, auch diese, angeben. Jeder Wahlvorschlag darf nur einen Bewerber enthalten. Ein Bewerber darf, unbeschadet seiner Bewerbung in einer Reserveliste, nur in einem Wahlvorschlag benannt werden. In einen Wahlvorschlag darf nur aufgenommen werden, wer seine Zustimmung schriftlich erteilt hat; die Zustimmung ist unwiderruflich. Die ordnungsgemäße Abgabe der Zustimmungserklärung bis zum Ablauf der Einreichungsfrist ist Voraussetzung für die Abgabe eines gültigen Wahlvorschlags.

(4) In jedem Wahlvorschlag sollen eine Vertrauensperson und eine stellvertretende Vertrauensperson bezeichnet werden. Fehlt diese Bezeichnung, so gilt die Person, die als erste unterzeichnet hat, als Vertrauensperson, und diejenige, die als zweite unterzeichnet hat, als stellvertretende Vertrauensperson.

(5) Frauen und Männer sollen gleichmäßig in Vertretungskörperschaften repräsentiert sein (Geschlechterparität). Bei der Aufstellung der Wahlvorschläge sind die Parteien und Wählergruppen aufgefordert, Geschlechterparität anzustreben.

§ 15a

(1) Eine Wählergruppe, die keiner Pflicht zur Rechenschaftslegung nach § 2 Absatz 1 Wählergruppentransparenzgesetz unterliegt, kann einen Wahlvorschlag nur einreichen, wenn sie zusammen mit dem Wahlvorschlag eine Erklärung darüber abgibt, ob und in welcher Gesamthöhe sie in den vorangehenden zwölf Monaten Zuwendungen erhalten hat. Zuwendungen eines einzelnen Zuwenders gemäß § 2 Absatz 2 Satz 4 Wählergruppentransparenzgesetz sind anzugeben.

(2) Erhält eine Wählergruppe nach Einreichung eines Wahlvorschlags bis zum Zeitpunkt der Wahl eine Zuwendung, die die Bedingungen gemäß § 2 Absatz 2 Satz 4 Wählergruppentransparenzgesetz erfüllt, teilt sie dies dem Wahlleiter unter Angabe des Namens und der Anschrift des Zuwenders sowie der Gesamthöhe der Zuwendung unverzüglich mit.

(3) Der Wahlleiter macht die Erklärungen und Mitteilungen nach den Absätzen 2 und 3 in geeigneter Weise 16 Tage vor der Wahl sowie, falls sich Nachmeldungen ergeben haben, am Tag vor dem Wahltermin bekannt. Eine vereinfachte Bekanntmachung ist möglich.

(4) Sind Erklärungen und Mitteilungen unrichtig oder ist eine Mitteilung entgegen Absatz 3 nicht erfolgt, entsteht gegen die Wählergruppe ein Anspruch in Höhe des den unrichtigen Angaben entsprechenden Betrages, bei Unrichtigkeiten in Bezug auf das Haus- und Grundvermögen oder Beteiligungen an Unternehmen in Höhe von fünf vom Hundert der nicht aufgeführten oder der unrichtig angegebenen Vermögenswerte. Beruht die Unrichtigkeit auf grober Fahrlässigkeit oder auf Vorsatz, beträgt der Anspruch das Zweifache des den unrichtigen Angaben entsprechenden Betrags, bei Unrichtigkeiten in Bezug auf das Haus- und Grundvermögen oder Beteiligungen an Unternehmen in Höhe von zehn vom Hundert der nicht aufgeführten oder der unrichtig angegebenen Vermögenswerte. Dies gilt nicht, wenn die Wählergruppe die unrichtigen Angaben gegenüber dem Wahlleiter korrigiert, bevor sie öffentlich oder dem Wahlleiter bekannt waren oder in einem amtlichen Verfahren entdeckt waren, und die Wählergruppe den Sachverhalt umfassend offenlegt.

(5) Die Gemeinde oder der Kreis, für die der Wahlvorschlag eingereicht wurde, stellt die Verpflichtung zur Zahlung des Betrages durch Verwaltungsakt fest. Der Verwaltungsakt darf nur innerhalb von drei Jahren nach Übermittlung der Erklärung oder Mitteilung, im Fall des Unterlassens einer Mitteilung nur innerhalb von drei Jahren ab dem Zeitpunkt der Zuwendung erlassen werden. Die Zahlung fließt der jeweiligen kommunalen Körperschaft zu, für die der Wahlvorschlag eingereicht wurde. Der Wahlleiter stellt der Gemeinde oder dem Kreis die eingereichten Erklärungen und Mitteilungen sowie weitere notwendige Unterlagen auf Anforderung zur Verfügung.

(6) Absätze 2 bis 6 gelten für Einzelbewerber mit der Maßgabe entsprechend, dass sich die Mitteilungspflichten auf Angaben über Zuwendungen beschränken, die der Einzelbewerber zum Zwecke seiner Bewerbung und Wahlkampfführung von Dritten erhalten hat.

§ 16

(1) Für die Reserveliste können nur Bewerber benannt werden, die für eine Partei oder für eine Wählergruppe auftreten. Die Reserveliste muss von der für das Wahlgebiet zum Zeitpunkt der Einreichung zuständigen Leitung unterzeichnet sein. Ist die Partei oder Wählergruppe in der im Zeitpunkt der Wahlausschreibung (§ 14 Abs. 1) laufenden Wahlperiode nicht ununterbrochen in der zu wählenden Vertretung, in der Vertretung des zuständigen Kreises, im Landtag oder auf Grund eines Wahlvorschlags aus dem Land im Bundestag vertreten, so muß die Reserveliste von 1 vom Tausend der Wahlberechtigten des Wahlgebiets, und zwar mindestens von 5 und höchstens von 100 Wahlberechtigten, persönlich und handschriftlich unterzeichnet sein.

(2) Auf der Reserveliste kann vorgesehen werden, daß ein Bewerber, unbeschadet der Reihenfolge im übrigen, Ersatzbewerber für einen im Wahlbezirk oder für einen auf einer Reserveliste aufgestellten Bewerber sein soll.

(3) § 15 Abs. 1 Satz 1, Abs. 2 Satz 2, 4 und 5, Abs. 3 Satz 1 und 3 bis 5, Abs. 4 und 5 gilt sinngemäß.

§ 17

(1) Als Bewerber einer Partei oder einer Wählergruppe kann in einem Wahlvorschlag nur benannt werden, wer in einer Mitglieder- oder Vertreterversammlung im Wahlgebiet hierzu gewählt worden ist.

(2) Die Bewerber und die Vertreter für die Vertreterversammlungen sind in geheimer Wahl zu wählen. Entsprechendes gilt für die Festlegung der Reihenfolge der Bewerber auf der Reserveliste und für die Bestimmung der Ersatzbewerber. Stimmberechtigt ist nur, wer am Tage des Zusammentritts der Versammlung im Wahlgebiet wahlberechtigt

ist. Jeder stimmberechtigte Teilnehmer der Versammlung ist vorschlagsberechtigt. Den Bewerbern und Ersatzbewerbern ist Gelegenheit zu geben, sich und ihr Programm der Versammlung in angemessener Zeit vorzustellen.

(3) Als Vertreter für eine Vertreterversammlung kann nur gewählt werden, wer am Tage des Zusammentritts der zur Wahl der Vertreter einberufenen Versammlung im Wahlgebiet wahlberechtigt ist.

(4) Die Vertreter für die Vertreterversammlung und die Bewerber sind ab dem 46. Monat nach Beginn der Wahlperiode, die Bewerber für die Wahlbezirke frühestens nach der öffentlichen Bekanntgabe der Einteilung des Wahlgebietes in Wahlbezirke zu wählen.

(5) Kommt eine Versammlung nach Absatz 1 nicht zustande, so kann die Partei oder Wählergruppe ihre Bewerber in einer Versammlung von Wahlberechtigten aufstellen lassen. Absatz 2 gilt entsprechend.

(6) Die in der Satzung der Partei oder Wählergruppe hierfür vorgesehene Stelle kann gegen den Beschluss einer Mitglieder- oder Vertreterversammlung Einspruch erheben. Auf einen solchen Einspruch ist die Abstimmung zu wiederholen. Ihr Ergebnis ist endgültig.

(7) Das Nähere über die Wahl der Vertreter für die Vertreterversammlung, über die Einberufung und Beschlussfähigkeit der Mitglieder- oder Vertreterversammlung sowie über das Verfahren für die Wahl des Bewerbers regeln die Parteien und Wählergruppen durch ihre Satzungen.

(8) Eine Ausfertigung der Niederschrift über die Wahl des Bewerbers mit Angaben über Ort und Zeit der Versammlung, Form der Einladung, Zahl der erschienenen Mitglieder, Vertreter oder Wahlberechtigten und Ergebnis der Abstimmung ist mit dem Wahlvorschlag einzureichen. Hierbei haben der Leiter der Versammlung und zwei von dieser bestimmte Teilnehmer gegenüber dem Wahlleiter an Eides statt zu versichern, dass die Wahl der Bewerber in geheimer Abstimmung erfolgt ist. Hinsichtlich der Reservelisten hat sich die Versicherung an Eides statt auch darauf zu erstrecken, dass die Festlegung der Reihenfolge der Bewerber und die Bestimmung der Ersatzbewerber in geheimer Abstimmung erfolgt sind. Der Wahlleiter ist zur Abnahme einer solchen Versicherung an Eides statt zuständig; er ist Behörde im Sinne des § 156 des Strafgesetzbuches. Die Beibringung einer Ausfertigung der Niederschrift und der Versicherung an Eides statt bis zum Ablauf der Einreichungsfrist ist Voraussetzung für das Vorliegen eines gültigen Wahlvorschlages.

§ 18

(1) Der Wahlleiter hat die Wahlvorschläge sofort zu prüfen. Stellt er Mängel fest, so fordert er unverzüglich die Vertrauensperson auf, sie rechtzeitig zu beseitigen. Die Vertrauensperson kann gegen Verfügungen des Wahlleiters den Wahlausschuß anrufen.

(2) Mängel des Wahlvorschlages können nur so lange behoben werden, als nicht über seine Zulassung entschieden ist. Sind in einer Reserveliste die Anforderungen nur hinsichtlich einzelner Bewerber nicht erfüllt, so werden ihre Namen aus der Reserveliste gestrichen.

(3) Der Wahlausschuß entscheidet spätestens am achtundfünfzigsten Tage vor der Wahl über die Zulassung der Wahlvorschläge. Er hat Wahlvorschläge zurückzuweisen, wenn sie verspätet eingereicht sind, den durch dieses Gesetz oder durch die Wahlordnung aufgestellten Anforderungen nicht entsprechen oder auf Grund einer Entscheidung nach Artikel 9 Abs. 2, Artikel 21 Abs. 2 des Grundgesetzes oder Artikel 32 Abs. 2 der Landesverfassung unzulässig sind.

(4) Weist der Wahlausschuß einen Wahlvorschlag zurück, so kann binnen drei Tagen nach Verkündung in der Sitzung des Wahlausschusses von der Vertrauensperson des Wahlvorschlags oder vom Wahlleiter oder von der Aufsichtsbehörde Beschwerde eingelegt werden. Der Wahlleiter, die Aufsichtsbehörde oder die oberste Aufsichtsbehörde kann auch gegen eine Entscheidung, durch die ein Wahlvorschlag zugelassen wird, Beschwerde erheben. Die Beschwerde ist bei Entscheidungen der Wahlausschüsse der kreisangehörigen Gemeinden an den Wahlausschuß des Kreises und bei Entscheidungen der Wahlausschüsse der kreisfreien Städte und Kreise an den Landeswahlausschuß (§ 9 Abs. 2 des Landeswahlgesetzes) zu richten. Legt die oberste Aufsichtsbehörde Beschwerde ein, so ist die Beschwerde an den Landeswahlausschuß zu richten, der für die Entscheidung auch dann ausschließlich zuständig ist, wenn gegen die Zulassung oder Nichtzulassung desselben Wahlvorschlages Beschwerde zum Wahlausschuß des Kreises erhoben ist. Die Beschwerde kann nur auf die in Absatz 3 Satz 2 genannten Gründe gestützt werden. In der Beschwerdeverhandlung sind die erschienenen Beteiligten zu hören. Die Entscheidung über die Beschwerde muß vom Landeswahlausschuß spätestens am achtundvierzigsten Tage, von den Wahlausschüssen der Kreise spätestens am siebenundvierzigsten Tage vor der Wahl getroffen werden. Die Beschwerdeentscheidung ist für die Aufstellung der Bewerber zur Wahl endgültig. Sie schließt die Erhebung eines Einspruchs im Wahlprüfungsverfahren nicht aus (§ 39 Abs. 2).

§ 19

(1) Der Wahlleiter macht die zugelassenen Wahlvorschläge spätestens am siebenunddreißigsten Tage vor der Wahl öffentlich bekannt.

(2) Für die Reihenfolge der Bekanntmachung gilt § 23 Abs. 1 Satz 3.

§ 20

(1) Ein Wahlvorschlag kann durch gemeinsame schriftliche Erklärung der Vertrauensperson und der stellvertretenden Vertrauensperson zurückgenommen werden, solange nicht über seine Zulassung entschieden ist. Wahlvorschläge, die von Wahlberechtigten unterzeichnet sind, können auch von der Mehrheit der Unterzeichner durch eine von ihnen persönlich und handschriftlich unterzeichnete Erklärung zurückgenommen werden.

(2) Ein Wahlvorschlag kann nach Ablauf der Einreichungsfrist nur durch gemeinsame schriftliche Erklärung der Vertrauensperson und der stellvertretenden Vertrauensperson und nur dann geändert werden, wenn ein Bewerber stirbt oder die Wählbarkeit verliert. Das Verfahren nach § 17 braucht nicht eingehalten zu werden; der Unterschriften nach § 15 Abs. 2 Satz 3 und § 16 Abs. 1 Satz 3 bedarf es nicht. Nach der Entscheidung über die Zulassung eines Wahlvorschlags ist jede Änderung ausgeschlossen.

3.
Nachwahlen und einzelne Neuwahlen

§ 21

(1) Eine Nachwahl findet statt, wenn

1. in einem Wahlgebiet, einem Wahlbezirk oder einem Stimmbezirk die Wahl nicht durchgeführt worden ist,
2. ein im Wahlbezirk vorgeschlagener Bewerber nach der Zulassung des Wahlvorschlages, aber noch vor dem Wahltage stirbt und ein Ersatzbewerber auf der Reserveliste (§ 16 Abs. 2) nicht vorhanden ist,

3. in einem Wahlbezirk kein Bewerber oder im Wahlgebiet weniger Bewerber zugelassen wird oder werden, als Vertreter zu wählen sind.

(2) Die Nachwahl muss spätestens fünf Wochen nach dem Tag der ausgefallenen Wahl und kann im Fall des Absatzes 1 Nr. 2 schon an diesem Tag stattfinden. Im Fall des Absatzes 1 Nr. 3 kann sie auch auf einen späteren Zeitpunkt als fünf Wochen nach dem Tag der ausgefallenen Wahl festgelegt werden. Den Tag der Nachwahl und die für ihre Vorbereitung maßgeblichen Fristen und Termine bestimmt die Aufsichtsbehörde.

(3) Die Nachwahl findet auf denselben Grundlagen und nach denselben Vorschriften wie die ausgefallene Wahl statt, soweit nicht eine Ergänzung der Wahlvorschläge erforderlich ist.

§ 22

(1) Ist nach einer Gebietsänderung oder für eine neugebildete Gebietskörperschaft eine Vertretung zu wählen, so beruft die Aufsichtsbehörde die Beisitzer des Wahlausschusses. Sie berücksichtigt hierbei nach Möglichkeit die im Wahlgebiet vertretenen Parteien und Wählergruppen. Entsprechendes gilt, wenn im Falle der Auflösung der Vertretung gemäß § 125 der Gemeindeordnung oder aus anderen Gründen eine Neuwahl durchzuführen ist.

(2) Der Tag der Wahl ist so festzusetzen, dass sie baldmöglich innerhalb von sechs Monaten – im Falle der Auflösung gemäß § 125 der Gemeindeordnung von drei Monaten – nach Auflösung der alten Vertretung stattfindet.

(3) Der nach Absatz 2 bestimmte Wahltag ist für die Wahlberechtigung und die Wählbarkeit maßgebend. Findet die Wahl während der allgemeinen Wahlperiode statt, so endet die Wahlzeit – abweichend von § 42 Abs. 1 Satz 1 der Gemeindeordnung und § 27 Abs. 1 Satz 1 der Kreisordnung für das Land Nordrhein-Westfalen in der Fassung der Bekanntmachung vom 14. Juli 1994 (GV. NRW. S. 646) – mit dem Ablauf der allgemeinen Wahlperiode.

4.
Stimmzettel

§ 23

(1) Die Stimmzettel und erforderlichen Stimmzettelschablonen für blinde und sehbeeinträchtigte Menschen sowie Informationen zur Wahl in Leichter Sprache werden amtlich hergestellt. Sie enthalten die für den Wahlbezirk zugelassenen Wahlvorschläge sowie die zugelassenen Reservelisten der Parteien und Wählergruppen, deren Wahlvorschlag für den Wahlbezirk zugelassen ist, mit den Namen der ersten drei Bewerber. Die Reihenfolge auf dem Stimmzettel richtet sich nach der Stimmenzahl, die die Parteien, Wählergruppen und Einzelbewerber bei der letzten Wahl zur Vertretung des Wahlgebiets erreicht haben. Die übrigen Wahlvorschläge schließen sich in alphabetischer Reihenfolge der Namen der Parteien, Wählergruppen und Einzelbewerber an.

(2) In Stimmbezirken, in denen eine repräsentative Wahlstatistik (§ 50 Abs. 2) oder eine wahlstatistische Auszählung (§ 50 Abs. 4) stattfindet, werden Stimmzettel mit Unterscheidungsbezeichnungen nach Geschlecht und Geburtsjahresgruppen verwendet.

IV.
DURCHFÜHRUNG DER WAHL

1.
Anwesenheit im Wahllokal

§ 24

(1) Die Wahlhandlung und die Ermittlung des Wahlergebnisses in den Stimmbezirken sind öffentlich. Der Wahlvorstand kann aber im Interesse der Wahlhandlung die Zahl der im Wahllokal Anwesenden beschränken.

(2) Den Anwesenden ist jede Einflussnahme auf die Wahlhandlung und das Wahlergebnis untersagt.

(3) Während der Wahlzeit sind in und an dem Gebäude, in dem sich der Wahlraum befindet, sowie unmittelbar vor dem Zugang zu dem Gebäude jede Beeinflussung der Wähler durch Wort, Ton, Schrift oder Bild sowie jede Unterschriftensammlung verboten.

(4) Die Veröffentlichung von Ergebnissen von Wählerbefragungen nach der Stimmabgabe über den Inhalt der Wahlentscheidung ist vor Ablauf der Wahlzeit unzulässig.

(5) Wer Ergebnisse von Wählerbefragungen nach der Stimmabgabe über den Inhalt der Wahlentscheidung entgegen Absatz 4 vor Ablauf der Wahlzeit veröffentlicht, handelt ordnungswidrig. Die Ordnungswidrigkeit kann mit einer Geldbuße bis zu 50 000 Euro geahndet werden. Verwaltungsbehörde im Sinne des § 36 Abs. 1 Nr. 1 des Gesetzes über Ordnungswidrigkeiten ist der Wahlleiter.

2.
Stimmabgabe

§ 25

(1) Der Wähler hat eine Stimme. Er gibt seine Stimme geheim ab.

(2) Der Wähler gibt seine Stimme in der Weise ab, dass er durch ein auf den Stimmzettel gesetztes Kreuz oder auf andere Weise eindeutig kenntlich macht, welchem Bewerber sie gelten soll.

(3) Der Wähler faltet daraufhin den Stimmzettel in der Weise, dass seine Stimmabgabe nicht erkennbar ist, und wirft ihn in die Wahlurne.

(4) Der Wähler kann seine Stimme nur einmal und nur persönlich abgeben. Eine Stimmabgabe durch einen Vertreter anstelle des Wählers ist unzulässig.

(5) Ein Wähler, der des Lesens unkundig oder aufgrund einer Behinderung an der Abgabe seiner Stimme gehindert ist, kann sich hierzu der Hilfe einer anderen Person bedienen. Die Hilfeleistung ist auf technische Hilfe bei der Kundgabe einer vom Wähler selbst getroffenen und geäußerten Wahlentscheidung beschränkt. Unzulässig ist eine Hilfeleistung, die unter missbräuchlicher Einflussnahme erfolgt, die die selbstbestimmte Willensbildung oder Entscheidung des Wählers ersetzt oder verändert oder wenn ein Interessenkonflikt der Hilfsperson besteht. Die Hilfsperson ist zur Geheimhaltung der Kenntnisse verpflichtet, die sie bei der Hilfeleistung von der Wahl einer anderen Person erlangt hat. Blinde oder sehbehinderte Wähler können sich zur Kennzeichnung des Stimmzettels auch einer Stimmzettelschablone bedienen.

§ 26

(1) Bei der Briefwahl hat der Wähler dem Bürgermeister in einem verschlossenen Wahlbriefumschlag

a) seinen Wahlschein,

b) in einem besonderen verschlossenen Stimmzettelumschlag seinen Stimmzettel

so rechtzeitig zu übersenden, dass der Wahlbrief am Wahltage bis 16 Uhr bei ihm eingeht.

(2) Auf dem Wahlschein hat der Wähler oder die Hilfsperson (§ 25 Absatz 5 Satz 1) dem Bürgermeister an Eides statt zu versichern, dass der Stimmzettel persönlich oder gemäß dem erklärten Willen des Wählers gekennzeichnet worden ist. Der Bürgermeister ist zur Abnahme einer solchen Versicherung an Eides statt zuständig; er ist Behörde im Sinne des § 156 des Strafgesetzbuches.

§ 27

(1) Der Briefwahlvorstand öffnet den Wahlbrief, prüft die Gültigkeit der Stimmabgabe und legt den Stimmzettelumschlag im Falle der Gültigkeit der Stimmabgabe ungeöffnet in die Wahlurne des Wahlbezirks, der auf dem Wahlbrief bezeichnet ist.

(2) Bei der Briefwahl sind Wahlbriefe zurückzuweisen, wenn

1. der Wahlbrief nicht rechtzeitig eingegangen ist,
2. dem Wahlbriefumschlag kein oder kein gültiger Wahlschein beiliegt,
3. dem Wahlbriefumschlag kein Stimmzettelumschlag beigefügt ist,
4. weder der Wahlbriefumschlag noch der Stimmzettelumschlag verschlossen ist,
5. der Wahlbriefumschlag mehrere Stimmzettelumschläge, aber nicht eine gleiche Anzahl gültiger und mit der vorgeschriebenen Versicherung an Eides statt versehener Wahlscheine enthält,
6. der Wähler oder die Person seines Vertrauens die vorgeschriebene Versicherung an Eides statt zur Briefwahl auf dem Wahlschein nicht unterschrieben hat,
7. kein amtlicher Stimmzettelumschlag benutzt worden ist,
8. ein Stimmzettelumschlag benutzt worden ist, der offensichtlich in einer das Wahlgeheimnis gefährdenden Weise von den übrigen abweicht.

Die Einsender zurückgewiesener Wahlbriefe werden nicht als Wähler gezählt; ihre Stimmen gelten als nicht abgegeben.

(3) Die Feststellung des Briefwahlergebnisses im Wahlbezirk obliegt dem Wahlvorstand eines vom Bürgermeister bestimmten Stimmbezirks; bei Bedarf können im Wahlbezirk auch mehrere Wahlvorstände bestimmt werden. In Wahlbezirken, in denen mindestens 50 Wahlbriefe eingegangen sind, kann der Briefwahlvorstand auch das Ergebnis der Briefwahl feststellen.

(4) Die Stimmen eines Wählers, der an der Briefwahl teilgenommen hat, werden nicht dadurch ungültig, dass er vor dem oder am Wahltag stirbt oder sonst sein Wahlrecht nach § 8 verliert. Vor einem Fortzug aus dem Wahlgebiet abgegebene Stimmen werden ungültig, bei einem Wohnortwechsel innerhalb desselben Kreises auch für die Kreiswahl.

§ 28

(weggefallen)

3.

Stimmenzählung

§ 29

(1) Die Stimmenzählung erfolgt unmittelbar im Anschluß an die Wahlhandlung durch den Wahlvorstand.

(2) Bei der Stimmenzählung ist zunächst die Gesamtzahl der abgegebenen Stimmen an Hand des Wählerverzeichnisses und der eingenommenen Wahlscheine festzustellen und mit der Zahl der in den Urnen befindlichen Stimmzettel zu vergleichen. Danach wird die Zahl der gültigen Stimmen und der auf jeden Wahlvorschlag entfallenen Stimmen ermittelt.

(3) Über die Gültigkeit der Stimmen entscheidet der Wahlvorstand.

§ 30

Ungültig sind Stimmen, wenn der Stimmzettel

1. nicht amtlich hergestellt ist oder für einen anderen Wahlbezirk gültig ist,
2. keine Kennzeichnung enthält,
3. den Willen des Wählers nicht zweifelsfrei erkennen läßt,
4. einen Zusatz oder Vorbehalt enthält.

V.

WAHLSYSTEM UND VERTEILUNG DER SITZE

1.

Wahlsystem

§ 31

Jeder Wähler hat eine Stimme. Mit ihr wählt er den Vertreter im Wahlbezirk (§ 32) und, falls der Bewerber von einer Partei oder Wählergruppe aufgestellt ist, die von ihr für das Wahlgebiet aufgestellte Reserveliste. Die Sitze werden nach Maßgabe des § 33 auf die an der Listenwahl teilnehmenden Parteien und Wählergruppen entsprechend ihrem jeweiligen Anteil an der Gesamtzahl der abgegebenen gültigen Stimmen unter Anrechnung der in den Wahlbezirken errungenen Sitze verteilt.

2.

Wahl im Wahlbezirk

§ 32

Im Wahlbezirk ist derjenige Bewerber gewählt, der die meisten Stimmen auf sich vereinigt. Ein Bewerber, der seine Wählbarkeit nach der Zulassung, aber noch vor dem Wahltag verloren hat, wird nicht berücksichtigt; an seine Stelle tritt gegebenenfalls der Ersatzbewerber. Bei Stimmengleichheit entscheidet das vom Wahlleiter zu ziehende Los.

3.
Wahl aus der Reserveliste

§ 33

(1) Der Wahlausschuss zählt zunächst die für alle Bewerber abgegebenen gültigen Stimmen, nach Parteien, Wählergruppen und Einzelbewerbern getrennt, zusammen (Gesamtstimmenzahl). Durch Abzug der Stimmen der Parteien und Wählergruppen, für die keine Reserveliste zugelassen worden ist, und der Stimmen der Einzelbewerber von der Gesamtstimmenzahl wird die bereinigte Gesamtstimmenzahl gebildet.

(2) Von der gemäß § 3 in jedem Wahlgebiet zu wählenden Gesamtzahl von Vertretern wird die Zahl der erfolgreichen Wahlbezirksbewerber abgezogen, die als Einzelbewerber aufgetreten oder von einer nach Absatz 1 Satz 2 nicht zu berücksichtigenden Partei oder Wählergruppe vorgeschlagen sind. Von der so gebildeten Ausgangszahl werden den am Verhältnisausgleich teilnehmenden Parteien und Wählergruppen nach dem Divisorverfahren mit Standardrundung so viele Sitze zugeteilt, wie ihnen im Verhältnis der auf ihre Reserveliste entfallenen Stimmenzahlen zur bereinigten Gesamtstimmenzahl nach Absatz 1 zustehen (erste Zuteilungszahl). Jede Partei oder Wählergruppe erhält so viele Sitze, wie sich nach Teilung ihrer Stimmen durch den Zuteilungsdivisor und anschließender Rundung ergeben. Der Zuteilungsdivisor ist so zu bestimmen, dass insgesamt so viele Sitze wie nach der Ausgangszahl auf die Reservelisten entfallen. Bei der Rundung sind Zahlenbruchteile unter 0,5 auf die darunter liegende Zahl abzurunden und Zahlenbruchteile ab 0,5 auf die darüber liegende Zahl aufzurunden. Kommt es bei Berücksichtigung von bis zu vier Stellen nach dem Komma zu Rundungsmöglichkeiten mit gleichen Zahlenbruchteilen, entscheidet das vom Wahlleiter zu ziehende Los. Zur Ermittlung des Zuteilungsdivisors ist die Gesamtstimmenzahl durch die Ausgangszahl zu teilen.

Falls nach dem sich so ergebenden Divisor bei Rundung insgesamt weniger Sitze als nach der Ausgangszahl vergeben würden, ist der Divisor auf den nächstfolgenden Divisor, der bei Rundung die Ausgangszahl ergibt, herunterzusetzen; würden insgesamt mehr Sitze als nach der Ausgangszahl vergeben, ist der Divisor auf den nächstfolgenden Divisor, der bei Rundung die Ausgangszahl ergibt, heraufzusetzen.

(3) Hat mindestens eine Partei oder Wählergruppe mehr Sitze in den Wahlbezirken errungen, als ihr nach Absatz 2 zusteht, wird die Ausgangszahl um so viele Sitze erhöht, wie notwendig sind, um bei erneuter Berechnung nach Absatz 2 mit den Stimmenzahlen der Parteien und Wählergruppen, denen nach Absatz 2 mindestens ein Sitz zusteht, unter Berücksichtigung der erzielten Mehrsitze eine Sitzverteilung nach dem Verhältnis dieser Stimmenzahlen zu erreichen. Dazu wird die Zahl der in den Wahlbezirken errungenen Sitze der Partei oder Wählergruppe, die das günstigste Verhältnis dieser Sitzzahl zur ersten Zuteilungszahl erreicht hat, mit der Gesamtstimmenzahl der nach Absatz 1 am Verhältnisausgleich noch teilnehmenden Parteien und Wählergruppen multipliziert und durch die Stimmenzahl dieser Partei oder Wählergruppe dividiert. Die zweite Ausgangszahl für die Sitzzuteilung ist mit einer Stelle nach dem Komma zu berechnen und auf eine ganze Zahl nach Absatz 2 Satz 5 auf- oder abzurunden.

Ist durch die erhöhte Ausgangszahl die Gesamtzahl der Sitze eine ungerade Zahl, wird diese Ausgangszahl um eins erhöht. Erhält mindestens eine Partei oder Wählergruppe bei der Berechnung der erhöhten Ausgangszahl nicht eine Sitzzahl, die der Zahl ihrer erfolgreichen Wahlbezirksbewerber entspricht, wird die erhöhte Ausgangszahl um zwei erhöht, bis die Zahl der Listenmandate nach erneuter Berechnung gemäß Absatz 2 erstmals der Zahl ihrer erfolgreichen Wahlbezirksbewerber entspricht oder diese übersteigt.

(4) Erhält bei der Verteilung der Sitze nach Absatz 2 eine Partei oder Wählergruppe, die mehr als die Hälfte der gültigen Stimmen erhalten hat, nicht mehr als die Hälfte der

insgesamt zu vergebenden Sitze, wird ihr vorab ein weiterer Sitz zugeteilt (Zusatzmandat). Von den anderen Parteien oder Wählergruppen erhält diejenige mit dem niedrigsten Zahlenbruchteil ab 0,5 einen Sitz weniger als nach Absatz 2. Betragen die Zahlenbruchteile sämtlich weniger als 0,5, erhält die Partei oder Wählergruppe einen Sitz weniger, die bei einer erneuten Berechnung nach Absatz 2 mit der Gesamtstimmenzahl und der Gesamtsitzzahl der verbleibenden Parteien und Wählergruppen den niedrigsten Zahlenbruchteil erreicht. Bei gleichen zu berücksichtigenden Zahlenbruchteilen bis zu vier Stellen nach dem Komma entscheidet das vom Wahlleiter zu ziehende Los.

(5) Parteien und Wählergruppen, die weniger Sitze in den Wahlbezirken errungen haben, als ihre Sitzzahl beträgt, erhalten die fehlenden Sitze aus der Reserveliste.

(6) Die Sitze werden aus den Reservelisten in der dort festgelegten Reihenfolge besetzt. § 32 Satz 2 gilt entsprechend. Bewerber, die in einem Wahlbezirk gewählt sind, bleiben hierbei unberücksichtigt. Entfallen auf eine Partei oder Wählergruppe mehr Sitze, als Bewerber auf der Reserveliste benannt sind, so bleiben diese Sitze unbesetzt.

4.
Feststellung des Wahlergebnisses

§ 34

(1) Der Wahlausschuß stellt fest, wieviel Stimmen für die Bewerber in den Wahlbezirken und für die Parteien und Wählergruppen abgegeben worden sind und welche Bewerber in den Wahlbezirken und aus den Reservelisten gewählt sind.

(2) Der Wahlausschuß ist an die vom Wahlvorstand getroffenen Entscheidungen gebunden, jedoch berechtigt, Rechenfehler zu berichtigen.

§ 35

(1) Der Wahlleiter benachrichtigt durch Zustellung die in den Wahlbezirken und aus den Reservelisten gewählten Bewerber über die Feststellung nach § 34 Absatz 1.

(2) Der Wahlleiter gibt die Namen der in den Wahlbezirken und aus den Reservelisten gewählten Bewerber öffentlich bekannt.

§ 36

Ein gewählter Bewerber erwirbt die Mitgliedschaft in der Vertretung mit der Feststellung seiner Wahl nach § 34 Absatz 1, nicht jedoch vor Ablauf der Wahlperiode der alten Vertretung. Wer die Annahme der Wahl im Wahlbezirk ablehnt, scheidet auch als Bewerber der Reserveliste aus.

VI.
WAHLPRÜFUNG, AUSSCHEIDEN UND ERSATZ VON VERTRETERN

1.
Mandatsverlust

§ 37

Ein Vertreter verliert seinen Sitz

1. durch Verzicht,

2. durch nachträglichen Verlust der Wählbarkeit,
3. durch ein Parteiverbot gemäß Artikel 21 des Grundgesetzes, durch eine Entscheidung nach Artikel 9 Abs. 2 des Grundgesetzes und durch eine Entscheidung nach Artikel 32 Abs. 2 der Landesverfassung (§ 46 Abs. 1 und 3),
4. durch Ungültigkeit seiner Wahl gemäß einer Entscheidung im Wahlprüfungsverfahren,
5. durch nachträgliche Feststellung eines Hindernisses für die gleichzeitige Zugehörigkeit zu einer Vertretung (§ 13 Abs. 3 Satz 2 und 3, Abs. 4 und Abs. 6 Satz 3),
6. durch Annahme der Wahl zum Bürgermeister oder Landrat der Gebietskörperschaft, deren Vertretung er angehört.

§ 38

Der Verzicht ist nur wirksam, wenn er dem Wahlleiter oder einem von ihm Beauftragten zur Niederschrift erklärt wird. Der Verzicht kann mit Wirkung ab einem bestimmten späteren Zeitpunkt erklärt werden; er kann nicht widerrufen werden.

2. Wahlprüfung

§ 39

(1) Gegen die Gültigkeit der Wahl können

jeder Wahlberechtigte des Wahlgebiets,

die für das Wahlgebiet zuständige Leitung solcher Parteien und Wählergruppen, die an der Wahl teilgenommen haben, sowie

die Aufsichtsbehörde

binnen eines Monats nach Bekanntgabe des Wahlergebnisses Einspruch erheben, wenn sie eine Entscheidung über die Gültigkeit der Wahl gemäß § 40 Abs. 1 Buchstaben a bis c für erforderlich halten. Werden der Aufsichtsbehörde nach Ablauf der Frist des Absatzes 1 in amtlicher Eigenschaft Umstände bekannt, aufgrund derer diese eine Entscheidung über die Gültigkeit der Wahl gemäß § 40 Absatz 1 Buchstabe a bis c für erforderlich hält, kann diese innerhalb eines Monats nach Bekanntwerden dieser Umstände Einspruch einlegen. Der Einspruch ist bei dem Wahlleiter schriftlich einzureichen oder mündlich zur Niederschrift zu erklären.

(2) Gegen die von den Wahlbehörden bei der Vorbereitung der Wahl oder bei der Wahlhandlung getroffenen Entscheidungen kann Einspruch gemäß Absatz 1 eingelegt werden, um eine Entscheidung über die Gültigkeit der Wahl gemäß § 40 Abs. 1 herbeizuführen. § 9 Abs. 3 Satz 2, § 11, § 18 Abs. 4 bleiben unberührt.

§ 40

(1) Die neue Vertretung hat nach Vorprüfung durch einen hierfür gewählten Ausschuß unverzüglich über die Einsprüche sowie über die Gültigkeit der Wahl von Amts wegen in folgender Weise zu beschließen:

a) Wird die Wahl wegen mangelnder Wählbarkeit eines Vertreters für ungültig erachtet, so ist das Ausscheiden dieses Vertreters anzuordnen.
b) Wird festgestellt, daß bei der Vorbereitung der Wahl oder bei der Wahlhandlung Unregelmäßigkeiten vorgekommen sind, die im jeweils vorliegenden Einzelfall auf das Wahlergebnis im Wahlbezirk oder auf die Zuteilung der Sitze aus der Reservelis-

te von entscheidendem Einfluß gewesen sein können, so ist die Wahl in dem aus § 42 Abs. 1 ersichtlichen Umfang für ungültig zu erklären und dementsprechend eine Wiederholungswahl anzuordnen (§ 42).

c) Wird die Feststellung des Wahlergebnisses für ungültig erklärt, so ist sie aufzuheben und eine Neufeststellung anzuordnen (§ 43). Ist die Neufeststellung nicht möglich, weil die Wahlunterlagen verlorengegangen sind oder wesentliche Mängel aufweisen, und kann dies im jeweils vorliegenden Einzelfall auf das Wahlergebnis im Wahlbezirk oder auf die Zuteilung der Sitze aus der Reserveliste von entscheidendem Einfluß sein, so gilt Buchstabe b entsprechend.

d) Wird festgestellt, daß keiner der unter Buchstaben a bis c genannten Fälle vorliegt, so ist die Wahl für gültig zu erklären.

(2) Die Mitglieder der Vertretung sind auch dann nicht gehindert, an der Entscheidung gemäß Absatz 1 mitzuwirken, wenn sich die Feststellungen im Einzelfall auf ihre Wahl erstrecken.

(3) Die Vertreter scheiden aus, sobald der Beschluß der Vertretung unanfechtbar geworden oder im verwaltungsgerichtlichen Verfahren rechtskräftig bestätigt ist. Die Rechtswirksamkeit ihrer bisherigen Tätigkeit wird durch das Ausscheiden nicht berührt.

(4) Die Vertretung kann mit einer Mehrheit von zwei Dritteln ihrer Mitglieder beschließen, daß ein Mitglied, dessen Wahl für ungültig erklärt ist, bis zur Unanfechtbarkeit des Beschlusses der Vertretung bzw. bis zur Rechtskraft der verwaltungsgerichtlichen Entscheidung nicht an der Arbeit der Vertretung teilnehmen darf.

§ 41

(1) Gegen den Beschluss der Vertretung nach § 40 Absatz 1 kann binnen eines Monats nach Bekanntgabe Klage erhoben werden. Die Klage steht auch der Aufsichtsbehörde zu. Ein Vorverfahren nach dem 8. Abschnitt der Verwaltungsgerichtsordnung findet nicht statt. Im Fall der Ungültigkeitserklärung der Wahl durch die Vertretung steht auch einer Partei oder Wählergruppe, die keinen Einspruch eingelegt hat, die Klagebefugnis zu.

(2) Das Verwaltungsgericht kann auf Antrag des Klägers den gemäß § 40 Absatz 4 ergangenen Beschluss durch einstweilige Anordnung aufheben oder, falls ein solcher Beschluss nicht gefasst worden ist, auf Antrag von mindestens einem Viertel der Mitglieder der Vertretung eine Anordnung gemäß § 40 Absatz 4 treffen.

§ 42

(1) Sind in einem Stimmbezirk Unregelmäßigkeiten gemäß § 40 Absatz 1 Buchstabe b vorgekommen, so ist die Wahl im ganzen Wahlbezirk zu wiederholen. Erstrecken sich die Unregelmäßigkeiten auf mehr als die Hälfte der Wahlbezirke, so ist die Wahl im ganzen Wahlgebiet zu wiederholen.

(2) Bei der Wiederholungswahl wird, vorbehaltlich einer anderen Entscheidung im Wahlprüfungsverfahren, nach denselben Wahlvorschlägen und, wenn seit der Hauptwahl noch nicht sechs Monate verflossen sind, auf Grund derselben Wählerverzeichnisse gewählt, wie bei der für ungültig erklärten Wahl.

(3) Die Verteilung der Sitze aus den Reservelisten ist nach den Ergebnissen der Wiederholungswahl neu zu berechnen.

(4) Wiederholungswahlen müssen baldmöglich stattfinden, spätestens innerhalb von vier Monaten, nachdem der Beschluss der Vertretung unanfechtbar geworden oder im verwaltungsgerichtlichen Verfahren rechtskräftig bestätigt ist. Ist die Wahl nur teilweise für ungültig erklärt worden, so unterbleibt die Wiederholungswahl, wenn feststeht, dass innerhalb von neun Monaten eine neue Vertretung im Rahmen der allgemeinen Kommu-

nalwahlen gewählt wird. Den Tag der Wiederholungswahl und die für ihre Vorbereitung maßgeblichen Fristen und Termine bestimmt die Aufsichtsbehörde.

(5) Wenn eine im ganzen Wahlgebiet erforderliche Wiederholungswahl nicht innerhalb eines Jahres nach der für ungültig erklärten Wahl durchgeführt wird, so findet spätestens innerhalb von vier Monaten, nachdem der Beschluss der Vertretung unanfechtbar geworden oder im verwaltungsgerichtlichen Verfahren rechtskräftig bestätigt ist, eine Neuwahl für den Rest der Wahlperiode statt, sofern nicht innerhalb von neun Monaten eine neue Vertretung im Rahmen der allgemeinen Kommunalwahlen gewählt wird. Den Tag der Neuwahl und die für ihre Vorbereitung maßgeblichen Fristen und Termine bestimmt die Aufsichtsbehörde.

§ 43

(1) Ist der Beschluß über die Neufeststellung des Wahlergebnisses gemäß § 40 Abs. 1 Buchstabe c unanfechtbar geworden oder im verwaltungsgerichtlichen Verfahren rechtskräftig bestätigt, so hat der von der neuen Vertretung gewählte Wahlausschuß das Ergebnis neu festzustellen. Er ist hierbei an die Grundsätze der Entscheidung gemäß Satz 1 gebunden.

(2) Das Wahlergebnis ist vom Wahlleiter neu bekanntzumachen. Auf seine Nachprüfung finden die Vorschriften der §§ 39 bis 41 Anwendung.

§ 44

(1) Die Vertretung entscheidet darüber, ob ein Vertreter seinen Sitz verloren hat, weil die Voraussetzungen seiner Wählbarkeit nach der Wahl weggefallen sind oder von Anfang an nicht bestanden haben, sofern der Mangel nicht bereits im Verfahren nach § 39 Absatz 1 und § 40 Absatz 1 Buchstabe a zum Sitzverlust geführt hat; § 39 Absatz 1, § 40 Absatz 2 bis 4 und § 41 finden entsprechende Anwendung.

(2) Die allgemeinen Vorschriften des kommunalen Verfassungsrechts über das Beanstandungsrecht des Bürgermeisters oder Landrates und über die Befugnisse der Aufsichtsbehörden bleiben unberührt.

3.
Ersatzbestimmung von Vertretern

§ 45

(1) Wenn ein gewählter Bewerber stirbt oder die Annahme der Wahl ablehnt oder wenn ein Vertreter stirbt oder sonst aus der Vertretung ausscheidet, wird der Sitz aus der Reserveliste der Partei oder Wählergruppe besetzt, für die der Ausgeschiedene bei der Wahl angetreten war. Ein späterer Wechsel des Ausgeschiedenen zu einer anderen Partei oder Wählergruppe ist unbeachtlich.

(2) An die Stelle des nach Absatz 1 Satz 1 Ausgeschiedenen tritt der für ihn in der Reserveliste benannte Ersatzbewerber, falls ein solcher nicht benannt ist, der in der Reserveliste folgende nächste Bewerber. Wenn dieser Ersatzbewerber oder Bewerber die Wählbarkeit verloren hat, gestorben ist oder die Annahme der Wahl abgelehnt hat, gilt Satz 1 entsprechend.

(3) Nicht berücksichtigt werden Bewerber auf der Reserveliste, die aus der Partei oder Wählergruppe ausgeschieden sind, für die sie bei der Wahl kandidiert hatten, oder die in der nach § 38 vorgesehenen Form auf ihre Anwartschaft verzichtet haben. Gleiches gilt

für Bewerber, die die Annahme der Wahl im Wahlbezirk oder die Wahl aus der Reserveliste abgelehnt haben.

(4) Bei der Nachfolge unberücksichtigt bleibt zudem ein Ersatzbewerber, der ausschließlich für einen im Wahlbezirk aufgestellten, aber dort nicht direkt, sondern über die Reserveliste gewählten Bewerber benannt wurde.

(5) Ist der nach Absatz 1 Satz 1 Ausgeschiedene bei der Wahl nicht als Bewerber einer Partei oder Wählergruppe angetreten oder ist deren Reserveliste erschöpft, bleibt ein frei gewordener Sitz unbesetzt. Die gesetzliche Mitgliederzahl der Vertretung vermindert sich entsprechend.

(6) Der Wahlleiter stellt unverzüglich nach Ausscheiden des bisherigen Vertreters den Listennachfolger oder das Freibleiben des Sitzes fest. Der Wahlleiter benachrichtigt den Listennachfolger und fordert ihn auf, binnen einer Woche nach Zustellung schriftlich zu erklären, ob er die Wahl annimmt. Der Listennachfolger erwirbt die Mitgliedschaft in der Vertretung, sobald die auf die Benachrichtigung nach Satz 2 erfolgende Annahmeerklärung beim Wahlleiter eingeht, nicht jedoch vor dem Zeitpunkt des Ausscheidens des Mandatsträgers, dem er nachfolgt. Gibt der Listennachfolger bis zum Ablauf der gesetzten Frist keine Erklärung ab, so gilt die Wahl zu diesem Zeitpunkt als angenommen. Eine Erklärung unter Vorbehalt gilt als Ablehnung. Eine Ablehnung kann nicht widerrufen werden. Der Wahlleiter macht die Feststellung des Listennachfolgers oder das Freibleiben des Sitzes öffentlich bekannt. § 39 Absatz 1, § 40 Absatz 3 und § 41 finden mit der Maßgabe entsprechende Anwendung, dass an die Stelle des Beschlusses der Vertretung die Entscheidung des Wahlleiters tritt.

4.
Folgen des Verbots einer Partei oder Wählergruppe

§ 46

(1) Wird eine Partei oder die Teilorganisation einer Partei durch das Bundesverfassungsgericht gemäß Artikel 21 des Grundgesetzes für verfassungswidrig erklärt, so verlieren die Vertreter, die dieser Partei oder Teilorganisation zur Zeit der Antragstellung oder der Verkündung des Urteils angehören, ihren Sitz.

(2) Die nach Absatz 1 freigewordenen Sitze bleiben unbesetzt; die gesetzliche Mitgliederzahl der Vertretung vermindert sich entsprechend. Dies gilt nicht, wenn die Vertreter auf Grund eines Wahlvorschlags einer nicht für verfassungswidrig erklärten Partei oder Wählergruppe gewählt waren; in diesem Falle rücken Vertreter aus der Reserveliste gemäß § 45 nach.

(3) Absatz 1 und 2 finden sinngemäß Anwendung, wenn eine Partei oder Wählergruppe als Ersatzorganisation einer für verfassungswidrig erklärten Partei festgestellt, wenn eine Wählergruppe nach Artikel 9 Abs. 2 des Grundgesetzes verboten oder wenn eine Entscheidung nach Artikel 32 Abs. 2 der Landesverfassung getroffen ist.

(4) Den Verlust der Mitgliedschaft nach Absatz 1 oder 3 stellt der Wahlleiter fest. § 45 Abs. 2 findet Anwendung.

VI.A
WAHL DER BEZIRKSVERTRETUNGEN

§ 46a

(1) Auf die Wahl der Bezirksvertretungen in den kreisfreien Städten finden die Vorschriften dieses Gesetzes entsprechende Anwendung, soweit sich nicht aus den Absätzen 2 bis 6 etwas anderes ergibt.

(2) Die für die Wahl des Rates zuständigen Wahlorgane führen die Wahl der Bezirksvertretungen durch.

(3) Die Wahl der Bezirksvertretungen erfolgt nach den Grundsätzen der Verhältniswahl nach Listenwahlvorschlägen. Der Wähler hat eine Stimme, die er für eine Liste abgeben kann.

(4) Wahlberechtigt für die Wahl der Bezirksvertretung eines Stadtbezirks ist, wer in diesem Stadtbezirk für die Wahl des Rates wahlberechtigt ist. Wählbar für die Bezirksvertretung sind alle nach Satz 1 Wahlberechtigten, die das 18. Lebensjahr vollendet haben und die übrigen Voraussetzungen des § 12 erfüllen, sowie – bei Fehlen eines entsprechenden Wohnsitzes im Stadtbezirk – die Wahlberechtigten, die in einem Gemeindewahlbezirk des Stadtbezirks als Bewerber für die Wahl des Rates aufgestellt sind.

(5) Listenwahlvorschläge können von Parteien und Wählergruppen eingereicht werden. § 16 findet entsprechende Anwendung mit der Maßgabe, dass der Listenwahlvorschlag von der für das Gebiet der kreisfreien Stadt zuständigen Leitung der Partei oder Wählergruppe unterzeichnet sein muss, dass die Zahl der nach § 16 Absatz 1 Satz 3 erforderlichen Unterschriften von Wahlberechtigten höchstens 50 beträgt und dass ein Bewerber, unbeschadet seiner Bewerbung für die Wahl des Rates, nur in einem Listenwahlvorschlag benannt werden darf. Als Bewerber in einem Listenwahlvorschlag kann nur benannt werden, wer in einer Mitglieder-, Vertreter- oder Wahlberechtigtenversammlung im Gebiet der kreisfreien Stadt oder des Stadtbezirks hierzu gewählt worden ist.

(6) Für die Sitzverteilung zählt der Wahlausschuss zunächst die für alle Listenwahlvorschläge abgegebenen gültigen Stimmen, nach Parteien und Wählergruppen getrennt, zusammen (Gesamtstimmenzahl). Er stellt dann fest, welche Parteien und Wählergruppen weniger als 2,5 Prozent der Gesamtstimmenzahl erhalten haben. Listenwahlvorschläge, die weniger als 2,5 Prozent der Gesamtstimmenzahl erhalten haben, bleiben bei der Sitzverteilung für die Bezirksvertretung unberücksichtigt. Durch Abzug der für diese Listenwahlvorschläge abgegebenen Stimmen von der Gesamtstimmenzahl wird die bereinigte Gesamtstimmenzahl gebildet, die für die anschließende Sitzverteilung maßgeblich ist.

(7) Die Sitze in der Bezirksvertretung werden entsprechend § 33 Absatz 2 Satz 2 bis 8 auf die Parteien und Wählergruppen verteilt. Entfällt bei dieser Sitzverteilung auf den Listenwahlvorschlag einer Partei oder Wählergruppe, die im Stadtbezirk 5 vom Hundert oder mehr der Gesamtstimmenzahl erhalten hat, kein Sitz, so ist die Sitzverteilung mit einer jeweils um 2 erhöhten Gesamtsitzzahl so oft zu wiederholen, bis auf den Listenwahlvorschlag einer solchen Partei oder Wählergruppe mindestens ein Sitz entfallen ist. Die so geänderte Gesamtsitzzahl tritt an die Stelle der satzungsmäßigen Sitzzahl der Bezirksvertretung.

VI.B

WAHL DER BÜRGERMEISTER UND LANDRÄTE

§ 46b

Auf die Wahl sowie die Abwahl der Bürgermeister gemäß den §§ 65 und 66 der Gemeindeordnung und der Landräte gemäß den §§ 44 und 45 der Kreisordnung finden die Vorschriften dieses Gesetzes entsprechende Anwendung, soweit sich nicht aus den §§ 46 c bis 46e oder aus der Gemeindeordnung, der Kreisordnung und dem Landesbeamtengesetz etwas anderes ergibt.

§ 46c

(1) Jeder Wähler hat für jede Wahl eine Stimme. Als Bürgermeister oder Landrat ist gewählt, wer mehr als die Hälfte der gültigen Stimmen erhalten hat. Gibt es nur einen zugelassenen Wahlvorschlag, ist der Bewerber gewählt, wenn sich die Mehrheit der Wähler für ihn entschieden hat.

(2) Erhält von mehreren Bewerbern keiner mehr als die Hälfte der gültigen Stimmen, findet am zweiten Sonntag nach der Wahl eine Stichwahl unter den beiden Bewerbern statt, die bei der ersten Wahl die höchsten Stimmenzahlen erhalten haben. Die Aufsichtsbehörde kann einen anderen Termin der Stichwahl festsetzen, wenn besondere Umstände es erfordern. Es wird auf Grund desselben Wählerverzeichnisses gewählt wie bei der ersten Wahl. Bei Stimmengleichheit entscheidet das vom Wahlleiter zu ziehende Los darüber, wer an der Stichwahl teilnimmt. Bei der Stichwahl ist der Bewerber gewählt, der von den gültigen Stimmen die höchste Stimmenzahl erhält. Bei gleicher Stimmenzahl entscheidet das vom Wahlleiter zu ziehende Los.

(3) Scheidet einer der beiden Bewerber vor der Stichwahl durch Tod oder Verlust der Wählbarkeit aus, ist die Wahl insgesamt zu wiederholen. Die Partei oder Wählergruppe, die den betreffenden Bewerber vorgeschlagen hatte, kann einen neuen Wahlvorschlag einreichen. § 20 Absatz 2 Satz 2 gilt entsprechend. Im Übrigen findet die Wahl auf denselben Grundlagen und nach denselben Vorschriften wie die erste Wahl statt.

(4) § 4 ist nicht entsprechend anzuwenden. Abweichend von § 10 Abs. 3 können Inhaber eines Wahlscheins in jedem Stimmbezirk des Wahlgebiets wählen.

§ 46d

(1) Jeder Wahlvorschlag darf nur einen Bewerber enthalten. Wer gemäß der Gemeindeordnung oder gemäß der Kreisordnung wählbar ist, kann sich selbst vorschlagen; für einen solchen Vorschlag gelten die Regelungen für Einzelbewerber entsprechend. § 15 Absatz 2 Satz 3 findet mit der Maßgabe Anwendung, dass die dort genannten Wahlvorschläge von mindestens fünfmal, für die Wahl in Gemeinden bis zu 10000 Einwohnern von mindestens dreimal soviel Wahlberechtigten, wie die Vertretung Mitglieder hat, persönlich und handschriftlich unterzeichnet sein müssen; dies gilt nicht, wenn der bisherige Bürgermeister oder Landrat als Bewerber vorgeschlagen wird.

(2) Bewerber können nicht gleichzeitig für die Wahl zum Bürgermeister oder Landrat in mehreren Gemeinden und Kreisen kandidieren.

(3) Gemeinsame Wahlvorschläge sind zulässig. Wird eine Person von mehreren Parteien oder Wählergruppen als gemeinsamer Bewerber benannt, ist sie hierzu in geheimer Abstimmung entweder in einer gemeinsamen Versammlung oder in getrennten Versammlungen der Wahlvorschlagsträger zu wählen. Die Wahlvorschlagsträger des gemeinsamen Wahlvorschlags dürfen keinen anderen als den gemeinsamen Bewerber wählen und zur Wahl vorschlagen.

(4) Ein gemeinsamer Wahlvorschlag mehrerer Parteien oder Wählergruppen muss von den für das Wahlgebiet zuständigen Leitungen aller beteiligten Parteien oder Wählergruppen unterzeichnet sein und soll anschließend von allen Trägern des Wahlvorschlags gemeinsam eingereicht werden. Jeder Träger eines gemeinsamen Wahlvorschlags soll eine Vertrauensperson und eine stellvertretende Vertrauensperson benennen. Die Zurücknahme oder Änderung eines gemeinsamen Wahlvorschlags nach § 20 setzt eine gemeinsame schriftliche Erklärung der Vertrauensperson und der stellvertretenden Vertrauensperson aller Wahlvorschlagsträger voraus. Erklären die Vertrauensperson und die stellvertretende Vertrauensperson nur eines der beteiligten Träger vor der Entscheidung über die Zulassung die Rücknahme des Wahlvorschlags, bleibt dieser als Wahlvorschlag der übrigen Träger oder des anderen Trägers erhalten.

(5) Sind an einem gemeinsamen Wahlvorschlag Parteien oder Wählergruppen beteiligt, die bei der letzten Wahl zur Vertretung des Wahlgebiets Stimmen erhalten haben, wird der gemeinsame Wahlvorschlag auf dem Stimmzettel aufgrund des Ergebnisses der Partei oder Wählergruppe eingereiht, die die höchste Stimmenzahl erreicht hatte. Innerhalb dieses gemeinsamen Wahlvorschlags werden die Parteien oder Wählergruppen auf dem Stimmzettel in der Reihenfolge der Stimmenzahl bei der letzten Wahl zur Vertretung des Wahlgebiets aufgeführt. Beteiligte Parteien oder Wählergruppen ohne Stimmen bei der letzten Vertretungswahl folgen in alphabetischer Reihenfolge der Namen der Parteien oder Wählergruppen. Andere gemeinsame Wahlvorschläge werden auf dem Stimmzettel in alphabetischer Reihenfolge nach den Wahlvorschlägen von Trägern mit Stimmen bei der letzten Wahl zur Vertretung des Wahlgebiets berücksichtigt. Maßgeblich für ihre Einreihung ist der Anfangsbuchstabe des Namens der Partei oder Wählergruppe, die in dem gemeinsamen Wahlvorschlag alphabetisch an erster Stelle steht. Innerhalb dieses gemeinsamen Wahlvorschlags werden die Parteien oder Wählergruppen auf dem Stimmzettel in alphabetischer Reihenfolge der Namen der Parteien oder Wählergruppen aufgeführt.

(6) Die Abstimmung über die Abwahl eines Bürgermeisters oder eines Landrates muss baldmöglichst, spätestens innerhalb von drei Monaten nach dem Beschluss des Rates gemäß der Gemeindeordnung oder des Kreistages gemäß der Kreisordnung zur Einleitung des Abwahlverfahrens stattfinden. Den Tag der Abstimmung sowie die für ihre Vorbereitung maßgeblichen Fristen und Termine bestimmt die Vertretung.

(7) Wird die Bürgermeister- oder Landratswahl für ungültig erklärt, findet abweichend von § 42 eine Neuwahl statt. § 65 der Gemeindeordnung beziehungsweise § 44 der Kreisordnung finden entsprechende Anwendung.

§ 46e

(1) Der Bürgermeister oder der Landrat darf an der Beratung und Entscheidung der Vertretung über die Gültigkeit seiner Wahl oder Abwahl (§ 40) nicht mitwirken.

(2) Nach der Gemeindeordnung oder Kreisordnung wählbare Bewerber für das Amt des Bürgermeisters oder des Landrats können auch dann gegen die Gültigkeit der Wahl binnen eines Monats nach Bekanntgabe des Wahlergebnisses Einspruch erheben, wenn sie nicht wahlberechtigt gemäß § 7 sind.

VI.C
WAHL DER VERBANDSVERSAMMLUNG DES REGIONALVERBANDS RUHR

§ 46f

Auf die Wahl der stimmberechtigten Mitglieder der Verbandsversammlung des Regionalverbands Ruhr gemäß § 10 Absatz 1 und 2 des Gesetzes über den Regionalverband Ruhr finden die Vorschriften dieses Gesetzes entsprechende Anwendung, soweit sich nicht aus den §§ 46g bis 46k oder aus dem Gesetz über den Regionalverband Ruhr etwas anderes ergibt.

§ 46g

(1) Wahlleiter für die Wahl der Verbandsversammlung im Wahlgebiet des Regionalverbands Ruhr ist der Regionaldirektor, stellvertretender Wahlleiter ist sein Vertreter im Amt. Bewirbt sich der Regionaldirektor oder sein Vertreter im Amt um das Amt eines Bürgermeisters oder eines Landrats im Wahlgebiet des Regionalverbands Ruhr, kann er ab seiner Aufstellung nicht Wahlleiter oder stellvertretender Wahlleiter für die Wahl der Verbandsversammlung des Regionalverbands Ruhr sein. An seine Stelle tritt der jeweilige Vertreter im Amt.

(2) Der Wahlausschuss für die Wahl der Verbandsversammlung des Regionalverbands Ruhr besteht aus dem Wahlleiter nach Absatz 1 als Vorsitzendem und zehn Beisitzern, die die Verbandsversammlung des Regionalverbands Ruhr wählt. Eine Benennung oder Bestellung weiterer Mitglieder ist nicht zulässig.

(3) Die für die Wahl des Rates zuständigen Wahlvorstände und Briefwahlvorstände führen im Wahlgebiet des Regionalverbands Ruhr auch die Wahl der Verbandsversammlung des Regionalverbands Ruhr durch.

§ 46h

(1) Unter Berücksichtigung der in § 10 Absatz 1 Satz 1 des Gesetzes über den Regionalverband Ruhr festgeschriebenen Mitgliederzahl findet § 3 auf die Wahl der Verbandsversammlung des Regionalverbands Ruhr keine Anwendung.

(2) Wegen der Listenwahl aller 91 Mitglieder nach § 10 Absatz 2 Satz 1 des Gesetzes über den Regionalverband Ruhr findet für die Wahl der Verbandsversammlung des Regionalverbands Ruhr eine Einteilung des Wahlgebietes in Wahlbezirke nach § 4 nicht statt.

(3) Beamte und Arbeitnehmer (soweit sie nicht überwiegend körperliche Arbeit verrichten oder sonst die Verwaltungsführung ihres Dienstherrn oder Arbeitgebers inhaltlich nicht beeinflussen können) im Dienst des Regionalverbands Ruhr können nicht gleichzeitig seiner Verbandsversammlung angehören. Gleiches gilt für Beamte und Arbeitnehmer, die im Dienst des Landes stehen und in einer staatlichen Behörde unmittelbar mit der Ausübung der allgemeinen Aufsicht oder der Sonderaufsicht über Gemeinden und Gemeindeverbände im Wahlgebiet des Regionalverbands Ruhr oder über den Regionalverband Ruhr selbst befasst sind. Im Übrigen gilt § 13 entsprechend.

(4) Der Listenwahlvorschlag einer Partei muss vom Vorstand des Landesverbands oder, wenn Landesverbände nicht bestehen, von den Vorständen der nächstniedrigen Gebietsverbände nach § 7 Absatz 2 des Parteiengesetzes, die im Bereich des Landes liegen, unterzeichnet sein, der Listenwahlvorschlag einer Wählergruppe von deren Vorstand. Maßgeblich ist der zum Zeitpunkt der Einreichung des Wahlvorschlags amtierende Vorstand. Ist die Partei oder Wählergruppe in der im Zeitpunkt der Wahlausschreibung nach § 14 Absatz 1 laufenden Wahlperiode nicht ununterbrochen in der Verbandsversammlung des Regionalverbands Ruhr, im Landtag oder auf Grund eines Wahlvorschlags aus

dem Land im Bundestag vertreten, so kann sie einen Wahlvorschlag nur einreichen, wenn sie nachweist, dass sie einen nach demokratischen Grundsätzen gewählten Vorstand, eine schriftliche Satzung und ein Programm hat und dass die Namen der Vorstandsmitglieder, die Satzung und das Programm auf geeignete Weise veröffentlicht sind. Dies gilt nicht für Parteien, die die Unterlagen gemäß § 6 Absatz 3 Satz 1 Nummer 1 und 2, Absatz 4 des Parteiengesetzes bis zum Tage der Wahlausschreibung ordnungsgemäß beim Bundeswahlleiter eingereicht haben.

(5) Der Listenwahlvorschlag einer Partei oder Wählergruppe im Sinne von Absatz 4 Satz 3 muss von mindestens 250 Wahlberechtigten aus dem Wahlgebiet des Regionalverbands Ruhr persönlich und handschriftlich unterzeichnet sein.

(6) Ein Bewerber für die Wahl zur Verbandsversammlung des Regionalverbands Ruhr darf nur in einem Listenwahlvorschlag benannt werden.

§ 46i

(1) Die Beschwerde gegen eine Entscheidung des Wahlausschusses des Regionalverbands Ruhr ist an den Landeswahlausschuss nach § 9 Absatz 2 des Landeswahlgesetzes zu richten.

(2) Die Stimmzettel für die Wahl der Verbandsversammlung des Regionalverbands Ruhr enthalten die für das Wahlgebiet zugelassenen Wahlvorschläge der Parteien und Wählergruppen mit den Namen der ersten fünf Bewerber.

(3) Die Reihenfolge der Listenwahlvorschläge auf dem Stimmzettel richtet sich bei der ersten Direktwahl der Verbandsversammlung des Regionalverbands Ruhr nach der Stimmenzahl, die die Parteien oder Wählergruppen bei der Wahl der Vertretungen der Mitgliedskörperschaften des Regionalverbands Ruhr im Jahr 2014 erreicht haben. Andere Listenwahlvorschläge schließen sich in alphabetischer Reihenfolge der Namen der Parteien oder Wählergruppen an. Bei nachfolgenden Wahlen gilt § 23 Absatz 1.

§ 46j

(1) Im Wahlgebiet des Regionalverbands Ruhr stellen die Wahlausschüsse der Gemeinden auch fest, wie viele gültige Stimmen die Listenwahlvorschläge der Parteien und Wählergruppen für die Wahl der Verbandsversammlung des Regionalverbands Ruhr in ihrer Gemeinde erhalten haben. Auf dieser Grundlage zählt der Wahlausschuss des Regionalverbands Ruhr die für alle Listenwahlvorschläge in seinem Wahlgebiet abgegebenen gültigen Stimmen, nach Parteien und Wählergruppen getrennt, zusammen (Gesamtstimmenzahl). Der Wahlausschuss des Regionalverbands Ruhr stellt zugleich fest, welche Parteien und Wählergruppen weniger als 2,5 Prozent der Gesamtstimmenzahl erhalten haben.

(2) Listenwahlvorschläge, die weniger als 2,5 Prozent der Gesamtstimmenzahl erhalten haben, bleiben bei der Sitzverteilung für die Verbandsversammlung unberücksichtigt. Durch Abzug der für diese Listenwahlvorschläge abgegebenen Stimmen von der Gesamtstimmenzahl wird die bereinigte Gesamtstimmenzahl gebildet.

(3) Den hiernach bei der Sitzverteilung zu berücksichtigenden Parteien und Wählergruppen werden nach dem Divisorverfahren mit Standardrundung so viele von den 91 Sitzen zugeteilt, wie ihnen im Verhältnis der auf ihren Listenwahlvorschlag entfallenden Stimmenzahl zur bereinigten Gesamtstimmenzahl nach Absatz 2 zustehen. Für die Berechnung gelten die Regelungen des § 33 Absatz 2 Satz 3 bis 8 sowie Absatz 4 und 6 sinngemäß.

(4) Der Wahlausschuss des Regionalverbands Ruhr stellt fest, wie viele Sitze den Parteien und Wählergruppen in der Verbandsversammlung zuzuteilen und welche Bewerber aus den Listenwahlvorschlägen gewählt sind.

(5) Ein Mitglied der Verbandsversammlung verliert seinen Sitz auch durch Annahme der Wahl zum Regionaldirektor des Regionalverbands Ruhr.

§ 46k

Sind in einer kreisangehörigen Gemeinde oder in einem Stadtbezirk einer kreisfreien Stadt im Wahlgebiet des Regionalverbands Ruhr Unregelmäßigkeiten bei der Wahl der Verbandsversammlung des Regionalverbands Ruhr im Sinne von § 40 Absatz 1 Buchstabe b vorgekommen, ist die Wahl in dieser Gemeinde oder dem betroffenen Stadtbezirk zu wiederholen. Erstrecken sich die Unregelmäßigkeiten auf Gemeinden im Wahlgebiet mit mehr als der Hälfte der Wahlberechtigten, so ist die Wahl im ganzen Wahlgebiet zu wiederholen.

VII.
SCHLUßBESTIMMUNGEN

1.
Kosten

§ 47

Jedes Wahlgebiet trägt die Kosten der Wahl seiner Vertretung. Finden Wahlen zu den Vertretungen der Gemeinden und Kreise gleichzeitig statt, so hat hinsichtlich der Kosten, die im Interesse der verschiedenen Wahlgebiete aufgewendet werden, ein billiger Ausgleich zwischen den Wahlgebieten zu erfolgen. Falls diese sich nicht einigen, entscheidet die für den Kreis zuständige Aufsichtsbehörde.

§ 48

Eine Erstattung von Wahlkampfkosten findet nicht statt.

2.
Funktionsbezeichnungen; Fristen und Termine

§ 49

(1) Die Funktionsbezeichnungen dieses Gesetzes werden in weiblicher oder männlicher Form geführt.

(2) Die in diesem Gesetz vorgesehenen Fristen und Termine verlängern oder ändern sich nicht dadurch, daß der letzte Tag der Frist oder ein Termin auf einen Sonnabend, einen Sonntag, einen gesetzlichen oder staatlich geschützten Feiertag fällt. Eine Wiedereinsetzung in den vorigen Stand ist ausgeschlossen.

3.
Wahlstatistik

§ 50

(1) Die Ergebnisse der Kommunalwahlen sind vom Landesbetrieb Information und Technik NRW (IT. NRW) statistisch auszuwerten; die Auswertung ist zu veröffentlichen.

(2) Aus den Ergebnissen der Wahlen zu den Vertretungen der Kreise und kreisfreien Städte ist vom Landesbetrieb Information und Technik NRW (IT. NRW) eine Landesstatistik auf repräsentativer Grundlage über

a) die Wahlberechtigten und ihre Beteiligung an der Wahl nach Geschlecht und Geburtsjahresgruppen,

b) die Wähler und ihre Stimmabgabe nach Geschlecht und Geburtsjahresgruppen

zu erstellen und zu veröffentlichen. Die Durchführung der Statistiken ist nur zulässig, wenn das Wahlgeheimnis gewahrt bleibt und die Feststellung des Wahlergebnisses nicht verzögert wird. Ergebnisse für einzelne Stimmbezirke dürfen nicht bekanntgegeben werden. Die Erhebung wird mit einem Auswahlsatz von höchstens 5 vom Hundert in ausgewählten Stimmbezirken durchgeführt. Die Stimmbezirke werden vom Landesbetrieb Information und Technik NRW (IT. NRW) im Einvernehmen mit dem für Inneres zuständigen Ministerium ausgewählt. Ein ausgewählter Stimmbezirk muss mindestens 400 Wahlberechtigte umfassen.

(3) Für die Erhebung nach Absatz 2 Satz 1 Buchstabe a dürfen höchstens elf Geburtsjahresgruppen gebildet werden, in denen jeweils mindestens drei Geburtsjahrgänge zusammengefasst sind. Für die Erhebung nach Absatz 2 Satz 1 Buchstabe b dürfen höchstens sechs Geburtsjahresgruppen gebildet werden, in denen mindestens neun Geburtsjahrgänge zusammengefasst sind.

(4) In Gemeinden mit einer Statistikdienststelle, die die Voraussetzungen des § 32 Abs. 2 des Datenschutzgesetzes Nordrhein-Westfalen erfüllt, kann der Bürgermeister anordnen, dass in weiteren Stimmbezirken für eigene statistische Zwecke wahlstatistische Auszählungen durchgeführt werden. Absatz 2 Satz 2, 3 und 6 sowie Absatz 3 gelten entsprechend.

4.
Wahlordnung

§ 51

(1) Das für Inneres zuständige Ministerium erlässt in der Kommunalwahlordnung die zur Ausführung dieses Gesetzes erforderlichen Vorschriften, insbesondere in

§ 2

über Bildung, Beschlussfassung und Verfahren der Wahlausschüsse und Wahlvorstände einschließlich der Briefwahlvorstände, über die Berufung in ein Wahlehrenamt, über den Ersatz von Auslagen der Inhaber von Wahlehrenämtern sowie die Pauschalierung dieses Auslagenersatzes,

§ 3

über den maßgeblichen Zeitpunkt für die Bevölkerungszahl,

§§ 4 bis 6

über die Einteilung der Stimmbezirke sowie über die Bekanntmachung der Wahlbezirke, Stimmbezirke und Wahlräume,

§ 9

über die Ausgabe von Wahlscheinen,

§§ 10 und 11

über Führung der Wählerverzeichnisse und Einsichtnahme in diese, über die Eintragung auf Antrag sowie über das Verfahren bei Einsprüchen und über die Benachrichtigung der Wahlberechtigten,

§§ 14, 21, 22 und 42

über die Durchführung von einzelnen Neuwahlen, Nachwahlen und Wiederholungswahlen; dabei bestimmt er, inwieweit Wahlvorschläge geändert oder durch neue ersetzt werden dürfen, wenn die Entwicklung seit dem Tage der Hauptwahl dies erfordert, im Besonderen wenn ein Bewerber gestorben ist, seine Wählbarkeit verloren hat, seine Zustimmung zurückgezogen hat oder aus der Partei ausgeschieden ist, für die er bei der Wahl aufgestellt war,

§§ 15 bis 20

über Art, Einreichung und Form der Wahlvorschläge (einschließlich beizubringender Nachweise, auch hinsichtlich der nach § 15a), der Form und Art der nach § 15 Absatz 2 sowie § 46h Absatz 4 notwendigen Veröffentlichung, über die Aufstellung der Bewerber, über das Verfahren für ihre Prüfung, Zulassung und Bekanntgabe, über die Befugnisse der Vertrauenspersonen, über die Berechnung der Zahl der Wahlberechtigten im Zusammenhang mit der Unterzeichnung von Wahlvorschlägen und über die Befugnis zur Unterzeichnung von Wahlvorschlägen sowie der Erklärungen und Mitteilungen nach § 15a Absatz 1, 2 und 3, wobei ein vereinfachtes Nachweisverfahren für solche Parteien und Wählergruppen vorgesehen werden kann, die sich gleichzeitig in mehreren Wahlgebieten oder innerhalb eines Wahlgebiets in mehreren Wahlbezirken bewerben,

§ 23

über Form und Inhalt des Stimmzettels,

§ 25

über Wahlschutzvorrichtungen, Wahlurnen, die Stimmabgabe sowie die Zulassung von Wahlgeräten und die Stimmabgabe am Wahlgerät,

§§ 26 und 27

über die Briefwahl,

§ 29

über die Stimmenzählung, wobei besondere Bestimmungen über die Feststellung der am Wahlgerät abgegebenen gültigen und ungültigen Stimmen getroffen werden können,

§ 30

über die Ungültigkeit der Stimmzettel,

§ 33

über die Sitzberechnung und Verteilung der Sitze,

§§ 34 bis 36

über die Feststellung des Wahlergebnisses, die Benachrichtigung der Gewählten und die Aufbewahrung der Wahlunterlagen,

§§ 39 bis 44

über die Bekanntmachung von Entscheidungen im Wahlprüfungsverfahren,

§ 45

über die Durchführung der Ersatzbestimmung,

§ 46a

über die Wahl der Bezirksvertretungen,

§§ 46b bis 46d

über die Wahl und Abwahl der Bürgermeister und Landräte,

§§ 46 f bis 46k

über die Wahl der Verbandsversammlung des Regionalverbands Ruhr,

§ 47

über die Erstattung von Kosten, insbesondere durch Festlegung von Pauschsätzen,

§ 50

über die Wahlstatistik.

(2) In der Wahlordnung kann das Wahlverfahren in Krankenhäusern, Alten- und Pflegeheimen, Klöstern sowie in sozialtherapeutischen und Justizvollzugsanstalten unter Anpassung an die Besonderheiten dieser Einrichtungen besonders geregelt werden.

(3) In der Wahlordnung sind besondere Bestimmungen zu treffen über die gemeinsame Durchführung von Gemeinde-, Kreis-, Bürgermeister- und Landratswahlen sowie der Kommunalwahlen mit anderen Wahlen, um insbesondere die gemeinsame Benutzung der Wahlunterlagen und die Zusammenarbeit der Wahlorgane sicherzustellen.

(4) In der Wahlordnung sind besondere Bestimmungen zu treffen, in welcher Weise Wahlbekanntmachungen zu veröffentlichen und ob und in welcher Weise amtliche Vordrucke zu verwenden und von Amts wegen zu beschaffen sind.

5.
Übergangsregelungen

§ 52

(1) Für die allgemeinen Kommunalwahlen im Jahr 2025 können die Gemeinden und Kreise bis spätestens 31. August 2024 durch Satzung die Zahl der zu wählenden Vertreter um zwei, vier, sechs, acht, zehn oder zwölf, davon je zur Hälfte in Wahlbezirken, verringern. Die Zahl von 20 Vertretern darf nicht unterschritten werden.

(2) Für die allgemeinen Kommunalwahlen im Jahr 2025 kann das für Inneres zuständige Ministerium abweichend von § 46c Absatz 2 Satz 1 den Termin für etwaig notwendige Stichwahlen auf den dritten Sonntag nach der Wahl festsetzen und bekanntmachen. Die Festsetzung und Bekanntmachung nach Satz 1 kann gesondert von der Wahlausschreibung nach § 14 Absatz 1 erfolgen, spätestens jedoch bis zum Ende der Frist zur Einreichung von Wahlvorschlägen nach diesem Gesetz.

Zusatz:

(Artikel 5 des Gesetzes zur Stärkung der kommunalen Demokratie vom 9. April 2013 (GV. NRW. S. 194))

Übergangsregelungen zum Kommunalwahlgesetz, zur Gemeindeordnung, zur Kreisordnung und zum Landesbeamtengesetz
Abweichend von den nach den Artikeln 1 bis 4 dieses Gesetzes zu bestimmenden Amtszeiten und Wahltagen gelten folgende Übergangsregelungen:

§ 1

(weggefallen)

§ 2
Ende der Wahlperiode der im Jahr 2014 gewählten Vertretungen

Die Wahlperiode der im Jahr 2014 gewählten Vertretungen endet mit Ablauf des Tages vor dem Beginn der Wahlperiode der im Jahr 2020 gewählten Vertretungen. Die Wahlperiode der im Jahr 2020 gewählten Vertretungen beginnt am 1. November 2020.

§ 3

(weggefallen)

§ 4

(weggefallen)

§ 5

(weggefallen)

Gesetz
über die Kommunalwahlen
im Lande Nordrhein-Westfalen
(Kommunalwahlgesetz – KWahlG)

in der Fassung der Bekanntmachung vom 30. Juni 1998 (GV. NRW. S. 454, bereinigt S. 509 und 1999 S. 70), zuletzt geändert durch Gesetz vom 4. Juni 2025

– Kommentar –

I. ABSCHNITT:

WAHLGEBIET

1.

Geltungsbereich

§ 1

(1) Dieses Gesetz gilt für die Wahl der folgenden Vertretungen:

des Rates in den Gemeinden,

des Kreistages in den Kreisen.

Es gilt darüber hinaus für die Wahl

der Bezirksvertretungen nach Maßgabe des § 46a,

der Bürgermeister und Landräte nach Maßgabe der §§ 46b bis 46e,

der Verbandsversammlung des Regionalverbandes Ruhr nach Maßgabe der §§ 46 f bis 46 k.

(2) Das Gebiet der Körperschaft, deren Vertretung gewählt wird, bildet das Wahlgebiet. Das Wahlgebiet des Regionalverbands Ruhr erstreckt sich auf das Gebiet der dem Verband gemäß § 1 des Gesetzes über den Regionalverband Ruhr in der Fassung der Bekanntmachung vom 3. Februar 2004 (GV. NRW. S. 96) in der jeweils geltenden Fassung angehörenden Mitgliedskörperschaften.

Erläuterungen

Übersicht

1. Geltungsbereich, Absatz 1
2. Wahlgebiet, Absatz 2

1. Geltungsbereich, Absatz 1

Das Kommunalwahlgesetz regelt die Wahlen in den Gemeinden und in den Kreisen.

Das Kommunalwahlgesetz regelt allerdings, seit jeher, nicht das Wahlverfahren zu den Landschaftsversammlungen, über die in § 7b der Landschaftsverbandsordnung für das Land Nordrhein-Westfalen (LVerbO) in der Fassung vom 14.7.1994 zuletzt geändert durch Artikel 3 des Gesetzes vom 18.12.2018 (GV. NRW. S. 759, ber. 2019 S. 23), in Kraft getreten am 1.1.2019 entsprechende Bestimmungen getroffen sind. Weitere Regelungen dazu sind dem Runderlass des Ministeriums des Innern vom 19.8.2019 (MBl. NRW. 2019 S. 364) zu entnehmen.

Im Kommunalwahlgesetz wird auch nicht die Wahl zu den Vertretungen sonstiger gemeindlicher Zweckverbände, die nicht unmittelbar durch die Bürgerinnen und Bürger gewählt werden, geregelt.

Für die in aller Regel am Tag der allgemeinen Kommunalwahlen stattfindenden Wahlen der Integrationsräte, die in § 27 der Gemeindeordnung verankert ist, gelten nach § 27 Abs, 11 der Gemeindeordnung nur bestimmte Vorschriften des KWahlG entsprechend, im Übrigen aber auch die Hauptsatzungen der Kommunen. Von der Möglichkeit, durch Rechtsverordnung das Nähere über die Wahlvorschläge sowie weitere Einzelheiten über die Vorbereitung und Durchführung der Wahl sowie über die Wahlprüfung zu regeln, hat das für Kommunale zuständige Ministerium bislang nicht Gebrauch gemacht.

Die Wahl zu den Amtsvertretungen, die ursprünglich nach den Regeln des Kommunalwahlrechts durchgeführt worden war, war seinerzeit durch eine Novellierung im Jahre 1960 in § 7a der Amtsordnung zur mittelbaren Wahl umgestaltet worden. Dieser Hinweis hat indessen jetzt nur noch erinnernd-rechtshistorische Bedeutung, nachdem mit Abschluss der kommunalen Neuordnung die Ämter insgesamt abgeschafft sind und durch § 18 des Neugliederungs-Schlussgesetzes vom 26.11.1974 (GV. NRW. S. 1474/SGV. NRW. 2022) die Amtsordnung aufgehoben worden ist.

Absatz 1 Satz 2 regelt die besonderen Wahlen. Seit 1979 werden die Bezirksvertretungen (Vertretungen der Stadtbezirke in den kreisfreien Städten) in NRW unmittelbar von den Bürgerinnen und Bürgern in Form einer Listenwahl gewählt. Für die Wahl der Bezirksvertretungen, für die die allgemeinen Vorschriften des KWahlG „entsprechend" und der KWahlO – mit Ausnahme des I. Abschnitts – „sinngemäß" gelten (§ 46a Abs. 1 KWahlG, § 70 KWahlO), soweit nicht in § 46a Abs. 2 bis 6 KWahlG und in §§ 71 bis 75 KWahlO Abweichendes, auch für ihre Verbindung mit der Ratswahl, bestimmt ist.1999 wurde die Direktwahl der Bürgermeister und Landräte in das Kommunalwahlrecht eingefügt. Die allgemeinen Regelungen zur Wahl der Räte und Kreistage sind entsprechend anzuwenden. Für die Wahl der Bürgermeister und Landräte, gelten ebenfalls die Vorschriften des KWahlG entsprechend und die Vorschriften der KWahlO sinngemäß (§ 46b KWahlG, § 75a KWahlO), soweit im KWahlG und in der KWahlO dem dieser Wahl jeweils gewidmeten besonderen Abschnitt keine speziellere Regelung getroffen ist.

Anknüpfend an die bisherige Gesetzessystematik für die Wahlen zu den Bezirksvertretungen und den Wahlen der Hauptverwaltungsbeamten wurden im Rahmen des Gesetzes zur Änderung des Kommunalwahlgesetzes und weiterer wahlrechtlicher Vorschriften vom 11.4.2019 (GV. NRW. S. 202) wahlrechtliche Regelungen für die Direktwahl der Verbandsversammlung des Regionalverbandes Ruhr gemäß Absatz 1 Satz 2 die §§ 46 f bis 46k in das Kommunalwahlgesetz (KWahlG) eingefügt. Diese Vorschriften sind gesetzestechnisch im neuen Abschnitt VI.c zusammengefasst.

Die Grundsatzentscheidung zur erstmaligen Direktwahl im Rahmen der Kommunalwahl 2020 sowie die wesentlichen Grundzüge des Wahlsystems (siehe auch die Erl. zu § 46 f) wurden bereits im Gesetz zur Stärkung des Regionalverbands Ruhr vom 12.5.2015 (GV. NRW. S. 436, § 10 neu gefasst durch Artikel 2, in Kraft getreten am 1.1.2016) getroffen, so dass die Regelungen im Kommunalwahlgesetz insbesondere die organisatorischen Fragen des Wahlverfahrens an sich betreffen.

Mit der Einführung der Direktwahl der Verbandsversammlung des Regionalverbandes Ruhr ist die politische Absicht verbunden „... den Regionalverband zu einer starken regionalen Klammer für die Metropole Ruhr auszubauen. Mit der Erweiterung seiner Kompetenzen und der Möglichkeiten, für seine Mitgliedskörperschaften tätig zu werden, soll deshalb auch eine deutliche Stärkung der demokratischen Legitimation der Verbandsversammlung einhergehen." (Gesetzentwurf der Landesregierung Gesetz zur Stärkung des Regionalverbands Ruhr, LT-Drs. 16/6866, Begründung zu § 10).

In der Gesetzesbegründung wird zudem ausgeführt: *„Die Verbandsversammlung soll deshalb ab der im Jahr 2020 beginnenden Wahlperiode unmittelbar und direkt von den bei*

Kommunalwahlen wahlberechtigten Bürgerinnen und Bürgern im Verbandsgebiet gewählt werden. Mehr als das bisherige Wahlsystem ist die Direktwahl der Verbandsversammlung geeignet, ein hohes Maß an Identifikation der Bürgerinnen und Bürgern mit dem Regionalverband Ruhr bzw. mit der Metropole Ruhr als einem gemeinsamen, über die Grenzen der eigenen Gebietskörperschaft hinaus verbindenden Lebensraum zu schaffen."

Für alle Wahlen in den Gemeinden und Kreisen gelten grundsätzlich dieselben Vorschriften. Dementsprechend bezeichnen das Kommunalwahlgesetz und die Kommunalwahlordnung das Repräsentationsgremium (die sogenannte Vertretungskörperschaft) jeder dieser Gebietskörperschaften einheitlich als Vertretung, während in den kommunalen Verfassungsgesetzen terminologisch zwischen dem Rat der Gemeinde (§ 40 Abs. 2 GO) und dem Kreistag (§ 25 KrO) wie auch der Bezirksvertretung (§ 36 GO) unterschieden wird.

Weitere Besonderheiten bestehen für die Wahlen nach einer Gebietsänderung oder für eine neu gebildete Gebietskörperschaft und die sogenannten einzelnen Neuwahlen, die im Laufe der allgemeinen Wahlperiode notwendig werden und seinerzeit in der Folge der kommunalen Neugliederung besondere Bedeutung hatten (§ 22 KWahlG), sowie für Neuwahlen anstelle einer Wiederholungswahl (§ 42 Abs. 5 KWahlG).

Die Kommunalwahlen am 13.9.2020 haben erstmals wieder als vollständig gemeinsame Wahlen stattgefunden. Damit sind die Wahlzeiten der Hauptverwaltungsbeamten mit den Wahlzeiten der kommunalen Vertretungen wieder systematisch synchronisiert. Mit der erneuten Zusammenlegung verbindet der Gesetzgeber die Erwartung einer abnehmenden Wahlbeteiligung bei isolierten Bürgermeister- und Landratswahlen zu begegnen. Aus verfassungsrechtlichen Gründen bestand keine Möglichkeit eine solche Regelung verbindlich für die allgemeinen Kommunalwahlen 2014 umzusetzen. Die entsprechenden Übergangsregelungen dazu finden sich im Gesetz zur Stärkung der kommunalen Demokratie vom 9.4.2013 (GV. NRW. S. 194) zuletzt geändert durch Gesetz vom 1.10.2013 (GV NRW S. 564, siehe insbesondere auch die Erl. zu § 14).

Auch die Wahlen zum Städteregionstag sowie zum Städteregionsrat Aachen sind trotz der spezialgesetzlichen Besonderheiten der Städteregion Aachen vom Anwendungsbereich des Kommunalwahlgesetzes umfasst. Im Gesetz zur Bildung der Städteregion Aachen (Aachen-Gesetz) vom 26.2.2008 (GV. NRW. S. 162) wird in § 3 Abs. 1 die Rechtsstellung der Städteregion Aachen festgelegt:

„Die Städteregion Aachen hat die Rechtsstellung eines Kreises im Sinne von Artikel 28 des Grundgesetzes für die Bundesrepublik Deutschland. Auf sie finden die für Kreise geltenden Vorschriften Anwendung, soweit durch dieses Gesetz nichts anderes bestimmt ist." Die Stadt Aachen hat nach § 4 Abs. 1 dieses Gesetzes die Rechtsstellung einer kreisfreien Stadt, so dass auch in der Stadt Aachen wie in den anderen kreisfreien Städten in NRW auch Bezirksvertretungen gewählt werden.

Übergangsregelungen wurden lediglich für die erste Wahl zum Städteregionstag sowie zur Wahl des Städteregionsrates im Jahr 2009 getroffen (Gesetz zur Vorbereitung der Wahlen des ersten Städteregionstags und des ersten Städteregionsrates der Städteregion Aachen (GV. NRW. 2008 S. 162).

2. Wahlgebiet, Absatz 2

Das Wahlgebiet bei den Wahlen für die Räte und der Kreistage ist das Gebiet der jeweiligen Körperschaft. Alle Gemeinden und Kreise bilden demnach eigene Wahlgebiete. Diese werden in Wahlbezirke eingeteilt (siehe Erl. zu § 4) und – in wahlorganisatorischer Hinsicht noch kleinteiliger – für die Stimmabgabe in Stimmbezirke (siehe Erl. zu § 5 KWahlG). Überschneidungen zwischen den Wahlbezirken zur Ratswahl und den Kreiswahlbezirken sind dabei – wegen der gemeinsam stattfindenden Briefwahl – unzulässig.

Für die Wahl der Hauptverwaltungsbeamten ((Ober)- Bürgermeister, Landräte) sind die jeweiligen Wahlgebiete naturgemäß nicht in Wahlbezirke unterteilt. Bei der gemeinsam stattfindenden Wahl müssen die Stimmbezirke jedoch mit der Rats- bzw. Kreistagswahl identisch sein.

Auch die Stadtbezirke der kreisfreien Städte sind für die Wahl der Bezirksvertretungen im Hinblick auf das Wahlrecht und die Wählbarkeit eigenständige Wahlgebiete. Innerhalb des Wahlgebietes einer kreisfreien Stadt werden die Bezirksvertretungen für den jeweiligen Stadtbezirk ausschließlich von der dort wohnhaften Wahlbevölkerung gewählt. Auch die Wählbarkeit für die Bezirksvertretung ist entsprechend beschränkt. Eine Ausnahme hiervon bildet die Wählbarkeit von auswärtigen Bewerbern für Wahlbezirke (siehe Erl. zu § 46a Abs. 4 Satz 2).

Da es sich bei der Wahl der Bezirksvertretungen um eine reine Listenwahl nach Verhältniswahlrecht handelt, erfolgt hier keine Einteilung in Wahlbezirke. Allerdings dürfen bei der gemeinsamen Wahl des Rates und der Bezirksvertretungen die Wahlbezirke nicht von Stadtbezirksgrenzen durchschnitten sein. Auch die Stimmbezirke für die verbundenen Wahlen sollten identisch sein (weitere Erläuterungen dazu bei §§ 4 und 5, Neueinteilung der Wahlbezirke nach dem Urteil des VerfGH NRW vom 20.12.2019, 35/19).

Den Wahlen der Bezirksvertretungen sind keine eigenen Wahlorgane zugeordnet, so dass die Wahl durch den Wahlleiter der kreisfreien Stadt durchgeführt wird und die für die Wahl notwendigen weiteren rechtlichen Entscheidungen (z. B. Zulassung der Listenwahlvorschläge) vom Wahlausschuss der jeweiligen kreisfreien Stadt getroffen werden (§ 46a Abs. 2 KWahlG).

Für die im Jahre 2020 erstmals direkt zu wählende Verbandsversammlung des Regionalverband Ruhr beschreibt das Gesetz über den Regionalverband Ruhr (RVRG) vom 3.2.2004 GV. NRW. 2004 S. 96, zuletzt geändert durch Artikel 4 des Gesetzes vom 11.4.2019 (GV. NRW. S. 202), in Kraft getreten am 24.4.2019) anders als § 15 GO und § 14 KrO für Gemeinden und Kreise kein Verbandsgebiet des Regionalverbands Ruhr, das zugleich Wahlgebiet sein könnte. Es bestimmt ausschließlich seine Mitgliedskörperschaften (§ 1 RVRG). Klarstellend bedurfte es daher einer eigenständigen Festlegung des Wahlgebiets für die Wahl der Verbandsversammlung des Regionalverbands Ruhr im KWahlG (weitere Erl. hierzu in den §§ 46 f.).

2.
Wahlorgane

§ 2

(1) Wahlorgane sind

für das Wahlgebiet der Wahlleiter und der Wahlausschuss sowie für die Gemeinde der Briefwahlvorsteher und der Briefwahlvorstand,

für den Stimmbezirk der Wahlvorsteher und der Wahlvorstand.

Für die Briefwahl können mehrere Wahlvorsteher und Wahlvorstände eingesetzt werden.

(2) Wahlleiter für das Wahlgebiet der Gemeinde ist der Bürgermeister, für das Wahlgebiet des Kreises der Landrat, stellvertretender Wahlleiter jeweils sein Vertreter im Amt. Bürgermeister, Landräte und ihre Vertreter können im Falle ihrer Bewerbung für das Amt des Bürgermeisters oder des Landrates ab ihrer Aufstellung nicht Wahlleiter oder stellvertretender Wahlleiter in dem Wahlgebiet sein, in dem sie sich bewerben; an ihre Stelle tritt der jeweilige Vertreter im Amt. Bei gleichzeitigen Wahlen des Bürgermeisters einer kreisangehörigen Gemeinde und des Landrates desselben Kreises kann ein Bürgermeister, der sich für das Amt des Landrates bewirbt, nicht Wahlleiter für das Wahlgebiet der Gemeinde und der Landrat, der sich für das Amt des Bürgermeisters in einer kreisangehörigen Gemeinde bewirbt, nicht Wahlleiter für das Wahlgebiet des Kreises sein; an die Stelle des Bürgermeisters oder Landrates tritt der jeweilige Vertreter im Amt. Wahlleiter und ihre Vertreter können auf ihr Amt als Wahlleiter oder stellvertretender Wahlleiter verzichten; an ihre Stelle tritt der jeweilige Vertreter im Amt. Der Wahlleiter ist für die ordnungsmäßige Vorbereitung und Durchführung der Wahl verantwortlich, soweit nicht dieses Gesetz und die Wahlordnung bestimmte Zuständigkeiten anderen Wahlorganen übertragen.

(3) Der Wahlausschuss besteht aus dem Wahlleiter als Vorsitzendem und vier, sechs, acht oder zehn Beisitzern, die die Vertretung des Wahlgebiets wählt; eine Benennung oder Bestellung weiterer Mitglieder ist nicht zulässig. Der Wahlausschuss entscheidet in öffentlicher Sitzung. Er ist ohne Rücksicht auf die Zahl der erschienenen Beisitzer beschlussfähig. Bei Stimmengleichheit gibt die Stimme des Vorsitzenden den Ausschlag. Im Übrigen finden auf den Wahlausschuss die allgemeinen Vorschriften des kommunalen Verfassungsrechts entsprechende Anwendung.

(4) Der Wahlvorstand besteht aus dem Wahlvorsteher, dem stellvertretenden Wahlvorsteher und drei bis sieben Beisitzern. Der Bürgermeister beruft die Mitglieder des Wahlvorstandes und berücksichtigt hierbei nach Möglichkeit die in der Gemeinde vertretenen Parteien und Wählergruppen. Die Beisitzer des Wahlvorstandes können im Auftrage des Bürgermeisters auch vom Wahlvorsteher berufen werden. Der Wahlvorstand entscheidet mit Stimmenmehrheit. Bei Stimmengleichheit gibt die Stimme des Wahlvorstehers den Ausschlag.

(5) Die Behörden des Landes sowie die der Aufsicht des Landes unterstehenden Körperschaften und sonstigen juristischen Personen des öffentlichen Rechts sind verpflichtet, auf Anforderung des Bürgermeisters Bedienstete aus der Gemeinde zum Zweck der Berufung als Mitglieder des Wahlvorstandes unter Angabe von Name, Vorname, Geburtsdatum und Anschrift zu benennen. Die ersuchte Stelle hat den Betroffenen über die übermittelten Daten und den Empfänger zu benachrichtigen.

(6) Der Bürgermeister ist befugt, folgende Daten geeignet erscheinender Wahlberechtigter zum Zweck ihrer erstmaligen Berufung zu Mitgliedern von Wahlvorständen oder einer erneuten Berufung bei künftigen Wahlen zu verarbeiten:

1. Name,
2. Vorname,
3. Geburtsdatum,
4. Anschrift,
5. Telefonnummern und E-Mail-Adressen und
6. Bankverbindung und
7. bisherige Mitwirkung in Wahlvorständen und ausgeübte Funktion.

Die Verarbeitung der Daten hat für künftige Wahlen zu unterbleiben, sofern die betroffene Person der Verarbeitung insoweit widersprochen hat. Die betroffene Person ist über das Widerspruchsrecht zu unterrichten.

(7) Niemand darf in mehr als einem Wahlorgan Mitglied sein. Bewerber für das Amt des Bürgermeisters oder des Landrates können nicht Mitglied des Wahlausschusses der Gemeinde oder des Kreises oder eines Wahlvorstandes sein. Andere Wahlbewerber dürfen nicht Mitglied eines Wahlvorstandes in dem Wahlbezirk sein, in dem sie aufgestellt sind (Wahlbezirksbewerber) oder ihre Wohnung haben (auf Reservelisten aufgestellte Bewerber).

(8) Die Mitglieder der Wahlorgane und ihre Stellvertreter dürfen in Ausübung ihres Amtes ihr Gesicht nicht verhüllen.

(9) Die Beisitzer in den Wahlausschüssen und Wahlvorständen sowie die Wahlvorsteher und ihre Stellvertreter üben eine ehrenamtliche Tätigkeit aus, auf die sinngemäß die allgemeinen Vorschriften des kommunalen Verfassungsrechts mit Ausnahme der Vorschriften über Ausschließungsgründe Anwendung finden. Ihnen kann von der Gemeinde, im Falle der Beisitzer von Wahlausschüssen der Kreise auch vom zuständigen Kreis, Ersatz für Sachschäden, die sie bei Ausübung ihrer ehrenamtlichen Tätigkeit erlitten haben, gewährt werden.

Erläuterungen

Übersicht

1. Wahlorgane, Absatz 1

Die Durchführung der Kommunalwahlen ist eine Selbstverwaltungsangelegenheit der für das Wahlgebiet zuständigen Gebietskörperschaften. Sie obliegt im Wesentlichen den gesetzlich bestimmten, besonderen Wahlorganen der Gebietskörperschaften (für den RVR den Wahlorganen der Mitgliedskörperschaften), für die jeweils gewählt wird. Die Wahlorgane garantieren durch ihre Zusammensetzung und durch die in den kommunalwahlrechtlichen Regelungen festgelegten Aufgabenzuweisungen ordnungsgemäße und neutrale Wahlen auf kommunaler Ebene.

Wahlorgane sind für das Wahlgebiet der Wahlleiter, der Wahlausschuss, der (Brief-)Wahlvorsteher sowie der (Brief-)Wahlvorstand (§ 2 Abs. 1 KWahlG).

Die Wahlorgane sind aufgrund der kommunalwahlrechtlichen Ausgestaltungen sowohl von der staatlichen Aufsichtsbehörde als auch von der Vertretung der Gebietskörperschaft unabhängig.

Die Entscheidungen der Wahlorgane unterliegen jedoch einer im Kommunalwahlgesetz im Einzelnen bestimmten Rechtskontrolle insbesondere im Rahmen der Wahlprüfung (siehe Erl. zu § 39 KWahlG).

Die allgemeine Rechtsaufsicht obliegt dem für Kommunales zuständigen Ministerium. In Folge der Landtagswahl 2017 und der darauffolgenden Umorganisation der Landesregierung NRW übt demnach die allgemeine Rechtsaufsicht das Ministerium für Heimat, Kommunales, Bau und Digitalisierung (MHKBD) aus. Für das Kommunale Wahlrecht (Rechtsetzung, Auslegung der Rechtsvorschriften) ist das Ministerium des Innern (IM) allerdings zuständig geblieben.

2. Wahlleiter, Absatz 2

Wahlleiter ist der Hauptverwaltungsbeamte des Wahlgebietes (§ 2 Abs. 2 KWahlG), das bedeutet in den Gemeinden der (Ober-)Bürgermeister und in den Kreisen der Landrat (siehe Erl. zu § 1 Abs. 2).

Der Wahlleiter ist für die ordnungsgemäße Vorbereitung und Durchführung der Wahl umfassend verantwortlich, soweit nicht bestimmte Zuständigkeiten durch das KWahlG und die KWahlO anderen Organen übertragen sind. Der Wahlleiter hat also im Zweifel die Vermutung der Zuständigkeit für sich. Die wesentlichen Aufgaben des Wahlleiters sind in § 3 KWahlO beispielhaft im Einzelnen aufgezählt. Die hier mit der Vierzehnten Verordnung zur Änderung der Kommunalwahlordnung vom 24.10.2024 (GV. NRW. S. 714) neu eingefügten Nummern 6 und 7 sind Bestandteil der in § 15a KWahlG festgelegten Vorgaben für die Einreichung von Wahlvorschlägen durch Wählergruppen und Einzelbewerber/Einzelbewerberinnen. Die Wahlleiter sind künftig verpflichtet, Erklärungen und Mitteilungen nach § 15a Abs. 2 und 3 KWahlG am 16. Tag vor der Wahl und etwaige Nachmeldungen am Tag vor der Wahl bekanntzumachen. Zudem müssen sie eingereichte Erklärungen und Mitteilungen nach § 15a Abs. 6 KWahlG der Gemeinde und dem Kreis zur Verfügung stellen.

Die Koppelung der Wahlleitung mit dem Amt der Hauptverwaltungsbeamten war bis zur Reform des Kommunalverfassungsrechts im Jahre 1994 zwingendes Recht. Nach der Reform ist die Funktion des Wahlleiters nicht mehr in jedem Falle vom Hauptverwaltungsbeamten wahrzunehmen.

Bewirbt sich der Hauptverwaltungsbeamte selbst um das Amt des (Ober-)Bürgermeisters oder Landrats in der nächsten Wahlperiode, so kann er nicht gleichzeitig Wahlleiter sein. Dies gilt auch für seinen Vertreter, falls dieser sich ebenfalls bewirbt, und zwar sowohl für die Funktion des Wahlleiters als auch der des stellvertretenden Wahlleiters. An ihre Stelle treten jeweils die Vertreter im Amt (§ 2 Abs. 2 Satz 2 KWahlG). Bei gleichzeitigen Wahlen des Bürgermeisters einer kreisangehörigen Gemeinde und des Landrates desselben Kreises kann ein Bürgermeister, der sich für das Amt des Landrates bewirbt, nicht Wahlleiter für das Wahlgebiet der Gemeinde sein; das Gleiche gilt für den Landrat, der sich für das Amt eines Bürgermeisters in seinem Kreis bewirbt: Er kann dann nicht Wahlleiter des Kreises sein.

Das Amt des Wahlleiters wird lediglich für den Zeitraum einer Kommunalwahl ausgeübt. Nach Abschluss der Wahl geht das Amt, sofern vertretungsweise ausgeübt, wieder auf den (Ober-)Bürgermeister beziehungsweise Landrat über. Das Amt geht demnach nach der Feststellung der Gültigkeit der Wahl durch die Vertretung (Rat, Kreistag nach Beendigung der Wahlprüfung) wieder auf den (Ober-)Bürgermeister beziehungsweise Landrat über.

Darüber hinaus kann mit Gesetzesänderung aus dem Jahr 2007 (Gesetz zur Änderung des Kommunalwahlgesetzes vom 9.10.2007, GV. NRW. S. 374) ausdrücklich auf das Amt des

Wahlleiters oder auch des Stellvertreters verzichtet werden. Mit dieser Regelung können mögliche Interessenskonflikte bereits im Vorfeld eines Wahlverfahrens in einem geregelten Verfahren verhindert werden. In diesem Falle greift die übliche Vertretungsregelung: An ihre Stelle tritt der jeweilige Vertreter im Amt. Ein Verzicht bedarf keiner besonderen Begründung. Es ist demnach beispielsweise möglich, bereits bei Überlegung zu einer möglichen Wahlbewerbung den Verzicht zu erklären. Der Verzicht ist nach § 3 Nr. 2 KWahlO der Aufsichtsbehörde schriftlich anzuzeigen.

Der Wahlleiter ist befugt, sich im Rahmen der allgemeinen Vorschriften des kommunalen Verfassungsrechts Beamte oder Angestellten mit der Wahrnehmung von Aufgaben der Wahlleitung zu beauftragen. Eine Vertretung ist aber ausgeschlossen, soweit es sich um den dem Wahlleiter zukommenden Vorsitz im Wahlausschuss und den Losentscheid (§ 2 Abs. 3, § 32 Satz 2 und § 33 Abs. 2 Satz 3, § 45 Abs. 2, § 46c Abs. 2 KWahlG) handelt. Diese Befugnisse können nur vom Wahlleiter oder seinem Stellvertreter persönlich wahrgenommen werden.

Stellvertretender Wahlleiter ist dessen allgemeiner Vertreter im Amt. Dies gilt auch für den zweiten Stellvertreter, falls der Hauptverwaltungsbeamte für die Wahl ausfällt. Es findet dann § 68 Abs. 1 Gemeindeordnung Anwendung.

Wahlleiter bei der Wahl der Verbandsversammlung des Regionalverbandes Ruhr ist der Regionaldirektor des Regionalverbands Ruhr (siehe auch § 46g Abs. 1 KWahlG)

3. Wahlausschuss, Absatz 3

Der Wahlausschuss ist ein kollegiales Wahlorgan. Der Wahlausschuss besteht aus dem Wahlleiter als Vorsitzendem und vier, sechs, acht oder zehn Beisitzern, die die Vertretung des Wahlgebiets wählt; eine Benennung oder Bestellung weiterer Mitglieder ist nicht zulässig. Der Wahlausschuss ist ein pflichtiger Ausschuss, der von allen kommunalen Vertretungen einzurichten ist.

Für jedes Wahlgebiet ist ein Wahlausschuss zuständig. Für jede Gemeinde wird ein Gemeindewahlausschuss und für jeden Kreis wird ein Kreiswahlausschuss bei der Durchführung der Wahl tätig. Auch für den Regionalverband Ruhr ist ein eigener Wahlausschuss vorgesehen (Erl. zu § 46g Abs. 2). Für die Wahlen zu den Bezirksvertretungen werden die Aufgaben von den Wahlausschüssen der kreisfreien Städte miterledigt.

Aufgaben des Wahlausschusses

Die Aufgaben der Wahlausschüsse ergeben sich im Wesentlichen aus § 18 Abs. 1 und 3 KWahlG (Entscheidung über Verfügungen des Wahlleiters im Rahmen der Vorprüfung der Wahlvorschläge, Entscheidung über die Zulassung der Wahlvorschläge) sowie § 34 Abs. 1 KWahlG (Feststellung des vorläufigen und endgültigen Wahlergebnisses). Daneben sind die Kreiswahlausschüsse auch zuständig

Neben den originären Aufgaben eines Wahlorgans in Bezug auf die Durchführung der Wahl (Zulassung der Wahlvorschläge, Feststellung des vorläufigen Ergebnisses usw.) ist dem Wahlausschuss auch die Entscheidung nach § 4 Abs. 1 KWahlG zur Einteilung der Wahlbezirke ausdrücklich zugewiesen (weitere Erl. dazu unter § 4). Die Einteilung in Wahlbezirke bzw. Wahlkreise ist demgegenüber im Rahmen einer personalisierten Verhältniswahl landes- und bundeswahlrechtlich üblicherweise den Parlamenten – zumindest bezüglich der abschließenden Entscheidung – selbst zugewiesen, so dass der kommunale Wahlausschuss in Nordrhein-Westfalen Aufgaben wahrnehmen kann, die im Vergleich mit den Aufgaben eines Landes- bzw. Bundeswahlausschusses über die Aufgaben eines Wahlorganes hinausgehen. Im Zusammenhang mit der Aufgabe des Wahlausschusses, die Wahlbezirke einzuteilen, sind vom Wahlausschuss zukünftig nach § 2 Abs. 1 Nr. 1 KWahlO die tragenden Erwägungen für die Wahlbezirkseinteilung transparent und nachvollziehbar zu dokumentieren und die verfassungslegitimen Rechtfertigungsgründe zu erläutern, sofern es bei der Einteilung der Wahlbezirke zu einer Abweichung von mehr als

15 % von der durchschnittlichen Wahlbezirksgröße kommt (s. Art. 1 Nr. 3 der Vierzehnten Verordnung zur Änderung der Kommunalwahlordnung vom 24.10.2024, GV. NRW. S. 714).

Ein kommunalrechtliches Rückholrecht ist für die kommunale Vertretung (Rat, Kreistag) gesetzlich nicht vorgesehen. Dementsprechend ist nach allgemeiner Auffassung auch ein kommunales Bürgerbegehren in Bezug auf die Wahlkreiseinteilung unzulässig.

Zwar ist ein Bürgerbegehren auch über Angelegenheiten zulässig, die durch Hauptsatzung vom Rat auf einen Ausschuss delegiert worden sind. Für die Erfüllung des Merkmals „an der Stelle des Rates" kommt es aber insbesondere darauf an, ob der Entscheidungsgegenstand grundsätzlich in den Zuständigkeitsbereich des Rates fällt. Die Zuständigkeit für den Wahlausschuss folgt hier jedoch unmittelbar aus § 4 KWahlG. Eine Zuständigkeit des Rates bei der Wahlkreiseinteilung besteht – trotz der Wahl des Wahlausschusses durch den Rat beziehungsweise Kreistag – zu keinem Zeitpunkt, da die kommunale Vertretung die Zuständigkeit weder übertragen noch diese wieder an sich ziehen könnte.

Der Wahlausschuss der Gemeinde hat darüber hinaus bei allen Kommunalwahlen – also auch dann, wenn einmal ausnahmsweise eine Wahl nur für den Kreis stattfinden sollte (Nachwahl, Wiederholungswahl, einzelne Neuwahl) – die Aufgabe, den Beginn der Wahlzeit bei Bedürfnis abweichend festzusetzen, wenn besondere Gründe es erfordern (§ 14 Abs. 3 Satz 2 KWahlG).

Dem Wahlausschuss obliegen seine Aufgaben auch bei den Bürgermeister- und Landratswahlen (§ 46b KWahlG) sowie in kreisfreien Städten für die Wahlen der Bezirksvertretungen (§ 46a Abs. 1 KWahlG).

Der Wahlausschuss hat keine umfassende, allgemeine Zuständigkeit in Wahlsachen, im Besonderen keine Weisungs- oder Kontrollbefugnisse gegenüber dem Wahlleiter oder anderen Wahlorganen.

Zusammensetzung und Besetzung des Wahlausschusses

Die Zusammensetzung des Wahlausschusses ist – abweichend von der Bestimmung des § 58 Abs. 1 GO, wonach der Rat der Gemeinde die Zusammensetzung der Ausschüsse regelt – in ihren Grundzügen gesetzlich festgelegt. Der Wahlausschuss besteht aus dem Wahlleiter als Vorsitzendem und 4, 6, 8 oder 10 Beisitzern, die im Regelfall die Vertretung des Wahlgebiets wählt (§ 2 Abs. 3 KWahlG). Der Vorsitz des Wahlleiters sichert den erforderlichen sachkundigen Einfluss in wahlrechtlichen und wahltechnischen Fragen, während die Beweglichkeit der Anzahl der Beisitzer einem erhöhten Arbeitsanfall in größeren Wahlgebieten Rechnung tragen und eine Zusammensetzung ermöglichen soll, die den verschiedenen politischen Strömungen innerhalb des Wahlgebiets entspricht.

Im Übrigen gelten für den Kommunalwahlausschuss grundsätzlich die allgemeinen Vorschriften des kommunalen Verfassungsrechts entsprechend (§§ 57 und 58 GO; § 41 KrO). Hiernach ist bei der Bildung des Wahlausschusses seit Beginn der Wahlperiode am 21.10.2009 das (wiederholt gewechselte) Verhältniswahlverfahren der mathematischen Proportion nach dem sog. Zählverfahren Hare-Niemeyer anzuwenden (§ 50 Abs. 3 Sätze 3 bis 6 GO; § 35 Abs. 3 Sätze 3 bis 6 KrO). Es können zu Mitgliedern des Wahlausschusses neben Mitgliedern der Vertretung auch andere zur Vertretung wählbare sachkundige Bürger bestellt werden, soweit sie der Vertretung angehören können; deren Zahl darf allerdings die der Mitglieder aus der Vertretung nicht erreichen (§ 58 Abs. 3 GO; § 41 Abs. 5 KrO).

Für Wahlausschüsse ist gemäß § 2 Abs. 3 Satz 5 KWahlG das Besetzungsverfahren nach § 50 Abs. 3 GO durchzuführen, das dem Grundsatz der Spiegelbildlichkeit Rechnung trägt. Listenverbindungen zur Verteilung von Ausschusssitzen sind insofern nur dann zulässig, wenn eine Verschiebung nur zwischen den beteiligten Fraktionen einer Listenverbindung stattfindet und deshalb nicht zum Nachteil einer anderen Fraktion (bspw. der Mehrheitsfraktion), die nicht an der Listenverbindung beteiligt ist, führt.

Nach höchstrichterlicher Rechtsprechung gilt die Maßgabe, dass grundsätzlich jeder Ausschuss des Bundestages ein verkleinertes Abbild des Plenums sein muss, für vergleichbare Organe auf kommunaler Ebene entsprechend. Auch die von der Gemeindevertretung zu wählende Ausschüsse dürfen deshalb nicht unabhängig vom Stärkeverhältnis der Fraktionen besetzt werden, über die Gemeindebürger bei der Wahl der Gemeindevertretung mitentschieden haben (so BVerwG, Urt. vom 28.4.2010 – 8 C 18/08 –, juris, Rz. 20). Der Spiegelbildlichkeitsgrundsatz soll nach vorgenannter Entscheidung für die Besetzung der aus der Gemeindevertretung abgeleiteten Gremien, die an der Erfüllung der dem Plenum zugewiesenen Aufgaben als Vertretung des (Gemeinde-)Volkes mitwirken und Geltung entfalten.

Die Rechtsprechung hat dessen Geltung ausdrücklich (nur) in jenen Fällen verneint, in denen es sich um – zumindest teilweise – der Verwaltung zurechenbare Gremien handelt (BVerfG, a. a. O., für den hessischen Gemeindevorstand; BVerwG, Beschl. vom 18.6.2004 – 8 B 41/04 –, für den Jugendhilfeausschuss) oder gar um Organe, die nicht der Gemeinde, sondern anderen Rechtsträgern zugeordnet sind (§ 50 Absatz 4 GO NRW, siehe OVG NRW, Beschl. vom 26.4.2011 – 15 A 693/11 –).

Das vom BVerwG postulierte (strenge) Spiegelbildlichkeitsprinzip gilt entsprechend nicht bei anderen Gremien, die nicht unmittelbar ein Abbild des Gesamtplenums darstellen, selbst wenn sie auf eine Wahlhandlung durch dieses zurückgehen. Dies sind z. B. sonstige Fach- und Beratungsgremien neben den Ausschüssen i. S. d. § 57 GO (z. B. Seniorenbeirat, Jugendbeirat usw.) oder Ausschüsse, die nach besonderen gesetzlichen Regelungen gebildet werden und schon von vornerein nicht auf eine unmittelbare Proportionalität zum Rat abstellen (z. B. Zusammensetzung des Jugendhilfeausschusses). Selbst wenn bei solchen Besetzungen durch Hauptsatzungs- oder Geschäftsordnungsregelung oder spezialgesetzliche Regelungen auf das Besetzungsverfahren nach Absatz 3 verwiesen wird, ist zwar das Abstimmungsverfahren nach diesen Regeln durchzuführen, nicht jedoch findet das verfassungsrechtlich determinierte (strenge) Spiegelbildlichkeitsprinzip hierfür Anwendung.

Kommunale Wahlausschüsse unterliegen jedoch der Besonderheit, dass ihre Tätigkeiten und Entscheidungen – auch über den politisch sensiblen Akt der Wahlbezirkseinteilung hinaus – der Prüfung durch den Wahlprüfungsausschuss und den Rat unterliegen. Durch diese enge Verzahnung wirkt der Wahlausschuss insbesondere auch an der zukünftigen Zusammensetzung der Vertretungsorgane mit, so dass schlussendlich kein durchgreifender Aspekt für eine Nichtbeachtung des Spiegelbildlichkeitsprinzips bei der Besetzung des Wahlausschusses spricht. Die vom BVerwG hergeleiteten Grundsätze des Spiegelbildlichkeitsprinzips finden auf diejenigen Ausschüsse des Rates Anwendung, die im Hinblick auf ihre Vorbereitungs- und Delegationsfunktion als verkleinertes Abbild des Gesamtplenums anzusehen sind. Dies sind grundsätzlich die Ausschüsse im Sinne von § 57 GO, und zwar unabhängig davon, ob ihnen eine eigene Entscheidungsbefugnis (vgl. § 50 Abs. 1 Satz 1 GO) zugewiesen ist oder nicht. In diesen Fällen ist ein Ausschuss als dem Rat vorgelagertes, unmittelbar aus ihm abgebildetes Gremium anzusehen, bei dem schon aus Gründen des Demokratieprinzips das aus der Wahl durch die Bürger gebildete Stärkeverhältnis im Rat im Grundsatz auch auf den Ausschuss gespiegelt werden muss.

Der Wahlausschuss hat keine Vorbereitungs- bzw. Delegationsfunktion, da eine sachliche Zuständigkeit der kommunalen Vertretung hier nicht gegeben ist. Er entscheidet abschließend. Seine Aufgaben können ihm nicht vom Rat entzogen werden und der Rat kann dem Wahlausschuss keine zusätzlichen Aufgaben übertragen. Daher ist der Wahlausschuss nicht als ein dem Rat vorgelagertes Gremium anzusehen und wirkt auch nicht an der Aufgabenerfüllung der Vertretung mit.

Anders stellt sich die Situation bezogen auf den Wahlprüfungsausschuss dar, der mit seiner Prüfung die Entscheidung des Rates über mögliche Wahleinsprüche sowie die Gültigkeit der Wahl vorbereitet (§ 40 Abs. 1 KWahlG).

Die Zuständigkeiten des Wahlprüfungsausschusses ergeben sich allein aus den wahlrechtlichen Vorschriften; lediglich die – ebenfalls durch die gesetzlichen Vorschriften eingeschränkte – Festlegung der Anzahl der Beisitzer und die Besetzung des Wahlausschusses obliegt dem Rat. Dies allein begründet kein Erfordernis der Spiegelbildlichkeit.

Im Hinblick auf die Auslegung der Vorschriften differenziert die kommunale Ebene in diesem Punkt oftmals nicht zwischen dem Wahlausschuss und den anderen Ausschüssen der kommunalen Vertretungen. Im Zusammenhang mit der Bildung von Wahlausschüssen wird deshalb – richtigerweise – in den Verwaltungsvorlagen auf die Vorgaben der Spiegelbildlichkeit verwiesen. Der Kommentar *Rehn/Cronauge* bezeichnet den Wahlausschuss zudem als „Ratsausschuss" (geht spezifisch auf das Thema „Spiegelbildlichkeit" allerdings nicht ein).

Der Grundsatz der Spiegelbildlichkeit bei der Besetzung des Wahlausschusses aufgrund seiner besonderen Funktion als Wahlorgan und seines abschließend vorgegebenen, nur ihm zugeordneten Aufgabenbereichs ist aus diesen Gründen einschlägig. Bei der Besetzung der Wahlausschüsse wären daher auch Wahlvorschläge von Listenverbindungen weiterhin unzulässig, da diese eine spiegelbildliche Besetzung der Wahlausschüsse verhindern könnten.

Öffentlichkeit des Wahlausschusses

Der Wahlausschuss entscheidet grundsätzlich in öffentlicher Sitzung und ist ohne Rücksicht auf die Zahl der erschienenen Mitglieder beschlussfähig (§ 2 Abs. 3 Satz 2 KWahlG). Bei Stimmengleichheit gibt die Stimme des Wahlleiters den Ausschlag. Die Vertretung kann für die Arbeit des Wahlausschusses keine allgemeinen Richtlinien aufstellen, und ein Einspruch des Vorsitzenden oder eines Teils der Vertretung, wie er in § 57 Abs. 4 GO, § 41 Abs. 4 KrO vorgesehen ist, kommt nicht in Betracht.

Dabei ist die Öffentlichkeit der Wahl Grundvoraussetzung für die demokratische politische Willensbildung (vgl. *Klein* in: Maunz/Dürig, Grundgesetz. Kommentar, Art. 38 Rn. 113). Sie sichert die Ordnungsgemäßheit und Nachvollziehbarkeit der Wahlvorgänge und schafft damit eine wesentliche Voraussetzung für begründetes Vertrauen der Bürger in den korrekten Ablauf der Wahl.

Die grundsätzlich gebotene Öffentlichkeit im Wahlverfahren und im Wahlvorschlagsverfahren betrifft wohl auch z. B. die Herausgabe von Niederschriften der Wahlausschüsse mit ihren Anlagen, (vgl. BVerfG, Urt. vom 3.7.2008 – 2 BvC 1/07 –, juris Rn. 82 m. w. N.). So werden Sitzungen des Bundeswahlausschusses im Live-Stream übertragen und die Niederschriften im Internet für die Öffentlichkeit verfügbar gemacht. Ein alleiniger Hinweis auf die öffentlich stattfindenden Sitzungen der Wahlausschüsse dürfte aufgrund der wesentlich veränderten Informationsbedürfnisse materiell kaum mehr durchgreifen. Zudem kann alleine eine öffentliche Präsenzsitzung dem gebotenen Öffentlichkeitsgrundsatz im Wahlverfahren aufgrund der sich stark verändernden Informationslage (die Weiterverbreitung von Information aus reinen Präsenzveranstaltungen durch z. B. Zeitungen ist lediglich nur mehr sehr eingeschränkt vorhanden) kaum mehr entsprechen.

Daraus folgt jedoch nicht, dass auch alle vorbereitenden Tätigkeiten nach der Rechtsprechung des Bundesverfassungsgerichts dem Gebot unmittelbarer Öffentlichkeit unterliegen. Nach allgemein herrschender Rechtsauffassung finden insbesondere die Informationsfreiheitsgesetze des Bundes und der Länder keine Anwendung, so dass Vorarbeiten und Vorleistungen der Wahlorgane nicht zur Einsichtnahme bereitstehen.

Besondere Bestimmungen gelten für die Bildung und Zusammensetzung des Wahlausschusses bei Wahlen nach einer Gebietsänderung oder für neu gebildete Gebietskörperschaften, bei Wiederholungswahlen und bei einzelnen Neuwahlen (§ 22 Abs. 1 KWahlG, § 67 Abs. 1 Satz 3 und 4 KWahlO).

Die Tätigkeit der Beisitzer im Wahlausschuss ist eine ehrenamtliche Tätigkeit, auf die die allgemeinen Vorschriften des kommunalen Verfassungsrechts Anwendung finden (§ 2 Abs. 9 KWahlG). Zur Abgeltung des den Beisitzern im Wahlausschuss entstandenen Aufwands kann nach § 6 Abs. 4 Satz 1 KWahlO ein Sitzungstagegeld gewährt werden. Außerdem ist nach Satz 2 Entschädigung für Verdienstausfall, Vertretungs- und Fahrkosten nach den für die Ausschüsse der jeweiligen kommunalen Vertretung des Wahlgebiet geltenden Vorschriften vorgesehen. Die bisherige Orientierung zur Kostenerstattung an den Vorschriften für die ehrenamtliche Mitwirkung an Ausschüssen des Landes wurde mit der Novellierung der Kommunalwahlordnung vom 3.4.2020 (GV.NRW. S. 222) auf Wunsch der Kommunalen Spitzenvebände umgestellt. Für die kommunale Praxis ist die einheitliche Orientierung an die Kostenerstattung bei den kommunalen Ausschüssen deutlich vermittelbarer.

4. Wahlvorsteher und Wahlvorstand, Absatz 4 und 5

Wahlvorsteher und Wahlvorstand (§ 2 Abs. 4 KWahlG, § 7 KWahlO) sind selbständige Wahlorgane, deren Tätigkeit grundsätzlich auf den jeweiligen Stimmbezirk beschränkt ist. Der Wahlvorsteher ist vollberechtigtes Mitglied des Wahlvorstandes und leitet dessen Tätigkeit.

Der Wahlvorstand – desgleichen auch der Briefwahlvorstand – besteht aus dem Wahlvorsteher, dem stellvertretenden Wahlvorsteher (der gleichfalls vollberechtigtes Mitglied ist) und drei bis siebenBeisitzern. Von der allgemeinen Regelung abweichend hat der Landesgesetzgeber für die unter den einmaligen Bedingungen der Corona-Pandemie stattgefundenenKommunalwahlen 2020 festgelegt, dass der Wahlvorstand aus dem Wahlvorsteher, dem stellvertretenden Wahlvorsteher und drei bis acht Beisitzern bestehen soll (vgl. § 2 des Gesetzentwurfes zur Durchführung der Kommunalwahlen 2020 der Fraktionen der CDU, SPD und FDP, LT- Drs. 17/9365).. Mit der optionalen Vergrößerung des Wahlvorstandes sollten etwaige Mehrbelastungen ausgeglichen werden, die durch die Corona-Pandemie am Wahltag entstehen können. Zudem erhalten die Gemeinden die Möglichkeit, den Auswirkungen der Corona-Pandemie bedarfsgerecht zu begegnen und den Einsatz der Wahlhelfer vor Ort zu flexibler gestalten zu können. In Vorbereitung auf die Kommunalwahl 2025 gilt nunmehr dauerhaft die Regelung, dass die Wahlvorstände mit drei bis sieben Beisitzern zusammentreten. Damit wird die Zahl der Beisitzer an die bundes- und europawahlrechtliche Regelung angepasst. Bei in Zukuft möglicherweise gleichzeitig mit den Kommunalwahlen stattfindenden Europawahlen oder Bundestagswahlen (ist von der Terminplanung her nicht zu erwarten) wären die Wahlvorstände von der Zahl der Beisitzenden her miteinander kompatibel.

In vielen Gemeinden finden zeitgleich mit den allgemeinen Kommunalwahlen auch die Wahl der Mitglieder des Integrationsrates (Integrationsausschusses) statt. Die Wahlvorstände können auch mit der Durchführung der Wahl der Mitglieder des Integrationsrates (Integrationsausschusses) beauftragt werden. In diesen Fällen ist eine besondere Beratung von Wählern, die für beide Wahlen wahlberechtigt sein könnten, mit dem Ziel einer höheren Wahlbeteiligung bei der Wahl der Mitglieder des Integrationsrates (Integrationsausschusses) durch den Wahlvorstand zu unterlassen. Sofern jedoch für die Wahl der Mitglieder des Integrationsrates (Integrationsausschusses) auch Wahlhelfer mit ausschließlicher Drittstaatsangehörigkeit in einen Wahlvorstand berufen werden sollen, so ist verpflichtend ein eigener (zusätzlicher) Wahlvorstand für die Wahl der Mitglieder des Integrationsrates (Integrationsausschusses) zu bilden. Sollten Wahlvorstände für die allgemeine Kommunalwahl auch zur Durchführung der Wahl der Mitglieder des Integrationsrates (Integrationsausschusses) beauftragt sein, ist die Auszählung der allgemeinen Kommunalwahl vorrangig zu erledigen (s. Runderlass des Ministeriums des Innern vom 24.3.2025 – 11 – 21.35.12 – 2025-0000816).

Gleiches gilt für die Briefwahlvorstände.

Die Beisitzer des Wahlvorstandes werden vom Bürgermeister oder in seinem Auftrag vom Wahlvorsteher nach Möglichkeit aus dem Kreis der zur Gemeindewahl wahlberechtigten Personen berufen. Dabei sollen möglichst die Vorschläge der in der Gemeinde vertretenen Parteien und Wählergruppen, nicht nur die Vorschläge der im Gemeinderat vertretenen Parteien und Wählergruppen, berücksichtigt werden (§ 2 Abs. 4 KWahlG, § 7 Abs. 3 KWahlO). Mit der Änderungsverordnung vom 11.11.2008 ist die Vorschrift, dass die Mitglieder des Wahlvorstandes zweckmäßigerweise in dem Stimmbezirk, in dem sie eingesetzt werden sollen, auch wohnen, zwar entfallen, die Aussage ist aber nach wie vor gültig.

Aufgabe des Wahlvorstandes ist, im Stimmbezirk für eine ordnungsgemäße Durchführung der Wahl zu sorgen (§ 7 Abs. 7 Satz 3 KWahlO). Diese Aufgabe ist naturgemäß grundsätzlich auf den Wahltag beschränkt. Sie erstreckt sich im Wesentlichen auf die technische Leitung und Durchführung der Wahlhandlung sowie auf die Ermittlung und Feststellung des Wahlergebnisses im Stimmbezirk.

Der Wahlvorstand wird vom Bürgermeister oder in dessen Auftrag vom Wahlvorsteher einberufen. Er tritt am Wahltag vor Beginn der Wahlzeit im Wahlraum zusammen (§ 7 Abs. 7 KWahlO). Der Bürgermeister hat dafür zu sorgen, dass die Mitglieder des Wahlvorstandes rechtzeitig und ausreichend über ihre Aufgaben unterrichtet werden (§ 7 Abs. 5 KWahlO).

Die Tätigkeit des Wahlvorstandes wird kollegial ausgeübt, d. h. es entscheidet grundsätzlich die Gesamtheit der anwesenden Mitglieder durch Beschluss. Sie wird vom Wahlvorsteher geleitet, dessen Stimme bei Stimmengleichheit auch den Ausschlag gibt (§ 2 Abs. 4 KWahlG). Während der Wahlhandlung müssen immer drei, bei der Stimmenzählung fünf Mitglieder anwesend sein, darunter der Wahlvorsteher und der Schriftführer oder ihre Stellvertreter. Der Wahlvorstand ist bei seinen Entscheidungen unabhängig und eigenverantwortlich in dem Sinne, dass er frei von Weisungen und für das Wahlverfahren endgültig entscheidet. Eine Abberufung von Mitgliedern des Wahlvorstandes durch den Wahlvorsteher, beispielsweise aufgrund von disziplinarischen Verfehlungen oder fehlender parteipolitischer Neutralität, ist auch während der laufenden Wahlhandlung möglich.

Der Wahlausschuss ist dementsprechend nur berechtigt, Rechenfehler zu berichtigen, ist aber im Übrigen an die Entscheidungen des Wahlvorstandes gebunden (§ 34 Abs. 2 KWahlG). Diese unterliegen indessen, wie die Entscheidungen aller Wahlorgane, der Nachprüfung im Wahlprüfungsverfahren.

Einige Funktionen mehr technischer Art sind von der KWahlO dem Wahlvorsteher allein übertragen, z. B. die Entgegennahme der Ausstattung (§ 34 KWahlO), die Berichtigung des abgeschlossenen Wählerverzeichnisses (§ 38 Abs. 2 KWahlO) und die Feststellung und Bekanntgabe des Schlusses der Wahlzeit (§ 44 KWahlO).

Zur Abgeltung des den Mitgliedern des Wahlvorstandes durch die Wahrnehmung ihrer ehrenamtlichen Tätigkeit am Wahltag entstandenen Aufwandes kann nach § 7 Abs. 11 KWahlO ein „Erfrischungsgeld" gewährt werden, für das die KWahlO keinen Betrag mehr nennt (im Vergleich dazu Landes- und Bundeswahlordnung, die jeweils die Höhe des vom Bund bzw. vom Land erstattungsfähigen Erfrischungsgeldes festsetzt). Weitergehende Aufwendungen wie Fahrkosten usw. werden – anders als beim Wahlausschuss –, üblicherweise nicht erstattet. Diese Aufwendungen sind mit dem Erfrischungsgeld abgegolten.

Die Mitglieder der Wahlvorstände werden von den Bürgermeisterinnen und Bürgermeistern berufen. Sie sind für die ausreichende und ordnungsgemäße Besetzung der Wahlvorstände verantwortlich und haben diese sicherzustellen (vgl. § 2 KWahlG).

In der kommunalen Praxis wird durch viele Aktionen versucht, freiwillige Helferinnen und Helfer für die Wahlvorstände zu gewinnen. So werden von den Gemeinden Schreiben an die ehemaligen Wahlhelferinnen und Wahlhelfer versandt, Werbung über Social Media,

Presse oder Radio geschaltet, Erstwähler angeschrieben oder weitere Behörden mit Sitz in der jeweiligen Gemeinde abgefragt (siehe § 2 Abs. 5 KWahlG).

Fehlende Wahlhelfer für die Besetzung der Wahlvorstände müssen danach durch die Gemeinden verpflichtet werden. Dabei ist auch der Einsatz von Beschäftigten der eigenen Gemeindeverwaltung nicht ausgeschlossen.

Dabei war in der kommunalen Praxis fraglich, ob auch Behörden des Bundes über die kommunalwahlrechtliche Vorschrift eines Bundeslandes verpflichtet werden können, auf Anforderung der Gemeinde Bedienstete aus der Gemeinde zum Zweck der Berufung als Mitglieder des Wahlvorstandes zu benennen. Aus verfassungsrechtlicher Sicht ist im Ergebnis eine rechtliche Verpflichtung auch für die Behörden des Bundes wohl nicht ableitbar.. In Regelungen anderer Bundesländer – wie beispielsweise in Bayern – sind bei der Verpflichtung zur Benennung von Bediensteten Behörden des Bundes bereits vom Wortlaut her nicht vorgesehen. Dementsprechend ist auch für Nordrhein-Westfalen mit dem Gesetz zur Änderung des Kommunalwahlgesetzes und weiterer wahlbezogener Vorschriften vom 5.7.2024 eine entsprechende Klarstellung in das Kommunalwahlgesetz aufgenommen worden.

Zwar sind nach § 7 Abs. 3 KWahlO die Mitglieder der Wahlvorstände vom Bürgermeister nach Möglichkeit aus den Wahlberechtigten der jeweiligen Gemeinde zu berufen. Sofern dies jedoch aus tatsächlichen Gründen nicht möglich ist, ist – nach dem eindeutigen Wortlaut der Vorschrift – auch in den Fällen, in denen Beschäftigte in einer anderen Gemeinde wahlberechtigt sind, eine Berufung rechtlich grundsätzlich zulässig. Nach dieser Vorschrift sowie der allgemeinen kommunalen Praxis geht eine Berufung als Wahlvorstand eines Gemeindebeschäftigten durch seine Wohnortgemeinde gegenüber einer Verpflichtung durch die Beschäftigungsbehörde vor.

Da insbesondere die Tätigkeit als Wahlvorsteher und Stellvertretender Wahlvorsteher sowie als Schriftführer in besonderer Weise Sachkunde, Zuverlässigkeit und Verantwortungsbewusstsein erfordert, ist es rechtlich nicht zu beanstanden, wenn die Gemeinden auf der Grundlage des § 2 KWahlG kommunale Bedienstete auch wiederholt zu Mitgliedern der Wahlvorstände berufen. Die Berufung von Bediensteten, die schon in der Vergangenheit ehrenamtlich in dieser Funktion eingesetzt waren, dient dem Ziel, funktionsfähige Wahlvorstände mit erfahrenen und sachkundigen Mitgliedern zu bilden.

Die Praxis, kommunale Bedienstete wiederholt als Wahlhelferinnen und Wahlhelfer heranzuziehen, ist nach der Rechtsprechung des OVG Münster (Beschl. vom 20.12.1991 – 15 A 703/90 –) rechtmäßig (so zuletzt auch VG Münster, Beschl. vom 23.4.2010 – 1 L 187/10 –).

Kommunale Tarifbeschäftigte, die nicht zugleich Einwohner der Gemeinde sind, für die sie arbeiten, können nicht von ihrer Anstellungsgemeinde zu einer Tätigkeit als Wahlhelferinnen oder Wahlhelfer herangezogen werden. Das arbeitsvertragliche Direktionsrecht ermöglicht es nicht, ohne entsprechende Bestimmungen im Arbeitsvertrag, den Tarifbeschäftigten eine solche Tätigkeit zu übertragen (siehe hierzu bereits BAG, Urt. vom 23.1.1992 – 6 AZR 87/90 – Rz. 28 ff.).

Die Verhängung einer temporären Urlaubssperre zu dem Zweck, sicherzustellen, dass auch kommunale Bedienstete zur Verfügung stehen, begegnet angesichts der ehrenamtlichen Heranziehung als Wahlvorstand Bedenken. Voraussetzung für eine Urlaubssperre ist stets, dass eine solche aus dringenden dienstlichen Gründen erforderlich ist. Sowohl Beamte als auch Tarifbeschäftigte haben ansonsten einen Rechtsanspruch auf Urlaub. Da die Tätigkeit als Wahlvorstand eine ehrenamtliche ist, kann im Allgemeinen kein dringender dienstlicher Grund angenommen werden (hierzu BAG, Urteil vom 23.1.1992 – 6 AZR 87/90 – Rz. 19 ff.).

Dagegen können kommunale Beamtinnen und Beamte, die nicht in der Gemeinde wohnen, für die sie tätig sind, auf der Grundlage des § 48 Beamtengesetz Nordrhein-Westfalen (LBG) grundsätzlich von ihrem Dienstherrn zu der Übernahme einer ehrenamtlichen

Tätigkeit als Nebentätigkeit und damit auch zu einer Tätigkeit als Wahlvorstand herangezogen werden.

Es kann davon ausgegangen werden, dass die Angehörigen des öffentlichen Dienstes der Gemeinden bei der Tätigkeit in den Wahlvorständen bereitwillig mitwirken, da die Gemeinden – neben dem sogenannten Erfrischungsgeld – in aller Regel oftmals entsprechenden Freizeitausgleich gewähren (siehe Erl. zu § 2 Abs. 9).

5. Wahlhelferdateien, Absatz 6

Die Neufassung des Absatzes 6 durch das Gesetz zur Änderung des Kommunalwahlgesetzes und weiterer wahlrechtlicher Vorschriften vom 11.4.2019 in Bezug auf die kommunalen Wahlhelferdateien trägt den Begrifflichkeiten in Art. 4 der Datenschutzgrundverordnung der Europäischen Union (EU-DSGVO) Rechnung. Danach ist unter „Verarbeiten" auch das bisher im KWahlG gesondert geregelte „Erheben" sowie das „Speichern" und „Auslesen" zu verstehen. Im Übrigen soll durch die Aufzählung die Übersichtlichkeit verbessert werden. Ein Widerspruchsrecht vor der Verarbeitung war schon bisher vorgesehen. Neu und zugleich den aktuellen Kommunikationswegen geschuldet ist die Verarbeitungsbefugnis für E-Mail-Adressen. Die gesetzlichen Änderungen tragen zudem zur Rechtssicherheit bei. In Nordrhein-Westfalen nutzen fast alle Gemeinden zur Wahlhelferverwaltung digitale Tools.

Die Regelungen zu § 2 Abs. 6 KWahlG und auch zu § 11 Abs. 3 Landeswahlgesetz (LWahlG) sahen vor, dass der Bürgermeister befugt ist, Daten geeignet erscheinender Wahlberechtigter zum Zweck ihrer erstmaligen Berufung zu Mitgliedern von Wahlvorständen oder einer erneuten Berufung bei künftigen Wahlen zu verarbeiten soweit die betroffene Person nicht widersprochen hat.

Mit Blick auf die bereits bei der erstmaligen Berufung erforderlich werdende Speicherung personenbezogener Daten wurde vom Ministerium des Innern eine Beschränkung des Widerspruchsrechts auf die Datenverarbeitung für zukünftige Wahlen für vertretbar gehalten.

Dieser Rechtsauffassung lagen insbesondere die folgenden Erwägungen zugrunde (vgl. Runderlass des IM vom 9.5.2019):

- Eine Unterrichtung der betroffenen Person über das Widerspruchsrecht dürfte ohne die vorherige (erstmalige) Verarbeitung der Daten schwerlich möglich sein.
- Ein Widerspruchsrecht bereits vor der ersten Berufung steht der Einsatzplanung, Einberufung und Schulung von Wahlvorstandsmitgliedern und auch einer Auszahlung des Erfrischungsgeldes bei einer anstehenden Kommunalwahl entgegen.
- Ein überwiegendes schutzbedürftiges Interesse potenziell Betroffener gegenüber einer ordnungsgemäßen Vorbereitung und Durchführung der Kommunalwahl ist nicht zu erkennen.

Mit Gesetz zur Änderung des Kommunalwahlgesetzes und der Kommunalwahlordnung vom 5.5.2020 (GV. NRW. S. 312d) hat der Landesgesetzgeber noch rechtzeitig vor der Kommunalwahl 2020 eine entsprechende Neufassung des Absatzes 6 beschlossen. Damit ist – laut der Gesetzesbegründung – nunmehr im Wortlaut klargestellt, „dass sich das Widerspruchsrecht gegen die Datenverarbeitung nicht bereits auf die erste Berufung als Wahlvorstandsmitglied bezieht. Anderenfalls würden Informationsübermittlung, Einsatzplanung, Einberufung und Schulung von Wahlvorstandsmitgliedern bei der anstehenden Wahl gegebenenfalls in Frage gestellt, da diese Maßnahmen gespeicherte persönliche Daten im beschriebenen Umfang erfordern. Auch auf Bundesebene ist im vergleichbaren § 9 Abs. 4 Satz 2 Bundeswahlgesetz (BWG) das Widerspruchsrecht mit der Datenverarbeitung ausschließlich für künftige Wahlen verknüpft."

Eine Beschränkung des Widerspruchsrechts auf künftige Wahlen wird allerdings vom Bundesbeauftragten für den Datenschutz und die Informationsfreiheit – jedenfalls im Hinblick auf § 9 Abs. 4 Satz 2 BWG, der der derzeit geltenden kommunalwahlrechtlichen Regelung entspricht – wohl nicht geteilt (Rechtsmeinung dargelegt in einem unveröffentlichten Erlass – 15–206 II 1015 –). Die spezifische Formulierung im anhängigen kommunalwahlrechtlichen Gesetzentwurf („*Die Verarbeitung der Daten hat für künftige Wahlen zu unterbleiben, sofern die betroffene Person der Verarbeitung insoweit widersprochen hat. Die betroffene Person ist über das Widerspruchsrecht zu unterrichten.*") dürfte für das Anliegen, die erstmalige Verarbeitung von personenbezogenen Wahlhelferdaten vom Widerspruchsrecht auszunehmen, erfolgsversprechender sein. Ein dezidierter, gesetzlich festgelegter Ausschluss des Widerspruchsrechts im Hinblick auf eine erste Berufung wurde auch von kommunaler Seite angeregt, um insbesondere praktische Probleme bei der Löschung von Stammdaten zu vermeiden.

Im Gesetz ist zudem auch die Abfrage und Speicherung von Bankverbindungsdaten von Wahlhelfern mit aufgenommen. Die unbare Zahlungsweise der sogenannten Erfrischungsgelder für die Wahlhelfer hat über die Jahre erheblich zugenommen, wenn auch die kommunale Praxis dazu weiterhin uneinheitlich ist.

6. Verbot der gleichzeitigen Mitgliedschaft in verschiedenen Wahlorganen, Absatz 7

Nach § 2 Abs. 7 KWahlG darf niemand in mehr als einem Wahlorgan Mitglied sein. Das schließt eine Beisitzertätigkeit im Wahlausschuss und zugleich in einem Wahlvorstand aus. Eine gesetzlich geregelte Ausnahme davon ist die Mitgliedschaft des Wahlleiters als Vorsitzender des Wahlausschusses.

7. Verhüllungsverbot, Absatz 8

Mit dem durch das Gesetz zur Änderung des Kommunalwahlgesetzes und weiterer wahlrechtlicher Vorschriften vom 11.4.2019 (GV. NRW. S. 202) in § 2 neu eingefügten Absatz 8 wird Mitgliedern von Wahlorganen in Ausübung ihres Amtes untersagt, ihr Gesicht zu verhüllen; damit wird eine vor der Bundestagswahl 2017 in § 10 Abs. 2 Satz 2 BWG aufgenommene Regelung auch Gegenstand des KWahlG.

Die nach § 2 Abs. 3 KWahlG gewählten bzw. nach Absatz 4 berufenen Mitglieder von Wahlausschüssen und Wahlvorständen müssen identifizierbar sein. Sie dürfen während der Verhandlung, Beratung und Entscheidung in öffentlicher Sitzung ihr Gesicht nicht in einer Weise verhüllen, die die offene und zugleich vertrauensvolle Kommunikation behindert oder die unparteiische Wahrnehmung ihres Amtes in Frage zu stellen geeignet ist. Aufgrund der Corona-Pandemie hat hierzu der Landtag durch das Gesetz zur Durchführung der Kommunalwahlen 2020 eine Übergangsregelung geschaffen. Die Gesetzesbegründung führte dazu aus, dass, nachdem das Tragen von Mund-Nase-Bedeckungen unter bestimmten Voraussetzungen durch die Coronaschutzverordnung NRW empfohlen beziehungsweise vorgeschrieben worden war, eine entsprechende Ausnahme vom ansonsten für die Mitglieder von Wahlausschüssen und Wahlvorständen geltenden Verhüllungsverbot dann angezeigt ist, wenn die Einhaltung des Mindestabstands von 1,5 Metern nicht gewährleistet werden kann und keine gleichwertigen Schutzvorkehrungen zur Verfügung stehen (vgl. Gesetzesbegründung zu § 3, LT-Drs. 17/9365). Mit Änderung der Kommunalwahlordnung vom 24.10.2024 (GV. NRW. S. 714) ist nach dem Entfallen der Coronaregelungen inzwischen in § 39 Abs. 3 KWahlO dauerhaft klargestellt, dass zum Zwecke des Infektionsschutzes eine Bedeckung von Mund und Nase für Mitglieder des Wahlvorstandes auch während der Wahlhandlung zulässig ist.

8. Ehrenamtliche Tätigkeit, Absatz 9

Auch die Mitglieder des Wahlvorstandes üben eine ehrenamtliche Tätigkeit aus, auf die die allgemeinen Vorschriften des kommunalen Verfassungsrechts Anwendung finden (§ 2 Abs. 6 KWahlG).

Durch § 2 Abs. 9 KWahlG ist klargestellt und abgesichert, dass – im Unterschied zu den bundes- und europawahlrechtlichen Regelungen – auch Wahlbewerber für Mandate in den Vertretungen und ihre Angehörigen u. ä. nicht gehindert sind, als Beisitzer im Wahlausschuss oder im Wahlvorstand mitzuwirken; denn die Vorschriften der Gemeindeordnung über Ausschließungsgründe (§ 31 GO) finden auf die ehrenamtliche Tätigkeit im Wahlausschuss ausdrücklich keine Anwendung. Die ehrenamtliche Tätigkeit ist auf ein Wahlorgan beschränkt (siehe Absatz 7).

Die Ergänzung des bisherigen Absatzes 8 im Rahmen der Novellierung des Kommunalwahlrechts 2019 sieht in Anlehnung an § 12 Satz 2 LWahlG vor, dass auch Sachschäden, die Mitglieder von Wahlausschüssen der Gemeinden oder Kreise oder von Wahlvorständen bei Ausübung ihrer ehrenamtlichen Tätigkeit erleiden, ersetzt werden können. Ersatz für Körperschäden leistet gegebenenfalls die Unfallversicherung.

Die Erweiterung der Vorschrift bringt die Wertschätzung für das ehrenamtliche Engagement bei der Durchführung der demokratischen Wahlen zum Ausdruck. So können beispielsweise KFZ- Schäden, die bei durch Wahlhelfertätigkeit veranlasste Fahrten entstanden sind, auf der Grundlage dieser Vorschrift reguliert werden und orientiert sich an der beamtenrechtlichen Sachschadensregelung.

3.
Zahl der Vertreter

§ 3

(1) Die Vertreter werden in den Wahlbezirken und aus den Reservelisten gewählt.

(2) Die Zahl der zu wählenden Vertreter beträgt

a) für Gemeinden mit einer Bevölkerungszahl von

5 000 und weniger		**20 Vertreter, davon 10 in Wahlbezirken;**
über 5 000,	**aber nicht über 8 000**	**26 Vertreter, davon 13 in Wahlbezirken;**
über 8 000,	**aber nicht über 15 000**	**32 Vertreter, davon 16 in Wahlbezirken;**
über 15 000,	**aber nicht über 30 000**	**38 Vertreter, davon 19 in Wahlbezirken;**
über 30 000,	**aber nicht über 50 000**	**44 Vertreter, davon 22 in Wahlbezirken;**
über 50 000,	**aber nicht über 100 000**	**50 Vertreter, davon 25 in Wahlbezirken;**
über 100 000,	**aber nicht über 250 000**	**58 Vertreter, davon 29 in Wahlbezirken;**
über 250 000,	**aber nicht über 400 000**	**66 Vertreter, davon 33 in Wahlbezirken;**
über 400 000,	**aber nicht über 550 000**	**74 Vertreter, davon 37 in Wahlbezirken;**
über 550 000,	**aber nicht über 700 000**	**82 Vertreter, davon 41 in Wahlbezirken;**
über 700 000		**90 Vertreter, davon 45 in Wahlbezirken;**

b) für Kreise mit einer Bevölkerungszahl von

200 000 und weniger		**48 Vertreter, davon 24 in Wahlbezirken;**
über 200 000,	**aber nicht über 300 000**	**54 Vertreter, davon 27 in Wahlbezirken;**
über 300 000,	**aber nicht über 400 000**	**60 Vertreter, davon 30 in Wahlbezirken;**
über 400 000,	**aber nicht über 500 000**	**66 Vertreter, davon 33 in Wahlbezirken;**
über 500 000		**72 Vertreter, davon 36 in Wahlbezirken.**

Die Gemeinden und Kreise können bis spätestens 45 Monate nach Beginn der Wahlperiode durch Satzung die Zahl der zu wählenden Vertreter um zwei, vier, sechs, acht, zehn oder zwölf, davon je zur Hälfte in Wahlbezirken, verringern; die Zahl von 20 Vertretern darf nicht unterschritten werden. Die nach Satz 2 durch Satzung verringerte Zahl der zu wählenden Vertreter bleibt bestehen, bis sie spätestens 45 Monate nach Beginn einer späteren Wahlperiode nach Satz 2 durch Satzung verändert wird.

(3) Weitere Vertreter werden aus den Reservelisten gewählt, soweit dies zur Durchführung des Verhältnisausgleichs gemäß § 33 erforderlich ist, mit der Maßgabe, dass die Gesamtzahl der Vertreter gerade ist.

(4) Gesetzliche Mitgliederzahl ist die Zahl der nach Absatz 2 und 3 in jedem Wahlgebiet zu wählenden Gesamtzahl von Vertretern. Sie erhöht sich um die nach § 33 Absatz 3 zuzuteilenden weiteren Sitze. Sie vermindert sich um die nach § 33 Absatz 6 unbesetzt bleibenden Sitze.

Erläuterungen

Übersicht

3. Verringerungsmöglichkeit, Absatz 2 Satz 2
4. Fortgeltung der Reduzierungssatzung, Absatz 2 Satz 3
5. Gesamtzahl der Vertreter und gesetzliche Mitgliederzahl, Absätze 3 und 4

1. Allgemeines

§ 3 Abs. 1 KWahlG bestimmt zunächst, dass die kommunalen Vertretungen in Nordrhein-Westfalen sich hälftig aus den direkt nach Mehrheitswahlrecht gewählten Vertretern aus den Wahlbezirken und im Übrigen aus den Vertretern von Reservelisten zusammensetzen. Im Rahmen der vorgeschalteten Mehrheitswahl im Wahlbezirk wird aus den Wahlbewerbern die Vertreter aus den Wahlbezirken ermittelt. Dabei hat der Wähler lediglich eine Stimme, mit der er gleichzeitig über die Mehrheitsverhältnisse in der Vertretung im Rahmen des Wahlrechts entscheiden kann (vgl. auch *Bätge,* a. a. O.).

Die (Ober-)Bürgermeister und Landräte sind keine im Rahmen der kommunalwahlrechtlichen Regelungen zu wählenden Vertreter, sondern sind nach § 40 Abs. 2 Satz 2 GO kraft Gesetzes Mitglied der jeweiligen Vertretung und führen den Vorsitz.

Es ist zu berücksichtigen, dass in § 3 KWahlG keine Regelung zur Größe der Bezirksvertretungen (§ 36 Abs. 2 GO NRW in Verbindung mit § 46a KWahlG) und zur Größe der Verbandsversammlung des Regionalverbands Ruhr (§ 10 Abs. 1 RVRG) verbunden ist. Die Größen der Bezirksvertretungen sowie der Verbandsversammlung des Regionalverbands Ruhr unterliegen den dazu getroffenen Spezialregelungen.

2. Zahl der zu wählenden Vertreter, Absatz 1 und Absatz 2

Nach Absatz 2 wird die Größe der in den Gemeinden (§ 3 Abs. 2 Satz 1 Buchst. a KWahlG) und Kreisen (§ 3 Abs. 2 Satz 1 Buchst. b KWahlG) jeweils zu wählenden Vertretungen bestimmt. Elf Größenklassen legen für die Gemeinden ab 5.000 bis über 700.000 Einwohner in unterschiedlichen Abstufungen die Größe der Vertretungen fest. Für die Kreise sind entsprechend fünf Größenklassen von 200.000 bis über 500.000 Einwohner festgelegt.

Die Größe hängt damit zunächst von der Einwohnerzahl des Wahlgebietes ab. § 78 Abs. 1 KWahlO legt zur Bestimmung der Einwohnerzahl fest, dass diese sich nach der vom Landesbetrieb Information und Technik NRW (IT. NRW) halbjährlich fortgeschriebenen Bevölkerungszahl, welche 42 Monate nach Beginn der Wahlperiode veröffentlicht ist, richtet.

Für die Kommunalwahl 2020 wurde wegen der einmalig über 6-jährigen Wahlperiode für die kommunalen Vertretungen in Nordrhein-Westfalen eine Übergangsregelung geschaffen. § 3 Abs. 1 der Übergangsregelungen zum Kommunalwahlgesetz und der Kommunalwahlordnung (Artikel 2 des Gesetzes zur Änderung des Kommunalwahlgesetzes und weiterer kommunalwahlrechtlicher Vorschriften) sah wegen der längeren Wahlperiode an der von IT.NRW fortgeschriebenen Bevölkerungszahl vor, welche 59 Monate nach Beginn der Wahlperiode (also mit Ablauf des 30.4.2019) veröffentlicht war.

Eine Berücksichtigung von aktuelleren Teilveröffentlichungen bei IT.NRW als maßgebliche Bevölkerungszahl anstelle des diesbezüglich von IT.NRW veröffentlichten halbjährlichen Bevölkerungsstandes vom 30.6.2018 dürfte im Einzelfall noch zulässig gewesen sein. Bevölkerungszahlen, die erst nach dem Stichtag durch IT.NRW veröffentlicht wurden, dürfen hingegen nicht mehr als maßgebliche Bevölkerungszahl zugrunde gelegt werden. Der in der Übergangsregelung und für die weiteren Kommunalwahlen geltende § 78 Abs. 1 KWahlO ist als absoluter Endpunkt zu verstehen. Nur so kann die Regelung eine landesweit einheitliche Berechnungsgrundlage für die jeweilige Größe der kommunalen Vertretung darstellen.

Grundlagen für die Berechnung der Größe der Vertretungen ist die Einwohnerzahl der jeweiligen Kommune. Die Einwohnerzahlen basieren ausschließlich auf den Fortschreibungen der Zensus-Datenerhebungen sowie ihren Fortschreibungen. Ein Rückgriff oder

Abgleich von IT.NRW auf die tatsächlichen kommunalen Meldedaten vor Ort ist nicht vorgesehen.

Bei dieser Berechnungsgrundlage wird mit dem Begriff der Einwohnerzahl weiterhin auf die Definition von § 21 Abs. 2 GO Bezug genommen (vgl. im Gegensatz dazu die Erl. zu § 4 Abs. 2 Satz 4 und bezieht auch die nicht wahlberechtigte Bevölkerungsgruppe der in einer Gemeinde lebenden sog. ausländischen Drittstaatsangehörigen mit ein, die weder die deutsche Staatsbürgerschaft noch eine EU-Staatsangehörigkeit besitzen.

Mit dem Bezug auf den gemeinderechtlichen Einwohnerbegriff ist sichergestellt, dass die Aufgabenwahrnehmung auch für ausländische Nicht-EU-Bürger im Rahmen einer dafür angemessenen großen Vertretung stattfinden kann. Die kommunale Aufgabenwahrnehmung ist unabhängig vom fehlenden Wahlrecht für diesen Bevölkerungsteil Realität und muss daher vollständig abgebildet werden.

Die Regelungen zur Sitzzahl der Vertretungen in § 3 KWahlG sind im Lichte des Demokratieprinzips und der Sicherstellung der Selbstverwaltung der Kommunen zu sehen. Bei Rats- und Kreistagsmandatsträgern handelt es sich um ehrenamtlich Tätige, die die Mandatsaufgaben neben ihrer beruflichen Tätigkeit erledigen und für die insoweit nur ein begrenzter zeitlicher Rahmen zur Verfügung steht.

Ferner muss berücksichtigt werden, dass die Tätigkeit als Rats- oder Kreistagsmitglied sich nicht lediglich auf die Teilnahme an den Rats- oder Kreistagssitzungen beschränkt, sondern vielmehr und wesentlich in den Sitzungen einer Vielzahl von Ausschüssen und Arbeitskreisen sowie in den Fraktionssitzungen stattfindet. Die Vielfalt der Rats- und Kreistagsarbeit erfordert im Übrigen eine Spezialisierung der einzelnen Mitglieder. Die derzeit gesetzlich vorgegebene Größe der Räte und Kreistage erscheint deshalb angemessen, um die Bürgerinnen und Bürger durch die gewählte Vertretung ausreichend zu repräsentieren.

3. Verringerungsmöglichkeit, Absatz 2 Satz 2

Gleichwohl begründet § 3 Abs. 2 Satz 2 KWahlG die Möglichkeit, spätestens 45 Monate nach Beginn der Wahlperiode durch Satzung die Zahl der zu wählenden Vertreter um 2, 4, 6, 8, 10 oder 12, davon je zur Hälfte in Wahlbezirken, zu verringern, wobei die Zahl von 20 Vertretern nicht unterschritten werden darf.

Die Regelung des § 3 Abs. 2 Satz 2 KWahlG darf allerdings nur insgesamt bis zu einer Reduzierung von maximal 12 Ratsmitgliedern pro Gemeinderat – in bis zu sechs Teilschritten (2–2-2–2-2–2bis einmalig 12) – angewandt werden, auch wenn dies aus dem Wortlaut der Vorschrift nicht eindeutig ablesbar ist. Jeder Reduzierungsschritt muss in dem von § 3 Abs. 2 Satz 2 KWahlG vorgegebenen Zeitfenster für die darauffolgende Wahlperiode beschlossen werden.

Für diese Auslegung spricht, dass die Größe der Gemeinderäte ursprünglich ohne die Möglichkeit zur Abweichung durch Gesetz festgelegt war. Der 1993 nachträglich eingefügte § 3 Abs. 2 Satz 2 KWahlG erscheint demgegenüber als Ausnahmevorschrift und definiert wohl die maximale Abweichung von der gesetzlich grundsätzlich vorgesehenen Mitgliederzahl in einer Größenordnung von damals noch höchstens 6 Ratsmitgliedern.

Die 20 Ratsmitglieder stellen – aus Gründen der Arbeitsfähigkeit der kommunalen Vertretungen – die absolute Mindestmitgliederzahl dar. Demzufolge kann eine Verringerung bei der kleinsten Gemeindegrößenklasse (kleiner als 5.000 Einwohner) nicht erfolgen.

Bereits die Gesetzesbegründung aus dem Jahre 1993 (LT-Drs. 11/5113) deutet auf eine nur begrenzte Reduzierungsmöglichkeit hin: *„Es kann im Einzelfall zweckmäßig erscheinen, die Zahl der zu wählenden Vertreter von vornherein zu verringern. … Dies kann allerdings nur in engem Rahmen geschehen, um Überschneidungen mit der jeweils nächsten Größenklasse zu vermeiden."*

Einer wiederholten (und damit im Ergebnis über die in der Regelung genannten 2, 4, 6, 8, 10 oder 12 genannten Zahl der zu wählenden Vertreter hinausgehenden) Verkleinerung insbesondere mittlerer oder großer Gemeinderäte bis zur Mindestmitgliederzahl von 20 steht deren Aufgabenfülle und -komplexität entgegen. Eine derartige Reduzierung würde ihre Arbeitsfähigkeit nachhaltig in Frage stellen. Bekanntlich sind den Kommunen mit zunehmender Einwohnerzahl nach dem gestuften Aufgabenmodell gerade in den letzten Jahren zusätzliche und anspruchsvollere Aufgaben übertragen worden. Damit dehnen sich auch die Arbeitsfelder kommunaler Räte aus. Nur personell hinreichend große Vertretungen, deren Mitglieder lediglich ehrenamtlich und eben nicht hauptberuflich tätig sind, dürften über eine entsprechende Arbeitsteilung in ihren Fraktionen in der Lage sein, diesen Anforderungen – auch in den jeweils zu bildenden Ausschüssen – gerecht zu werden.

Eine starke Verkleinerung der Gemeinderäte würde im Übrigen die demokratische Repräsentation der Einwohner und Wähler noch weiter auseinanderfallen lassen. Schon heute ist das Repräsentationsverhältnis in einwohnerstarken Kommunen mit großen Räten deutlich anders als in kleineren Gemeinden. Betrachtet man die Gemeindegröße von über 550.000 bis zu 700.000 Einwohner mit 82 Ratsvertretern, so vertritt ein Ratsmitglied durchschnittlich mindestens 6.707 und höchstens 8.537 Einwohner. Im Vergleich dazu sind es bei einer Kommune von 5.001 bis 8.000 Einwohnern und 26 Ratsmitgliedern zwischen 192 und 308. Im Mittelfeld bei einer Kommune zwischen 50.001 und 100.000 Einwohnern (Ratsgröße 50) liegt die Relation zwischen 1.000 und 2.000. Ließe man eine wiederholte Verkleinerung gerade großer Gemeinderäte zu, verträten noch weniger Ratsmitglieder die Interessen von noch mehr Einwohnern.

2013 wurde der Wortlaut Verringerungsregelung dahingehend geändert, dass lediglich eine „insgesamt maximale" Reduzierung um (zum damaligen Zeitpunkt) 6 Vertreter möglich ist. Diese gesetzestechnische Klarstellung entfiel allerdings bereits wieder durch das diesbezügliche Inkrafttreten des Gesetzes über die Zusammenlegung der allgemeinen Kommunalwahlen mit den Europawahlen (KWahlZG) vom 24.6.2008 (GV. NRW. S. 514) zum 1.8.2014.

Unabhängig von den Bedenken gegenüber einer zu starken Verkleinerung der kommunalen Vertretungen wurde mit dem Gesetz zur Stärkung der kommunalen Selbstverwaltung vom 15.11.2016 (GV. NRW. S. 966) die Möglichkeit einer Verringerung um 6 Vertreter auf die Möglichkeit einer Verringerung von 10 Vertretern erweitert. Mit Kommunalwahländerungsgesetz vom 5.7.2024 wurde eine Verringerung um bis zu 12 Vertreter eingefügt.

Die Erweiterung ist vor dem Hintergrund zu sehen, den Gemeinden einen weiteren Spielraum im Rahmen der kommunalen Selbstverwaltung zu eröffnen. Zudem ist zu bedenken, dass im Zuge der Diskussionen um die Einführung von Sperrklauseln für kommunale Vertretungen die Verkleinerung von Räten die faktische Sperrwirkung für kleinere Parteien und Wählergruppen automatisch vergrößert.

4. Fortgeltung der Reduzierungssatzung, Absatz 2 Satz 3

Der Wortlaut des § 3 Abs. 2 Satz 3 KWahlG geht ausdrücklich davon aus, dass die „*verringerte Zahl der zu wählenden Vertreter*" bestehen bleibe, wenn diese nicht fristgerecht durch Satzung geändert werde.

Fraglich ist in einzelnen Fällen, ob sich der Regelungsgehalt der entsprechenden Satzung auf die Anzahl der zu verringernden Zahl der Vertreter erstreckt oder die gesetzliche Gesamtzahl der Vertreter festgelegt werden kann.

Dem Wortlaut nach und in Auslegung von Sinn und Zweck der Vorschrift dürfte der Regelungsgehalt sich ausschließlich auf die Anzahl der zu verringernden Zahl beziehen. Sollte nämlich sich die Größenklasse an sich durch eine Veränderung der Einwohnerzahl verändern, könnte es zu einer der rechtlichen Regelung ausdrücklich widersprechenden Situation kommen, die ausschließlich durch eine rechtzeitig beschlossene neue Satzung bereinigt werden könnte. Eine Auslegung, die sich am Wortlaut orientiert, würde dieses rechtliche Dilemma vermeiden können.

In der kommunalen Praxis dürften wohl beide Satzungsvarianten verwendet werden. Sofern nicht bereits durch eine Veränderung der Größenklasse eine Regelung bezogen auf die Gesamtzahl der Vertreter rechtswidrig geworden ist, dürfte – wenn der Regelungsgehalt für den Rat und den Wahlausschuss klar erkennbar ist – es dennoch zur Nichtigkeit der Satzung führen und es müsste keine neue Satzung ergehen.

Gleichwohl ist zu berücksichtigen, dass eine rechtswidrige Reduzierungssatzung unabhängig von einer Beanstandung durch den Hauptverwaltungsbeamten beziehungsweise durch die Aufsichtsbehörde zu wahlprüfungsrechtlichen Konsequenzen führen könnte.

Sinn und Zweck der Ausschlussfrist ist im Allgemeinen, im Interesse der Rechtssicherheit und des Vertrauensschutzes ab dem dort bestimmten Stichtag die Rahmenbedingungen für die Wahl, insbesondere mit Blick auf die einzureichenden Wahlvorschläge, festzuschreiben. Diesem Gedanken wird durch eine weitere, automatische Gültigkeit der Reduzierungssatzung Rechnung getragen. Für die Einteilung der Wahlkreise für kommenden Kommunalwahlen ist grundsätzlich kein Beschluss über eine neue Satzungsregelung notwendig.

Aufgrund der auf über 6 Jahre verlängerten Wahlperiode von 2014 bis 2020 wurde auf Wunsch der kommunalen Spitzenverbände durch das Gesetz zur Änderung des Kommunalwahlgesetzes und weiterer wahlrechtlicher Vorschriften vom 11.4.2019 für die Verringerung der Vertreter durch eine kommunale Satzung einmalig eine verlängerte Frist bis spätestens 31.7.2019 (Artikel 2 § 1 Übergangsregelungen zum Kommunalwahlgesetz und zur Kommunalwahlordnung) geschaffen. Für viele Gemeinden – so wurde vorgetragen – war für etwaige Verringerungsüberlegungen der Abstand zu Kommunalwahl 2020 noch zu groß. Die Verlängerung der Frist bezog sich allerdings ausschließlich – nach ihrem Wortlaut – auf eine Verringerung, nicht jedoch auf eine gewünschte Vergrößerung einer vorab verkleinerten Vertretung.

Ab 2020 gilt für die Wahlperiode von 5 Jahren dann wieder die Frist bis spätestens 45 Monate nach Beginn der Wahlperiode. Auch bei dieser Frist wurde bei der letzten Novellierung davon abgesehen, die Fristberechnung beispielsweise auf das Ende der Wahlperiode umzustellen.

5. Gesamtzahl der Vertreter und gesetzliche Mitgliederzahl, Absätze 3 und 4

In Absatz 3 wird festgelegt, dass nach der Mehrheitswahl der Vertreter aus den Direktbewerbern in den Wahlbezirken, ein nach dem Verhältniswahlrecht notwendiger Ausgleich durchzuführen ist. Die Zuteilung der für den Verhältnisausgleich erforderlichen weiteren Sitze aus den Reservelisten vollzieht sich nach einem in § 33 KWahlG im Einzelnen bestimmten Verfahren (s. Erl. zu § 33).

Diese Gesamtzahl der Vertreter bestimmt sich einschließlich der aus den Reservelisten zu wählenden weiteren Vertreter und stellt nach § 3 Abs. 4 die gesetzliche Mitgliederzahl einer Vertretung dar. Nach § 33 Abs. 3 und 4 KWahlG können darüber hinaus weitere Vertreter hinzukommen (sogenannte Überhang- und Ausgleichsmandate, Zusatzmandat) beziehungsweise nach § 33 Abs. 6 KWahlG können Sitze wegen fehlender Bewerber auf den Reservelisten gegebenenfalls freibleiben.

Die Größe der Bezirksvertretungen in den kreisfreien Städten ist in der Gemeindeordnung nur rahmenmäßig bestimmt: Sie beträgt mindestens 11 und höchstens 19 (einschließlich des Vorsitzenden); in diesem Rahmen können die Mitgliederzahlen durch die Hauptsatzung nach den Einwohnerzahlen der Stadtbezirke mit der Maßgabe festgelegt werden, dass die Gesamtzahl ungerade sein muss (§ 36 Abs. 2 GO). Auch diese Gesamtzahl ist jedoch – vergleichbar wie bei den Räten und Kreistagen – letztlich nur eine Mindestzahl; sie erhöht sich nämlich ggf. zur Sicherung des in § 46a Abs. 7 KWahlG bestimmten (begrenzten) Verhältnisausgleichs, im Wege einer (iterativen) Aufstockung um weitere jeweils 2 Sitze auf eine (wiederum ungerade) endgültige Gesamtsitzzahl, wenn einer Partei oder Wählergruppe trotz eines erreichten Stimmenanteils von mindestens 5 vom Hundert bei der Sitzverteilung nach § 33 KWahlG kein Sitz zusteht.

4.

Wahlbezirke

§ 4

(1) Der Wahlausschuss der Gemeinde teilt spätestens 51 Monate, der Wahlausschuss des Kreises spätestens 53 Monate nach Beginn der Wahlperiode das Wahlgebiet in so viele Wahlbezirke ein, wie Vertreter gemäß § 3 Abs. 2 in Wahlbezirken zu wählen sind.

(2) Bei der Abgrenzung der Wahlbezirke ist darauf Rücksicht zu nehmen, dass räumliche Zusammenhänge möglichst gewahrt werden. Sind Bezirke nach der Gemeindeordnung für das Land Nordrhein-Westfalen in der Fassung der Bekanntmachung vom 14. Juli 1994 (GV. NRW. S. 666) in der jeweils geltenden Fassung vorhanden, so soll die Bezirkseinteilung nach Möglichkeit eingehalten werden. Die Abweichung von der durchschnittlichen Anzahl der Wahlberechtigten der Wahlbezirke im Wahlgebiet darf nicht mehr als 15 vom Hundert nach oben oder unten betragen. In begründeten Ausnahmefällen, etwa zur Wahrung räumlicher Zusammenhänge oder zur Rücksichtnahme auf gewachsene Ortsstrukturen, ist eine Abweichung bis zu 25 vom Hundert zulässig.

(3) Finden Gemeinde- und Kreiswahlen gleichzeitig statt, so dürfen die Grenzen der Wahlbezirke der Gemeinde durch die Grenzen der Wahlbezirke des Kreises nicht durchschnitten werden.

Erläuterungen

Übersicht

1. Einteilung der kommunalen Wahlbezirke, Frist, Absatz 1
2. Abgrenzung der Kommunalwahlbezirke, Absatz 2, Satz 1–3
3. Berechnungsgrundlagen, Absatz 2 Satz 4
4. Gemeinsame Gemeinde- und Kreiswahlen, Absatz 3

1. Einteilung der kommunalen Wahlbezirke, Frist, Absatz 1

Die Wahl lässt sich nur gleichzeitig und termingerecht durchführen, wenn die Rechtskontrolle dieser Einzelentscheidungen während des Wahlablaufs begrenzt wird und im Übrigen einem nach der Wahl stattfindenden Wahlprüfungsverfahren vorbehalten bleibt. Deshalb gilt in Wahlrechtsangelegenheiten der Satz, dass Entscheidungen und Maßnahmen, die sich unmittelbar auf das Wahlverfahren beziehen, nur mit den in den Wahlvorschriften vorgesehenen Rechtsbehelfen und im Wahlprüfungsverfahren angefochten werden können (vgl. BVerfG, Beschl. vom 27.6.1962 – 2 BvR, 189/62 –, Rz. 4). Dies gilt insbesondere für die Entscheidungen der Wahlausschüsse zur Einteilung des Wahlgebietes in Wahlbezirke. Da ein spezifischer Rechtsbehelf nicht vorgesehen ist, ist grundsätzlich nur im Rahmen der Wahlprüfung eine Kontrolle möglich.

Die Frist für die Einteilung des Wahlgebiets in Wahlbezirke durch die Wahlausschüsse richtet sich nicht mehr nach dem Ende der Wahlperiode (spätestens acht Monate vor Ablauf der Wahlperiode), sondern nach dem Beginn der laufenden Wahlperiode (Gemeinden bis spätestens 51 Monate, Kreise bis spätestens 53 Monate nach Beginn der Wahlperiode). Diese Regelung war am 1.8.2014 in Kraft getreten. Mit dem Kommunalwahländerungsgesetz vom 5.7.2024 wurde die Frist für die Einteilung der Wahlbezirke der Gemeinden von 52 Monaten auf 51 Monate verkürzt. Damit wurde den Bedürfnissen der Kreise Rechnung getragen, über einen größeren gesetzlichen Zeitraum für die Einteilung ihrer Kreiswahlbezirke zu verfügen

Die Einteilung des Wahlgebiets in Wahlbezirke obliegt dem Wahlausschuss des jeweiligen Wahlgebiets. Bei der Einteilung der Wahlbezirke trifft der Wahlausschuss die Entscheidung als Wahlorgan. Er ist bei seiner Entscheidung von der Kommunalaufsicht und den kommunalen Gremien (Vertretung, Hauptverwaltungsbeamter) unabhängig.

2. Abgrenzung der Kommunalwahlbezirke, Absatz 2, Satz 1–3

Bei der Abgrenzung der Kommunalwahlbezirke sind die räumlichen Zusammenhänge möglichst zu wahren. Dieser Gesichtspunkt bei der Einteilung der Kommunalwahlbezirke war bereits 1968 in der Neufassung des § 4 Abs. 2 KWahlG im Rahmen einer entsprechenden Novellierung des KWahlG konkretisiert worden.

Die Abgrenzung nach räumlichen Zusammenhängen war schon zu diesem Zeitpunkt für die Fälle des Vorhandenseins von Bezirken nach der Gemeindeordnung in dem Sinne zur Soll-Vorschrift erhoben worden. Die Einteilung der Gemeinden in Stadtbezirke soll danach nach Möglichkeit auch bei der Einteilung der Kommunalwahlbezirke eingehalten werden.

Diese Vorschrift, die durch eine Novelle 1974 nur redaktionell geändert worden war, hatte sachlich besonderes Gewicht gewonnen, nachdem durch das Gesetz zur Änderung der Gemeindeordnung vom 29.10.1974 (GV. NRW. S. 1050) die neue Bezirksverfassung (vgl. Erl. zu § 46a) geschaffen worden war. Die Einhaltung der Vorschrift war hiernach wesentliche Voraussetzung für eine ordnungsgemäße Bildung der Bezirksvertretungen bzw. Bezirksausschüsse. Diese Vorschrift ist von besonderer Bedeutung für die kreisfreien Städte, seitdem die unmittelbare Wahl der Bezirksvertretung stattfindet.

Demgegenüber verankert Art. 78 Abs. 1 Satz 2 der Landesverfassung und Art. 28 Abs. 1 Satz 2 GG die Wahlrechtsgleichheit und gebietet im Grundsatz eine Einteilung der Wahlkreise auf der Grundlage der Zahl nur der Wahlberechtigten. Anknüpfungspunkt des Gleichheitsgrundsatzes sind die Wahlberechtigten, nicht die Wohnbevölkerung.

Die Mehrheitswahl verlangt immer eine Wahlrechtsgleichheit, so dass alle Wähler mit dem gleichen Zählwert ihrer Stimmen hinaus mit einer möglichst gleichen Erfolgschance am Kreationsvorgang teilnehmen können. Jede Stimme im Gemeindegebiet muss annähernd gleich viel Gewicht haben (sogenannte Wahlrechtsgleichheit). Dies folgt auch aus dem Grundsatz der Chancengleichheit der Kandidatinnen und Kandidaten. Wenn es große Unterschiede bei den Wahlbezirksgrößen innerhalb einer Kommune gibt, sind in einem Wahlbezirk deutlich weniger Stimmen erforderlich, um ein Mandat zu erringen, als in einem anderen.

Dementsprechend hätten die Wahlberechtigten der jeweiligen Wahlbezirke unterschiedlich großen Einfluss auf die personelle Zusammensetzung des Rates bzw. des Kreistags. Durch den Wahlausschuss ist deshalb sicher zu stellen, dass die Zahl der Wahlberechtigten in den jeweiligen Kommunalwahlbezirken möglichst gleich groß sein muss (vgl. hierzu Urteil des Verfassungsgerichtshofs NRW vom 20.12.2019, VerfGH 35/19, S. S. 75, S. 68 f.).

Die Wahlrechtsgleichheit in den Wahlbezirken ist – in Abwägung mit der Vorgabe, die räumlichen Zusammenhänge nach Möglichkeit zu wahren – gesetzlich insoweit vorgeschrieben, als die Abweichungstoleranz von der durchschnittlichen Zahl der Wahlberechtigen in den jeweiligen Wahlbezirken im Wahlgebiet begrenzt ist.

Nachdem die Gesetzgeber für Bundestagswahlkreise (± 25 %) und Landtagswahlkreise in NRW (± 20 %) geringere Höchstabweichungsgrenzen eingeführt haben, sah sich auch der nordrhein-westfälische Gesetzgeber veranlasst, auch die Toleranzgrenze für Kommunalwahlbezirke an die geänderte Rechtsprechung anzupassen. Im Laufe der Zeit ist diese Schwankungsbreite – je nach Ausgestaltung des Wahlrechts – von den Verfassungsgerichten auch nicht immer als äußerste Abweichungsgrenze toleriert worden (vgl. BVerfG vom 10.4.1997 – BVerfGE 95, 335 –).

Die Abweichung darf demnach seit einer Novelle von 2007 nicht mehr als 25 % (früher 33,3 %) als äußerste Grenze betragen. Allgemein war bei der Einteilung von Wahlkreisen (Wahlbezirken) lange Zeit eine Schwankungsbreite von 33,3 % als zulässig angesehen worden.

Dabei ist die Abweichungsobergrenze von 25 % bezogen auf die durchschnittliche Einwohnerzahl (Wahlberechtigte) der Wahlbezirke unter Berücksichtigung einer verfassungskonformen Auslegung wohl nicht ohne Weiteres pauschalisiert anwendbar.

So geht der VerfGH NRW im Rahmen seiner Entscheidung vom 20.12.2019 davon aus, eine Abweichung von mehr als lediglich 15 % könne zur Wahrung räumlicher Zusammenhänge gerechtfertigt sein. Hinter diesem Aspekt müssten aber verfassungsrechtliche Ziele stehen, die gegenüber der Wahlrechts- und Chancengleichheit vergleichbares Gewicht besitzen.

Die vollständige Ausschöpfung der Abweichungstoleranz von 25 % aus § 4 Abs. 2 Satz 3 KWahlG würde die Bildung von Kommunalwahlbezirken, bei denen der größte Wahlbezirk mehr als das 1,5-fache der Einwohnerzahl der nach § 4 Abs. 2 Satz 4 KWahlG zu berücksichtigenden Bevölkerung des kleinsten Wahlbezirks umfasst, ermöglichen (vgl. zu dieser äußersten Grenze auch § 3 Abs. 1 Satz 1 Nr. 3 BWahlG). Die vollständige Ausschöpfung dieser Grenze brächte einen nicht unerheblichen Eingriff in die Wahlrechts- und die Chancengleichheit mit sich, und bedürfte deshalb in der Regel der Rechtfertigung auf einer der Wahlrechtsgleichheit vergleichbaren verfassungsrechtlichen Ebene (vgl. VerfGH 35/19, S. 76).

So führt auch das OVG Berlin-Brandenburg aus, dass Abweichungen in fünf unterschiedlichen Wahlkreisen, deren Einwohnerzahl bis zu 21,05 % über beziehungsweise 12,06 % unter dem Durchschnitt lagen, das Gleichheitsgebot bei der Kommunalwahl verletzt habe. Der Grundsatz der Gleichheit der Wahl gebiete annähernd gleich große Wahlkreise. Abweichungen müssten im Einzelfall transparent unter Berücksichtigung der konkreten Umstände begründet werden (OVG Berlin-Brandenburg, Urt. vom 14.11.2019 – 12 B 39.18 –, Rz. 29).

Eine pauschalierende Anwendung der 25 %-Klausel, etwa aus Gründen der Verwaltungsvereinfachung oder der lediglich leichteren Zuordnung des Wahlbezirks zu einem Wohngebiet, ist unzulässig. Ein Rückgriff auf die 25 %-Abweichungsklausel ist daher in einer Großstadt jedenfalls dann verfassungsrechtlich zu beanstanden, wenn es ohne weiteres möglich ist, durch die Einbeziehung angrenzender Straßenzüge oder einzelner kleinerer Stadtquartiere zu annähernd gleich großen Wahlbezirken zu gelangen.

Dies könnte etwa die Erleichterung der Kommunikation zwischen den Wählern sowie mit den Mandatsbewerbern und damit die Förderung der politischen Willensbildung fördern. Dieser Aspekt dürfte aber nur bei weit auseinanderliegenden Ortschaften in einer großflächigen Gebietskörperschaft zum Tragen kommen. Zudem kommt in Betracht, dass im ländlichen Bereich auf gewachsene Ortsstrukturen Rücksicht zu nehmen ist, um die Wahlbereitschaft zu erhöhen. Innerhalb dieses Rahmens können auch Integrationsvorgänge Eingang in die Gewichtung finden.

Dabei ist eine Abweichungstoleranz von bis zu 15 % bezogen auf die Anzahl der Bewohnerinnen und Bewohner mit deutscher Staatsangehörigkeit bzw. der Staatsangehörigkeit eines EU-Mitgliedstaates in der Regel vom Gestaltungsspielraum des Gesetzgebers schon deshalb gedeckt sein, weil gewisse Abweichungen aufgrund des stetigen Bevölkerungswandels unvermeidbar sind (vgl. VerfGH 35/19, unter weiterem Hinweis zur 15 %-Grenze: Europäische Kommission für Demokratie durch Recht des Europarats [Venedig-Kommission], Verhaltenskodex für Wahlen, Leitlinien und Erläuternder Bericht, angenommen von der Venedig-Kommission auf ihrer 52. Plenarsitzung [Venedig, 18. – 19.10.2002], S. 7, https://www.venice.coe.int/).

Dementsprechend ist auch im Bundeswahlrecht eine (voraussetzungslose) Abweichungstoleranz von +/- 15 % normiert (vgl. § 3 Abs. 1 Satz 1 Nr. 3 BWahlG). In diesem Rahmen kann zudem den Anforderungen entsprochen werden, räumliche Zusammenhänge möglichst zu wahren (§ 4 Abs. 2 Satz 1 KWahlG

NRW) und – sofern vorhanden – die Bezirkseinteilung nach Möglichkeit einzuhalten (§ 4 Abs. 2 Satz 2 KWahlG).

In einem die Entscheidung des VerfGH NRW zu § 4 Abs. 2 Satz 3 und 4 (VerfGH 35/19) auslegenden Erlass des Ministeriums des Innern (Runderlass 11–35.12.00 vom 23.12.2019) an die Kreiswahlleiter wurde dazu folgende Interpretationshilfe gegeben:

„Der Verfassungsgerichtshof führt insoweit aus, dass

- *eine Abweichung von bis zu 15 % bezogen auf die Einwohnerinnen und Einwohner mit deutscher Staatsangehörigkeit bzw. der Staatsangehörigkeit eines EU-Mitgliedstaates in der Regel unproblematisch sei;*
- *eine Abweichung von mehr als 15 % bei einem Wahlbezirk nur dann unproblematisch sei, wenn diese bei Berücksichtigung der (kleineren) Zahl der Wahlberechtigten im Verhältnis zur durchschnittlichen Zahl der Wahlberechtigten unter oder bei 15 % liege;*
- *eine Abweichung von mehr als 15 % bezogen auf die Wahlberechtigten zur Wahrung räumlicher Zusammenhänge gerechtfertigt sein könne, wenn sie z. B.*
  - *a) die Kommunikation zwischen den Wählern und mit den Mandatsbewerbern erleichtere und damit die politische Willensbildung fördere, was aber nur bei weit auseinanderliegenden Ortschaften in einer großflächigen Gebietskörperschaft zum Tragen komme, oder*
  - *b) im ländlichen Raum auf gewachsene Ortsstrukturen Rücksicht nehme, um die Wahlbereitschaft zu erhöhen.*
- *eine pauschalierende Anwendung der 25 %-Klausel – etwa aus Gründen der Verwaltungsvereinfachung oder der bloßen leichteren Zuordnung des Wahlbezirks zu einem Wohngebiet – unzulässig sei. Ein Rückgriff auf die 25 %-Abweichungsklausel sei in einer Großstadt jedenfalls dann verfassungsrechtlich zu beanstanden, wenn es ohne weiteres möglich sei, durch die Einbeziehung angrenzender Straßenzüge oder einzelner kleinerer Stadtquartiere zu annähernd gleich großen Wahlbezirken zu gelangen.*

Die tragenden Erwägungen für die Wahlbezirkseinteilung seien vom Wahlausschuss transparent und nachvollziehbar zu dokumentieren. Bei Überschreitung der 15 %-Grenze seien insbesondere die dafür herangezogenen Rechtfertigungsgründe zu erlautern…"

Mit dem Urteil des VerfGH NRW vom 20.12.2019 sind in der kommunalen Praxis erhebliche Probleme ausgelöst worden. Die Anforderungen, die mit diesem Urteil bei einer Überschreitung der 15 % Abweichungsgrenze gestellt werden, dürfte in den Kommunen nicht durchgehend erfüllt gewesen sein. Es hat sich im Gegenteil herausgestellt, dass die entsprechenden Satzungen in einer Vielzahl von Fällen eine bis zu 25 % Abweichung mit einer lediglich standardisierten allgemeinen Begründung zugelassen haben.

Eine kommunale Praxis, die standardisiert begründete Abweichungen oberhalb der 15 % festschreibt, ist vor dem Hintergrund der allgemeinen Praxis beim Bund und den Bundesländern durchaus nachvollziehbar. So werden im Bericht über die Bevölkerungszahlen in den Landtagswahlkreisen und gebotene Änderungen nach § 13 LWahlG des Ministeriums des Innern vom 29.8.2019 Vorschläge für die Änderung von Landtagswahlkreisen lediglich für Wahlkreise mit Abweichungen von mehr als +/- 18 % gemacht. Weitere Landtagswahlkreise mit Abweichungen über 15 % bleiben hingegen ohne Änderungsvorschlag.

Die Wahlbezirkseinteilung muss vom Wahlausschuss unter Beachtung der in § 4 Abs. 2 KWahlG bestimmten Grundsätze vor jeder Wahl geprüft und bestätigt oder erforderlichenfalls etwa veränderten Verhältnissen angepasst werden. Eine Anpassung kann wohl schon dann geboten sein, wenn die Überschreitung der Höchstabweichungsgrenze von 15 % bis zum Wahltermin durch eine Bevölkerungsentwicklung auf der Basis des geltenden Stichtages – etwa durch den Bezug eines Neubaugebiets – prognostiziert werden kann. Andererseits wird es nicht als Wahlfehler gewertet werden können, wenn es zum Zeitpunkt der Wahlbezirkseinteilung keine Anhaltspunkte für die Nichteinhaltung der Grenzwerte zum Wahltermin gegeben hat.

Bei einer nachträglichen Anpassung von Wahlbezirken durch den Wahlausschuss nach einer bereits beschlossenen Wahlbezirkseinteilung besteht das Erfordernis, die Wahlbezirkseinteilung neu bekannt zu machen. Bereits erfolgte Aufstellungsverfahren, die sich auf neu zugeschnittene Wahlbezirke beziehen, sind von den Parteien ebenso zu wiederholen.

Die tragenden Erwägungen für die Einteilung der Wahlbezirke sind vom Wahlausschuss transparent und nachvollziehbar zu dokumentieren. Wird die 15 % Grenze überschritten, sind insbesondere die dafür herangezogenen Rechtfertigungsgründe zu erläutern (Fragen und Antworten zum Urteil des Verfassungsgerichtshofs vom 20.12.2019 zur Stichwahl und zur Wahlbezirkseinteilung, Abruf vom 23.12.2019: https://www.vgh.nrw.de/aktuelles/index.php).

Eine Wahlbezirkseinteilung, die den – zwingend einzuhaltenden – Vorgaben des § 4 KWahlG nicht genügt, kann regelmäßig einen Wahlfehler darstellen, der letztlich zur Ungültigkeit der gesamten Wahl führt.

Der einer fehlerhaften Wahlkreiseinteilung zugrundeliegenden Wahlfehler kann als so schwerwiegend angesehen werden, dass bei einer einwandfreien Durchführung der Wahl ein wesentlich anderes Wahlergebnis zustande gekommen wäre, und die Wahl daher insgesamt für ungültig zu erklären ist (vgl. OVG Berlin-Brandenburg, Urt. vom 14.11.2019 – 12 B 39.18 –, Rz. 30). Mit dem Kommunalwahländerungsgesetz vom 5.7.2024 ist das Urteil des Verfassungsgerichtshofs vom 20.12.2019 auch auf einfachgesetzlicher Ebene nachvollzogen worden. Die Abweichungsgrenze darf 15 % nach oben und unten nicht überschreiten. In § 4 Abs. 2 Satz 4 wurde gleichwohl noch ein Ausnahmetatbestand bis zu einer Obergrenze von 25 % zur Wahrung räumlicher Zusammenhänge oder zur Rücksichtnahme auf gewachsene Ortsstrukturen eingeräumt. Für eine verfassungsrechtlich gerechtfertigte Inanspruchnahme einer größeren Abweichung als +/- 15 % müssten im Ergebnis zumindestens eine entsprechende Begründung aus dem die Entscheidung des VerfGH NRW zu § 4 Abs. 2 Satz 3 und 4 (VerfGH 35/19) auslegenden Erlass des Ministeriums des Innern (Runderlass 11–35.12.00 vom 23.12.2019) tatsächlich vorliegen. Im Zusammenhang mit der Aufgabe des Wahlausschusses, die Wahlbezirke einzuteilen, sind vom Wahlausschuss zukünftig nach § 2 Abs. 1 Nr. 1 KWahlO die tragenden Erwägungen für die Wahlbezirkseinteilung transparent und nachvollziehbar zu dokumentieren und die verfassungslegitimen Rechtfertigungsgründe zu erläutern, sofern es bei der Einteilung der Wahlbezirke zu einer Abweichung von mehr als 15 % von der durchschnittlichen Wahlbezirksgröße kommt (s. Art. 1 Nr. 3 der Vierzehnten Verordnung zur Änderung der Kommunalwahlordnung vom 24.10.2024, GV. NRW. S. 714).

3. Berechnungsgrundlagen, Absatz 2 Satz 4

Maßgebend für die Berechnung der durchschnittlichen Einwohnerzahl bis einschließlich der Kommunalwahl 2014 vom Wortlaut der Vorschrift her ist die Bevölkerungszahl, die schon der Feststellung der gesetzlichen Anzahl der Vertreter zu Grunde gelegen hat.

Bereits mit Änderung des Kommunalwahlgesetzes vom 11.4.2019 wurde § 4 Abs. 2 KWahlG um einen weiteren Satz 4 dahingehend ergänzt, dass bei der Ermittlung der Einwohnerzahl unberücksichtigt bleibt, wer nicht Deutscher im Sinne von Art. 116 Abs. 1 des Grundgesetzes ist oder nicht die Staatsangehörigkeit eines anderen Mitgliedstaates der Europäischen Union besitzt.

Die dadurch erfolgte Ergänzung des § 4 Abs. 2 KWahlG betrifft ausschließlich den Maßstab für die Wahlbezirkseinteilung in Kreisen und Gemeinden. Vor der Änderung des geltenden Gesetzeswortlauts war für die Wahlbezirkseinteilung – analog zur Einteilung der Landtagswahlkreise nach § 13 Abs. 2 LWahlG – die Einwohnerzahl maßgeblich. Eine Beschränkung auf deutsche Staatsangehörige und Staatsangehörige anderer EU-Mitgliedstaaten oder auf den Kreis der Wahlberechtigten sah der Gesetzeswortlaut nicht vor. Insoweit waren sämtliche Einwohner im Wahlgebiet (Kreis, Gemeinde) bei der Einteilung in Wahlbezirke zugrunde zu legen (vgl. hierzu im Weiteren die Vorlage der Landesregierung, LT-Drs. 17/2065).

Im Rahmen einer verfassungskonformen Auslegung war jedoch bereits der Wortlaut des § 4 Abs. 2 KWahlG (a. F.) dahingehend auszulegen, dass die Wahlbezirkseinteilung nur auf deutsche Einwohner und Einwohner mit der Staatsangehörigkeit eines anderen EU-Mitgliedstaates gestützt werden konnte, sobald sich andere Einwohner nicht gleichmäßig im jeweiligen Kreis- bzw. Gemeindegebiet verteilt hätten und diese Ungleichverteilung die Wahlbezirkseinteilung beeinflusst hätte. Damit ist die Ergänzung des § 4 Abs. 2 KWahlG wohl lediglich als eine gesetzliche Klarstellung der bisherigen Rechtslage zu bewerten.

Hintergrund dieser Auslegung der früheren Gesetzesregelung ist der Grundsatz der Gleichheit der Wahl gemäß Art. 38 Abs. 1 Satz 1 GG, wonach eine möglichst gleiche Stimmkraft aller Wahlberechtigten (gleicher Erfolgswert der Stimme) und darüber hinaus die Chancengleichheit aller Bewerber zu gewährleisten ist. Dies setzt bei einer Mehrheitswahl in Ein-Personen-Wahlbezirken (Direktwahl) annähernd gleich große Wahlbezirke voraus (vgl. Urteil des BVerfG vom 10.4.1997 – 2 BvF 1/95 –, BVerfGE 95, 335, 353, sowie Beschluss des BVerfG vom 31.1.2012 – 2 BvC 3/11 –, zur Einteilung von Bundestagswahlkreisen).

Gleich große Wahlbezirke lassen sich bei einer Kommunalwahl unter Heranziehung der deutschen Einwohner und der Einwohner mit der Staatsangehörigkeit eines anderen EU-Mitgliedstaates bilden, weil es sich abgesehen von Alter und Wohnort um ein wesentliches Kriterium für die Zuerkennung des aktiven und passiven Kommunalwahlrechts handelt. Ein vergleichbarer Anknüpfungspunkt findet sich in § 3 Abs. 1 BWG, der die Wahlkreiseinteilung für die Bundestagswahl an die deutsche Bevölkerung koppelt. Damit ist die Ergänzung des § 4 Abs. 2 KWahlG lediglich als eine gesetzliche Klarstellung der bisherigen Rechtslage zu bewerten.

In seiner Entscheidung zu § 4 Abs. 2 Satz 4 stellt der VerfGH NRW ausdrücklich klar, dass die Änderung zu einer verbesserten Realisierung des Grundsatzes der Wahlrechtsgleichheit führe. Es seien auch keine praktischen Probleme für eine Umsetzung im Hinblick auf die Kommunalwahl 2020 ersichtlich. Insbesondere greife auch das Argument, die kommunalen Wahlbezirke würden im Hinblick auf die Einwohner (bei entsprechender ungleichgewichtiger Verteilung der Drittstaatler) nicht durch. Zwar sei die jeweilige kommunale Vertretung für die Belange aller Einwohner zuständig, die Repräsentation dieser Einwohnerschaft aber nicht in die einzelnen Kommunalwahlbezirke aufgeteilt (vgl. VerfGH 35/19, 74 ff.).

Unabhängig vom Gesetzeswortlaut sind jedoch – im Rahmen einer verfassungskonformen Auslegung – die Wahlberechtigten (also nur die deutschen Einwohner und die Einwohner mit der Staatsangehörigkeit eines anderen EU-Mitgliedstaates, die zum Zeitpunkt der Wahl über 16 Jahre alt sind) nach der verfassungsgerichtlichen Rechtsprechung – im Sinne der Beachtung des Grundsatzes der Wahlrechtsgleichheit und des Grundsatzes der Chancengleichheit der Bewerber und Parteien – die letztlich entscheidende Größe für die Wahlkreis- und auch die Wahlbezirkseinteilung. Vor diesem Hintergrund ist die Einbeziehung der Wahlberechtigten in die Prüfung vorzusehen (vgl. VerfGH 35/19 insbesondere die Ausführungen zu den Wahlberechtigten).

Im Einzelfall kann dies dazu führen, dass eine Abweichung von über 15 % der unter Zugrundelegung aktueller Meldedaten sich auf eine Abweichung unter 15 % der Wahlberechtigten reduziert. Unter Berücksichtigung der verfassungsrechtlichen Maßstäbe wäre eine Neueinteilung dann nicht mehr zwingend geboten. Im umgekehrten Falle könnte eine höhere Abweichung (über 15 %) bei den Wahlberechtigten auch dazu führen, dass weiterer Neueinteilungsbedarf entsteht.

Gegebenenfalls sollten bei der Einteilung auch punktuelle, ortsspezifische Besonderheiten im Blick behalten und zum Anlass einer bis zum Wahltag reichenden Bevölkerungsprognose gemacht werden (bspw. absehbar erhebliche Bevölkerungszunahme in einem Neubaugebiet (vgl. hierzu *Bätge*, Wahlen und Abstimmungen in NRW, Anmerkung 6 zu § 4 KWahlG).

Mit der Neuregelung von § 78 Abs. 1 KWahlO im Oktober 2019 wurde die Veränderung der Bereitstellung der notwendigen Datengrundlagen als verwaltungstechnische Richtlinie nachvollzogen.

Da IT.NRW gemeindebezogen eine Einwohnerzahl ohne Drittstaatler nicht zur Verfügung stellen kann, ist nach Einfügung des § 4 Abs. 2 Satz 4 KWahlG für die Wahlbezirkseinteilung künftig auf Daten aus dem Melderegister 42 Monate nach Beginn der Wahlperiode abzustellen, das eine Beschränkung der hier relevanten Einwohnerzahl auf Deutsche und Staatsangehörige anderer Mitgliedstaaten der Europäischen Gemeinschaft erlaubt (§ 78 Abs. 2 KWahlO).

Diese Regelung tritt allerdings erst für die Kommunalwahl 2025 in Kraft. Nach Artikel 2 der Zwölften Verordnung zur Änderung der Kommunalwahlordnung vom 9.10.2019 (GV. NRW. S. 602) wurde für das Inkrafttreten der 1.11.2020 bestimmt.

Grund dafür war regelungstechnisch die Notwendigkeit, nach der ergänzenden Beifügung von Satz 4 an § 4 Abs. 2 KWahlG durch eine Übergangsregelung einen definierten Zeitpunkt (hier Stichtag für die Sicherung der notwendigen Berechnungsgrundlagen war der 30.4.2019, § 94 der Zwölften Verordnung zur Änderung der Kommunalwahlordnung vom 9.10.2019) festzulegen.

Aufgrund der verfassungsrechtlichen Vorgaben hat der Gesetzgeber sowohl für das Kommunalwahlrecht (Kommunalwahländerungsgesetz von 5. Juli 2024) als auch für das Landeswahlrecht in Bezug auf die Einteilung der Wahlbezirke beziehungsweise Wahlkreise die Begrifflichkeiten entsprechend angepasstund durch den Begriff der Wahlberechtigten ersetzt.

Zudem ist in Hinblick auf § 4 KWahlG fraglich, ob der in § 78 Abs. 2 KWahlO für alle Gemeinden verbindliche Stichtag als Datengrundlage für die Einteilung der Wahlbezirke noch den verfassungsrechtlichen Vorgaben angemessen Rechnung tragen kann. Die Verpflichtung, die Entwicklung der Zahl der Wahlberechtigten gegebenenfalls sogar bis zum Wahltag mit zu berücksichtigen, spricht gegen die Festlegung eines verbindlichen Stichtages. Es wäre zudem aus wahlorganisatorischer Sicht nicht zwingend erforderlich, dass alle Gemeinden im Land NRW ihre Wahlbezirke auf der Grundlage eines verbindlich festgelegten Stichtags einteilen. Sofern dies für die Einteilung der Kreiswahlbezirke notwendig ist, so kann ein geeigneter Stichtag auf Kreisebene festgelegt werden.

4. Gemeinsame Gemeinde- und Kreiswahlen, Absatz 3

Bei gleichzeitiger Durchführung von Gemeinde- und Kreiswahlen, also bei verbundenen Wahlen, wie sie in kreisangehörigen Gemeinden und Kreisen derzeit gesetzlich vorgeschrieben sind, muss beachtet werden, dass mit Rücksicht auf die Wahlorganisation und die Besonderheiten der Briefwahl die Grenzen der Wahlbezirke der Gemeinde durch die Grenzen der Wahlbezirke des Kreises nicht durchschnitten werden dürfen (§ 4 Abs. 3 KWahlG).

In der Praxis wird insbesondere von der Kreisebene beklagt, dass der Zeitraum für den Kreiswahlausschuss zur Einteilung der Kreiswahlbezirke bis zur gesetzlich festgelegten Frist strukturell zu knapp bemessen ist. Für den ordnungsgemäßen Ablauf der Wahl ist daher eine enge Abstimmung der Wahlleiter der Gemeinden und dem Kreiswahlleiter über die Einteilung der jeweiligen Kommunalwahlbezirke notwendig. Der Wahlleiter der

Gemeinde hat, dem Wahlleiter des Kreises die Abgrenzung der Wahlbezirke in der Gemeinde mitzuteilen. Die Verkürzung der Frist für die Einteilung der Gemeindewahlbezirke von 52 auf 51 Monate im Kommunalwahländerungsgesetz vom 5.7.2025 trägt dieser Problematik Rechnung.

Bei der gemeinsamen Durchführung verbundener Rats- und Stadtbezirkswahlen in den kreisfreien Städten führt die nach § 46a Abs. 1 KWahlG gebotene entsprechende Anwendung des § 4 Abs. 3 KWahlG dazu, dass auch die Rats-Wahlbezirksgrenzen durch die Stadtbezirksgrenzen nicht durchschnitten werden dürfen. Insoweit gilt auch hier die „Einhaltung" der Stadtbezirksgrenzen; sonst funktioniert die (verbundene) Briefwahl nicht.

Die Grenzen der Stadtbezirke müssen also mit den Grenzen der Wahlbezirke zwingend deckungsgleich sein (vgl. auch *Bätge* zum Kommunalwahlrecht Anmerkungen 4, 5 und 7 zu § 4 KWahlG: Eine Nichtüberschneidung der Wahlbezirksgrenzen und der Stadtbezirksgrenzen sei danach „praktisch zwingend"). In diesem Zusammenhang ist das Verbot nach § 4 Abs. 3 KWahlG zu unterscheiden von der Sollregelung in § 4 Abs. 2 Satz 2 KWahlG, nach der eine Bezirkseinteilung von Bezirken nach der Gemeindeordnung zur Wahrung räumlicher Zusammenhänge möglichst gewahrt bleiben sollte.

Aufgrund der historischen Entwicklung ihrer Wahlbezirke ist es einigen kreisfreien Städte bislang nichtmöglich, die Abweichungsgrenze innerhalb bestehender Stadtbezirke (mit Bezirksvertretungswahlen) wahlbezirksbezogen auf unter 15 % zu begrenzen. Das Innenministerium hat deshalb bereits mehrfach im Vorfeld einer abschließenden Wahlbezirkseinteilung darauf hingewiesen, dass Durchschneidungen mit Stadtbezirksgrenzen aus wahlorganisatorischen Gründen (Briefwahl) nur im Ausnahmefall erfolgen sollten, wenn eine Neueinteilung innerhalb eines Stadtbezirkes oder eine stadtbezirksübergreifende Verlagerung eines Kommunalwahlbezirkes die Einhaltung einer verfassungsgemäßen Abweichungsobergrenze nicht gewährleisten kann und dabei allerdings auf § 4 Abs. 2 Satz KWahlG Bezug genommen (vgl. Erlass IM vom 21.1.2020, – 11–35.12.00 –). Es muss dabei berücksichtigt werden, dass die Einteilung von Wahlbezirken unter Einhaltung der vorgeschriebenen Abweichungsgrenzen wahlorganisatorisch zwingend ist. Die Veränderung und Anpassung von Stadtbezirksgrenzen ist jedoch weitgehend unabhängig von sonstigen wahlorganisatorischen Zwängen möglich.

Die Einteilung der Wahlbezirke ist vom Wahlleiter unverzüglich, spätestens vier Wochen nach dem Beschluss des Wahlausschusses, öffentlich bekannt zu geben (§ 6 KWahlG); dies kann in der Form vereinfachter Bekanntmachung geschehen (§ 3 Nr. 2, § 83 Abs. 4 und 5 KWahlO).

5.
Stimmbezirke

§ 5

(1) Der Bürgermeister teilt, soweit erforderlich, die Wahlbezirke in Stimmbezirke ein.

(2) Die Stimmbezirke sollen nach den örtlichen Verhältnissen so abgegrenzt sein, dass allen Wahlberechtigten die Teilnahme an der Wahl möglichst erleichtert wird. Die Verwaltungsbezirksgrenzen sollen eingehalten werden. Kein Stimmbezirk soll mehr als 2500 Einwohner umfassen. Die Einwohnerzahl eines Stimmbezirks darf nicht so gering sein, dass sich die Wahlentscheidung der einzelnen Wahlberechtigten ermitteln ließe.

(3) Finden Gemeinde- und Kreiswahlen gleichzeitig statt (verbundene Wahlen), so müssen die Stimmbezirke für beide Wahlen dieselben sein. Der Bürgermeister hat dem Landrat die Abgrenzung der Wahlbezirke und der Stimmbezirke in seiner Gemeinde mitzuteilen.

Erläuterungen

Übersicht

1. Einteilung der Stimmbezirke, Absatz 1 und 2

Die Einteilung der Wahlbezirke in Stimmbezirke obliegt dem Hauptverwaltungsbeamten, also dem (Ober-)Bürgermeister (§ 5 Abs. 1 KWahlG). Kein Stimmbezirk soll mehr als 2 500 Einwohner umfassen, das sind – je nach dem Anteil – so gegen 1.700 Wahlberechtigte.

Es ist deshalb zwischen dem Wunsch nach größeren Stimmbezirken, mit einem geringeren Bedarf an Wahlvorständen und kleineren Stimmbezirken, bei denen geringere Wartezeiten bei der Stimmabgabe zu erwarten sind, aber gleichzeitig dadurch ein größerer Bedarf an Wahlvorständen entsteht, zu entscheiden. Der Stimmbezirk darf in jedem Fall nicht so klein sein, dass die Wahlentscheidung des einzelnen Wahlberechtigten erkennbar und damit das Wahlgeheimnis gefährdet werden könnte (§ 5 Abs. 2 KWahlG).

Die Gemeindebehörde bestimmt nach § 34a KWahlO die erforderlichen Wahlräume. Nach dieser Vorschrift stellen die Gemeinden soweit möglich Wahlräume in Gemeindegebäuden zur Verfügung. Dabei sollen die Wahlräume nach den jeweiligen örtlichen Verhältnissen so ausgewählt und eingerichtet werden, dass allen Wahlberechtigten, insbesondere Menschen mit Behinderung und anderen Menschen mit Mobilitätsbeeinträchtigung, die Teilnahme an der Wahl möglichst erleichtert wird. In der kommunalen Praxis ist es weiterhin nicht möglich, dass alle Wahlräume uneingeschränkt barrierefrei zu nutzen sind. Es ist deshalb notwendig, dass die Gemeindebehörde frühzeitig und in geeigneter Weise mitteilt, welche Wahlräume barrierefrei sind. Es ist inzwischen üblich auf der Website der Gemeinden auf die jeweiligen Gegebenheiten hinzuweisen. Auf der Wahlbenachrichtigung ist zudem zu vermerken, ob der Wahlraum barrierefrei oder nicht barrierefrei ist (KWahlO, Anlage 2).

Die kommunalwahlrechtliche Regelung orientiert sich an § 15 Abs. 2 Satz 3 Landeswahlgesetz und an § 12 Abs. 2 Satz 2 Bundeswahlordnung (für die den Stimmbezirken entsprechenden Wahlbezirke bei der Bundestagswahl), die die gleiche Größenordnung vorsehen. Für die Kommunalwahl 2020 hatte der Landesgesetzgeber im Hinblick auf mögliche Auswirkungen der Corona-Pandemie für die Größe der Stimmbezirke am 29.5.2020 eine Übergangsregelung beschlossen.

Die einmalige Verdoppelung auf 5.000 Einwohner sollteeine Reduzierung der Anzahl der Urnenwahlvorstände und der insoweit benötigten Wahlhelfer ermöglichen. Damit sollten-die sich aus der Reduzierung ergebenden Reserven gegebenenfalls für die Besetzung von Briefwahlvorständen genutzt werden.

2. Einteilung der Stimmbezirke bei gleichzeitigen Wahlen, Absatz 3

Gleichzeitige Wahlen für verschiedene Vertretungen (Gemeinde- und Kreiswahlen, Rats- und Stadtbezirkswahlen in kreisfreien Städten) sind gesetzlich vorgeschrieben. Dementsprechend müssen die Stimmbezirke für diese Wahlen notwendigerweise jeweils übereinstimmen (§ 5 Abs. 3 KWahlG, § 75 Abs. 1 KWahlO).Der Bürgermeister hat sowohl die Wahlbezirks- als auch die Stimmbezirkseinteilung seiner Gemeinde dem Landrat zu melden (§ 5 Abs. 3 Satz 2 KWahlG, § 4 Nr. 5 KWahlO).

§ 6

Die Einteilung des Wahlgebietes in Wahlbezirke ist vom Wahlleiter des Wahlgebietes unverzüglich, spätestens vier Wochen nach dem Beschluß des Wahlausschusses über die Einteilung der Wahlbezirke, öffentlich bekanntzugeben; vereinfachte Bekanntmachung genügt.

Erläuterungen

Die Einteilung des Wahlgebietes durch den Wahlausschuss ist ein elementarer Bestandteil des Wahlverfahrens. Die durch die Bekanntmachung nach § 6 KWahlG abschließend vollzogene Wahlbezirkseinteilung ist notwendige Voraussetzung für die Aufstellung der Wahlbezirksbewerber. Vor einer Bekanntmachung ist die Aufstellung der Wahlbezirksbewerber unzulässig.

Sofern in einer Gemeinde vor Ablauf der gesetzlichen Frist zur Wahlbezirkseinteilung eine Neueinteilung der Wahlbezirke einer bereits bekannt gemachten Wahlbezirkseinteilung vom Wahlausschuss neu beschlossen wird, ist eine umfassende Neubekanntmachung angezeigt, um Wahlbürgern, Wahlvorschlagsträgern und Bewerbern ein vollständiges, kompaktes, leicht nachvollziehbares und damit transparentes Bild zu vermitteln. Dies gilt auch in den Fällen, in denen lediglich für einige (wenige) Wahlbezirke Änderungen vorgenommen werden.

Nach § 4 Abs. 1 KWahlG teilt der Wahlausschuss der Gemeinde das Wahlgebiet in so viele Wahlbezirke ein, wie Vertreter gemäß § 3 Abs. 2 KWahlG in Wahlbezirken zu wählen sind. Nach Wortlaut und Zweck der Vorschrift ist davon auszugehen, dass es sich dabei um einen Beschluss handelt, der das gesamte Wahlgebiet umfasst.

Sofern die Wahlbezirkseinteilung bei einer nochmaligen Befassung des Wahlausschusses – beispielsweise in Bezug auf verfassungskonforme Gründe für eine Abweichung von Wahlbezirken oberhalb von 15 % – unverändert bleiben kann, dürfte eine bereits vorgenommene Bekanntmachung gleichwohl Bestand haben können, da den Wahlbürgern, Wahlvorschlagsträgern und Bewerbern insoweit keine relevanten Informationen vorenthalten werden.

Es stellt sich in diesem Zusammenhang die Frage, ob auch die vom Wahlausschluss beschlossenen Entscheidungsgründe, weiteren Erläuterungen etc. – neben der Wahlbezirkseinteilung selbst – nach § 6 KWahlG bekanntgemacht werden müssen. Zwar spricht der Wortlaut der Vorschrift lediglich davon, dass die Wahlbezirkseinteilung bekannt zu machen ist. Gleichwohl steht dem Wortlaut nicht entgegen, der verfassungsgerichtlich geforderten Transparenz (vgl. Urteil VerfGH 35/19, S. 78 Nr. 3cc) zu entsprechen. Insbesondere zugunsten der Wahlbürger ließe sich durch eine ergänzende Bekanntmachung beispielsweise von Gründen, die nach der Dokumentation des Wahlausschusses im Einzelfall (ausnahmsweise) die Beibehaltung der Wahlbezirkseinteilung trotz Überschreitung der 15 %-Grenze hinreichende Transparenz herstellen. Dabei geht die Rechtsprechung – allerdings hier in Bezug auf das Kommunalwahlrecht Sachsen-Anhalt, bei dem die Vertretungen selbst und nicht ein Wahlausschuss für die Einteilung des Wahlgebietes in Wahlbereiche zuständig sind – davon aus, dass zur Herstellung der notwendigen Transparenz auch eine der Entscheidung zur Wahlbezirkseinteilung zugrundeliegende Ratsvorlage ausreichend sein kann (BVerwG – 8 C 1/08 –, Rz. 49).

II.

WAHLBERECHTIGUNG, WÄHLBARKEIT, UNVEREINBARKEIT

1.

Wahlberechtigung

§ 7

Wahlberechtigt für die Wahl in einem Wahlgebiet ist, wer am Wahltag Deutscher im Sinne von Artikel 116 Abs. 1 des Grundgesetzes ist oder die Staatsangehörigkeit eines Mitgliedstaates der Europäischen Union besitzt, das sechzehnte Lebensjahr vollendet hat und mindestens seit dem 16. Tag vor der Wahl in dem Wahlgebiet seine Wohnung, bei mehreren Wohnungen seine Hauptwohnung hat oder sich sonst gewöhnlich aufhält und keine Wohnung außerhalb des Wahlgebiets hat.

Erläuterungen

Übersicht

1. Aktives Wahlrecht

Die Wahlberechtigung gewährt das sogenannte aktive Wahlrecht. Dieses Wahlrecht ist ein höchstpersönliches Recht. Es gibt daher grundsätzlich keine Vertretung in der Ausübung des Wahlrechts.

Wähler, die des Lesens unkundig oder aufgrund einer körperlichen Beeinträchtigung nicht in der Lage sind, ihren Stimmzettel eigenhändig auszufüllen, zu falten und in die Wahlurne zu werfen, dürfen sich jedoch im Wahlraum der Mitwirkung einer Hilfsperson bedienen (§ 25 Abs. 4 KWahlG). Entsprechendes gilt für die Briefwahl (§ 26 Abs. 2 KWahlG).

Darüber hinaus dürfen blinde und sehbehinderte Wähler bei der Kennzeichnung des Stimmzettels eine Stimmzettelschablone verwenden (§ 25 Abs. 4 Satz 3 KWahlG, eingeführt durch das Gesetz zur Gleichstellung behinderter Menschen und zur Änderung anderer Gesetze).

Wahlberechtigt für die Wahl in einem Wahlgebiet ist grundsätzlich, wer am Wahltag Deutscher i. S. von Art. 116 GG ist oder die Staatsangehörigkeit eines Mitgliedstaats der Europäischen Union besitzt, das 16. Lebensjahr vollendet hat und seit mindestens 16 Tagen in dem Wahlgebiet seine Wohnung, bei mehreren Wohnungen seine Hauptwohnung hat oder sich sonst gewöhnlich aufhält und keine Wohnung außerhalb des Wahlgebiets hat (§ 7 KWahlG).

2. Wahlrecht mit dem vollendeten 16. Lebensjahr

Die Altersgrenze der aktiven Wahlberechtigung für Kommunalwahlen ist durch Novellierung 1998 um zwei Jahre vom vollendeten 18. auf das vollendete 16. Lebensjahr abgesenkt worden. Da für alle anderen Wahlen in NRW weiterhin das vollendete 18. Lebensjahr gilt, ist dem jeweiligen Alter der aktiv Wahlberechtigten – insbesondere bei der Verbindung der Kommunalwahlen mit anderen Wahlen – erhöhte Aufmerksamkeit zuzuwenden.

Die Parteien und Wählergruppen haben also bei der Aufstellung der Bewerber nach § 17 KWahlG auch diejenigen Mitglieder zu beteiligen, die – bis zum Tage der Mitglieder- bzw. Delegiertenversammlung – neu in das Wahlalter eingerückt sind. Die Wahlorgane und Wahlbehörden, im Besonderen die Gemeindeverwaltungen, haben die richtige Altersgrenze des aktiven Wahlrechts vor allem bei der Aufstellung der Wählerverzeichnisse und bei der Erteilung von Wahlscheinen sowie bei der Bescheinigung des Wahlrechts zu beachten.

Mit der Absenkung des Wahlrechts auf 16 Jahre wurde in Bezug auf das Wahlalter das Wahlrecht von der Wählbarkeit (siehe Anmerkung zu § 12 KWahlG) entkoppelt. Für die Wählbarkeit gilt weiterhin die Voraussetzung am Tag der Wahl das 18. Lebensjahr vollendet zu haben.

3. Aktives Wahlrecht für deutsche Staatsangehörige und Staatsangehörige eines EU-Staates

Deutsche im Sinne des Grundgesetzes sind alle Personen, die die deutsche Staatsangehörigkeit besitzen, und die diesen gleichgestellten Personen.

Als deutscher Staatsangehöriger gilt auch, wem zwischen dem 30.1.1933 und dem 8.5.1945 die Staatsangehörigkeit aus politischen, rassischen oder religiösen Gründen entzogen worden ist, sofern er nach dem 8.5.1945 seinen Wohnsitz in Deutschland genommen hat und nicht einen entgegengesetzten Willen zum Ausdruck gebracht hat (Art. 116 Abs. 2 GG).

Den deutschen Staatsangehörigen gleichgestellt sind diejenigen Personen, die als Flüchtlinge oder Vertriebene deutscher Volkszugehörigkeit oder als deren Ehegatten oder Abkömmlinge in dem Gebiet des Deutschen Reiches nach dem Stand vom 31.12.1937 Aufnahme gefunden haben (Art. 116 Abs. 1 GG). Der abgeleitete Erwerb und der Verlust der „Gleichstellung" richten sich nach den Grundsätzen über den Erwerb und Verlust der deutschen Staatsangehörigkeit.

Mit dem Gesetz zur Einführung des Kommunalwahlrechts für Unionsbürger/-innen vom 12.12.1995 (GV. NRW. S. 1198) wurde die „Richtlinie des Rates 94/80/EG vom 19.12.1994 über die Einzelheiten der Ausübung des aktiven und passiven Wahlrechts bei den Kommunalwahlen für Unionsbürger mit Wohnsitz in einem Mitgliedstaat, dessen Staatsangehörigkeit sie nicht besitzen" umgesetzt.

Für diese Umsetzung hatte die Richtlinie eine Frist bis zum 31.12.1995 gesetzt, die damit vom Land eingehalten worden ist. Die Richtlinie ihrerseits stützt sich auf den EG-Vertrag in der Fassung des Maastrichter Vertrages, der erstmals für alle Staatsangehörigen der Mitgliedstaaten der Europäischen Union die Unionsbürgerschaft begründete und in seinem neuen Artikel 8b Abs. 1 (seit Inkrafttreten des Vertrags von Lissabon: Art. 20 Abs. 2 Buchst. b AEUV) jedem Unionsbürger mit Wohnsitz in einem Mitgliedstaat, dessen Staatsangehörigkeit er nicht besitzt, unter dem Vorbehalt der vom Rat festzulegenden Einzelheiten das kommunale Wahlrecht gewährt.

Dieses Wahlrecht muss Unionsbürgern zu denselben Bedingungen eingeräumt werden, wie sie für die jeweils eigenen Staatsangehörigen gelten. Mit dem Kommunalwahlrecht haben die Unionsbürger zugleich das Recht erhalten, an Bürgerbegehren und Bürgerentscheiden teilzunehmen.

Wer Staatsangehöriger eines Mitgliedstaats der Europäischen Union und damit Unionsbürger ist, richtet sich nach dem jeweiligen innerstaatlichen Recht des Mitgliedstaats. Zu beachten ist, dass die EU seit dem 1.7.2013 um Kroatien erweitert worden ist. Die EU hat damit – nach dem Austritt des Vereinigten Königreichs zum 31.1.2020 – insgesamt 27 Mitgliedstaaten.

Die britischen Staatsangehörigen haben mit dem Austritt aus der EU das aktive und passive Kommunalwahlrecht verloren.

Für Personen, die neben der britischen auch die deutsche Staatsangehörigkeit oder die eines anderen EU-Staates besitzen, ändert sich in Bezug auf das kommunale Wahlrecht nichts.

Mitgliedsländer der Europäischen Union sind:

Belgien	Niederlande
Bulgarien	Österreich
Dänemark	Polen
Estland	Portugal
Finnland	Rumänien
Frankreich	Schweden
Griechenland	Slowakei
Irland	Slowenien
Italien	Spanien
Kroatien	Tschechische Republik
Lettland	Ungarn
Litauen	Zypern
Luxemburg	
Malta	

Ausländer aus Staaten außerhalb der Europäischen Union sind nach wie vor nicht wahlberechtigt. Das Wahlrecht, mit dem das Volk die ihm zukommende Staatsgewalt ausübt, setzt nach der Konzeption des Grundgesetzes die Eigenschaft als Deutscher voraus. Nach Art. 20 GG ist das Staatsvolk der Bundesrepublik Deutschland Träger und Subjekt der Staatsgewalt. Dieser Grundsatz gilt über Art. 28 Abs. 1 Satz 1 und 2 GG auch für die Länder und Kommunen. Das Grundgesetz schließt damit die Teilnahme von Ausländern an Wahlen sowohl auf der staatlichen als auch auf der kommunalen Ebene grundsätzlich aus (vgl. BVerfGE 83, 37, 59 ff.).

Diese rechtliche Beurteilung wurde in Nordrhein-Westfalen in der Vergangenheit bestritten. So forderte ein Gesetzentwurf zur Änderung der Verfassung für das Land Nordrhein-Westfalen (der Fraktion der SPD, der Fraktion BÜNDNIS 90/DIE GRÜNEN und der Fraktion der PIRATEN (LT-Drs. 16/13314) vom 31.10.2016) die Einführung der Wahlberechtigung auch für dauerhaft in Nordrhein-Westfalen lebende Ausländer aus außerhalb der EU gelegenen Drittstaaten bei den Kommunalwahlen.

Laut der Begründung zu diesem Gesetzentwurf sei es kaum erklärbar, warum Unionsbürgerinnen und Unionsbürger, die seit drei Monaten in Deutschland gemeldet sind, bei Kommunalwahlen wählen dürfen, Drittstaatsangehörige, die teilweise mehrere Jahrzehnte in Deutschland leben und Steuern zahlen, dies jedoch nicht dürfen. Millionen von Menschen werden so daran gehindert, über die sie betreffenden Belange auf kommunaler Ebene zu entscheiden und hierfür Mitverantwortung zu tragen. In vielen anderen EU-Ländern dürfen Nicht-EU-Bürger bereits an Kommunalwahlen teilnehmen.

Entsprechende Bestrebungen dieser Art sind aus verschiedenen Bundesländern bekannt. Derzeit ist allerdings nicht davon auszugehen, dass die höchstrichterliche Rechtsprechung dazu sich grundlegend ändert. Es gibt dementsprechend auch noch keine Bundesländer, bei denen das Wahlrecht für Drittstaatsangehörige Eingang in die kommunalwahlrechtliche Gesetzgebung gefunden hat.

4. Voraussetzung „Wohnen"

Die Wohn-Voraussetzung der Wahlberechtigung ist nicht gegeben, wenn es sich (melderechtlich) um eine Nebenwohnung handelt. Wahlrecht besteht nur dort, wo der Einwohner seine Hauptwohnung hat. Nach § 21 Abs. 2 des Bundesmeldegesetzes (BMG) ist Hauptwohnung die vorwiegend benutzte Wohnung des Einwohners.

In diesen Zusammenhang ist von Bedeutung, dass jeder Einwohner mit mehreren Wohnungen im Bundesgebiet jedenfalls nur eine Hauptwohnung hat. Dabei ist der Hauptwohnungsbegriff im geltenden Melderecht verschiedentlich objektiviert worden. Der Einwohner hat es also nicht mehr selbst in der Hand, seine Hauptwohnung beliebig zu bestimmen (§ 22 BMG, Bestimmung der Hauptwohnung).

Die Wohnvoraussetzung der Wahlberechtigung ist dann erfüllt, wenn eine Wohnung im Wahlgebiet (am 16. Tag vor der Wahl) tatsächlich vorhanden ist. Eine Wohnung in diesem Sinne ist, wie in § 20 BMG ausdrücklich umschrieben ist, „jeder umschlossene Raum, der zum Wohnen oder Schlafen benutzt wird". Diese Voraussetzung ist auch dann erfüllt, wenn dies beispielsweise eine Unterkunft in einem Obdachlosenheim ist. Wohnwagen und Wohnschiffe gelten nach § 20 BMG nur dann als Wohnung, wenn sie nicht oder nur gelegentlich fortbewegt werden.

Die meldebehördliche Anmeldung hat demgegenüber zwar im Regelfall große praktische Bedeutung, im Streitfall aber lediglich die Bedeutung eines – allerdings sehr wichtigen – Indizes und Beweismittels; die Angaben der Melderegister sind widerlegbar. So ist in Fällen, in denen sich der Lebensmittelpunkt im Ausland befindet und sich lediglich ein weiterer Wohnort in der Gemeinde befindet, eine Wahlberechtigung nicht gegeben. Dies kann insbesondere in den Grenzregionen zu den Niederlanden und zu Belgien möglich sein. Ein weiterer Wohnsitz in Deutschland wird vom Meldewesen nicht als Zweitwohnsitz erfasst.

Wahlberechtigt sind seit 2009 auch – wie schon länger im Bundeswahlrecht und seit dem Jahr 2000 im Landtagswahlrecht – Personen, die sich (bei Kommunalwahlen als mindestens 16-jährige Deutsche oder Unionsbürger) „sonst gewöhnlich im Wahlgebiet aufhalten", ohne eine Wohnung außerhalb des Wahlgebiets zu haben. Maßgebend sind die Umstände, unter denen die Person lebt; diese Umstände müssen erkennen lassen, dass die Person an dem Ort nicht nur vorübergehend verweilt. Hierunter fallen u. a. Obdachlose oder Personen, die in nicht ortsfesten Wohnwagen, Wohnschiffen oder Zelten leben. Auch Schausteller, die keinen festen Wohnort haben, können hiervon betroffen sein. Das Verfahren über die Eintragung der betroffenen Wahlberechtigten in das Wählerverzeichnis ist in § 12 Abs. 2 KWahlO geregelt.

Wer wahlberechtigt ist, kann gleichwohl nur wählen, ist also nur stimmberechtigt, wenn er in ein Wählerverzeichnis eingetragen ist oder einen Wahlschein hat (§ 9 Abs. 1 KWahlG). Die materielle Wahlberechtigung kann also nur ausgeübt werden, wenn sie durch Eintragung in das Wählerverzeichnis oder durch Erteilung eines Wahlscheins urkundlich nachgewiesen und damit zur (auch) formellen Wahlberechtigung, der Stimmberechtigung, gestaltet worden ist.

§ 8

Ausgeschlossen vom Wahlrecht ist, wer infolge Richterspruchs in der Bundesrepublik Deutschland das Wahlrecht nicht besitzt.

Erläuterungen

In NRW wurde der Wahlrechtsausschlussgrund „Bestellung eines Betreuers in allen Angelegenheiten nicht nur durch einstweilige Anordnung" bereits durch das Erste allgemeine Gesetze zur Stärkung der Sozialen Inklusion in Nordrhein-Westfalen vom 14.6.2016 aus § 2 Landeswahlgesetz (LWahlG) und § 8 Kommunalwahlgesetz (KWahlG) gestrichen. Seither ist hierzulande bei Landtags- und Kommunalwahlen vom Wahlrecht nur noch ausgeschlossen, wer infolge Richterspruchs das Wahlrecht nicht besitzt.

Auf Bundesebene war dieser Wahlrechtsauschlussgrund bis Mitte 2019 Bestandteil des Bundes- und des Europawahlgesetzes (§ 13 BWG/§ 6a EuWG). Dabei ist man davon ausgegangen, dass ein Wahlrechtsauschluss aufgrund einer – durch richterliche Entscheidung auf gutachterlicher Basis im Einzelfall nicht nur vorübergehend angeordneten – Vollbetreuung nicht gegen die Behindertenrechtskonvention der Vereinten Nationen (UN-BRK, insbesondere Artikel 29), die in Deutschland nach ihrer Ratifizierung Ende 2008 im Range eines einfachen Bundesgesetzes gilt, verstößt. Nach überwiegender Rechtsauffassung ist auch bei Regelungen der UN-BRK, unter Berücksichtigung der internationalen Praxis bei völkerrechtlichen Verträgen, von der Möglichkeit zu Differenzierungen auszugehen, die bei entsprechender Rechtfertigung keine verbotene Diskriminierung darstellen (so eine vom Bundesministerium für Arbeit und Soziales beauftragte „Studie zum aktiven und passiven Wahlrecht von Menschen mit Behinderung", im Juli 2016 als Forschungsbericht 470 vorgelegt, S. 32 und 151). An dieser Stelle ist auch zu berücksichtigen, dass ein Wahlrechtsausschluss wegen Vollbetreuung in Deutschland lediglich 0,83 % der 10,2 Millionen Menschen mit amtlich anerkannten Behinderungen betrifft (S. 177 der Studie).

Art. 38 Abs. 1 GG gewährleistet die Grundsätze der Allgemeinheit und der Gleichheit der Wahl und schützt die Bürger vor ungerechtfertigten Einschränkungen. Die bisherigen Entscheidungen des Bundesverfassungsgerichts und die wahlrechtliche Kommentierung sahen den Wahlrechtsausschluss im Falle der Vollbetreuung als gerechtfertigt an. Demnach setze die Teilhabe an der politischen Willensbildung des Volkes durch Wahlrechtsausübung ein verantwortliches und selbstbestimmtes Handeln voraus. Ein Mindestmaß an Einsichtsfähigkeit in staatliche Prozesse stelle eine traditionelle Begrenzung des Grundsatzes der Allgemeinheit der Wahl dar (BVerfGE 44, 125, 147; 67, 146, 148). Das Wahlrecht als höchstpersönliches Recht, wie es auch § 25 Abs. 4 Satz 1 KWahlG vorsieht, könne demnach nur Personen zustehen, die in ausreichendem Umfang selbständig handlungs- und entscheidungsfähig sind. Hilfspersonen dürfen nach § 25 Abs. 4 Satz 2 KWahlG und § 41 Abs. 2 Satz 1 Kommunalwahlordnung lediglich die artikulierten Wünsche des Wählers erfüllen, nicht aber an dessen Stelle treten. Nach einschlägiger Kommentierung schließt die mit einer Vollbetreuung einhergehende Entscheidungsunfähigkeit das Wahlrecht aus, da die Entscheidungsunfähigkeit einer Wahlentscheidung als Akt demokratischer Selbstbestimmung entgegenstehe (*Strelen* in Schreiber, BWahlG-Kommentar, 10. Aufl. 2017, § 13 Rdnr. 10 auf S. 338; *Lang*, Inklusives Wahlrecht – ein Update, ZRP 2018 S. 19, 21).

Unabhängig von den bisherigen rechtlichen Beurteilungen erklärte das Bundesverfassungsgericht mit Beschluss vom 29.1.2019 (BVerfG, Beschl. des Zweiten Senats vom 29.1.2019 – 2 BvC 62/14 –) den Wahlrechtsausschluss vollbetreuter Personen im Bundeswahlgesetz für mit dem Grundsatz der Allgemeinheit der Wahl in Art. 38 Abs. 1 Satz 1 GG und dem Verbot der Benachteiligung wegen einer Behinderung gemäß Art. 3 Abs. 3 Satz 2 GG unvereinbar und unanwendbar, weil er den Kreis der Betroffenen ohne hinreichenden sachlichen Grund in gleichheitswidriger Weise bestimme.

Zwar könne ein Ausschluss vom aktiven Wahlrecht verfassungsrechtlich mit Blick auf die Integrationsfunktion der Wahl gerechtfertigt sein, wenn bei einer bestimmten Personengruppe davon auszugehen sei, dass die Möglichkeit der Teilnahme am Kommunikationsprozess zwischen Volk und Staatsorganen nicht in hinreichendem Maße bestehe. Laut BVerfG verfehlte der Wahlrechtsausschluss vollbetreuter Personen aber die verfassungsrechtlichen Anforderungen an eine gesetzliche Typisierung.

So verbiete der im Betreuungsrecht geltende Erforderlichkeitsgrundsatz eine Betreuerbestellung, soweit einer Betreuungsbedürftigkeit des Betroffenen in allen Angelegenheiten auf andere Weise Rechnung getragen werden könne, etwa wenn der Betroffene eine Betreuungs- oder Vorsorgevollmacht erteilt habe oder im Familienkreis hinreichend versorgt werde. In den Fällen ohne Betreuerbestellung bleibe trotz umfassender Betreuungsbedürftigkeit das Wahlrecht erhalten. Ein Wahlrechtsausschluss, der ausschließlich am äußeren Tatbestand der Bestellung eines Betreuers in allen Angelegenheiten ansetzt, erfasse die Personengruppe, die zur Besorgung aller ihrer Angelegenheiten unfähig sei, nur lückenhaft. Die im Tatsächlichen auch von Zufälligkeiten abhängige Betreuerbestellung stelle keinen geeigneten Grund dar, die wahlrechtliche Ungleichbehandlung gleichermaßen Betreuungsbedürftiger zu rechtfertigen (vgl. insbesondere Rz. 101 bis 103).

Zugleich stellte das BVerfG fest, dass es Sache des Gesetzgebers sei, zu entscheiden, wie er die festgestellte verfassungsrechtliche Ungleichbehandlung gleichermaßen betreuungsbedürftiger Personen im Wahlrecht beseitigt und dabei den Grundsatz der Allgemeinheit der Wahl und die Sicherung des Charakters der Wahl als eines Integrationsvorgangs bei der politischen Willensbildung des Volkes zum Ausdruck bringe.

Darüber hinaus entschied das BVerfG durch einstweilige Anordnung vom 15.4.2019 (BVerfG, Urt. vom 15.4.2019 – 2 BvQ 22/19 –), dass der gleichlautende Wahlrechtsausschluss der Vollbetreuung nach § 6a Abs. 1 Nr. 2 EuWG bei der Europawahl am 26.5.2019 bei Anträgen auf Eintragung in das Wählerverzeichnis sowie bei Einsprüchen und Beschwerden gegen die Richtigkeit der Wählerverzeichnisse nicht anzuwenden seien.

Mit dem Gesetz zur Änderung des Bundeswahlgesetzes und anderer Gesetze vom 18.6.2019 (BGBl. I S. 834) wurde der Wahlrechtsauschlussgrund der Vollbetreuung im BWG und im EuWG aus den gesetzlichen Vorschriften entfernt. Zugleich hat der Bundesgesetzgeber die Grenzen zulässiger Assistenz bei der Ausübung des Wahlrechts in § 14 BWG bestimmt, die Strafbarkeit der Wahlfälschung im Rahmen zulässiger Assistenz in § 107a StGB klargestellt und notwendige Folgeänderungen insbesondere in der BWO und in der EuWO vorgenommen. Unabdingbar für die Ausübung des Wahlrechts als höchstpersönliches Recht ist demnach die Fähigkeit zur selbstbestimmten Willensbildung und zur Äußerung einer so getroffenen Entscheidung. Beides ist die Basis für die anschließende mögliche sog. technische Hilfe bei der Kundgabe dieser Wahlentscheidung.

Vor dem Hintergrund der verfassungsrechtlichen Rechtsprechung und der bundeswahlrechtlichen Entwicklung erscheint die in NRW Mitte 2016 beschlossene isolierte Streichung des Wahlrechtsausschlusses wegen Vollbetreuung nach der möglicherweise nicht mehr ausreichend. Ohne einer den bundeswahlrechtlichen Regelungen nachgezeichneten Assistenzregelung könnte ein angemessener Ausgleich zwischen dem Grundsatz der Allgemeinheit der Wahl einerseits und der Sicherung der Höchstpersönlichkeit als Aspekt der Freiheit der Wahl sowie ihrer Integrationsfunktion bei der politischen Willensbildung des Volkes andererseits nicht stattfinden (vgl. BT-Drs. 19/9228 auf S. 2 unter C im 3. Absatz, Anlage 1).

Bei der bundeswahlrechtlichen Regelung folgt aus der Höchstpersönlichkeit des Wahlrechts und der Integrationsfunktion der Wahl zunächst die Klarstellung, dass die Ausübung durch einen Vertreter unzulässig ist. Die Grenzen zulässiger Assistenz für Wahlberechtigte, die nicht lesen oder wegen einer Behinderung ihre Stimme nicht abgeben können, sind im Zusammenhang mit der schon bisher geregelten Möglichkeit zur Inanspruchnahme einer Hilfsperson zu definieren.

Demnach muss sich die Hilfeleistung auf technische Hilfe bei der Kundgabe einer vom Wahlberechtigten selbst getroffenen und geäußerten Wahlentscheidung beschränken.

Ohne die Fähigkeit, einen entsprechenden Willen zu bilden und zu äußern, kommt die Zuerkennung eines Wahlrechts nicht in Betracht. Dies war auch in der Vergangenheit in der wahlrechtlichen Kommentierung und Rechtsprechung unstreitig.

Mit dem Gesetz vom 5.5.2020 (GV. NRW S. 312d) sind für das Kommunalwahlrecht entsprechende Regelungen vom Landtag beschlossen worden. Diese – dem Bundeswahlrecht nachgezeichneten – Assistenzregelungen zielen nicht auf eine „willkürliche" nachträgliche Einschränkung des seit 2016 im kommunalen Wahlrecht eingeräumten Wahlrechts für vollbetreute Personen ab.

Es wird jedoch klargestellt, dass jede Hilfeleistung, die unter missbräuchlicher Einflussnahme erfolgt, die die selbstbestimmte Willensbildung oder Entscheidung des Wahlberechtigten ersetzt oder verändert oder wenn ein Interessenskonflikt der Hilfsperson besteht, unzulässig wäre.

Die Einfügung von angemessenen Assistenzregelungen in das kommunale Wahlrecht dürfte zudem den praktischen Problemen vor Ort bei der Durchführung der Kommunalwahlen merklich entgegentreten.

Bei der Landtagswahl 2017 in NRW war der Wahlausschlussgrund für Personen, die auf richterlicher Anordnung unter Vollbetreuung stehen, erstmals entfallen. Aus den praktischen Erfahrungen dieser Wahl wurde von den kommunalen Spitzenverbänden (Stellungnahme im Rahmen der Verbändeanhörung zum Entwurf des Gesetzes zur Änderung des Kommunalwahlgesetzes und weiterer wahlrechtlicher Vorschriften vom 1.10.2018 (LT-Drs. 17/3776)) berichtet, dass bei der Wahl insoweit auch Personen einbezogen waren, die an schwerer Demenz litten, im Koma lagen oder aus anderen Gründen in keinerlei Hinsicht mehr selbst für sich entscheiden durften und konnten. Zu mangelnder Einsichtsfähigkeit in die Bedeutung einer Wahl träten fehlende Artikulationsmöglichkeiten hinzu. In der Folge komme es in derartigen Fällen für die Wahlrechtsausübung umfassend und maßgeblich auf den Betreuer an. Dies werfe in der Praxis die Frage auf, ob der Betreuer im Interesse bzw. anstelle einer vollständig betreuten Person wählen könne, also z. B. die Briefwahl beantragen, den Stimmzettel ankreuzen und die Versicherung an Eides statt unterschreiben dürfe oder – unter Vorlage von Wahlschein des Betreuten, Betreuungsvollmacht und Ausweis im Wahlraum in Abwesenheit des Betreuten – einen Stimmzettel verlangen dürfe.

Auch § 13 Nr. 3 BWahlG verstößt ebenfalls gegen die verfassungsrechtlichen Anforderungen an einen Ausschluss vom Wahlrecht. Der Ausschluss des Wahlrechts von Personen, die sich aufgrund einer Anordnung nach § 63 i. V. m. § 20 StGB in einem psychiatrischen Krankenhaus befinden, ist weder mit dem Grundsatz der Allgemeinheit der Wahl gemäß Art. 38 Abs. 1 Satz 1 GG noch mit dem Verbot der Benachteiligung wegen einer Behinderung gemäß Art. 3 Abs. 3 Satz 2 GG vereinbar (BVerfG, Beschl. des Zweiten Senats vom 29.1.2019 – 2 BvC 62/14 –, Rz. 112). Personen, die in psychiatrischen Krankenhäusern untergebracht sind, vergleichbar wie bei Bundestags- und Europawahlen vor der Entscheidung des Bundesverfassungsgerichts, sind von der Gemeinde ihrer Wohnung von Amts wegen in das Wählerverzeichnis einzutragen, soweit sie nicht im Einzelfall (Wahlausschluss infolge Richterspruchs) vom Wahlrecht ausgeschlossen sind (§ 8 KWahlG).

Soweit es um den gesetzlich verbliebenen Wahlausschlussgrund (Wahlausschluss infolge Richterspruchs) geht, herrscht nunmehr auch Übereinstimmung der landesrechtlichen Regelung mit dem Europa- und Bundestagswahlrecht. Die Tatsache, dass jemand vom Wahlrecht oder von der Wählbarkeit ausgeschlossen ist, einschließlich der zum Nachweis der Richtigkeit erforderlichen Hinweise haben die Meldebehörden aufgrund von Meldungen der Gerichte und Staatsanwaltschaften im Melderegister zu speichern.

Ein solcher Richterspruch ergibt sich insbesondere aus § 45 Abs. 5 StGB; er wird in strafgerichtlichen Entscheidungen als sogenannte Nebenfolge ausgesprochen. Die Mitteilung an die Gemeinden erfolgt – wie bisher auch – gemäß §§ 12 Abs. 1, 13 Abs. 1 Nr. 5a) EGGVG in Verbindung mit dem Zweiten Teil, 1. Abschnitt, Nr. 12 Abs. 1 Nr. 3 der Anordnung über

Mitteilungen in Strafsachen (MiStra). Nur diese Wahlrechtsausschlüsse sind nun qemäß § 3 Abs. 2 Nr. 1a BMG noch im Melderegister zu speichern.

Da die Fälle des Wahlrechtsausschlusses nach § 45 Abs. 5 StGB als sogenannte Nebenfolgen auch in das Bundeszentralregister einzutragen sind (§ 5 Abs. 1 Nr. 7 BZRG), hat eine Abfrage durch das Land Thüringen beim zuständigen Bundesamt für Justiz ergeben, dass bundesweit keine Richtersprüche zum Entzug des Wahlrechts vorliegen (Stand: 27.6.2019).

Unter Berücksichtigung dieser Information können somit die in den Melderegistern gespeicherten Wahlrechtsausschlüsse (Stand: 27.6.2019) gelöscht werden, da sie für die aktuelle Rechtslage im Wahlrecht des Bundes und Nordrhein-Westfalens keine Relevanz (mehr) haben. Sollte es noch Zweifelsfälle geben, so hat die Meldebehörde die Möglichkeit, eine Anfrage an das beim Bundesamt für Justiz geführte Bundeszentralregister zu richten (§ 31 i. V. m. § 5 Abs. 1 Nr. 7 BZRG).

2.
Wählerverzeichnisse und Wahlscheine

§ 9

(1) Wählen kann nur, wer in ein Wählerverzeichnis eingetragen ist oder einen Wahlschein hat.

(2) Ein Wahlberechtigter, der in das Wählerverzeichnis eingetragen ist, erhält auf Antrag einen Wahlschein. Ein Wahlberechtigter, der nicht in das Wählerverzeichnis eingetragen ist, erhält auf Antrag einen Wahlschein, wenn

1. er nachweist, dass er aus einem von ihm nicht zu vertretenden Grund die Einspruchsfrist versäumt hat;

2. er aus einem von ihm nicht zu vertretenden Grund nicht in das Wählerverzeichnis aufgenommen worden ist;

3. seine Berechtigung zur Teilnahme an der Wahl erst nach der Einspruchsfrist entstanden ist oder sich herausstellt.

(3) Wird der Wahlschein versagt, so kann dagegen Einspruch eingelegt werden. § 11 Abs. 3 bis 5 ist sinngemäß anzuwenden.

Erläuterungen

Übersicht

1. Wählerverzeichnis, Absatz 1
2. Erteilung von Wahlscheinen, Absatz 2
3. Versagung eines Wahlscheines, Absatz 3

1. Wählerverzeichnis, Absatz 1

Stimmberechtigt ist nur, wer in ein Wählerverzeichnis eingetragen ist oder einen Wahlschein hat (§ 9 Abs. 1 KWahlG). Das Wählerverzeichnis hat den Nachweis der Wahlberechtigung der im Stimmbezirk zusammengefassten Personen zu erbringen und dient damit dem Wahlvorstand als Grundlage für die Zulassung der Stimmabgabe des einzelnen Wählers (§ 40 KWahlO) und für die Kontrolle des Inhalts der Wahlurne (§ 50 KWahlO). Es ist daher eine der wichtigsten Grundlagen der Wahl und muss entsprechend sorgfältig geführt und auf dem Laufenden gehalten werden.

Die Anlegung und die Führung des Wählerverzeichnisses obliegt der Gemeinde. Das Wählerverzeichnis ist vor jeder Wahl neu anzulegen. Eine Form (früher Wählerliste oder Wahlkartei) ist für das Wählerverzeichnis nicht mehr vorgeschrieben. In NRW ist die „Führung im automatisierten Verfahren" als elektronisches Wählerverzeichnis seit langem der Regelfall. Inhalt und Umfang der Angaben im Wählerverzeichnis sind in § 11 KWahlO im Einzelnen abschließend vorgeschrieben. Über die dort vorgeschriebenen Angaben hinaus ist daher die Aufnahme weiterer Angaben – etwa zum Zwecke statistischer Erhebungen – aus Gründen des Datenschutzes nicht zulässig.

Wählerverzeichnisse, die für frühere Wahlen aufgestellt worden sind, dürfen nicht für kommende Wahlen fortgeschrieben und wiederverwendet werden. Wählerverzeichnisse sind nach Ablauf von sechs Monaten seit der Wahl zu vernichten, wenn nicht der Wahlleiter mit Rücksicht auf ein schwebendes Wahlprüfungsverfahren etwas anderes anordnet oder sie für die Strafverfolgungsbehörde zur Ermittlung einer Straftat von Bedeutung sein können (§ 82 Abs. KWahlO).

Bei der Führung des Wählerverzeichnisses „im automatisierten Verfahren" wird – auch ohne ausdrückliche Vorschrift – den Geboten der Datensicherung und der IT- Sicherheit

„aus der Natur der Sache“ Rechnung zu tragen sein; so wird jederzeit eine Kopie des vollständigen aktuellen Datenbestandes auf Datenträger und/oder zusätzlich als Druckausgabe verfügbar sein müssen.

In das Wählerverzeichnis sind von Amts wegen alle Personen einzutragen, bei denen an einem bestimmten Stichtag feststeht, dass sie wahlberechtigt sind. Das gilt bei Kommunalwahlen – anders als bei Europawahlen – auch für die wahlberechtigten Unionsbürger.

Wahlberechtigte Personen, die nach dem Stichtag in das Wahlgebiet zuziehen und sich bis zum 16. Tag vor der Wahl anmelden, sind von Amts wegen in das Wählerverzeichnis aufzunehmen. Bei Personen mit mehrfacher Wohnung im Wahlgebiet sind § 7 KWahlG und § 12 Abs. 1 KWahlO zu beachten. Danach wird, wer mehrere Wohnungen hat, von Amts wegen nur am Ort der Hauptwohnung eingetragen. Wer lediglich mit Nebenwohnung im Wahlgebiet gemeldet ist, ist nicht wahlberechtigt; er darf weder von Amts wegen noch auf Antrag oder Einspruch in das Wählerverzeichnis eingetragen werden.

Wahlberechtigte, die nicht von Amts wegen in das Wählerverzeichnis eingetragen worden sind, werden bis zum Beginn der Frist für die Einsichtnahme in das Wählerverzeichnis (20. Tag vor der Wahl) auf Antrag eingetragen. Dazu gehören insbesondere solche Wahlberechtigte, die nicht angemeldet sind (und deshalb auch nicht von Amts wegen in das Wählerverzeichnis aufgenommen werden können), aber sich im Wahlgebiet sonst gewöhnlich aufhalten. Zuständig für die Eintragung eines Wahlberechtigten, der sich im Wahlgebiet sonst gewöhnlich aufhält, ohne eine Wohnung inne zu haben, ist die Gemeinde, in der sich der Wahlberechtigte am Stichtag aufhält oder aufgehalten hat.

Ab Beginn der Einsichtsfrist ist die Aufnahme in das Wählerverzeichnis oder die Streichung außer in den besonders geregelten Fällen nur auf Einspruch (vgl. § 11 KWahlG) möglich.

Ein besonderes Antragsverfahren gilt für wahlberechtigte Unionsbürger, die nach § 26 BMG von der Meldepflicht befreit sind und deshalb nicht im Melderegister eingetragen sind. Diese können demzufolge auch nicht von Amts wegen in das Wählerverzeichnis aufgenommen werden (beispielsweise Mitglieder diplomatischer Missionen, konsularischer Vertretungen oder hier stationierter ausländischer NATO-Streitkräfte einschließlich der im Haushalt lebenden Familienangehörigen aus EU-Staaten). Diese Personen sind auf Antrag in das Wählerverzeichnis einzutragen, der bis zum 16. Tag vor der Wahl zu stellen ist (§ 12 Abs. 7 und 8 KWahlO).

Für den Antrag ist das Muster nach Anlage 1 KWahlO zu verwenden. Über dieses Verfahren sind die betroffenen Unionsbürger spätestens bis zum 42. Tag vor der Wahl in geeigneter Weise zu unterrichten. Dies kann durch entsprechende Kontaktaufnahme mit den in der Gemeinde und in Nachbargemeinden befindlichen diplomatischen oder konsularischen Vertretungen oder den im Ort stationierten ausländischen Truppen aus Mitgliedstaaten der Europäischen Union geschehen.

Zu beachten sind die Vorschriften über die Amtsstreichung in Fällen des Wegzugs aus dem Wahlgebiet nach dem Stichtag (§ 12 Abs. 3 KWahlO). Behalten bei verbundenen Gemeinde- und Kreiswahlen Umzügler das Kreiswahlrecht (Umzug innerhalb des Kreises von einer Gemeinde in eine andere), werden sie auch noch nach dem 16. Tag vor der Wahl von Amts wegen in das Wählerverzeichnis ihres neuen Stimmbezirks – allerdings nur für die Kreiswahl – eingetragen. Sie sind in der Fortzugsgemeinde im Wählerverzeichnis zu streichen und darüber zu unterrichten, dass ein in der Fortzugsgemeinde erteilter Wahlschein und aufgrund dessen schon abgegebene Briefwahlstimmen ungültig werden (§ 27 Abs. 4 KWahlG, § 12 Abs. 5 KWahlO).

Der Kontrolle – der grundsätzlich von Amts wegen geführten, also ohne Mitwirkung der Wahlberechtigten angelegten Wählerverzeichnisse – dienen die Benachrichtigung der Wahlberechtigten und die Bereithaltung des Wählerverzeichnisses zur Einsichtnahme.

Spätestens bis zum 21. Tag vor der Wahl benachrichtigt die Gemeinde jeden im Wählerverzeichnis verzeichneten Wahlberechtigten schriftlich, dass er in das Wählerverzeichnis eingetragen ist. Mit dieser Wahlbenachrichtigung (Anlage 2 zu § 13 Abs. 1 und Abs. 2 Satz 1, §§ 70, 75a, 75g Abs. 3 KWahlO) sind zugleich die für die Teilnahme an der Wahl wesentlichen Angaben (Wahlraum, Wahlzeit, Personalausweis usw.) sowie auch die Angabe des Stimmbezirks mitzuteilen. Die Wahlbenachrichtigung enthält auch Informationen über barrierefreie Wahlräume und Stimmzettelschablonen.

Ist der Stimmbezirk in eine repräsentative Wahlstatistik oder in eine wahlstatistische Auszählung nach § 50 Abs. 2 bzw. Abs. 4 KWahlG einbezogen, muss die Wahlbenachrichtigung einen entsprechenden Hinweis enthalten (§ 80 Abs. 4 KWahlO).

Auf der Rückseite der Wahlbenachrichtigung ist ein Vordruck für einen Wahlscheinantrag abzudrucken (Anlage 3 zu § 13 Abs. 2 Satz 2, §§ 70, 75a, 75h Abs. 1 KWahlO). Die Verpflichtung zur Versendung von Wahlbenachrichtigungen gilt ausnahmslos, weil sie der Erleichterung der Wahlteilnahme und des Wahlverfahrens dient und die mit der Versendung der Wahlbenachrichtigungen verbundene Verwaltungsmehrarbeit hiergegen nicht entscheidend ins Gewicht fällt.

Vom 20. bis zum 16. Tag vor der Wahl ist das Wählerverzeichnis an den Werktagen zu den allgemeinen Öffnungszeiten der Gemeinde zentral oder dezentral zur Einsichtnahme bereitzuhalten (§ 10 Abs. 4 KWahlG). Durch die Bereithaltung des Wählerverzeichnisses zur Einsichtnahme soll den Wahlberechtigten die Möglichkeit geboten werden, sich persönlich von ihrer ordnungsgemäßen Aufnahme in das Wählerverzeichnis zu überzeugen (§ 10 KWahlG, zur Möglichkeit Einspruch einzulegen, § 11 KWahlG).

Wegen der Bedeutung des Wählerverzeichnisses für die Stimmberechtigung des Einzelnen hat der Bürgermeister bis spätestens zum 24. Tag vor der Wahl die Bereithaltung des Wählerverzeichnisses zur Einsichtnahme öffentlich bekannt zu machen,

- wo, wie lange und zu welchen Tagesstunden das Wählerverzeichnis eingesehen werden kann,
- wo, in welcher Zeit und unter welchen Voraussetzungen ein Wahlschein beantragt werden kann,
- wie durch Briefwahl gewählt wird (unter Berücksichtigung von § 56 Abs. 5 Satz 2 KWahlO,
- bis zu welchem Tag den im Wählerverzeichnis eingetragenen Wahlberechtigten spatestens eine Wahlbenachrichtigung zugeht und
- wo, bis wann und in welcher Form die Stimmberechtigung der nicht in das Wählerverzeichnis aufgenommenen Wahlberechtigten gewahrt oder
- Einspruch gegen das Wählerverzeichnis erhoben werden kann (§ 14 KWahlO)

Bei Führung des Wählerverzeichnisses „im automatisierten Verfahren" kann die Einsichtnahme durch ein Datensichtgerät ermöglicht werden, das jedoch nur von Bediensteten der Gemeindeverwaltung bedient werden darf (§ 15 Abs. 2 KWahlO).

Die Wahlberechtigten machen erfahrungsgemäß von der ihnen gebotenen Möglichkeit der Einsichtnahme in das Wählerverzeichnis nur sehr selten Gebrauch. Gleichwohl müssen die Vorschriften über die Bereithaltung des Wählerverzeichnisses zur Einsichtnahme, insbesondere auch die Vorschriften über die Bereithaltungszeiten, streng eingehalten werden. Jeder Verstoß gegen diese Vorschriften wäre eine Unregelmäßigkeit bei der Wahlvorbereitung, die zur Anfechtung der Wahl führen könnte.

Das Anfertigen von Auszügen ist nur begrenzt und nur durch Wahlberechtigte – nicht etwa durch Parteien oder Wählergruppen – zulässig; die Erteilung von Auszügen durch die Gemeinde ist überhaupt nicht gestattet: Nur Wahlberechtigte dürfen Auszüge anfertigen, „soweit dies im Zusammenhang mit der Prüfung des Wahlrechts einzelner bestimmter

Personen steht". Die Auszüge dürfen (natürlich) ausschließlich für diesen Zweck verwendet und unbeteiligten Dritten nicht zugänglich gemacht werden (§ 15 Abs. 3 KWahlO).

Die berechtigten Informationsbedürfnisse der Parteien und Wählergruppen können nur im Rahmen des melderechtlich zulässigen Umfangs bedient werden.

Das Wählerverzeichnis ist, wie nach allen anderen Wahlordnungen, spätestens am Tage vor der Wahl, jedoch nicht früher als am dritten Tage vor der Wahl, abzuschließen, und zwar durch die Feststellung und Beurkundung der Zahl der Wahlberechtigten. Bei automatisierter Führung ist vor der Beurkundung ein Ausdruck zu erstellen.

Nach dem Abschluss sind alle Änderungen – mit Ausnahme der Eintragungen nach erfolgreichem Einspruch, der Berichtigung offenbarer Unrichtigkeiten und der Eintragung des Wahlscheinvermerks sowie der Eintragung von Umzüglern, die für die Kreiswahl wahlberechtigt waren und es nach dem Umzug bleiben (§ 10 Abs. 1 Satz 3 und 4 KWahlG) – unzulässig (§ 18 Abs. 2, § 38 Abs. 2 KWahlO). Das Wählerverzeichnis ist vom Bürgermeister dem Wahlvorsteher eines jeden Stimmbezirks zu übergeben (§ 34 Nr. 1 KWahlO).

2. Erteilung von Wahlscheinen, Absatz 2

Der Wahlschein (Anlagen 5a bis 5c KWahlO) dient grundsätzlich dem Zweck, dem Wähler die Ausübung seines Wahlrechts dadurch zu erleichtern, dass er zur Stimmabgabe nicht den Wahlraum des Stimmbezirks aufzusuchen braucht, dem er zugehört.

Ausnahmsweise können Wahlscheine auch in Fällen erteilt werden, in denen aus bestimmten, im Gesetz abschließend genannten Gründen die Eintragung eines Wahlberechtigten in das Wählerverzeichnis unterblieben ist. Der Wahlschein ist ein urkundlicher Nachweis über das Wahlrecht des Wahlberechtigten und, in den letzterwähnten Ausnahmefällen, zugleich die formelle Voraussetzung für die Ausübung des Wahlrechts.

Der Wahlschein gilt sowohl für die Stimmabgabe an der Urne in einem beliebigen Stimmbezirk des Wahlbezirks des Wahlberechtigten als auch für die Stimmabgabe durch Briefwahl.

Die einzige Voraussetzung der Wahlscheinerteilung ist die Eintragung in das Wählerverzeichnis. Jeder Wahlberechtigte, der in das Wählerverzeichnis eingetragen ist, erhält auf Antrag einen Wahlschein, ohne dass er Gründe für das Bedürfnis nach dem Wahlschein geltend oder gar glaubhaft machen müsste, wie dies nach früherem Recht der Fall war (§ 9 Abs. 2 Satz 1 KWahlG). Er braucht also im Besonderen nicht geltend und glaubhaft zu machen, dass er sich am Wahltag aus wichtigen beruflichen oder persönlichen Gründen außerhalb seines Stimmbezirks aufhält oder sonst verhindert ist, den für ihn zuständigen Wahlraum aufzusuchen.

Die Erteilung eines Wahlscheins kann allerdings auch in den (selteneren) Fällen, in denen ein Wahlberechtigter nicht in das Wählerverzeichnis eingetragenen ist, in Betracht kommen. Ein Wahlberechtigter, der nicht in das Wählerverzeichnis eingetragen ist, erhält auf Antrag einen Wahlschein, wenn er nachweist,

a) dass er aus einem von ihm nicht zu vertretenden Grund die Einspruchsfrist versäumt hat oder
b) aus einem von ihm nicht zu vertretenden Grund nicht in das Wählerverzeichnis eingetragen ist oder
c) seine Berechtigung zur Teilnahme an der Wahl erst nach Ablauf der Einspruchsfrist entstanden ist oder sich herausstellt (§ 9 Abs. 2 Satz 2 KWahlG).

Der Wahlschein wird nur auf Antrag, der die persönlichen Daten des Wahlberechtigten enthalten muss (§ 29 Abs. 2 KWahlO), erteilt, und zwar von derjenigen Gemeinde, in deren Wählerverzeichnis der Wahlberechtigte eingetragen ist oder, im Fall der Nichteintragung, hätte eingetragen werden müssen (§ 20 Abs. 2 KWahlO).

Der Antrag kann schriftlich oder mündlich gestellt werden. Die Schriftform gilt auch als gewahrt durch Telefax, E-Mail oder durch sonstige dokumentierbare Übermittlung in elektronischer Form. Lediglich eine telefonische Antragsstellung bleibt unzulässig. Im Regelfall bieten die Gemeinden den Wahlberechtigten an, über ihre Internetseiten einen Wahlschein zu beantragen.

Im Falle der Nichteintragung im Wählerverzeichnis muss der Antragsteller den Grund, auf den er seinen Antrag stützt, nachweisen. An diesen Nachweis werden keine übertriebenen Ansprüche zu stellen sein. Er wird vielmehr in der Regel in der milderen Form der „Glaubhaftmachung" als geführt angesehen werden können, die die Gemeinde ermächtigt, von umständlichen Beweiserhebungen abzusehen.

Wer für einen anderen den Wahlscheinantrag stellt, muss indessen in jedem Fall nachweisen, dass er dazu berechtigt ist. Dieser Nachweis kann nach § 19 Abs. 3 KWahlO nur durch Vorlage einer schriftlichen Vollmacht geführt werden. Es steht also nicht mehr, wie früher, im pflichtmäßigen Ermessen der Gemeinde, inwieweit sie in besonderen Fällen ausnahmsweise einen anderen Nachweis als ausreichend anerkennt. Dies wird im Besonderen bei der Antragstellung durch nächste Familienangehörige (vor allem durch den Ehegatten) zu berücksichtigen sein.

Bei den allgemeinenKommunalwahlen bedarf es nur eines Wahlscheinantrages. Es wird lediglich ein Wahlschein ausgestellt, der alle kommunalen Wahlen einschließt (§ 20 Abs. 2 KWahlO).

Wahlberechtigte, die in das Wählerverzeichnis eingetragen sind, können – in allen Gemeinden einheitlich – grundsätzlich einen Wahlschein nur bis zum zweiten Tage vor der Wahl bis 18 Uhr beantragen. Lediglich im Falle nachgewiesener plötzlicher Erkrankung können eingetragene Wahlberechtigte, wie bei Bundestags- und Europawahlen, einen Wahlschein noch bis 15 Uhr zum Wahltage, einen Wahlschein beantragen. Wahlberechtigte, die nicht in das Wählerverzeichnis eingetragen sind, können einen Wahlschein generell in jedem Fall bis zum Wahltag, 15 Uhr, beantragen (§ 19 Abs. 4 KWahlO).

Der Wahlschein muss – bei allgemeinen Kommunalwahlen – nach dem Muster der Anlagen 5b (kreisangehörige Gemeinden) oder 5c (kreisfreie Städte) KWahlO ausgestellt werden und vom Bürgermeister oder einem von ihm Beauftragten handschriftlich unterschrieben und mit dem Dienstsiegel versehen werden, das allerdings auch eingedruckt sein kann. Werden Wahlscheine im automatisierten Verfahren erteilt, kann anstelle der eigenhändigen Unterschrift der Name des beauftragten Bediensteten ausgedruckt werden.

Dem Antragsteller werden in jedem Falle mit dem Wahlschein die Briefwahlunterlagen übersandt, ohne dass es hierzu eines besonderen Antrages bedarf. Die Briefwahlunterlagen umfassen,

- in kreisangehörigen Gemeinden je einen amtlichen Stimmzettel des jeweiligen Wahlbezirks der Gemeinde und des Kreises für die Wahl des Gemeinderats und des Kreistags sowie ggf. für die Wahl des Bürgermeisters und des Landrats und ggf. für die Wahl der Verbandsversammlung des Regionalverbands Ruhr,
- in kreisfreien Städten je einen amtlichen Stimmzettel des Wahlbezirks für die Wahl des Stadtrats und für die Wahl der Stadtbezirksvertretung sowie ggf. für die Wahl des Oberbürgermeisters und ggf. für die Wahl der Verbandsversammlung des Regionalverbands Ruhr,
- einen amtlichen Stimmzettelumschlag nach dem Muster der Anlage 6 KWahlO,
- einen Wahlbriefumschlag nach dem Muster der Anlage 7 KWahlO mit der vollständigen Anschrift des Bürgermeisters und ein Merkblatt für die Briefwahl im „Bilderbuchstil" bei allgemeinen Kommunalwahlen gemäß Anlage 8b (kreisangehörige Gemeinden) beziehungsweise 8c (kreisfreie Städte) KWahlO (§ 20 Abs. 4 KWahlO).

§ 9 Kommentar

Für die Briefwahl ist der besondere amtliche Stimmzettelumschlag auszugeben, mit dem, durch den Aufdruck von Hinweisen auf Vor- und Rückseite dem Wähler die Abgabe einer gültigen Stimme erleichtert werden soll.

Es ist nicht vorgeschrieben, dass die Wahlbriefumschläge von der Gemeinde freigemacht sein müssen. Es ist nur bestimmt, dass der Wahlbrief vom Briefwähler nicht freigemacht zu werden braucht, wenn der amtliche Wahlbriefumschlag innerhalb des Bundesgebiets bei dem Versandunternehmen eingeliefert wird, den der Bürgermeister öffentlich bekannt gemacht hat (§ 56 Abs. 5 und Anlage 7 KWahlO). Es ist also in das Ermessen der Gemeinde gestellt, ob sie die Wahlbriefumschläge vorab freimachen oder ob sie das mit der unfreien Rücksendung verbundene „Nachentgelt" in Kauf nehmen will.

Straf- und Untersuchungsgefangene sowie anderweitig in Verwahrung gehaltene Personen können oftmals nur mit Wahlschein, entweder durch Briefwahl oder durch Urnenwahl unter den besonderen Voraussetzungen des § 48 KWahlO, wählen. Der Vollzug einer richterlichen Entscheidung über die Freiheitsentziehung begründet nämlich keine Meldepflicht.

Über die erteilten Wahlscheine sind Wahlscheinverzeichnisse zu führen, und zwar getrennt nach den sog. abhängigen Wahlscheinen gem. § 9 Abs. 2 Satz 1 KWahlG und den sog. unabhängigen Wahlscheinen gem. § 9 Abs. 2 Satz 2 KWahlG. Über die nach Abschluss des Wählerverzeichnisses erteilten Wahlscheine ist ein besonderer Nachweis – nicht mehr in doppelter Ausführung – zu führen, der zur Unterrichtung des Wahlvorstehers im Stimmbezirk bestimmt ist (§ 20 Abs. 7 KWahlO). Damit der Wahlvorstand unterrichtet ist, wer mit Wahlschein wählen will, sind die Wahlscheininhaber im Wählerverzeichnis in der Spalte über die Stimmabgabe durch den Vermerk „W" oder „Wahlschein" zu kennzeichnen.

Von wahlpraktischer Bedeutung ist auch für die Kommunalwahlen das Verzeichnis der für ungültig erklärten Wahlscheine („Negativverzeichnis").

Wird ein Wahlschein für ungültig erklärt, weil ein eingetragener Wahlberechtigter, der bereits einen Wahlschein erhalten hat, im Wählerverzeichnis gestrichen wird, so ist er, neben der Berichtigung des Wahlscheinverzeichnisses, in ein besonderes Verzeichnis, und zwar mit Namen des Wahlberechtigten und Nummer des Wahlscheines, einzutragen (§ 20 Abs. 8 KWahlO). Über die Ungültigkeit eines Wahlscheins sind alle Wahlvorstände des betroffenen Wahlbezirks oder – bei einzelnen Bürgermeister- oder Landratswahlen – des Wahlgebiets zu unterrichten.

Der Briefwahlvorsteher erhält das Verzeichnis (eine Mehrschrift) über die in den ihm zugeteilten Wahlbezirk für ungültig erklärten Wahlscheine, ggf. mit Nachträgen, oder die Mitteilung, dass keine Wahlscheine für ungültig erklärt worden sind (§ 57 Abs. 2 Satz 2 KWahlO). Das „Negativverzeichnis" findet also (komplementär, von der Negativseite) die Verwendung, die früher den Wahlscheinverzeichnissen zugekommen war (§ 58 Abs. 1 Satz 2 KWahlO).

Die Übergabe bzw. Versendung des Wahlscheins mit den Briefwahlunterlagen an den Wahlberechtigten ist zur Vermeidung unerwünschter Wahlbeeinflussung in gleicher Weise geregelt wie bei Bundestags- und Europawahlen: Wahlschein und Briefwahlunterlagen dürfen grundsätzlich nur dem Wahlberechtigten persönlich ausgehändigt werden. Andere Personen sind nur empfangsberechtigt, wenn die Berechtigung zur Empfangnahme durch schriftliche Vollmacht nachgewiesen wird.

Um „Massenvollmachten" zu vermeiden, kann von einer solchen Vollmacht in Übereinstimmung mit dem Bundeswahlrecht nur Gebrauch gemacht werden, wenn die bevollmächtigte Person nicht mehr als vier Wahlberechtigte vertritt. Dazu bedarf es bei der Abholung einer schriftlichen Versicherung. Die Vollmacht ist auch notwendig, falls der Wahlschein im Falle einer plötzlichen Erkrankung erst am Wahltag beantragt wird (§ 20 Abs. 5 KWahlO).

Postsendungen, ggf. auch Luftpost, sind von der Gemeinde freizumachen. Holt der Wahlberechtigte die Briefwahlunterlagen persönlich ab, soll ihm Gelegenheit gegeben werden, die Briefwahl an Ort und Stelle auszuüben; es ist dann sicherzustellen, dass der Stimmzettel unbeobachtet gekennzeichnet und in den Stimmzettelumschlag gelegt werden kann. Der Wähler muss den Wahlbriefumschlag verschlossen abgeben. Der Bürgermeister sammelt die abgegebenen Wahlbriefe und übergibt sie am Wahltag dem Briefwahlvorstand.

3. Versagung eines Wahlscheines, Absatz 3

Im Falle der Versagung eines Wahlscheins steht dem Antragsteller das Recht des Einspruchs und bei Zurückweisung des Einspruchs durch den Bürgermeister das Recht der Beschwerde zur Aufsichtsbehörde in gleicher Weise zu, wie dies hinsichtlich von Eintragungen in das Wählerverzeichnis vorgesehen ist (§ 9 Abs. 3 KWahlG, § 23 KWahlO).

In Übereinstimmung mit den entsprechenden Vorschriften der Bundes-, Europa- und Landeswahlordnung ist es möglich, einen bereits ausgegebenen Wahlschein für ungültig zu erklären, wenn ein Wahlberechtigter nach Erteilung des Wahlscheins im Wählerverzeichnis gestrichen worden ist (§ 20 Abs. 8 KWahlO). Dieser Regelung kommt mit Rücksicht auf die Fristen für die Einsichtnahme in das Wählerverzeichnis und die Zulassung der Wahlvorschläge besondere Bedeutung zu, da Wahlscheine nebst Briefwahlunterlagen bereits vor der Einsichtsfrist versandt werden können.

Sonderregelungen gelten für die Erteilung von Wahlscheinen für Insassen und Personal in Klöstern, Krankenanstalten sowie sozialtherapeutischen und Justizvollzugsanstalten, sofern diese Wahlberechtigten nicht durch Briefwahl wählen wollen. Es geht also um die Fälle, in denen auf Grund der besonderen Regelungen in §§ 45 bis 48 KWahlO mit Wahlschein in der Anstalt oder Einrichtung gewählt werden kann.

In diesen Fällen wird, nach dem Vorbild der entsprechenden Regelungen der Bundes-, Europa- und Landeswahlordnung, das Wahlscheinantragsverfahren durch den Bürgermeister eingeleitet. Es bedarf keiner Einzelanträge der Berechtigten; die Wahlscheine werden auf Grund eines Verzeichnisses ausgestellt, das die Anstaltsleitung dem Bürgermeister einreicht (§ 21 KWahlO).

§ 10

(1) In jedem Stimmbezirk wird ein Wählerverzeichnis geführt. In das Wählerverzeichnis werden alle Personen eingetragen, bei denen am zweiundvierzigsten Tage vor der Wahl (Stichtag) feststeht, dass sie wahlberechtigt und nicht vom Wahlrecht ausgeschlossen sind. Von Amts wegen in das Wählerverzeichnis einzutragen sind auch die nach dem Stichtag bis zum 16. Tag vor der Wahl zugezogenen und bei der Meldebehörde gemeldeten Wahlberechtigten. Wahlberechtigte zur Kreiswahl, die bisher eine Wohnung in einer anderen kreisangehörigen Gemeinde desselben Kreises gehabt haben, nach dem 16. Tag vor der Wahl zuziehen und vor der Wahl bei der Meldebehörde gemeldet sind, werden von Amts wegen für die Kreiswahl in das Wählerverzeichnis eingetragen.

(2) Der Wähler kann nur in dem Stimmbezirk wählen, in dessen Wählerverzeichnis er eingetragen ist.

(3) Inhaber eines Wahlscheins können in jedem Stimmbezirk des Wahlbezirks oder durch Briefwahl wählen.

(4) Jeder Wahlberechtigte hat das Recht, an den Werktagen vom 20. bis zum 16. Tag vor der Wahl während der allgemeinen Öffnungszeiten der Gemeindebehörde die Richtigkeit oder Vollständigkeit der zu seiner Person im Wählerverzeichnis eingetragenen Daten zu prüfen. Zur Überprüfung der Richtigkeit oder Vollständigkeit der Daten von anderen im Wählerverzeichnis eingetragenen Personen haben Wahlberechtigte während des in Satz 1 genannten Zeitraumes nur dann ein Recht auf Einsicht in das Wählerverzeichnis, wenn sie Tatsachen glaubhaft machen, aus denen sich die Unrichtigkeit oder Unvollständigkeit des Wählerverzeichnisses ergeben kann. Das Recht zur Überprüfung gemäß Satz 2 besteht nicht hinsichtlich der Daten von Wahlberechtigten, für die im Melderegister eine Auskunftssperre gemäß § 51 des Bundesmeldegesetzes vom 3. Mai 2013 (BGBl. I S. 1084) in der jeweils geltenden Fassung eingetragen ist.

(5) Ab Beginn der in Absatz 4 Satz 1 genannten Frist können Personen nur auf rechtzeitigen Einspruch in das Wählerverzeichnis aufgenommen oder darin gestrichen werden, es sei denn, dass es sich um offenbare Unrichtigkeiten handelt, die vom Bürgermeister bis zum Tag vor der Wahl zu berichtigen sind. Absatz 1 Satz 3 und 4 bleibt unberührt.

Erläuterungen

Übersicht

1. Führung des Wählerverzeichnisses, Absatz 1

Der Eintrag in das Wählerverzeichnis oder der Besitz eines Wahlscheins gelten als formelle Voraussetzung der Wahlberechtigung. Die Teilnahme an der Wahl ist nur rechtmäßig, wenn die formellen Voraussetzungen und die materiellen Voraussetzungen nach § 7 und § 8 KWahlG vorliegen. Selbst wenn die materielle Wahlberechtigung erfüllt ist, ist eine Wahlteilnahme ohne Eintrag ins Wählerverzeichnis oder der Besitz eines Wahlscheins unmöglich.

Das Wählerverzeichnis gilt als öffentliche Urkunde. Die Verantwortung zur Führung des Wählerverzeichnisses liegt bei der Gemeinde beziehungsweise der für Wahlen zuständige Gemeindebehörde.

In § 10 Abs. 1 Satz 1 KWahlG ist festgelegt, dass das Wählerverzeichnis auf die Ebene des einzelnen Stimmbezirks geführt werden muss, damit die Wahl durch Wahlvorstände ordnungsgemäß durchgeführt werden kann. Es ist ferner festgelegt, dass in das Wählerverzeichnis alle Personen eingetragen werden, bei denen am zweiundvierzigsten Tage vor der Wahl (Stichtag) feststeht, dass sie wahlberechtigt und nicht vom Wahlrecht ausgeschlossen sind. Grundlagen dafür sind die Meldedaten bei der Gemeinde.

Nach § 12 Abs. 1 KWahlO sind von Amts wegen in das Wählerverzeichnis alle Wahlberechtigten einzutragen, die am 42. Tag vor der Wahl (Stichtag) bei der Meldebehörde für eine Wohnung, bei mehreren Wohnungen für die Hauptwohnung, gemeldet sind. In den Fällen des § 10 Abs. 1 Satz 3 und 4 des Gesetzes sind die Wahlberechtigten unverzüglich nach ihrer Anmeldung in das Wählerverzeichnis einzutragen. Hierauf sollen sie bei der Anmeldung hingewiesen werden.

Gleichwohl kann auch wahlberechtigt sein, wer nicht vom Melderegister erfasst ist (EU-Bürger, Nichtsesshafte). Diese Personengruppen müssen für ihre formelle Wahlberechtigung selbst aktiv werden und können bis zum Beginn der Einsichtsfrist am 20. Tag vor der Wahl einen Antrag auf Eintragung in das Wählerverzeichnis stellen (§ 12 Abs. 2 Satz 1 KWahlO).

Mit dem Gesetz zur Änderung des Kommunalwahlgesetzes und weiterer wahlrechtlicher Vorschriften vom 11.4.2019 (GV. NRW. S. 202) wurde in § 10 Abs. 1 Satz 2 KWahlG – in Anlehnung an § 16 Abs. 1 BWO – der Stichtag für die Eintragung in das Wählerverzeichnis von Amts wegen um eine Woche vom 35. auf den 42. Tag vor der Wahl vorverlegt. Dies lässt eine frühere Versendung von Wahlbenachrichtigungen nach § 13 KWahlO und eine frühere Beantragung von Wahlscheinen zu.

In Verbindung mit den ebenfalls vorgezogenen Stichtagen für die Einreichung und Zulassung von Wahlvorschlägen können die Stimmzettel früher gedruckt und als Teil der Briefwahlunterlagen versandt werden. Ziel dieser Maßnahmen ist es, den Gemeinden die Durchführung und den Wahlberechtigten die Ausübung der Briefwahl zu erleichtern und das Wahlrecht zu harmonisieren.

Wahlberechtigte, die nach dem Stichtag und bis zu dem Tag des Endes der Einsichtsfrist (§ 10 Abs. 4 Satz 1 KWahlG) ihre Wohnung, bei mehreren Wohnungen die Hauptwohnung,

a) innerhalb der Gemeinde von einem Wahlbezirk in einen anderen verlegen oder

b) innerhalb desselben Kreises von einer Gemeinde in eine andere verlegen,

sollen bei der Anmeldung darauf hingewiesen werden, dass sie von Amts wegen in das Wählerverzeichnis des für die neue Wohnung maßgeblichen Stimmbezirks eingetragen werden und nur dort wählen können (§ 12 Abs. 5 KWahlO).

Insbesondere die Regelung, dass Umzüge innerhalb einer Gemeinde wahlbezirksübergreifend von Amts wegen in das Wählerverzeichnis des neuen Stimmbezirks umgetragen werden, wird aus der Praxis – im Hinblick auf den entstehenden Verwaltungsaufwand – kritisiert. Wahlberechtigte, die innerhalb einer Gemeinde kurz vor den Wahlen umziehen, würden danach in den meisten Fällen per Briefwahl wählen. Der Antrag auf Briefwahl würde in der Regel über die Anschrift der alten Adresse gestellt. Es wäre für einen Wahlberechtigten schwer einzusehen, warum die Briefwahl zur alten Adresse ungültig wird und ein neuer Antrag gestellt werden soll. In anderen Fällen hätten betroffene Wahlberechtigte auch noch die Wahlbenachrichtigungskarte ihrer alten Adresse und gehen damit am Wahltag in ihr Wahllokal (vgl. Stellungnahme der kommunalen Spitzenverbände NRW zur Änderung der Kommunalwahlordnung).

Dementsprechend wird für diese Fälle vorgeschlagen, die Änderungen im Wählerverzeichnis nur noch auf Antrag der Wahlberechtigten und nicht mehr von Amts wegen vorzunehmen. Der Verordnungsgeber hat an dieser Stelle den Vorschlag nicht aufgegriffen. Im Rahmen des personalisierten Verhältniswahlrechts ist eine weitere Verwässerung der

Bindung des Wahlrechts an konkrete Wahlbezirke zugunsten einer relativ unbestimmten Verwaltungsvereinfachung nicht zielführend, zumal bereits für Umzüge innerhalb einer Gemeinde nach dem 16. Tag vor der Wahl eine wahlbezirksbezogene Änderung des Wählerverzeichnisses nicht mehr vorgesehen ist.

Verlegen Wahlberechtigte, die nach Absatz 1 in das Wählerverzeichnis eingetragen sind, nach dem Stichtag ihre Wohnung aus dem Wahlgebiet oder wird ihre Wohnung im Wahlgebiet zur Nebenwohnung, so sind sie aus dem Wählerverzeichnis zu streichen (§ 12 Abs. 3 KWahlO). Damit wird in der KWahlO der Umstand geregelt, dass bei der Führung des Wählerverzeichnisses nicht nur die Zuzüge bis zum 16. Tag vor der Wahl, sondern dementsprechend auch die Wegzüge aus dem Wahlgebiet bis zum Wahltag von Amts wegen zu erfassen sind.

Daraus ergibt sich, dass Personen, die nach dem 16. Tag vor der Wahl von einer Gemeinde in eine andere Gemeinde umziehen, weder in der Wegzugs- noch in der Zuzugsgemeinde über ein Wahlrecht verfügen. Nach § 10 Absatz 1 Satz 4 KWahlG werden Personen, die nach dem 16. Tag vor der Wahl zuziehen und vor der Wahl bei der Meldebehörde gemeldet sind und bisher eine Wohnung in einer anderen kreisangehörigen Gemeinde desselben Kreises gehabt haben, für die Kreiswahl in das Wählerverzeichnis eingetragen.

2. Wahl im Stimmbezirk und Wahl mit Wahlschein, Absatz 2 und 3

Nach Absatz 2 und 3 können Wähler nur in dem Stimmbezirk wählen, in dessen Wählerverzeichnis sie eingetragen sind. Inhaber eines Wahlscheins können jedoch in jedem Stimmbezirk des Wahlbezirks oder durch Briefwahl wählen.

Dabei ist zu berücksichtigen, dass bei Wahlen zu den Hauptverwaltungsbeamten, die ohne allgemeine Wahlen zu den Vertretungen stattfinden, mit einem Wahlschein im gesamten Wahlgebiet wählen können (siehe Erläuterungen zu § 46c Abs. 4 Satz 2 KWahlG).

In Fällen, dass bei verfassungskonformen Neueinteilungen in kreisfreien Städten Wahlbezirke durch Grenzen der Bezirksvertretungen durchschnitten werden müssen, ist hier aus wahlorganisatorischer Sicht in der Praxis für den Wähler eine Einschränkung auf die Stimmbezirke im Wahlbezirk mit dem jeweilig einschlägigen Stimmzettel der Bezirksvertretung. Eine derartige Einschränkung bei der Stimmabgabe an der Urne mit einem Wahlschein ist den Wählern bekanntzumachen. Falls notwendig ist Wählern im konkreten Einzelfall die Stimmabgaben mit Wahlschein aber auch in anderen Stimmbezirken des Wahlbezirks möglich zu machen, beispielsweise um die Erreichbarkeit eines barrierefreien Wahlraums sicherzustellen. Dies kann gegebenenfalls durch Hinterlegung der Stimmzettel für beide Bezirksvertretungen bei den Wahlvorständen des Wahlbezirks erreicht werden.

3. Einsichtnahme in das Wählerverzeichnis, Absatz 4

Nach dieser Vorschrift hat jeder Wahlberechtigte das Recht, an den Werktagen vom 20. bis zum 16. Tag vor der Wahl während der allgemeinen Öffnungszeiten der Gemeindebehörde die Richtigkeit oder Vollständigkeit der zu seiner Person im Wählerverzeichnis eingetragenen Daten zu prüfen. Die Möglichkeit der Einsichtnahme in das Wählerverzeichnis ist spätestens bis zum 24 Tag vor der Wahl bekanntzumachen.

Die Einsichtnahme in das Wählerverzeichnis ist hinsichtlich der Daten Dritter jedoch eingeschränkt. Hier haben Wahlberechtigte nur dann ein Recht auf Einsicht in das Wählerverzeichnis, wenn sie Tatsachen glaubhaft machen, aus denen sich die Unrichtigkeit oder Unvollständigkeit des Wählerverzeichnisses ergeben kann. Generell ausgeschlossen ist die Einsichtnahme in das Wählerverzeichnis in Bezug auf die Daten Dritter bei Vorliegen einer melderechtlichen Auskunftssperre.

4. Änderungen des Wählerverzeichnisses nach Beginn der Frist zur Einsichtnahme, Absatz 5

Berichtigungen oder Änderungen des Wählerverzeichnisses sind auch nach dem Stichtag bis zum Tage vor der Wahl zulässig auf Grund erfolgreicher Anträge oder Einsprüche oder zur Berichtigung offenbarer Unrichtigkeiten (§ 10 Abs. 5 KWahlG).

Bis zum Beginn der Einsichtsfrist ist das Verfahren der Erfassung der Wahlberechtigten in dem Sinne offen, dass jede Berichtigung des Wählverzeichnisses auf Antrag oder auf Grund sonst erkannter und gar offensichtlicher Unrichtigkeit zulässig ist; es spricht nichts für die Annahme, dass neben den in der KWahlO ausdrücklich genannten Fällen etwa sonstige Antragsfälle nicht zur Aufnahme in das Wählerverzeichnis führen sollten oder als Berichtigung offenbarer Unrichtigkeiten deklariert werden müssten.

Berichtigungen oder Ergänzungen des Wählerverzeichnisses sind ausführlich in § 12 KWahlO geregelt. Dabei liegt das Schwergewicht der Änderungen und Ergänzungen, die ab dem Stichtag vornehmlich durch Antrag ausgelöst wurden, bei von Amts wegen vorzunehmenden Eintragungen.

Alle Änderungen des Wählerverzeichnisses nach Beginn der Einsichtsfrist, also auch Amts- und Antragseintragungen (§ 10 Abs. 1 Satz 3 und 4 KWahlG, § 12 Abs. 7 KWahlO), sind in der Spalte „Bemerkungen" zu erläutern und mit Datum und Unterschrift des vollziehenden Bediensteten zu versehen, im automatisierten Verfahren mit einem Hinweis auf den verantwortlichen Bediensteten (§ 17 Abs. 3 KWahlO).

§ 11

(1) Wer das Wählerverzeichnis für unrichtig oder unvollständig hält, kann innerhalb der Einsichtsfrist bei der Gemeindeverwaltung Einspruch einlegen.

(2) Richtet sich der Einspruch gegen die Eintragung eines anderen, so ist dieser vor der Entscheidung zu hören.

(3) Der Bürgermeister hat die Entscheidung unverzüglich zu fällen und dem Antragsteller und dem Betroffenen zuzustellen.

(4) Gegen die Entscheidung des Bürgermeisters kann binnen drei Tagen nach Zustellung Beschwerde eingelegt werden, über die die Aufsichtsbehörde entscheidet.

(5) Die Einspruchs- oder Beschwerdeentscheidung ist für die Berechtigung zur Teilnahme an der Wahl endgültig. Sie schließt die Erhebung eines Einspruchs im Wahlprüfungsverfahren nicht aus (§ 39 Abs. 2).

Erläuterungen

Übersicht

1. Einspruchsmöglichkeit gegen das Wählerverzeichnis, Absatz 1

Wer das Wählerverzeichnis für unrichtig oder unvollständig hält, kann innerhalb einer festgelegten Frist (20. Tag bis 16. Tag vor der Wahl) schriftlich oder zur Niederschrift beim Oberbürgermeister Einspruch gegen das Wählerverzeichnis einlegen. Soweit die behaupteten Tatsachen nicht offenkundig sind, hat der Einspruchsführer die erforderlichen Beweismittel beizubringen (§ 16 Abs. 1 KWahlO).

In der wahlrechtlichen Praxis ist die Rechtsbehelfsmöglichkeit insbesondere für Wahlberechtigte, die spätestens bis zum 21. Tag vor der Wahl keine Wahlbenachrichtigung erhalten haben, von Bedeutung. Wer keine Wahlbenachrichtigung erhalten hat, aber glaubt, wahlberechtigt zu sein, muss Einspruch gegen das Wählerverzeichnis einlegen, wenn er nicht Gefahr laufen will, dass er sein Wahlrecht nicht ausüben kann.

Über § 16 Abs. 1 KWahlO wird der Einspruchsführer für die Beibringung der erforderlichen Beweismittel in die Pflicht genommen. Weitere Ermittlungen dazu – jenseits offenkundiger Tatsachen – werden danach nicht von Amts wegen aufgenommen. Dies ist vor dem Hintergrund der zeitlichen Beschränkungen, die das Wahlverfahren vorgibt und der fehlenden Möglichkeiten der Gemeinde zur schnellen Aufklärung vorgetragener Sachverhalte konsequent. Insoweit dürfte beispielsweise bei versäumter melderechtlicher Anmeldung in der Gemeinde der Einspruchsführer geeignete Dokumente zum Nachweis des Einzugs in eine Wohnung (gültiger Mietvertrag) im Wahlgebiet bis zum 16. Tag vor der Wahl vorlegen müssen, um in das Wählerverzeichnis aufgenommen zu werden.

2. Einspruch gegen Eintragung eines Dritten, Absatz 2

Der Einspruch gegen das Wählerverzeichnis kann sich auch gegen die Eintragung eines anderen richten. Das Recht auf Überprüfung besteht nicht jedoch hinsichtlich der Daten von Wahlberechtigten, für die im Melderegister ein Sperrvermerk gemäß § 51 Abs. 1 BMG eingetragen ist (§ 10 Abs. 4 KWahlG).

Zur Konkretisierung der Anhörungspflicht beim Einspruch gegen die Eintragung eines anderen, sieht § 16 Abs. 2 KWahlO vor, dass die Gemeinde nur in dem Fall, wenn sie einem Einspruch gegen die Eintragung eines anderen stattgeben will, diesem vor der Entscheidung Gelegenheit zur Äußerung zu geben hat. Dies dient – unter Berücksichtigung der kurzen Fristen – der Vermeidung sachlich nicht notwendiger Anhörungsverfahren.

3. Entscheidung über den Einspruch, Absatz 3

Die Entscheidung des Bürgermeisters über einen Einspruch hat unverzüglich zu erfolgen. In Anlehnung an § 121 Abs. BGB ist eine abschließende Bearbeitung des Einspruchs ohne „schuldhaftes Zögern (unverzüglich) vorzunehmen, spätestens bis zum zehnten Tage vor der Wahl (§ 16 Abs. 3 Satz 1 KWahlO). Danach ist die Entscheidung dem Einspruchsführer (§ 11 Abs. 1 KWahlG) und dem Betroffenen (§ 11 Abs. 2 KWahlG) mit dem Hinweis auf den zulässigen Rechtsbehelf (§ 11 Abs. 4 KWahlG) zuzustellen.

Bei einer Stattgabe eines Einspruchs nach § 11 Abs. 2 KWahlG ist dem Betroffenen vorher Gelegenheit zur Äußerung zu geben (§ 16 Abs. 2 KWahlO). Will der Bürgermeister einem Antrag auf Eintragung in das Wählerverzeichnis abhelfen, ist es nach § 16 Abs. 3 Satz 3 KWahlO ausreichend, dem Einspruchsführer eine Wahlbenachrichtigung zuzusenden.

4. Beschwerdemöglichkeit, Absatz 4

Nach § 16 Abs. 4 KWahlO ist eine Beschwerde gegen die Entscheidung des Bürgermeisters bei diesem schriftlich oder zur Niederschrift einzulegen. Nach Sinn und Zweck der Vorschrift dürfte auch eine Einlegung der Beschwerde innerhalb der Frist unmittelbar bei der Aufsicht als direkten Adressaten möglich sein. Der Beschwerdeführer dürfte dann darauf vertrauen können, dass die Aufsichtsbehörde die Gemeinde über die Beschwerde in Kenntnis setzt. Im Rahmen der letzten Novellierung der Landeswahlordnung wurde bei einer vergleichbaren Regelung (§ 26 Abs. 1 LWahlO) auch im Wortlaut ausdrücklich klargestellt, dass die Einreichung einer wahlrechtlichen Beschwerde im Hinblick auf eine Entscheidung über die Zulassung von Wahlvorschlägen auch direkt an die für die Prüfung der Beschwerde zuständige Stelle erfolgen kann (hier: Kreiswahlleiter oder Landeswahlleiter).

Der Bürgermeister legt die Beschwerde, sofern er ihr nicht sogleich abhilft, mit den Vorgängen unverzüglich der Aufsichtsbehörde vor. Diese hat über die Beschwerde spätestens am vierten Tage vor der Wahl zu entscheiden. § 16 Abs. 2 KWahlO gilt entsprechend, so dass auch hier gilt, dass die Aufsichtsbehörde nur in dem Fall, wenn sie in der Beschwerdeentscheidung einem Einspruch gegen die Eintragung eines anderen stattgeben will, diesem vor der Beschwerdeentscheidung Gelegenheit zur Äußerung zu geben hat. Die Beschwerdeentscheidung ist den Beteiligten und dem Bürgermeister bekanntzugeben (§ 16 Abs. 4 KWahlO).

5. Endgültigkeit der Entscheidung, Absatz 5

Der in § 11 Abs. 1 und 4 KWahlG eröffneten wahlrechtliche Rechtsbehelf ist strikt form- und fristgebunden. Die Form- und Fristgebundenheit dient im Wesentlichen dazu, Unrichtigkeiten und Unvollständigkeiten im Rahmen eines festgelegten Zeitraums zu beseitigen, um das weitere Wahlverfahren dann unter rechtssicheren Voraussetzungen zügig fortführen zu können.

Mit der Entscheidung über die Beschwerde ist das Verfahren abschließend beendet. Der wahlrechtliche Rechtsbehelf geht hier als spezielle Regelung den allgemeinen verwaltungsrechtlichen Rechtsbehelfen vor. Eine „Wahl lässt sich nur gleichzeitig und termingerecht durchführen, wenn die Rechtskontrolle dieser Einzelentscheidungen während des Wahlablaufs begrenzt wird und im übrigen einem nach der Wahl stattfindenden Wahlprüfungsverfahren vorbehalten bleibt. Deshalb gilt in Wahlrechtsangelegenheiten der Satz, dass Entscheidungen und Maßnahmen, die sich unmittelbar auf das Wahlverfahren beziehen, nur mit den in den Wahlvorschriften vorgesehenen Rechtsbehelfen und im Wahlprüfungsverfahren angefochten werden können." (BVerfG, Beschl. vom 27.6.1962 – 2 BvR 189/62 –, Rz. 4)

Bei § 11 KWahlG handelt es „... *sich dabei um eine sich aus der besonderen Natur des Wahlverfahrens (Art. 38 und 41 GG) ergebende Sonderregelung...*" (a. a. O., Rz. 4). Darüber hinausgehende Rechtsbehelfe noch während des laufenden Wahlverfahrens sind dem Wortlaut der Vorschrift nach ausgeschlossen. § 11 Abs. 5 verweist im Übrigen auf einen Einspruch im Rahmen des nach der Wahl stattfindenden Wahlprüfungsverfahrens (vgl. *Bätge*, Anmerkung 9 zu § 11).

3.
Wählbarkeit

§ 12

(1) Wählbar ist jede wahlberechtigte Person, die am Wahltag das achtzehnte Lebensjahr vollendet hat und seit mindestens drei Monaten in dem Wahlgebiet ihre Wohnung, bei mehreren Wohnungen ihre Hauptwohnung hat oder sich sonst gewöhnlich aufhält und keine Wohnung außerhalb des Wahlgebiets hat.

(2) Nicht wählbar ist, wer am Wahltag infolge Richterspruchs in der Bundesrepublik Deutschland die Wählbarkeit oder die Fähigkeit zur Bekleidung öffentlicher Ämter nicht besitzt.

Erläuterungen

Übersicht

1. Positive Wählbarkeitsvoraussetzungen, Absatz 1
2. Negative Wählbarkeitsvoraussetzungen, Absatz 2

1. Positive Wählbarkeitsvoraussetzungen, Absatz 1

§ 12 Abs. 1 KWahlG legt die Kriterien für die Wählbarkeit, die positiv zu erfüllen sind, fest.

Für die Wählbarkeit ist eine Wahlberechtigung Voraussetzung (siehe Erl. zu § 7 und § 8 KWahlG). Wählbar ist dementsprechend nur, wer Deutscher oder EU-Bürger ist. Die Erweiterung der Wählbarkeit auch auf EU-Bürger beruht auf einer europarechtlich verbindlichen Regelung (§ 22 Abs. 1, Vertrag über die Arbeitsweise der Europäischen Union AEUV). Eine entsprechende verfassungsrechtliche Festlegung ist in Art. 28 Abs. 1 Satz 3 GG getroffen.

Für die Wählbarkeit Voraussetzung ist zudem die Vollendung des 18. Lebensjahr am Wahltag. Mit dem kommunalen Wahlrecht ab vollendetem 16. Lebensjahr fällt in Bezug auf das Altersmerkmal die Voraussetzungen für das Wahlrecht und die Wählbarkeit inzwischen auseinander. Auch für die Wahlen zum (Ober-)Bürgermeister beziehungsweise zum Landrat bestehen spezielle Regelungen zum Altersmerkmal. Nach § 65 Abs. 2 GO ist wählbar, wer u. a. am Wahltag das 23. Lebensjahr vollendet hat (für die Wahl zum Landrat entsprechend § 44 Abs. 2 KrO). Mit diesen Sonderregelungen für die Wahlen der Hauptverwaltungsbeamten wird dem Gedanken, dass für die Wahrnehmung von herausgehobenen Ämtern eine gewisse Lebenserfahrung notwendig ist, Rechnung getragen.

Voraussetzung für die Wählbarkeit ist weiterhin, dass eine wahlberechtigte Person seit mindestens drei Monaten in dem Wahlgebiet ihre Wohnung, bei mehreren Wohnungen ihre Hauptwohnung hat oder sich sonst gewöhnlich aufhält und keine Wohnung außerhalb des Wahlgebiets hat. Auch bei dem Kriterium der Sesshaftigkeit fallen die jeweiligen Voraussetzungen für das Wahlrecht (mindestens 16 Tage vor dem Wahltag) und der Wählbarkeit (mindestens drei Monate vor dem Wahltag) auseinander. Bei der Wählbarkeit wird – aus offensichtlich nachvollziehbaren Gründen – eine größere räumliche Verbundenheit mit dem Wahlgebiet erwartet. Bei einem Zeitraum von drei Monaten kann der Wähler bessere vor Ort Kenntnisse voraussetzen. Gleichzeitig steht der Bewerber vor den Wählern über einen gewissen Zeitraum vor der Wahl für Informationen zum Wahlprogramm zur Verfügung.

Sonderregelungen dazu sind für die Wahlen der Hauptverwaltungsbeamten getroffen worden, die nicht selten zu entsprechenden Rückfragen bei den Wählern führen. Nach § 65 Abs. 2 GO (§ 44 Abs. 2 KrO) ist in Bezug auf die räumliche Anwesenheit im Wahlgebiet für die Wählbarkeit lediglich das Innehaben einer Wohnung in der Bundesrepublik Deutschland vorgeschrieben.

Wählbar ist man lediglich dann, wenn man vom Wahlrecht nicht ausgeschlossen ist (siehe Erl. zu § 8 KWahlG). Mit der Abschaffung des Wahlausschlussgrundes „Bestellung eines Betreuers in allen Angelegenheiten nicht nur durch einstweilige Anordnung" hat diese Vorschrift allerdings seine praktische Bedeutung verloren.

Für die Wahl der Hauptverwaltungsbeamten tritt noch ein weiteres, positiv zu erfüllendes Kriterium hinzu. Wählbar für die Wahlen der Hauptverwaltungsbeamten ist nur derjenige, der jederzeit für die freiheitlich demokratische Grundordnung im Sinne des Grundgesetzes eintritt. Dabei ist fraglich, ob mit dieser zu erfüllenden Voraussetzung eigenständige Möglichkeiten – jenseits der negativen Wählbarkeitsvoraussetzung eines Richterspruchs – zur Aberkennung der Wählbarkeit oder der Fähigkeit zur Bekleidung öffentlicher Ämter eröffnet sind. In der jüngeren Vergangenheit stellt sich diese Frage insbesondere bei Bewerbungen von sogenannten Reichsbürgern, die die freiheitliche Grundordnung im Sinne des Grundgesetzes offensichtlich ablehnen, zumal sie bereits die Staatlichkeit selbst mit den entsprechenden Spitzenämtern (um die sie sich bewerben wollen) vollständig ablehnen. Die Diskussion ist auch von Bedeutung, falls von bereits gewählten Bewerbern entsprechende Einstellungen bekannt werden.

2. Negative Wählbarkeitsvoraussetzungen, Absatz 2

Nicht wählbar ist, wer am Wahltag infolge Richterspruchs die Fähigkeit, Rechte aus öffentlichen Wahlen zu erlangen oder die Fähigkeit zur Bekleidung öffentlicher Ämter, nicht besitzt.

Eine entsprechende Entscheidung ergibt sich automatisch aus einer strafgerichtlichen Verurteilung nach § 45 Abs. 1 StGB. Danach verliert, wer wegen eines Verbrechens zu Freiheitsstrafe von mindestens einem Jahr verurteilt wird, für die Dauer von fünf Jahren die Fähigkeit, öffentliche Ämter zu bekleiden und Rechte aus öffentlichen Wahlen zu erlangen.

Zudem kann nach § 45 Abs. 2 StGB das Gericht dem Verurteilten für die Dauer von zwei bis zu fünf Jahren die in Absatz 1 bezeichneten Fähigkeiten aberkennen, soweit das Gesetz es besonders vorsieht.

Beispielsweise sieht § 108c StGB als mögliche Nebenfolge der Straftaten gemäß §§ 107 (Wahlbehinderung), 107a Wahlfälschung, 108 (Wählernötigung) und 108b (Wählerbestechung) StGB in Bezug auf § 45 Abs. 2 StGB die Aberkennung der Fähigkeit, Rechte aus öffentlichen Wahlen zu erlangen, vor.

Weitere strafrechtliche Vorschriften können als Nebenfolge zur Aberkennung der Fähigkeit, öffentliche Ämter zu bekleiden, führen. Öffentliche Ämter sind dabei insbesondere Ämter der staatlichen Verwaltung und der Justiz, auch öffentliche Anstalten (Universität, Sozialversicherung) zählen dazu, nicht jedoch die Kirchen. In Bezug auf die Kommunalwahlen unterfallen insbesondere die (Ober-) Bürgermeister und die Landräte als Hauptverwaltungsbeamte der Gemeinden und Kreise dem Begriff des öffentlichen Amts. Beispielsweise kann § 358 StGB eine Straftat nach §§ 331 ff. StGB (Straftaten im Amt) zur Aberkennung der Fähigkeit, öffentliche Ämter zu bekleiden.

Entsprechende wahlrechtliche Nebenfolgen können aber neben § 45 Abs. 1 und 2 StGB auch durch das Bundesverfassungsgericht in einem Verfahren über die Verwirkung von Grundrechten ausgesprochen werden. Die Formulierung „infolge Richterspruchs" stellt dabei sicher, dass nicht nur strafgerichtliche Entscheidungen, sondern gegebenenfalls die Entscheidungen des Bundesverfassungsgerichts oder des Verfassungsgerichtshofs für das Land Nordrhein-Westfalen zu berücksichtigen sind, durch die gemäß Art. 18 GG (Art. 32 Abs. 1 Landesverfassung LV) in Verbindung mit § 39 Abs. 2 Bundesverfassungsgerichtsgesetz (BVerfGG) die Wählbarkeit aberkannt werden kann.

Für den Wählbarkeitsausschluss durch einen Richterspruch ist ein rechtskräftiger Richterspruch notwendig. Alleine die Möglichkeit, dass die Fähigkeit, Rechte aus öffentlichen Wahlen zu erlangen oder die Fähigkeit zur Bekleidung öffentlicher Ämter aberkannt werden könnte, ist für einen Ausschluss von der Wählbarkeit nicht ausreichend. Dies gilt auch, wenn ein entsprechendes Verfahren sich noch in einer Berufung oder einer Revision befindet.

4.

Unvereinbarkeit

§ 13

(1) Beamte und Arbeitnehmer (soweit sie nicht überwiegend körperliche Arbeit verrichten oder sonst die Verwaltungsführung ihres Dienstherrn oder Arbeitgebers inhaltlich nicht beeinflussen können), die im Dienst einer der in den Buchstaben a bis e genannten Körperschaften stehen, können in den folgenden Fällen nicht gleichzeitig einer Vertretung angehören:

a) Sie können nicht der Vertretung ihrer Anstellungskörperschaft angehören.

b) Stehen sie im Dienst des Landes und sind sie in einer staatlichen Behörde unmittelbar mit der Ausübung der allgemeinen Aufsicht oder der Sonderaufsicht über Gemeinden und Gemeindeverbände befasst, können sie nicht der Vertretung einer beaufsichtigten Gemeinde oder eines beaufsichtigten Gemeindeverbandes angehören.

c) Stehen sie im Dienste des Landes und werden sie in einer Kreispolizeibehörde beschäftigt, so können sie nicht der Vertretung des Kreises angehören, bei dem die Kreispolizeibehörde gebildet ist.

d) Stehen sie im Dienst eines Kreises und sind sie bei dem Landrat als untere staatliche Verwaltungsbehörde unmittelbar mit der Ausübung der allgemeinen Aufsicht oder der Sonderaufsicht über kreisangehörige Gemeinden befasst, können sie nicht der Vertretung einer kreisangehörigen Gemeinde angehören.

e) Stehen sie im Dienste einer Gemeinde, so können sie nicht Mitglied der Vertretung des Kreises sein, dem die Gemeinde angehört, es sei denn, dass sie bei einer öffentlichen Einrichtung (§ 107 Abs. 2 der Gemeindeordnung) oder einem Eigenbetrieb der Gemeinde beschäftigt sind.

Die vorstehenden Vorschriften finden auf abgeordnete Beamte sinngemäß Anwendung, wenn die Abordnung an eine der in Buchstaben a bis e genannten Körperschaften die Dauer von insgesamt drei Monaten überschreitet.

(2) Bewerben sich Beamte oder Arbeitnehmer des öffentlichen Dienstes um einen Sitz im Wahlgebiet, so ist ihnen der zur Vorbereitung der Wahl erforderliche Urlaub auch dann zu erteilen, wenn im Falle der Wahl ein Hindernis für die gleichzeitige Zugehörigkeit zur Vertretung gemäß Absatz 1 vorliegen würde.

(3) Werden Beamte oder Arbeitnehmer des öffentlichen Dienstes gewählt, die gemäß Absatz 1 an der gleichzeitigen Zugehörigkeit zur Vertretung gehindert sind, so können sie das Mandat nur ausüben, wenn sie die Beendigung ihres Dienstverhältnisses nachweisen. Stellt der Wahlleiter nachträglich fest, dass ein Bewerber das Mandat ausübt, obwohl er nach Absatz 1 an der gleichzeitigen Zugehörigkeit zur Vertretung gehindert war, und weist der Vertreter nicht innerhalb einer Frist von einer Woche nach Zustellung der nachträglichen Feststellung die Beendigung seines Dienstverhältnisses nach, so scheidet er mit Ablauf der Frist aus der Vertretung aus. Den Verlust der Mitgliedschaft stellt der Wahlleiter fest.

(4) Werden Mitglieder einer Vertretung Beamte oder Arbeitnehmer des öffentlichen Dienstes, die gemäß Absatz 1 an der gleichzeitigen Zugehörigkeit zur Vertretung gehindert sind, so gilt Absatz 3 Satz 2 und 3 entsprechend.

(5) Absätze 1 bis 4 finden auf Ehrenbeamte keine Anwendung.

(6) Arbeitnehmer einer rechtsfähigen Gesellschaft oder Stiftung sowie Beamte und Arbeitnehmer einer rechtsfähigen Anstalt, an der eine Gemeinde, ein Kreis oder ein Zweckverband maßgeblich beteiligt ist, können, soweit sie allein oder mit anderen ständig, auch vertretungsweise, berechtigt sind, das Unternehmen in seiner Gesamtheit zu

vertreten, wie Vorstandsmitglieder, stellvertretende Vorstandsmitglieder, Geschäftsführer, stellvertretende Geschäftsführer und Prokuristen, nicht zugleich der Vertretung dieser Gemeinde, dieses Kreises oder der Vertretung einer Mitgliedskörperschaft dieses Zweckverbandes angehören. Die maßgebliche Beteiligung erfasst die Gewährträgerschaft und neben den Fällen einer Kapitalbeteiligung mit einem Anteil von mehr als 50 vom Hundert auch die Fälle, in denen die Gebietskörperschaft aufgrund ihrer Stimmenmehrheit in Aufsichts- und Kontrollorganen oder in sonstiger Weise entscheidenden Einfluss auf die Unternehmensführung besitzt. Die Bestimmungen der Absätze 2 bis 5 finden entsprechende Anwendung.

Erläuterungen

Übersicht

1. Unvereinbarkeitstatbestände, Absatz 1

§ 13 KWahlG regelt für den kommunalen Bereich die Unvereinbarkeit von Amt und Mandat. Die Regelung ist zurückzuführen auf Art. 137 Abs. 1 GG. Danach kann die Wählbarkeit von Beamten, Angestellten des öffentlichen Dienstes, Berufssoldaten, freiwilligen Soldaten auf Zeit und Richtern im Bund, in den Ländern und den Gemeinden gesetzlich beschränkt werden. Mit dieser Verfassungsbestimmung soll den Gefahren der Vermengung von Interessen, die sich aus der Wahrnehmung der beruflichen Stellung und der Wahrnehmung eines öffentlichen Mandates ergeben, entgegengewirkt werden.

§ 13 Abs. 1 KWahlG als einfachgesetzliche Konkretisierung von Art. 137 Abs. 1 GG versucht für den gemeindlichen Raum entsprechende Tatbestände zu generalisieren (Buchstaben a bis e der Vorschrift). Gleichwohl ergeben sich für die Praxis für die jeweiligen Fallgestaltungen gegebenenfalls erhebliche Auslegungsspielräume, die im konkreten Einzelfall – nicht zuletzt unter Abwägung der verfassungsrechtlichen Vorgaben – entschieden werden müssen. Dies hat in den letzten Jahren zu einer Vielzahl von Einzelfallentscheidung geführt.

Die Umsetzung von Art. 137 Abs. 1 GG ist im Rahmen der kommunalwahlrechtlichen Regelungen in § 13 KWahlG lediglich im Hinblick auf eine nicht mögliche gleichzeitige Wahrnehmung von Amt und Mandat ausgestaltet. Nicht erfasst ist damit die Wählbarkeit entsprechender Amtsträger. Auch eine weitergehende, sogenannte Ineligibilität wäre vom Wortlaut her verfassungsrechtlich möglich, aber im Rahmen einer Verhältnismäßigkeitsabwägung deutlich belastender.

Gleichwohl wirkt die Einschränkung in ihrer Wirkung im Hinblick auf ehrenamtliche Mandate wohl letztendlich entsprechend. Die Aufgabe der Berufstätigkeit zugunsten eines ehrenamtlichen Wirkungskreises dürfte in der kommunalen Praxis lediglich in Ausnahmefällen in Frage kommen.

Die Unvereinbarkeitstatbestände des § 13 Abs. 1 KWahlG, die verschiedentlich, erweitert worden sind, sind ab 2007 (Gesetz zur Änderung des Kommunalwahlgesetzes vom 9.10.2007, GV. NRW. S. 374) grundlegend neu geregelt worden. Bis 2007 genügte es, dass ein Beamter oder Arbeitnehmer in einer Aufsichtsbehörde beschäftigt ist, um die Inkompatibilität auszulösen. Ab 2007 wurde die Regelung dahingehend konkretisiert, dass für Beamte und Arbeitnehmer eine Unvereinbarkeit von Amt und Mandat nur dann vorliegt, soweit sie nicht überwiegend körperliche Arbeit verrichten.

Diese bis 2019 geltende Formulierung wurde im Rahmen der Änderung des Kommunalwahlgesetzes vom 11.4.2019 dahingehend verändert, dass die Beamten oder Arbeitnehmer nur dann von der Inkompatibilität betroffen sind, soweit sie nicht überwiegend eine körperliche Arbeit verrichten oder sonst die Verwaltungsführung ihres Dienstherrn oder Arbeitgebers inhaltlich nicht beeinflussen können. Die auf die fehlende inhaltliche Beeinflussung der Verwaltungsführung des Dienstherrn oder Arbeitgebers abstellende Ergänzung trägt einem Urteil des BVerwG vom 14.6.2017 (– 10 C 2.16 –) Rechnung, wonach ein bei einem Kreis beschäftigter Klinikpförtner Kreisrat (Mitglied des Kreistages) sein kann, obwohl der Pförtner nicht überwiegend körperlich tätig ist.

Nach dem Urteil des Bundesverwaltungsgerichts darf der Gesetzgeber bei kommunalen Vertretungsorganen nicht unterschiedslos alle anderen Arbeitnehmer von der Wählbarkeit ausschließen. Vielmehr sei ein Ausschluss nur dann gerechtfertigt, wenn die Gefahr von Interessenkollisionen, der mit Art. 137 Abs. 1 GG begegnet werden soll, in ihrem Tätigkeitsbereich auch typischerweise bestehe. Das sei bei Arbeitnehmern – wie einem Klinikpförtner – nicht der Fall, bei denen ausgeschlossen sei, dass sie auf die Verwaltungstätigkeit ihres Arbeitgebers (hier eines Kreises) inhaltlich Einfluss nehmen können.

Nach diesem Urteil und der entsprechenden Änderung im Gesetzeswortlaut ist es für jeden Einzelfall notwendig, die Möglichkeiten eines Amtsträgers, die Verwaltungsführung des Dienstherrn oder Arbeitgebers zu beeinflussen, zu überprüfen und über eine mögliche Interessenskollision zu entscheiden. Die Entscheidung über die Unvereinbarkeit wird damit für den dafür zuständigen Wahlleiter (auch durch nachträgliche Feststellung, § 13 Abs. 3 Satz 2 KWahlG) unwägbarer und risikobehafteter (vgl. *Danzer*, KommPWahlen 2017, S. 144).

Auch für sachkundige Bürger findet § 13 KWahlG Anwendung. Sachkundige Bürger sind Personen, die nach den gemeinderechtlichen Vorschriften in den Rat wählbar wären und auf die deshalb auch die Inkompatibilitätsvorschriften des § 13 KWahlG anzuwenden sind.

Sachkundige Bürger sind nach § 58 Abs. 3 GO (für Ausschüsse in Kreistagen § 41 Abs. 5 KrO) stimmberechtigte Ausschussmitglieder und stehen in der Ausschussarbeit gleichberechtigt neben den Ratsmitgliedern (vgl. VG Aachen, Urt. vom 10.10.2011 – 4 K 772/11 – Rz. 43).

Eine Inkompatibilitätsregelung kann in Anlehnung insbesondere an § 13 Abs. 3 KWahlG auf Gemeindeebene auch dann angewendet werden, wenn eine Gemeinde im Rahmen ihrer kommunalen Selbstverwaltung ein gesetzlich nicht vorgesehenes Gremium mit lediglich beratender Funktion geschaffen hat. Auch in einem solchen Fall kann der zur Entscheidung in allen Angelegenheiten der Gemeindeverwaltung nach § 41 Abs. 1 Satz 1 GO ermächtigte Rat nach den sachlichen Kriterien das passive Wahlrecht einschränken beziehungsweise eine Ungleichbehandlung zulassen (vgl. VG Aachen, Urt. vom 10.10.2011 – 4 K 772/11 – Rz. 39, in diesem Fall wurde durch Ratsbeschluss die gleichzeitige Mitgliedschaft in einem Bürgerbeirat und die Wahrnehmung der kommunalen Mandate ausgeschlossen).

Beamte und Arbeitnehmer, die sich im Ruhestand befinden, unterliegen nicht der Inkompatibilitätsregelungen des § 13 Abs. 1 KWahlG. Es ist hier offensichtlich, dass aus der beruflichen Tätigkeit heraus keine Einwirkungsmöglichkeit mehr bestehen kann. Entsprechendes gilt auch bei Teilzeitmodellen mit angetretener Freistellungsphase (vgl. *Bätge*, 176.50 Anmerkung 4 zu § 13 KWahlG). Auch für geringfügig Beschäftigte und für Auszubildende ist nicht davon auszugehen, dass Interessenskonflikte entstehen können, die zu einer Inkompatibilität führen könnten.

Abgeordnete Beamte unterliegen den Inkompatibilitätsvorschriften, wenn die Abordnung die Dauer von insgesamt drei Monaten überschreitet (§ 13 Abs. 1 Satz 2 KWahlG).

1.1 Absatz 1 Buchstabe a

Die Regelung des § 13 Abs. 1 Buchst. a KWahlG, ist im Hinblick auf den Personenkreis wortgetreu auszulegen. Bei der Frage, ob neben den in § 13 Abs. 1 KWahlG genannten Beschäftigungsverhältnissen Beamte und Arbeitnehmer auch weitere Arbeitsverhältnisse, wie z. B. Honorarbeschäftigte, Werksstudenten, oder auch für die Gemeinde regelmäßig tätige Dienstleister usw. hinzutreten können, erfordern die verfassungsrechtlichen Vorgaben eine Auslegung nach dem Wortlaut der Vorschrift.

Für die Auslegung, die Anwendbarkeit des § 13 Abs. 1 Buchst. a KWahlG nur auf Beamte und Arbeitnehmer in tendenziell enger Auslegung zu beschränken, spricht auch die Intention des Gesetzes zur Stärkung des kommunalen Ehrenamtes und zur Änderung weiterer kommunalverfassungsrechtlicher Vorschriften vom 18.9.2012. Nach der Begründung zum Gesetzentwurf (LT-Drs. 16/48, S. 29) verfolgt der Gesetzentwurf das Ziel, „die Rahmenbedingungen für die Wahrnehmung des kommunalen Ehrenamtes zu verbessern." Die Fallkonstellation, dass die Wahrnehmung eines Ehrenamtes über den Umweg einer Beschäftigung durch eine Fraktion vergütet wird, dürfte jedoch kommunalverfassungsrechtlichen Bedenken begegnen. So dürfte beispielsweise bei einer Kandidatur eines angestellten Fraktionsassistenten gelten, dass § 13 Abs. 1 Buchst. a KWahlG nicht einschlägig sein kann. Der Assistent wird für die Fraktion tätig und ist – auch bei einer organisatorischen Anbindung an das städtische Personalamt – inhaltich lediglich der Fraktion weisungsgebunden. Eine Dienstleistung für die Gemeinde wird faktisch nicht erbracht. Zudem ist die allein auf das Wirken der Fraktion ausgerichtete Tätigkeit als Fraktionsmitarbeiter mit einer eigenverantwortlichen Vorbereitung behördlicher Maßnahmen, die zu Entscheidungen der Verwaltungsführung führen, nicht verbunden.

Die gesetzgeberische Intention zielt auf eine Stärkung der Position der Mandatsträger ab. So wird im Artikel 6 des genannten Gesetzes, wonach die Wahrnehmung eines öffentlichen Ehrenamtes nicht als Nebentätigkeit gelte (Neufassung des § 49 Abs. 1 Satz 2 LBG NRW). Diese Neuregelung führt beispielsweise dazu, dass die Anwendung von beamtenrechtlichen Inkompatibilitätsvorschriften wie z. B. § 49 Abs. 2 Satz 2 Nr. 3 LBG NRW vermieden wird.

Durch § 46a Abs. 1 KWahlG ist § 13 KWahlG insgesamt auch für die Wahl zu den Bezirksvertretungen in Bezug genommen. Daraus ergibt sich auch für die Mitglieder der Bezirksvertretungen die volle Anwendung der Inkompatibilitätstatbestände des § 13 KWahlG. Auch der Zweck einer Inkompatibilität ist auf die Bezirksvertretungen übertragbar, aber nur in einem dem Aufgabenbereich der Bezirksvertretungen entsprechend abgeschwächten Umfang (vgl. OVG NRW, Beschl. vom 23.6.1997 – 15 A 3457/95 –, Rz. 26, 27).

Danach bedeutet die gemäß § 46a Abs. 1 KWahlG entsprechende Anwendung der für den Rat konzipierten Inkompatibilitätsvorschrift des § 13 Abs. 1 Buchst. a KWahlG auf Bezirksvertretungen, dass eine Inkompatibilität wegen der Gefahr einer Interessenkollision nur dann gegeben ist, wenn der Aufgabenkreis des Beamten oder Angestellten der Gemeinde hinsichtlich seines konkreten Amts im funktionellen Sinne, Gegenstände betrifft, die in den Aufgabenbereich der Bezirksvertretung fallen, in die er auch gewählt worden ist.

1.2 Absatz 1 Buchstabe b

Die Frage der Inkompatibiltät zwischen Landesdienst und kommunalem Mandat wird in § 13 Abs. 1 Buchst. b KWahlG geregelt. Demnach kommt es darauf an, ob jemand im Landesdienst steht und in einer staatlichen Behörde unmittelbar mit der Ausübung der allgemeinen Aufsicht oder der Sonderaufsicht über Gemeinden befasst ist. Falls ja, kann der Beamte bzw. Arbeitnehmer nicht der Vertretung einer beaufsichtigten Gemeinde angehören.

Dabei ist zu berücksichtigen, dass eine unmittelbare Befassung nicht nur dann bei einer Person gegeben sei, wenn sie eine abschließende Entscheidung über Aufsichtsmaßnahmen treffen könne. Auch bei inhaltlichen Vorbereitungsmaßnahmen auf der Ebene einer

Sachbearbeitung werde Einfluss auf die behördliche Aufsichtsmaßnahme genommen, so dass eine funktionelle Inkompatibilität vorliegen könne (vgl. *Bätge*, 176.50 Anmerkung 4 zu § 13 KWahlG). Dabei kommt es nicht darauf an, dass konkrete Aufsichtsmaßnahmen bereits erfolgt oder für die Zukunft geplant sind, ausreichend ist die abstrakte Möglichkeit.

Lediglich mittelbar und daher nicht im Sinne des § 13 Abs. 1 Buchst. b KWahlG seien aber diejenigen tätig, die der für die Aufsicht zuständigen Organisationseinheit eine behördliche Stellungnahme abgäben, ohne selbst der betroffenen Organisationseinheit anzugehören, z. B. Justitiariat, Sekretariat oder technische Hilfsdienste.

Die Unmittelbarkeit der allgemeinen Aufsicht oder der Sonderaufsicht erfordert nach herrschender Meinung eine Tätigkeit einer Behörde, die die direkte Aufsichtsfunktion über die jeweilige Gemeinde ausübt. Diese wäre bei kreisangehörigen Gemeinden der Kreis und bei Kreisen sowie kreisfreien Städten die Bezirksregierung (vgl. *Bätge*, 176.50 Nr. 4 zu § 13 KWahlG).

Laut Rechtsprechung dient die Inkompatibilitätsbestimmung des KWahlG dem Funktionsinteresse der Gemeindevertretung und dem Schutz ihrer Willensbildung auf gemeindlicher Ebene und damit dem Funktionsinteresse der Gemeindevertretung selbst und nicht dem der Aufsichtsbehörde, die Auswirkungen etwaiger Interessenskonflikte ihrer weisungsunterworfenen Beamten und Angestellten mit dienstrechtlichen Mitteln begegnen kann (vgl. OVG NRW, Urt. vom 18.6.2002 – 15 A 83/02 –, Rz. 29).

Dies spricht auch hier für eine wortlautgebundene Auslegung. Die Bestimmungen über die Unvereinbarkeit von Amt und Mandat finden ihre letztendliche Rechtfertigung in dem Ziel der Verhinderung von Interessenkonflikten. Sie dienen der Auflösung von Spannungsverhältnissen zwischen dem mit dem Gesetzesvollzug befassten Amt und dem (politischen) Mandat.

Gleichwohl können sich in der Praxis hierzu weitere Problemstellungen ergeben. Auch Entscheidungen oberster Aufsichtsbehörden – insbesondere auch der allgemeinen Aufsicht – können in ihren Wirkungen sogar kreisangehörige Gemeinden direkt betreffen. Leitende Ministerialbeamte gehören offensichtlich zwar nicht einer unmittelbaren Aufsichtsbehörde an. Unabhängig davon kann eine mögliche Mitgliedschaft leitender Ministerialbeamter im Rat einer Gemeinde, die der direkten Aufsicht eines Kreises beziehungsweise einer Bezirksregierung unterliegen, zu erheblichen Einwirkungsmöglichkeiten führen. Die Einwirkungsmöglichkeiten könnten in der Praxis weit über die einer reinen Sachbearbeitung im Rahmen der zuständigen Kommunalaufsicht hinausreichen. Zur Vermeidung eines „bösen Anscheins" wäre unter diesen Umständen – unabhängig von einer rechtlichen Notwendigkeit – von der Aufrechterhaltung einer Ratsmitgliedschaft abzuraten.

Eine Tätigkeit von Landesbeamten im Bereich der Fachaufsicht ist nach allgemeiner Rechtsauffassung vom Gesetzeswortlaut in § 13 Abs. 1 Buchst. b KWahlG nicht erfasst. Dabei ist insbesondere der Umstand zu beachten, dass für eine Anordnung der Inkompatibilität im Rahmen der Ermächtigung von Art. 137 Abs. 1 GG hohe Anforderungen an die Möglichkeit von Interessens- und Entscheidungskonflikten erfüllt sein müssen.

Die Gefahr, dass kommunale Mandatsträger aufgrund ihrer Tätigkeit bei einer Aufsichtsbehörde Interessenkonflikten ausgesetzt sind, wächst mit dem Umfang gemeindlicher Entscheidungsfreiheit. Im Fall klassischer Selbstverwaltungsaufgaben steht den Gemeinden das Recht auf eine eigenverantwortliche Regelung ihrer Angelegenheiten zu. Interessenkonflikte auf der Ebene des Rates sind insoweit ebenso fernliegend wie im Falle fachaufsichtlicher Vorgaben, die regelmäßig nicht zur Disposition der Gemeindevertretung stehen, vgl. OVG NRW, Urt. vom 18.6.2002 – 15 A 83/02 –, Rz. 33).

Die Auslegung der Vorschrift im Hinblick auf die Ausübung der allgemeinen Aufsicht und der Sonderaufsicht darf hinsichtlich von Einflussmöglichkeiten auf der Ebene der Fachaufsicht deshalb nicht erweiternd vorgenommen werden. Eine streng wortlautgetreue Auslegung ist notwendig, um zu verhindern, dass eine zulässige Beschränkung des passiven Wahlrechts in dessen unzulässige Entziehung umschlägt. Bei der Auslegung des § 13 Abs. 1 KWahlG ist grundsätzlich besondere Zurückhaltung zu üben, insbesondere da ein kommunales Mandat herkömmlich als Ehrenamt ohne Diäten ausgestaltet ist und sich deshalb ein Bewerber wegen der Folgen der gesetzlichen Unvereinbarkeitsregelung auf seine beruflichen und wirtschaftlichen Lebensbedingungen regelmäßig außerstande sehen, sich für das Mandat zu entscheiden (vgl. BVerwG, Urt. vom 14.6.2017, – 10 C 2/16 –, Rz. 27).

Vorsorglich bleibt zu bemerken, dass gegen die Mitgliedschaft von Richtern in kommunalen Vertretungen keine durchgreifenden Bedenken bestehen. § 4 Abs. 1 des Deutschen Richtergesetzes steht – nach zwar nicht unbestrittener, aber durchaus herrschender Auffassung – der Tätigkeit von Richtern in kommunalen Vertretungen nicht entgegen.

1.3 Absatz 1 Buchstabe c

Mit der Vorschrift des § 13 Abs. 1 Buchst. c KWahlG ist die Frage der Vereinbarkeit von Amt und Mandat für die in Kreispolizeibehörden beschäftigten Landesbediensteten abschließend geregelt. Diese Landesbediensteten können zwar nicht der Vertretung des jeweiligen Kreises, jedoch in allen anderen kommunalen Vertretungen, im Besonderen auch in die Räte der kreisangehörigen Gemeinden des Kreises, für den ihre Kreispolizeibehörde zuständig ist, gewählt werden.

Dementsprechend müssen diese Landesbediensteten zur Übernahme eines Mandates die Beendigung ihres Dienstverhältnisses lediglich für die Vertretung des jeweiligen Kreises nachweisen, nicht aber für eine Mitgliedschaft in den kommunalen Vertretungen der zugehörigen kreisangehörigen Gemeinden. Die allgemeinen Vorschriften des § 13 Abs. 1 Buchst. b KWahlG müssen in diesen Fällen hiernach für die Beurteilung der Vereinbarkeit von Amt und Mandat der in Kreispolizeibehörden beschäftigten Landesbediensteten nicht herangezogen werden.

1.4 Absatz 1 Buchstabe d

Buchstabe d beschreibt die Inkompatibilität von Beschäftigungsverhältnissen bei den Kreisen und kommunalen Mandaten. Danach unterliegen die Personen, die im Dienst eines Kreises und gleichzeitig bei dem Landrat als untere staatliche Verwaltungsbehörde unmittelbar mit der Ausübung der allgemeinen Aufsicht oder der Sonderaufsicht über kreisangehörige Gemeinden befasst sind, den Inkompatibilitätsvorschriften. Diese Personen können nicht gleichzeitig den Vertretungen der kreisangehörigen Gemeinden angehören.

1.5 Absatz 1 Buchstabe e

Nach § 13 Abs. 1 Buchst. e KWahlG können Beamte und Arbeitnehmer im Dienste einer Gemeinde (soweit sie nicht überwiegend körperliche Arbeit verrichten oder sonst die Verwaltungsführung ihres Dienstherrn oder Arbeitgebers inhaltlich nicht beeinflussen) nicht Mitglied der Vertretung des Kreises sein, dem die Gemeinde angehört. Mit dieser Vorschrift ist es insbesondere ausgeschlossen, dass Bürgermeister kreisangehöriger Gemeinden in ihre Kreistage gewählt werden können und die speziellen Interessen der jeweiligen Gemeinde frühzeitig in die dortigen Beratungen einbringen. Dies könnte insbesondere bei Beschlüssen des Kreistags mit möglichen finanziellen Auswirkungen auf die kreisangehörigen Gemeinden nutzbringend sein.

Ob der Ausschluss nach § 13 Abs. 1 Buchst. e KWahlG im Rahmen von Art. 137 Abs. 1 GG einen rechtlich möglichen, inhaltlich aber unnötigen Eingriff in die durch Art. 38 Abs. 1 beziehungsweise Art. 28 Abs. 1 Satz 2 GG geschützte Gleichheit der Wahl darstellt, ist diskussionswürdig. Die Inkompatibilitätsregelung dient ihrem Wesen nach der Sicherstellung der organisatorischen Gewaltenteilung, um Konfliktlagen aufgrund des Zusammentreffens von Amt und Mandat zu vermeiden. Da auf der lokalen Ebene jedoch keine

Gewaltenteilung im staatsrechtlichen Sinne existiert und Räte beziehungsweise Kreistage als Gemeindeorgane fungieren, gibt es auch keine Veranlassung, an Regelungen festzuhalten, die eigentlich für übergeordnete staatliche Ebenen vorgesehen sind.

Gleichwohl kann natürlich nicht gänzlich ausgeschlossen werden, dass bei gleichzeitiger Wahrnehmung von Amt und Mandat Situationen entstehen, in denen ein und dieselbe Person als Mandatsträger Beschlüsse fasst, die diese dann als Amtsträger selbst auszuführen hat. Aus diesem Grund müsste eine etwaige Aufhebung der Inkompatibilitätsregelung mit einer gleichzeitigen Änderung kommunalrechtlicher Befangenheitsvorschriften einhergehen.

Dass eine Kreistagsmitgliedschaft kreisangehöriger Bürgermeisterinnen und Bürgermeister rechtlich möglich und auch praktikabel ist, lässt sich in vielen anderen Bundesländern ohne eine entsprechende Inkompatibilitätsregelung beobachten (z. B. Bayern, Baden-Württemberg, Hessen, Rheinland-Pfalz, Sachsen). Der Zeitschrift „der gemeindehaushalt" lässt sich diesbezüglich folgendes entnehmen:

„Im Kommunalwahlgesetz ist die Wählbarkeit der Bürgermeisterinnen und Bürgermeister in die Kreistage ausgenommen. Fast alle anderen Bundesländer haben allerdings mit der Wählbarkeit der Bürgermeisterinnen und Bürgermeister in die Kreistage gute Erfahrungen gemacht. Auch die Landschaftsverbände greifen ihrerseits gerne auf den Sachverstand der Landräte in den Gremien der Landschaftsverbände zurück. Es ist nicht einzusehen, warum die Wählbarkeit der Hauptverwaltungsbeamten auf gemeindlicher Ebene in die Gremien der Kreise eingeschränkt ist. Die oben aufgeführten Punkte könnten jederzeit einfachgesetzlich vom Landesgesetzgeber normiert werden" (*Hamacher* und *Wohland*, der gemeindehaushalt 9/2012 S. 196).

2. Freistellung, Absatz 2

Neben der Regelung, dass Beamtinnen und Beamte insbesondere zur Ausübung eines Mandats in der Vertretung einer Gemeinde oder eines Gemeindeverbandes oder einer Bezirksvertretung freizustellen sind (§ 72 Abs. 3 LBG NRW) bestimmt Absatz 2: *„Stimmen Beamtinnen und Beamte ihrer Aufstellung als Bewerberin oder Bewerber für die Wahl zum Europäischen Parlament, zum Bundestag, zum Landtag, zu der gesetzgebenden Körperschaft eines anderen Landes oder zu einer kommunalen Vertretungskörperschaft zu, so ist ihr oder ihm auf ihren oder seinen Antrag innerhalb der letzten zwei Monate vor dem Wahltag der zur Vorbereitung seiner Wahl erforderliche Urlaub ohne Besoldung zu gewähren. Für die Dauer der Beurlaubung werden Beihilfen gewährt"*. Für Arbeitnehmer gelten entsprechend die tarifvertraglichen Regelungen des öffentlichen Dienstes.

Mit § 13 Abs. 2 KWahlG wird klargestellt, dass die Möglichkeit einer Inkompatibilität von Amt und Mandat bei einer Bewerbung für das Mandat in der Vorbereitung einer Kommunalwahl unberücksichtigt zu bleiben hat und ein entsprechender Urlaub auch in diesen Fällen zu gewähren ist.

3. Keine gleichzeitige Zugehörigkeit zur Vertretung, Absätze 3 und 4

Die Regelung ist insofern nicht konsistent zu den weiteren Vorschriften des § 13 KWahlG. Für gewählte, in einer Aufsichtsbehörde beschäftigte Bewerber, die von den Unvereinbarkeitsvorschriften betroffen sind (§ 13 Abs. 1 Buchst. b bis d KWahlG), wird in Absatz 3 zur Ausübung des Mandates weiterhin der Nachweis der Beendigung des Dienstverhältnisses verlangt.

Durch § 62 Abs. 3 KWahlO ist allerdings klargestellt, dass eine Umsetzung auf einen Dienstposten ohne Aufsichtsfunktion in diesen Fällen ausreicht, um die vorliegende Inkompatibilität hinreichend auszuräumen (Vorschrift eingeführt mit der 8. KWahlO-Änderungsverordnung vom 11.11.2008 (GV. NRW. S. 680).

Wie im Landeswahlgesetz und im Bundeswahlgesetz wird, abgesehen von den Fällen des Nachrückens, seit der Novellierung des KWahlG 2019 auf die Annahmeerklärung von Bewerbern verzichtet und vielmehr auf die Mandatsausübung abgestellt werden (vgl. die Ausführungen zum ebenfalls geänderten § 36 KWahlG).

In der Vorschrift ist klargestellt, dass der gewählte Bewerber trotz eines nach § 13 Abs. 3 Satz 1 KWahlG bereits ausgeübten Mandates gleichwohl vollberechtigter Vertreter geworden ist. Er muss sich jedoch alsbald nach Aufdeckung des Irrtums auf entsprechende Aufforderung des Wahlleiters entscheiden, ob er sein Amt oder sein Mandat aufgeben will.

Die in den Vorschriften des § 13 Abs. 3 Satz 2 und 3 KWahlG geregelten Fälle haben früher ggf. zu kaum behebbaren Auslegungsschwierigkeiten geführt. Wenn der Wahlleiter erst nachträglich feststellte, dass ein Bewerber nach den Regeln über die Unvereinbarkeit von Amt und Mandat an der Ausübung des Mandates gehindert ist, trifft der Wahlleiter nach erfolglosem Ablauf der Frist zum Nachweis der Beendigung seines Dienstverhältnisses die Feststellung eines Ausscheidens aus der jeweiligen Vertretung.

Die Feststellung kann angefochten werden. Danach kann u. a. bei einer Anfechtungsklage dann, wenn sich der Verwaltungsakt vorher erledigt, die gerichtliche Feststellung der Rechtswidrigkeit des Verwaltungsaktes begehrt werden, wenn der Kläger ein berechtigtes Interesse an der Feststellung hat (OVG NRW, Urt. vom 18.6.2002 – 15 A 83/02 –, Rz. 3).

Dies gilt nach § 13 Abs. 4 KWahlG auch in den Fällen, in denen ein Mandatsträger ein Beschäftigungsverhältnis nach § 13 Abs. 1 KWahlG übernimmt.

4. Ehrenbeamte, Absatz 5

Kraft ausdrücklicher Vorschrift finden die Regelungen zur Inkompatibilität auf Ehrenbeamte keine Anwendung. So unterliegen beispielsweise ehrenamtliche Kreisbrandmeister im Sinne der gesetzlichen Regelungen über den Brandschutz, die Hilfeleistung und den Katastrophenschutz nicht den Vorschriften über die Inkompatibilität, wenn sie als sachkundige Bürger Mitglied eines Ausschusses einer kreisangehörigen Gemeinde oder des Kreises sind. Dabei kann es sich auch um Ausschüsse handeln, die sachlich in den entsprechenden Aufgabenbereich fallen.

5. Inkompatibilität bei mittelbaren Dienstverhältnissen, Absatz 6

Praktisch-politisch bedeutsam ist die Erstreckung der Inkompatibilitätsvorschriften des § 13 KWahlG auf sogenannte mittelbare Dienstverhältnisse (z. B. für Bedienstete von Eigengesellschaften oder Beteiligungsgesellschaften). Nachdem die zuvor aus der Fassung des Art. 137 Abs. 1 GG abgeleitete Begrenzung der Inkompatibilität auf Angestellte öffentlich-rechtlicher Dienstherren (jetzt: Beamte oder Arbeitnehmer, die überwiegend körperliche Arbeit verrichten oder sonst die Verwaltungsführung ihres Dienstherrn oder Arbeitgebers inhaltlich nicht beeinflussen können) durch Entscheidung des Bundesverfassungsgerichts vom 21.1.1975 (BVerfGE 38, 326) grundsätzlich aufgegeben und durch weitere Entscheidung vom 4.4.1978 (BVerfGE 48, 64) freilich auf leitende Bedienstete begrenzt worden war, wurde diese Frage in Nordrhein-Westfalen intensiv und stetig erörtert.

Nach dem durch das Gesetz zur Änderung des Kommunalwahlgesetzes vom 12.12.1978 neu angefügten § 13 Abs. 6 KWahlG unterliegen auch im Kommunalwahlrecht Nordrhein-Westfalens Beamte oder Arbeitnehmer einer rechtsfähigen Gesellschaft, einer Stiftung sowie einer rechtsfähigen Anstalt, an der die Gemeinde, der Kreis, der Zweckverband „maßgeblich beteiligt“ ist und soweit sie als leitende Bedienstete allein oder mit anderen ständig, auch vertretungsweise, berechtigt sind, das Unternehmen in seiner Gesamtheit zu vertreten, der Inkompatibilität.

Zu den Angestellten einer rechtsfähigen Gesellschaft oder Stiftung sowie Beamten und Angestellten einer rechtsfähigen Anstalt i. S. des § 13 Abs. 6 Satz 1 KWahlG, die ständig, auch vertretungsweise, berechtigt sind, das Unternehmen in seiner Gesamtheit zu vertreten, wie Vorstandsmitglieder, stellvertretende Vorstandsmitglieder, Geschäftsführer, stellvertretende Geschäftsführer und Prokuristen.

Hierzu gehören auch die Verhinderungsvertreter des Vorstandes von Sparkassen mit der Folge, dass auch diese der Vertretung ihres Gewährträgers bzw. bei Zweckverbänden der Vertretung einer Mitgliedskörperschaft sowie den Bezirksvertretungen nicht angehören können.

Nicht dagegen fallen unter § 13 Abs. 6 Satz 1 KWahlG die Handlungsbevollmächtigten nach den handelsrechtlichen Vorschriften, da die erteilte Handlungsvollmacht in der Regel begrenzter ist. Die Voraussetzungen des § 13 Abs. 6 Satz 1 KWahlG können nur dann als erfüllt angesehen werden, wenn die erteilte Handlungsvollmacht im Einzelfall nach Umfang und Inhalt einer Berechtigung zur Vertretung des Unternehmens in seiner Gesamtheit gleichkommt. Daher fallen auch Zweigstellenleiter kommunaler Sparkassen in aller Regel nicht darunter.

Der Begriff der „Gewährträgerschaft" umfasst alle Fälle der Gewährträgerschaft, insbesondere auch den einer Minderheitsbeteiligung an einer Zweckverbandssparkasse.

Der Begriff der „Kapitalbeteiligung mit einem Anteil von mehr als 50 %" umfasst nur die Fälle der unmittelbaren Mehrheitskapitalbeteiligung. Die Fälle mittelbarer Mehrheitskapitalbeteiligung werden durch den Begriff „in sonstiger Weise" erfasst.

Eine Stimmenmehrheit einer Gebietskörperschaft in Aufsichts- und Kontrollorganen kann sich bei Unternehmen, bei denen neben einem Aufsichtsrat ein weiteres Kontrollorgan existiert, ergeben, wie z. B. bei der Aktiengesellschaft die Hauptversammlung. Hier reicht es aus, dass in einem dieser Organe eine Stimmenmehrheit der Gebietskörperschaft besteht.

Unter den Begriff „Aufsichts- und Kontrollorgane" fallen bei der Aktiengesellschaft sowohl der Aufsichtsrat, als auch die Hauptversammlung. Bei der GmbH fallen hierunter die Gesellschafterversammlung und ein möglicherweise daneben bestehender Aufsichtsrat oder ein entsprechendes Organ.

Die Stimmenmehrheit in den Aufsichts- und Kontrollorganen muss sich aus der Stimmabgabe der von der Gebietskörperschaft in das Gremium entsandten oder von ihr zur Wahl in das Gremium vorgeschlagenen Mitglieder ergeben. Eine Stimmenmehrheit liegt auch vor, wenn sich bei einer Minderheitskapitalbeteiligung die Stimmenmehrheit ergibt aufgrund von Mehrstimmrechten in der Hauptversammlung bei Aktiengesellschaften oder Vorzugsgeschäftsanteilen bei der GmbH, mit denen höhere Stimmrechte (Mehrstimmrechte) in der Gesellschafterversammlung verbunden sind.

Ein „entscheidender Einfluss auf die Unternehmensführung in sonstiger Weise" ist gegeben, wenn ein maßgeblicher rechtlicher Einfluss vorliegt, der auf gesetzlichen Vorschriften beruhen oder vertraglich vereinbart sein kann oder, wenn maßgeblicher faktischer Einfluss mit rechtlichen Auswirkungen besteht. Als Beispiel lassen sich bei der Fülle der denkbaren Fallgestaltungen etwa die Fälle nennen, in denen eine Gemeinde, ein Kreis oder ein Zweckverband eine mittelbare Mehrheitskapitalbeteiligung an einem Unternehmen durch eine zwischengeschaltete (Holding-)Gesellschaft besitzt, wobei sowohl die Gebietskörperschaft an der (Holding-)Gesellschaft als auch die (Holding-)Gesellschaft an dem Unternehmen eine Mehrheitskapitalbeteiligung besitzen.

Darüber hinaus werden durch den Begriff „in sonstiger Weise" aber auch die Fälle erfasst, in denen an dem jeweiligen Unternehmen über eine zwischengeschaltete (Holding-)Gesellschaft zwar nur eine Minderheitskapitalbeteiligung besteht, jedoch durch eine weitere unmittelbare Minderheitskapitalbeteiligung der Mitgliedskörperschaft an dem Unternehmen ebenfalls eine Mehrheitskapitalbeteiligung und – ggf. i. V. m. einem Beherrschungsvertrag – ein „maßgeblicher Einfluss" erreicht wird.

Entscheidender Einfluss auf die Unternehmensführung in sonstiger Weise ist ferner anzunehmen – bei Fällen der steuerlichen Organschaft, bei denen kein Beherrschungsvertrag vorliegt, jedoch aufgrund der faktischen wirtschaftlichen, finanziellen und organisatorischen Eingliederung des einen Unternehmens in das andere steuerliche Anerkennung besteht, bei Fällen der gebundenen Treuhand sowie bei Fällen, wo zwar nur eine Minderheitskapitalbeteiligung besteht, jedoch eine Stimmenmehrheit in Aufsichts- und Kontrollorganen aufgrund von Stimmbindungsverträgen für wesentliche Bereiche herbeigeführt werden kann.

Als maßgebliche Beteiligung sind im Gesetz eine Gewährträgerschaft, eine Kapitalbeteiligung von mehr als 50 % sowie auch die Fälle definiert, in denen *„die Gebietskörperschaft auf Grund ihrer Stimmenmehrheit in Aufsichts- und Kontrollorganen oder in sonstiger Weise entscheidenden Einfluss auf die Unternehmensführung besitzt"*.

III.

WAHLVORBEREITUNG

1.

Wahltag

§ 14

(1) Wahltag ist ein Sonntag. Der Wahltag für die allgemeinen Kommunalwahlen wird von dem für Inneres zuständigen Ministerium festgelegt und bekannt gemacht (Wahlausschreibung). Im Übrigen wird der Wahltag von der Aufsichtsbehörde festgelegt und bekannt gemacht, soweit dieses Gesetz und die Wahlordnung nichts anderes bestimmen.

(2) Die Wahlperiode endet bei allgemeinen Kommunalwahlen nach fünf Jahren. Die neue Wahlperiode beginnt am ersten Tag des folgenden Monats. Die allgemeinen Kommunalwahlen finden im vorletzten oder letzten Monat der laufenden Wahlperiode statt.

(3) Die Wahlzeit dauert von 8 bis 18 Uhr. Der Wahlausschuss der Gemeinde kann die Wahlzeit schon mit einem früheren Beginn festsetzen, wenn besondere Gründe es erfordern.

Erläuterungen

Übersicht

1. Grundsätzliches/Allgemeines

Die Vorschrift regelt Daten und Fristen, insbesondere, an welchem (Wochen-)Tag die Kommunalwahlen stattzufinden haben und in welchem Zeitraum, gerechnet von der letzten Kommunalwahl an, dieser Tag liegen muss. Außerdem enthält die Vorschrift die die Wahlzeit betreffenden Regelungen.

2. Sonntag als Wahltag, Absatz 1

Absatz 1 regelt die Festlegung des für allgemeine Kommunalwahlen, Nachwahlen oder einzelne Neuwahlen vorgesehenen Sonntage.

Absatz 1 Satz 1 legt fest, dass – wie traditionell in Deutschland – an einem Sonntag gewählt wird. Anders als in einigen Nachbarstaaten Deutschlands (beispielsweise den Niederlanden) wird in Deutschland und damit auch in NRW an einem Sonntag gewählt. Die Regelung geht zurück auf § 22 der Weimarer Reichsverfassung, die als Wahltag einen Sonntag oder einen öffentlichen Feiertag bestimmte, nachdem im 19. Jahrhundert häufig auch an einem Wochen- oder Werktag Wahlen stattfanden. Die heutige Regelung gilt auch für Wahlen zum Landtag, zum Bundestag oder zum Europäischen Parlament. Auch alle kommunalen Wahlen, sowohl für den Rat und gegebenenfalls die Bezirksvertretungen (in den kreisfreien Städten) als auch für den direkt zu wählenden (Ober-)Bürgermeister oder in den Kreisen die Wahl des Kreistages und des Landrats müssen also an einem Sonntag stattfinden. Die Festlegung des Wahltages auf einen gesetzlichen Feiertag, der nicht auf einen Sonntag fällt, ist danach unzulässig.

Absatz 1 Satz 2 bestimmt, dass der Termin für die allgemeinen Kommunalwahlen von dem für Inneres zuständigen Ministerium festgelegt und bekanntgemacht wird. Diese sogenannte Wahlausschreibung erfolgt also nach der Geschäftsverteilung der Ministerien in NRW durch das Ministerium für Inneres NRW, nicht durch das für Kommunales zuständige Ministerium für Heimat, Kommunales, Bau und Gleichstellung NRW. Im Ministerium für Inneres NRW ist für die mit der Durchführung der Kommunalwahlen verbundenen Aufgaben die Abteilung 1 „Verfassung, Wahlen, Datenschutz, Verwaltungsrecht", Referat 11 zuständig. Die sogenannte „Wahlausschreibung" ist rechtlich ein Erlass des zuständigen Ministeriums, in welchem (unter anderem) das Datum der Wahl festgelegt wird. Dieser wird nach § 83 Abs. 1 KWahlO im Ministerialblatt für das Land Nordrhein-Westfalen veröffentlicht.

Absatz 1 Satz 3 befasst sich mit solchen Wahltagen im Zusammenhang mit kommunalen Wahlen in NRW, die nicht allgemeine Kommunalwahlen darstellen. Als solche sind in erster Linie Wahltage zu nennen, an denen (durch Tod des Amtsinhabers, Ausscheiden des Amtsinhabers aus dem Amt, Abwahl des Amtsinhabers usw.) vakante Hauptverwaltungsbeamtenstellen (Oberbürgermeister, Bürgermeister, Landrat) durch Direktwahl neu besetzt werden. Nachwahlen nach § 21 oder § 22 KWahlG, also für den Fall einer örtlich ausgefallenen Kommunalwahl oder einer Kommunalwahl nach durchgeführter Gebietsänderung oder Bildung einer neuen kommunalen Gebietskörperschaft (z. B. durch Zusammenschluss zweier zuvor selbständiger Gemeinden) dürften in der Praxis ohne große Bedeutung sein.

In den Fällen des § 14 Abs. 1 Satz 3 KWahlG ist die jeweilige (allgemeine) Aufsichtsbehörde für die Festlegung und die Bekanntmachung des Wahltages zuständig. Damit hat für kreisangehörige Städte und Gemeinden der Landrat als untere staatliche Verwaltungsbehörde und für kreisfreie Städte und Kreise die Bezirksregierung die Festlegungskompetenz. Andere Regelungen enthalten derzeit weder dieses Gesetz noch die KWahlO, so dass die einschränkende Regelung im Satz 3 (*„... soweit dieses Gesetz und die Wahlordnung nichts anderes bestimmen"*) theoretischer Natur sind.

3. Wahlperiode, Absatz 2

Die Vorschrift befasst sich mit der Wahlperiode, also der Amtsperiode einer kommunalen Vertretungskörperschaft oder eines durch direkte Wahl zu wählenden kommunalen Organs (Hauptverwaltungsbeamter). Die maximale Dauer einer solchen Periode beträgt in Deutschland in der Regel vier oder fünf Jahre. Allgemein besteht – insbesondere beim Bundestag oder den Landtagen – die Möglichkeit der Verkürzung der Wahlperiode durch deren vorzeitige Beendigung durch Auflösung oder Selbstauflösung. Eine solche Möglichkeit ist den durch Kommunalwahlen zu wählenden kommunalen Vertretungs-Organen (Rat, Kreistag, Bezirksvertretung) nicht eingeräumt.

Die Festlegung einer in der Regel fünfjährigen Wahlperiode für kommunale Vertretungen sowie Hauptverwaltungsbeamte entspricht der seit Jahrzehnten geübten Praxis. Sie findet nicht nur in NRW, sondern auch in der Mehrzahl der anderen Bundesländer Anwendung. Da die Wahlperiode (vgl. Absatz 2 Satz 2) am ersten Tage eines Monats beginnt, endet sie fünf Jahre später am letzten Tag des vorherigen Monats. Damit ist gewährleistet, dass stets eine durch Kommunalwahlen demokratisch legitimierte kommunale Vertretung amtiert und gegebenenfalls tätig werden kann.

Die Vorschrift sorgt (siehe oben) für eine fortlaufende Kontinuität der Arbeit in den Räten, Kreistagen und Bezirksvertretungen, auch wenn zu beachten ist, dass natürlich neu gewählte kommunale Vertretungen zunächst sich konstituieren müssen, so dass nach § 42 Abs. 2 GO die bisherigen Ratsmitglieder ihre Tätigkeit auch nach Ablauf der Wahlperiode bis zum Zusammentritt des neugewählten Rates weiter ausüben. Gleiches gilt für die Kreistage und Bezirksvertretungen.

Die Vorschrift bestimmt das Zeitfenster, in welchem die Kommunalwahl stattzufinden hat. Der Gesetzgeber hält eine zeitliche Nähe der Kommunalwahl zum Ende der Wahlperiode des bisherigen Rates für sinnvoll. Bei einem Ende der Wahlperiode des derzeitigen Rates zum 31. Oktober (wie in NRW für 2020 gegeben) ist also ein Termin für die allgemeinen Kommunalwahlen an einem Sonntag in den Monaten September oder Oktober 2020 durch das nach § 13 Abs. 1 Satz 2 KWahlG zuständige Ministerium festzulegen und bekannt zu machen. Damit verhindert die Vorschrift die in Nordrhein-Westfalen ursprünglich für die Kommunalwahlen 2009 vorgesehene Koppelung mit dem Termin der Wahl zum Europäischen Parlament. Zur Erzielung einer höheren Wahlbeteiligung bei beiden Wahlen war beabsichtigt, beide Wahlen an einem Tage durchzuführen. Da der Termin der Europawahl einheitlich festgelegt wird und in Deutschland dafür ein Sonntag im Mai vorgesehen ist, wären auch die Kommunalwahlen im Mai durchgeführt worden, die im Mai gewählten Ratsmitglieder, Mitglieder der Bezirksvertretungen und der Kreistage sowie die neu gewählten Oberbürgermeister, Bürgermeister und Landräte hätten ihr Amt jedoch erst mit dem Beginn der neuen Wahlperiode antreten können, also im Herbst des Jahres. Dagegen hatte es eine Verfassungsbeschwerde gegeben, die erreichen sollte, dass die Kommunalwahl nicht gemeinsam mit der Europawahl durchzuführen sei. Das Gericht hat (VGH NRW, Urt. vom 18.2.2009 – VerfGH 24/08 –) die Durchführung der Kommunalwahl frühestens ca. 2,5 Monate vor dem Ende der laufenden Wahlperiode für zulässig gehalten und dies damit begründet, dass ein längerer Wartezeitraum den neu gewählten kommunalen Mandatsträgern nicht zumutbar sei. Dringende Gründe des Allgemeinwohls seien nicht erkennbar, nur solche könnten aber eine Durchführung der Wahl mehr als drei Monate vor dem Ende der laufenden Wahlperiode der kommunalen Vertretungen rechtfertigen. Daraufhin erfolgte die Aufnahme der Vorschrift des Absatzes 2 Satz 3 in das Gesetz. Mittlerweile ist durch die einmalige Verlängerung der Wahlperiode nach dem KWahlG ohnehin eine Verbindung der Kommunalwahl in NRW mit der Wahl zum Europäischen Parlament nicht mehr möglich, es besteht derzeit ein Abstand von ca. 16 Monaten zwischen beiden Wahlen. Nach der bisherigen gesetzlichen Regelung des § 14 KWahlG hätte nur im letzten Monat der Wahlperiode – aktuell im Oktober 2020 – gewählt werden können. Insbesondere wegen der Herbstferien wurde die Möglichkeit geschaffen, die Kommunalwahlen künftig auch im vorletzten Monat der Wahlperiode durchzuführen. Der verfassungsrechtlichen Rechtsprechung, wonach zwischen Wahl und Konstituierung neu gewählter Vertretungen maximal drei Monate liegen dürfen (VerfGH NW – VerfGH 24/8 –) kann auch mit einem Wahltermin Mitte des vorletzten Monats der alten Wahlperiode entsprochen werden.

4. Wahlzeit, Absatz 3

Die Vorschrift enthält die Regelungen zur Wahlzeit, also des Zeitraumes am Wahltag, während dessen die eigentlichen Wahlakte der Wahlberechtigten – nicht die Ermittlung der jeweiligen Wahlergebnisse – stattfinden dürfen.

Die Festlegung der Wahlzeit, also der Öffnungszeit der Wahllokale, für den Zeitraum zwischen acht Uhr morgens und achtzehn Uhr abends entspricht der in Deutschland praktizierten Tradition und gewährt den Wahlberechtigten auch ein hinreichend großes Zeitfenster, innerhalb dessen sie ihrem Wahlrecht nachkommen können. Der Wahlvorsteher hat sicherzustellen, dass das Wahllokal rechtzeitig um 8.00 Uhr geöffnet wird. Um 18.00 Uhr hat er den Anwesenden mitzuteilen, dass die Wahlzeit vorüber ist. Allen Wahlberechtigten, die sich zu diesem Zeitpunkt im Wahllokal befinden, hat er die Stimmabgabe noch zu ermöglichen.

Die Vorschrift gewährt dem jeweils zuständigen gemeindlichen Wahlausschuss einen gewissen Spielraum zur Berücksichtigung örtlicher Sondersituationen. Danach darf der Wahlausschuss vom Beginn der Wahlzeit (8.00 Uhr) nach vorne abweichen und also gegebenenfalls bereits ab 6.00 Uhr wählen lassen. Eine Verschiebung des Beginns der Wahlzeit nach hinten (etwa auf 10.00 Uhr) ist ebenso unzulässig wie eine Verschiebung des Endes der Wahlzeit von 18.00 Uhr (etwa auf 16.00 Uhr oder 20.00 Uhr). Erforderlich sind „besondere Gründe", die eine solche Verschiebung nach vorne „erfordern". Dies könnten beispielsweise erfahrungsgemäß während der Wahlzeit bei einer Vielzahl von Wahlberechtigten anstehende unaufschiebbare berufliche Verpflichtungen sein, beispielsweise in der

Landwirtschaft (Weinlese usw.). Die Vorschrift dürfte in der Praxis ohne große Relevanz sein.

2.
Wahlvorschläge

§ 15

(1) Beim Wahlleiter können bis zum neunundsechzigsten Tage vor der Wahl, 18 Uhr, Wahlvorschläge für die Wahl in den einzelnen Wahlbezirken des Wahlgebiets eingereicht werden. Wahlvorschläge können von politischen Parteien im Sinne des Artikels 21 des Grundgesetzes (Parteien), von mitgliedschaftlich organisierten Gruppen von Wahlberechtigten (Wählergruppen) und von einzelnen Wahlberechtigten (Einzelbewerbern) eingereicht werden.

(2) Die Wahlvorschläge von Parteien und Wählergruppen müssen von der für das Wahlgebiet zum Zeitpunkt der Einreichung zuständigen Leitung unterzeichnet sein. Ist die Partei oder Wählergruppe in der im Zeitpunkt der Wahlausschreibung laufenden Wahlperiode nicht ununterbrochen in der zu wählenden Vertretung, in der Vertretung des zuständigen Kreises, im Landtag oder auf Grund eines Wahlvorschlages aus dem Land im Bundestag vertreten, so kann sie einen Wahlvorschlag nur einreichen, wenn sie nachweist, dass sie einen nach demokratischen Grundsätzen gewählten Vorstand, eine schriftliche Satzung sowie ein Programm hat und dass die Namen der Vorstandsmitglieder, die Satzung und das Programm auf geeignete Weise veröffentlicht sind; dies gilt nicht für Parteien, die die Unterlagen gemäß § 6 Absatz 3 Satz 1 Nummer 1 und 2, Absatz 4 des Parteiengesetzes in der Fassung der Bekanntmachung vom 31. Januar 1994 (BGBl. I S. 149) das zuletzt durch Artikel 4 des Gesetzes vom 10. August 2021 (BGBl. I S. 3436) geändert worden ist, bis zum Zeitpunkt der Wahlausschreibung ordnungsgemäß beim Bundeswahlleiter eingereicht haben. Die Wahlvorschläge von Parteien und Wählergruppen nach Satz 2 erster Halbsatz müssen ferner

in Wahlbezirken bis zu	5 000 Einwohnern von 5,
in Wahlbezirken von	5 000 bis 10 000 Einwohnern von 10,
in Wahlbezirken von mehr als	10 000 Einwohnern von 20

Wahlberechtigten des Wahlbezirks persönlich und handschriftlich unterzeichnet sein und sollen die Angabe einer E-Mail-Adresse und einer Telefonnummer der Unterzeichner enthalten; dies gilt auch für Wahlvorschläge von Einzelbewerbern, es sei denn, dass sie in der zu wählenden Vertretung einen Sitz auf Grund eines Wahlvorschlages haben, in dem sie als Einzelbewerber benannt waren, und der Wahlvorschlag von ihnen selbst unterzeichnet ist.

Die Wahlberechtigung ist nachzuweisen. Die ordnungsgemäße Unterzeichnung mit dem Nachweis der Wahlberechtigung der Unterzeichner bis zum Ablauf der Einreichungsfrist ist Voraussetzung für das Vorliegen eines gültigen Wahlvorschlages, es sei denn, der Nachweis kann infolge von Umständen, die der Wahlvorschlagsberechtigte nicht zu vertreten hat, nicht rechtzeitig erbracht werden.

(3) Jeder Wahlvorschlag muss Familienname, Vorname, Beruf, Geburtsdatum, Geburtsort, Anschrift, E-Mail-Adresse, Telefonnummer, Staatsangehörigkeit sowie bei Parteien oder Wählergruppen deren Namen oder Bezeichnung und, sofern sie eine Kurzbezeichnung verwenden, auch diese, angeben. Jeder Wahlvorschlag darf nur einen Bewerber enthalten. Ein Bewerber darf, unbeschadet seiner Bewerbung in einer Reserveliste, nur in einem Wahlvorschlag benannt werden. In einen Wahlvorschlag darf nur aufgenommen werden, wer seine Zustimmung schriftlich erteilt hat; die Zustimmung ist unwiderruflich. Die ordnungsgemäße Abgabe der Zustimmungserklärung bis zum Ablauf der Einreichungsfrist ist Voraussetzung für die Abgabe eines gültigen Wahlvorschlags.

(4) In jedem Wahlvorschlag sollen eine Vertrauensperson und eine stellvertretende Vertrauensperson bezeichnet werden. Fehlt diese Bezeichnung, so gilt die Person, die als erste unterzeichnet hat, als Vertrauensperson, und diejenige, die als zweite unterzeichnet hat, als stellvertretende Vertrauensperson.

(5) Frauen und Männer sollen gleichmäßig in Vertretungskörperschaften repräsentiert sein (Geschlechterparität). Bei der Aufstellung der Wahlvorschläge sind die Parteien und Wählergruppen aufgefordert, Geschlechterparität anzustreben.

Erläuterungen

Übersicht

1. Grundsätzliches/Allgemeines
2. Frist für die Einreichung von Wahlvorschlägen, Absatz 1 Satz 1
3. Berechtigung für die Einreichung von Wahlvorschlägen, Absatz 1 Satz 2
4. Unterzeichnung der Wahlvorschläge, Absatz 2 Satz 1
5. Zusätzliche Anforderungen an Wahlvorschläge von nicht in Vertretungen oder Parlamenten vertretenen Parteien oder Wählergruppen, Absatz 2 Satz 2
6. Ausnahmeregelung, Absatz 2 Satz 3
7. Unterstützungsunterschriften, Absatz 2 Satz 4 bis 6
8. Erforderliche Angaben im Wahlvorschlag, Absatz 3 Satz 1
9. Begrenzung auf einen Bewerber pro Wahlvorschlag, Absatz 3 Satz 2
10. Verbot von Mehrfach-Kandidaturen, Absatz 3 Satz 3
11. Zustimmungs-Erklärung, Absatz 3 Satz 4 und 5
12. Bezeichnung von Vertrauenspersonen, Absatz 4
13. Geschlechterparität, Absatz 5

1. Grundsätzliches/Allgemeines

Die Vorschrift enthält, wie auch die folgenden bis § 20 KWahlG, Regelungen inhaltlicher Art sowie zu beachtende Fristen bei der Vorlage von Wahlvorschlägen von Parteien, Wählergruppen oder Einzelbewerbern für die Kommunalwahl. Für die Wahlen zu den Hauptverwaltungsbeamten (Bürgermeister, Oberbürgermeister, Landräte) sind sie ebenfalls anwendbar, soweit keine speziellen Regelungen (beispielsweise § 46d KWahlG) bestehen. Für die Wahlen zu den Bezirksvertretungen in den kreisfreien Städten des Landes Nordrhein-Westfalen finden sich solche speziellen Regelungen in § 46a KWahlG, ansonsten sind die Vorschriften der §§ 15 bis 20 KWahlG auch für diese Wahlen anwendbar. Auf die Vorschriften der §§ 24 bis 30 KWahlO ist ebenfalls hinzuweisen, diese enthalten detaillierte Regelungen eher formaler Art für die Wahl zu den Räten und Kreistagen, ebenso die §§ 70 bis 72 KWahlO für die Wahl zu den Bezirksvertretungen sowie § 75b KWahlO für die Wahl der Bürgermeister, Oberbürgermeister und Landräte.

Die Vorschrift des § 15 KWahlG enthält die erforderlichen Regelungen für die Wahlvorschläge bei der Wahl zur Vertretung in den einzelnen Wahlbezirken. Der auf den neuen § 15a KWahlG folgende § 16 KWahlG betrifft und regelt die Wahlvorschläge für die Wahl aus den Reservelisten im gesamten Wahlgebiet. Damit wird dem unterschiedlichen Charakter beider Wahlen, nämlich der Mehrheitswahl für die Wahl in den einzelnen Wahlbezirken und der Verhältniswahl für die Wahl aus den Reservelisten, Rechnung getragen. § 16 Absatz 3 KWahlG verweist auf die Anwendbarkeit vieler Vorschriften des § 15 KWahlG auch für die Wahl aus den Reservelisten.

Hingewiesen sei auf die der KWahlO als Anlage beigefügten Mustervordrucke für die Einreichung von Wahlvorschlägen für die einzelnen Wahlen, sowohl für die aus den Wahlbezirken (Anlage 11a) als auch für die Reservelisten (Anlage 11b) sowie für die Wahl der Bürgermeister und Landräte (Anlage 11d) und der Bezirksvertretungen (Anlage 11c).

Aufgabe des Wahlleiters ist es, die Wahlvorschläge formal zu prüfen und gegebenenfalls festgestellte Mängel durch die Vertrauensperson rechtzeitig beseitigen zu lassen, § 18 Absatz 1 KWahlG. Sodann ist es Aufgabe des Wahlausschusses, über die Zulassung der Wahlvorschläge zu entscheiden, § 18 Abs. 3 KWahlG.

2. Frist für die Einreichung von Wahlvorschlägen, Absatz 1 Satz 1

Für alle Wahlvorschläge, sowohl für die zur Wahl aus den Wahlbezirken als auch für die aus den Reservelisten im Wahlgebiet, gilt die Frist des § 15 Abs. 1 Satz 1 KWahlG. Danach können beim Wahlleiter bis zum 69. Tag vor der Wahl, 18.00 Uhr, Wahlvorschläge eingereicht werden. Der Gesetzgeber hat damit die bislang geltende Frist (59. Tag vor der Wahl) verändert. Die Änderung führt jetzt dazu, dass die Stichtagsregelung in diesem Gesetz der für die Bundestagswahl nach § 19 BWG entspricht. Die Wahlvorschläge müssen nun früher beim Wahlleiter eingereicht werden, was diesem und gegebenenfalls den Vertrauenspersonen mehr Zeit für die Beseitigung von Mängeln gibt. Insbesondere soll ein früherer Druck der Stimmzettel ermöglicht werden, damit wird den Kommunen die Durchführung des Briefwahlverfahrens erleichtert, den Wahlberechtigten im Ergebnis mehr Zeit für die Stimmabgabe per Briefwahl ermöglicht werden.

Bei der Frist nach Absatz 1 Satz 1 der Vorschrift handelt es sich um eine Ausschlussfrist. Für die Frist gilt wie für alle Fristen und Termine, die durch das Gesetz vorgesehen werden, die Regelung des § 49 Abs. 2 KWahlG. Danach verlängern oder ändern sich diese Fristen und Termine nicht dadurch, dass der letzte Tag der Frist oder der Termin auf einen Samstag, einen Sonntag oder einen gesetzlichen oder staatlich geschützten Feiertag fällt. Die Wiedereinsetzung in den vorigen Stand ist ausgeschlossen.

Der Wahlausschuss hat nach § 18 Abs. 3 Satz 2 KWahlG Wahlvorschläge zurückzuweisen, wenn diese

- verspätet eingereicht sind,
- den durch KWahlG oder KWahlO definierten Anforderungen nicht entsprechen oder
- unzulässig sind aufgrund einer Entscheidung nach Art. 9 Abs. 2 GG oder Art. 21 Abs. 2 GG oder Art. 32 Abs. 2 LV.

Die Aufforderung zur Einreichung von Wahlvorschlägen obliegt nach § 24 KWahlO dem Wahlleiter, der dies durch öffentliche Bekanntmachung durchführt und dabei unter anderem auch darauf hinweisen soll, dass die Wahlvorschläge nach Möglichkeit frühzeitig vor dem Stichtag einzureichen sind, damit etwaige Mängel, die die Gültigkeit der Wahlvorschläge berühren, rechtzeitig behoben werden können.

Der Wahlvorschlag wird dem Wahlleiter zugeleitet. Dies kann durch Zustellung durch die Post oder durch Einwurf in den Behörden-Briefkasten oder durch persönliche Übergabe an den Wahlleiter oder einen von diesem benannten empfangsberechtigten Mitarbeiter erfolgen. Die genauen Hinweise zu den einzelnen Zustellungsarten, etwa die Bezeichnung des Dienstraumes und der Öffnungszeiten sowie der empfangsberechtigten Personen für die persönliche Abgabe des Wahlvorschlages sollte in den nach § 24 KWahlO vom Wahlleiter abzugebenden Hinweisen enthalten sein. Auch sollte der Wahlleiter dafür Sorge tragen, dass am letzten Tage der Frist die so bezeichneten Diensträume auch tatsächlich bis genau 18.00 Uhr besetzt sind und der Behördenbriefkasten um 18.00 Uhr geleert wird, um einen pünktlichen Eingang der Wahlvorschläge dokumentieren zu können.

3. Berechtigung für die Einreichung von Wahlvorschlägen, Absatz 1 Satz 2

Wahlvorschläge im Sinne von § 15 KWahlG können eingereicht werden von

- politischen Parteien im Sinne des Art. 21 GG,

- mitgliedschaftlich organisierten Gruppen von Wahlberechtigten (Wählergruppen) sowie von
- einzelnen Wahlberechtigten (Einzelbewerbern).

Hingegen sind für die Einreichung von Wahlvorschlägen aus den Reservelisten nach § 16 KWahlG nur Parteien und Wählergruppen berechtigt.

Bei einer Partei handelt es sich nach der in § 2 Abs. 1 PartG enthaltenen gesetzlichen Definition um eine

- Vereinigung von Bürgern (die Mitgliedschaft in einer Partei steht also nur natürlichen, nicht aber juristischen Personen offen),
- welche dauernd oder für längere Zeit für den Bereich des Bundes oder eines Landes auf die politische Willensbildung Einfluss nehmen will und
- an der Vertretung des Volkes im Deutschen Bundestag oder einem Landtag mitwirken will,
- wenn diese nach dem Gesamtbild der tatsächlichen Verhältnisse, insbesondere nach Umfang und Festigkeit ihrer Organisation, nach der Zahl ihrer Mitglieder und nach ihrem Hervortreten in der Öffentlichkeit eine ausreichende Gewähr für die Ernsthaftigkeit dieser Ziele bietet.

Unter einer Wählergruppe versteht man eine mitgliedschaftlich organisierte Gruppe von Wahlberechtigten, die also ebenfalls nur natürliche Personen umfassen kann. Die für eine Partei erforderlichen Voraussetzungen insbesondere der Dauerhaftigkeit, der Festigkeit und dem Umfang der Organisation und der Erstreckung des regionalen Tätigkeitsfeldes auf mindestens ein gesamtes Bundesland sind für Wählergruppen nicht erforderlich, so dass sich auch lediglich lokal aktive Gruppen für ein Wahlgebiet oder gar einen Teil eines Wahlgebietes als Wählergruppen im Sinne dieser Vorschrift definieren lassen. Regelmäßig dürfte sich eine Wählergruppe als Verein organisiert haben, so dass Vereinsrecht anzuwenden ist, wenn es um die internen Rechtsverhältnisse sowie die Organe der Wählergruppe geht.

Es gilt der sich aus § 15 Abs. 1 Satz 2 KWahlG ergebende Grundsatz, wonach Parteien und Wählergruppen gleich zu behandeln sind. Der Privilegierungs-Tatbestand des § 15 Abs. 2 Satz 2 KWahlG gilt gleichermaßen für Parteien und für Wählergruppen.

4. Unterzeichnung der Wahlvorschläge, Absatz 2 Satz 1

Wahlvorschläge müssen von der für das Wahlgebiet „zum Zeitpunkt der Einreichung" zuständigen Leitung unterzeichnet sein. Die Einfügung dient der Rechtsklarheit. Diese Leitung kann sich bei der Wahl zur Vertretung der Gemeinde und der des Kreises voneinander unterscheiden. Nach § 16 Abs. 3 KWahlG gilt Absatz 2 Satz 1 des Gesetzes auch für die Wahl aus den Reservelisten für das Wahlgebiet. Welches Gremium oder welche Person die für das Wahlgebiet zuständige Leitung darstellt, hängt von der internen Organisation der Partei oder Wählergruppe ab. Hat sich die Partei oder Wählergruppe in Stadt- oder Gemeindeverbänden organisiert, sind diese für die Einreichung des Wahlvorschlages für die Wahl zum Rat zuständig, nicht aber für die Wahl zum Kreistag, für die der Kreisverband (andere Bezeichnungen schaden nicht) zuständig ist. Der Kreisverband darf nicht anstelle der Stadt- oder Gemeindeverbände Wahlvorschläge auch für die Wahl zum Rat einreichen, es sei denn, es gäbe eine entsprechende Satzungsbestimmung in der Satzung der Partei oder Wählergruppe. Die Satzungsautonomie der Parteien und Wählergruppen ist vom Wahlleiter und vom Wahlausschuss entsprechend zu beachten.

5. Zusätzliche Anforderungen an Wahlvorschläge von nicht in Vertretungen oder in Parlamenten vertretenen Parteien oder Wählergruppen, Absatz 2 Satz 2 Halbsatz 1

Die Regelung des Absatzes 2 Satz 2 Halbsatz 1 der Vorschrift enthält eine Verfahrenserleichterung für solche Parteien und Wählergruppen, die zum Zeitpunkt der Wahlausschreibung nach § 14 Abs. 1 KWahlG laufenden Wahlperiode ununterbrochen entweder

- in der zu wählenden Vertretung (des betreffenden Wahlgebietes) oder
- in der Vertretung des zuständigen Kreises oder
- im Landtag des Landes Nordrhein-Westfalen oder
- im Deutschen Bundestag (aufgrund eines Wahlvorschlages aus dem Land Nordrhein-Westfalen)

vertreten sind. Diese bedürfen keines Nachweises für einen nach demokratischen Grundsätzen gewählten Vorstand, eine schriftliche Satzung und ein Programm. Es sind für solche Parteien und Wählergruppen auch keine Unterstützungs-Unterschriften erforderlich.

Die Einführung des neuen Satzes 2 nimmt die bisher in § 15a Abs. 1 KWahlG enthaltene Regelung bei Beibehaltung des Regelungsgehalts auf und erweitert dessen Anwendungsbereich einerseits auch auf Parteien und beschränkt den Anwendungsbereich gleichzeitig auf solche Parteien und Wählergruppen, die in der im Zeitpunkt der Wahlausschreibung laufenden Wahlperiode nicht ununterbrochen in der zu wählenden Vertretung, in der Vertretung des zuständigen Kreises, im Landtag Nordrhein-Westfalen oder aufgrund eines Wahlvorschlages aus NRW im Bundestag vertreten sind. Damit nimmt die Änderung in Satz 2 eine ähnliche Regelung wieder auf, die an dieser Stelle bis zur Änderung durch das „Gesetz über die Transparenz der Finanzierung kommunaler Wählergruppen und zur Änderung kommunalrechtlicher Vorschriften“ vom 25. März 2022 (GV.NRW. S. 412) bestand. Dieses Gesetz überführte den Regelungsgehalt in leicht erweiterter Form – allerdings nur auf Wählergruppen, nicht auch auf Parteien bezogen – in den § 15a Abs. 1 KWahlG. Hierdurch wurden hinsichtlich der Wählergruppen – auch wenn sie bereits in der kommunalen Wirklichkeit vor Ort etabliert waren – höhere Anforderungen an die Einreichung eines Wahlvorschlages gestellt als an Parteien. Dies wurde nunmehr durch Satz 2 der Vorschrift beseitigt und gleichzeitig die Beschränkung auf „neue“ Parteien und Wählergruppen wiederhergestellt.

Für alle anderen Parteien oder Wählergruppen (auch solche, die sich von nach dieser Vorschrift von der Beibringung von Unterstützungs-Unterschriften befreiten Parteien oder Wählergruppen abgespalten haben) gilt:

Es ist der Nachweis zu führen, dass die Partei oder Wählergruppe auf der Ebene des Wahlgebietes einen nach demokratischen Grundsätzen gewählten Vorstand hat. Eine beglaubigte Abschrift oder eine Ausfertigung der bei der Wahl gefertigten Niederschrift oder eine schriftliche Erklärung mehrerer bei der Wahlhandlung anwesender Personen ist hierfür nach § 26 Abs. 5 Nr. 1 KWahlO ausreichend. Außerdem sind eine schriftliche Satzung und ein Programm vorzulegen. Wenn eine Partei oder Wählergruppe mehrere Wahlvorschläge im Wahlgebiet einreicht (also in mehreren Wahlbezirken Kandidaten stellt), brauchen diese Nachweise nur einmal eingereicht zu werden, § 26 Abs. 5 Satz 2 KWahlO. Wenn die Partei oder Wählergruppe eine über das Wahlgebiet hinausgehende Organisation hat, brauchen Satzung und Programm dem Wahlleiter nicht eingereicht zu werden, wenn die in § 26 Abs. 5 Satz 3 KWahlO genannte zuständige Stelle (entweder Landrat oder Bezirksregierung oder das für Inneres zuständige Ministerium) auf Antrag bestätigt, dass Satzung und Programm ordnungsgemäß eingereicht worden sind.

Die Wahlvorschläge dieser Parteien oder Wählergruppen, die nicht gemäß Absatz 2 Satz 2 Halbsatz 1 der Vorschrift privilegiert sind, müssen

- in Wahlbezirken bis zu 5000 Einwohnern von 5 Wahlberechtigten des Wahlbezirks;

- in Wahlbezirken von 5000 bis 10000 Einwohnern von 10 Wahlberechtigten des Wahlbezirks;
- in Wahlbezirken von mehr als 10000 Einwohnern von 20 Wahlberechtigten des Wahlbezirks,
- persönlich und
- handschriftlich

unterzeichnet sein.

Dies gilt auch für Parteien oder Wählergruppen, die sich durch Abspaltung von einer anderen Partei oder Wählergruppe gebildet haben.

6. Ausnahmeregelung, Absatz 2 Satz 2

Die Notwendigkeit des Nachweises eines demokratisch gewählten Vorstandes, einer schriftlichen Satzung und eines Parteiprogrammes gilt nicht für Parteien, die die Unterlagen gemäß § 6 Abs. 3 Satz 1 Nr. 1 und 2, Abs. 4 PartG bis zum Tag der Wahlausschreibung ordnungsgemäß beim Bundeswahlleiter eingereicht haben. Nach § 25 KWahlO macht das für Inneres zuständige Landesministerium öffentlich bekannt, welche Parteien, die auf Landesebene organisiert sind, gemäß § 15 Abs. 2 Satz 2 Halbsatz 2 KWahlG dem Bundeswahlleiter die Unterlagen eingereicht haben.

7. Unterstützungsunterschriften, Absatz 2 Satz 3 bis 5

Die Notwendigkeit der Beibringung von Unterstützungs-Unterschriften besteht auch für Wahlvorschläge von Einzelbewerbern. Wenn ein Einzelbewerber in der zu wählenden Vertretung einen Sitz errungen hat aufgrund eines Wahlvorschlages als Einzelbewerber und der Wahlvorschlag von ihm selbst unterzeichnet worden ist, werden keine Unterstützungs-Unterschriften benötigt. Wenn allerdings der jetzt als Einzelbewerber antretende Kandidat zuvor aufgrund eines Wahlvorschlages einer Partei oder Wählergruppe einen Sitz in der Vertretung erworben hatte und diese Partei oder Wählergruppe verlassen hat und nun als Einzelbewerber antritt, bedarf er der Unterstützungs-Unterschriften.

Die Einwohnerzahl des Wahlbezirks, von der die Anzahl der erforderlichen Unterstützungs-Unterschriften abhängt, wird nach § 78 Abs. 1 KWahlO vom Landesbetrieb Information und Technik NRW (IT.NRW) nach den in dieser Vorschrift genannten Grundsätzen ermittelt.

Die persönlich und handschriftlich zu leistenden Unterschriften sind nach § 26 Abs. 3 KWahlO auf den dort vorgesehenen amtlichen Formblättern (nach Anlage 14a) zu erbringen.

Die Erklärung auf dem Formblatt muss persönlich und handschriftlich unterzeichnet werden. Die Angaben zum Familiennamen, Vornamen, Tag der Geburt und zur Anschrift des Unterzeichners sowie zum Tage der Unterzeichnung sollen (müssen also nicht) vom Unterzeichner handschriftlich und persönlich ausgefüllt werden, siehe die detaillierte Regelung in § 26 Abs. 3 KWahlO. Damit sollen Missbrauchs-Fälle erschwert werden. Das für Inneres zuständige Ministerium hat klargestellt, dass Unterstützungs-Unterschriften auf mögliche Fälschungen zu überprüfen sind und keine durchgreifenden Bedenken dagegen bestehen, auf den Formblättern einzelne fehlende oder offensichtlich versehentlich angegebene Daten von Amts wegen zu korrigieren oder zu ergänzen und dies entsprechend deutlich zu machen. Dies dürfte sich insbesondere für Fälle der Vertauschung von Daten (Tagesdatum statt Geburtsdatum oder umgekehrt) oder bei fehlenden zweiten Vornamen anwenden lassen (RdErlass IM NRW vom 11.2.2014 – 12–35.06.00/12–35.12.00).

Die Überprüfung auf mögliche Fälschungen von Unterstützungs-Unterschriften zum Beispiel durch Abgleich der Unterschrift mit der bei der Beantragung des Personalausweises oder Passes abgegebenen Unterschrift kommt dann in Betracht, wenn konkrete Anhaltspunkte für eine Fälschungshandlung im Einzelfall vorliegen. Eine generelle Überprüfung aller für eine Partei oder Wählergruppe geleisteten Unterstützungs-Unterschriften setzt konkrete Hinweise auf eine systematische Fälschungsabsicht voraus. Im Interesse einer ordnungsgemäß durchgeführten Wahl und im Interesse der vermeintlichen Unterstützer einer Partei oder Wählergruppe wird dann entsprechend untersucht werden, gegebenenfalls auch strafrechtliche Konsequenzen durch Erstattung einer entsprechenden Strafanzeige gezogen werden.

Die Erlangung von Unterstützungs-Unterschriften durch arglistige Täuschung (zum Beispiel des Verschweigens des Umstandes, dass es sich bei der zu leistenden Unterschrift um eine wahlrechtlich relevante handelt) ist denkbar und kann durch den Wahlberechtigten, der eine Unterschrift geleistet hat, nach §§ 123 ff., 142 ff. BGB gerügt werden. Eine entsprechende Anfechtungserklärung gegenüber der Partei oder Wählergruppe und sinnvollerweise auch gegenüber dem Wahlleiter sollte in diesem Falle erfolgen und ist zumindest bis zum Ablauf der Einreichungsfrist für Wahlvorschläge möglich (*Bätge*, § 14 Anm. 7 m. w. N.). Ein Anfechtungsgrund im Sinne der arglistigen Täuschung liegt aber nur dann vor, wenn dem Unterzeichnenden nicht klar war, dass er ein amtliches Formular unterzeichnet. Auch die Unterzeichnung eines solchen Formblattes, ohne es gelesen zu haben, dürfte kein Anfechtungsrecht begründen (so BGH, Urt. vom 11.7.1968 – II ZR 157/65 –, NJW 1968 S. 2102). Anders dürfte der Fall liegen, wenn dem Unterzeichnenden suggeriert wird, er unterzeichne eine Petition oder ein Bürgerbegehren. Zusammenfassend kann festgestellt werden, dass es den Parteien und Wählergruppen angeraten ist, zur Sicherheit der von ihnen beabsichtigten Teilnahme an der Wahl, mehr als nur die Mindestanzahl an Unterstützungs-Unterschriften vorzulegen.

Die Bescheinigung des Wahlrechtes der Unterzeichner und der Wählbarkeit der Bewerber sowie die Beglaubigung der erforderlichen Urkunden sind kostenfrei zu erteilen (§ 26 Abs. 6 Satz 1 KWahlO).

8. Erforderliche Angaben im Wahlvorschlag, Absatz 3 Satz 1

Jeder Wahlvorschlag muss den Familiennamen, den oder die Vornamen, den Beruf, das Geburtsdatum und den Geburtsort sowie die Anschrift (gegebenenfalls der Hauptwohnung) sowie die E-Mail-Adresse, das Postfach und die Staatsangehörigkeit des Kandidaten enthalten, wie sich aus Absatz 3 Satz 1 der Vorschrift in Verbindung mit § 26 Abs. 1 KWahlO ergibt. Bei einem Wahlvorschlag einer Partei oder Wählergruppe ist zusätzlich die Bezeichnung der Partei oder der Wählergruppe anzugeben und für den üblichen Fall, dass die Partei oder Wählergruppe eine Kurzbezeichnung verwendet, ist auch diese anzugeben. Wahlvorschläge von Einzelbewerbern können durch ein Kennwort gekennzeichnet werden.

Diese notwendigen Angaben gelten auch für Wahlvorschläge, die Bewerber betreffen, welche nicht in einem Wahlbezirk, sondern nur für die Wahl aus der Reserveliste einer Partei oder Wählergruppe antreten, wie sich aus § 16 Abs. 3 KWahlG ergibt.

Die Details sind dem § 26 Abs. 1 und 2 KWahlO zu entnehmen. Ist der Name, die Kurzbezeichnung oder das Kennwort, das die Partei oder Wählergruppe gewählt hat, geeignet, Verwechselungen mit einer anderen Partei oder Wählergruppe hervorzurufen – die gemäß § 15 Abs. 2 Satz 2 KWahlG vertreten ist oder die bei der letzten Wahl zur Vertretung des Wahlgebietes Stimmen erhalten hat oder deren Wahlvorschlag früher eingereicht worden ist – kann die Vertrauensperson bis zur Entscheidung über die Zulassung eine Bezeichnung des Wahlvorschlages festsetzen, durch die die Verwechslungsgefahr beseitigt wird.

9. Begrenzung auf einen Bewerber pro Wahlvorschlag, Absatz 3 Satz 2

Jeder Wahlvorschlag darf nur einen Bewerber enthalten. Aus § 26 Abs. 1 Satz 1 KWahlO, der auf Anlage 11a verweist, ergibt sich, dass auch dieser Vordruck nur die Benennung einer Person vorsieht. Eine Liste (in Form der Reserveliste) ist der Regelung des § 16 KWahlG vorbehalten.

10. Verbot von Mehrfach-Kandidaturen, Absatz 3 Satz 3

Ein Bewerber um einen Sitz in einer Vertretung (Rat oder Kreistag) darf nur in einem Wahlvorschlag benannt werden und somit nur in einem Wahlbezirk kandidieren. Von dieser Regelung ausdrücklich nicht erfasst ist die Möglichkeit, gleichzeitig in einem Wahlbezirk zu kandidieren und in einem Wahlvorschlag für die Wahl aus der Reserveliste anzutreten. Jeder Bewerber darf also nur einmal – in einem Wahlbezirk – kandidieren, nicht aber in mehreren, um sich die Chance auf den Gewinn eines Sitzes zu erhöhen. Auch darf jede Partei oder Wählergruppe für jeden Wahlbezirk nur genau einen Bewerber aufstellen. Würde eine Partei oder Wählergruppe für einen Wahlbezirk zwei oder mehr Bewerber benennen, wären beide Vorschläge vom Wahlleiter zurückzuweisen. Ob aus anderen Gründen einer dieser Wahlvorschläge unzulässig ist, hat der Wahlleiter in diesem Fall nicht zu prüfen (VGH Kassel, Urt. vom 27.1.2005 – 8 WE 211/04 – KommJur 2005 S. 379). Wahrscheinlicher ist der Fall, dass nach der Aufspaltung einer Partei oder Wählergruppe mehrere Nachfolgegruppen oder -parteien Bewerber nominieren. In diesem Fall hat der Wahlleiter auf klar genug voneinander zu unterscheidende Bezeichnungen und vor allem Kurzbezeichnungen zu achten, damit die Wähler eine Wahlentscheidung auf einer klaren Grundlage treffen können.

11. Zustimmungserklärung, Absatz 3 Satz 4 und 5

In einen Wahlvorschlag darf nur aufgenommen werden, wer seine Zustimmung schriftlich erteilt hat; die Zustimmung ist unwiderruflich. Mit diesem Wortlaut stellt Satz 4 des Absatzes 3 der Vorschrift klar, dass niemand ohne sein ausdrückliches Einverständnis als Bewerber in einem Wahlbezirk vorgeschlagen werden kann. Parteien oder Wählergruppen sollen dadurch daran gehindert werden, lokal bekannte und beliebte Personen als Bewerber zu benennen, ohne dass diese dies wollen oder gar ohne, dass diese davon Kenntnis haben. Ein solches Vorgehen wäre geeignet, die Wahlchancen einer Partei oder Wählergruppe zu verbessern. Auch wenn der ohne oder gegen seine Kenntnis und seinen Willen benannte Bewerber die Wahl nicht annehmen würde, käme in einem solchen Fall ein Nachfolger aus der Reserveliste der Partei oder Wählergruppe zu einem Sitz in der Vertretung. Die Partei oder Wählergruppe hätte sich also einen unerlaubten Bonitäts-Vorsprung dadurch verschafft, dass ein Prominenter als Wahlbezirks-Bewerber aufgetreten wäre. Nicht erforderlich ist es hingegen, dass der Bewerber auch ernsthaft beabsichtigt, einen errungenen Sitz in der Vertretung auch tatsächlich wahrzunehmen. Eine solche Kandidatur eines Bewerbers, der die Zustimmungserklärung unterzeichnet hat, mag zwar politisch kritisch zu bewerten sein, ist aber zulässig. Wenn also der örtliche Prominente bewusst für eine Partei oder Wählergruppe als Bewerber in einem Wahlbezirk antritt, ohne ernsthaft die Absicht zu haben, ein errungenes Mandat in der Vertretung auch anzutreten, stellt dies keine unzulässige Beeinflussung der Wähler dar (so OVG Rheinland-Pfalz, Urt. vom 17.12.1991 – 7 A 10305/91 –).

Ein noch nicht volljähriger Bewerber, der aber am Wahltag das 18. Lebensjahr bereits vollendet hat und also das passive Kommunalwahlrecht besitzt, bedarf zu seiner im Vorfeld des Wahltages abzugebenden Zustimmungserklärung nicht der Einwilligung des gesetzlichen Vertreters, da er nicht schutzbedürftig im Sinne der zivilrechtlichen Regelungen des BGB (vgl. § 107 BGB) ist.

Die Unwiderruflichkeit der Zustimmungserklärung hat rechtliche Wirkung de facto nur bis zum Wahltag, danach kann der Bewerber seine Wahl in die Vertretung nicht annehmen oder ein bereits angetretenes Mandat wieder abgeben und aus der Vertretung ausscheiden. Maßgeblich für den Beginn der Unwiderruflichkeit ist der Eingang der Erklärung bei der Partei oder Wählergruppe, nicht beim Wahlleiter.

Die Unwiderruflichkeit im Sinne des Absatzes 3 Satz 4 der Vorschrift hat den Schutz der Interessen der Partei oder Wählergruppe im Blick, denn jede für einen Bewerber im Wahlbezirk abgegebene Stimme wird auch bei der Ermittlung der aus den Reservelisten zu vergebenden Sitze in der Vertretung relevant. Könnte ein Bewerber noch vor dem Wahltag seine nach dieser Vorschrift zu erteilende Zustimmung widerrufen, wäre – da in dem betreffenden Wahlbezirk die Partei oder Wählergruppe keinen Bewerber dem Wähler „anbieten" könnte – auch eine negative Folge für die im gesamten Wahlgebiet auf die Partei oder Wählergruppe entfallenden Stimmen zu erwarten. Diese Folge könnte von einem Bewerber bewusst herbeigeführt werden durch Widerruf seiner Zustimmung vor dem Wahltag, um der Partei oder Wählergruppe zu schaden.

Die ordnungsgemäße Abgabe einer Zustimmungserklärung bis zum Ablauf der Einreichungsfrist ist Voraussetzung für die Abgabe eines gültigen Wahlvorschlages der Partei oder Wählergruppe. Wie oben ausgeführt, dient sie dem Schutz der Persönlichkeitsrechte des Bewerbers und soll verhindern, dass jemand ohne seinen Willen oder sogar gegen seinen Willen als Bewerber im Wahlbezirk vorgeschlagen wird. Eine Verletzung des Absatzes 3 Satz 5 der Vorschrift steht also der Zulassung des Wahlvorschlages entgegen (VG Aachen Urt. vom 6.5.2015, – 4 K 2085/14 –, *Bätge*, § 15 Anm. 14; *Bätge*, KommPWahlen 2015 S. 81).

Liegt die Zustimmungserklärung des Wahlkreisbewerbers bis zum Ablauf der Einreichungsfrist nach Absatz 1 Satz 1 der Vorschrift nicht vor, hat der Wahlleiter nach § 27 Abs. 1 Satz 3 KWahlO festzustellen, dass ein Mangel vorliegt, der einen gültigen Wahlvorschlag bis zum Ablauf der Einreichungsfrist nicht zustande kommen lässt und die Vertrauensperson der Partei oder Wählergruppe unverzüglich aufzufordern, diesen Mangel zu beseitigen.

12. Bezeichnung von Vertrauenspersonen, Absatz 4

In jedem Wahlvorschlag sollen eine Vertrauensperson und eine stellvertretende Vertrauensperson bezeichnet werden. Fehlt diese Bezeichnung (die Kennzeichnung einer der beiden benannten Personen als stellvertretender Vertrauensperson), so gilt diejenige Person, die als erste unterzeichnet hat, als Vertrauensperson, die andere als stellvertretende Vertrauensperson. Damit wird die Kontaktaufnahme zwischen den Wahlorganen und Wahlbehörden einerseits und dem Träger des Wahlvorschlages andererseits erleichtert, was insbesondere bei der Beseitigung von Mängeln vor dem Ablauf der Einreichungsfrist der Wahlvorschläge bedeutsam ist.

Die Vertrauenspersonen sind insoweit gesetzliche Vertreter für den Wahlvorschlag, der jeweilige Vorsitzende der Parteiorganisation oder der Wählergruppe braucht nicht persönlich tätig zu werden, wenn ein Mangel des Wahlvorschlages vorliegt. Vertrauenspersonen im Sinne dieser Vorschrift sind zur Abgabe der erforderlichen Unterlagen und Erklärungen im Zusammenhang mit der Kommunalwahl zuständig. Sie sind auch Empfänger der durch den Wahlleiter im Vorprüfungsverfahren gegenüber dem Träger des Wahlvorschlages abzugebenden Hinweise und Erklärungen (zum Beispiel bezüglich vorliegender, aber noch auszuräumender Mängel).

Beide Vertrauenspersonen gemeinsam – eine Erklärung nur einer der beiden Vertrauenspersonen alleine reicht nicht aus – können einen Wahlvorschlag auch zurücknehmen, wie sich dies aus § 20 KWahlG ergibt. Für die Benennung einer Person als Vertrauensperson gibt es keine im Gesetz oder in der KWahlO enthaltenen Inkompatibilitäten oder sonstigen Vorgaben. Es muss sich also nicht um ein Mitglied der Partei oder Wählergruppe handeln (auch wenn dies in der Praxis der Regelfall sein dürfte). Auch können Bewerber in einem Wahlbezirk oder einer Reserveliste zu Vertrauenspersonen bestellt werden. Grundsätzlich wäre es sogar möglich, eine Person, die für eine andere Partei oder Wählergruppe oder als Einzelbewerber kandidiert, zur Vertrauensperson zu bestellen. Auch die Bestellung von nicht im Wahlgebiet wohnenden Personen zu Vertrauenspersonen ist zulässig.

Die Mitteilung eines Wahlleiters oder eines seiner Mitarbeiter über einen im Vorprüfungsverfahren festgestellten Mangel an den örtlichen Vorsitzenden der Partei oder Wählergruppe oder einen anderen verantwortlichen Ansprechpartner des Trägers des Wahlvorschlages anstelle der Vertrauensperson stellt einen Verstoß gegen § 18 Abs. 1 Satz 2

KWahlG dar, führt aber nicht zu einer „Unregelmäßigkeit" bei der Vorbereitung der Wahl im Sinne des § 40 Abs. 1 Buchst. b KWahlG, da der Schutzzweck der Norm, nämlich die Erleichterung des Kontaktes zwischen den Wahlorganen und Wahlbehörden auf der einen Seite und den Trägern der Wahlvorschläge auf der anderen Seite, dadurch nicht beeinträchtigt wird (VG Aachen a. a. O.).

Der Austausch einer Vertrauensperson und/oder einer stellvertretenden Vertrauensperson ist in der Vorschrift nicht geregelt. Da sich aufgrund von Erkrankung, Ortsabwesenheit oder sonstigen Gründen eine entsprechende Notwendigkeit für den Träger eines Wahlvorschlages ergeben kann, wird die für die Bundestagswahl anzuwendende Vorschrift des § 22 Abs. 3 BWahlG analog anzuwenden sein. Erforderlich ist in einem solchen Fall eine schriftliche Erklärung des Trägers des Wahlvorschlages an den Wahlleiter mit dem Inhalt, dass eine oder beide Vertrauenspersonen abberufen werden und durch andere Vertrauenspersonen ersetzt werden. Die Erklärung ist im Original vorzulegen und eigenhändig zu unterzeichnen.

13. Geschlechterparität, Absatz 5

Der neu in das Gesetz aufgenommene Absatz 5 der Vorschrift enthält eine appellative Aufforderung des Gesetzgebers an die Parteien und Wählergruppen, bei der Einreichung von Wahlvorschlägen Geschlechterparität anzustreben. Die Regelung soll dazu beitragen, den Frauenanteil in den Kommunalvertretungen auf verfassungskonforme Weise weiter zu erhöhen und so das Ziel der Geschlechterparität in den Kommunalvertretungen zu erreichen oder ihm zumindest näher zu kommen. Naturgemäß bezieht sich die Regelung nicht auf Einzelbewerberinnen und auf Einzelbewerber.

Auf den Verweis auf diese Vorschrift in § 16 Abs. 3 Nr. 8 KWahlG wird hingewiesen. Danach erstreckt sich die Aufforderung zur Erreichung von Geschlechterparität auch auf die Aufstellung der Reservelisten.

Da verpflichtende Paritätsregelungen in einigen Landeswahlgesetzen von den zuständigen Landesverfassungsgerichten für verfassungswidrig und nichtig erklärt wurden (VfBbg, Urt. vom 23.10.2020 – 9/19 –; ThürVerfGH, Urt. vom 15.7.2020 – 2/20 –), orientiert sich die hier gefundene Regelung an einer vergleichbaren Regelung im Kommunalwahlrecht des Landes Rheinland-Pfalz. Sie stellt keine verpflichtende Regelung dar und greift somit nicht unzulässig in die Rechte der Wahlvorschlagsberechtigten oder der Wählerinnen und Wähler ein. Ein nicht paritätischer Wahlvorschlag einer Partei oder Wählergemeinschaft ist somit auch weiterhin möglich, auch wenn er nicht dem Appell des Gesetzgebers entspricht.

§ 15a

(1) Eine Wählergruppe, die keiner Pflicht zur Rechenschaftslegung nach § 2 Absatz 1 Wählergruppentransparenzgesetz unterliegt, kann einen Wahlvorschlag nur einreichen, wenn sie zusammen mit dem Wahlvorschlag eine Erklärung darüber abgibt, ob und in welcher Gesamthöhe sie in den vorangehenden zwölf Monaten Zuwendungen erhalten hat. Zuwendungen eines einzelnen Zuwenders gemäß § 2 Absatz 2 Satz 4 Wählergruppentransparenzgesetz sind anzugeben.

(2) Erhält eine Wählergruppe nach Einreichung eines Wahlvorschlags bis zum Zeitpunkt der Wahl eine Zuwendung, die die Bedingungen gemäß § 2 Absatz 2 Satz 4 Wählergruppentransparenzgesetz erfüllt, teilt sie dies dem Wahlleiter unter Angabe des Namens und der Anschrift des Zuwenders sowie der Gesamthöhe der Zuwendung unverzüglich mit.

(3) Der Wahlleiter macht die Erklärungen und Mitteilungen nach den Absätzen 2 und 3 in geeigneter Weise 16 Tage vor der Wahl sowie, falls sich Nachmeldungen ergeben haben, am Tag vor dem Wahltermin bekannt. Eine vereinfachte Bekanntmachung ist möglich.

(4) Sind Erklärungen und Mitteilungen unrichtig oder ist eine Mitteilung entgegen Absatz 3 nicht erfolgt, entsteht gegen die Wählergruppe ein Anspruch in Höhe des den unrichtigen Angaben entsprechenden Betrages, bei Unrichtigkeiten in Bezug auf das Haus- und Grundvermögen oder Beteiligungen an Unternehmen in Höhe von fünf vom Hundert der nicht aufgeführten oder der unrichtig angegebenen Vermögenswerte. Beruht die Unrichtigkeit auf grober Fahrlässigkeit oder auf Vorsatz, beträgt der Anspruch das Zweifache des den unrichtigen Angaben entsprechenden Betrags, bei Unrichtigkeiten in Bezug auf das Haus- und Grundvermögen oder Beteiligungen an Unternehmen in Höhe von zehn vom Hundert der nicht aufgeführten oder der unrichtig angegebenen Vermögenswerte. Dies gilt nicht, wenn die Wählergruppe die unrichtigen Angaben gegenüber dem Wahlleiter korrigiert, bevor sie öffentlich oder dem Wahlleiter bekannt waren oder in einem amtlichen Verfahren entdeckt waren, und die Wählergruppe den Sachverhalt umfassend offenlegt.

(5) Die Gemeinde oder der Kreis, für die der Wahlvorschlag eingereicht wurde, stellt die Verpflichtung zur Zahlung des Betrages durch Verwaltungsakt fest. Der Verwaltungsakt darf nur innerhalb von drei Jahren nach Übermittlung der Erklärung oder Mitteilung, im Fall des Unterlassens einer Mitteilung nur innerhalb von drei Jahren ab dem Zeitpunkt der Zuwendung erlassen werden. Die Zahlung fließt der jeweiligen kommunalen Körperschaft zu, für die der Wahlvorschlag eingereicht wurde. Der Wahlleiter stellt der Gemeinde oder dem Kreis die eingereichten Erklärungen und Mitteilungen sowie weitere notwendige Unterlagen auf Anforderung zur Verfügung.

(6) Absätze 2 bis 6 gelten für Einzelbewerber mit der Maßgabe entsprechend, dass sich die Mitteilungspflichten auf Angaben über Zuwendungen beschränken, die der Einzelbewerber zum Zwecke seiner Bewerbung und Wahlkampfführung von Dritten erhalten hat.

Erläuterungen

Übersicht

5. Bekanntmachung der Erklärungen und Mitteilungen durch den Wahlleiter, Absatz 3
6. Ansprüche der kommunalen Körperschaft gegen die Wählergruppe bei unrichtigen oder nicht erfolgten Erklärungen und Mitteilungen der Wählergruppe, Absatz 4
7. Verfahren bei Feststellung der Verpflichtung einer Wählergruppe zur Zahlung, Absatz 5
8. Anwendbarkeit der Vorschrift für Einzelbewerber, Absatz 6

0. Vorbemerkung

Mit Beschl. vom 6.5.2025 – VerfGH 30/23.VB-2 – hat der Verfassungsgerichtshof NRW in Münster auf die Verfassungsbeschwerde einer kommunalen Wählergruppe entschieden, dass § 15a Abs. 1 KWahlG Wählergruppen in ihrem Recht aus Art. 4 Abs. 1 LV NRW i. V. m. Art. 9 Abs. 1 GG verletzt und nichtig ist. Diese Vorschrift beinhaltet, dass Wählergruppen, die nach § 2 Abs. 1 WählGTranspG einer Pflicht zur Rechenschaftslegung unterliegen, einen Wahlvorschlag nur einreichen können, wenn sie ihm die Bescheinigungen beifügen, die ihnen der Präsident des Landtags nach § 4 Abs. 2 WählGTranspG über die Vorlage ihrer Rechenschaftsberichte für die letzten zwei abgeschlossenen Rechnungsjahre erteilt hat. Die in § 2 Abs. 1 WählGTranspG geregelte Pflicht von Wählergruppen zur Rechenschaftslegung verstoße weder gegen den Grundsatz der gleichen Wahl noch gegen das Recht auf Chancengleichheit im politischen Wettbewerb. § 3 Abs. 1 WählGTranspG bewirke keine verfassungswidrige Benachteiligung von Wählergruppen gegenüber Parteien.

Wählergruppen, die nach § 2 Abs. 1 WählGTranspG einer Pflicht zur Rechenschaftslegung unterliegen, sollten sich rechtzeitig vor der Kommunalwahl mit dem für sie zuständigen Wahlleiter nach § 2 Abs. 1 Satz 1 KWahlG, also dem Bürgermeister, Oberbürgermeister oder Landrat, in Verbindung setzen.

§ 15a Absatz 1 KWahlG wurde vom Landtag NW am 4.6.2025 aufgehoben. Die ursprünglich vorgesehenen Pflichten für Wählergruppen zur Vorlage von Bescheinigungen nach § 4 Absatz 2 WählGTranspG entfallen demnach.

1. Grundsätzliches/Allgemeines

An den Kommunalwahlen in Nordrhein-Westfalen können in Ausübung des passiven Wahlrechts sowohl Parteien und Einzelbewerber als auch Wählergruppen teilnehmen. Das Recht der politischen Parteien ist bundesrechtlich im Parteiengesetz geregelt, für die kommunalen Wählergruppen in Nordrhein-Westfalen sowie in praktisch allen anderen Bundesländern wurden und werden die Vorschriften des Parteiengesetzes in der Regel analog angewendet. Da der Gesetzgeber in Düsseldorf die Notwendigkeit gesehen hat, die Finanzierung kommunaler Wählergruppen konkreter als bisher zu regeln, hat der Landtag im Jahre 2022, also nach der Kommunalwahl 2020, das „Gesetz über die Transparenz kommunaler Wählergruppen" (Wählergruppentransparenzgesetz/WählGTranspG) vom 25.3.2022 verabschiedet. Die im Vergleich zur letzten Kommunalwahl (2020) neuen, dieses WählGTranspG berücksichtigenden Regelungen sind nunmehr im § 15a des Gesetzes zusammengefasst worden.

2. Wählergruppentransparenzgesetz vom 25.3.2022

Das kurze, nur sieben Paragrafen enthaltende WählGTranspG ist als Anlage zu diesen Erläuterungen abgedruckt. Das Land NRW gibt für die kommunalen Wählergruppen vor Ort eine „Handreichung" heraus, in der die wesentlichen Pflichten von an den Kommunalwahlen im Lande teilnehmenden Wählergruppen dargestellt werden. Die für die Kommunalwahl 2025 aktuelle Fassung ist bei Drucklegung dieses Kommentars noch nicht veröffentlicht, vom Abdruck der bislang letzten vorliegenden Fassung aus dem Jahre 2023 wurde abgesehen, da einige Darstellungen nicht mehr aktuell sind. Inhalt des Gesetzes ist nicht die Transparenz der Organisation und der Programmatik kommunaler Wählergruppen, dies ist Gegenstand des Kommunalwahlgesetzes. Im Fokus des WählGTranspG steht die Transparenz der Finanzierung kommunaler Wählergruppen.

3. Verfahren für Wählergruppen, die keiner Pflicht zur Rechenschaftslegung nach Wählergruppentransparenzgesetz unterliegen, Absatz 1

Die Vorschrift gilt für nicht in der Vertretung als Gruppe oder Fraktion bereits aktive Wählergruppen, also insbesondere solche, die erstmalig bei der Kommunalwahl antreten. Eine Wählergruppe ist nicht rechenschaftspflichtig, wenn sie sich erstmalig zur Wahl anmeldet, sie während der letzten Wahlperiode aus eigener Kraft keine Fraktion oder Gruppe stellen konnte, also entweder überhaupt nicht oder nur mit einem Sitz in der Vertretung war oder wenn sie lediglich durch den Zusammenschluss mit einer anderen Wählergruppe eine Fraktion oder eine Gruppe bilden konnte. Solche Wählergruppen haben keinen Rechenschaftsbericht nach § 2 WählGTranspG vorzulegen, weil sie einen solchen nicht in den beiden Jahren vor der Kommunalwahl zu erstellen hatten. Auch eine entsprechende Bestätigung des Präsidenten des Landtags können sie nicht vorlegen. Sie müssen vielmehr eine Erklärung darüber vorlegen, ob – und wenn ja in welcher Gesamthöhe – sie Zuwendungen in den vorangehenden zwölf Monaten erhalten haben, wobei sich die Pflicht auch auf die Zuwendung(en) eines einzelnen Zuwenders erstreckt.

4. Verfahren beim Erhalt von Zuwendungen nach Einreichung eines Wahlvorschlags, Absatz 2

Die Vorschrift regelt das Verfahren beim Erhalt von Zuwendungen nach dem Einreichen eines Wahlvorschlags, aber vor dem Zeitpunkt der Wahl. Die Wählergruppe hat solche Zuwendungen dem (örtlichen) Wahlleiter mitzuteilen, und zwar unter Angabe der Gesamthöhe und des Zuwenders.

5. Bekanntmachung der Erklärungen und Mitteilungen durch den Wahlleiter, Absatz 3

Die Vorschrift regelt die Bekanntmachung der Erklärungen nach den Absätzen 2 und 3 durch den (örtlichen) Wahlleiter, die 16 Tage vor der Wahl oder bei Nachmeldungen bis zum Tag vor der Wahl zu erfolgen hat.

6. Ansprüche der kommunalen Körperschaft gegen die Wählergruppe bei unrichtigen oder nicht erfolgten Erklärungen und Mitteilungen der Wählergruppe, Absatz 4

Die Vorschrift regelt die der jeweiligen kommunalen Körperschaft zustehenden Ansprüche für den Fall, dass die Wählergruppe unrichtige Erklärungen oder Mitteilungen gemacht hat oder diese ganz unterblieben sind. Es entsteht jeweils ein Anspruch der Körperschaft gegen die Wählergruppe in Höhe des den unrichtigen Angaben entsprechenden Betrages. Sonderregelungen für unrichtige Angaben in Bezug auf Grundbesitz oder Beteiligungen sind in Absatz 5 Satz 1 enthalten. Satz 2 enthält eine Verdoppelung des der Körperschaft zustehenden Betrages nach Satz 1 für den Fall von grober Fahrlässigkeit oder Vorsatz der Wählergruppe.

7. Verfahren bei Feststellung der Verpflichtung einer Wählergruppe zur Zahlung, Absatz 5

Die Vorschrift regelt das Verfahren für den in Absatz 5 geregelten Fall der Entstehung von Ansprüchen der Körperschaft gegenüber der Wählergruppe.

8. Anwendbarkeit der Vorschrift für Einzelbewerber, Absatz 6

Die Vorschrift erweitert die oben genannten Bestimmungen des § 15a Abs. 1 bis 6 KWahlG auch für Einzelbewerber, wobei diese nur solche Zuwendungen zu benennen haben, die sie ausdrücklich zum Zwecke der Bewerbung oder der Wahlkampfführung erhalten haben.

Gesetz über die Transparenz der Finanzierung kommunaler Wählergruppen (Wählergruppentransparenzgesetz – WählGTranspG)

vom 25. März 2022 (GV. NRW. S. 412), geändert durch Artikel 5 des Gesetzes vom 5. Juli 2024 (GV. NRW. S. 444)

_§ 1_

Anwendungsbereich

Dieses Gesetz gilt für Wählergruppen im Sinne von § 15 Absatz 1 Satz 2 Kommunalwahlgesetz in der Fassung der Bekanntmachung vom 30. Juni 1998 (GV. NRW. S. 454, ber. S. 509 und 1999 S. 70) in der jeweils geltenden Fassung, die nicht dem Parteiengesetz unterliegen.

_§ 2_

Pflicht zur Rechenschaftslegung

(1) Der Vorstand einer Wählergruppe, deren gewählte Vertreter aufgrund des bei der Kommunalwahl erzielten Ergebnisses in einer nach § 1 Absatz 1 des Kommunalwahlgesetzes gewählten Vertretung aus eigener Kraft eine Fraktion oder Gruppe stellen können, hat über die Herkunft und Verwendung der Mittel sowie über das Vermögen der Wählergruppe zum Ende des Kalenderjahres (Rechnungsjahr) in einem Rechenschaftsbericht wahrheitsgemäß und nach bestem Wissen und Gewissen öffentlich Rechenschaft zu geben.

(2) Der Rechenschaftsbericht besteht aus einer den Anforderungen des § 259 Absatz 1 Bürgerliches Gesetzbuch entsprechenden Rechnung, die eine geordnete Zusammenstellung der Einnahmen und der Ausgaben enthält. Er gibt entsprechend den tatsächlichen Verhältnissen Auskunft über die Herkunft und Verwendung der Mittel sowie über das Vermögen der Wählergruppe. Der Präsident des Landtags kann Festlegungen über die Art und Weise treffen, wie die Einnahmen und Ausgaben im Rechenschaftsbericht darzustellen sind. Die Regelungen des § 25 Absatz 3 des Gesetzes über die politischen Parteien (Parteiengesetz) zur Veröffentlichung von Zuwendungen gelten entsprechend.

(3) Hat die Wählergruppe ein Vermögen von mehr als 50.000 Euro oder im Rechnungsjahr Einnahmen von mehr als 25.000 Euro, enthält der nach Absatz 2 zu erstellende Rechenschaftsbericht zusätzlich eine Vermögensbilanz sowie einen Erläuterungsteil. Die für Kaufleute geltenden handelsrechtlichen Vorschriften über die Rechnungslegung, insbesondere zu Ansatz und Bewertung von Vermögensgegenständen, sind entsprechend anzuwenden.

(4) Der Rechenschaftsbericht soll im Vorstand der Wählergruppe beraten werden. Der Rechenschaftsbericht wird vom Vorsitzenden und einem für die Finanzangelegenheiten zuständigen Vorstandsmitglied unterzeichnet. Diese für die Finanzangelegenheiten zuständigen Vorstandsmitglieder versichern mit ihrer Unterschrift, dass die Angaben in ihrem Rechenschaftsbericht nach bestem Wissen und Gewissen wahrheitsgemäß gemacht worden sind.

(5) Rechnungsunterlagen, Bücher, Bilanzen und Rechenschaftsberichte sind sechs Jahre aufzubewahren. Die Aufbewahrungsfrist beginnt mit Ablauf des Rechnungsjahres.

_§ 3_

Prüfung durch einen Wirtschaftsprüfer oder vereidigten Buchprüfer

(1) Der Rechenschaftsbericht muss von einem Wirtschaftsprüfer, einer Wirtschaftsprüfungsgesellschaft, einem vereidigten Buchprüfer oder einer Buchprüfungsgesellschaft, einem Steuerberater oder einer Steuerberatungsgesellschaft vor der Einreichung beim Präsidenten des Landtags entsprechend den handelsrechtlichen Vorschriften geprüft werden. Verfügt eine Wählergruppe im Rechnungsjahr weder über Einnahmen noch über ein Ver-

mögen von mehr als 10.000 Euro, kann sie einen ungeprüften Rechenschaftsbericht einreichen.

(2) Sind nach dem Ergebnis der Prüfung keine Einwendungen zu erheben, so hat der Prüfer durch einen Vermerk zu bestätigen, dass nach pflichtgemäßer Prüfung der Rechenschaftsbericht in dem geprüften Umfang den Vorschriften dieses Gesetzes entspricht. Sind Einwendungen zu erheben, so hat der Prüfer in seinem Prüfungsvermerk die Bestätigung zu versagen oder einzuschränken.

§ 4

Einreichung beim Präsidenten des Landtags

(1) Der Rechenschaftsbericht ist bis zum 30. September des auf das Rechnungsjahr folgenden Jahres beim Präsidenten des Landtags einzureichen.

(2) Der Präsident des Landtags erteilt der Wählergruppe unverzüglich eine Bestätigung darüber, dass der Rechenschaftsbericht fristgerecht eingereicht worden ist, sofern der Rechenschaftsbericht nicht an einem offensichtlichen Mangel leidet. Ein offensichtlicher Mangel liegt insbesondere vor, wenn der Rechenschaftsbericht ein Vermögen oder Einnahmen im Rechnungsjahr von mehr als 10.000 Euro deklariert, aber keinen Prüfvermerk nach § 3 Absatz 2 enthält.

(3) Der Präsident des Landtags prüft die Rechenschaftsberichte, insbesondere die nach § 3 Absatz 1 Satz 2 ohne Prüfvermerk eingereichten Rechenschaftsberichte, stichprobenartig auf Unrichtigkeiten. Festgestellte Unrichtigkeiten im Rechenschaftsbericht sind von der Wählergruppe unverzüglich zu korrigieren.

(4) Der Präsident des Landtags erstellt jährlich eine vergleichende Kurzübersicht über die Einnahmen und Ausgaben sowie über die Vermögensverhältnisse der Wählergruppen. Die Kurzübersicht wird als Landtagsdrucksache verteilt.

§ 5

Anzeigepflicht bei Unrichtigkeiten im Rechenschaftsbericht

(1) Erlangt die Wählergruppe Kenntnis von Unrichtigkeiten in ihrem Rechenschaftsbericht, hat sie dies unverzüglich dem Präsidenten des Landtags schriftlich anzuzeigen.

(2) Bei einer von der Wählergruppe angezeigten Unrichtigkeit unterliegt die Wählergruppe nicht den Rechtsfolgen des § 6, wenn im Zeitpunkt des Eingangs der Anzeige konkrete Anhaltspunkte für diese unrichtigen Angaben öffentlich nicht bekannt waren oder weder dem Präsidenten des Landtags vorgelegen haben noch in einem amtlichen Verfahren entdeckt waren und die Wählergruppe den Sachverhalt umfassend offenlegt und korrigiert.

§ 6

Rechtsfolgen der Unrichtigkeit des Rechenschaftsberichts

(1) Stellt der Präsident des Landtags Unrichtigkeiten im Rechenschaftsbericht fest, entsteht gegen die Wählergruppe ein Anspruch in Höhe des den unrichtigen Angaben entsprechenden Betrages. Betreffen Unrichtigkeiten das Haus- und Grundvermögen oder Beteiligungen an Unternehmen, beträgt der Anspruch fünf vom Hundert der nicht aufgeführten oder der unrichtig angegebenen Vermögenswerte.

(2) Beruht die Unrichtigkeit auf grober Fahrlässigkeit oder auf Vorsatz, beträgt der Anspruch das Zweifache des den unrichtigen Angaben entsprechenden Betrags, bei Haus- und Grundvermögen oder Beteiligungen an Unternehmen zehn vom Hundert der nicht aufgeführten oder unrichtig angegebenen Vermögenswerte.

(3) Der Präsident des Landtags stellt die Verpflichtung der Wählergruppe zur Zahlung des Betrages durch Verwaltungsakt fest. Der Verwaltungsakt darf nur innerhalb von sechs Jahren nach Einreichung des Rechenschaftsberichts erlassen werden.

§ 7
Strafvorschrift

(1) Wer in der Absicht, die Herkunft oder die Verwendung der Mittel der Wählergruppe oder ihres Vermögens zu verschleiern oder die öffentliche Rechenschaftslegung zu umgehen, unrichtige Angaben über die Einnahmen oder über das Vermögen der Wählergruppe in einem beim Präsidenten des Landtags eingereichten Rechenschaftsbericht bewirkt oder einen unrichtigen Rechenschaftsbericht beim Präsidenten des Landtags einreicht, wird mit Freiheitsstrafe bis zu einem Jahr oder mit Geldstrafe bestraft.

(2) Nach Absatz 1 wird nicht bestraft, wer unter den Voraussetzungen des § 5 Absatz 2 für die Wählergruppe eine Selbstanzeige nach § 5 Absatz 1 abgibt oder an der Abgabe mitwirkt.

§ 16

(1) Für die Reserveliste können nur Bewerber benannt werden, die für eine Partei oder für eine Wählergruppe auftreten. Die Reserveliste muss von der für das Wahlgebiet zum Zeitpunkt der Einreichung zuständigen Leitung unterzeichnet sein. Ist die Partei oder Wählergruppe in der im Zeitpunkt der Wahlausschreibung (§ 14 Abs. 1) laufenden Wahlperiode nicht ununterbrochen in der zu wählenden Vertretung, in der Vertretung des zuständigen Kreises, im Landtag oder auf Grund eines Wahlvorschlags aus dem Land im Bundestag vertreten, so muss die Reserveliste von 1 vom Tausend der Wahlberechtigten des Wahlgebiets, und zwar mindestens von 5 und höchstens von 100 Wahlberechtigten, persönlich und handschriftlich unterzeichnet sein.

(2) Auf der Reserveliste kann vorgesehen werden, daß ein Bewerber, unbeschadet der Reihenfolge im übrigen, Ersatzbewerber für einen im Wahlbezirk oder für einen auf einer Reserveliste aufgestellten Bewerber sein soll.

(3) § 15 Absatz 1 Satz 1, Absatz 2 Satz 2, 4 und 5, Absatz 3 Satz 1 und 3 bis 5, Absatz 4 und 5 gilt sinngemäß.

Erläuterungen

Übersicht

1. Grundsätzliches/Allgemeines
2. Auftreten der Bewerber für eine Partei oder Wählergruppe, Absatz 1 Satz 1
3. Unterzeichnung der Reserveliste, Absatz 1 Satz 2
4. Erfordernis von Unterstützungs-Unterschriften, Absatz 1 Satz 3
5. Ersatzbewerber, Absatz 2
6. Verweis auf sinngemäß anzuwendende Vorschriften KWahlG, Absatz 3

1. Grundsätzliches/Allgemeines

Da die Hälfte der Sitze in der Vertretung (Rat oder Kreistag) aus den Reservelisten der Parteien oder Wählergruppen besetzt wird, jeder Wähler aber nach § 25 Abs. 1 Satz 1 KWahlG nur eine Stimme zu vergeben hat, kommt es zu einer zweifachen Berücksichtigung der Stimme, die sowohl für die Wahl des im Wahlbezirk zu wählenden Bewerbers zu werten ist als auch für die Wahl der Bewerber aus den Reservelisten. Eine Aufteilung der Stimmen für den Wahlbezirksbewerber auf der einen Seite und die Reserveliste einer Partei oder Wählergruppe auf der anderen Seite, wie es bei den Wahlen zum Deutschen Bundestag mit der Erststimme für den Wahlkreisbewerber und der Zweitstimme für die Reserveliste möglich ist (das sogenannte „Stimmen-Splitting"), kommt also bei der Kommunalwahl in Nordrhein-Westfalen nicht in Betracht.

Der Wähler wählt also zwangsläufig immer dann, wenn er sich für einen Bewerber im Wahlbezirk entscheidet, der für eine Partei oder Wählergruppe mit einer Reserveliste kandidiert, auch diese Reserveliste. Eine Beschränkung der vom Wähler abzugebenden Stimme entweder nur für einen Bewerber im Wahlbezirk, nicht aber für die Reserveliste der betreffenden Partei oder Wählergruppe ist nicht möglich. Ebenso wenig ist es möglich, nur eine Reserveliste, nicht aber den Bewerber der betreffenden Partei oder Wählergruppe im Wahlbezirk zu wählen. Daraus ergibt sich für die Parteien und Wählergruppen die Notwendigkeit, möglichst in allen Wahlbezirken des Wahlgebietes mit einem Bewerber anzutreten, da nur dann in diesem Wahlbezirk Stimmen auch für die Reserveliste der entsprechenden Partei oder Wählergruppe errungen werden können.

Wahlvorschläge für die Wahl in den Wahlbezirken können auch von einzelnen Wahlberechtigten (Einzelbewerbern) vorgelegt werden, für die Wahl aus den Reservelisten können solche Listen jedoch lediglich von Parteien oder Wählergruppen eingereicht werden.

Der Wahlausschuss hat die eingereichten Reservelisten zu prüfen und anschließend zuzulassen oder zurückzuweisen. Absatz 3 der Vorschrift verweist auf einige der im vorangestellten § 15 KWahlG enthaltenen Regelungen formaler Art.

Detaillierte Regelungen über die Beschaffenheit der einzureichenden Reservelisten, insbesondere das Muster, welches von den Parteien und Wählergruppen für die Reservelisten benutzt werden soll, (Anlage 11b zur KWahlO) enthält § 31 KWahlO.

Die nachfolgende Vorschrift des § 17 KWahlG enthält nähere Regelungen über die Durchführung der Mitglieder- oder Vertreterversammlung einer Partei oder Wählergruppe zur Durchführung der Nominierung der Bewerber für die Kommunalwahl und die Erstellung der Reserveliste. Zu beachten ist, dass nach § 20 Abs. 1 KWahlG Änderungen an der Reserveliste bis zum Ablauf der Einreichungsfrist jederzeit durch gemeinsame schriftliche Erklärung der Vertrauensperson und deren Stellvertreters erfolgen können, nach Ablauf der Einreichungsfrist aber nur, wenn ein Bewerber verstorben ist oder seine Wählbarkeit verloren hat, § 20 Abs. 2 KWahlG.

2. Auftreten der Bewerber für eine Partei oder Wählergruppe, Absatz 1 Satz 1

Für die Reserveliste können nach § 16 Abs. 1 Satz 1 KWahlG nur Bewerber benannt werden, die für eine Partei oder Wählergruppe auftreten. Damit greift die Vorschrift den Wortlaut des § 15 Abs. 1 Satz 2 KWahlG auf. Dieser enthält eine Definition sowohl für den Begriff „Partei" als auch den Begriff „Wählergruppe". Die Definition des Begriffes „Partei" verweist dabei auf Art. 21 GG. Unter einer Partei ist nach der Definition des das Grundgesetz (Art. 21 GG) insoweit konkretisierenden Parteiengesetzes (PartG) eine politische Partei gemeint, die nach § 2 Absatz 1 PartG

- eine Vereinigung von Bürgern (also natürlichen Personen) darstellt,
- die dauernd oder für längere Zeit für den Bereich des Bundes oder eines Landes auf die politische Willensbildung Einfluss nehmen wollen und
- an der Vertretung des Volkes im Deutschen Bundestag oder in einem Landtag mitwirken wollen.

Nach dem Gesamtbild der tatsächlichen Verhältnisse, insbesondere

- nach Umfang und Festigkeit ihrer Organisation,
- nach der Zahl der Mitglieder und
- nach ihrem Hervortreten in der Öffentlichkeit

muss eine ausreichende Gewähr für die Ernsthaftigkeit dieser Zielsetzungen geboten sein.

Wählergruppen sind nach § 15 Abs. 1 Satz 2 KWahlG mitgliedschaftlich organisierte Gruppen von Wahlberechtigten.

3. Unterzeichnung der Reserveliste, Absatz 1 Satz 2

Nach Absatz 1 Satz 2 KWahlG muss die Reserveliste von der für das Wahlgebiet zuständigen Leitung unterzeichnet sein. Bezüglich der näheren Ausgestaltung verweist § 16 Abs. 3 KWahlG auf § 15 KWahlG, wonach beispielsweise der Name oder die Bezeichnung der Partei oder Wählergruppe anzugeben ist sowie – falls die Partei oder Wählergruppe eine solche benutzt – auch die Kurzbezeichnung angegeben werden soll. Welche Leitung der Partei oder der Wählergruppe für das Wahlgebiet zuständig ist, richtet sich nach der internen Aufbau-Organisation der Partei oder Wählergruppe, die Informationen darüber kann der Wahlleiter für den Wahlausschuss durch Anfrage bei der Partei oder Wählergruppe beschaffen. Grundsätzlich wird es einen Gemeinde-, Stadt- oder Kreisverband der Partei oder Wählergruppe als zuständige örtliche Untergliederung geben. Es kann in der Regel davon ausgegangen werden, dass dieser dann auch für die Unterzeichnung der Reserveliste zuständig ist. Die Parteien oder Wählergruppen können ausdrückliche Regelungen der

Frage, welche Leitung die „zuständige Leitung" im Sinne des KWahlG (hier insbesondere § 15 und § 16 KWahlG) ist, in ihre Satzungen aufnehmen.

4. Erfordernis von Unterstützungs-Unterschriften, Absatz 1 Satz 3

Die Regelung des Absatzes 1 Satz 3 KWahlG enthält eine Verfahrenserleichterung für solche Parteien und Wählergruppen, die in der zum Zeitpunkt der Wahlausschreibung nach § 14 Abs. 1 KWahlG laufenden Wahlperiode ununterbrochen entweder

- in der zu wählenden Vertretung (also Rat oder Kreistag des betreffenden Wahlgebietes) oder
- in der Vertretung des zuständigen Kreises oder
- im Landtag des Landes Nordrhein-Westfalen oder
- im Deutschen Bundestag (aufgrund eines Wahlvorschlages aus dem Land Nordrhein-Westfalen)

vertreten sind. Diese bedürfen keiner Unterstützungs-Unterschriften. Für alle anderen Parteien oder Wählergruppen (auch solche, die sich von nach dieser Vorschrift von der Beibringung von Unterstützungs-Unterschriften befreiten Parteien oder Wählergruppen abgespalten haben) gilt:

- Die Reserveliste muss von 1 pro Tausend der Wahlberechtigten des Wahlgebietes,
- mindestens aber von fünf,
- höchstens von einhundert Wahlberechtigten
- persönlich und
- handschriftlich

unterzeichnet sein. Nach § 78 Absatz 2 KWahlO ist die Zahl der Wahlberechtigten im Sinne der Vorschrift des § 16 Abs. 1 Satz 3 KWahlG zum letzten Halbjahres-Stichtag, der 45 Monate nach Beginn der Wahlperiode der kommunalen Vertretungen im Lande NRW liegt, nach dem Melderegister zu ermitteln. Für die Kommunalwahl 2020 gilt nach dem Gesetz zur Durchführung der Kommunalwahl 2020 vom 29.5.2020 folgende Coronabedingte Sonderregelung: Reservelisten, für die nach § 16 Abs. 1 Satz 3 KWahlG Unterstützungsunterschriften erforderlich sind, müssen von 0,6 Promille der Wahlberechtigten des Wahlgebietes, und zwar mindestens von fünf und höchstens von 60 Wahlberechtigten, persönlich und handschriftlich unterzeichnet sein.

In kreisfreien Städten ist es nach der Rechtsauffassung der obersten Kommunalaufsichtsbehörde (siehe *Bätge*, § 16 Anm. 4) ausreichend, wenn die Partei oder Wählergruppe in einer der Bezirksvertretungen der Kommune im zu berücksichtigenden Zeitraum vertreten war. Das soll für das Merkmal der ausreichenden Verankerung in der gesamten Bevölkerung der kreisfreien Stadt ausreichen.

5. Ersatzbewerber, Absatz 2

Auf der Reserveliste kann vorgesehen werden, dass ein Bewerber, unbeschadet der Reihenfolge im Übrigen, Ersatzbewerber für einen im Wahlbezirk oder für einen auf einer Reserveliste aufgestellten Bewerber sein soll.

Damit erhält der Träger des Wahlvorschlages die Möglichkeit, jeden Bewerber in einem Wahlbezirk und auch jeden Bewerber auf der Reserveliste mit einem persönlichen Ersatzbewerber auszustatten, der für den Fall des Ausscheidens des Bewerbers aus der Vertretung oder für den Fall der Nichtannahme des Sitzes durch den gewählten Bewerber diesem nachfolgt auch ohne dass es sich um den nächsten auf der Reserveliste platzierten Bewerber handelt. Praktische Relevanz hat insbesondere die Benennung von Ersatzbewerbern für solche Bewerber, die sich in einem Wahlbezirk um einen Sitz in der Vertretung bewerben. Durch die Benennung von Ersatzbewerbern kann die Partei oder Wählergruppe nämlich sicherstellen, dass auch für den Fall des Ausscheidens eines in einem Wahlbezirk gewählten Vertreters aus der Vertretung die spezifischen Interessen des Wahlbezirks weiterhin in der Vertretung durch einen dem Wahlbezirk besonders verbundenen Wahlbezirksvertreter wahrgenommen werden. In der Praxis wird häufig ein Ersatzbewerber benannt, der – ebenso wie der Bewerber im Wahlbezirk nach § 15 KWahlG – im Wahlbezirk wohnhaft ist oder diesem auf andere Weise besonders verbunden ist. Ausdrücklich sei an dieser Stelle noch einmal darauf hingewiesen, dass ein Wohnsitz im Wahlbezirk auch für einen sogenannten „Direktkandidaten" im Sinne des § 15 KWahlG nicht erforderlich ist, es reicht insoweit der Wohnsitz im Wahlgebiet, also in der Gemeinde (bei der Wahl zum Rat) oder im Kreis (bei der Wahl zum Kreistag).

Solche Ersatzbewerber müssen in ihrer Person auch Listenbewerber sein. Eine Bewerbung in einem Wahlbezirk ist hingegen für einen Ersatzbewerber nach dieser Vorschrift nicht erforderlich. Auf welchem Platz der Reserveliste der Partei oder Wählergruppe der Ersatzbewerber platziert ist, ist also für den Fall des Ausscheidens des ursprünglichen Bewerbers unerheblich. Auch ein weit hinten auf der Reserveliste platzierter Bewerber kann also gegebenenfalls an vielen vor ihm auf der Reserveliste platzierten Bewerbern vorbei einen Sitz in der Vertretung erlangen, wenn „sein" ursprünglicher Bewerber, dessen persönlicher Vertreter er ist, ausscheidet.

Das Gesetz sieht lediglich ein Ersatzverhältnis vor, es ist also unzulässig, für einen Bewerber in einem Wahlbezirk oder auf der Reserveliste zwei oder mehr Ersatzbewerber zu benennen. Scheidet also ein Ersatzbewerber, der dem ursprünglichen Vertreter nachgefolgt ist, ebenfalls – aus welchem Grunde auch immer – aus der Vertretung aus, ist der nächste zu berücksichtigende Bewerber aus der Reserveliste derjenige, der in die Vertretung einrücken kann. Lehnt dieser Listennächste die Übernahme des Sitzes in der Vertretung ab, ist der nächste Bewerber auf der Reserveliste zu befragen.

Die Benennung von Ersatzvertretern für einen Bewerber, der sowohl in einem Wahlbezirk als auch auf der Reserveliste seiner Partei oder Wählergruppe kandidiert, muss nicht zwingend ein und dieselbe Person betreffen. Es ist ebenso zulässig, als Ersatzvertreter für den Wahlbezirk den Listenbewerber X und als Ersatzbewerber für die Reserveliste den Listenbewerber Y zu benennen. Beim Ausscheiden eines Vertreters aus der Vertretung ist also zu prüfen, ob der Vertreter seinen Sitz in einem Wahlbezirk errungen hat (dann ist Ersatzbewerber X zu befragen) oder über die Reserveliste (dann ist Ersatzbewerber Y zu befragen).

Aus der in Absatz 2 der Vorschrift verwendeten Formulierung („für einen ... Bewerber") ist zu entnehmen, dass ein Listenbewerber nur für einen anderen Bewerber als Ersatzbewerber benannt werden kann, nicht aber für zwei oder mehr.

Wird vor der Zulassung des Wahlvorschlages dieser durch die Vertrauenspersonen geändert, weil zum Beispiel ein Bewerber verstorben ist, rückt der für diesen ursprünglich benannte Ersatzbewerber nicht automatisch an dessen Stelle.

§ 31 Abs. 2 KWahlO enthält die Auflistung der für Ersatzbewerber erforderlichen Angaben in der Reserveliste.

6. Verweis auf sinngemäß anzuwendende Vorschriften KWahlG, Absatz 3

Absatz 3 der Vorschrift verweist auf einige sinngemäß anzuwendende Vorschriften des § 15 KWahlG. Es wird hier insoweit auf die Kommentierung unter § 15 KWahlG verwiesen.

§ 17

(1) Als Bewerber einer Partei oder einer Wählergruppe kann in einem Wahlvorschlag nur benannt werden, wer in einer Mitglieder- oder Vertreterversammlung im Wahlgebiet hierzu gewählt worden ist.

(2) Die Bewerber und die Vertreter für die Vertreterversammlungen sind in geheimer Wahl zu wählen. Entsprechendes gilt für die Festlegung der Reihenfolge der Bewerber auf der Reserveliste und für die Bestimmung der Ersatzbewerber. Stimmberechtigt ist nur, wer am Tage des Zusammentritts der Versammlung im Wahlgebiet wahlberechtigt ist. Jeder stimmberechtigte Teilnehmer der Versammlung ist vorschlagsberechtigt. Den Bewerbern und Ersatzbewerbern ist Gelegenheit zu geben, sich und ihr Programm der Versammlung in angemessener Zeit vorzustellen.

(3) Als Vertreter für eine Vertreterversammlung kann nur gewählt werden, wer am Tage des Zusammentritts der zur Wahl der Vertreter einberufenen Versammlung im Wahlgebiet wahlberechtigt ist.

(4) Die Vertreter für die Vertreterversammlung und die Bewerber sind ab dem 46. Monat nach Beginn der Wahlperiode, die Bewerber für die Wahlbezirke frühestens nach der öffentlichen Bekanntgabe der Einteilung des Wahlgebietes in Wahlbezirke zu wählen.

(5) Kommt eine Versammlung nach Absatz 1 nicht zustande, so kann die Partei oder Wählergruppe ihre Bewerber in einer Versammlung von Wahlberechtigten aufstellen lassen. Absatz 2 gilt entsprechend.

(6) Die in der Satzung der Partei oder Wählergruppe hierfür vorgesehene Stelle kann gegen den Beschluss einer Mitglieder- oder Vertreterversammlung Einspruch erheben. Auf einen solchen Einspruch ist die Abstimmung zu wiederholen. Ihr Ergebnis ist endgültig.

(7) Das Nähere über die Wahl der Vertreter für die Vertreterversammlung, über die Einberufung und Beschlussfähigkeit der Mitglieder- oder Vertreterversammlung sowie über das Verfahren für die Wahl des Bewerbers regeln die Parteien und Wählergruppen durch ihre Satzungen.

(8) Eine Ausfertigung der Niederschrift über die Wahl des Bewerbers mit Angaben über Ort und Zeit der Versammlung, Form der Einladung, Zahl der erschienenen Mitglieder, Vertreter oder Wahlberechtigten und Ergebnis der Abstimmung ist mit dem Wahlvorschlag einzureichen. Hierbei haben der Leiter der Versammlung und zwei von dieser bestimmte Teilnehmer gegenüber dem Wahlleiter an Eides statt zu versichern, dass die Wahl der Bewerber in geheimer Abstimmung erfolgt ist. Hinsichtlich der Reservelisten hat sich die Versicherung an Eides statt auch darauf zu erstrecken, dass die Festlegung der Reihenfolge der Bewerber und die Bestimmung der Ersatzbewerber in geheimer Abstimmung erfolgt sind. Der Wahlleiter ist zur Abnahme einer solchen Versicherung an Eides statt zuständig; er ist Behörde im Sinne des § 156 des Strafgesetzbuches. Die Beibringung einer Ausfertigung der Niederschrift und der Versicherung an Eides statt bis zum Ablauf der Einreichungsfrist ist Voraussetzung für das Vorliegen eines gültigen Wahlvorschlages.

Erläuterungen

Übersicht

5. Vorschlagsberechtigung, Absatz 2 Satz 4
6. Vorstellung der Bewerber und Ersatzbewerber, Absatz 2 Satz 5
7. Wählbarkeit für Mitglieder einer Vertreterversammlung, Absatz 3
8. Zeitraum für die durchzuführenden Versammlungen, Absatz 4
9. Versammlung von Wahlberechtigten, Absatz 5
10. Einspruchsmöglichkeit, Absatz 6
11. Detail-Regelungen in Satzung, Absatz 7
12. Niederschrift, Absatz 8 Satz 1
13. Versicherung an Eides Statt, Absatz 8 Satz 2 bis 5

1. Grundsätzliches/Allgemeines

Die Vorschrift enthält die Vorgaben des Gesetzgebers für die Durchführung der innerparteilichen bzw. -verbandlichen Nominierung von Bewerbern für die Wahl zu der Vertretung. Es handelt sich um den Schwerpunkt der internen Willensbildung im Vorfeld der Kommunalwahl. Naturgemäß ist es auch politisch-inhaltlich von Interesse, welche Personen von der Partei oder Wählergruppe nominiert werden und in welchem Wahlbezirk diese antreten werden beziehungsweise auf welchem Platz der Reserveliste diese platziert werden. Daran ist – auch für interessierte Wähler, die nicht Mitglied der Partei oder Wählergruppe sind – häufig auch abzuleiten, mit welchen inhaltlichen Schwerpunkten die Partei oder Wählergruppe in den Kommunalwahlkampf ziehen wird. Insoweit handelt es sich bei dieser Versammlung um eine Ergänzung der Programmatik der Partei oder Wählergruppe meist in Form eines Kommunalwahl-Programms.

Die Aufstellung der Bewerber muss demokratischen Mindestanforderungen entsprechen (BVerfG, Beschl. vom 20.10.1993, – 2 BvC 2/91 –, BVerfGE 89, 243). Insbesondere müssen die Vorgaben der die jeweilige Wahl regelnden Gesetze auf Bundes- oder (wie hier bei den Kommunalwahlen) auf Landes-Ebene beachtet werden. Das gilt besonders für den Grundsatz der geheimen Wahl, der im Absatz 2 der Vorschrift ausdrücklich auch für diese interne Versammlung zur Aufstellung der Bewerber gefordert wird. In einem Runderlass über die Durchführung der Kommunalwahlen 2020 und die Auswirkungen der Corona-Krise vom 20.5.2020 (– 11-35, 12.00 –) weist das Ministerium des Innern des Landes Nordrhein-Westfalen darauf hin, dass für die Durchführung der nach § 17 Abs. 1 und 4 KWahlG vorgeschriebenen Aufstellungsversammlungen die Regelungen der Coronaschutzverordnung vom 8.2.2020 zu beachten sind. Danach sind geeignete Vorkehrungen zur Hygiene, zur Steuerung des Zutritts und zur Gewährleistung eines Mindestabstandes von 1,5 Metern (auch in Warteschlangen z. B. vor Wahlkabinen) zwischen Personen sicherzustellen. Bei der Bereitstellung ggeigneter kommunaler Stadt-, Sport- oder Mehrzweckhallen ist das Gebot der Chancengleichheit zu berücksichtigen. Soweit Räumlichkeiten nicht kostenfrei zur Verfügung gestellt werden können, soll auf die finanzielle Leistungsfähigkeit der Wahlvorschlagsträger Rücksicht genommen werden. Grundsätzlich sind solche Aufstellungsversammlungen im jeweiligen Wahlgebiet durchzuführen. Die Versammlung ist aber als Präsenzveranstaltung anzulegen, da dies den kommunikativen Austausch zwischen Bewerbern und anwesenden wahlberechtigten Parteimitgliedern ermöglicht. Es ist nicht ersichtlich, so das Ministerium, dass digitale Aufstellungsversammlungen diesen Anforderungen vollumfäglich Rechnung tragen könnten.

2. Wahl von Bewerbern in Mitglieder- oder Vertreterversammlung im Wahlgebiet, Absatz 1

Als Bewerber einer Partei oder einer Wählergruppe kann in einem Wahlvorschlag nur benannt werden, wer in einer Mitglieder- oder Vertreter-Versammlung im Wahlgebiet hierzu gewählt worden ist. Das Gesetz unterscheidet die Mitgliederversammlung, bei der alle Mitglieder der Partei oder Wählergruppe, die für das jeweilige Wahlgebiet wahlberechtigt sind, teilnahme- und stimmberechtigt sind, von der Vertreterversammlung, für die die wahlberechtigten Mitglieder der Partei oder Wählergruppe im Wahlgebiet zunächst (in der Regel einige Zeit vor der Vertreter-Versammlung) Vertreter (Delegierte) wählen. Diese (die Wahl von stellvertretenden Delegierten oder Ersatzdelegierten ist grundsätzlich zulässig) wählen dann die Bewerber. Auch die für eine Vertreter-Versammlung zu wählenden Vertreter sind geheim zu wählen, Absatz 2 Satz 1 der Vorschrift. In der Praxis überwiegt die Mitgliederversammlung, zu der alle Mitglieder der Partei oder Wählergruppe im Wahlgebiet einzuladen sind. Delegiertenversammlungen werden in der Regel dann durchgeführt, wenn wegen der bei einer Mitgliederversammlung zu erwartenden Teilnehmerzahl Schwierigkeiten organisatorischer Art zu befürchten sind, zum Beispiel einer geeignet großen Versammlungsstätte. Die Mitglieder- oder Vertreterversammlung muss im Wahlgebiet stattfinden, also bei der Aufstellung von Bewerbern für den Rat in der Gemeinde oder Stadt, bei der Aufstellung der Bewerber für den Kreistag im Kreisgebiet. Es ist nicht gestattet, die Versammlung außerhalb des Wahlgebietes durchzuführen, auch um die Teilnahme daran nicht für Teile der Mitgliedschaft zu erschweren oder gar unmöglich zu machen.

Die näheren Umstände der Vertreterwahl (zum Beispiel die Zahl der zu wählenden Vertreter und deren Aufteilung in Untergliederungen der Partei oder Wählergruppe wie Orts- oder Stadtbezirksverbände) ist der Satzung der Partei oder Wählergruppe vorbehalten, wie sich aus Absatz 7 der Vorschrift ergibt.

Nach § 46a Abs. 3 Satz 5 KWahlG ist es in kreisfreien Städten zulässig, die Mitgliederversammlung oder Vertreterversammlung zur Aufstellung der Bewerber für die Bezirksvertretungen der kreisfreien Stadt in einer gemeinsamen Versammlung im Stadtgebiet der kreisfreien Stadt durchzuführen. Es ist also nicht erforderlich, mehrere solcher Mitglieder- oder Vertreterversammlungen, jeweils eine pro Stadtbezirk und im Stadtbezirk, zu veranstalten.

Als Mindestzahl der teilnehmenden Mitglieder oder Delegierten für eine Versammlung nach Absatz 1 der Vorschrift gilt unter Beachtung der allgemeinen Wahlrechts-Grundsätze die Zahl drei, da bei nur zwei teilnehmenden stimmberechtigten Mitgliedern in jedem Falle für jeden ersichtlich wäre, wer wie abgestimmt hat.

3. Geheime Wahl, Absatz 2 Satz 1 und 2

Sowohl die Wahl der Bewerber als auch die Wahl der gegebenenfalls zu wählenden Delegierten ist in geheimer Wahl durchzuführen. Das gilt für alle erforderlichen Wahlgänge, also auch für die Festlegung einer Reihenfolge der Bewerber auf der Reserveliste oder für die Bestimmung der Ersatzbewerber. Aufgrund der zwingend zu beachtenden Wahlrechtsgrundsätze kann davon nicht abgewichen werden, ansonsten müsste ein solcher Wahlvorschlag wegen Verletzung der Regelungen dieses Gesetzes zurückgewiesen werden, was nach § 18 Abs. 3 Satz 2 KWahlG auch so vorgesehen ist. Also kann auch durch gegebenenfalls einstimmigen Beschluss der anwesenden Mitglieder nicht von dieser Verfahrensweise abgewichen werden. Es müssen also Stimmzettel vorhanden sein und ausgegeben werden, diese dürfen sich bei jedem Wahlgang nicht voneinander unterscheiden (zum Beispiel farblich), auch ansonsten dürfen keine Rückschlüsse vom Stimmzettel auf den Wähler gezogen werden (also keine Nummerierung oder andere Kennzeichnung). Da die Stimmzettel verdeckt ausgefüllt werden müssen oder jedenfalls die Möglichkeit dazu gegeben sein muss, sind auch Wahlkabinen oder ähnliche einen Sichtschutz gewährende Vorrichtungen erforderlich.

4. Stimmberechtigung, Absatz 2 Satz 3

Stimmberechtigt sowohl für die Wahl der Bewerber als auch für die Wahl der Vertreter (Delegierten) ist nur, wer am Tage der Versammlung im Wahlgebiet wahlberechtigt ist. Insoweit verweist die Vorschrift auf die §§ 7 und 8 KWahlG (siehe die dortige Kommentierung). Stichtag ist nicht etwa der Tag der Kommunalwahl, sondern der Tag der Versammlung nach § 17 Abs. 1 KWahlG. Demgegenüber beziehen sich die Wählbarkeitsvoraussetzungen für Bewerber nach § 12 KWahlG auf den Tag der Kommunalwahl. Ein Teilnahmerecht an der Versammlung ist von der Vorschrift nicht umfasst, es ist also zulässig, dass auch nicht stimmberechtigte Mitglieder der Partei oder Wählergruppe (beispielsweise noch nicht wahlberechtigte Mitglieder, die am Tage der Versammlung das 16. Lebensjahr noch nicht vollendet haben) an der Versammlung teilnehmen können. In einem solchen Falle sollte sichergestellt werden, dass diese Mitglieder keine Stimmzettel ausgehändigt bekommen.

5. Vorschlagsberechtigung, Absatz 2 Satz 4

Jeder nach dieser Vorschrift stimmberechtigte Teilnehmer einer solchen internen Nominierungsversammlung einer Partei oder Wählergruppe, sei es in Form einer Mitgliederversammlung oder einer Delegiertenversammlung, ist auch berechtigt, einen Bewerber oder eine Bewerberin vorzuschlagen. Daraus ergibt sich auch, dass es unzulässig ist, in der Satzung der Partei oder Wählergruppe eine andere Regelung für die Vorschlagsberechtigung (zum Beispiel die Notwendigkeit, von mehr als einem Teilnehmer vorgeschlagen zu werden) aufzunehmen (BVerfG, a. a. O.). Das Vorschlagsrecht im Sinne dieser Vorschrift umfasst auch das Recht, sich mit Fragen an den Bewerber zu wenden und zu den einzelnen Personalvorschlägen Stellung zu beziehen, also auch das Rederecht.

6. Vorstellung der Bewerber und Ersatzbewerber, Absatz 2 Satz 5

Den Bewerbern und Ersatzbewerbern ist Gelegenheit zu geben, sich und ihr Programm der Versammlung in angemessener Zeit vorzustellen. Auch hierbei handelt es sich um einen der Kernpunkte der Kandidatenaufstellung unter dem Regelwerk der Demokratie (BVerfG, a. a. O.). Alle Bewerber um eine Kandidatur in einem Wahlbezirk oder einen Platz auf der Reserveliste der Partei oder Wählergruppe müssen die Gelegenheit erhalten, sich und die wichtigsten Ziele ihrer Mitwirkung in der Vertretung den Anwesenden in der gebotenen Kürze, aber nicht zu kurz, vorstellen zu können. Angesichts des Umstandes, dass es sich bei einer solchen Veranstaltung der Partei oder Wählergruppe um eine Aufstellung einer Vielzahl von Kandidaten handelt, dürfte eine Redezeitbegrenzung für die sich und ihr Programm vorstellenden Kandidaten grundsätzlich zulässig sein. Dabei stellt sich die Frage, welche Zeit für die Vorstellung jedes einzelnen Kandidaten angemessen ist. Es ist zu berücksichtigen, dass eine solche Versammlung in der Regel über alle Bewerber einer Partei oder Wählergruppe in allen Wahlbezirken zu befinden hat und darüber hinaus noch alle Plätze auf der Reserveliste zu besetzen hat. Das ergibt selbst in kleineren Kommunen sehr schnell eine Zahl von mehreren Dutzend Bewerbern. Wollte man jedem Bewerber eine Mindest-Redezeit von 10 Minuten einräumen (so *Schreiber*, § 21 Rdnr. 29 m. w. N.), so käme man alleine für die Vorstellungs- beziehungsweise Bewerbungsreden der Kandidaten auf mehrere Stunden (Beispiel: 30 Kandidaten zu je 10 Minuten = 300 Minuten = 5 Stunden). Dazu wäre noch der für die Durchführung der eigentlichen Wahlgänge erforderliche Aufwand einzukalkulieren. Daraus ergibt sich, dass es lebensfremd ist, eine Mindestredezeit von 10 Minuten (so *Bätge*, S 17 Anm. 7) oder gar mehr für erforderlich zu halten. Eine Vorstellungsdauer von 5 Minuten, bei großen Kommunen (Beispiel: Stadt Köln, zu besetzen sind 45 Wahlbezirke, die Reserveliste dürfte rund 100 Bewerber enthalten) drei Minuten pro Bewerber muss als noch ausreichend angesehen werden. Auch kann es hinnehmbar sein, dass die Leitung der Versammlung die Redezeit für die Vorstellung der Bewerber staffelt. Natürlich muss grundsätzlich allen Bewerbern um eine bestimmte Position (einen Wahlbezirk oder einen Platz auf der Reserveliste) die gleiche Zeit zur Vorstellung eingeräumt werden, doch ist es zulässig, eine Redezeitbegrenzung für die Vorstellung von Bewerbern um die Kandidatur in einem Wahlbezirk zu vereinbaren, die länger ist als die zugelassene Redezeit für Bewerber um hintere Plätze auf der Reserveliste. Die Beschlussfassung der Partei oder Wählergruppe – gegebenenfalls auch zu Beginn der Versammlung, ansonsten durch Satzung – sollte großzügig und lebensnah zu akzeptieren sein. In der Regel wird eine Redezeit von bis zu zehn Minuten pro Bewerber eingeräumt mit der Bitte des Sitzungsleiters an die Bewerber, im Interesse der Aufrechterhaltung der eigenen Nominierungs-Chancen diese Zeitspanne nicht komplett auszunutzen.

7. Wählbarkeit für Mitglieder einer Vertreterversammlung, Absatz 3

Als Vertreter für eine Vertreterversammlung kann nur gewählt werden, wer am Tage des Zusammentritts der zur Wahl der Vertreter einberufenen Versammlung im Wahlgebiet wahlberechtigt ist. Die Wahlberechtigung, geregelt in den §§ 7, 8 KWahlG, bezieht sich auf das Wahlgebiet, also bei der Wahl zu einer Vertreterversammlung, welche die Bewerber für den Rat einer Stadt wählen soll, auf das Stadtgebiet, bei einer solchen, welche die Bewerber für den Kreistag eines Kreises wählen soll, auf das Kreisgebiet. Es gilt der Tag der Versammlung, welche die Mitglieder einer Delegiertenversammlung zu wählen hat, nicht der Tag dieser Delegiertenversammlung, ebenfalls nicht der Wahltag.

8. Zeitraum für die durchzuführenden Versammlungen, Absatz 4

Die Vertreter für die Vertreterversammlung und die Bewerber sind ab dem 46. Monat nach Beginn der Wahlperiode, die Bewerber für die Wahlbezirke frühestens nach der öffentlichen Bekanntgabe der Einteilung des Wahlgebietes in Wahlbezirke zu wählen. Ab dem 46. Monat nach Beginn der laufenden Wahlperiode der kommunalen Vertretungen, also knapp vier Jahre nach der letzten Kommunalwahl, können die Vertreter für Delegiertenversammlungen gewählt werden. Damit soll ein zu großer zeitlicher Abstand zu den eigentlichen wahlvorbereitenden Versammlungen der Partei oder Wählergruppe vermieden werden. Es könnte ansonsten vorkommen, dass sich der Mainstream der politischen Einschätzungslage innerhalb der Partei oder Wählergruppe zwischenzeitlich verändert, diese Veränderungen aber nicht mehr bei der Zusammensetzung der Delegierten für die innerparteiliche Delegiertenversammlung berücksichtigt werden können.

Die Wahl der Bewerber für die Sitze in der Vertretung, insbesondere derjenigen, die sich um ein sogenanntes „Direktmandat" in einem der Wahlbezirke bewerben, kann naturgemäß erst erfolgen, wenn diese Wahlbezirke durch den Wahlausschuss gebildet worden sind und ihr räumlicher Zuschnitt öffentlich bekannt gemacht worden ist. Insbesondere dann, wenn die Notwendigkeit besteht, das Wahlgebiet aufgrund sich verändernder Einwohnerzahlen in einzelnen Teilen des Wahlgebietes neu einzuteilen oder wenn (wie im Vorfeld der Kommunalwahl 2020) aufgrund neuer Rechtsprechung des VGH NW (hier: Verkleinerung der höchstzulässigen Schwankungsbreite der Wahlbezirke von bisher 25 % um den Durchschnittswert auf nunmehr 15 % um den Durchschnittswert) eine neue Einteilung erforderlich wird. Die Bewerber für die Wahlbezirke werden daran interessiert sein, genau zu wissen, wie der Wahlbezirk, in welchem sie sich um ein Mandat in der Vertretung bemühen wollen, geographisch zusammensetzt. Die öffentliche Bekanntmachung ist nach § 6 KWahlG unverzüglich nach der Beschlussfassung des Wahlausschusses, spätestens vier Wochen nach der Sitzung des Wahlausschusses, bekannt zu machen.

Eine vorzeitige Durchführung der in dieser Vorschrift benannten Versammlungen der Partei oder Wählergruppe ist nicht zulässig und führt zur Notwendigkeit der Zurückweisung des eingereichten Wahlvorschlages (OVG NW, Urt. vom 19.2.1982, – 15 A 898/81 –, NVwZ 1983 S. 425).

9. Versammlung von Wahlberechtigten, Absatz 5

Wenn eine Mitgliederversammlung oder eine Delegiertenversammlung der Partei oder Wählergruppe, wie sie in Absatz 1 der Vorschrift geregelt ist, nicht zustande kommt, kann die Partei oder Wählergruppe ihre Bewerber in einer Versammlung von Wahlberechtigten aufstellen lassen. Diese müssen nicht Mitglieder der Partei oder Wählergruppe sein, jedoch, wie sich aus dem Verweis auf Absatz 2 der Vorschrift ergibt, am Tag der Wahlberechtigten-Versammlung wahlberechtigt im Wahlgebiet sein. Auch die übrigen in Absatz 2 der Vorschrift enthaltenen Vorgaben sind zu beachten, so etwa die Notwendigkeit einer geheimen Wahl oder der angemessenen Vorstellungszeit für die Bewerber.

10. Einspruchsmöglichkeit, Absatz 6

Die in der Satzung der Partei oder Wählergruppe hierfür vorgesehene Stelle kann gegen den Beschluss einer Mitglieder- oder Vertreterversammlung Einspruch erheben. Auf einen solchen Einspruch ist die Abstimmung zu wiederholen. Ihr Ergebnis ist endgültig. Die Vorschrift enthält keine weiteren Form- oder Fristvorgaben, daraus kann geschlossen werden, dass ein solcher Einspruch keiner Begründung bedarf (auch wenn eine solche sinnvoll ist und in der Praxis auch erfolgen dürfte). Der Einspruch muss sich auf die Verletzung von Vorschriften KWahlG bei der Durchführung der in Rede stehenden Versammlung beziehen. Ein Mitglied der Partei oder Wählergruppe, das an der Versammlung teilgenommen hat, hat die Möglichkeit, gegen einen solchen Einspruch oder gegen Unregelmäßigkeiten bei der Durchführung der Versammlung innerverbandlich durch Anrufung des in der Satzung der Partei oder Wählergruppe vorgesehenen Gremiums (zum Beispiel des zuständigen Partei-Schiedsgerichtes) vorzugehen oder gegebenenfalls vereinsrechtlich vor der ordentlichen Gerichtsbarkeit vorzugehen.

11. Detail-Regelungen in Satzung, Absatz 7

Das Nähere über die Wahl der Vertreter für die Vertreterversammlung, über die Einberufung und Beschlussfähigkeit der Mitglieder- oder Vertreterversammlung sowie über das Verfahren für die Wahl des Bewerbers regeln die Parteien und Wählergruppen durch ihre Satzungen. Diese müssen den demokratischen Grundsätzen insbesondere für die Verfahren der Auswahl von Bewerbern für Sitze in den kommunalen Vertretungen entsprechen, insbesondere den in den Wahlgesetzen enthaltenen, so wie hier insbesondere in Absatz 2 der Vorschrift. Die Ladungsfristen dürfen nicht zu gering bemessen sein, jedem Mitglied der Partei oder Wählergruppe muss die Möglichkeit gegeben werden, die entsprechenden Nominierungs-Veranstaltungen auch besuchen zu können und an der innerparteilichen Willensbildung teilzunehmen.

12. Niederschrift, Absatz 8 Satz 1

Die Niederschrift über die Wahl des Bewerbers oder der Bewerber hat Angaben über

- Ort und Zeit der Versammlung,
- Form der Einladung,
- Zahl der erschienenen Mitglieder, Vertreter oder Wahlberechtigten,
- Ergebnis der Abstimmung/en

zu enthalten. Der Leiter der Versammlung und zwei von der Versammlung bestellte Teilnehmer haben in der Niederschrift gegenüber dem Wahlleiter an Eides statt zu versichern, dass die Wahl der Bewerber in geheimer Wahl stattgefunden hat. Hierzu verweist § 26 Abs. 4 Nr. 3 KWahlO auf Anlage 9a für die Niederschrift sowie auf die Anlage 10a für die Abgabe der Versicherung an Eides statt als zu verwendende Muster. Des Weiteren sind die Vorgaben des § 31 Abs. 3 Satz 3 KWahlO zu beachten, wonach der Reserveliste die in § 26 Abs. 4 und Abs. 5 Satz 1 KWahlO aufgeführten Unterlagen beizufügen sind.

Die Beibringung einer Ausfertigung der Niederschrift bis zum Ablauf der Einreichungsfrist ist nach Absatz 8 Satz 5 der Vorschrift Voraussetzung für das Vorliegen eines gültigen Wahlvorschlages.

13. Versicherung an Eides statt, Absatz 8 Satz 2 bis 5

Die Versicherung an Eides statt, die gemäß Absatz 8 Satz 2 und Satz 3 der Vorschrift abzugeben ist, bezieht sich zum einen darauf, dass die Wahl der Bewerber in geheimer Wahl erfolgt ist, zum anderen darauf, dass auch die Festlegung der Reihenfolge der Bewerber auf der Reserveliste sowie die Bestimmung der Ersatzbewerber in geheimer Wahl erfolgt ist.

Zuständig zur Abnahme einer solchen Versicherung an Eides statt ist gemäß Absatz 8 Satz 4 der Vorschrift der Wahlleiter, der Behörde im Sinne des § 156 des Strafgesetzbuches ist. Aus den angesprochenen strafrechtlichen Vorschriften ergibt sich die Strafbarkeit dessen, der eine falsche Erklärung an Eides statt abgibt.

Auch die Beibringung der erforderlichen Versicherungen an Eides statt bis zum Ablauf der Einreichungsfrist ist nach Absatz 8 Satz 5 der Vorschrift Voraussetzung für das Vorliegen eines gültigen Wahlvorschlages.

§ 18

(1) Der Wahlleiter hat die Wahlvorschläge sofort zu prüfen. Stellt er Mängel fest, so fordert er unverzüglich die Vertrauensperson auf, sie rechtzeitig zu beseitigen. Die Vertrauensperson kann gegen Verfügungen des Wahlleiters den Wahlausschuß anrufen.

(2) Mängel des Wahlvorschlages können nur so lange behoben werden, als nicht über seine Zulassung entschieden ist. Sind in einer Reserveliste die Anforderungen nur hinsichtlich einzelner Bewerber nicht erfüllt, so werden ihre Namen aus der Reserveliste gestrichen.

(3) Der Wahlausschuß entscheidet spätestens am achtundfünfzigsten Tage vor der Wahl über die Zulassung der Wahlvorschläge. Er hat Wahlvorschläge zurückzuweisen, wenn sie verspätet eingereicht sind, den durch dieses Gesetz oder durch die Wahlordnung aufgestellten Anforderungen nicht entsprechen oder auf Grund einer Entscheidung nach Artikel 9 Abs. 2, Artikel 21 Abs. 2 des Grundgesetzes oder Artikel 32 Abs. 2 der Landesverfassung unzulässig sind.

(4) Weist der Wahlausschuß einen Wahlvorschlag zurück, so kann binnen drei Tagen nach Verkündung in der Sitzung des Wahlausschusses von der Vertrauensperson des Wahlvorschlags oder vom Wahlleiter oder von der Aufsichtsbehörde Beschwerde eingelegt werden. Der Wahlleiter, die Aufsichtsbehörde oder die oberste Aufsichtsbehörde kann auch gegen eine Entscheidung, durch die ein Wahlvorschlag zugelassen wird, Beschwerde erheben. Die Beschwerde ist bei Entscheidungen der Wahlausschüsse der kreisangehörigen Gemeinden an den Wahlausschuß des Kreises und bei Entscheidungen der Wahlausschüsse der kreisfreien Städte und Kreise an den Landeswahlausschuß (§ 9 Abs. 2 des Landeswahlgesetzes) zu richten. Legt die oberste Aufsichtsbehörde Beschwerde ein, so ist die Beschwerde an den Landeswahlausschuß zu richten, der für die Entscheidung auch dann ausschließlich zuständig ist, wenn gegen die Zulassung oder Nichtzulassung desselben Wahlvorschlages Beschwerde zum Wahlausschuß des Kreises erhoben ist. Die Beschwerde kann nur auf die in Absatz 3 Satz 2 genannten Gründe gestützt werden. In der Beschwerdeverhandlung sind die erschienenen Beteiligten zu hören. Die Entscheidung über die Beschwerde muß vom Landeswahlausschuß spätestens am achtundvierzigsten Tage, von den Wahlausschüssen der Kreise spätestens am siebenundvierzigsten Tage vor der Wahl getroffen werden. Die Beschwerdeentscheidung ist für die Aufstellung der Bewerber zur Wahl endgültig. Sie schließt die Erhebung eines Einspruchs im Wahlprüfungsverfahren nicht aus (§ 39 Abs. 2).

Erläuterungen

Übersicht

10. Beschwerderechte gegen die Zulassung eines Wahlvorschlages durch den Wahlausschuss, Absatz 4 Satz 2
11. Adressat der Beschwerde, Absatz 4 Satz 3 und 4
12. Beschwerdegründe, Absatz 4 Satz 5
13. Beschwerdeverhandlung, Absatz 4 Satz 6
14. Frist zur Entscheidung über die Beschwerde, Absatz 4 Satz 7
15. Rechtswirkung der Entscheidung über die Beschwerde, Absatz 4 Satz 8 und 9

1. Grundsätzliches/Allgemeines

Die von den Parteien, Wählergruppen und Einzelbewerbern eingereichten Wahlvorschläge sind zunächst unverzüglich vom Wahlleiter zu prüfen, gegebenenfalls können durch den Wahlleiter festgestellte Mängel rechtzeitig von den Vertrauenspersonen beseitigt werden. Sodann entscheidet der Wahlausschuss spätestens am 47. Tag vor der Wahl über die Zulassung der Wahlvorschläge. Verspätet eingereichte Wahlvorschläge oder solche Wahlvorschläge, die den durch dieses Gesetz oder durch die KWahlO aufgestellten Anforderungen nicht entsprechen oder bei deren Träger fehlende Verfassungsmäßigkeit vorliegt, sind zurückzuweisen. Gegen Zurückweisungen, aber auch gegen Zulassungen von Wahlvorschlägen durch den Wahlausschuss sind Beschwerdemöglichkeiten gegeben.

Die Wahlvorschläge sowohl für die Wahl in den Wahlbezirken als auch die aus den Reservelisten müssen fristgerecht im Sinne von § 15 Abs. 1 Satz 1 sowie § 16 Abs. 3 KWahlG beim Wahlleiter eingehen. Auf die Kommentierung unter § 15 KWahlG wird insoweit verwiesen. Die Wahlleiter sollten den Einzelbewerbern, Parteien und Wählergruppen nahelegen, ihre Wahlvorschläge möglichst frühzeitig und nicht erst bei Fristablauf einzureichen, damit noch Zeit und Gelegenheit zur Beseitigung von eventuell vorhandenen Mängeln bleibt. Zu den wegen der Corona-Pandemie kurzfristig erforderlich gewordenen Änderungen für die Kommunalwahlen 2020 siehe die Erläuterungen 7 und 14.

2. Prüfung der Wahlvorschläge durch den Wahlleiter, Absatz 1 Satz 1

Der Wahlleiter hat die Wahlvorschläge sofort zu prüfen. Diese Vorprüfung durch den Wahlleiter hat sofort, also unverzüglich, ohne schuldhaftes Zögern, zu erfolgen. Damit soll dem Träger des Wahlvorschlages Gelegenheit gegeben werden, möglicherweise vorhandene Mängel noch beseitigen zu können, bevor die Fristen ablaufen. Die endgültige Entscheidung über die Zulassung oder Zurückweisung von Wahlvorschlägen trifft der Wahlausschuss, nachdem der Wahlleiter im Vorprüfungsverfahren die Entscheidung vorbereitet hat. Voraussetzung für ein entsprechendes Tätigwerden des Wahlleiters ist natürlich, dass ein Prüfungsgegenstand vorhanden ist. Die Prüfungsverpflichtung des Wahlleiters beginnt also erst dann, wenn der Träger des Wahlvorschlages einen solchen eingereicht hat. Sie erstreckt sich sowohl auf Übereinstimmung des Wahlvorschlages mit formellen wie auch inhaltlichen, materiellen Vorschriften des Wahlrechts zu den Kommunalwahlen in Nordrhein-Westfalen, also wesentlich die in diesem Gesetz sowie in der KWahlO enthaltenen Vorschriften. Die Vorprüfung hat sich auf alle Sachverhalte zu erstrecken, die für die Entscheidung des Wahlausschusses erheblich sind. Es gilt der Neutralitätsgrundsatz, dem der Wahlleiter wie auch der Wahlausschuss verpflichtet ist.

Die Vorprüfung durch den Wahlleiter richtet sich zunächst auf die Überprüfung der Vollständigkeit der eingegangenen Wahlvorschläge. Der Wahlleiter hat Tag und Uhrzeit des Eingangs jedes eingereichten Wahlvorschlages auf jedem Wahlvorschlag zu vermerken. Stellt der Wahlleiter Mängel fest, fordert er die Vertrauensperson unverzüglich auf, diese zu beseitigen. Weitere Regelungen über die vom Wahlleiter durchzuführenden Vorprüfungsarbeiten sind § 27 KWahlO zu entnehmen.

Ein im weiteren Verfahren erhebliches Fehlverhalten des Wahlleiters wäre es, wenn dieser die Vorprüfung nicht oder nicht vollständig durchführt oder diese verzögert. Auch das

Fehlen von Hinweisen oder Mängelrügen auf Mängel sowie falsche Auskünfte, Aufforderungen, Hinweise oder Rügen stellen eine Pflichtverletzung des Wahlleiters dar (OVG Lüneburg, Urt. vom 9.12.1975 – V OVG 100/75 –, VerwRspr. Bd. 27 S. 985). Eine auf einer solchen Pflichtverletzung des Wahlleiters beruhende Zurückweisung des Wahlvorschlages kann einen Wahlanfechtungsgrund darstellen (OVG Lüneburg, a. a. O.).

Der Träger des Wahlvorschlages ist und bleibt Hauptverantwortlicher für die Vollständigkeit und Korrektheit der einzureichenden Unterlagen. Eine Pflichtverletzung des Wahlleiters liegt daher nur dann vor, wenn dieser einen offensichtlichen Mangel des Wahlvorschlags nicht erkennt und nicht beanstandet.

3. Aufforderung zur Beseitigung von Mängeln des Wahlvorschlages, Absatz 1 Satz 2

Stellt der Wahlleiter Mängel fest, so hat er die Vertrauensperson unverzüglich aufzufordern, diese rechtzeitig zu beseitigen. Es handelt sich um einen Hinweis auf die Rechtslage, die Merkmale des Verwaltungsaktes nach § 35 VwVfG NRW sind nicht vollständig gegeben. Unter dem Begriff „unverzüglich" ist zu verstehen, dass der Wahlleiter nicht schuldhaft die Mitteilung an die Vertrauensperson verzögern darf. Der Zeitpunkt der Einreichung des Wahlvorschlages ist hierbei zu berücksichtigen. Erfolgt diese Einreichung durch die Vertrauensperson der Partei oder Wählergruppe erst kurz vor Fristablauf und stellt der Wahlleiter bei der von ihm durchzuführende Vorprüfung nicht alle dem Wahlvorschlag innewohnenden Mängel fest, liegt kein Verschulden des Wahlleiters vor. Der Wahlausschuss ist im Übrigen frei in der Feststellung von Mängeln, die der Wahlleiter nicht festgestellt hat oder der Feststellung, dass es sich bei einem vom Wahlleiter als Mangel gerügten Umstand nicht um einen Mangel handelt. Der Wahlausschuss ist insoweit frei in seiner Entscheidung und an die Ergebnisse der Vorprüfung durch den Wahlleiter nicht gebunden (*Bätge*, § 18 Anm. 3).

4. Berechtigung der Vertrauensperson zur Anrufung des Wahlausschusses, Absatz 1 Satz 3

Die von der Partei oder Wählergruppe benannte Vertrauensperson kann nach Absatz 1 Satz 3 der Vorschrift gegen Verfügungen des Wahlleiters im Rahmen des Vorprüfungsverfahrens den Wahlausschuss anrufen. Mit dem Begriff der „Verfügung" des Wahlleiters macht der Gesetzgeber deutlich, dass es sich bei den Hinweisen auf Mängel nicht um Verwaltungsakte handelt, sondern um Hinweise auf die Rechtslage.

Bei Verhinderung der Vertrauensperson kann die stellvertretende Vertrauensperson tätig werden.

Der so angerufene Wahlausschuss hat, wie sich auch aus § 27 Abs. 3 KWahlO ergibt, über Verfügungen des Wahlleiters unverzüglich zu entscheiden. Vorher hat er der Vertrauensperson Gelegenheit zur Stellungnahme zu geben. Die Entscheidung des Wahlausschusses im Sinne von Absatz 1 Satz 3 der Vorschrift in Verbindung mit § 27 Abs. 3 KWahlO ersetzt nicht eine erforderliche Entscheidung des Wahlausschusses im dafür vorgesehenen Verfahrensstadium. Jedoch ist dann, wenn sich die zugrundeliegenden Sachverhalte nicht ändern, unter dem Gesichtspunkt des Vertrauensschutzes der Wahlausschuss an seine zuvor getroffene Vorab-Entscheidung im Vorprüfungsverfahren gebunden (*Schreiber*, § 25 Rdnr. 6).

5. Frist zur Beseitigung von Mängeln des Wahlvorschlages, Absatz 2 Satz 1

Mängel des Wahlvorschlags können nur so lange behoben werden, als nicht über seine Zulassung entschieden ist. Bis zum Ablauf der Frist zur Einreichung (§§ 15 Abs. 1, 16 Abs. 3 KWahlG) sind grundsätzlich alle dem Wahlvorschlag innewohnenden Mängel noch behebbar. Es wird dabei auf die noch verbleibende Zeitspanne bis zum Ablauf der Frist ankommen. Aus diesem Grunde ist der Wahlleiter gehalten, seine Vorprüfung unverzüglich durchzuführen und ebenfalls unverzüglich nach absolvierter Vorprüfung die Vertrauensperson gegebenenfalls von Mängeln in Kenntnis zu setzen. Dabei hat der Wahlleiter den oder die festgestellten Fehler darzulegen und die Vertrauensperson aufzufordern, den Mangel rechtzeitig zu beheben, § 27 Abs. 1 Satz 3 KWahlO. Die KWahlO unterscheidet in § 27 Abs. 1 solche Mängel, die einen gültigen Wahlvorschlag bis zum Ablauf der Einreichungsfrist nicht zustande kommen lassen. Diese Fehler sind solche, die die in § 15 Abs. 2 Satz 5 sowie Abs. 3 Satz 5 und in § 17 Abs. 8 Satz 5 KWahlG geregelten Tatbestände betreffen. Darüber hinaus gibt es, so § 27 Abs. 1 KWahlO, Mängel, die die Gültigkeit des Wahlvorschlages bei Ablauf der Einreichungsfrist nicht berühren. Diese sind von der Vertrauensperson bis zur Zulassung zu beseitigen.

Mängel, die einen gültigen Wahlvorschlag nicht zustande kommen lassen, sind

- die nicht ordnungsgemäße Unterzeichnung des Wahlvorschlages,
- das Fehlen der erforderlichen Unterstützungsunterschriften mit dem Nachweis der Wahlberechtigung des Unterzeichnenden im Wahlgebiet (es sei denn, der Nachweis der Wahlberechtigung des Unterzeichnenden könne in Folge von Umständen, die der Träger des Wahlvorschlages nicht zu vertreten hat, nicht rechtzeitig erbracht werden),
- das Fehlen der Ausfertigung der Niederschrift über die Aufstellungsversammlung für die Aufstellung der Bewerber der Partei oder Wählergruppe,
- das Fehlen der Versicherung an Eides statt,
- das Fehlen der Zustimmungserklärungen der Bewerber.

Mängel, die die Gültigkeit des Wahlvorschlages bei Ablauf der Einreichungsfrist nicht berühren, sind zum Beispiel

- unvollständige Personenstandsangaben für einzelne Bewerber (zum Beispiel fehlender zweiter Vorname),
- unvollständige sonstige Angaben in Bezug auf den Bewerber (zum Beispiel nicht vollständige Anschrift, fehlende Postleitzahl oder ähnliches),
- fehlende Wählbarkeitsbescheinigung,
- fehlendes Kennwort.

Darüber hinaus ist es noch bis zur Bekanntgabe des Wahlvorschlags möglich und zulässig, offensichtliche Fehler und Unrichtigkeiten, die zum Beispiel durch Schreibfehler oder Zahlendreher entstanden sind, zu korrigieren.

6. Mängel bei einzelnen Bewerbern auf der Reserveliste, Absatz 2 Satz 2

Wenn nur hinsichtlich eines einzelnen oder einiger einzelner Bewerber auf einer Reserveliste die Anforderungen nicht erfüllt sind und kommt es auch nicht bis zum Ablauf der Einreichungsfrist zur Beseitigung der Mängel, so ist als Rechtsfolge nicht der ganze Wahlvorschlag, also die ganze Reserveliste der Partei oder Wählergruppe, zurückzuweisen. Es ist nur der mit Mängeln behaftete Personalvorschlag aus der Reserveliste zu streichen, mit der Folge, dass die in der Reserveliste nachfolgenden Bewerber jeweils um einen Platz auf der Reserveliste nach vorne rücken. Eine Zurückweisung der Reserveliste als Ganzes kommt nur dann in Betracht, wenn das Aufstellungsverfahren als solches, also ohne Bezug auf eine konkrete Person, mit Mängeln behaftet ist oder die Reserveliste als Ganzes mit Mängeln behaftet ist (zum Beispiel fehlende erforderliche Angaben bezüglich aller Bewerber auf der Reserveliste).

Wird die Reserveliste zugelassen, ist auch die Reihenfolge der Bewerber auf der Reserveliste verbindlich.

7. Frist für die Zulassung von Wahlvorschlägen durch den Wahlausschuss, Absatz 3 Satz 1

Die Frist für den Wahlausschuss über die Zulassung von Wahlvorschlägen ist für die Kommunalwahl 2025 und die folgenden Kommunalwahlen geändert worden. Nicht mehr, wie bisher, spätestens am 47. Tag vor der Kommunalwahl, sondern nunmehr spätestens am 58. Tag vor der Kommunalwahl (einem Freitag) hat der Wahlausschuss zu entscheiden. Diese Änderung der Frist führt zu einer Angleichung an das für die Bundestagswahl geltende BWG. Ein früherer Termin für die Sitzung des Wahlausschusses ist möglich und zulässig. Mit der Entscheidung des Wahlausschusses wird der für die öffentliche Bekanntmachung der Wahlvorschläge und die Stimmzettel verbindliche Inhalt festgelegt. Mit der neu gefassten Vorschrift erhalten die Wahlbehörden nun mehr Zeit zum Druck der Stimmzettel und zur organisatorischen Vorbereitung der Wahl.

Nach der Zulassung eines Wahlvorschlages durch den Wahlausschuss kann dieser weder zurück genommen werden noch sachlich geändert werden. Auch eine Beseitigung von Mängeln ist grundsätzlich nicht mehr möglich.

8. Zurückweisung von Wahlvorschlägen durch den Wahlausschuss, Absatz 3 Satz 2

Der Wahlausschuss hat Wahlvorschläge zurück zu weisen, wenn diese verspätet eingereicht worden sind, den durch dieses Gesetz und die KWahlO aufgestellten Anforderungen nicht entsprechen oder aufgrund einer Entscheidung nach Art. 9 Abs. 2 GG, Art. 21 Abs. 2 GG oder Art. 32 Abs. 2 der Landesverfassung unzulässig sind.

Eine Verspätung liegt vor, wenn der Wahlvorschlag der zuständigen Stelle (Wahlleiter) nicht fristgerecht vorgelegt worden ist oder wenn wesentliche Teile des Wahlvorschlages, welche Voraussetzung für einen gültigen Wahlvorschlag sind, nicht fristgerecht vorgelegt worden sind.

Bei solch „wesentlichen Teilen" des Wahlvorschlages kann es sich insbesondere handeln um

- fehlende Unterzeichnung des Wahlvorschlages,
- fehlende Ausfertigung der Niederschrift über die Aufstellungs-Versammlung der Partei oder Wählergruppe,
- fehlende Versicherung an Eides statt,
- fehlende Unterstützungsunterschriften, soweit erforderlich,
- fehlender Nachweis der Wahlberechtigung der Unterstützenden oder
- fehlende Zustimmungserklärung der Bewerber.

In diesem Zusammenhang kann auf die im III. Teil der KWahlO (§§ 24–32, hier insbesondere § 26 und § 31 KWahlO) enthaltenen Vorschriften verwiesen werden.

9. Beschwerderechte gegen die Zurückweisung eines Wahlvorschlags durch den Wahlausschuss, Absatz 4 Satz 1

Weist der Wahlausschuss einen Wahlvorschlag zurück, so kann binnen drei Tagen nach Verkündigung in der Sitzung des Wahlausschusses von der Vertrauensperson des Wahlvorschlags oder vom Wahlleiter oder von der Aufsichtsbehörde Beschwerde eingelegt werden. Gerade bei dieser sehr kurzen Frist ist zu beachten, dass nach § 49 Abs. 2 Satz 1 KWahlG die Frist sich nicht dadurch verlängert, dass der letzte Tag der Frist auf einen Samstag, Sonntag oder Feiertag fällt. Nach § 29 Abs. 1 Satz 1 KWahlO ist die Beschwerde schriftlich oder zur Niederschrift beim Wahlleiter einzulegen. Die Schriftform gilt nach Satz 2 der Vorschrift der KWahlO auch gewahrt durch Telegramm, Fernschreiben, Telefax, E-Mail oder durch sonstige dokumentierbare Übermittlung. Sie ist zu richten an den zuständigen Wahlausschuss. Für Beschwerden des Wahlleiters, der Aufsichtsbehörde und der obersten Aufsichtsbehörde gelten besondere Regelungen über den Adressaten der Beschwerde, die enthalten sind in § 29 Abs. 2 und 3 KWahlO.

Der Vorsitzende des für die Beschwerdeentscheidung zuständigen Wahlausschusses lädt nach § 29 Abs. 3 KWahlO den oder die Beschwerdeführer, die Vertrauenspersonen der betroffenen Wahlvorschläge sowie die betroffenen Wahlleiter zu der Sitzung ein, in der über die Beschwerde entschieden wird. Der Vorsitzende gibt die Entscheidung im Anschluss an die Beschlussfassung in der Sitzung des Wahlausschusses unter kurzer Angabe der Gründe bekannt. Es empfiehlt sich, die Gründe zuvor kurz schriftlich festzuhalten.

10. Beschwerderechte gegen die Zulassung eines Wahlvorschlages durch den Wahlausschuss, Absatz 4 Satz 2

Auch im Falle der Zulassung eines Wahlvorschlages durch den Wahlausschuss ist nach Absatz 4 Satz 2 der Vorschrift die Beschwerde möglich. Das Beschwerderecht steht allerdings nur dem Wahlleiter, der Aufsichtsbehörde und der obersten Aufsichtsbehörde zu. Insbesondere steht ein solches Beschwerderecht gegen die Zulassung eines Wahlvorschlages keinem Vertreter einer anderen Partei oder Wählergruppe, auch keiner Vertrauensperson eines solchen Wahlvorschlagsträgers, zu.

11. Adressat der Beschwerde, Absatz 4 Satz 3 und 4

Die Vorschrift regelt den zuständigen Adressaten einer Beschwerde nach Absatz 4 Satz 1 und 2 der Vorschrift.

12. Beschwerdegründe, Absatz 4 Satz 5

Die Vorschrift verweist darauf, dass eine Beschwerde nach Absatz 4 Satz 1 und 2 der Vorschrift nur mit einem Verstoß gegen die in Absatz 3 Satz 2 der Vorschrift genannten Voraussetzungen begründet werden kann, also mit den unter Erl. 8 aufgeführten Fehlern.

13. Beschwerdeverhandlung, Absatz 4 Satz 6

Der Vorsitzende des für die Entscheidung über die Beschwerde zuständigen Wahlausschusses lädt die Beschwerdeführer sowie die Vertrauenspersonen der betroffenen Wahlvorschläge und den betroffenen Wahlleiter zu der Sitzung ein. Dieser Personenkreis hat in der Sitzung auch Gelegenheit zur Stellungnahme. Die erschienenen Beteiligten sind zu hören.

14. Frist zur Entscheidung über die Beschwerde, Absatz 4 Satz 7

Die Entscheidung über die Beschwerde muss vom Landeswahlausschuss spätestens am achtundvierzigsten Tage, von den Wahlausschüssen der Kreise spätestens am siebenundvierzigsten Tag vor der Kommunalwahl getroffen werden. In der alten Fassung der Vorschrift galt der 38. beziehungsweise der 37. Tag als Stichtag. Zur Bekanntgabe der Entscheidung des zuständigen Wahlausschusses vergleiche Erl. 9.

15. Rechtswirkung der Entscheidung über die Beschwerde, Absatz 4 Satz 8 und 9

Die Beschwerde-Entscheidung ist für die Aufstellung der Bewerber zur Wahl endgültig, wie sich aus Satz 8 der Vorschrift ergibt. Dies ist mit der Termingebundenheit des Wahlganges zu begründen. Jedoch schließt die Beschwerde-Entscheidung die Erhebung eines Einspruchs im Wahlprüfungsverfahren nicht aus, wie sich aus Satz 9 der Vorschrift ergibt, die auf § 39 Abs. 2 KWahlG verweist.

§ 19

(1) Der Wahlleiter macht die zugelassenen Wahlvorschläge spätestens am siebenunddreißigsten Tage vor der Wahl öffentlich bekannt.

(2) Für die Reihenfolge der Bekanntmachung gilt § 23 Abs. 1 Satz 3.

Erläuterungen

Übersicht

1. Grundsätzliches/Allgemeines

Die öffentliche Bekanntmachung der vom Wahlausschuss zugelassenen Wahlvorschläge hat durch den Wahlleiter zu erfolgen. Dieser hat eine Frist von 37 Tagen vor der Wahl zu beachten, vor deren Ablauf er tätig werden muss. Der Wahlleiter wird quasi-notariell tätig, er hat keinen eigenen Gestaltungsspielraum und ist an die Beschlüsse des Wahlausschusses gebunden. Die Regelung ist sowohl für die Wahl zum Rat als auch für die zur Bezirksvertretung (über § 46a KWahlG) oder zum Kreistag anzuwenden, und zwar sowohl für die Wahl der Direktkandidaten in den Wahlbezirken als auch für die Wahlvorschläge zur Wahl aus den Reservelisten der Parteien und Wählergruppen. Auch ist die Vorschrift entsprechend (über § 46b KWahlG) anzuwenden für die Wahlvorschläge zum Bürgermeister bzw. Oberbürgermeister und zum Landrat.

Außerdem regelt die Vorschrift die Reihenfolge der Bekanntmachung, aus der sich auch die Reihenfolge der Wahlvorschläge auf den Stimmzetteln ergibt, was von Bedeutung ist, da erfahrungsgemäß die Wähler die Positionierung eines Wahlvorschlages oben in der Reihenfolge der Wahlvorschläge auf dem Stimmzettel für ein Indiz auf Relevanz halten. Auch in dieser Vorschrift gibt es für die Kommunalwahlen 2020 eine Sonderregelung wegen der Corona-Pandemie, siehe Erl. 2.

2. Öffentliche Bekanntmachung der Wahlvorschläge, Absatz 1

Nach § 19 Abs. 1 des KWahlG hat der Wahlleiter, also in der Regel der (Ober-)Bürgermeister oder auf der Kreisebene der Landrat, die vom Wahlausschuss zugelassenen Wahlvorschläge spätestens am siebenundzwanzigsten Tage vor der Wahl öffentlich bekannt zu machen. Die Einhaltung dieser Frist ist erforderlich, um eine ordnungsgemäße Abwicklung der Wahl zu ermöglichen (so BVerfGE 24, 300, 349). Frühestens kann die Bekanntmachung nach § 19 KWahlG erfolgen, wenn die Entscheidungen des Wahlausschusses unanfechtbar geworden sind. Gemäß § 18 Abs. 4 Satz 1 KWahlG kann binnen drei Tagen nach Verkündung in der Sitzung des Wahlausschusses Beschwerde eingelegt werden. Die Entscheidung über die Beschwerde muss vom Landeswahlausschuss spätestens am 38. Tage, vom Kreiswahlausschuss spätestens am 37. Tage vor der Wahl getroffen werden, § 18 Abs. 4 Satz 7 KWahlG. Diese Fristen sind auch vom Wahlleiter im Verfahren nach § 19 KWahlG zu beachten. Für die Kommunalwahlen 2020 gilt nach dem Gesetz zur Durchführung der Kommunalwahlen 2020 vom 29.5.2020 folgende Corona-bedingte Sonderregelung: Der Wahlleiter macht die zugelassenen Wahlvorschläge abweichend von § 19 Abs. 1 KWahlG und von den auf diese Bestimmung verweisenden Vorschriften spätestens am zwanzigsten Tag vor der Wahl öffentlich bekannt.

Eine Abweichung inhaltlicher Art darf zwischen der Zulassungsentscheidung des Wahlausschusses und der öffentlichen Bekanntmachung dieser Entscheidungen durch den Wahlleiter nicht erfolgen.

Die Vorschriften der KWahlO sind für die Art und Weise der öffentlichen Bekanntmachung beachtlich.

Insbesondere ist zu beachten, dass nach § 30 KWahlO der Wahlleiter die für den Wahlbezirk zugelassenen Wahlvorschläge mit den in § 26 Abs. 1 Satz 2 Nr. 1 und 2 Halbsatz 1 KWahlG bezeichneten Angaben mit Ausnahme der Staatsangehörigkeit bekannt macht. Statt des Geburtsdatums ist jedoch jeweils nur das Geburtsjahr und statt der vollständigen Anschrift der Bewerber der Wohnort mit Postleitzahl und die E-Mail-Adresse oder das Postfach des Bewerbers anzugeben. Weist ein Bewerber bis zum Ablauf der Einreichungsfrist gegenüber dem Wahlleiter nach, dass für ihn im Melderegister eine Auskunftssperre nach den melderechtlichen Vorschriften eingetragen ist, ist anstelle von Wohnort und E-Mail-Adresse oder Postfach eine Erreichbarkeitsanschrift zu verwenden, die sich ebenfalls aus der Angabe einer Gemeinde mit Postleitzahl und einer E-Mail-Adresse oder eines Postfachs zusammensetzt.

3. Reihenfolge der Bekanntmachung der Wahlvorschläge, Absatz 2

Es gilt zu beachten, dass die Reihenfolge der Bekanntmachung identisch sein muss mit der Reihenfolge, in der die Wahlvorschläge auf dem Stimmzettel erscheinen. Diese ist vorgegeben durch § 23 Abs. 1 Satz 3 und § 46a Abs. 1 sowie § 46b KWahlG. Danach richtet sich die Reihenfolge auf dem Stimmzettel nach der Stimmenzahl, die die Parteien, Wählergruppen und Einzelbewerber bei der letzten Wahl zur Vertretung des Wahlgebietes erreicht haben. Danach schließen sich gemäß § 23 Abs. 1 Satz 4 KWahlG die übrigen Wahlvorschläge in alphabetischer Reihenfolge der Namen der Parteien, Wählergruppen und Einzelbewerber an. Damit wird die bisher übliche Berücksichtigung der Reihenfolge des Eingangs der Wahlvorschläge ausdrücklich verlassen, es kommt nicht mehr auf die möglichst frühzeitige Einreichung des Wahlvorschlages an, um eine möglichst im oberen Bereich des Stimmzettels liegende Platzierung des eigenen Wahlvorschlages zu erreichen, was in der Vergangenheit zu diesbezüglichen Versuchen einzelnen Parteien, Wählergruppen oder Einzelbewerber geführt hatte.

§ 20

(1) Ein Wahlvorschlag kann durch gemeinsame schriftliche Erklärung der Vertrauensperson und der stellvertretenden Vertrauensperson zurückgenommen werden, solange nicht über seine Zulassung entschieden ist. Wahlvorschläge, die von Wahlberechtigten unterzeichnet sind, können auch von der Mehrheit der Unterzeichner durch eine von ihnen persönlich und handschriftlich unterzeichnete Erklärung zurückgenommen werden.

(2) Ein Wahlvorschlag kann nach Ablauf der Einreichungsfrist nur durch gemeinsame schriftliche Erklärung der Vertrauensperson und der stellvertretenden Vertrauensperson und nur dann geändert werden, wenn ein Bewerber stirbt oder die Wählbarkeit verliert. Das Verfahren nach § 17 braucht nicht eingehalten zu werden; der Unterschriften nach § 15 Abs. 2 Satz 3 und § 16 Abs. 1 Satz 3 bedarf es nicht. Nach der Entscheidung über die Zulassung eines Wahlvorschlags ist jede Änderung ausgeschlossen.

Erläuterungen

Übersicht

1. Grundsätzliches/Allgemeines

Die Vorschrift regelt sowohl die Zurücknahme eines Wahlvorschlages als auch dessen Änderung. Sie gilt für die Wahl zum Rat beziehungsweise Kreistag und über § 46a KWahlG und § 46b KWahlG sowie § 46 f KWahlG auch für die Wahl der Bezirksvertretungen in den kreisfreien Städten des Landes Nordrhein-Westfalen sowie der (Ober-) Bürgermeister und Landräte sowie für die Wahl der Verbandsversammlung des Regionalverbandes Ruhr.

2. Zurücknahme eines Wahlvorschlages durch Vertrauensperson(en), Absatz 1 Satz 1

Eine Rücknahme eines einmal beim Wahlausschuss eingereichten Wahlvorschlages kann nur unter Berücksichtigung enger Verfahrensvorschriften erfolgen. Erforderlich ist eine gemeinsame schriftliche Erklärung der Vertrauensperson und der stellvertretenden Vertrauensperson derjenigen Partei oder Wählergruppe, die den Wahlvorschlag eingereicht hat. Diese Erklärung darf keine Unklarheiten oder Bedingungen enthalten (*Bätge*, Wahlen und Abstimmungen in NRW, Nr. 2 zu § 20 KWahlG). Für den Fall der Notwendigkeit der Handlung nach § 20 KWahlG wegen des Todes des ursprünglich vorgeschlagenen Bewerbers oder des Verlustes der Wählbarkeit des ursprünglichen Bewerbers vor Ablaufs der Frist zur Einreichung von Wahlvorschlägen gilt, dass die Partei oder Wählergruppe gegebenenfalls eine erneute Mitglieder- oder Vertreterversammlung durchführen muss, im Falle des § 15 Abs. 2 Satz 3 KWahlG (siehe Kommentierung dort) auch erneute Unterstützungs-Unterschriften von Wahlberechtigten beizubringen hat. Wenn das auslösende Ereignis (Tod des Bewerbers oder Verlust der Wählbarkeit) erst kurz vor dem Ablauf der Einreichungsfrist eintritt, können die Vertrauenspersonen auch nach Absatz 2 Satz 1 und 2 der Vorschrift verfahren und eine entsprechende gemeinsame schriftliche Erklärung abgeben.

3. Zurücknahme eines Wahlvorschlages durch Mehrheit der Unterzeichner, Absatz 1 Satz 2

Ist ein Wahlvorschlag – entweder für die Wahl in einem Wahlbezirk oder für die Wahl aus einer Reserveliste – nach § 15 Abs. 2 Satz 3 oder nach § 16 Abs. 1 Satz 3 KWahlG zustande gekommen, kann er nur von der Mehrheit der Unterzeichner dieses Vorschlages zurück genommen werden. Es ist erforderlich eine „persönlich und handschriftlich unterzeichnete" Erklärung dieser Wahlberechtigten, wobei verfahrenstechnisch davon ausgegangen werden kann, dass es sich hierbei um eine einheitliche – auch nicht handschriftliche – Erklärung handelt, die von den Wahlberechtigten jeweils persönlich und handschriftlich unterzeichnet wird (*Bätge*, Wahlen und Abstimmungen in NRW, Nr. 3 zu § 20 KWahlG).

4. Änderung eines Wahlvorschlages, Absatz 2

Auch nach Ablauf der Frist zur Einreichung von Wahlvorschlägen kann es die Notwendigkeit geben, einen Wahlvorschlag noch zu ändern. Dies kann dann erfolgen, wenn ein Bewerber verstirbt oder die Wählbarkeit verliert. Diese Gründe sind auch die einzigen zugelassenen Gründe für eine solche Änderung des Wahlvorschlages nach Ablauf der Frist. Erforderlich sind auch hier eine gemeinsame schriftliche Erklärung der Vertrauensperson und der stellvertretenden Vertrauensperson der jeweiligen Partei oder Wählergruppe. Gemäß § 20 Abs. 2 Satz 2 KWahlG braucht das in § 17 KWahlG vorgeschriebene Verfahren nicht eingehalten zu werden, es ist also nicht erforderlich, dass eine Mitglieder- oder Vertreterversammlung durchgeführt wird. Auch ist es nicht erforderlich, dass der so zustande kommende Wahlvorschlag von (je nach Größe des Wahlbezirks) fünf, zehn oder zwanzig Wahlberechtigten dieses Wahlbezirks persönlich und handschriftlich unterzeichnet wird, dies ergibt sich aus § 20 Abs. 2 Satz 2 KWahlG.

Nach der Entscheidung über die Zulassung eines Wahlvorschlages ist, wie sich aus § 20 Abs. 2 Satz 3 KWahlG ergibt, jede Änderung ausgeschlossen. Daraus folgt, dass lediglich solche Korrekturen, die nicht als „Änderung", sondern als Berichtigung des Wahlvorschlages anzusehen sind, zulässig sind, Dazu gehören die Beseitigung von Schreibfehlern, Zahlendrehern und ähnlichen offensichtlichen Unrichtigkeiten. Diese können bis zur Drucklegung der Stimmzettel noch erfolgen.

Für den Fall des Todes eines Bewerbers nach der Zulassungsentscheidung des Wahlausschusses und vor Beginn des Wahltages oder für den Fall des Bekanntwerdens des Todes eines Bewerbers erst innerhalb dieses Zeitraumes kann die Wahl in dem betreffenden Wahlbezirk dann stattfinden, wenn die betreffende Partei oder Wählergruppe gemäß § 16 Abs. 2 KWahlG für den betreffenden Wahlbezirk einen Ersatzbewerber bestimmt hat. Ist dies der Fall, wird dieser (der sogenannte „Huckepack-Kandidat") zum im Wahlbezirk zu wählenden Kandidaten der Partei oder Wählergruppe, ohne dass es weiterer Handlungen oder Entscheidungen bedarf. Ist ein solcher Kandidat nicht benannt, tritt der in § 21 KWahlG geregelte Fall ein. Es findet dann eine Nachwahl statt.

3.
Nachwahlen und einzelne Neuwahlen

§ 21

(1) Eine Nachwahl findet statt, wenn

1. in einem Wahlgebiet, einem Wahlbezirk oder einem Stimmbezirk die Wahl nicht durchgeführt worden ist,

2. ein im Wahlbezirk vorgeschlagener Bewerber nach der Zulassung des Wahlvorschlages, aber noch vor dem Wahltage stirbt und ein Ersatzbewerber auf der Reserveliste (§ 16 Abs. 2) nicht vorhanden ist,

3. in einem Wahlbezirk kein Bewerber oder im Wahlgebiet weniger Bewerber zugelassen wird oder werden, als Vertreter zu wählen sind.

(2) Die Nachwahl muss spätestens fünf Wochen nach dem Tag der ausgefallenen Wahl und kann im Fall des Absatzes 1 Nr. 2 schon an diesem Tag stattfinden. Im Fall des Absatzes 1 Nr. 3 kann sie auch auf einen späteren Zeitpunkt als fünf Wochen nach dem Tag der ausgefallenen Wahl festgelegt werden. Den Tag der Nachwahl und die für ihre Vorbereitung maßgeblichen Fristen und Termine bestimmt die Aufsichtsbehörde.

(3) Die Nachwahl findet auf denselben Grundlagen und nach denselben Vorschriften wie die ausgefallene Wahl statt, soweit nicht eine Ergänzung der Wahlvorschläge erforderlich ist.

Erläuterungen

Übersicht

1. Grundsätzliches/Allgemeines

Die Vorschrift enthält Regelungen über die Voraussetzungen und die Art und Weise der Durchführung einer Nachwahl. Dabei befasst sich Absatz 1 der Vorschrift mit den Voraussetzungen, die vorliegen müssen, damit es überhaupt zu einer Nachwahl kommt. Absatz 2 enthält insbesondere zeitliche Regelungen für die Nachwahl, Absatz 3 verweist bezüglich der inhaltlichen Durchführung einer Nachwahl auf die allgemeinen Vorschriften in diesem Gesetz. Die Regelung korrespondiert mit der des § 64 der KWahlO NRW.

2. Nicht-Durchführung, Absatz 1 Nr. 1

Der Gesetzgeber geht von ausschließlich drei Nachwahlgründen aus, die im Absatz 1 unter den Nummern 1 bis 3 dargestellt werden. Dabei handelt es sich um die Nichtdurchführung der Kommunalwahl in einem Wahlgebiet, einem Wahlbezirk oder einem Stimmbezirk am Tage der nach § 14 festgesetzten Kommunalwahl (Absatz 1 Nr. 1), dem Tode eines im Wahlbezirk vorgeschlagenen Bewerbers nach der Zulassung der Wahlvorschläge, aber vor dem Tage der nach § 14 KWahlG festgesetzten Kommunalwahl, ohne dass ein Ersatzbewerber (Huckepack-Kandidat) auf der Reserveliste vorhanden ist (Absatz 1 Nr. 2) sowie die Situation, dass in einem Wahlbezirk kein Bewerber zugelassen worden ist oder im Wahlgebiet weniger Bewerber zugelassen worden sind, als Vertreter zu wählen sind (Absatz 1 Nr. 3).

Praktische Relevanz dürfte insbesondere die Durchführung einer Nachwahl aufgrund des Todes eines im Wahlbezirk vorgeschlagenen Bewerbers haben.

Eine Nachwahl ist durchzuführen, wenn die Wahl (entweder in einem Stimmbezirk, einem Wahlbezirk oder dem gesamten Wahlgebiet) nicht am eigentlich dafür festgesetzten Termin durchgeführt worden ist (oder besser: durchgeführt werden konnte). Ursache muss hier ein Ereignis sein, welches außerhalb des Einflussbereichs der Wahlorgane liegt („höhere Gewalt"). Ein solches Ereignis muss unerwartet gewesen sein in dem Sinne, dass seine diese verhindernden Auswirkungen auf die Wahl nicht durch sinnvollerweise und vernünftigerweise zu organisierende Vorkehrungen hätten verhindert werden können. Als solche Ereignisse sind insbesondere

- Naturkatastrophen denkbar (plötzlich eintretendes Hochwasser, flächendeckender Großbrand usw.) oder
- Großschadensereignisse (Flugzeugabsturz, Gefahrgut-Austritt oder Gebäude-Einsturz) mit den damit einhergehenden Verkehrsbeschränkungen oder
- zum Schutze der Bevölkerung ausgesprochene Aufforderungen, die Wohnung nicht zu verlassen.

Auch ein größerer Schaden am oder im Wahllokal mit der Folge, dass die Wahlberechtigten diese nicht oder nur unter Risiken betreten können (zum Beispiel Einsturz des Eingangsbereiches des Gebäudes) kann in Betracht kommen.

Das die Wahl hindernde Ereignis kann entweder (kurzfristig) vor Beginn der Wahl eintreten oder während der Wahl. Die Wahl gilt als nicht durchgeführt, wenn sie gar nicht erst ermöglicht worden ist (zum Beispiel bei Gefahrgut-Austritt eine Stunde vor Öffnung der Wahllokale) oder wenn sie zwar begonnen wurde, aber (vorzeitig) abgebrochen werden musste (zum Beispiel bei Gefahrgut-Austritt am Mittag des Wahltages).

Das die Wahl hindernde Ereignis kann auch nach Abschluss der Wahlhandlung, also nach 18.00 Uhr am Wahltag, eintreten (zum Beispiel ein Überfall auf den die Stimmen auszählenden Wahlvorstand mit Entwenden oder Vernichten der Stimmzettel).

Nicht als „höhere Gewalt" im Sinne dieser Vorschrift ist es anzusehen, wenn ein Teil der Wählerschaft wegen anderer Ereignisse sich entschlossen hat, nicht an der Wahl teilzunehmen (zum Beispiel ein von den Wählern vor Ort als besonders wichtig und bedeutsam angesehenes lokales Sportereignis) oder an der Teilnahme verhindert war (zum Beispiel ein Großschadens-Ereignis wie ein größerer Brand, das sich während der Wahlzeit ereignet und den Einsatz von Mitgliedern der freiwilligen Feuerwehr erfordert).

Als Hinderungsgrund im Sinne dieser Vorschrift ist es auch zu betrachten, wenn (zum Beispiel aufgrund eines Verkehrsunfalls bei der Auslieferung) nicht alle erforderlichen Wahlunterlagen wie zum Beispiel Stimmzettel in ausreichender Anzahl vorhanden sind.

3. Tod eines Bewerbers, Absatz 1 Nr. 2

Hier dürfte es sich um den in der Praxis häufigsten Fall handeln: Ein Bewerber im Wahlbezirk (um ein Ratsmandat oder Kreistagsmandat oder ein Mandat in der Bezirksvertretung oder ein Bewerber um das Amt des (Ober-)Bürgermeisters oder Landrates (die Anwendbarkeit dieser Vorschrift ergibt sich aus § 46b KWahlG) verstirbt nach der Zulassung des Wahlvorschlages, aber noch vor dem Wahltage (also vor dem Beginn der Wahlhandlung), und ein Ersatzbewerber auf der Reserveliste (§ 16 Abs. 2 KWahlG) ist nicht vorhanden. In diesem Fall ist jeweils eine Nachwahl für den gesamten betroffenen Wahlbezirk durchzuführen. Eine Änderung des Wahlvorschlags für den terminierten Wahlgang ist in einem solchen Falle nicht mehr möglich, vergleiche § 20 Abs. 2 Satz 3 KWahlG. Sollte zwischen dem Zeitpunkt des Todes eines Bewerbers und dem Wahltermin noch genügend Zeit für die Benennung eines neuen Bewerbers gegeben sein, kann der Wahltermin für die Nachwahl (§ 21 Abs. 2 Satz 1 KWahlG) bereits der Tag der ursprünglich terminierten Kommunalwahl sein, so dass den Wählern keine zusätzlichen Umstände bereitet werden. Das Verfahren regelt sich auch hier nach § 64 Abs. 2 KommWahlO.

4. Kein Bewerber oder zu wenige Bewerber, Absatz 1 Nr. 3

Wenn entweder in einem Wahlbezirk kein Bewerber zugelassen wird oder in einem Wahlgebiet weniger Bewerber zugelassen werden, als Vertreter zu wählen sind, ist seitens des Wahlleiters die Wahl in dem entsprechenden Wahlgebiet oder Wahlbezirk abzusagen und eine Nachwahl durchzuführen, wenn und sobald genügend Bewerber zugelassen worden sind. In der Praxis stellt sich diese Konstellation als eine eher theoretische. Es kann davon ausgegangen werden, dass zumindest eine Partei oder Wählergruppe für die Benennung entsprechender Bewerber Sorge tragen wird, zumal die Wahrscheinlichkeit dieser Bewerber, gewählt zu werden, groß ist.

5. Nachwahlverfahren, Absatz 2

Absatz 2 der Vorschrift regelt den zeitlichen Ablauf des Nachwahlverfahrens. Die Nachwahl muss in engem zeitlichen Verbund zur eigentlichen Wahl stehen und somit spätestens fünf Wochen nach dem Tag der ausgefallenen Wahl stattfinden. Das sorgt einerseits für genügend Zeit zur Vorbereitung und Durchführung der Nachwahl, andererseits wird dafür Sorge getragen, dass der oder die in der Nachwahl gewählten Vertreter möglichst kurzfristig ihren Platz in der Vertretung einnehmen können. Das Verfahren in den Fraktionen zur Vergabe der Plätze in den Fach-Ausschüssen des Rates oder Kreistages etc. wird dadurch ebenso erleichtert wie die üblicherweise in einer der ersten Ratssitzungen nach der Kommunalwahl stattfindende Regelung der Vertretung der Gemeinde, der Stadt oder des Kreises in Gremien von Gesellschaften, Vereinen und Verbänden.

Die Vorschrift des Absatzes 2 Satz 1 enthält die „fünf-Wochen-Regelung": Die Nachwahl muss spätestens fünf Wochen nach dem Tag der ausgefallenen Wahl stattfinden. Auch hier gilt die Regelung des § 14 KWahlG, wonach Wahltag ein Sonntag ist. Sollte zwischen dem Tod eines Bewerbers und der Neubenennung eines neuen Bewerbers einerseits und dem ursprünglichen Wahltermin andererseits genügend Zeit zur Verfügung gestanden haben, kann die Aufsichtsbehörde den „ursprünglichen" Kommunalwahl-Termin zum Termin auch für die Nachwahl machen.

Als Ausnahme von der in Satz 1 festgelegten „fünf-Wochen-Frist" kann im Falle des Absatzes 1 Nr. 3 („keine Bewerber/zu wenige Bewerber") auch ein Termin nach dem Verstreichen dieser Frist für die Durchführung der Nachwahl festgelegt werden, und zwar ebenfalls durch die Aufsichtsbehörde. Diese Regelung soll es den Parteien und Wählergruppen ermöglichen, im Rahmen der jeweiligen satzungsrechtlichen Bestimmungen (Ladungsfristen uw.), einen neuen Bewerber benennen zu können. Auch hier hat die Aufsichtsbehörde die Regelungen des § 64 KWahlO, insbesondere Absatz 3 Satz 3, zu beachten.

Die Vorschrift des Absatzes 2 Satz 3 regelt die Zuständigkeit der jeweiligen kommunalrechtlichen Aufsichtsbehörde, also des Landrates als untere staatliche Verwaltungsbehörde bei in einer kreisangehörigen Kommune notwendig werdenden Entscheidungen oder der Bezirksregierung bei Entscheidungen in einer kreisfreien Stadt oder einem Kreis (anstelle des Wahlleiters) für die Festsetzung des Termins der Nachwahl und die damit im Zusammenhang stehenden Fristen und Termine.

6. Absatz 3

Natürlich findet auch die Nachwahl nach denselben Vorschriften dieses Gesetzes oder der KWahlO und denselben rechtlichen und demokratie-technischen Grundlagen statt wie die in dem Wahlgebiet oder Wahlbezirk ausgefallene Hauptwahl. Damit ist klar, dass der

Zuschnitt der Stimmbezirke gleich bleibt, auch die Wählerverzeichnisse werden nicht angepasst. Die Wahlvorschläge ändern sich in den Fällen des Absatzes 1 Nr. 2 und Nr. 3.

§ 22

(1) Ist nach einer Gebietsänderung oder für eine neugebildete Gebietskörperschaft eine Vertretung zu wählen, so beruft die Aufsichtsbehörde die Beisitzer des Wahlausschusses. Sie berücksichtigt hierbei nach Möglichkeit die im Wahlgebiet vertretenen Parteien und Wählergruppen. Entsprechendes gilt, wenn im Falle der Auflösung der Vertretung gemäß § 125 der Gemeindeordnung oder aus anderen Gründen eine Neuwahl durchzuführen ist.

(2) Der Tag der Wahl ist so festzusetzen, dass sie baldmöglich innerhalb von sechs Monaten – im Falle der Auflösung gemäß § 125 der Gemeindeordnung von drei Monaten – nach Auflösung der alten Vertretung stattfindet.

(3) Der nach Absatz 2 bestimmte Wahltag ist für die Wahlberechtigung und die Wählbarkeit maßgebend. Findet die Wahl während der allgemeinen Wahlperiode statt, so endet die Wahlzeit – abweichend von § 42 Abs. 1 Satz 1 der Gemeindeordnung und § 27 Abs. 1 Satz 1 der Kreisordnung für das Land Nordrhein-Westfalen in der Fassung der Bekanntmachung vom 14. Juli 1994 (GV. NRW. S. 646) in der jeweils gültigen Fassung – mit dem Ablauf der allgemeinen Wahlperiode.

Erläuterungen

Übersicht

1. Grundsätzliches/Allgemeines

Die Vorschrift regelt die Verfahrensweise, die anzuwenden ist, wenn eine neue Gebietskörperschaft gebildet wird oder es (zum Beispiel durch Gebietstausch) zu Veränderungen des Gebiets einer Gemeinde kommt (jeweils nach den Regelungen des Kommunalrechts, §§ 17 ff. GO, §§ 16 ff. KrO). Insbesondere geht es um die einzuhaltenden Fristen unter dem grundsätzlichen Primat der Ermöglichung einer möglichst kurzen Unterbrechung der kommunalen Selbstverwaltung. Die Vorschrift ist kaum praktisch relevant.

2. Änderung der Wahlvorbereitungs-Modalitäten bei Wahl nach Gebietsänderung oder neu gebildeter Körperschaft

Im Normalfall wird der von der bereits bestehenden Gebietskörperschaft (Gemeinde, Stadt, Kreis) gebildete Wahlausschuss vorbereitend tätig. Da nach einer Gebietsänderung, erst recht nach Neubildung einer Gemeinde oder Stadt, ein solcher noch nicht existiert (da ja auch noch kein Rat oder Kreistag und demzufolge kein Fachausschuss existiert), muss in diesem Falle ein Wahlausschuss für die erforderlichen die Kommunalwahl vorbereitenden Entscheidungen gebildet werden. Die Beisitzer dieses Wahlausschusses sind in diesem speziellen Falle von der jeweiligen Aufsichtsbehörde (allgemeine Kommunalaufsicht, also Landrat als untere staatliche Verwaltungsbehörde für die kreisangehörigen Städte und Gemeinden sowie Bezirksregierung für kreisfreie Städte und Kreise) zu berufen. Dabei hat die Aufsichtsbehörde neben den in § 2 KWahlG und der KWahlO enthaltenen allgemeinen Vorgaben zu beachten, dass die im neuen Wahlgebiet vertretenen Parteien und Wählergruppen Berücksichtigung finden.

3. Verweis auf § 125 GO, Absatz 2

Die unter Erl. 2 genannte Verfahrensweise gilt nach § 22 Abs. 1 Satz 3 KWahlG entsprechend, wenn die Neuwahl der Vertretung wegen Auflösung der bisherigen Vertretung als Maßnahme der Kommunalaufsicht gemäß §§ 119 ff. GO (hier § 125 GO) erforderlich wurde. Des Weiteren nennt der Gesetzgeber in Absatz 1 Satz 3 „andere Gründe", aus denen die Neuwahl zu erfolgen hat. Auch in einem solchen Fall ist gemäß § 22 Abs. 1 Satz 3 KWahlG zu verfahren.

4. Festsetzung des Wahltages, Absatz 2

Nach Absatz 2 der Vorschrift hat der Wahltag „baldmöglich" stattzufinden, in dem Fall der Auflösung der bisherigen Vertretung durch die Aufsichtsbehörde in Anwendung des § 125 GO bedeutet das innerhalb von drei Monaten, in allen anderen Fällen innerhalb von sechs Monaten, jeweils zum frühestmöglichen sinnvollen Termin.

5. Maßgeblichkeit des Wahltages für Wahlberechtigung und Wählbarkeit, Absatz 3 Satz 1

Nach Absatz 3 Satz 1 der Vorschrift ist für die Berechnung sowohl des aktiven als auch des passiven Wahlrechts der so festgelegte Wahltag maßgeblich.

6. Ende der Wahlzeit, Absatz 3 Satz 2

Die Regelung des Absatz 3 Satz 2 beinhaltet, dass auch bei einer Wahl nach den Regelungen des § 22 KWahlG während der allgemeinen Wahlperiode die Wahlzeit mit dem Ablauf der allgemeinen Wahlperiode endet. Sie ist also kürzer als die üblichen fünf Jahre. Damit wird sichergestellt, dass mit dem Ablauf der allgemeinen Wahlperiode wieder für alle betroffenen kommunalen Wahlgänge der Wahltag der für die allgemeinen Kommunalwahlen nach § 14 KWahlG ist.

4.

Stimmzettel

§ 23

(1) Die Stimmzettel und erforderlichen Stimmzettelschablonen für blinde und sehbeeinträchtigte Menschen sowie Informationen zur Wahl in Leichter Sprache werden amtlich hergestellt. Sie enthalten die für den Wahlbezirk zugelassenen Wahlvorschläge sowie die zugelassenen Reservelisten der Parteien und Wählergruppen, deren Wahlvorschlag für den Wahlbezirk zugelassen ist, mit den Namen der ersten drei Bewerber. Die Reihenfolge auf dem Stimmzettel richtet sich nach der Stimmenzahl, die die Parteien, Wählergruppen und Einzelbewerber bei der letzten Wahl zur Vertretung des Wahlgebiets erreicht haben. Die übrigen Wahlvorschläge schließen sich in alphabetischer Reihenfolge der Namen der Parteien, Wählergruppen und Einzelbewerber an.

(2) In Stimmbezirken, in denen eine repräsentative Wahlstatistik (§ 50 Abs. 2) oder eine wahlstatistische Auszählung (§ 50 Abs. 4) stattfindet, werden Stimmzettel mit Unterscheidungsbezeichnungen nach Geschlecht und Geburtsjahresgruppen verwendet.

Erläuterungen

Übersicht

1. Grundsätzliches/Allgemeines

Die Vorschrift regelt die Herstellung, den Inhalt und die Reihenfolge der aufzunehmenden Informationen, im zweiten Absatz geht es um einige Besonderheiten, die in Stimmbezirken zu berücksichtigen sind, in denen eine repräsentative Wahlstatistik oder eine wahlstatistische Auszählung stattfindet.

Die Regelung gilt unmittelbar für die Wahlen zu den Vertretungen, also den Räten und Kreistagen, sie findet entsprechend Anwendung für die Wahlen zu den Bezirksvertretungen in den kreisfreien Städten sowie für die Wahl der Hauptverwaltungsbeamten, also der (Ober-) Bürgermeister und Landräte sowie für die Wahl der Verbandsversammlung des Regionalverbands Ruhr. Gegebenenfalls sind Besonderheiten zu beachten. Die detaillierteren Regelungen über die Beschaffenheit der Stimmzettel sind in §§ 32, 73, 75c und 75k KWahlO enthalten. In der Anlage zur KWahlO finden sich auch Stimmzettel-Muster (Anlage 17).

Stimmzettel sollen nur diejenigen Informationen enthalten, die für den Wähler erforderlich sind, um seine Stimme so abzugeben, dass dies seinem zuvor gefassten Willen entspricht, oder dass er sich spontan zu einer Stimmabgabe für einen auf dem Stimmzettel enthaltenen Bewerber entscheiden kann.

Weitere Zusätze auf dem Stimmzettel, etwa Auszüge aus Gesetzen oder Hinweise zu den bisherigen Geschlechteranteilen in den zu wählenden Organen sind unzulässig (VGH Rheinland-Pfalz, Beschl. vom 13.6.2014 – N 14/14, VGH B 16/1 – NVwZ 2014 S. 1319).

2. Herstellung der Stimmzettel, Absatz 1 Satz 1

Bei den Kommunalwahlen in Nordrhein-Westfalen sind – wie auch bei anderen Wahlen, so zum Deutschen Bundestag, zum Landtag des Landes Nordrhein-Westfalen und zum Europäischen Parlament – nur amtlich hergestellte Stimmzettel zu verwenden. Unter dem Begriff „amtlich hergestellt" ist nicht zu verstehen, dass die Stimmzettel in einer zu einem Träger öffentlicher Verwaltung gehörenden Druckerei hergestellt werden müssen, also etwa in den – in vielen Städten, Gemeinden und Kreisen vorhandenen – Hausdruckerei der jeweiligen Verwaltung als Teil der Kernverwaltung beispielsweise zum Druck der Sitzungsunterlagen für Mitglieder der Vertretungen. Vielmehr sind die Stimmzettel von dem jeweils für das Wahlgebiet zuständigen Wahlleiter zu beschaffen, § 79 Abs. 4 KWahlO. Darunter ist zu verstehen, dass die Stimmzettel entweder selbst – hauseigen – hergestellt werden können, also in der verwaltungseigenen Druckerei hergestellt werden können, oder mittels vom Wahlleiter zu erteilendem Druckauftrag von einer geeigneten Druckerei hergestellt werden können. Jedenfalls ist eine private Erstellung von Stimmzetteln etwa durch Mitglieder von Wahlvorständen oder gar von den Trägern der Wahlvorschläge, also von Parteien oder Wählergruppen, nicht zulässig.

Solche amtlich hergestellten Stimmzettel, deren optische und graphische Gestaltung sich so eng wie möglich an die Vorgaben der Muster-Stimmzettel in Anlage 17 zur KWahlO halten sollten, dienen zum einen der unbeeinflussten Stimmabgabe durch die Wähler, zum anderen helfen sie beim schnellen und sicheren Auszählen der Stimmen zur Ermittlung des Wahlergebnisses. Die Folge einer nicht genau genug beachteten Vorgabe der KWahlO nebst Anlagen und Stimmzettelmuster kann die Notwendigkeit des Neudrucks der Stimmzettel sein, gegebenenfalls auch mit der Nebenfolge der Verschiebung der Wahl, wie 2015 bei der Wahl zum Oberbürgermeister der Stadt Köln geschehen. Dort mussten seinerzeit rund 800.000 Stimmzettel neu gedruckt werden, die Wahl daher verschoben werden.

Der Wahlleiter ist verantwortlich für die Vorgabe der Informationen, die auf dem Stimmzettel enthalten sein müssen, inklusive der Berücksichtigung der amtlichen Vorgaben für Schriftart, Schriftgröße und Kontrast. Außerdem hat er sicherzustellen, dass amtlich hergestellte Stimmzettel nicht missbräuchlich verwendet werden können, also nicht etwa durch wen auch immer Stimmzettel abgezweigt werden können, um sie als abgegebene Stimmen in der Absicht, das Wahlergebnis zu beeinflussen, in Wahllokalen einzusetzen.

Für blinde und sehbeeinträchtigte Menschen sind Stimmzettelschablonen amtlich herzustellen. Diese ermöglichen es blinden und sehbeeinträchtigten Menschen, ihr Wahlrecht ohne Hilfspersonen eigenständig wahrnehmen zu können. Blindenverbände und Wohlfahrtverbände verfügen über die weiteren Bestandteile eines sogenannten „Wahlpakets", mit dessen Hilfe die Stimmzettelschablonen von der blinden oder sehbeeinträchtigten Person im Wahllokal eigenständig ausgefüllt werden können.

Auch Informationen in leichter Sprache für Menschen mit geistiger Behinderung gehören zu den amtlich herzustellenden Unterlagen.

3. Inhalt der Stimmzettel, Absatz 1 Satz 2

Die Stimmzettel enthalten die für den Wahlbezirk zugelassenen Wahlvorschläge sowie die zugelassenen Reservelisten der Parteien und Wählergruppen, deren Wahlvorschlag für den Wahlbezirk zugelassen ist, mit den Namen der ersten drei Bewerber. Diese Information ist erforderlich, weil mit der einen ihm bei der Kommunalwahl zur Verfügung stehenden Stimme der Wähler für den Fall des Vorhandenseins einer Reserveliste der Partei oder Wählergruppe, deren Bewerber im Wahlbezirk er wählt, seine Stimme auch für die Ermittlung der den Parteien oder Wählergruppen aus den Reservelisten zustehenden Sitze in der Vertretung zählt. Hat eine Partei oder Wählergruppe, die eine Reserveliste erstellt hat, in einem Wahlbezirk keinen Bewerber aufgestellt, erscheint sie nicht auf dem Stimmzettel. Eine Wahl nur einer Reserveliste ist nicht vorgesehen.

Farbe, Größe, Papierstärke und sonstige Beschaffenheit der Stimmzettel regeln sich nach den Vorgaben des § 32 Abs. 3 KWahlO. Insbesondere darf wegen des Wahlrechtsgrundsatzes der geheimen Wahl das Papier nicht so dünn oder durchscheinend sein, dass auch nach Faltung des ausgefüllten Stimmzettels erkennbar wäre, welchem Bewerber der Wähler seine Stimme gegeben hat. Die Schriftgrößen sind für alle Bewerber in dem jeweiligen Feld gleich groß zu halten, damit es nicht zu Beeinflussungen der Wähler kommen kann.

4. Reihenfolge der Wahlvorschläge auf den Stimmzetteln, Absatz 1 Satz 3

Maßgeblich für die Reihenfolge ist die Stimmenzahl, die die Parteien, Wählergruppen und Einzelbewerber bei der letzten Wahl zur Vertretung des Wahlgebietes erreicht haben. Sonstige Wahlvorschläge schließen sich in alphabetischer Reihenfolge der Parteien, Wählergruppen und Einzelbewerber an. Damit weicht der Gesetzgeber von der bisher geübten Praxis ab, wonach bei solchen Parteien, Wählergruppen und Einzelbewerbern, die an der letzten Wahl zur Vertretung nicht teilgenommen oder bei dieser keine Stimmen errungen haben, die Reihenfolge des Eingangs der Wahlvorschläge für den Wahlbezirk beim Wahlleiter entscheidend für die Platzierung auf dem Stimmzettel sein sollte. Damit passt der Gesetzgeber die Festlegung der Reihenfolge an das Wahlrecht zum Landtag des Landes Nordrhein-Westfalen an. Außerdem wird durch diese Regelung ein „Wettrennen" zwischen konkurrierenden Parteien, Wählergruppen oder Einzelbewerbern vermieden, welches auf Kosten der Genauigkeit und Vollständigkeit der eingereichten Unterlagen gehen könnte. Maßgeblich für die Reihung sind die Namen der Wahlvorschlagsträger, nicht deren Kurzbezeichnungen.

Stellt eine Partei oder Wählergruppe nicht in allen Wahlbezirken des Wahlgebietes einen Bewerber, so entfällt wegen der Einheitlichkeit der Reihenfolge der Bewerber auf den Stimmzetteln im gesamten Wahlgebiet dieser Wahlvorschlag, die weiteren rücken auf, ohne dass es zu einer Leerstelle auf dem Stimmzettel kommt.

Auch die Reihenfolge der Bewerber für die Wahl des Bürgermeisters oder Landrates richtet sich nach § 75c KWahlO nach der Nummernfolge der Wahlvorschläge der letzten Wahl zur Vertretung, also zum Rat oder Kreistag, gemäß § 23 Abs. 1 Satz 3 KWahlG. Für gemeinsame Wahlvorschläge gilt § 46d Abs. 4 KWahlG. § 32 Abs. 3 und 6 KWahlO gelten entsprechend.

5. Besonderheiten wegen Wahlstatistik, Absatz 2

In Stimmbezirken, in denen eine repräsentative Wahlstatistik nach § 50 Abs. 2 KWahlG oder eine wahlstatistische Auszählung nach § 50 Abs. 4 KWahlG stattfindet, ist es zulässig, Stimmzettel zu verwenden, die Unterscheidungsbezeichnungen nach Geschlecht oder Geburtsjahrgangsgruppen enthalten. Hier kann auf die Detailregelungen der §§ 50 und 80 KWahlO verwiesen werden.

IV.

DURCHFÜHRUNG DER WAHL

1.

Anwesenheit im Wahllokal

§ 24

(1) Die Wahlhandlung und die Ermittlung des Wahlergebnisses in den Stimmbezirken sind öffentlich. Der Wahlvorstand kann aber im Interesse der Wahlhandlung die Zahl der im Wahllokal Anwesenden beschränken.

(2) Den Anwesenden ist jede Einflussnahme auf die Wahlhandlung und das Wahlergebnis untersagt.

(3) Während der Wahlzeit sind in und an dem Gebäude, in dem sich der Wahlraum befindet, sowie unmittelbar vor dem Zugang zu dem Gebäude jede Beeinflussung der Wähler durch Wort, Ton, Schrift oder Bild sowie jede Unterschriftensammlung verboten.

(4) Die Veröffentlichung von Ergebnissen von Wählerbefragungen nach der Stimmabgabe über den Inhalt der Wahlentscheidung ist vor Ablauf der Wahlzeit unzulässig.

(5) Wer Ergebnisse von Wählerbefragungen nach der Stimmabgabe über den Inhalt der Wahlentscheidung entgegen Absatz 4 vor Ablauf der Wahlzeit veröffentlicht, handelt ordnungswidrig. Die Ordnungswidrigkeit kann mit einer Geldbuße bis zu 50 000 Euro geahndet werden. Verwaltungsbehörde im Sinne des § 36 Abs. 1 Nr. 1 des Gesetzes über Ordnungswidrigkeiten ist der Wahlleiter.

Erläuterungen

Übersicht

1. Grundsätzliches/Allgemeines
2. Öffentlichkeit der Wahlhandlung, Absatz 1 Satz 1 Alternative 1
3. Öffentlichkeit der Ermittlung der Wahlergebnisse, Absatz 1 Satz 1 Alternative 2
4. Berechtigungen des Wahlvorstandes, Absatz 1 Satz 2
5. Verbot der unzulässigen Einflussnahme durch Anwesende, Absatz 2
6. Verbot der Beeinflussung von Wählern, Absatz 3
7. Vorzeitige Veröffentlichung von Ergebnissen, Absatz 4
8. Ordnungswidrigkeit, Absatz 5

1. Grundsätzliches/Allgemeines

Die Vorschrift enthält den Grundsatz der Öffentlichkeit sowohl der eigentlichen Wahl als auch der Stimmauszählung und Ermittlung des Wahlergebnisses. Dabei handelt es sich um wichtige demokratische Grundsätze für öffentliche Wahlen, die unter anderem frei, gleich und geheim durchzuführen sind. Auch Beeinträchtigungen oder Beeinflussungen der Wahlhandlung und der Ermittlung des Wahlergebnisses können nach dieser Norm verhindert werden, gegebenenfalls stehen Sanktionsmöglichkeiten zur Verfügung.

2. Öffentlichkeit der Wahlhandlung, Absatz 1 Satz 1 Alternative 1

Die Wahlhandlung und die Ermittlung des Wahlergebnisses in den Stimmbezirken sind öffentlich. Dieser Grundsatz gilt unabhängig davon, ob der Wahlraum sich in einem kommunalen Gebäude, etwa einer Schule oder einer Kindertagesstätte, befindet oder ob ein privater Raum, etwa der Nebenraum eines Lokals, angemietet wurde. Der Zugang zu den

Wahlräumen muss während des gesamten Zeitraumes der Wahl von 8.00 Uhr bis 18.00 Uhr und auch nach 18.00 Uhr während des Zeitraumes, in welchem das Wahlergebnis ermittelt wird, uneingeschränkt möglich sein. Bei allen Wahlräumen, die in den Stimmbezirken bereitgestellt werden müssen, soll auf barrierefreien Zugang geachtet werden, damit auch gehbehinderte Personen freien Zugang zu den Wahlräumen haben. Der Zutritt zu den Wahlräumen ist nicht abhängig von dem Umstand, dass der betreffende in dem betreffenden Stimmbezirk wahlberechtigt ist. So ist es zulässig, dass sich Wahlbeobachter der Parteien und Wählergruppen in den Stimmbezirken vom ordnungsgemäßen Verlauf der Wahlhandlungen, von der Wahlbeteiligung und von der Beachtung der auch in dieser Vorschrift enthaltenen Schutzvorschriften überzeugen und zu diesem Zwecke eine Vielzahl von Wahlräumen in den verschiedenen Stimmbezirken und Wahlbezirken des Wahlgebietes besuchen. Diese Wahlbeobachter selbst haben auch ihrerseits die Vorgaben des Absatzes 3 dieser Vorschrift zu beachten und dürfen Wähler nicht – etwa durch offen an der Kleidung getragene Symbole ihrer Partei oder Wählergruppe – in unzulässiger Weise beeinflussen.

3. Öffentlichkeit der Ermittlung der Wahlergebnisse, Absatz 1 Satz 1 Alternative 2

Der Grundsatz der Öffentlichkeit gilt nicht nur für die eigentliche Wahlzeit von 8.00 Uhr bis 18.00 Uhr, wie sie sich aus § 14 Abs. 3 KWahlG ergibt, sondern auch für die sich anschließende Ermittlung des Wahlergebnisses. Es ist also unzulässig, wenn der Wahlvorstand im Stimmbezirk ohne konkreten Grund – beispielsweise durch viele Besucher und dadurch bedingten Geräuschpegel – zur Ermöglichung einer konzentrierten und ungestörten Ermittlung des Ergebnisses durch Auszählung der Stimmen die Öffentlichkeit ausschließt. Zulässig ist es hingegen, in den Wahlräumen für eine sinnvolle Trennung der Mitglieder des Wahlvorstandes von den die Öffentlichkeit repräsentierenden Besuchern durch entsprechende Positionierung der Tische, an denen ausgezählt wird, Sorge zu tragen.

4. Berechtigungen des Wahlvorstandes, Absatz 1 Satz 2

Der Wahlvorstand kann im Interesse der Wahlhandlung die Zahl der im Wahllokal Anwesenden beschränken. Dies stellt eine Einschränkung des verfassungsrechtlich wichtigen Grundsatzes der Öffentlichkeit dar, der aus diesem Grunde zurückhaltend und verhältnismäßig auszuüben ist. Dem Wortlaut nach geht es um die Beschränkung der Zahl der Anwesenden unabhängig von der Frage, ob einzelne oder alle Anwesende, die nicht zum Wahlvorstand gehören oder Wähler sind, stören. Bei sehr großem Andrang kann der Wahlvorstand die Wähler in geeignet großen Gruppen in den Wahlraum lassen und gleichzeitig dafür Sorge tragen, dass im Interesse der Verringerung von Wartezeiten Wähler, die bereits gewählt haben, den Wahlraum verlassen, um wartenden potentiellen Wählern Platz zu machen. Bei Nichtstörern, die aufgrund der großen Zahl der Anwesenden das Wahllokal verlassen sollen, ist der Wahlvorstand aufgefordert, vorsichtig und zurückhaltend zu entscheiden. Insbesondere sollten nicht Anhänger einer bestimmten Partei oder Wählergruppe zum Verlassen des Raumes aufgefordert werden, während Sympathisanten anderer Parteien oder Wählergruppen bleiben dürfen.

Im Interesse der Vermeidung solcher Maßnahmen des Wahlvorstandes wird die zuständige kommunale Wahlbehörde darauf achten, ausreichend große Wahlräume zur Verfügung zu stellen.

Bei Störern sind diese durch den Vorsitzenden des Wahlvorstandes zunächst aufzufordern, die störenden Handlungen einzustellen. Erst nach zumindest einmaliger entsprechender Ermahnung kann als letztes Mittel der störende Zuschauer des Wahlraumes verwiesen werden. Es gilt die Regelung des § 39 KWahlO.

Ein vollständiger Ausschluss der Öffentlichkeit ist weder während der Wahlzeit noch während der Stimmauszählung zulässig.

5. Verbot der unzulässigen Einflussnahme durch Anwesende, Absatz 2

Den Anwesenden ist jede Einflussnahme auf die Wahlhandlung und das Wahlergebnis untersagt. Die Vorschrift ist im Zusammenhang mit der konkreteren Norm des Absatzes 3 der Vorschrift zu betrachten, wonach die Beeinflussung der Wähler durch Wort, Ton, Bild oder Schrift sowie jede Unterschriftensammlung verboten ist. Bei unzulässiger Einflussnahme auf die Wahlhandlung und das Wahlergebnis ist beispielsweise an offen an der Kleidung getragene Symbole einer Partei oder Wählergruppe zu denken. Dies ist auch und vor allem Mitgliedern des Wahlvorstandes nicht gestattet. Auch die Erteilung von Auskünften aus dem Wählerverzeichnis – beispielsweise die Information, welcher Wahlberechtigte noch nicht gewählt hat, um diesen dann zur Stimmabgabe ins Wahllokal zu bringen) – ist nicht zulässig.

Die Mitglieder des Wahlvorstandes, auch wenn sie von einer Partei oder Wählergruppe benannt worden sein sollten, haben sich während des gesamten Wahlvorgangs neutral zu verhalten.

6. Verbot der Beeinflussung von Wählern, Absatz 3

Während der Wahlzeit sind in und an dem Gebäude, in dem sich der Wahlraum befindet, sowie unmittelbar vor dem Zugang zu dem Gebäude jede Beeinflussung der Wähler durch Wort, Ton, Schrift oder Bild sowie jede Unterschriftensammlung verboten. Im Wahlraum Anwesende haben sich also auch politischer Diskussionen oder Agitation zu enthalten. Das Verteilen von Wahlwerbung, das Aufstellen von Plakaten oder sonstige Werbemittel, die Benutzung und Auslage von Schreibwerkzeugen mit entsprechenden Logos haben zu unterbleiben. Die Regelung gilt sowohl für Mitglieder des Wahlvorstandes wie auch für sonstige Anwesende. Auch ein Plakat einer Partei oder Wählergruppe in einem Fenster des Gebäudes, in dem sich der Wahlraum befindet, ist unzulässig. Durch die Erstreckung des räumlichen Geltungsbereiches der Vorschrift soll auch sichergestellt werden, dass die Wähler vor dem Betreten des Gebäudes, in welchem sich der Wahlraum befindet, nicht durch ein Spalier von Wahlwerbung einzelner oder gar nur einer Partei oder Wählergruppe gehen müssen. Auch ist der Geltungsbereich der Norm hier so zu interpretieren, dass auch Lautsprecherdurchsagen oder ähnliche Geräusch-Emissionen im Wahlraum nicht störend hörbar sind.

Zwar gibt es keine konkreten Regelungen analog der Bannmeilen-Regelung um Regierungsgebäude, doch sind die Wahlvorstände aufgerufen, die Umstände des Einzelfalls entsprechend zu würdigen.

7. Vorzeitige Veröffentlichung von Ergebnissen, Absatz 4

Die Veröffentlichung von Ergebnissen von Wählerbefragungen nach der Stimmabgabe über den Inhalt der Wahlentscheidung ist vor Ablauf der Wahlzeit unzulässig. Damit soll verhindert werden, dass solche Informationen eine unzulässige Beeinflussung von noch das Wahllokal zum Zwecke der Stimmabgabe besuchenden Wählern in ihrem Wahlverhalten haben. Die die Wählerbefragungen im Auftrag der Meinungsforschungsinstitute durchführenden Mitarbeiter sind von ihren Auftraggebern entsprechend zu informieren, auch der Vorsitzende des Wahlvorstandes sollte dies zu Beginn der Wahlzeit vorsorglich tun.

8. Ordnungswidrigkeit, Absatz 5

Ein Verstoß gegen Absatz 4 der Vorschrift stellt eine Ordnungswidrigkeit dar. Diese kann mit einer Geldbuße von bis zu 50.000 Euro geahndet werden. Vergleichbare Regelungen finden sich auch im Wahlrecht für andere öffentliche Wahlen. Für die Verfolgung und Ahndung solcher Ordnungswidrigkeiten ist der Wahlleiter nach Absatz 4 Satz 3 der Vorschrift zuständige Verwaltungsbehörde im Sinne des § 36 Abs. 1 Nr. 1 OWiG.

2.
Stimmabgabe

§ 25

(1) Der Wähler hat eine Stimme. Er gibt seine Stimme geheim ab.

(2) Der Wähler gibt seine Stimme in der Weise ab, dass er durch ein auf den Stimmzettel gesetztes Kreuz oder auf andere Weise eindeutig kenntlich macht, welchem Bewerber sie gelten soll.

(3) Der Wähler faltet daraufhin den Stimmzettel in der Weise, dass seine Stimmabgabe nicht erkennbar ist, und wirft ihn in die Wahlurne.

(4) Der Wähler kann seine Stimme nur einmal und nur persönlich abgeben. Eine Stimmabgabe durch einen Vertreter anstelle des Wählers ist unzulässig.

(5) Ein Wähler, der des Lesens unkundig oder aufgrund einer Behinderung an der Abgabe seiner Stimme gehindert ist, kann sich hierzu der Hilfe einer anderen Person bedienen. Die Hilfeleistung ist auf technische Hilfe bei der Kundgabe einer vom Wähler selbst getroffenen und geäußerten Wahlentscheidung beschränkt. Unzulässig ist eine Hilfeleistung, die unter missbräuchlicher Einflussnahme erfolgt, die die selbstbestimmte Willensbildung oder Entscheidung des Wählers ersetzt oder verändert oder wenn ein Interessenkonflikt der Hilfsperson besteht. Die Hilfsperson ist zur Geheimhaltung der Kenntnisse verpflichtet, die sie bei der Hilfeleistung von der Wahl einer anderen Person erlangt hat. Blinde oder sehbehinderte Wähler können sich zur Kennzeichnung des Stimmzettels auch einer Stimmzettelschablone bedienen.

Erläuterungen

Übersicht

1. Grundsätzliches/Allgemeines

Die Vorschrift regelt die Stimmabgabe bei der Kommunalwahl und enthält eine Reihe von Verfahrensvorschriften, die beim eigentlichen Wahlakt von den Beteiligten zu beachten sind. Insbesondere der Wahlrechtsgrundsatz der geheimen Wahl wird prominent – in Absatz 1 Satz 2 der Vorschrift – herausgestellt. Direkt gilt die Vorschrift für die Wahl zu den Räten und Kreistagen, sie ist durch entsprechende Verweisungsvorschriften auch anzuwenden für die Wahl der Bürgermeister und Landräte, der Bezirksvertretungen in den kreisfreien Städten sowie für die Wahl zur Verbandsversammlung des Regionalverbands Ruhr. Die bislang geltende gesetzliche Regelung des Absatzes 6, wonach der für Inneres zuständige Minister zulassen kann, dass anstelle von Stimmzetteln amtlich zugelassene Wahlgeräte verwendet werden, ist aufgehoben. Angesichts der verfassungsrechtlichen Vorgaben zum Einsatz von Wahlgeräten besteht für eine solche Regelung keine praktische Relevanz mehr.

Der Innenminister des Landes NRW hat zur Erleichterung der Arbeit der Wahlvorstände als Anlage zum Runderlass zur Vorbereitung und Durchführung der Kommunalwahlen vom 23.2.2020 Beispiele gültiger und ungültiger Stimmen aufgelistet. Diese Beispiele sind als Anhang der Kommentierung beigefügt.

2. Eine Stimme pro Wähler, Absatz 1 Satz 1

Der Wähler hat eine Stimme. Mit dieser einen Stimme hat der Wähler Gestaltungsrechte sowohl bei der Wahl des Bewerbers im Wahlbezirk (Direktkandidat) als auch für die Wahl aus den Reservelisten der Parteien und Wählergruppen. Anders ist die Sachlage bei den – ansonsten durchaus vergleichbaren – Wahlen zum Deutschen Bundestag. Bei dieser Wahl sind ebenfalls Bewerber in den Wahlkreisen zu wählen sowie Bewerber aus den Reservelisten der Parteien. Hier hat der Wähler zwei Stimmen, nämlich die Erststimme, mit der ein Bewerber im Wahlkreis direkt gewählt wird, sowie die Zweitstimme, mit der die Landesliste einer Partei gewählt wird. Beide Stimmen können unabhängig voneinander abgegeben werden, der Wähler kann also das sogenannte „Stimmensplitting" betreiben und mit der Erststimme den Bewerber der Partei A, mit der Zweitstimme die Landesliste der Partei B wählen. Auch eine Abgabe nur der Erststimme unter Verzicht auf die Abgabe der Zweitstimme (oder umgekehrt) ist zulässig. Alle diese Varianten der Stimmabgabe sind im nordrhein-westfälischen Kommunalwahlrecht nicht möglich, denn es gilt das Prinzip des Einstimmenwahlrechts. Auch in NRW werden jeweils die Hälfte der Ratsmitglieder und der Kreistagsmitglieder direkt in den Wahlbezirken und aus den Reservelisten für das ganze Wahlgebiet gewählt. Die Stimme, die der Wähler abgeben kann, bezieht sich aber zunächst nur auf einen Bewerber im Wahlbezirk. Nur diesen kann der Wähler wählen, für den (Regel-) Fall, dass der Bewerber im Wahlbezirk auch einer Partei oder Wählergruppe angehört, die eine Reserveliste für das Wahlgebiet gebildet hat, wählt er zwingend gleichzeitig auch die Reserveliste der Partei oder Wählergruppe des Wahlbezirks-Bewerbers, dem er seine Stimme gegeben hat. Auf die Kommentierung zu den §§ 31–33 KWahlG wird insoweit verwiesen.

3. Geheime Wahl, Absatz 1 Satz 2

Der Wähler gibt seine Stimme geheim ab. Damit wird dem verfassungsrechtlichen Wahlrechtsgrundsatz der geheimen Wahl, Art. 28 Abs. 1 Satz 2 GG, entsprochen. Der Wähler ist gehalten, den Grundsatz der geheimen Wahl auch seinerseits zu beachten. Er darf darum weder den ausgefüllten Stimmzettel in der Wahlkabine fotografieren noch den nicht zusammengefalteten Stimmzettel beim Verlassen der Wahlkabine den Anwesenden präsentieren. Es gilt hier die Regelung des § 40 Abs. 3 KWahlO und des § 40 Abs. 5 KWahlO, wonach ein Wähler, der seinen Stimmzettel so erkennbar gemacht hat, vom Wahlvorstand zurückzuweisen ist (§ 40 Abs. 5 Nr. 5 bis 7 KWahlO). Nicht zu verhindern sein wird die mündliche Mitteilung des Wählers, welchem Bewerber im Wahlbezirk er seine Stimme gegeben hat. Dass dies zulässig ist, ergibt sich schon aus der auch von diesem Gesetz (§ 24 Abs. 4 KWahlG) vorgesehenen Möglichkeit der Wählerbefragungen nach der Stimmabgabe über den Inhalt der Wahlentscheidung.

Schon bei der Herrichtung des Wahlraumes ist durch den Wahlleiter beziehungsweise den Wahlvorstand sicherzustellen, dass die Abgabe der Stimme in der Wahlkabine unbeobachtet erfolgen kann. Dazu ist insbesondere zu beachten, dass hinter der Wahlkabine oder den Wahlkabinen keine Möglichkeit des Aufenthalts für Besucher oder Wähler besteht und dass sich auch hinter den Wahlkabinen keine nicht verdeckten Fenster befinden, durch welche die Stimmabgabe in der Wahlkabine beobachtet werden könnte.

4. Modalitäten der Stimmabgabe, Absatz 2

Die Stimmabgabe erfolgt durch ein auf den Stimmzettel gesetztes Kreuz oder auf andere Weise, wenn diese eindeutig kenntlich macht, welchem Bewerber sie gelten soll. In welchen Fällen eine Kennzeichnung (oder Nicht-Kennzeichnung) einen Stimmzettel ungültig macht, regelt § 30 des Gesetzes. Auf die Kommentierung dort wird verwiesen. Insbesondere darf der Stimmzettel nicht mehrere angekreuzte oder gekennzeichnete Bewerber enthalten, die Ankreuzung muss zweifelsfrei erkennen lassen, welchem Bewerber die Stimme gilt, der Stimmzettel darf nicht zerrissen oder gleich stark beschädigt sein, er darf keine Zusätze oder Symbole enthalten (dies gilt insbesondere für nationalsozialistische Symbole wie Hakenkreuze). Auf Absatz 4 Satz 2 der Vorschrift, die auch bei der Stimmabgabe gilt, wird hingewiesen.

5. Faltung des Stimmzettels und Einwurf in die Wahlurne, Absatz 3

Nach der Stimmabgabe faltet der Wähler den Stimmzettel in der Weise, dass seine Stimmabgabe nicht erkennbar ist, und wirft den Stimmzettel in die Wahlurne. Auch hier geht es um den Schutz des Wahlrechtsgrundsatzes der geheimen Wahl. Dieser Grundsatz ist auch vom Wähler in Bezug auf seine eigene Stimmabgabe zu beachten (*Bätge*, § 25 Anm. 5). Der Wähler hat seinen Stimmzettel selbst in die Wahlurne zu helfen. Auf die Möglichkeit, sich einer Hilfsperson zu bedienen (§ 25 Abs. 4 Satz 2 KWahlG) wird hingewiesen.

6. Persönliche Stimmabgabe, Absatz 4 Satz 1

Der Wähler kann seine Stimme nur persönlich abgeben. Er kann niemanden damit beauftragen, als Stellvertreter für ihn im Wahllokal die Stimme abzugeben. Auch hier ist auf die Regelung in Absatz 4 Satz 2 der Vorschrift hinzuweisen, wonach der Wähler, der des Lesens unkundig ist oder aufgrund einer körperlichen Beeinträchtigung nicht in der Lage ist, den Stimmzettel zu kennzeichnen, zu falten und in die Wahlurne zu werfen, sich einer Hilfsperson bedienen kann.

7. Stimmabgabe durch einen Vertreter, Absatz 4 Satz 2

Eine Stimmabgabe durch einen Vertreter, der dem Wähler als Hilfsperson dienen soll, ist nach der vom Landtag des Landes Nordrhein-Westfahlen mit Gesetz vom 29.4.2020 beschlossenen Änderung des Kommunalwahlgesetzes und der Kommunalwahlordnung unzulässig. Vielmehr darf eine Hilfeleistung durch eine solche andere Person sich nur auf rein technische Hilfe beschränken.

Dies stellt eine Präzisierung der Regelungen über die Grenzen zulässiger Assistenz bei der Ausübung des Wahlrechtes dar. Damit setzt der Gesetzgeber die Rechtsprechung des Bundesverfassungsgerichtes (Beschl. vom 29.1.2019 – 2 BvC 62/14 –) um. Das Gericht hatte geurteilt, dass der im Bundeswahlgesetz seinerzeit geltende Wahlrechtsausschluss vollbetreuter Personen mit dem Grundsatz der Allgemeinheit der Wahl (Art. 38 Abs. 1 Satz 1 GG) sowie mit dem Verbot der Benachteiligung wegen einer Behinderung (Art. 3 Abs. 3 Satz 2 GG) unvereinbar sei. Der Bundesgesetzgeber hat zwischenzeitlich auf diesen Beschluss reagiert und den Wahlrechtsausschlussgrund der Vollbetreuung aufgehoben. Diese für die Bundestagswahlen und die Wahlen zum Europäischen Parlament geltende Neuregelung wird nunmehr auch für die Kommunalwahlen in Nordrhein-Westfalen ab dem Jahr 2020 Anwendung finden.

Für Wähler, die des Lesens unkundig sind oder aufgrund einer Behinderung nicht in der Lage sind, die Stimme abzugeben, gilt die Möglichkeit, sich der Hilfe einer anderen Person zu bedienen. Eine solche kann eine dem Wähler vertraute Person sein, die diesen begleitet, beispielsweise ein Familienmitglied. Als Hilfsperson kann auch ein Mitglied des Wahlvorstandes nach Wahl des Wählers fungieren, wie sich aus § 41 KWahlO ergibt. Die Hilfeleistung hat sich auf die Erfüllung der Wünsche des Wählers zu beschränken. Die Hilfsperson darf gemeinsam mit dem Wähler die Wahlkabine aufsuchen, soweit das zur Hilfeleistung erforderlich ist. Die Hilfsperson ist zur Geheimhaltung der Kenntnisse verpflichtet, die sie bei der Hilfeleistung von der Wahl eines anderen erlangt hat. Der Grundsatz der geheimen Wahl ist also auch insoweit zu beachten.

8. Zulässigkeit von technischer Hilfeleistung bei der Wahl, Absatz 5

Die vom Bundesverfassungsgericht (a. a. O.) festgelegten Grenzen zulässiger Assistenz bei der Ausübung des Wahlrechtes werden nunmehr auch in diesem Gesetz übernommen. Unabdingbar für die Ausübung des Wahlrechtes als höchstpersönliches Recht ist demnach die Fähigkeit zur selbstbestimmten Willensbildung und zur Äußerung einer so getroffenen Entscheidung. Beides ist die Basis für die anschließende mögliche sogenannte technische Hilfe bei der Kundgabe dieser Wahlentscheidung. Die Möglichkeit, dass blinde oder sehbeeinträchtigte Personen sich einer Stimmzettelschablone bedienen, die zuvor in Absatz 4 Satz 3 der Vorschrift enthalten war, ist nunmehr in § 41 KWahlO geregelt.

Anlage

Die nachstehenden Beispiele, die sich auf anerkannte Auslegungsregeln und auf Entscheidungen im Wahlprüfungsverfahren stützen, sollen den Wahlvorständen Anhaltspunkte für die von ihnen zu treffenden Entscheidungen geben. Die Zusammenstellung ist nicht erschöpfend.

Bei der Prüfung der Gültigkeit der Stimmen kommt es entscheidend darauf an, **ob der Wille des Wählers eindeutig zu erkennen** und **ob das Wahlgeheimnis gewahrt ist.** Dabei soll nicht kleinlich vorgegangen werden. In der Regel ist davon auszugehen, dass der Wähler eine gültige Stimme abgeben wollten.

A. Nur bei der Briefwahl: Mängel im Umschlag

Ungültig ist die Stimme, wenn

1. der Stimmzettel nicht in einem amtlichen Stimmzettelumschlag abgegeben worden ist,
2. der Stimmzettelumschlag mit einem das Wahlgeheimnis verletzenden Kennzeichen versehen ist, das auf den Wähler oder einen engeren Kreis von Wählern hinweist.

Gültig ist die Stimme, wenn der Stimmzettelumschlag Fehler im Papier enthält oder leicht beschädigt oder eingeknickt oder leicht zerknittert ist.

B. Mängel in der äußeren Beschaffenheit des Stimmzettels

Ungültig ist die Stimme, wenn der Stimmzettel

1. als nichtamtlich erkennbar ist, also etwa einem Wahlplakat entnommen oder dem Wähler von einer Partei oder von einer Wählergruppe ins Haus gesandt worden ist,
2. zwar gekennzeichnet, aber völlig durchgestrichen oder durchgerissen ist,
3. nur aus einem Teilstück des amtlichen Stimmzettels besteht, auch wenn das Teilstück eine Kennzeichnung enthält,
4. für einen anderen Wahl- oder Stadtbezirk bestimmt ist,
5. für eine andere Wahl bestimmt ist oder von einer früheren Wahl herrührt.

Gültig ist die Stimme, wenn der Stimmzettel

1. schlecht bedruckt oder schlecht abgetrennt oder sonst leicht beschädigt oder mit technischen Herstellungsfehlern oder mit Fehlern im Papier behaftet ist,
2. leicht eingerissen oder eine Ecke von ihm abgerissen ist,
3. bei der Briefwahl beim Herausnehmen aus dem Stimmzettelumschlag oder sonst beim Zählgeschäft zerrissen oder zerschnitten worden ist; das hat vor allem der Briefwahlvorstand zu beachten, wenn Scheren oder Brieföffner zum Öffnen der (zugeklebten) Stimmzettelumschläge verwendet worden sind.

C. Mängel in der Kennzeichnung

Ungültig ist die Stimme, wenn auf dem Stimmzettel

1. kein Kennzeichen angebracht ist,
2. ein Fragezeichen angebracht worden ist,
3. die Rückseite gekennzeichnet ist,

4. mehrere Kennzeichnungen angebracht und nicht alle bis auf eine Kennzeichnung zweifelsfrei getilgt sind oder nicht bei einer vermerkt ist: „gilt" oder dergleichen,
5. der Name eines Bewerbers oder die Namen einzelner, mehrerer oder aller Bewerber einer Liste offensichtlich bewusst durchgestrichen und/oder zusätzliche Namen angebracht sind, der zugehörige Kreis aber gekennzeichnet ist,
6. ein Kreuz angebracht ist, das (nicht nur geringfügig über ein Feld hinausragend) sich über mehrere Kreise oder Felder erstreckt, auch wenn der Schnittpunkt des Kreuzes in einem Feld oder Kreis liegt,
7. eine Liste oder einen Bewerber angekreuzt, andere angestrichen worden sind (das Kreuz hat keinen Vorrang!),
8. mehrere Kreise oder Felder durchgestrichen, aber mehr als ein Kreis oder mehr als ein Feld nicht durchgestrichen sind, mag auch ein Kreis oder Feld gekennzeichnet sein,
9. nur ein Feld oder Kreis nicht gekennzeichnet ist, aber alle anderen teils durch Kreuze, teils durch Striche gekennzeichnet sind,
10. eine Liste oder einen Bewerber durch einen Riss in den Kreis oder durch Beschädigung mit einem scharfen Gegenstand, wenn auch im Kreis, gekennzeichnet ist.

Gültig ist die Stimme, wenn auf dem Stimmzettel

1. die Kennzeichnung durch Nachziehen des Kreises oder durch dessen Ausmalen oder durch Umranden des Feldes vorgenommen ist,
2. das Kennzeichen neben dem Kreis, aber so angebracht ist, dass über die Zurechnung kein Zweifel besteht,
3. neben der eindeutigen Kennzeichnung die Bezeichnung der gekennzeichneten Liste vermerkt ist,
4. als Kennzeichnung der Name oder die Bezeichnung der Liste in dem vorgesehenen Kreis eingetragen ist,
5. die Parteibezeichnung oder die Bezeichnung einer Wählergruppe – oder das Kennwort der Liste beziehungsweise das Kennwort eines Bewerbers – angekreuzt, angestrichen oder umrandet ist,
6. die Kennzeichnung außerhalb des Kreises, aber innerhalb des Feldes einer Liste eindeutig erfolgt ist,
7. in einem freien Feld oder an einer freien Stelle der Name oder das Kennwort einer Liste – oder der Name oder das Kennwort eines Bewerbers – vermerkt und dieser Eintrag durch Strich oder Pfeil mit dem Namen der Liste, des Bewerbers oder seinem Kreis oder seiner Parteibezeichnung – oder der Bezeichnung der Wählergruppe – verbunden ist,
8. der Stimmzettel bei der Tilgung einer Kennzeichnung verletzt oder sonst leicht beschädigt worden ist,
9. alle Listenbezeichnungen oder alle Bezeichnungen der Bewerber – oder alle Kreise oder Felder mit einer Ausnahme durchgestrichen sind, auch wenn nicht noch eine besondere Kennzeichnung des/der nicht durchgestrichenen vorgenommen ist (a. A. OVG Thüringen DÖV 2007, 978 und VG Saarlouis, U. v. 11.12.2015, Az. 3 K 2034/14: wegen Mehrdeutigkeit ungültig),
10. sich die mit Tinte oder dergleichen vorgenommene Kennzeichnung beim Zusammenfalten an anderer Stelle abgedruckt hat.

D. Verletzung des Wahlgeheimnisses

Ungültig ist die Stimme,

1. wenn dem Stimmzettel ein Stück Papier oder ein sonstiger Gegenstand, wodurch auf die Wähler oder einen engeren Kreis von Wählern hingewiesen wird, oder gar die Wahlbenachrichtigung des Wählers beigefügt ist,
2. wenn der Name des Wählers auf dem Stimmzettel steht.

Gültig ist die Stimme,

wenn dem Stimmzettel ein Stück Papier beigefügt ist, das weder auf den Wähler noch auf einen engeren Kreis von Wählern hinweist und das auch nicht als Vorbehalt oder unzulässiger Zusatz anzusehen ist.

§ 26

(1) Bei der Briefwahl hat der Wähler dem Bürgermeister in einem verschlossenen Wahlbriefumschlag

a) seinen Wahlschein,

b) in einem besonderen verschlossenen Stimmzettelumschlag seinen Stimmzettel

so rechtzeitig zu übersenden, dass der Wahlbrief am Wahltage bis 16 Uhr bei ihm eingeht.

(2) Auf dem Wahlschein hat der Wähler oder die Hilfsperson (§ 25 Absatz 5 Satz 1) dem Bürgermeister an Eides statt zu versichern, dass der Stimmzettel persönlich oder gemäß dem erklärten Willen des Wählers gekennzeichnet worden ist. Der Bürgermeister ist zur Abnahme einer solchen Versicherung an Eides statt zuständig; er ist Behörde im Sinne des § 156 des Strafgesetzbuches.

Erläuterungen

Übersicht

1. Grundsätzliches/Allgemeines
2. Übersendung von Wahlschein und Stimmzettel in einem Wahlbrief, Absatz 1
3. Abgabe einer Versicherung an Eides statt, Absatz 2

1. Grundsätzliches/Allgemeines

Die Vorschrift regelt die zu beachtenden Vorgaben für die Abstimmung durch Briefwahl. Damit erlaubt das Gesetz die Briefwahl als Ausnahme von dem Grundsatz der persönlichen Stimmabgabe in dem zuständigen Wahlraum und in dem Zeitraum der Wahlzeit, also am Wahltag von 8.00 Uhr bis 18.00 Uhr. Die früher erforderliche Angabe und Glaubhaftmachung von Gründen für die Abweichung vom Grundsatz der Urnenwahl ist nicht mehr erforderlich. Dies ist mit den Wahlrechtsgrundsätzen der geheimen Wahl, der freien Wahl und der Öffentlichkeit des Wahlvorganges vereinbar (BVerfG, NVwZ 2013 S. 1272). Jedoch ist der Gesetzgeber verpflichtet, eine möglichst umfassende Gewährleistung aller Wahlrechtsgrundsätze auch im Falle der Abgabe der Stimmen per Briefwahl, oft also im privaten häuslichen Umfeld, sicherzustellen (so BVerfGE 21, 200).

2. Übersendung von Wahlschein und Stimmzettel in einem Wahlbrief, Absatz 1

In Absatz 1 bestimmt die Vorschrift, dass der Wähler dem Bürgermeister als Wahlleiter in einem verschlossenen (Wahlbrief-)Umschlag sowohl seinen Wahlschein als auch – in einem besonderen verschlossenen Stimmzettelumschlag – seinen Stimmzettel zu übersenden hat. Der Stimmzettel ist also nach Ausführung des Wahlaktes (durch Ankreuzen eines Kandidaten/einer Kandidatin) vom Wahlberechtigten in den Stimmzettelumschlag zu stecken und dieser ist zu verschließen. Weiterhin muss der Wähler den verschlossenen Stimmzettelumschlag und den Wahlschein in den Wahlbriefumschlag stecken. Stimmzettelumschlag und Wahlbriefumschlag sind entsprechend gekennzeichnet. Es dürfen nur die entsprechend gekennzeichneten Stimmzettelumschläge verwendet werden, an Stelle der amtlich ausgegebenen Wahlbriefumschläge dürfen andere Umschläge verwendet werden (siehe § 27 Abs. 2 Nr. 7 KWahlG, wonach lediglich beim Stimmzettelumschlag ausschließlich der amtliche Umschlag benutzt werden darf). Der Wahlschein berechtigt den Wähler nach § 10 Abs. 3 KWahlG dazu, in jedem Stimmbezirk des Wahlbezirks oder durch Briefwahl zu wählen. Er wird auf schriftlichen oder mündlichen Antrag des Wahlberechtigten vom Bürgermeister der zuständigen Gemeinde oder Stadt erteilt. Erforderlich für die Ausstellung eines Wahlscheines ist, dass der Wahlberechtigte in das Wählerverzeichnis eingetragen ist oder die Eintragung in das Wählerverzeichnis aus einem von dem Wahlberechtigten nicht zu vertretenden Grund nicht erfolgte.

Der Wahlbriefumschlag mit den erforderlichen Inhalten muss spätestens am Wahltag bis 18.00 Uhr beim Bürgermeister (also in dem für die Kommunalwahl zuständigen Fachamt oder -bereich der Verwaltung) eingehen.

Die Gründe, die zur Zurückweisung von Wahlbriefen führen, ergeben sich aus § 27. Nach Absatz 2 Nr. 1 sind Wahlbriefe zurückzuweisen, wenn sie nicht rechtzeitig eingegangen sind, nach Nr. 2 bis Nr. 8 gibt es noch weitere Gründe für eine Zurückweisung eines Wahlbriefes (siehe Erl. zu § 27).

3. Abgabe einer Versicherung an Eides statt, Absatz 2

Regelungsinhalt des Absatzes 2 der Vorschrift ist die Verpflichtung des Wählers oder der Hilfsperson (vgl. § 25 Abs. 4 Satz 2 KWahlG), dem Bürgermeister auf dem Wahlschein an Eides statt zu versichern, dass der Stimmzettel entweder vom Wähler persönlich gekennzeichnet worden ist oder durch die Hilfsperson gemäß dem erklärten Willen des Wählers gekennzeichnet worden ist. Mit einer solchen Versicherung an Eides statt wird die Richtigkeit einer Tatsachenangabe besonders bekräftigt. Hier dient dieses Mittel zur Bekräftigung des Umstandes, dass die Stimmabgabe bei der Briefwahl der bei der persönlichen Wahl im Wahllokal entspricht und also die persönliche Präferenz des Wählers auf dem Stimmzettel gekennzeichnet worden ist.

Für die Abnahme einer solchen Versicherung an Eides statt ist gemäß § 26 Abs. 2 Satz 2 KWahlG der Bürgermeister zuständig, er ist in diesem Zusammenhang Behörde im Sinne des § 156 des Strafgesetzbuches.

Fehlt die Versicherung an Eides statt, oder ist diese nicht von dem Wähler oder der Hilfsperson unterschrieben, so ist der Wahlbrief gemäß § 27 Abs. 2 Nr. 5 und 6 KWahlG zurückzuweisen.

§ 27

(1) Der Briefwahlvorstand öffnet den Wahlbrief, prüft die Gültigkeit der Stimmabgabe und legt den Stimmzettelumschlag im Falle der Gültigkeit der Stimmabgabe ungeöffnet in die Wahlurne des Wahlbezirks, der auf dem Wahlbrief bezeichnet ist.

(2) Bei der Briefwahl sind Wahlbriefe zurückzuweisen, wenn

1. der Wahlbrief nicht rechtzeitig eingegangen ist,

2. dem Wahlbriefumschlag kein oder kein gültiger Wahlschein beiliegt,

3. dem Wahlbriefumschlag kein Stimmzettelumschlag beigefügt ist,

4. weder der Wahlbriefumschlag noch der Stimmzettelumschlag verschlossen ist,

5. der Wahlbriefumschlag mehrere Stimmzettelumschläge, aber nicht eine gleiche Anzahl gültiger und mit der vorgeschriebenen Versicherung an Eides statt versehener Wahlscheine enthält,

6. der Wähler oder die Person seines Vertrauens die vorgeschriebene Versicherung an Eides statt zur Briefwahl auf dem Wahlschein nicht unterschrieben hat,

7. kein amtlicher Stimmzettelumschlag benutzt worden ist,

8. ein Stimmzettelumschlag benutzt worden ist, der offensichtlich in einer das Wahlgeheimnis gefährdenden Weise von den übrigen abweicht.

Die Einsender zurückgewiesener Wahlbriefe werden nicht als Wähler gezählt; ihre Stimmen gelten als nicht abgegeben.

(3) Die Feststellung des Briefwahlergebnisses im Wahlbezirk obliegt dem Wahlvorstand eines vom Bürgermeister bestimmten Stimmbezirks; bei Bedarf können im Wahlbezirk auch mehrere Wahlvorstände bestimmt werden. In Wahlbezirken, in denen mindestens 50 Wahlbriefe eingegangen sind, kann der Briefwahlvorstand auch das Ergebnis der Briefwahl feststellen.

(4) Die Stimmen eines Wählers, der an der Briefwahl teilgenommen hat, werden nicht dadurch ungültig, dass er vor dem oder am Wahltag stirbt oder sonst sein Wahlrecht nach § 8 verliert. Vor einem Fortzug aus dem Wahlgebiet abgegebene Stimmen werden ungültig, bei einem Wohnortwechsel innerhalb desselben Kreises auch für die Kreiswahl.

Erläuterungen

Übersicht

1. Grundsätzliches/Allgemeines

In notwendiger Ergänzung der die erforderlichen Handlungen des Briefwählers beziehungsweise der Vertrauensperson behandelnden Vorschrift des § 26 KWahlG regelt § 27 KWahlG die Aufgaben des Briefwahlvorstandes für die Feststellung des Briefwahlergebnisses. Auch hier kann auf die ergänzenden Regelungen der KWahlO (hier §§ 57 bis 60 KWahlO) verwiesen werden.

Bei dem Briefwahlvorstand handelt es sich um ein Wahlorgan. Dieses wird vom Bürgermeister gebildet. Es entspricht dem Wahlvorstand gemäß § 2 Abs. 4 KWahlG. Der Briefwahlvorstand besteht aus dem Briefwahlvorsteher, dem stellvertretenden Briefwahlvorsteher und drei bis sieben Beisitzern, von denen einer durch den Briefwahlvorsteher zum Schriftführer, ein weiterer zum stellvertretenden Schriftführer bestellt wird.

Die Vorschrift geht davon aus, dass es nur einen Briefwahlvorstand für das gesamte Wahlgebiet (der Gemeinde oder der Stadt oder des Kreises) geben muss und dass diesem nur die Ermittlung der Gültigkeit der Stimmabgabe nach Öffnung der Wahlbriefe obliegt, nicht jedoch die Ermittlung des Briefwahlergebnisses, also die Auszählung der Stimmen. Nach Absatz 3 Satz 1, 1. Halbsatz (siehe auch § 58 KWahlO) soll dafür der Wahlvorstand eines vom Bürgermeister zu bestimmenden Stimmbezirks zuständig sein, der dann also sowohl die im Wahllokal abgegebenen Stimmen als auch alle Briefwahlstimmen des Gemeindegebietes auszählen würde.

Diese Regelung hat sich in den meisten Städten und Gemeinden ab einer Größe von etwa 8.000 bis 10.000 Einwohnern (und damit in weit über 90 % aller Kommunen in NRW) als wenig praktikabel erwiesen, weshalb die weiteren Regelungen des Absatzes 3 dem Bedürfnis nach Ermöglichung einer Mehrzahl von Briefwahlvorständen und der Stimmauszählung der Briefwahlstimmen durch die Briefwahlvorstände Rechnung tragen. Damit entfällt dann auch die Notwendigkeit der Übergabe der Stimmzettelumschläge etc. an den Wahlvorsteher des für die Auszählung der Briefwahlstimmen vorgesehenen Stimmbezirks. Angesichts der Zunahme des prozentualen Anteils der Briefwähler kann durch die Vorschriften des Absatzes 3 Satz 1 2. Halbsatz sowie des Absatzes 3 Satz 2 auch eine in etwa gleiche Zahl der auszuzählenden Stimmen in Wahlvorständen und Briefwahlvorständen erreicht werden. Dazu wird es sinnvoll sein, unter Berücksichtigung des bei den jeweils letzten in der Gemeinde oder Stadt durchgeführten Wahlen erreichten Anteils der Briefwähler an der Gesamtzahl der abgegebenen Stimmen eine ausreichende Anzahl von Briefwahlvorständen einzurichten.

Die Beschlussfähigkeit des Briefwahlvorstandes ist in § 8 KWahlO in Verbindung mit § 7 KWahlO geregelt. Danach (§ 7 Abs. 8 KWahlO) müssen während der Wahlhandlung (also in der Zeit vor 18.00 Uhr) mindestens drei Mitglieder des Briefwahlvorstandes anwesend sein, worunter der Briefwahlvorsteher oder sein Stellvertreter und der Schriftführer oder sein Stellvertreter sein müssen, bei der Auszählung der Stimmen sind mindestens fünf Mitglieder des Briefwahlvorstandes für die Beschlussfähigkeit erforderlich (ebenfalls mit der Notwendigkeit des Vorstehers und des Schriftführers oder der jeweiligen Stellvertreter). Es sollen bei der Ermittlung des Wahlergebnisses (also nach 18.00 Uhr) alle Mitglieder des Briefwahlvorstandes anwesend sein, § 7 Abs. 8 Satz 2 KWahlO. Auch bei Briefwahlvorständen gilt, dass zur Wahrung des Grundsatzes der Öffentlichkeit des Auszählvorganges der Wahlraum für interessierte Wähler zugänglich sein muss.

2. Verfahren, Prüfung der Wahlbriefe (Absatz 1)

Absatz 1 der Vorschrift regelt das Verfahren im Briefwahlvorstand. Nähere detaillierte Regelungen enthält § 58 KWahlO. Durch ein (in der Regel vom Briefwahlvorsteher zu bestimmendes) Mitglied des Briefwahlvorstandes wird jeder Wahlbrief geöffnet und der Inhalt des Wahlbriefes auf Vollständigkeit überprüft. Die einzelnen Prüfungsschritte sind in Absatz 2 Satz 1 Nr. 1 bis 8 geregelt (siehe unten). Insbesondere muss jeder Wahlbrief pro Stimmzettelumschlag einen gültigen Wahlschein enthalten, der die unterzeichnete Versicherung an Eides statt enthält. Nach Überprüfung der Gültigkeit der Stimmabgabe ist der Stimmzettelumschlag (oder bei Wahlbriefen, die eine Mehrzahl von Stimmzettelumschlägen und die entsprechende Anzahl von Wahlscheinen enthalten, alle Stimmzettelumschläge) in die Wahlurne des Wahlbezirks, der auf dem Wahlbrief bezeichnet ist, zu legen.

Wenn der Wahlschein im Verzeichnis der für ungültig erklärten Wahlscheine aufgeführt ist oder wenn durch ein Mitglied des Briefwahlvorstandes Bedenken gegen die Gültigkeit des Wahlscheines erhoben werden, wird der betroffene Wahlbrief und dessen Inhalt unter

Aufsicht des Briefwahlvorstehers separiert, damit der Briefwahlausschuss später darüber entscheiden kann, ob der Wahlbrief zugelassen oder zurückgewiesen wird. Es gelten hier insbesondere die Form-Vorschriften des § 58 Abs. 2 und Abs. 4 KWahlO.

3. Zurückweisung von Wahlbriefen

Ein Wahlbrief ist zurückzuweisen, wenn einer der acht Tatbestände des Absatzes 2 Satz 1 Nr. 1 bis 8 vorliegt. Es handelt sich um eine abschließende Regelung. Häufiger Grund für eine Zurückweisung ist es, dass der Wahlschein entweder gar nicht oder nicht ordnungsgemäß und vollständig ausgefüllt ist. Auch ist zu überprüfen, dass nicht weder der Stimmzettelumschlag noch der Wahlbrief verschlossen sind, da dies das Wahlgeheimnis gefährden würde. Bei der Regelung des Absatzes 2 Satz 1 Nr. 8 gilt es abzuwägen, ob der Stimmzettelumschlag „offensichtlich" in einer das Wahlgeheimnis gefährdenden Art und Weise von den übrigen abweicht. Dazu reichen leichte farbliche Abweichungen oder Falten oder leichte Beschädigungen, die den Stimmzettelumschlag nicht öffnen, nicht aus. Nach § 58 Abs. 2 KWahlO beschließt der Briefwahlvorstand über die Zulassung oder Zurückweisung eines Wahlbriefes, gegen den Bedenken erhoben wurden. Liegt einer der Fälle des § 27 Abs. 2 Satz 1 Nr. 1 bis 8 KWahlG vor, so ist der Wahlbrief zurückzuweisen. Es handelt sich dann um eine gebundene Entscheidung des Briefwahlvorstandes, ein Ermessen des Gremiums besteht insoweit nicht.

4. Feststellung des Briefwahlergebnisses im Wahlbezirk (Absatz 3)

Nach Absatz 3 Satz 1 ist nicht der Briefwahlvorstand für die Ermittlung und Feststellung des Briefwahlergebnisses im Wahlbezirk zuständig, sondern der Wahlvorstand eines vom Bürgermeister bestimmten Stimmbezirks (oder gemäß Absatz 3 Satz 1, 2. Halbsatz mehrere Wahlvorstände). Nach Absatz 3 Satz 2 kann der Bürgermeister anordnen, dass der Briefwahlvorstand auch das Ergebnis der Briefwahl feststellt. Einzige Voraussetzung dafür ist, dass zu erwarten ist, dass im Wahlbezirk mindestens 50 Wahlbriefe eingehen. Diese Voraussetzung dürfte in der weit überwiegenden Mehrheit der Wahlbezirke gegeben sein. So ist die Feststellung des Briefwahlergebnisses durch den Briefwahlvorstand mittlerweile der Regelfall. Die detaillierten Regelungen dazu finden sich in § 60 KWahlO. Die Feststellung des Briefwahlergebnisses wird durch di Vorschrift des Absatzes 3 Satz 2 deutlich erleichtert, da keine Übergabe der Briefwahlurne und der sonstigen Unterlagen an den Wahlvorsteher eines Auszählungsstimmbezirkes nicht erforderlich ist.

5. Tod des Wählers oder Verlust des Wahlrechtes des Wählers nach Briefwahl oder am Wahltag (Absatz 4 Satz 1)

Die Vorschrift des Absatzes 4 Satz 1 stellt klar, dass auch die Stimme eines Wählers, der nach seiner Stimmabgabe durch Briefwahl, aber vor 18.00 Uhr am Wahltag verstirbt, nicht ungültig wird, sondern die abgegebene Stimme in der Zählung berücksichtigt werden muss. Das gilt auch für den Fall des Verlustes des Wahlrechts in der genannten Zeitspanne. Die Briefwahl ist eine von Gesetzes wegen für zulässig erklärte vorgezogene Stimmabgabe, für die es lediglich darauf ankommt, dass zum Zeitpunkt dieser Stimmabgabe das Wahlrecht bestand. Entfällt es aus tatsächlichen (beim Todesfall) oder rechtlichen Gründen (beim Verlust des Wahlrechtes) nach dem Zeitpunkt der tatsächlichen Stimmabgabe durch Briefwahl, ist dies für die Wahl unbeachtlich. Die Vorschrift sorgt auch für Rechtssicherheit im Briefwahlvorstand, der ansonsten vor die unüberwindliche Schwierigkeit gestellt wäre, zu ermitteln, ob ein Wahlbrief von einem zwischenzeitlich verstorbenen Wähler stammt oder der Wähler sein Wahlrecht verloren hat.

6. Fortzug des Wählers aus dem Wahlgebiet nach Briefwahl oder am Wahltag (Absatz 4 Satz 2)

Bei einem Wechsel des Wohnortes eines Wählers nach vollzogener Briefwahl und vor dem Tag der Kommunalwahl (am Tag der Kommunalwahl wäre ein solcher rechtlich unerheblich, da es auf die melderechtliche Anmeldung am neuen Wohnort ankommt) gilt nach Absatz 4 Satz 2, dass die bereits per Briefwahl abgegebene Stimme ungültig wird. Das gilt auch für einen Wohnortwechsel innerhalb eines Kreises für die Wahl zum Kreistag und zum Landrat. Die Begründung liegt in einer Verhinderung einer doppelten Stimmabgabe sowohl per Briefwahl noch am alten Wohnort als auch am Tage der Kommunalwahl am neuen Wohnort.

3.

Stimmenzählung

§ 29

(1) Die Stimmenzählung erfolgt unmittelbar im Anschluß an die Wahlhandlung durch den Wahlvorstand.

(2) Bei der Stimmenzählung ist zunächst die Gesamtzahl der abgegebenen Stimmen an Hand des Wählerverzeichnisses und der eingenommenen Wahlscheine festzustellen und mit der Zahl der in den Urnen befindlichen Stimmzettel zu vergleichen. Danach wird die Zahl der gültigen Stimmen und der auf jeden Wahlvorschlag entfallenen Stimmen ermittelt.

(3) Über die Gültigkeit der Stimmen entscheidet der Wahlvorstand.

Erläuterungen

Übersicht

1. Grundsätzliches/Allgemeines

Sowohl bei Wahlvorständen als auch (in der Regel, bei Anwendung der Option des § 27 Abs. 3 Satz 2 KWahlG) bei Briefwahlvorständen folgt auf die Wahlhandlung, also die Abgabe der Stimmen durch die Wahlberechtigten, die bis 18.00 Uhr am Wahltage erfolgen kann, die Stimmenzählung unmittelbar im Anschluss. § 29 KWahlG regelt die Grundsätze, die detaillierten Regelungen hierzu finden sich in den §§ 49 ff. KWahlO.

2. Zeitliche und räumliche Modalitäten der Stimmenzählung, Absatz 1

Die Formulierung in Absatz 1 macht klar, dass mit der Stimmenzählung unmittelbar im Anschluss an die Wahlhandlung begonnen wird. Die Wahlhandlung findet während der Wahlzeit statt. Die Wahlzeit ergibt sich aus § 14 Abs. 3 Satz 1 KWahlG, sie dauert demnach bis 18.00 Uhr. Die in § 14 Abs. 3 Satz 2 KWahlG geregelte ausnahmsweise mögliche Abweichung von der in Satz 1 definierten Wahlzeit betrifft nur den Beginn der Wahlzeit. Der Wahlausschuss kann bei Vorliegen besonderer Gründe einen früheren Beginn festsetzen. Das Ende der Wahlzeit liegt auch in einem solchen Falle bei 18.00 Uhr. Wählern, die sich vor Ablauf der Wahlzeit im Wahlraum befunden haben, um noch ihre Stimme abzugeben, ist Gelegenheit hierzu zu geben. Ab 18.00 Uhr oder gegebenenfalls einige Minuten später, wenn diese Wähler ihre Stimmen abgegeben haben, kann also mit der Stimmenzählung begonnen werden. Zuvor hat der Wahlvorsteher, nachdem der letzte vor Ablauf der Wahlzeit im Wahlraum befindliche Wähler seine Stimmen abgegeben hat, die Wahlhandlung für geschlossen zu erklären.

Auch die Stimmenzählung erfolgt öffentlich, interessierte Personen sind also während der Auszählung der Stimmen und der Feststellung des Ergebnisses zuzulassen. Dabei ist darauf zu achten, dass diese sich nicht aktiv am Verfahren der Stimmenzählung beteiligen und etwa Zugang zu Stimmzetteln oder anderen Unterlagen erhalten. Der Wahlvorsteher hat darauf zu achten, dass innerhalb des Wahlraumes eine geeignete räumliche Trennung von Mitgliedern des Wahlvorstandes und Zuschauern gewährleistet wird (beispielsweise durch eine Positionierung der Zuschauer auf der einen Seite des bei der Stimmenzählung verwendeten Tisches, der Mitglieder des Wahlvorstandes auf der anderen Seite des

Tisches). Durch die Öffentlichkeit auch der Stimmenzählung wird ein Schutz sowohl vor fahrlässigen Fehlern als auch vor vorsätzlichen Fehlern (Manipulationen) der Mitglieder des Wahlvorstandes gewährleistet. Die Öffentlichkeit der Stimmenzählung ist demnach geeignet, das Vertrauen aller in die Rechtmäßigkeit der Wahl zu verstärken. Daher darf die Tür des Wahlraumes nach 18.00 Uhr bis zum Abschluss der Stimmenzählung nicht (auch nicht zeitweise) verschlossen sein, da dies für die Annahme ausreicht, die Auszählung der Stimmen sei nicht öffentlich erfolgt (VG Minden, Urt. vom 24.2.2010, – 3 K 3343/09 –).

Die Stimmenzählung findet im Wahlraum statt, also in dem Raum, in dem auch die Wahlhandlung durchgeführt wurde. Gegebenenfalls können Tische etc. zur Durchführung der Stimmenzählung neu arrangiert und aufgestellt werden.

3. Durchführung der Stimmenzählung, Absatz 2

Für die Ermittlung und Feststellung des Ergebnisses und die Durchführung der Stimmenzählung ist der Wahlvorstand zuständig. Beschlussfähig ist der Wahlvorstand, wenn mindestens fünf Mitglieder des Wahlvorstandes anwesend sind, unter denen sich sowohl der Wahlvorsteher oder dessen Vertreter als auch der Schriftführer oder dessen Vertreter befinden müssen. Nach § 7 Abs. 8 Satz 2 KWahlO sollen bei der Stimmenzählung alle Mitglieder des Wahlvorstandes anwesend sein.

Gemäß § 49 Abs. 1 Satz 1 KWahlO ist das Verfahren der Stimmenzählung zur Feststellung des Stimmergebnisses nach dem vom Wahlvorsteher festgestellten Ende der Wahlzeit ohne Unterbrechung, also unmittelbar durchzuführen.

Die zur Ermittlung des Wahlergebnisses erforderlichen Einzelschritte sind in § 49 Abs. 1 Satz 2 KWahlO aufgeführt. Danach ist zunächst die Wahlurne zu öffnen, die Stimmzettel sind herauszunehmen und zu sortieren, bei verbundenen Wahlen, also bei mehreren Einzelwahlen am gleichen Tage, was bei Kommunalwahlen in NRW der Regelfall ist, nach den unterschiedlichen Wahlgängen, nämlich Wahl zum Rat, Wahl zur Bezirksvertretung (in kreisfreien Städten), Wahl zum (Ober-)Bürgermeister, Wahl zum Kreistag (in kreisangehörigen Gemeinden und Städten) sowie Wahl zum Landrat (ebenfalls in kreisangehörigen Städten und Gemeinden). Die jeweiligen Stimmzettel sind zu diesem Zwecke farblich unterschiedlich gekennzeichnet.

Sodann sind die Zahl der Wahlberechtigten und die Zahl der Wähler zu ermitteln.

Im Anschluss daran sind die Zahl der gültigen und der ungültigen Stimmen zu ermitteln, jeweils getrennt nach den einzelnen Wahlgängen.

Es erfolgt nun das Zählen der für die einzelnen Bewerber(innen) abgegebenen gültigen Stimmen.

Schließlich ist das Wahlergebnis zusammenzustellen und bekanntzumachen.

Eine Schnellmeldung ist durch den Wahlvorsteher abzugeben und an den Wahlleiter der Gemeinde weiterzuleiten.

Schließlich ist abschließend eine Wahlniederschrift zu erstellen und zu unterzeichnen.

Bei verbundenen Wahlen (dem Regelfall bei Kommunalwahlen in NRW) wird das Wahlergebnis der Wahlen auf Kreisebene zunächst ermittelt, danach erfolgt die Ermittlung des Wahlergebnisses der Gemeindewahlen. Finden auch Wahlgänge zur Wahl des Hauptverwaltungsbeamten statt, so ist das Ergebnis der Wahl zum Hauptverwaltungsbeamten (Landrat, Bürgermeister oder Oberbürgermeister) zuerst zu ermitteln, danach das Ergebnis der Wahl zur Vertretungskörperschaft (Kreistag oder Rat, in kreisfreien Städten danach auch noch Bezirksvertretung). Die genauen Regelungen finden sich in §§ 75 ff. KWahlO.

Detaillierte Regelungen zur Zählung der Wähler und der Stimmen sowie zur Frage der gegenseitigen Abgrenzung gültiger und ungültiger Stimmen finden sich in den §§ 50 ff. KWahlO.

Bei der Stimmenzählung und der Ermittlung des Wahlergebnisses kommt es nicht vordringlich auf Geschwindigkeit, sondern auf Genauigkeit an. Daher sind alle Mitglieder des Wahlvorstandes gehalten, genau zu arbeiten und sich an die sich aus der KWahlO ergebenden Vorgaben sowie die Anweisungen des Wahlvorstehers zu halten. Von den in der KWahlO vorgesehenen Regelungen sowohl im Hinblick auf die Reihenfolge der Auszählung als auch im Hinblick auf die sonstigen Verfahrensschritte ist Abstand zu nehmen, auch wenn einzelne Mitglieder des Wahlvorstandes andere Verfahrensweisen als einfacher oder schneller erachten.

In Zweifelsfällen ist sorgfältig abzuwägen und der mutmaßliche Wille des Wählers zu berücksichtigen. Dazu ist gegebenenfalls eine gründliche Abwägung aller Argumente erforderlich, die von den Mitgliedern des Wahlvorstandes vorzunehmen ist. Im Falle des Erfordernisses lässt der Wahlvorsteher abstimmen. Zweifelsfälle können sich nach den Erkenntnissen aus der Praxis häufig bei der Frage der Gültigkeit oder Ungültigkeit einer abgegebenen Stimme ergeben, wenn nicht eindeutig (durch ein eindeutig angekreuztes Feld) erkennbar ist, welchen Willen der Wähler dokumentieren wollte.

Feststellungen des Wahlvorstandes unterliegen nach § 34 Abs. 2 KWahlG der grundsätzlichen Überprüfung durch den Wahlausschuss der Gemeinde. Dieser ist jedoch lediglich dazu berechtigt, Rechenfehler zu berichtigen, § 34 Abs. 2 Satz 2 KWahlG. Im Übrigen ist der Wahlausschuss an die Feststellungen des Wahlvorstandes gebunden. Daraus ergibt sich, dass der Wahlausschuss nicht ohne besondere dies bedingende Anhaltspunkte Nachzählungen von Stimmen aus einzelnen Wahlvorständen zur Ermittlung eines gegebenenfalls von dem durch den Wahlvorstand festgestellten Ergebnisses abweichenden Ergebnis durchführen oder veranlassen darf. Insbesondere ist die Knappheit eines durch den Wahlvorstand festgestellten Ergebnisses allein kein dies rechtfertigender Grund (BVerfG, Beschl. vom 12.12.1991, NVwZ 1992 S. 257).

Der Wahlausschuss hat allerdings die Möglichkeit, Bedenken gegen die Entscheidung eines Wahlvorstandes in der Niederschrift der Sitzung des Wahlausschusses zu vermerken, um diese für ein etwaiges Wahlprüfungsverfahren aktenkundig zu machen.

4. Entscheidung über die Gültigkeit der Stimmen, Absatz 3

Nach Absatz 3 ist der Wahlvorstand zuständig zur Entscheidung über die Gültigkeit von abgegebenen Stimmen. Dies stellt eine der wichtigsten Aufgaben des Wahlvorstandes dar, auch dürfte es sich bei der Entscheidung über die Gültigkeit oder Ungültigkeit einer Stimme um eine nicht selten vorkommende Frage handeln, vor deren Beantwortung sich der Wahlvorstand gestellt sieht. Eine Einheitlichkeit des Vorgehens des Wahlvorstandes ist hier geboten. In der detaillierteren Vorschrift des § 51 KWahlO wird dazu darauf hingewiesen, dass die Stimmzettel bereits bei der Sortierung unterschieden werden sollen zwischen solchen, bei denen keine Bedenken bezüglich der Gültigkeit bestehen und solchen, die Zweifelsfälle darstellen und Anlass zu Bedenken geben. Diese sollen auf einen besonderen Stapel gelegt werden, über die Gültigkeit eines jeden einzelnen Stimmzettels auf diesem Stapel hat der Wahlvorstand jeweils eine Einzelentscheidung zu treffen, § 51 Abs. 5 KWahlO. Der Wahlvorsteher gibt die Entscheidung des Wahlvorstandes über jeden einzelnen Stimmzettel, über dessen Gültigkeit besonders entschieden worden ist, mündlich bekannt und vermerkt das Ergebnis des Beschlusses des Wahlvorstandes auf der Rückseite des Stimmzettels. Diese Stimmzettel sind mit laufenden Nummern zu versehen, damit später die jeweilige Entscheidung des Wahlvorstandes nachvollzogen werden kann und klar ist, auf welchen der Stimmzettel von dem Stapel „Zweifelsfälle" sie sich bezieht.

Hilfreich ist die genaue Regelung des § 25 Abs. 2 KWahlG, wonach der Wähler seine Stimme in der Weise abgibt, dass er durch ein auf den Stimmzettel gesetztes Kreuz oder auf andere Weise eindeutig kenntlich macht, welchem Bewerber sie gelten soll. Ungültige Stimmen liegen nach § 30 KWahlG (nähere Erläuterungen siehe dort) dann vor, wenn der Stimmzettel nicht amtlich hergestellt ist (es sich also beispielsweise um eine Fotokopie handelt) oder für einen anderen Wahlbezirk gültig ist, wenn er keine Kennzeichnung enthält oder den Willen des Wählers nicht zweifelsfrei erkennen lässt oder wenn der Stimmzettel einen Zusatz oder einen Vorbehalt enthält. Die Regelung des § 52 KWahlO macht in Absatz 1 deutlich, dass es sich um eine ungültige Stimme handelt, wenn mehrere Bewerber angekreuzt oder bezeichnet sind, wenn die Ankreuzung oder Kennzeichnung nicht zweifelsfrei erkennen lässt, welcher Bewerber gemeint ist oder wenn der Stimmzettel zerrissen oder stark beschädigt ist. Nach § 52 Abs. 2 KWahlO machen Zusätze, Vorbehalte oder Anlagen den Stimmzettel dann ungültig, wenn der Wähler mit ihnen über die zulässige Bezeichnung des Bewerbers hinaus eine weitere Willensäußerung zum Ausdruck bringt (wenn der Wähler also beispielsweise politisch-inhaltliche Aufforderungen an einen Bewerber formuliert). Eine solche Willensäußerung ist jedoch nicht darin zu sehen, dass der Wähler bei einem Bewerber mehrere Kreuze macht oder ein Kreuz oder einen Teil eines Kreuzes bei einem Bewerber streicht (beispielsweise wenn sich der Wähler verschrieben hat und einem anderen als dem zunächst angekreuzten Bewerber seine Stimme geben will und dies eindeutig erkennbar ist).

§ 30

Ungültig sind Stimmen, wenn der Stimmzettel

1. **nicht amtlich hergestellt ist oder für einen anderen Wahlbezirk gültig ist,**
2. **keine Kennzeichnung enthält,**
3. **den Willen des Wählers nicht zweifelsfrei erkennen läßt,**
4. **einen Zusatz oder Vorbehalt enthält.**

Erläuterungen

Übersicht

1. Grundsätzliches/Allgemeines

Die Vorschrift enthält nähere Regelungen über ungültige Stimmen, die vom Wahlvorstand als solche erkannt werden und bei der Stimmenzählung als ungültige Stimmen gewertet werden müssen. Ergänzende Detail-Regelungen finden sich in § 52 KWahlO.

Das Verfahren bei der Stimmenzählung ist in § 29 KWahlG geregelt. Auch die §§ 49 ff. KWahlO enthalten detailliertere Regelungen. Grundsätzlich hat der Wahlvorstand bereits im ersten Schritt nach der Ermittlung der Gesamtzahl der abgegebenen Stimmen die gültigen von den ungültigen Stimmen beziehungsweise von denjenigen Stimmzetteln, bei denen es sich um Zweifelsfälle handelt, zu trennen. Über die Gültigkeit solcher Stimmzettel hat der Wahlvorstand in jedem Einzelfall zu entscheiden, siehe auch § 51 Abs. 5 KWahlO. Der Wahlvorsteher gibt die Entscheidung in jedem Einzelfall zunächst im Wahlraum mündlich bekannt und vermerkt auf der Rückseite des Stimmzettels das Ergebnis der Abstimmung im Wahlvorstand. Jeder Stimmzettel, über den eine solche Einzelfall-Entscheidung im Wahlvorstand getroffen worden ist, die also bei der ersten Sichtung auf den Stapel „ungültig" oder den Stapel „Zweifelsfall" gelegt worden sind, ist fortlaufend zu nummerieren, damit später die Entscheidung des Wahlvorstandes nachvollzogen werden kann.

Regelungen über die Gültigkeit des Stimmzettels enthält § 25 KWahlG. Nach § 25 Abs. 2 KWahlG ist es erforderlich, dass der Wähler seine Stimme in der Weise abgibt, dass er durch ein auf den Stimmzettel gesetztes Kreuz (in der Regel in der Form des Buchstabens X) oder auf andere Weise deutlich macht, welchem Bewerber sie gelten soll. Auf die als Anhang der Kommentierung zu § 25 KWahlG beigefügten Hinweise des Ministeriums des Innern zur Frage der Gültigkeit oder Ungültigkeit von Stimmzetteln sei hingewiesen.

2. Nicht amtlich hergestellte Stimmzettel (Nr. 1 Alternative 1)

Es dürfen ausschließlich die für die jeweilige Wahl amtlich hergestellten und ausgegebenen Stimmzettel benutzt werden. Diese sind eingefärbt, damit bei den in NRW bei den Kommunalwahlen üblichen verbundenen Wahlen die Stimmzettel für die einzelnen Wahlen (Rat, Bürgermeister, ggf. Kreistag, ggf. Landrat, ggf. Bezirksvertretung) schon bei der Leerung der Wahlurne schnell und sicher voneinander getrennt werden können. Andere Stimmzettel sind nicht zugelassen. Sollte ein Wähler in einer für ein Mitglied des Wahlvorstandes erkennbaren Art und Weise versuchen, einen nicht amtlich hergestellten Stimmzettel zu benutzen, sei es anstatt des amtlich hergestellten, sei es in Ergänzung zu einem solchen, um sich eine zusätzliche Stimme zu verschaffen, ist der nicht amtlich hergestellte Stimmzettel zurückzuweisen. Leichte Abweichungen des amtlich hergestellten Stimmzettels beispielsweise in der Farbgebung, leichte Beschädigungen oder kleinere Mängel und Abweichungen bei in größerer Zahl im Wahlraum auszugebenden Stimmzetteln führen noch nicht zur Notwendigkeit, den oder die Stimmzettel nicht auszugeben.

3. Für einen anderen Wahlbezirk gültige Stimmzettel (Nr. 1 Alternative 2)

Bei der Kommunalwahl in NRW führt die Abgabe einer Stimme für die Wahl zum Rat oder zum Kreistag oder für die Bezirksvertretung (nur bei diesen Wahlen ist eine solche Situation möglich) zur Ungültigkeit der Stimme. Der Grund dafür ist, dass jeder Wähler für die Wahl zu diesen Kollegial-Organen nur eine Stimme hat. Mit dieser wählt er den im jeweiligen Wahlbezirk kandidierenden Kandidaten einer Partei oder Wählergruppe oder einen Einzelbewerber. Gleichzeitig zählt seine so abgegebene Stimme aber auch für die Ermittlung der aus der Reserveliste der Partei oder Wählergruppe zu ermittelnden Kandidatinnen oder Kandidaten nach § 33 KWahlG.

4. Stimmzettel ohne Kennzeichnung (Nr. 2)

Wenn der Stimmzettel keine Kennzeichnung enthält, ist die Stimmabgabe ungültig. Der Wähler wird zwar als an der Wahl teilnehmender Wähler gezählt, seine Stimme jedoch als ungültig gewertet.

5. Stimmzettel ohne zweifelsfrei erkennbaren Wählerwillen (Nr. 3)

Der Wille des Wählers muss sich zweifelsfrei aus dem Stimmzettel ablesen lassen. Hierzu ist lediglich der Stimmzettel als Dokument hinzuzuziehen (VG Koblenz, Urt. vom 27.1.2005, – 6 K 2373/04 –). Es darf bei der Stimmenzählung bei den Mitgliedern des Wahlvorstandes keine Unsicherheit darüber bestehen, welchem Bewerber der Wähler seine Stimme geben wollte. Art und Form der Kenntlichmachung sind hier heranzuziehen (zu diesem Themenkomplex vgl. OVG NRW, DÖV 1991 S. 801; OVG Brandenburg, DÖV 2007 S. 978; BayVGH, NVwZ 1993 S. 398).

Nach § 52 Abs. 1 KWahlO sind solche Stimmzettel als ungültig zu werten, bei denen mehrere Bewerber angekreuzt oder bezeichnet sind, deren Ankreuzung oder Bezeichnung nicht eindeutig und zweifelsfrei erkennen lässt, welcher Bewerber gemeint ist und bei denen der Stimmzettel zerrissen oder stark beschädigt ist (für den Fall einer unbeabsichtigten Beschädigung oder eines Zerreißens des Stimmzettels durch den Wähler in der Wahlkabine besteht für den Wähler die Möglichkeit, sich nach § 40 Abs. 7 KWahlO einen neuen Stimmzettel geben zu lassen, nachdem er den alten Stimmzettel im Beisein eines Mitglieds des Wahlvorstandes vernichtet hat).

Insbesondere in den Fällen, in denen durch die vom Wähler vorgenommene Ankreuzung oder Bezeichnung nicht eindeutig erkennbar ist, welcher Bewerber gemeint war, dürfen die Mitglieder des Wahlvorstandes nicht Vermutungen zur Grundlage ihrer Entscheidung machen. Für Interpretationen oder Mutmaßungen besteht insoweit kein Raum. Insbesondere dürfen solche unbestimmten Rechtsbegriffe wie „ortsübliches Verhalten" oder „gesunder Menschenverstand" nicht zur Anwendung kommen (vgl. *Bätge,* § 30 Anm. 4 m. w. N.).

So sind Markierungen auf dem Stimmzettel, die nicht in Form eines Kreuzes erfolgt sind (der Begriff ist weit zu fassen), sondern als Hakenkreuz (oder dem Hakenkreuz ähnliches Symbol), als Wellenlinie, als Gesicht, als Smiley oder als ähnliche Kennzeichnung, nicht geeignet und lassen den Willen des Wählers nicht hinreichend deutlich erkennen. Vergleiche dazu auch die Hinweise des Ministeriums des Innern zur Frage der Gültigkeit oder Ungültigkeit von Stimmzetteln, die der Kommentierung zu § 25 KWahlG beigefügt sind.

6. Stimmzettel mit Zusatz, Absatz 4 Alternative 1

Eine Stimme ist ungültig, wenn der Stimmzettel einen Zusatz enthält. Unter einem Zusatz ist jede über die Kennzeichnung eines Bewerbers hinausgehende schriftliche oder graphische Darstellung auf dem Stimmzettel zu verstehen (vgl. BayVGH, Urt. vom 20.11.1967 – 272 IV 66 –, BayVBl. 1968 S. 137). Die nähere Regelung enthält § 52 Abs. 2 KWahlO, wonach Zusätze, Vorbehalte oder Anlagen auf dem Stimmzettel die Stimme dann ungültig machen, wenn der Wähler mit ihnen über die zulässige Bezeichnung des Bewerbers hinaus eine weitere Willensäußerung zum Ausdruck bringt. Eine solche Willensäußerung ist, so der Wortlaut in der KWahlO weiter, nicht darin zu sehen, dass der Wähler bei einem Bewerber mehrere Kreuze anbringt oder ein Kreuz oder ein Teil eines Kreuzes hinter einem Bewerber streicht. Alle Äußerungen allgemeiner Art, politischer Art, persönlicher Art, grundsätzlicher Art oder welcher Art auch sonst sind demzufolge ebenso geeignet, den Stimmzettel ungültig zu machen wie Beschimpfungen, Drohungen, Schmähungen oder sonstige abschätzige Äußerungen. Auch positive Aussagen zu einem Bewerber, einer Partei oder einer Wählergruppe oder Aufforderungen zu bestimmtem Handeln, zum Treffen bestimmter Entscheidungen etc. sind unzulässig und führen zur Ungültigkeit der Stimme. Auch eine Unterzeichnung des Stimmzettels, das Hinzufügen von Name und/oder Anschrift des Wählers sind unzulässig, da sie geeignet sind, gegen den Grundsatz der geheimen Wahl zu verstoßen.

7. Stimmzettel mit Vorbehalt, Absatz 4 Alternative 2

Eine Stimme ist ungültig, wenn der Stimmzettel einen Vorbehalt enthält. Unter einem Vorbehalt ist eine Bedingung oder eine Auflage oder eine Aufforderung für den Bewerber enthält. Darunter ist auch das Ausstreichen eines der drei Namen zu verstehen, die als Kennzeichnung für die Reserveliste der Partei oder Wählergruppe auf dem Stimmzettel dienen, § 23 Abs. 1 Satz 2 KWahlG.

V.
WAHLSYSTEM UND VERTEILUNG DER SITZE

1.
Wahlsystem

§ 31

Jeder Wähler hat eine Stimme. Mit ihr wählt er den Vertreter im Wahlbezirk (§ 32) und, falls der Bewerber von einer Partei oder Wählergruppe aufgestellt ist, die von ihr für das Wahlgebiet aufgestellte Reserveliste. Die Sitze werden nach Maßgabe des § 33 auf die an der Listenwahl teilnehmenden Parteien und Wählergruppen entsprechend ihrem jeweiligen Anteil an der Gesamtzahl der abgegebenen gültigen Stimmen unter Anrechnung der in den Wahlbezirken errungenen Sitze verteilt.

Erläuterungen

Übersicht

1. Grundsätzliches/Allgemeines
2. Jeder Wähler hat eine Stimme, Satz 1
3. Objekte der Wahl: Vertreter im Wahlbezirk und ggf. Reserveliste, Satz 2
4. Verteilung der Sitze, Satz 3

1. Grundsätzliches/Allgemeines

Nach Art. 78 Abs. 1 Satz 2 LV sind die Räte in den Städten und Gemeinden, die Bezirksvertretungen in den kreisfreien Städten sowie die Kreistage in den Kreisen in NRW in allgemeiner, gleicher, unmittelbarer, freier und geheimer Wahl zu wählen. Entsprechende Regelungen finden sich folgerichtig sowohl in der GO (§ 65 Abs. 1 Satz 1 GO) als auch in der KrO (§ 44 Abs. 1 Satz 1 KrO). Da sich aus Art. 78 LV auch ergibt, dass „die Organe" der Gemeinde gewählte Organe sein müssen (Art. 78 Abs. 1 Satz 1 LV), folgt daraus auch für den (Ober-)Bürgermeister und den Landrat, dass er direkt nach den benannten Wahlrechtsgrundsätzen zu wählen ist.

Es sind damit sowohl die kommunalen Kollegialorgane (Rat, Bezirksvertretung, Kreistag) als auch die Personalorgane (Bürgermeister, Oberbürgermeister, Landrat) in direkter Wahl zu wählen. Die Bezirksbürgermeister oder Bezirksvorsteher als Leiter der Sitzungen der Bezirksvertretungen und Repräsentanten des Stadtbezirks in kreisfreien Städten werden demgegenüber nicht direkt gewählt, sondern durch die Mitglieder der Bezirksvertretung aus ihrer Mitte, § 36 Abs. 3 Satz 2 GO. Nach § 36 Abs. 3 Satz 3 GO finden die Vorschriften des § 67 Abs. 2 bis 5 GO, die die Wahl der ehrenamtlichen stellvertretenden Bürgermeister regeln, Anwendung.

Die Mitglieder der Räte und der Kreistage werden jeweils zur Hälfte direkt in den Wahlbezirken und nach den Vorgaben des Verhältniswahlrechts aus für das gesamte Wahlgebiet (der kreisangehörigen Gemeinde oder Stadt oder der kreisfreien Stadt) aufzustellenden Listen, den sogenannten Reservelisten. Das Nähere regeln die §§ 32 und 33 KWahlG. In jedem Wahlbezirk erringt derjenige Bewerber ein (sogenanntes „direktes") Mandat für den Rat, der die meisten Stimmen auf sich vereint. Da die vom Wähler abgegebene Stimme gleichzeitig sowohl für einen Bewerber im Wahlbezirk als auch (sofern die Partei oder Wählergruppe, die diesen Bewerber nominiert hat, eine Reserveliste aufgestellt hat) die Reserveliste dieser Partei oder Wählergruppe gilt, ist eine Aufteilung der Stimme des Wählers („Stimmen-Splittung") in Form der Vergabe einer Stimme für eine andere Reserveliste als diejenige der Partei oder Wählergruppe, für die der vom Wähler gewählte Direktkandidat im Wahlbezirk kandidiert, nicht möglich. Damit weicht das Kommunalwahlrecht in Nordrhein-Westfalen in diesem Punkte vom Wahlrecht zur Wahl des Deutschen Bundestages (zwei gegebenenfalls auch unterschiedlich zu vergebende Stimmen pro Wähler) ab.

Die Ermittlung der aus den Reservelisten der Parteien und Wählergruppen zu besetzenden Mandate in den Räten erfolgt gemäß § 33 KWahlG für das Wahlgebiet nach dem Verfahren zur Berechnung der Sitzverteilung nach Lague und Schepers.

Die Mitglieder der Bezirksvertretungen werden nach Maßgabe der Vorschrift des § 46a KWahlG nach den Grundsätzen der Verhältniswahl nach Listen-Wahlvorschlägen gewählt, wobei der Wähler eine Stimme hat, die er für eine Liste abgeben kann (§ 46a Abs. 3 KWahlG).

Die Bürgermeister und Landräte benötigen für ihre Wahl eine Mehrheit der abgegebenen gültigen Stimmen (die Hälfte der abgegebenen gültigen Stimmen plus eine Stimme), um im ersten Wahlgang gewählt zu sein, ansonsten wird (nach dem Urteil des VGH NW vom 20.12.2019 – VerfGH 35/19) die Durchführung eines Stichwahlganges zwei Wochen nach dem ersten Wahlgang erforderlich.

2. Jeder Wähler hat eine Stimme, Satz 1

Anders als bei der Wahl zum Deutschen Bundestag hat jeder Wähler für die Wahl der kommunalen Vertretung, also des Rates oder der Bezirksvertretung oder des Kreistages, nur jeweils eine Stimme. Ebenfalls eine Stimme hat er zur Wahl des (Ober-)Bürgermeisters und des Landrates. Die Möglichkeit zur Stimmen-Splittung besteht also nicht. Ratsmitglieder und Mitglieder der Kreistage werden jeweils zur Hälfte direkt in den Wahlbezirken gewählt (aus diesem Grunde ist das Wahlgebiet in so viele im Wesentlichen gleich große Wahlbezirke einzuteilen, wie es der Hälfte der zu wählenden Vertreter entspricht), zur anderen Hälfte aus dem Reserve-Listen ihrer Partei oder Wählergruppe im Wege des Verhältnis-Ausgleichs. Derjenige der (Direkt-)Kandidaten im Wahlbezirk, der die meisten Stimmen auf sich vereinigen kann, erringt ein Mandat im Rat oder Kreistag. Gleichzeitig wählt der Wähler zwingend mit seiner Stimme für einen Wahlbezirks-Kandidaten gleichzeitig die Reserveliste der Partei oder Wählergruppe, für die der Kandidat angetreten ist. Die auf die einzelnen Bewerber einer Partei oder Wählergruppe in den Wahlbezirken entfallenden Stimmen werden nach Addition dieser Stimmen unter Anrechnung der bereits direkt gewählten Bewerber dieser Liste nach dem in § 33 KWahlG dargestellten und von Lague und Schepers entwickelten Verfahren zur Berechnung der Sitzverteilung verteilt. Daraus kann sich die Notwendigkeit der Zuteilung von Überhangmandaten und daraus wiederum die der Zuteilung von Ausgleichsmandaten für andere Parteien oder Wählergruppen ergeben.

3. Objekte der Wahl: Vertreter im Wahlbezirk und gegebenenfalls Reserveliste, Satz 2

Das oben unter Erl. 2 beschriebene Verfahren wird nur zur Wahl der Mitglieder in den nach § 31 KWahlG zu wählenden Kollegialorganen der kommunalen Selbstverwaltung in Nordrhein-Westfalen, also der Mitglieder in den Räten und Kreistage, angewandt. Es findet keine Anwendung für die Wahl der Mitglieder in den Bezirksvertretungen. Hier regelt § 46 Abs. 3 KWahlG, dass lediglich nach den Vorschriften zum Listenwahlverfahren vorzugehen ist, das heißt, dass kein direkter Kandidat gewählt wird, sondern die Liste einer Partei oder Wählergruppe.

4. Verteilung der Sitze, Satz 3

Die Verteilung der Sitze in den Räten und Kreistagen erfolgt also in einem zweistufigen Verfahren. Zunächst wird in jedem Wahlbezirk derjenige Bewerber ermittelt, der die meisten gültigen Stimmen auf sich hat vereinen können, vgl. § 32 KWahlG. Damit ist die Hälfte der Mandate vergeben. Bei Stimmengleichheit entscheidet das vom Wahlleiter zu ziehende Los, wie sich aus § 32 Satz 3 KWahlG ergibt. Anschließend wird im dem in § 33 KWahlG beschriebenen Verfahren errechnet, wie viele Mandate den an dem Verfahren mit Reservelisten teilnehmenden Parteien und Wählergruppen zustehen.

2.
Wahl im Wahlbezirk

§ 32

Im Wahlbezirk ist derjenige Bewerber gewählt, der die meisten Stimmen auf sich vereinigt. Ein Bewerber, der seine Wählbarkeit nach der Zulassung, aber noch vor dem Wahltag verloren hat, wird nicht berücksichtigt; an seine Stelle tritt gegebenenfalls der Ersatzbewerber. Bei Stimmengleichheit entscheidet das vom Wahlleiter zu ziehende Los.

Erläuterungen

Übersicht

1. Grundsätzliches/Allgemeines
2. Prinzip der Mehrheitswahl im Wahlbezirk, Satz 1
3. Verlust der Wählbarkeit eines Bewerbers nach Zulassung, aber vor Wahltag, Satz 2
4. Losentscheid bei Stimmengleichheit, Satz 3

1. Grundsätzliches/Allgemeines

Dadurch, dass jeder Wähler bei der Wahl des Rates oder Kreistages nur eine Stimme hat, folgt eine zweigeteilte Feststellung der Wahlergebnisse: Zunächst in den Wahlbezirken, danach im Wahlgebiet, also der Gemeinde, Stadt oder dem Kreis. Mit seiner Stimme wählt der Wähler zunächst und offensichtlich einen der Bewerber in seinem Wahlbezirk. Gewählt ist derjenige, auf den die meisten gültigen Stimmen entfallen, unabhängig von der Frage, ob eine bestimmte Mehrheit, etwa die absolute Mehrheit, erreicht wird. Gleichzeitig wird aber die Stimme auch gezählt und gewertet für die Feststellung des Wahlergebnisses im Wahlgebiet. Hier geht es um die Berechnung, wie viele Bewerber für die jeweilige Partei oder Wählergruppe bei der Wahl nach den Reservelisten ein Mandat im Rat oder Kreistag erhalten. Dabei wird jedes im Wahlbezirk errungene Mandat voll angerechnet. Die Berechnung der Ergebnisse in den Wahlbezirken erfolgt nach § 32 KWahlG, die aus dem Wahlgebiet nach § 33 KWahlG.

2. Prinzip der Mehrheitswahl im Wahlbezirk, Satz 1

Im Wahlbezirk ist derjenige Bewerber gewählt, der die meisten gültigen Stimmen auf sich vereinen kann. Dabei ist es egal, ob es sich um den Kandidaten einer Partei oder Wählergruppe handelt, die eine Reserveliste aufgestellt haben, ob eine solche bei der Partei oder Wählergruppe, der der Bewerber angehört, nicht erstellt worden ist oder ob es sich um einen Einzelbewerber handelt, bei dem naturgemäß keine Reserveliste gebildet werden kann.

Es gilt das relative Mehrheitsprinzip, einer absoluten Mehrheit bedarf es nicht.

Das so im Wahlbezirk errungene Mandat bleibt dem Bewerber in jedem Fall erhalten, gleichgültig, wie viele Mandate sich bei der Errechnung des Wahlergebnisses im Wahlgebiet nach § 33 KWahlG für die Partei oder Wählergruppe ergeben haben. Hat eine Partei oder Wählergruppe mehr Mandate direkt nach § 32 KWahlG in den Wahlbezirken errungen, als ihr nach der Berechnung des Ergebnisses im Wahlgebiet nach § 33 KWahlG zustehen, behält diese die „zusätzlichen" Sitze im Rat oder Kreistag. In diesem Fall erfolgt zur Vermeidung von Ungleichbehandlungen anderer Parteien oder Wählergruppen eine Aufstockung des Rates oder Kreistages um weitere Sitze, nämlich die sogenannten „Ausgleichsmandate" zum Ausgleich der in den Wahlbezirken errungenen „Überhangmandate". Die Systematik, nach der diese Berechnung vorzunehmen ist, findet sich in § 33 Abs. 3 KWahlG und § 3 Abs. 3 KWahlG.

3. Verlust der Wählbarkeit eines Bewerbers nach Zulassung, aber vor Wahltag, Satz 2

Ein Bewerber, der seine Wählbarkeit nach der Zulassung durch den Wahlausschuss, aber noch vor dem Wahltag verloren hat, wird nicht berücksichtigt. Falls ein Ersatzbewerber durch die Partei oder Wählergruppe für den Wahlbezirk benannt worden ist, tritt dieser an dessen Stelle. Ist ein solcher nicht vorhanden, führt dies nicht zu einer Nachwahl. Damit unterscheidet sich diese Regelung von der des § 21 Abs. 1 Nr. 2 KWahlG, wonach beim Tod eines Bewerbers zwischen Zulassung und Wahltag eine Nachwahl zu erfolgen hat.

4. Losentscheid bei Stimmengleichheit, Satz 3

Bei Stimmengleichheit (der gültigen Stimmen, die auf zwei oder mehr Bewerber entfallen sind) entscheidet das vom Wahlleiter zu ziehende Los. Bei einem solchen Losentscheid handelt es sich um ein verfassungsrechtlich zulässiges Mittel zur Beendigung einer Patt-Situation (OVG NW, Beschl. vom 25.3.2011 – 15 A 1515/10; *Bätge*, Wahlen und Abstimmungen in Nordrhein-Westfalen § 32 KWahlG Anm. 4). Mit dem Demokratieprinzip ist ein Losentscheid vereinbar (VerfGH Berlin, Entscheidung vom 19.10.1992 – 24/92 –, NVwZ 1993 S. 1093).

Die Durchführung eines Losentscheid-Verfahrens gehört zur durch den Wahlausschuss vorzunehmenden Feststellung des Wahlergebnisses, denn dazu gehört auch die Ermittlung desjenigen Wahlbezirks-Kandidaten, der diesen Wahlbezirk (als „Direkt-Kandidat") im Rat oder Kreistag vertritt (OVG NRW, Urt. vom 19.12.1990 – 15 A 922/90 –, NVwBl 1991 S. 237). Nach § 61 Abs. 3 Satz 2 KWahlO ist der Losentscheid in der Sitzung des Wahlausschusses durchzuführen. Üblicherweise werden Lose hergestellt, die jeweils den Namen eines der Bewerber mit der gleichen (höchsten) Stimmenzahl enthalten. Diese werden so zusammengefaltet, dass der Name des Bewerbers nicht mehr von außen lesbar ist und/ oder in gleichartige Behältnisse gegeben. Die Lose oder die die Lose enthaltenen Behältnisse werden alsdann in ein Gefäß (möglichst aus Glas) gegeben und durchgemischt. Dann erfolgt die Ziehung eines der Lose beziehungsweise Behältnisse durch den Wahlleiter, während die Mitglieder des Wahlausschusses den Vorgang beobachten und überwachen. Der Wahlleiter öffnet das Behältnis, entfaltet das Los dergestalt, dass die Mitglieder des Wahlausschusses alle diese Vorgänge mitverfolgen können und verkündet den Namen des durch den Losentscheid gewählten Bewerbers. Die Bewerber um das durch Losentscheid zu ermittelnde Direkt-Mandat müssen nicht bei der Sitzung des Wahlausschusses anwesend sein, können aber aufgrund der Öffentlichkeit der Sitzungen des Wahlausschusses (§ 2 Abs. 3 Satz 2 KWahlG) den Losentscheid mit verfolgen.

3.

Wahl aus der Reserveliste

§ 33

(1) Der Wahlausschuss zählt zunächst die für alle Bewerber abgegebenen gültigen Stimmen, nach Parteien, Wählergruppen und Einzelbewerbern getrennt, zusammen (Gesamtstimmenzahl). Durch Abzug der Stimmen der Parteien und Wählergruppen, für die keine Reserveliste zugelassen worden ist, und der Stimmen der Einzelbewerber von der Gesamtstimmenzahl wird die bereinigte Gesamtstimmenzahl gebildet.

(2) Von der gemäß § 3 in jedem Wahlgebiet zu wählenden Gesamtzahl von Vertretern wird die Zahl der erfolgreichen Wahlbezirksbewerber abgezogen, die als Einzelbewerber aufgetreten oder von einer nach Absatz 1 Satz 2 nicht zu berücksichtigenden Partei oder Wählergruppe vorgeschlagen sind. Von der so gebildeten Ausgangszahl werden den am Verhältnisausgleich teilnehmenden Parteien und Wählergruppen nach dem Divisorverfahren mit Standardrundung so viele Sitze zugeteilt, wie ihnen im Verhältnis der auf ihre Reserveliste entfallenen Stimmenzahlen zur bereinigten Gesamtstimmenzahl nach Absatz 1 zustehen (erste Zuteilungszahl). Jede Partei oder Wählergruppe erhält so viele Sitze, wie sich nach Teilung ihrer Stimmen durch den Zuteilungsdivisor und anschließender Rundung ergeben. Der Zuteilungsdivisor ist so zu bestimmen, dass insgesamt so viele Sitze wie nach der Ausgangszahl auf die Reservelisten entfallen. Bei der Rundung sind Zahlenbruchteile unter 0,5 auf die darunter liegende Zahl abzurunden und Zahlenbruchteile ab 0,5 auf die darüber liegende Zahl aufzurunden. Kommt es bei Berücksichtigung von bis zu vier Stellen nach dem Komma zu Rundungsmöglichkeiten mit gleichen Zahlenbruchteilen, entscheidet das vom Wahlleiter zu ziehende Los. Zur Ermittlung des Zuteilungsdivisors ist die Gesamtstimmenzahl durch die Ausgangszahl zu teilen.

Falls nach dem sich so ergebenden Divisor bei Rundung insgesamt weniger Sitze als nach der Ausgangszahl vergeben würden, ist der Divisor auf den nächstfolgenden Divisor, der bei Rundung die Ausgangszahl ergibt, herunterzusetzen; würden insgesamt mehr Sitze als nach der Ausgangszahl vergeben, ist der Divisor auf den nächstfolgenden Divisor, der bei Rundung die Ausgangszahl ergibt, heraufzusetzen.

(3) Hat mindestens eine Partei oder Wählergruppe mehr Sitze in den Wahlbezirken errungen, als ihr nach Absatz 2 zusteht, wird die Ausgangszahl um so viele Sitze erhöht, wie notwendig sind, um bei erneuter Berechnung nach Absatz 2 mit den Stimmenzahlen der Parteien und Wählergruppen, denen nach Absatz 2 mindestens ein Sitz zusteht, unter Berücksichtigung der erzielten Mehrsitze eine Sitzverteilung nach dem Verhältnis dieser Stimmenzahlen zu erreichen. Dazu wird die Zahl der in den Wahlbezirken errungenen Sitze der Partei oder Wählergruppe, die das günstigste Verhältnis dieser Sitzzahl zur ersten Zuteilungszahl erreicht hat, mit der Gesamtstimmenzahl der nach Absatz 1 am Verhältnisausgleich noch teilnehmenden Parteien und Wählergruppen multipliziert und durch die Stimmenzahl dieser Partei oder Wählergruppe dividiert. Die zweite Ausgangszahl für die Sitzzuteilung ist mit einer Stelle nach dem Komma zu berechnen und auf eine ganze Zahl nach Absatz 2 Satz 5 auf- oder abzurunden.

Ist durch die erhöhte Ausgangszahl die Gesamtzahl der Sitze eine ungerade Zahl, wird diese Ausgangszahl um eins erhöht. Erhält mindestens eine Partei oder Wählergruppe bei der Berechnung der erhöhten Ausgangszahl nicht eine Sitzzahl, die der Zahl ihrer erfolgreichen Wahlbezirksbewerber entspricht, wird die erhöhte Ausgangszahl um zwei erhöht, bis die Zahl der Listenmandate nach erneuter Berechnung gemäß Absatz 2 erstmals der Zahl ihrer erfolgreichen Wahlbezirksbewerber entspricht oder diese übersteigt.

(4) Erhält bei der Verteilung der Sitze nach Absatz 2 eine Partei oder Wählergruppe, die mehr als die Hälfte der gültigen Stimmen erhalten hat, nicht mehr als die Hälfte der

insgesamt zu vergebenden Sitze, wird ihr vorab ein weiterer Sitz zugeteilt (Zusatzmandat). Von den anderen Parteien oder Wählergruppen erhält diejenige mit dem niedrigsten Zahlenbruchteil ab 0,5 einen Sitz weniger als nach Absatz 2. Betragen die Zahlenbruchteile sämtlich weniger als 0,5, erhält die Partei oder Wählergruppe einen Sitz weniger, die bei einer erneuten Berechnung nach Absatz 2 mit der Gesamtstimmenzahl und der Gesamtsitzzahl der verbleibenden Parteien und Wählergruppen den niedrigsten Zahlenbruchteil erreicht. Bei gleichen zu berücksichtigenden Zahlenbruchteilen bis zu vier Stellen nach dem Komma entscheidet das vom Wahlleiter zu ziehende Los.

(5) Parteien und Wählergruppen, die weniger Sitze in den Wahlbezirken errungen haben, als ihre Sitzzahl beträgt, erhalten die fehlenden Sitze aus der Reserveliste.

(6) Die Sitze werden aus den Reservelisten in der dort festgelegten Reihenfolge besetzt. § 32 Satz 2 gilt entsprechend. Bewerber, die in einem Wahlbezirk gewählt sind, bleiben hierbei unberücksichtigt. Entfallen auf eine Partei oder Wählergruppe mehr Sitze, als Bewerber auf der Reserveliste benannt sind, so bleiben diese Sitze unbesetzt.

Erläuterungen

Übersicht

0. Vorbemerkung

Der Verfassungsgerichtshof des Landes Nordrhein-Westfalen hat mit Urt. vom 20.5.2025 auf die Klagen der NRW-Landesverbände mehrerer politischer Parteien (Aktenzeichen VerfGH 101/24; 114/24; 118/24; 124/24 und 7/25) entschieden, dass die Ersetzung des bisher bei Kommunalwahlen angewendeten Sitzzuteilungsverfahrens nach Sainte-Lague/Schepers, des sogenannten Divisor-Verfahrens mit Standardrundung, durch ein Quotenverfahren mit prozentualem Restausgleich, das sogenannte „Rock-Verfahren", die in dem Organstreitverfahren antragstellenden Parteien in ihren verfassungsrechtlich gewährleisteten Rechten auf Chancengleichheit als politische Partei und auf Gleichheit der Wahl verletzt.

Die für die Entscheidung wesentlichen Erwägungen des Gerichtshofs sind: Der Systemwechsel bei der Sitzzuteilung sei mit dem Recht der Antragstellerinnen auf chancengleiche

Teilnahme an den Kommunalwahlen aus Art. 21 Abs. 1 GG i. V. m. Art. 2 LV NRW sowie auf Gleichheit der Wahl aus Art. 28 Abs. 1 Satz 2 GG, Art. 78 Abs. 1 Satz 2 LV NRW nicht vereinbar. Er sei sachlich nicht gerechtfertigt. Der Landesgesetzgeber könne sich nicht auf seine Gestaltungsfreiheit berufen. Diese sei durch eine Rechtfertigungslast eingeschränkt, der der Gesetzgeber nicht nachgekommen sei. Die durch die Einführung des „Rock-Verfahrens" erfolgte Modifizierung des Wahlrechts führe zu einer zusätzlichen Erfolgswert-Ungleichheit, ziele aber nicht darauf, eine im bisherigen Berechnungsverfahren (Divisor-Verfahren mit Standardrundung) angelegte, aber über das Normalmaß hinausgehende Ungleichgewichtigkeit zu beseitigen. Es sei die Annahme berechtigt, dass die Neuregelung kleinere Parteien systematisch benachteilige, indem sie Aufrundungsgewinne allein den großen Parteien zuweise. Ein zwingender Grund für die erfolgte Modifizierung des Sitzzuteilungsverfahrens habe nicht vorgelegen.

Der Landtag Nordrhein-Westfalen als Landesgesetzgeber war also nunmehr gehalten, die vom Verfassungsgerichtshof in Münster als verfassungswidrig beanstandeten Vorschriften des § 33 Abs. 2 KWahlG zu ändern. Eine schnelle Änderung war erforderlich, um für die anstehende Kommunalwahl in Nordrhein-Westfalen am 14.9.2025 ein das Urteil des Verfassungsgerichtshofs beachtendes Kommunalwahlrecht anwenden zu können. Da der Zeitraum bis zur Kommunalwahl sehr knapp ist, ist der Landtag – jedenfalls für die Kommunalwahl Herbst 2025 – durch das „Zweite Gesetz zur Änderung des Kommunalwahlgesetzes und der Kommunalwahlordnung" vom 4.6.2025 im KWahlG wieder zu der verfassungsrechtlich unbedenklichen Rechtslage vor Inkrafttreten der nunmehr beanstandeten Regelung in § 33 KWahlG zurückgekehrt. Die Absätze 2 bis 4 des § 33 KWahlG wurden durch eine neue Fassung ersetzt. Diese ist in Absatz 2 und Absatz 4 wortgleich mit der bis zum Sommer 2024 geltenden Fassung. Absatz 3 des § 33 KWahlG enthält lediglich sprachliche, nicht aber – im Vergleich zur Rechtslage bis Sommer 2024 – inhaltliche Änderungen. Aus diesem Grunde wird an dieser Stelle die Kommentierung der bisherigen, bis zum Sommer 2024 geltenden und verfassungsrechtlich unbedenklichen Fassung des § 33 KWahlG abgedruckt, die auch für die Kommunalwahl in NRW im September 2025 Anwendung finden wird.

1. Grundsätzliches/Allgemeines

Da die Mitglieder der Vertretung (Rat oder Kreistag) je zur Hälfte sowohl direkt durch Wahl in dem jeweiligen Wahlbezirk als auch indirekt durch Wahl nach den Grundsätzen des Verhältnisausgleichs aus Reservelisten für das gesamte Wahlgebiet (der Gemeinde oder des Kreises) gewählt werden, ist sowohl für die direkte Wahl in den einzelnen Wahlbezirken als auch für die Wahl aus Reservelisten eine gesetzliche Regelung erforderlich. Die Regelung für die direkte Wahl in den Wahlbezirken findet sich in § 32 KWahlG, die komplexen Regelungen für die Wahl aus den Reservelisten für das gesamte Wahlgebiet sind der Inhalt dieser Vorschrift. Durch Urteile vom 21.11.2017 (VerfGH 21/16 usw.) stellte der VerfGH NRW mit entsprechender Bindungswirkung (vgl. § 26 BGHG) für alle Verfassungsorgane, Gerichte und Behörden fest, dass eine 2,5 %-Sperrklausel bei der Wahl von Räten und Kreistagen gegen den Grundsatz der Wahlrechtsgleichheit verstößt und damit verfassungswidrig ist. Die Sperrklausel für die Bezirksvertretungswahl und die Wahl der Verbandsversammlung des Regionalverbands Ruhr wurde hingegen für verfassungskonform erachtet. Dementsprechend hat der Landesgesetzgeber diese Rechtslage 2019 im Gesetz festgeschrieben.

Unproblematisch zu ermitteln ist derjenige Bewerber, der im Wahlbezirk das sogenannte Direktmandat erringt. Dabei handelt es sich um denjenigen Bewerber, der im Wahlbezirk die meisten gültigen Stimmen auf sich vereint hat. Damit ist genau die Hälfte der Sitze in der Vertretung vergeben, denn die Vertretung hat stets gleich viele über Direktmandate wie über Reservelisten zu vergebende Sitze.

Mit der Stimme des Wählers für einen Bewerber in einem Wahlbezirk votiert der Wähler (ob er will oder nicht, ein „Stimmen-Splitting" wie bei der Bundestagswahl ist nicht vorgesehen) gleichzeitig für die Reserveliste der Partei oder Wählergruppe des Bewerbers, den er als Direktkandidaten im Wahlbezirk gewählt hat. Nur für den Fall, dass der Bewerber, dem der Wahlberechtigte seine Stimme gegeben hat, ein Einzelbewerber ist oder die Partei oder Wählergruppe, für die dieser kandidiert, keine Reserveliste aufgestellt hat, entfällt dieses „indirekte" Votum des Wahlberechtigten, der also in einem solchen Falle wirklich nur einen Bewerber im Wahlbezirk gewählt hat und keine Stimme für die Reserveliste einer Partei oder Wählergruppe abgegeben hat. Die Zahl der auf Reservelisten entfallenden Stimmen bei einer Kommunalwahl kann also nur entweder gleich groß sein wie die Zahl der auf die Direktkandidaten in den Wahlbezirken entfallenden Stimmen (wenn alle Direktkandidaten auch für eine Partei oder Wählergruppe mit Reserveliste kandidieren) oder geringer sein als die Zahl der auf die Direktkandidaten in den Wahlbezirken entfallenden Stimmen (wenn bei diesen Direktkandidaten Einzelbewerber sind oder einzelne Direktkandidaten für eine Partei oder Wählergruppe ohne Reserveliste kandidieren).

Die Gesamtzahl aller abgegebenen gültigen Stimmen für Bewerber in den Wahlbezirken des Wahlgebietes nennt man Gesamtstimmenzahl. Die Gesamtstimmenzahl, vermindert um die Zahl der für Einzelbewerber oder Bewerber von Parteien oder Wählergruppen ohne Reserveliste, nennt man bereinigte Gesamtstimmenzahl. Diese bereinigte Gesamtstimmenzahl wird nach dieser Vorschrift verteilt. Zur Anwendung kommt das Sitzberechnungsverfahren nach Sainte-Lague und Schepers. Bei der Verteilung der Sitze sind alle direkt in den Wahlbezirken gewählten Bewerber vorab zu berücksichtigen. Diese erlangen demnach also in jedem Fall einen Sitz in der Vertretung.

Das zur Anwendung kommende Sitzberechnungsverfahren nach dem Divisorverfahren mit Standardrundung ermöglicht die Zuordnung der zu vergebenden Sitze in der Vertretung auf die teilnehmenden Parteien und Wählergruppen. Gegebenenfalls müssen weitere, ebenfalls in dieser Vorschrift dargestellte Rechenoperationen stattfinden (zum Beispiel durch Bildung einer erhöhten Ausgangszahl).

Die Vorschrift enthält Regelungen darüber, dass eine Partei oder Wählergruppe, die mehr Sitze durch Direktwahl in den Wahlbezirken errungen hat, als ihr nach den Berechnungen nach dieser Vorschrift eigentlich zuständen, diese behalten darf, sowie die sich daraus für die anderen Parteien und Wählergruppen ergebenden Konsequenzen.

Ebenfalls ist Inhalt der Vorschrift, dass eine Partei oder Wählergruppe, die die absolute Mehrheit der abgegebenen gültigen Stimmen erhalten hat und bei der Verteilung der Sitze nach dieser Vorschrift nicht auch mehr als die Hälfte der insgesamt zu vergebenden Sitze in der Vertretung erhalten würde, zu Lasten einer anderen Partei oder Wählergruppe einen weiteren Sitz in der Vertretung (das sogenannte „Zusatzmandat") erhält.

Detaillierte Regelungen finden sich in § 61 Abs. 4 KWahlO.

2. Ermittlung der Gesamtstimmenzahl, Absatz 1 Satz 1

Als ersten Schritt ermittelt der Wahlausschuss durch Addition aller auf die Bewerber in allen Wahlbezirken des Wahlgebietes abgegebenen gültigen Stimmen die Gesamtstimmenzahl. Diese ist getrennt nach Parteien, Wählergruppen und Einzelbewerbern zu bestimmen.

3. Ermittlung der bereinigten Gesamtstimmenzahl, Absatz 1 Satz 2

Von der so ermittelten Gesamtstimmenzahl zieht der Wahlausschuss im zweiten Schritt

- die für solche Parteien und Wählergruppen, für die keine Reserveliste zugelassen worden ist, abgegebenen gültigen Stimmen sowie
- die für Einzelbewerber abgegebenen gültigen Stimmen ab.

Es ergibt sich die sogenannte bereinigte Gesamtstimmenzahl.

4. Ermittlung der Ausgangszahl, Absatz 2 Satz 1

Im nächsten Schritt ist die Ausgangszahl festzustellen. Diese ergibt sich, wenn von der Gesamtzahl der im Wahlgebiet (Gemeinde oder Kreis) zu wählenden Vertreter (Ratsmitglieder oder Kreistagsmitglieder) diejenigen erfolgreichen Wahlbezirksbewerber abgezogen werden, die entweder Einzelbewerber sind oder für eine Partei oder Wählergruppe kandidiert haben, für die keine Reserveliste zugelassen worden ist. Bei der Gesamtzahl der zu wählenden Mitglieder der Vertretung muss es sich um eine gerade Zahl handeln. Der dem Rat oder Kreistag kraft Gesetzes angehörende (und diesem Gremium vorsitzende) Bürgermeister, Oberbürgermeister oder Landrat ist hier nicht zu berücksichtigen. Zu berücksichtigen ist die Verkleinerung der Vertretung durch Satzung nach § 3 Abs. 2 Satz 2 KWahlG.

5. Ermittlung der ersten Zuteilungszahl, Absatz 2 Satz 2

Der Gesetzgeber formuliert die nun erforderliche Rechenoperation in Absatz 2 Satz 2 der Vorschrift: „*Von der … Ausgangszahl werden den am Verhältnisausgleich teilnehmenden Parteien und Wählergruppen nach dem Divisor-Verfahren mit Standardrundung so viele Sitze zugeteilt, wie ihnen im Verhältnis der auf ihre Reserveliste entfallenden Stimmenzahlen zur bereinigten Gesamtstimmenzahl … zustehen*". Es ist also die bereinigte Gesamtstimmenzahl nach Absatz 1 Satz 2 der Vorschrift zu dividieren durch den für alle teilnehmenden Parteien und Wählergruppen gleichen Zuteilungsdivisor. Die sich durch diese Berechnung ergebende Zuteilungszahl für jede Partei oder Wählergruppe ist nach § 61 Abs. 4 Satz 6 KWahlO mit vier Stellen nach dem Komma zu berechnen. Die letzte Nachkommastelle wird nicht gerundet.

6. Verteilung der Sitze in der Vertretung, Absatz 2 Satz 3

Nach dem Wortlaut der Vorschrift (Absatz 2 Satz 3) erhält jeder Partei oder Wählergruppe so viele Sitze in der Vertretung, wie sich nach Teilung ihrer Stimmen durch den Zuteilungsdivisor und anschließender Rundung ergeben. Dazu ist zunächst der Zuteilungsdivisor zu bestimmen. Das hierzu anzuwendende Verfahren enthält Absatz 2 Satz 4 bis 7 der Vorschrift. Siehe dazu nachfolgende Erl. 7 bis 9.

7. Bestimmung des Zuteilungsdivisors, Absatz 2 Satz 4

Der Zuteilungsdivisor ist nach dieser Vorschrift (Absatz 2 Satz 4) so zu bestimmen, dass insgesamt so viele Sitze wie nach der Ausgangszahl auf die Reservelisten entfallen. Damit ist gemeint, dass alle noch an die mit Reservelisten ausgestatteten Parteien und Wählergruppen zu verteilenden Sitze in der Vertretung an diese vergeben werden können. Dazu sind die Regelungen über die Rundung, wie sie sich aus Absatz 2 Satz 5 und 6 der Vorschrift ergeben, anzuwenden. In den meisten Fällen wird dieses Ergebnis auch in der Praxis so eintreten. Für den zwar nicht sehr wahrscheinlichen, aber auch nicht auszuschließenden Fall, dass dies nicht eintritt, regelt Absatz 2 Satz 8 der Vorschrift, dass dann, wenn die Summe der Sitzzahlen nach dieser Rechenoperation nicht mit der Ausgangszahl übereinstimmt, das dort geschilderte Verfahren anzuwenden ist.

Wenn die Summe der an die Parteien und Wählergruppen zu vergebenden Sitze nach der sich aus Absatz 2 Satz 4 bis 7 ergebenden Rechnung kleiner ist als die Ausgangszahl, ist der Divisor herunterzusetzen.

Wenn die Summe der an die Parteien und Wählergruppen zu vergebenden Sitze nach der sich aus Absatz 2 Satz 4 bis 7 ergebenden Rechnung größer ist als die Ausgangszahl, ist der Divisor heraufzusetzen.

Siehe dazu Erl. 10.

8. Rundungs-Vorschriften, Absatz 2 Satz 5 und 6

Die Vorschrift sieht vor, dass die in dem Verfahren nach Absatz 2 Satz 2 der Vorschrift errechneten „ersten Zuteilungszahlen", die nach § 61 Abs. 4 Satz 6 KWahlO mit vier Stellen nach dem Komma zu berechnen sind, nunmehr nach den üblichen mathematischen Standards gerundet werden. Es wird also jeder vierstellige Zahlenbruchteil (die Zahlen hinter dem Komma), und zwar für jede Stelle hinter dem Komma einzeln, beginnend mit der vierten Stelle hinter dem Komma

- abgerundet auf die nächstniedrige ganze Zahl bei Zahlenbruchteilen von 0000 bis 4999 sowie
- aufgerundet auf die nächsthöhere ganze Zahl bei Zahlenbruchteilen von 5000 bis 9999.

Sollte sich auch nach diesem Verfahren, welches eine zulässige Ausübung des gesetzgeberischen Gestaltungsspielraumes darstellt (OVG NRW, Beschl. vom 25.3.2011 – 15 A 1515/10) zu Rundungsergebnissen kommen, die gleiche Zahlenbruchteile für zwei oder mehr am Verfahren teilnehmende Parteien oder Wählergruppen aufweisen, entscheidet das Los. Es ist nach Absatz 2 Satz 6 der Vorschrift vom Wahlleiter (in seiner Funktion als geborener Vorsitzender des Wahlausschusses, in der Sitzung des Wahlausschusses, siehe § 61 Abs. 3 Satz 2 KWahlO) zu ziehen. Es handelt sich um eine sehr theoretische, aber mathematisch in der Tat nicht auszuschließende Möglichkeit. Es ist dem Verfasser kein Fall der Anwendung dieser Vorschrift in der Praxis bekannt.

9. Ermittlung des Zuteilungsdivisors, Absatz 2 Satz 7

Der Zuteilungsdivisor wird dadurch ermittelt, dass man die Gesamtstimmenzahl durch die Ausgangszahl dividiert, wie sich aus Absatz 2 Satz 7 der Vorschrift ergibt. Bei dem Begriff der „Gesamtstimmenzahl" ist zu beachten, dass gegebenenfalls (wenn eine bereinigte Gesamtstimmenzahl vorliegt, die von der Gesamtstimmenzahl abweicht) diese bereinigte Gesamtstimmenzahl zu benutzen ist (*Bätge*, § 33 Nr. 11). Auch hier gilt § 61 Abs. 4 Satz 6 KWahlO, wonach der Zuteilungsdivisor mit vier ungerundeten Stellen hinter dem Komma zu bestimmen ist.

10. Veränderung des Zuteilungsdivisors, Absatz 2 Satz 8

Wenn die Summe der an die an dem Verfahren teilnehmenden Parteien und Wählergruppen mit Reserveliste zu vergebenden Sitze nach der sich aus Absatz 2 Satz 4 bis 7 der Vorschrift ergebenden Berechnung größer oder kleiner ist als die Ausgangszahl, ist der Divisor zu verändern. Dies ergibt sich aus der Regelung des Absatzes 2 Satz 8 der Vorschrift, wobei auch die Detail-Regelungen des § 61 Abs. 4 KWahlO hinzuzuziehen sind. Der Zuteilungsdivisor ist herunterzusetzen, wenn die Summe der vergebenen Sitze nach dem bereits durchgeführten Verfahren kleiner ist als die Ausgangszahl, also Sitze in der Vertretung noch „frei" sind und noch keiner Partei oder Wählergruppe zugeordnet worden sind. Der Zuteilungsdivisor ist heraufzusetzen, wenn die Summe der vergebenen Sitze nach dem bereits durchgeführten Verfahren größer ist als die Ausgangszahl, also mehr Sitze vergeben worden sind als in der Vertretung verfügbar.

Das durchzuführende Verfahren ergibt sich aus § 61 Abs. 4 Satz 2 bis 5 KWahlO. Nächstfolgender Divisor ist demnach bei Unterschreitung der Ausgangszahl der Sitze um eins der größte Quotient (oder „Divisorkandidat"), der aus der Teilung der Stimmenzahlen der Parteien und Wählergruppen durch deren um 0,5 erhöhte (ganze) Sitzzahl gemäß § 61 Abs. 4 Satz 1 KWahlO resultiert. Bei Unterschreitung der Ausgangszahl der Sitze um zwei ist der zweitgrößte Quotient zu wählen, bei Unterschreitung um drei der drittgrößte und so weiter. Nächstfolgender Divisor ist bei Überschreitung der Ausgangszahl der Sitze um eins der kleinste Quotient (oder „Divisorkandidat"), der aus der Teilung der Stimmenzahlen der Parteien und Wählergruppen durch deren um 0,5001 verringerte (ganze) Sitzzahl gemäß § 61 Abs. 4 Satz 1 KWahlO resultiert. Bei Überschreitung der Ausgangszahl der Sitze um zwei ist der zweitkleinste Quotient zu wählen, bei Überschreitung um drei der drittkleinste und so weiter. Entfallen bei der Berechnung mit den um 0,5001 verringerten Sitzzahlen ausnahmsweise nicht insgesamt so viele Sitze auf die Reservelisten der Parteien und Wählergruppen wie nach der Ausgangszahl der Sitze, ist die bisherige Sitzzahl der Parteien und Wählergruppen um 0,5000001 zu verringern.

11. Erhöhung der Ausgangszahl, Absatz 3

Die Regelung befasst sich mit der auch in der Praxis nicht selten vorkommenden Situation, dass eine Partei oder Wählergruppe mehr Sitze in den Wahlbezirken errungen hat (also mehr „Direktmandate" errungen hat), als ihr nach der Berechnung des Absatzes 2 der Vorschrift nach den Grundsätzen des Verhältnisausgleichs zusteht. Dieser Fall ist insbesondere dort denkbar, wo eine in einem Teil des Wahlgebietes stark vertretene Partei oder Wählergruppe auftritt, die den größten Teil der auf sie entfallenden Stimmen in einigen wenigen Wahlbezirken erhält, dort auch die Direktmandate erringt und im Rest des Wahlgebietes nicht oder nur marginal erfolgreich ist. Diese „Überhangmandate" stehen der Partei oder Wählergruppe zu, sie sind demokratisch legitimiert und können nicht entzogen werden, um die Sitzzahl der Vertretung nicht verändern zu müssen. Auf der anderen Seite stellen sie aber – jedenfalls zunächst – eine Besserstellung dieser Parteien oder Wählergruppen dar, da diese mehr Sitze in der Vertretung für sich beanspruchen können, als ihr über den Verhältnisausgleich zustünden. Die Lösung des Problems ist klar: Die Zahl der Sitze in der Vertretung muss verändert (vergrößert) werden, damit auch die anderen an der Wahl teilnehmenden Parteien oder Wählergruppen im gleichen Verhältnis in Rat oder Kreistag vertreten sein können.

Das gewünschte Ergebnis kommt zustande durch die Erhöhung der Ausgleichszahl nach Absatz 3 Satz 1 der Vorschrift, und zwar um so viele Sitze, wie notwendig sind, um bei erneuter Berechnung nach Absatz 2 der Vorschrift mit den Stimmenzahlen der Parteien und Wählergruppen, denen nach Absatz 2 der Vorschrift mindestens ein Sitz zusteht, unter Berücksichtigung der erzielten Mehrsitze (= „Überhang-Mandate") eine Sitzverteilung nach dem Verhältnis dieser Stimmenzahlen zu erreichen.

Es werden hier also nicht die errungenen Stimmen aller an der Wahl teilnehmenden Parteien und Wählergruppen berücksichtigt, sondern zulässigerweise (OVG NRW, Beschl. vom 25.3.2011 – 15 A 1541/10 –) nur die Stimmen derjenigen Wahlteilnehmer, denen nach Absatz 2 der Vorschrift (also auch ohne Vergrößerung der Vertretung durch Überhang- und Ausgleichsmandate) mindestens ein Sitz in der Vertretung zusteht.

Das in der Absatz 3 Satz 2 der Vorschrift vorgeschriebene Verfahren sieht vor, dass die Zahl der in den Wahlbezirken errungenen Sitze der Partei oder Wählergruppe, die das günstigste Verhältnis dieser Sitzzahl zur ersten Zuteilungszahl erreicht hat, mit der Gesamtstimmenzahl der nach Absatz 3 Satz 1 der Vorschrift noch teilnehmenden Parteien und Wählergruppen multipliziert wird und sodann durch die Stimmenzahl dieser Partei oder Wählergruppe (die das günstigste Verhältnis der Sitzzahl zur ersten Zuteilungszahl hat) dividiert wird. Diese zweite Ausgangszahl für die Sitzverteilung ist mit einer Stelle hinter dem Komma zu berechnen und auf eine ganze Zahl nach Absatz 2 Satz 5 der Vorschrift aufzurunden oder abzurunden. Ergibt sich durch diese Berechnung einer erhöhten Ausgangszahl als Gesamtzahl der Sitze in der Vertretung eine ungerade Zahl, ist diese ungerade Zahl um eins zu erhöhen, damit die zweite Ausgangszahl in jedem Fall eine gerade Zahl ist und die Vertretung, wie vom Gesetzgeber gewollt, eine gerade Zahl von Vertretern aufweist.

Diese erhöhte Ausgleichszahl ist nach Absatz 3 Satz 5 der Vorschrift um zwei zu erhöhen, wenn Parteien oder Wählergruppen bei der Berechnung der erhöhten Ausgleichszahl nicht eine Zahl von Sitzen in der Vertretung erhalten, die der Zahl ihrer erfolgreichen Wahlbezirksbewerber („Direktmandate") entspricht. Dies ist so lange fortzusetzen, bis die Zahl der Listenmandate nach erneuter Berechnung gemäß Absatz 2 der Vorschrift erstmals der Zahl ihrer erfolgreichen Wahlbezirksbewerber entspricht oder diese übersteigt.

12. Zusatzmandat, Absatz 4 Satz 1

Das Wahlergebnis der Kommunalwahl für die Vertretung (Rat oder Kreistag) soll sich möglichst genau in der Sitzverteilung widerspiegeln. Daher sieht Absatz 4 Satz 1 der Vorschrift vor, dass eine Partei oder Wählergruppe, die mehr als die Hälfte der gültigen Stimmen erhalten hat, auch mehr als die Hälfte der insgesamt zu vergebenden Sitze in der Vertretung erhalten soll. Das Prinzip der Vorschrift lautet also „absolute Mehrheit der Stimmen gleich absolute Mehrheit der Sitze". Im Regelfall ergibt sich diese Konsequenz auch rechnerisch durch das geschilderte Verfahren nach Absatz 2 der Vorschrift. In den (Ausnahme-)Fällen, in denen das nicht der Fall ist und die Partei trotz absoluter Mehrheit der Stimmen nur genau die Hälfte der Sitze erhält, greift Absatz 4 Satz 1 der Vorschrift. Danach erhält eine solche Partei oder Wählergruppe einen weiteren Sitz in der Vertretung, ein sogenanntes „Zusatzmandat". Für dieses Zusatzmandat wird die Anzahl der Sitze in der Vertretung nicht erhöht, es bleibt bei der (geraden) Zahl der Sitze, vielmehr wird zu Lasten einer der anderen Parteien oder Wählergruppen im Verfahren nach Absatz 4 Satz 2 und 3 der Vorschrift vorgegangen.

13. Sitzreduzierung, Absatz 4 Satz 2 und 3

Da sich die Zahl der Sitze in der Vertretung durch die Anwendung des Verfahrens nach Absatz 4 Satz 1 der Vorschrift nicht verändern soll, ist es notwendig, einen ursprünglich einer anderen Partei oder Wählergruppe zugeordneten Sitz in der Vertretung dieser wieder zu entziehen. Dies geschieht durch Ermittlung der Partei oder Wählergruppe, die bei der Berechnung der Sitzverteilung nach dieser Vorschrift den niedrigsten noch zur Aufrundung berechtigenden Zahlenbruchteil ab 0,5 errungen hat. Betragen die Zahlenbruchteile (nach dem Komma) aller am Verfahren teilnehmenden Parteien und Wählergruppen sämtlich weniger als 0,5, ist also keine Partei oder Wählergruppe durch Aufrundung besser gestellt worden, erhält diejenige Partei oder Wählergruppe einen Sitz in der Vertretung weniger, die bei einer erneuten Berechnung nach Absatz 2 mit der Gesamtstimmenzahl und der Gesamtsitzzahl der verbleibenden Parteien und Wählergruppen den niedrigsten Zahlenbruchteil erreicht. Bei dieser Berechnung werden also nur noch die Stimmen gezählt, die für Parteien oder Wählergruppen abgegeben worden sind, welche mindestens einen Sitz in der Vertretung errungen haben. Bei gleichen zu berücksichtigenden Zahlenbruchteilen entscheidet das vom Wahlleiter in seiner Eigenschaft als Vorsitzender des Wahlausschusses in der Sitzung des Wahlausschusses zu ziehende Los.

14. Sitze aus der Reserveliste, Absatz 5

Parteien oder Wählergruppen, die weniger Sitze in den Wahlbezirken errungen haben, als ihre Sitzzahl beträgt, erhalten die fehlenden Sitze aus der Reserveliste, so Absatz 5 der Vorschrift. Dies dürfte bei den meisten an Kommunalwahlen teilnehmenden Parteien und Wählergruppen der Fall sein, so dass die Reserveliste und deren Zusammensetzung, insbesondere deren Reihenfolge, eine große Bedeutung für die Chancen der Bewerberinnen und Bewerber auf einen Sitz in der Vertretung hat. Dies gilt insbesondere für solche Parteien und Wählergruppen, die nicht damit rechnen können, viele Direktmandate in den Wahlbezirken erringen zu können.

15. Verfahren zur Besetzung der Liste aus der Reserveliste, Absatz 6

Das Verfahren zur Besetzung der Sitze aus der Reserveliste ergibt sich aus Absatz 6 der Vorschrift. Danach werden die Sitze aus den Reservelisten in der dort (von den Parteien oder Wählergruppen bei der Beschlussfassung über die Reserveliste selbst beschlossenen) festgelegten Reihenfolge besetzt. § 32 Satz 2 KWahlG, wonach ein Bewerber, der seine Wählbarkeit nach der Zulassung, aber noch vor dem Wahltag verloren hat, nicht berücksichtigt wird, gilt nach Absatz 6 Satz 2 der Vorschrift entsprechend. An dessen Stelle tritt dann gegebenenfalls der Ersatzbewerber.

Bewerber, die in einem Wahlbezirk gewählt worden sind, bleiben nach Absatz 6 Satz 3 der Vorschrift bei der Besetzung der Sitze aus der Reserveliste unberücksichtigt. Es dürfte der Regelfall sein, dass Bewerber sowohl in einem Direktwahlbezirk als auch auf der Reserveliste kandidieren. Die Reserveliste wird also bereinigt.

Entfallen auf eine Partei oder Wählergruppe mehr Sitze nach dieser Berechnung, als Bewerber auf der Reserveliste benannt sind, so bleiben diese Sitze nach Absatz 6 Satz 4 der Vorschrift unbesetzt.

16. Beispiele

In der Gemeinde A, 23.000 Einwohner, 15.000 Wahlberechtigte zur Kommunalwahl, finden Kommunalwahlen statt. Die Zahl der Sitze in der Vertretung wurde nicht verringert. Es werden insgesamt 10.240 Stimmen abgegeben, davon 9.980 gültige Stimmen. Es bewerben sich um Sitze in der Vertretung folgende Parteien/Wählergruppen/Einzelbewerber mit folgender Stimmenzahl:

Partei A	für alle 19 Wahlbezirke	1.235 Stimmen
Partei B	für alle 19 Wahlbezirke	2.787 Stimmen
Partei C	für alle 19 Wahlbezirke	976 Stimmen
Wählergruppe D	für alle 19 Wahlbezirke	2.983 Stimmen
Wählergruppe E	für drei Wahlbezirke	897 Stimmen
Einzelbewerber F	in einem Wahlbezirk	686 Stimmen
Einzelbewerber G	in einem Wahlbezirk	416 Stimmen

Reservelisten haben eingereicht die Parteien A, B und C sowie die Wählergruppe D.

In den 19 Wahlbezirken werden als Direktkandidaten gewählt:

3	Bewerber	der Partei A
5	Bewerber	der Partei B
2	Bewerber	der Partei C
7	Bewerber	der Wählergruppe D
1	Bewerber	der Wählergruppe E sowie
1	Bewerber	der Einzelbewerber F

Gesamtstimmenzahl, Absatz 1 Satz 1:

Alle abgegebenen gültigen Stimmen sind zu addieren: 9.980

Bereinigte Gesamtstimmenzahl, Absatz 1 Satz 2:

Nur die Stimmen für die am Verhältnisausgleich teilnehmenden Parteien und Wählergruppen sind zu addieren, hier also die für die Parteien A, B und C sowie für die Wählergruppe D abgegebenen gültigen Stimmen, hier also 7.981

Ausgangszahl, Absatz 2 Satz 1:

Es ist die Zahl der Sitze in der Vertretung nach § 3 Abs. 2 KWahlG zu ermitteln, von dieser Zahl sind gegebenenfalls die Sitze abzuziehen, um die die Vertretung durch Satzungsbeschluss reduziert wurde.

Hier ist die Gemeinde A in der Größenklasse „über 15.000, aber nicht über 30.000 Einwohner", demzufolge hat der Rat 38 Sitze, davon 19 aus Wahlbezirken („Direktmandate") und 19 über die Reservelisten.

Von der so ermittelten Sitzzahl sind die Sitze abzuziehen, die von Einzelbewerbern oder von Bewerbern der Parteien oder Wählergruppen ohne Reserveliste durch einfache Stimmenmehrheit in einem Wahlbezirk errungen werden konnten.

Das ist hier ein Bewerber der Wählergruppe E sowie der Einzelbewerber F.

Die Berechnung der (ersten) Ausgangszahl lautet also: 38 minus 2 = 36

Zuteilungs-Divisor, Absatz 2 Satz 4:

Es ist nun die bereinigte Gesamtstimmenzahl durch die erste Ausgangszahl zu dividieren, das Ergebnis wird mit vier nicht gerundeten Stellen hinter dem Komma notiert:

7.981 : 36 = 221,6944

Erste Zuteilungszahl, Absatz 2 Satz 2:

Die Zuteilungszahl wird dadurch ermittelt, dass die Stimmen, die die am Verhältnisausgleich teilnehmende Partei oder Wählergruppe erhalten hat, durch den Zuteilungsdivisor dividiert wird:

Partei A	1.235 Stimmen :221,6944	=	5,5707
Partei B	2.787 Stimmen:221,6944	=	12,5735
Partei C	976 Stimmen:221,6944	=	4,4024
W-Gr. D	2.983 Stimmen:221,6944	=	13,4554

Gerundet ergeben sich folgende den Parteien und Wählergruppen über den Verhältnisausgleich zustehenden Sitze in der Vertretung:

Partei A	Aufrundung	6 Sitze
Partei B	Aufrundung	13 Sitze
Partei C	Abrundung	4 Sitze
W-Gr. D	Abrundung	13 Sitze

Damit sind 36 Sitze verteilt. Die Zahl von 36 entspricht der Zahl der zur Verfügung stehenden Sitze.

Die Sitzverteilung im Rat sieht wie folgt aus:

Partei/W-Gr.	Sitze gesamt	davon im Wahlbezirk	aus Reserveliste
A	6	3	3
B	13	5	8
C	4	2	2
D	13	7	6
E	1	1	0
F	1	1	0

4.
Feststellung des Wahlergebnisses

§ 34

(1) Der Wahlausschuß stellt fest, wieviel Stimmen für die Bewerber in den Wahlbezirken und für die Parteien und Wählergruppen abgegeben worden sind und welche Bewerber in den Wahlbezirken und aus den Reservelisten gewählt sind.

(2) Der Wahlausschuß ist an die vom Wahlvorstand getroffenen Entscheidungen gebunden, jedoch berechtigt, Rechenfehler zu berichtigen.

Erläuterungen

Übersicht

1. Grundsätzliches/Allgemeines

Die Vorschrift fasst zusammen, dass die Aufgaben des Wahlausschusses darin bestehen, die Wahlergebnisse in den Wahlbezirken festzustellen, wie dies in § 32 KWahlG geregelt ist, sowie das Wahlergebnis im Wahlgebiet festzustellen, wie in § 33 KWahlG geregelt, unter Berücksichtigung der Wahlergebnisse in den einzelnen Wahlbezirken und der sich gegebenenfalls daraus ergebenden Überhang- und Ausgleichsmandate.

2. Aufgaben des Wahlausschusses bei der Feststellung des Gesamt-Ergebnisses, Absatz 1

Der Wahlausschuss hat nach Absatz 1 festzustellen, wie viele (gültige) Stimmen für die Bewerber in den Wahlbezirken abgegeben worden sind sowie (gleichzeitig) für die Parteien und Wählergruppen. Außerdem hat der Wahlausschuss festzustellen, welche Bewerber in den Wahlbezirken gewählt sind sowie welche Bewerber aus den Reservelisten der Parteien und Wählergruppen gewählt sind. Dazu ist es erforderlich, dass der Wahlausschuss, wie in § 61 Abs. 3 KWahlO geregelt, folgende Einzel-Feststellungen trifft:

- Zahl der Wahlberechtigten,
- Zahl der Wähler,
- Zahl der ungültigen Stimmen,
- Zahl der gültigen Stimmen,
- Zahl der in jedem einzelnen Wahlbezirk für jeden Bewerber abgegebenen Stimmen,
- Namen der in den Wahlbezirken gewählten Bewerber (mit den meisten abgegebenen gültigen Stimmen im Wahlbezirk),
- Zahl der in jedem Wahlbezirk abgegebenen Stimmen für die Parteien und/oder Wählergruppen,
- Zahl der im Wahlgebiet insgesamt abgegebenen Stimmen für die Parteien und/oder Wählergruppen,
- Zahl der Sitze, die den Parteien und/oder Wählergruppen gemäß § 33 Abs. 1 bis 5 KWahlG zuzuteilen sind,
- Namen der Bewerber, die gemäß § 33 Abs. 6 KWahlG aus der Reserveliste der Partei oder Wählergruppe gewählt sind.

Diese Feststellungen sind vom Wahlausschuss in einer Niederschrift gemäß § 61 Abs. 5 Satz 1 KWahlG festzuhalten, ein entsprechendes Muster ist der KWahlO als Anlage 26a beigefügt.

Nach § 61 Abs. 1 Satz 1 KWahlO prüft der Wahlleiter die Wahlniederschriften der Wahlvorstände auf Vollständigkeit und Ordnungsmäßigkeit. Damit ist die Grundlage für die Tätigkeit des Wahlausschusses gelegt. Dieser kann aufgrund der geprüften und vollständigen Wahlniederschriften die Wahlhandlungen in jedem Wahlbezirk nachvollziehen und daraufhin die Wahlergebnisse für die einzelnen Wahlbezirke sowie für das Wahlgebiet ermitteln und feststellen. Aufgrund des Umstandes, dass in den Wahlniederschriften auch alle wichtigen oder außergewöhnlichen Ereignisse im Wahllokal zu verzeichnen sind und für den Fall, dass ein Mitglied des Wahlvorstandes seine Unterschrift unter die Niederschrift verweigert, die dafür ausschlaggebenden Gründe in der Wahlniederschrift zu vermerken sind, gewinnt der Wahlleiter nach Auswertung aller Niederschriften der Wahlvorstände ein zutreffendes und vollständiges Bild über den Ablauf der Wahlhandlung im Wahlgebiet. Mögliche Unregelmäßigkeiten sowohl bei der Wahlhandlung als auch bei der Stimmauszählung kann der Wahlleiter frühzeitig erkennen. Er kann sodann weitere Erkundigungen beim Vorsitzenden des Wahlvorstandes einholen und weitere Ermittlungen durchführen. Diese wird er dem Wahlausschuss zur Kenntnis bringen, damit dieser unter Berücksichtigung aller Umstände entscheiden kann.

3. Bindung des Wahlausschusses an Entscheidungen des Wahlvorstandes, Absatz 2

Der Wahlausschuss ist an die vom Wahlvorstand getroffenen Entscheidungen gebunden, jedoch berechtigt, Rechenfehler zu berichtigen. Der Grund für die hervorgehobene Stellung der Wahlvorstände ist, dass diese zuständige Wahlorgane für alle nach §§ 24 ff. KWahlG durchzuführenden Wahlhandlungen sind. Dazu zählen vor allem die Ermittlung der Stimmergebnisse und die Entscheidung über Ungültigkeit von Stimmzetteln. Da es sich bei den Wahlvorständen um den kommunalen Vertretungsorganen (Rat, Kreistag) ähnlichen Organen handelt und sich auch in einem Wahlvorstand eine nicht weisungsabhängige Selbstverwaltung (in diesem Falle der Wahlberechtigten des Wahlgebietes) erkennen lässt, sollen deren Entscheidungen nicht von dem Wahlausschuss des Wahlgebietes als gleich einer Aufsichtsbehörde agierendem Gremium überprüft oder gar aufgehoben werden.

Lediglich offensichtliche Rechenfehler, die sich durch den zeitlichen Druck bei der Ermittlung des Wahlergebnisses im Stimmbezirk durch den Wahlvorstand nicht ausschließen lassen, sind durch den Wahlausschuss zu korrigieren.

§ 35

(1) Der Wahlleiter benachrichtigt durch Zustellung die in den Wahlbezirken und aus den Reservelisten gewählten Bewerber über die Feststellung nach § 34 Absatz 1.

(2) Der Wahlleiter gibt die Namen der in den Wahlbezirken und aus den Reservelisten gewählten Bewerber öffentlich bekannt.

Erläuterungen

Übersicht

1. Grundsätzliches/Allgemeines
2. Benachrichtigung der gewählten Bewerber durch den Wahlleiter, Absatz 1
3. Öffentliche Bekanntmachung der gewählten Bewerber, Absatz 2

1. Grundsätzliches/Allgemeines

Die Vorschrift regelt den nächsten – durch den Wahlleiter zu erfolgenden – Schritt nach der in § 34 KWahlG geregelten Feststellung des Gesamtergebnisses durch den Wahlausschuss. Diese Feststellung beinhaltet für die gewählten Bewerber den Erwerb der Mitgliedschaft in der Vertretung, sobald die Wahlperiode der alten Vertretung abgelaufen ist.

2. Benachrichtigung der gewählten Bewerber durch den Wahlleiter, Absatz 1, 1. Halbsatz

Der Wahlleiter benachrichtigt sowohl die in den Wahlbezirken direkt gewählten Bewerber als auch die aus den Reservelisten der Parteien und/oder Wählergruppen gewählten Bewerber. Dies geschieht schriftlich durch förmliche Zustellung, wie sich aus dem Wortlaut der Vorschrift ergibt. Der Wahlleiter hat bei dieser Benachrichtigung die sich aus § 62 KWahlO ergebenden Informationen zu übermitteln, nämlich

- dass ein Bewerber, der im Wahlbezirk und auf der Reserveliste aufgestellt ist, auch aus der Reserveliste ausscheidet, wenn er die Annahme der Wahl im Wahlbezirk ablehnt (§ 62 Nr. 1 KWahlO),
- dass ein Bewerber der Reserveliste, der gleichzeitig als Ersatzbewerber für einen anderen Bewerber aufgestellt ist (im sogenannten „Huckepack-Verfahren"), auch als Ersatzbewerber ausscheidet, wenn er die Annahme der Wahl aus der Reserveliste ausschlägt (§ 62 Nr. 2 KWahlO),
- dass der Gewählte im Falle des Vorliegens eines Inkompatibilitäts-Tatbestandes nachweisen muss, dass er entweder sein Dienst- oder Arbeitsverhältnis beendet hat oder nicht mehr unmittelbar mit der Ausübung der allgemeinen Aufsicht oder der Sonderaufsicht befasst ist und dass die Wahl als abgelehnt gilt, wenn ein solcher Nachweis nicht bis zum Ablauf der Frist erbracht wird (§ 62 Nr. 3 KWahlO),
- dass eine Ablehnung nicht widerrufen werden kann (§ 62 Nr. 4 KWahlO),
- dass die Mitgliedschaft in der Vertretung mit der Feststellung der Wahl durch den Wahlausschuss, nicht aber vor Ablauf der Wahlperiode der alten Vertretung erworben wird (§ 62 Nr. 5 KWahlO).

3. Öffentliche Bekanntmachung der gewählten Bewerber, Absatz 2

Der Wahlleiter hat nach Absatz 2 die Namen der in den Wahlbezirken gewählten und aus den Reservelisten der Parteien und/oder Wählergruppen gewählten Bewerber bekannt zu machen. Dies erfolgt bereits vor Ablauf der Annahmefrist des Absatzes 1. Nach § 63 Abs. 1 Satz 3 KWahlO erfolgt die Veröffentlichung nämlich unbeschadet einer Ablehnung der Wahl durch den Bewerber. Diese Bekanntmachung hat nach § 83 Abs. 3 KWahlO in ortsüblicher Weise zu erfolgen. Gegebenenfalls vorliegende Sperrvermerke nach MeldeG sind nach § 63 Abs. 1 Satz 2 i. V. m. § 30 Satz 2 KWahlO zu beachten. Die Frist ist wichtig wegen der in § 39 KWahlG enthaltenen Regelungen zur Erhebung des Einspruchs gegen die Gültigkeit der Wahl.

§ 36

Ein gewählter Bewerber erwirbt die Mitgliedschaft in der Vertretung mit der Feststellung seiner Wahl nach § 34 Absatz 1, nicht jedoch vor Ablauf der Wahlperiode der alten Vertretung. Wer die Annahme der Wahl im Wahlbezirk ablehnt, scheidet auch als Bewerber der Reserveliste aus.

Erläuterungen

Übersicht

1. Grundsätzliches/Allgemeines

Die Vorschrift ist neu gefasst worden und verzichtet auf die bisher erforderliche Annahmeerklärung des gewählten Bewerbers. Wahlbezirks- und Reservelistenbewerber müssen künftig nicht mehr die Annahme des Mandats gegenüber dem Wahlleiter erklären. Nunmehr ist wie im Landtags- und Bundestagswahlrecht die Feststellung des Wahlausschusses maßgeblich. Für gewählte Bürgermeister und Landräte gelten die beamtenrechtlichen Vorschriften des § 118 Abs. 3 Satz 1 Landesbeamtengesetz.

2. Erwerb der Mitgliedschaft in der Vertretung, Satz 1

Die gewählten Bewerber, ob direkt im Wahlbezirk gewählt oder aus der Reserveliste der Partei und/oder Wählergruppe, erwerben ihre Mitgliedschaft in der Vertretung mit der durch den Wahlausschuss nach § 34 Abs. 1 2. Halbsatz KWahlG zu treffenden Feststellung, dass sie gewählt worden sind. Sie erfahren dies durch die vom Wahlleiter nach § 35 Abs. 1 KWahlG durchzuführende (förmliche) Benachrichtigung. Der Erwerb des Mandats in der Vertretung (Rat, Bezirksvertretung, Kreistag) erfolgt in jedem Falle erst nach Ablauf der Wahlperiode der bisherigen Vertretung. Diese endet – jedenfalls bei allgemeinen Kommunalwahlen – mit dem Ablauf des Monats, in welchem die Kommunalwahl für die neue Vertretung stattgefunden hat. Dies ergibt sich aus § 14 Abs. 2 Satz 2 KWahlG.

3. Ablehnung der Wahl im Wahlbezirk, Satz 2

Die in der alten Fassung noch enthaltenen Vorschriften über die Unwiderruflichkeit der Ablehnung sind gestrichen worden; lediglich der Umstand, dass die Ablehnung eines Bewerbers bezüglich seiner Wahl im Wahlbezirk auch das Ausscheiden als Bewerber der Reserveliste bedeutet, ist nach wie vor Inhalt der Vorschrift.

VI.
WAHLPRÜFUNG, AUSSCHEIDEN UND ERSATZ VON VERTRETERN

1.
Mandatsverlust

§ 37

Ein Vertreter verliert seinen Sitz

1. **durch Verzicht,**
2. **durch nachträglichen Verlust der Wählbarkeit,**
3. **durch ein Parteiverbot gemäß Artikel 21 des Grundgesetzes, durch eine Entscheidung nach Artikel 9 Abs. 2 des Grundgesetzes und durch eine Entscheidung nach Artikel 32 Abs. 2 der Landesverfassung (§ 46 Abs. 1 und 3),**
4. **durch Ungültigkeit seiner Wahl gemäß einer Entscheidung im Wahlprüfungsverfahren,**
5. **durch nachträgliche Feststellung eines Hindernisses für die gleichzeitige Zugehörigkeit zu einer Vertretung (§ 13 Abs. 3 Satz 2 und 3, Abs. 4 und Abs. 6 Satz 3),**
6. **durch Annahme der Wahl zum Bürgermeister oder Landrat der Gebietskörperschaft, deren Vertretung er angehört.**

Erläuterungen

Übersicht

1. Grundsätzliches/Allgemeines
2. Mandatsverzicht, Nr. 1
3. Nachträglicher Verlust der Wählbarkeit, Nr. 2
4. Parteiverbot, Nr. 3
5. Ungültigkeit der Wahl, Nr. 4
6. Nachträgliche Feststellung einer Inkompatibilität, Nr. 5
7. Annahme der Wahl zum Bürgermeister oder Landrat, Nr. 6

1. Grundsätzliches/Allgemeines

Die Vorschrift regelt die Umstände, unter denen ein gewählter Vertreter, also ein Mitglied des Rates, des Kreistages oder der Bezirksvertretung, seinen Sitz verliert. Die in der Vorschrift enthaltene Aufzählung ist nicht abschließend, insbesondere enthält sie nicht den Fall des Todes des Vertreters, der nach § 45 Abs. 1 Satz 1 KWahlG dazu führt, dass der so frei gewordene Sitz aus der Reserveliste der Partei oder Wählergruppe nachbesetzt wird, für die der Verstorbene bei der Wahl angetreten war. Diese Vorschrift des § 45 KWahlG gilt auch in den hier geregelten Fällen des Mandatsverzichts.

2. Mandatsverzicht, Nr. 1

Ein gewählter Vertreter verliert seinen Sitz, wenn er auf ihn verzichtet. Voraussetzung dafür ist, dass der Vertreter sein Mandat in der Vertretung bereits angenommen hat. Seinen Sitz in der Vertretung verlieren kann nur derjenige, der diesen inne hat. Aus diesem Grunde ist der hier geregelte Verzicht abzugrenzen von der Nichtannahme des errungenen Mandats. Die Modalitäten des Verzichts auf ein errungenes und angetretenes Mandat sind im folgenden § 38 KWahlG geregelt. Der Verzicht ist danach nur wirksam, wenn er dem Wahlleiter oder einem von diesem Beauftragten gegenüber zur Niederschrift erklärt wird. Der Verzicht ist unwiderruflich, er kann jedoch mit Wirkung ab einem bestimmten in der Zukunft liegenden Zeitpunkt erklärt werden. Für die Mandatsverzichts-Erklärung gilt, dass damit – auch wenn der Vertreter direkt in einem Wahlbezirk gewählt worden ist und er noch auf der Reserveliste seiner Partei oder Wählergruppe auf einem noch nicht berücksichtigten Platz steht – er nicht mehr im Laufe der Wahlperiode aus der Reserveliste in die Vertretung nachrücken kann.

Rechtsmissbräuchlich wäre es, wenn eine Vielzahl von Mitgliedern einer Vertretung den Mandatsverzicht erklärt, um eine Selbstauflösung der Vertretung zu erreichen. Daher wären solche Mandatsverzichte unwirksam (Nds. OVG, Beschl. vom 29.1.2007 – 10 LC 223/05 –, NdsVerwBl 2007 S. 219).

3. Nachträglicher Verlust der Wählbarkeit, Nr. 2

Die Vorschrift beinhaltet die Regelung für einen nach dem Wahltag eingetretenen Verlust der Wählbarkeit, denn diese Voraussetzung für die Wahrnehmung eines Mandats in einer kommunalen Vertretung muss während der gesamten Wahlperiode gegeben sein, nicht nur am Tage der Wahl. Die Voraussetzungen für die Wählbarkeit sind in § 12 KWahlG geregelt. Hauptgrund für den nachträglichen Verlust der Wählbarkeit dürfte die Verlegung des Wohnsitzes sein, denn die Mitwirkung in einer kommunalen Vertretung ist für Mitglieder des Rates, der Bezirksvertretung und des Kreistages an den Wohnsitz (gegebenenfalls Hauptwohnsitz) im Wahlgebiet gekoppelt. Auch der Verlust der Staatsangehörigkeit eines Mitgliedslandes der Europäischen Union durch einen vom Vertreter initiierten Wechsel seiner Staatsangehörigkeit gehört zu den Gründen für einen nachträglichen Verlust der Wählbarkeit, spielt aber in der Praxis eine untergeordnete Rolle. Das gilt auch für den Verlust der Wählbarkeit oder der Fähigkeit zur Bekleidung öffentlicher Ämter nach § 12 Abs. 2 KWahlG.

Die Vertretung entscheidet nach § 44 Abs. 1 KWahlG darüber, ob ein Vertreter seinen Sitz verloren hat, weil die Voraussetzungen seiner Wählbarkeit nach der Wahl weggefallen sind. Gegen die Entscheidung hat der Vertreter die in den §§ 39 und 40 KWahlG geregelten Rechtsmittel.

Es stellt sich die Frage, ob die Norm auch angewendet werden kann, wenn ein Vertreter bereits zum Zeitpunkt der Wahl nicht wählbar gewesen ist, dies aber nicht bemerkt worden ist und somit im Wahlprüfungsverfahren kein Thema sein konnte. Eine Regelung ist im Gesetz nicht enthalten. Es liegt eine Lücke vor. Es ist in der Literatur und der Rechtsprechung anerkannt, hier § 44 Abs. 1 KWahlG analog anzuwenden (siehe OVG NW, Beschl. vom 25.8.2009 – 15 A 1372/09 –, DÖV 2009 S. 1008; *Bätge*, § 37 Anm. 4). Eine klarstellende Regelung im Gesetz wäre wünschenswert, denn bei der fehlenden Wählbarkeit handelt es sich um einen andauernden Mangel.

4. Parteiverbot, Nr. 3

Ein Vertreter in einer Vertretung der kommunalen Selbstverwaltung verliert nach § 37 Nr. 3 KWahlG sein Mandat im Falle des Verbotes der Partei durch das Bundesverfassungsgericht im Verfahren nach Art. 21 GG.

Da nicht nur Parteien, sondern auch Wählergruppen für kommunale Vertretungen Kandidaten nominieren können, gilt die Vorschrift der Nr. 3 auch für den Fall des Vereinigungsverbotes nach Art. 9 Abs. 2 GG. Auch das in der Landesverfassung Nordrhein-Westfalen vorgesehene Wahlverbot für Umstürzler (Art. 32 Abs. 2 LV) löst die Rechtsfolge des § 37 Nr. 3 KWahlG aus. Die näheren Regelungen enthält § 46 KWahlG, wonach diejenigen Vertreter in Räten, Bezirksvertretungen oder Kreistagen, die zum Zeitpunkt des Verbotsantrages oder der Verkündung des Urteils angehört haben, ihren Sitz in der Vertretung verlieren. Ein nach diesem Zeitpunkt erfolgender Austritt aus der Partei oder Wählergruppe verhilft dem Vertreter also nicht zur Beibehaltung des Sitzes in der Vertretung. Dem steht nach § 46 Abs. 3 KWahlG gleich, wenn im Verfahren nach Art. 32 LV eine Entscheidung im Sinne des Art. 32 Abs. 2 LV getroffen worden ist.

Der Wahlleiter stellt den Verlust der Mitgliedschaft in der Vertretung aufgrund eines der genannten Verfahren fest. Dabei handelt es sich um einen Verwaltungsakt (OVG NW, Urt. vom 22.2.1991 – 15 A 1519/90 –, NWVBl. 1991 S. 223), bei dem auch das Merkmal der Außenwirkung gegeben ist, so dass das gegen belastende Verwaltungsakte vorgesehene Verfahren der Überprüfung durch das Verwaltungsgericht auf eine Anfechtungsklage des betroffenen Vertreters durchgeführt wird.

5. Ungültigkeit der Wahl, Nr. 4

Voraussetzung ist nach dem Wortlaut der Vorschrift eine Entscheidung im Wahlprüfungsverfahren. Wenn im Rahmen eines solchen Verfahrens nach §§ 39 ff. KWahlG eine der nach § 40 Abs. 1 KWahlG möglichen Entscheidungen getroffen wird (Ausscheiden des Vertreters nach Absatz 1 Buchst. a; Anordnung einer Wiederholungswahl nach Ungültigkeitserklärung der ursprünglichen Wahl, Absatz 1 Buchst. b; Neufeststellung des Wahlergebnisses nach Ungültigkeitserklärung der ursprünglichen Feststellung des Wahlergebnisses, Absatz 1 Buchst. c und dies zur Ungültigkeit der Wahl des Vertreters führt, so verliert dieser Vertreter seinen Sitz in der Vertretung. Die Regelung des § 40 KWahlG betrifft die Fälle der mangelnden Wählbarkeit von Anfang an, die des § 44 KWahlG den nachträgliche Wegfall einer für die Wählbarkeit erforderlichen Voraussetzung.

6. Nachträgliche Feststellung einer Inkompatibilität, Nr. 5

Die Vorschrift verweist auf die Unvereinbarkeit von Amt und Mandat, wonach ein kommunaler Beamter oder Tarifbeschäftigter (dieser jedenfalls dann, wenn er nicht überwiegend körperlich tätig ist) nicht gleichzeitig Mitglied der Vertretung der Gebietskörperschaft sein kann. Die entsprechenden Regelungen sind in § 13 Abs. 1 KWahlG enthalten. Auch wenn nachträglich ein solches Hindernis für die Zugehörigkeit zu der kommunalen Vertretung festgestellt werden sollte, verliert der Vertreter nach dieser Vorschrift seinen Sitz.

7. Annahme der Wahl zum Bürgermeister oder Landrat, Nr. 6

Hier geht es um den in der kommunalen Praxis häufig anzutreffenden Fall der Kandidatur des von der Partei oder Wählergruppe nominierten Bürgermeister- oder Landrats-Kandidaten auch für die Vertretung der Gebietskörperschaft. Damit soll sichergestellt werden, dass der Kandidat für den Fall seines Unterliegens bei der direkten Wahl zum Hauptverwaltungsbeamten jedenfalls Mitglied der Vertretung der Gebietskörperschaft wird. Da ein Bürgermeister kraft Gesetzes dem Rat angehört und dessen Vorsitz innehat, ebenso der Landrat beim Kreistag, soll ein doppeltes Stimmrecht bei Erringung sowohl des Sieges bei der Direktwahl des Hauptverwaltungsbeamten als auch des Eroberns eines Sitzes in der Vertretung bei der Wahl des Rates oder Kreistages ausgeschlossen werden. Wenn also der bei der Direktwahl des Hauptverwaltungsbeamten gewählte Bewerber auch einen Sitz in der Vertretung der gleichen Gebietskörperschaft errungen hat und die Wahl zum Hauptverwaltungsbeamten annimmt, tritt automatisch der Mandatsverlust für den errungenen Sitz in der Vertretung ein, mit der Rechtsfolge, dass der nächste Bewerber aus der Reserveliste zum Zuge kommt.

§ 38

Der Verzicht ist nur wirksam, wenn er dem Wahlleiter oder einem von ihm Beauftragten zur Niederschrift erklärt wird. Der Verzicht kann mit Wirkung ab einem bestimmten späteren Zeitpunkt erklärt werden; er kann nicht widerrufen werden.

Erläuterungen

Übersicht

1. Grundsätzliches/Allgemeines

Die Vorschrift ergänzt die in § 37 Nr. 1 KWahlG vorgesehene Möglichkeit des Gewählten, auf seinen Sitz zu verzichten, und regelt das dafür erforderliche Verfahren.

2. Wirksamkeitsvoraussetzungen, Satz 1

Der Verzicht ist gegenüber dem Wahlleiter oder einem von diesem bestimmten Beauftragten zur Niederschrift zu erklären. Die vom Wahlleiter zu beachtenden Formalien bei der Bestellung eines Beauftragten nach dieser Vorschrift sind in § 68 KWahlO enthalten. Danach soll (nicht „muss") der Wahlleiter dem Beauftragten gegenüber diesen Auftrag schriftlich erteilen und der nach dieser Vorschrift anzufertigenden Niederschrift eine amtlich beglaubigte Kopie des Beauftragungsschreibens beifügen.

Das hier vorgeschriebene Verfahren erfordert eine persönliche Begegnung des verzichtsbereiten Mandatsträgers mit dem Wahlleiter oder dessen Beauftragtem.

3. Bindung des Verzichts an einen bestimmten Zeitpunkt, Satz 2 Halbsatz 1

Auch in dem hier geregelten Falle kann der Mandatsträger seinen Verzicht mit Wirkung ab einem bestimmten Zeitpunkt erklären. Dabei muss es sich um einen Zeitpunkt handeln, der bei der Verzichtserklärung noch in der Zukunft liegt. Der Zeitpunkt muss klar bestimmt und definiert sein, es darf sich um keinen unbestimmten Zeitpunkt (zum Beispiel „nach Verabschiedung des Haushaltes für das kommende Jahr") handeln.

4. Widerrufsverbot, Satz 2 Halbsatz 2

Auch hier dient das in der Vorschrift enthaltene ausdrückliche Verbot des späteren Widerrufs der Rechtssicherheit auch und vor allem des aufgrund des Verzichts nachrückenden Bewerbers. Ein späterer Sinneswandel des verzichtenden Mandatsträgers ist also unerheblich.

2.
Wahlprüfung

§ 39

(1) Gegen die Gültigkeit der Wahl können

jeder Wahlberechtigte des Wahlgebiets,

die für das Wahlgebiet zuständige Leitung solcher Parteien und Wählergruppen, die an der Wahl teilgenommen haben, sowie

die Aufsichtsbehörde

binnen eines Monats nach Bekanntgabe des Wahlergebnisses Einspruch erheben, wenn sie eine Entscheidung über die Gültigkeit der Wahl gemäß § 40 Abs. 1 Buchstaben a bis c für erforderlich halten. Der Einspruch ist bei dem Wahlleiter schriftlich einzureichen oder mündlich zur Niederschrift zu erklären.

(2) Gegen die von den Wahlbehörden bei der Vorbereitung der Wahl oder bei der Wahlhandlung getroffenen Entscheidungen kann Einspruch gemäß Absatz 1 eingelegt werden, um eine Entscheidung über die Gültigkeit der Wahl gemäß § 40 Abs. 1 herbeizuführen. § 9 Abs. 3 Satz 2, § 11, § 18 Abs. 4 bleiben unberührt.

Erläuterungen

Übersicht

1. Grundsätzliches/Allgemeines
2. Einspruchs-Objekt Gültigkeit der Wahl, Absatz 1 Satz 1
3. Einspruchsberechtigte, Absatz 1 Satz 1
4. Einspruchsfrist, Absatz 1 Satz 1
5. Einspruchsbegründung, Absatz 1 Satz 1
6. Form, Absatz 1 Satz 2
7. Einspruch gegen Entscheidungen der Wahlbehörden, Absatz 2

1. Grundsätzliches/Allgemeines

Die Vorschrift räumt verschiedenen Berechtigten, insbesondere den Wahlberechtigten des Wahlgebietes, aber auch den Leitungen der Parteien und Wählergruppen, die im Wahlgebiet an der Wahl teilgenommen haben und der Aufsichtsbehörde das Recht ein, Einspruch gegen die Gültigkeit der Wahl einzulegen. Was nach der Einlegung eines Einspruches von welchem Beteiligten zu veranlassen ist, regelt § 40 KWahlG. Beide Vorschriften stehen also in einem engen Zusammenhang. Nach § 40 KWahlG hat die neue Vertretung (also Rat oder Kreistag) nach Vorprüfung durch den Wahlprüfungsausschuss von Amts wegen über den Einspruch und über die Gültigkeit der Wahl zu entscheiden und dabei eine der in § 40 Abs. 1 Buchst. a bis d stehenden Entscheidungen zu treffen.

2. Einspruchs-Objekt Gültigkeit der Wahl, Absatz 1 Satz 1

Bei einem Einspruch nach dieser Vorschrift ist der Gegenstand die Gültigkeit der Wahl an sich, nicht etwa die Verletzung einzelner subjektiver Rechte eines Beteiligten (etwa eines Wahlberechtigten). Unabhängig von einer solchen Verletzung eines subjektiven Rechts eines Einzelnen, insbesondere eines Einspruchsberechtigten, soll die objektive Rechtmäßigkeit der durchgeführten Kommunalwahl in dem von § 40 KWahlG vorgeschriebenen Verfahren überprüft werden können.

3. Einspruchsberechtigte, Absatz 1 Satz 1

Gegen die Gültigkeit der Wahl können jeder Wahlberechtigte des Wahlgebietes, die für das Wahlgebiet zuständige Leitung solcher Parteien und Wählergruppen, die an der Wahl teilgenommen haben, sowie die Aufsichtsbehörde Einspruch erheben.

Bei den Wahlberechtigten, die Einspruch erheben dürfen, muss es sich um Personen handeln, die bereits zur Teilnahme an der Wahl, deren Gültigkeit überprüft werden soll, berechtigt waren. Nur solche Wahlberechtigte haben einen Anspruch darauf, eine Wahl auf deren Gültigkeit hin überprüfen zu lassen. Das gilt insbesondere für das Wahlalter, aber auch für die weiteren in § 7 KWahlG geregelten Voraussetzungen. Andererseits ist es unerheblich für die Einspruchsberechtigung eines Wahlberechtigten des Wahlgebietes, wenn dieser nach der Wahl zum Beispiel durch Verlegung seines Wohnsitzes kein Wahlberechtigter des Wahlgebietes mehr ist. Zu den Voraussetzungen der Klage eines Wahlberechtigten gegen die Wahl eines Oberbürgermeisters hat das VG Köln (Urt. vom 10.8.2016 – 4 K 2307/16 –) Stellung genommen.

Auch die jeweiligen Leitungen derjenigen Parteien und Wählergruppen, die an der Wahl teilgenommen haben, sind Einspruchsberechtigte nach dieser Vorschrift. Insbesondere haben diese Gremien die Aufgabe gehabt, Wahlvorschläge nach § 15 Abs. 1 Satz 2 KWahlG einzureichen. Die hier angesprochene Leitungsfunktion wird in Parteien vom jeweiligen Vorstand auf der Ebene des Gemeinde-, Stadt- oder Kreisverbandes wahrgenommen, wie sich aus § 11 Abs. 3 PartG ergibt. Der Vorstand vertritt den Gebietsverband gemäß § 26 Abs. 1 Satz 2 und 3 BGB, siehe § 11 Abs. 3 Satz 2 PartG. Bei Wählergruppen, die an der Wahl im Wahlgebiet teilgenommen haben, ist bezüglich der Leitungseigenschaft auf die vereinsrechtlichen Regelungen zurückzugreifen, die Bestandteil des Zivilrechts sind. Auch für Wählergruppen ergibt sich daraus der jeweilige Vorstand als das einspruchsberechtigte Organ im Sinne dieser Vorschrift. Zur analogen Anwendung der Vorschrift für die Wahl eines Seniorenrates einer Stadt in NRW nach § 27a GO NW vgl. VG Düsseldorf (Beschl. vom 21.3.2019 – 1 L 687/19 –).

Auch die Aufsichtsbehörde ist einspruchsberechtigt nach Absatz 1 Satz 1 der Vorschrift. Es ist abzustellen auf die Kommunalaufsicht im Sinne der §§ 119 ff. GO. Nach § 120 GO ist zuständige Aufsichtsbehörde für die kreisangehörigen Städte und Gemeinden der Landrat des jeweiligen Kreises als untere staatliche Verwaltungsbehörde, für die kreisfreien Städte und Kreise die jeweils örtlich zuständige Bezirksregierung. Die Regelung dieser Vorschrift des Gesetzes stellt daher gegenüber den allgemeinen kommunalaufsichtlichen Befugnissen nach §§ 119 ff. GO eine Spezialnorm dar. Ziel der Vorschrift ist es, der Kommunalaufsicht die Möglichkeit zu eröffnen, die Frage der Gültigkeit der Kommunalwahl in einem bestimmten Gebiet schnell und eindeutig zu beantworten. Nach Ablauf der in Absatz 1 Satz 1 der Vorschrift genannten Frist von einem Monat nach Bekanntgabe des Wahlergebnisses kann die Aufsichtsbehörde nicht mehr nach §§ 121 ff. GO tätig werden. Das Ermessen der Kommunalaufsicht ist insoweit eingeschränkt, als die Kommunalaufsicht die Aufgabe wahrzunehmen hat, die Gesetzmäßigkeit der Kommunalwahl sicherzustellen (OVG NW, Beschl. vom 5.11.2010 – 15 A 860/10 –; DVBl 2011 S. 123).

4. Einspruchsfrist, Absatz 1 Satz 1

Die Frist für die Erhebung des Einspruchs nach dieser Vorschrift beträgt einen Monat nach Bekanntgabe des Wahlergebnisses durch den Wahlleiter gemäß § 63 Abs. 1 KWahlO. Die Frist läuft vom Tage der Bekanntmachung ab, wie sich aus § 63 Abs. 2 Satz 1 KWahlO ergibt. Die Vorschrift des § 83 Abs. 3 KWahlO verweist auf die ortsübliche Weise der Bekanntmachung von Wahlbekanntmachungen der Wahlleiter sowie der Bürgermeister, Oberbürgermeister und Landräte. Diese ist demnach im Einzelfall zu ermitteln und ergibt sich aus den entsprechenden kommunalen Satzungen.

5. Einspruchsbegründung, Absatz 1 Satz 1

Dem Gesetzeswortlaut ist nicht ausdrücklich zu entnehmen, dass der Einspruch nach dieser Vorschrift des Gesetzes vom Einspruchsführer begründet werden muss. Aus der Formulierung „... wenn sie eine Entscheidung über die Gültigkeit der Wahl ... für erforderlich halten..." in Absatz 1 Satz 1 der Vorschrift ist jedoch zu schließen, dass vom Einspruchsführer jedenfalls vorgetragen werden muss, dass er eine solche Entscheidung über die Gültigkeit der Wahl für erforderlich hält. Auch die für seine Entscheidung – im Verfahren nach §§ 30 f. KWahlG – tragenden Erwägungen sind demnach hinreichend deutlich zu machen (so auch *Bätge*, § 39 Nr. 8). Das Wahlprüfungsverfahren nach §§ 39 ff. KWahlG hat das Ziel, möglichst schnell der gewählten Kommunalvertretung eine kommunalpolitische Arbeit ohne Sorgen um möglicherweise durch wahlrechtliche (Verfahrens-) Fehler eintretende rechtliche Konsequenzen zu ermöglichen. Zu fordern ist, dass der zu prüfende Sachverhalt, auf den der Einspruchsführer seinen Einspruch stützt, verständlich dargelegt und deutlich gemacht wird, worin der Wahlfehler liegen soll (so auch BVerfGE 58, 175). Auf reinen Spekulationen oder Vermutungen beruhende Wahlbeanstandungen erfüllen die Voraussetzungen der hinreichenden Substantiierung des Vortrages nicht und sind daher zurückzuweisen (BVerfGE 85, 148, 159). Wenn ein Einspruch nach dieser Vorschrift einen Wahlfehler rügt, dieser Wahlfehler (würde er sich bestätigen) Einfluss auf die Mandatsverteilung hätte und in diesem Zusammenhang zur Verdeutlichung des Einspruchs begründende, hinreichend konkrete und der Überprüfung auch tatsächlich zugängliche Tatsachen angeführt werden, ist der Einspruch formell zuzulassen (VG Köln, Urt. vom 25.3.2015 – 4 K 7076/14 –). Zu solchen der Überprüfung zugänglichen Tatsachen können auch „Hilfs-Tatsachen" zählen, wenn diese geeignet sind, ein Indiz für einen Wahlfehler (zum Beispiel in Form von vertauschten Stimmzettel-Päckchen) darzustellen, aus welchem sich dann ein Eintragungsfehler schlussfolgern ließe (VG Köln, a. a. O. mit ausführlichen Anmerkungen von *Bätge*, § 39 Nr. 8).

6. Form, Absatz 1 Satz 2

Der Einspruch ist bei dem Wahlleiter schriftlich einzureichen oder mündlich zur Niederschrift zu erklären, Absatz 1 Satz 2 der Vorschrift. Unter der schriftlichen Einreichung ist die Schriftform in Form des klassischen Schreibens oder Briefes zu verstehen sowie jede weitere schriftliche Form, die den Absender und Einspruchsführer hinreichend erkennen lässt. Die mündliche Form erfolgt durch Aufnahme einer entsprechenden Niederschrift durch einen Mitarbeiter des Wahlleiters oder durch diesen persönlich sowie anschließende Verlesung der Niederschrift und Unterzeichnung der Niederschrift durch den Einspruchsführer und den die Niederschrift aufnehmenden Mitarbeiter. Wer der zuständige Wahlleiter ist, ergibt sich aus § 2 Abs. 2 KWahlG.

7. Einspruch gegen Entscheidungen der Wahlbehörden, Absatz 2

Gegen die von den Wahlbehörden bei der Vorbereitung der Wahl oder bei der Wahlhandlung getroffenen Entscheidungen kann Einspruch gemäß Absatz 1 der Vorschrift eingelegt werden, um eine Entscheidung über die Gültigkeit der Wahl gemäß § 40 Abs. 1 KWahlG herbeizuführen. Ausdrücklich davon ausgenommen sind die wahlrechtlichen Rechtsbehelfe des § 9 Abs. 3 Satz 2, § 11 sowie § 18 Abs. 4 KWahlG. Die hier normierten Rechtsbehelfe gegen die Versagung eines Wahlscheines, gegen ein für unrichtig oder unvollständig gehaltenes Wählerverzeichnis sowie gegen die Zurückweisung eines Wahlvorschlages werden bereits in einem früheren Stadium des Verfahrens (in der Regel vor der Durchführung der Wahl) getroffen. Nach § 18 Abs. 4 Satz 9 KWahlG ist die Erhebung eines Einspruches im Wahlprüfungsverfahren nach § 39 Abs. 2 KWahlG durch eine Entscheidung nach § 18 Abs. 4 KWahlG nicht ausgeschlossen.

§ 40

(1) Die neue Vertretung hat nach Vorprüfung durch einen hierfür gewählten Ausschuß unverzüglich über die Einsprüche sowie über die Gültigkeit der Wahl von Amts wegen in folgender Weise zu beschließen:

a) Wird die Wahl wegen mangelnder Wählbarkeit eines Vertreters für ungültig erachtet, so ist das Ausscheiden dieses Vertreters anzuordnen.

b) Wird festgestellt, daß bei der Vorbereitung der Wahl oder bei der Wahlhandlung Unregelmäßigkeiten vorgekommen sind, die im jeweils vorliegenden Einzelfall auf das Wahlergebnis im Wahlbezirk oder auf die Zuteilung der Sitze aus der Reserveliste von entscheidendem Einfluß gewesen sein können, so ist die Wahl in dem aus § 42 Abs. 1 ersichtlichen Umfang für ungültig zu erklären und dementsprechend eine Wiederholungswahl anzuordnen (§ 42).

c) Wird die Feststellung des Wahlergebnisses für ungültig erklärt, so ist sie aufzuheben und eine Neufeststellung anzuordnen (§ 43). Ist die Neufeststellung nicht möglich, weil die Wahlunterlagen verlorengegangen sind oder wesentliche Mängel aufweisen, und kann dies im jeweils vorliegenden Einzelfall auf das Wahlergebnis im Wahlbezirk oder auf die Zuteilung der Sitze aus der Reserveliste von entscheidendem Einfluß sein, so gilt Buchstabe b entsprechend.

d) Wird festgestellt, daß keiner der unter Buchstaben a bis c genannten Fälle vorliegt, so ist die Wahl für gültig zu erklären.

(2) Die Mitglieder der Vertretung sind auch dann nicht gehindert, an der Entscheidung gemäß Absatz 1 mitzuwirken, wenn sich die Feststellungen im Einzelfall auf ihre Wahl erstrecken.

(3) Die Vertreter scheiden aus, sobald der Beschluß der Vertretung unanfechtbar geworden oder im verwaltungsgerichtlichen Verfahren rechtskräftig bestätigt ist. Die Rechtswirksamkeit ihrer bisherigen Tätigkeit wird durch das Ausscheiden nicht berührt.

(4) Die Vertretung kann mit einer Mehrheit von zwei Dritteln ihrer Mitglieder beschließen, daß ein Mitglied, dessen Wahl für ungültig erklärt ist, bis zur Unanfechtbarkeit des Beschlusses der Vertretung bzw. bis zur Rechtskraft der verwaltungsgerichtlichen Entscheidung nicht an der Arbeit der Vertretung teilnehmen darf.

Erläuterungen

Übersicht

1. Grundsätzliches/Allgemeines

Die Vorschrift regelt die von der neuen Vertretung (Rat oder Kreistag) zu treffenden Entscheidungen über gemäß § 39 KWahlG eingelegte Einsprüche gegen die Kommunalwahl und eröffnet der Vertretung vier in Absatz 1 aufgelistete Entscheidungsmöglichkeiten. Die Vertretung kann entweder das Ausscheiden eines Vertreters aus der Vertretung anordnen, wenn die Wahl wegen mangelnder Wählbarkeit dieses Vertreters für ungültig erachtet wurde, oder sie kann bei festgestellten Unregelmäßigkeiten mit entscheidendem Einfluss auf das Wahlergebnis im Wahlbezirk oder auf die Zuteilung der Sitze aus der Reserveliste die Wahl für ungültig erklären und eine Wiederholungswahl anordnen. Darüber hinaus hat die Vertretung die Möglichkeit, die Feststellung des Wahlergebnisses für ungültig zu erklären und diese aufzuheben und eine Neufeststellung anzuordnen. Wird keiner der drei abschließend aufgezählten Fälle festgestellt, hat die Vertretung die Wahl für gültig zu erklären.

Damit hat die neu gewählte Vertretung die Aufgabe, im Interesse der Verlässlichkeit der Bürger- und Wählerschaft auf ein geordnetes und geregeltes Wahlverfahren Vertrauen in die durch die Kommunalwahl in eine kommunalpolitische Funktion gebrachten Bewerber zu vermitteln und die rechtmäßige Zusammensetzung der Vertretung deutlich zu machen (so VG Düsseldorf, Beschl. vom 25.8.1999 – 1 L 2634/99 –). Die Aufgabe der Vertretung ist es, Rechtssicherheit für das festgestellte Wahlergebnis zu bewirken, unkorrekte Abläufe während der Wahl durch das geringstmögliche Eingriffsmittel zu korrigieren und den Bestand der Wahlentscheidung der Wähler zu sichern.

2. Zuständigkeit der neuen Vertretung, Absatz 1

Die neu gewählte Vertretung ist nach Absatz 1 Satz 1 der Vorschrift zuständig. Dazu muss diese sich konstituiert haben und sich arbeitsfähig gemacht haben. Insbesondere müssen die Pflicht-Ausschüsse gebildet sein, zu denen auch der Wahlausschuss beziehungsweise (in Bezug auf die bereits durchgeführte Kommunalwahl) der Wahlprüfungsausschuss gehört, vgl. § 66 KWahlO. Dieser hat vor einer Entscheidung der Vertretung nach dieser Vorschrift eine Vorprüfung vorzunehmen. Nach Konstituierung der Vertretung und Bildung des Wahlprüfungsausschusses kann die Vertretung ihre sich aus dieser Vorschrift ergebenden Aufgaben wahrnehmen.

3. Vorprüfungs-Erfordernis, Absatz 1

Die Vorprüfung erfolgt durch den nach § 66 KWahlO zu bildenden Wahlprüfungsausschuss. Es handelt sich um einen Pflichtausschuss der Vertretung, der also von dieser gebildet werden muss, Ermessen ist insoweit nicht gegeben. Die gesetzlichen Bestimmungen der GO für die Bildung von Ausschüssen (Besetzung durch Rats- oder Kreistagsmitglieder und gegebenenfalls auch sachkundige Bürger) sind zu beachten. Die Bildung eines Ausschusses, der für Wahlprüfung und zusätzlich für weitere Aufgaben zuständig ist, ist grundsätzlich zulässig. Das Gesetz enthält ebenso wie die KWahlO keine Einschränkungen dergestalt, dass ein solcher Ausschuss nur und ausschließlich für Wahlprüfungsangelegenheiten zuständig sein darf.

4. Zeitpunkt und Frist des Beschlusses der neuen Vertretung, Absatz 1

Die Vorschrift sieht vor, dass die neue Vertretung „unverzüglich" tätig zu werden hat, also ohne schuldhaftes Zögern. Diesem Erfordernis wird die Vertretung gerecht, wenn sie den Ausschuss in der konstituierenden Sitzung bildet. In der Praxis wird meist die Bildung der Ausschüsse – auch des Wahlprüfungsausschusses – auf die zweite Sitzung der neu gewählten Vertretung verlegt, um den neu gebildeten Fraktionen Zeit zu den erforderlichen Gesprächen zur Erzielung von Einvernehmen über die Verteilung der Ausschuss-Vorsitze (Zugriffsverfahren, § 58 i. V. m. § 50 Abs. 3 GO) zu geben. Da der Wahlprüfungsausschuss nicht identisch ist mit dem Wahlausschuss und daher der Bürgermeister oder Landrat nicht geborener Vorsitzender des Ausschusses ist, bietet es sich an, im Vorgriff auf die Bildung der sonstigen Ausschüsse eine interfraktionelle Einigung über die Bildung des Wahlprüfungsausschusses, seine Größe und die Übernahme des Vorsitzes zu treffen. Dies ist sinnvoll, um die vom Gesetzgeber geforderte unverzügliche Entscheidung der Vertretung nach dieser Vorschrift zu ermöglichen. Erleichternd dürfte für die in der Vertretung präsenten Fraktionen hinzukommen, dass es sich bei dem Wahlprüfungsausschuss um einen Ausschuss handelt, der nicht während der gesamten Wahlzeit der Vertretung tagt und mediale Präsenz und mediales Interesse verursacht. So wird man sich in der Regel schnell auf einen geeigneten Vorsitzenden verständigen können in dem Bewusstsein, dass der Wahlprüfungsausschuss mit großer Wahrscheinlichkeit nur einmal tagen wird. Für die Mitglieder des Wahlprüfungsausschusses gelten die Vorschriften der GO, insbesondere bezüglich der Mitwirkungsverbote wegen Befangenheit, § 31 GO. Bei den Fällen, in denen es um Unregelmäßigkeiten bei der Vorbereitung der Wahl oder der Wahlhandlungen geht (Buchst. b) sowie um die Ungültigkeits-Erklärung der Feststellung des Wahlergebnisses (Buchst. c) ist davon auszugehen, dass hier der Fall des § 31 Abs. 3 Nr. 1 GO gilt und ein Mitwirkungsverbot nicht gilt, weil der Vorteil oder Nachteil darauf beruht, dass jemand einer Bevölkerungsgruppe angehört, deren gemeinsame Interessen durch die Angelegenheit berührt werden. Anderenfalls wäre jedes Mitglied der Vertretung in einem solchen Fall – der ja auch das eigene Mandat beträfe – befangen.

Die Vorprüfung durch den Wahlprüfungsausschuss muss münden in einer Empfehlung für die Vertretung, also den Rat oder den Kreistag. Diese Empfehlung muss eine der in Absatz 1 Buchst. a bis d enthaltenen Alternativen sein.

5. Beschluss von Amts wegen, Absatz 1

Unter einer Entscheidung „von Amts wegen" ist zu verstehen, dass eine solche Entscheidung nicht von einem Antrag oder einer sonstigen verfahrenseinleitenden Handlung eines Dritten (hier zum Beispiel einer der in § 39 KWahlG Genannten) anhängig ist, sondern unabhängig davon „ex officio" in Ausübung des Amtsermittlungsgrundsatzes durchgeführt werden muss. Auch wenn keine Einsprüche nach § 39 KWahlG vorliegen, muss der Wahlprüfungsausschuss über die Gültigkeit der Wahl befinden und der Vertretung einen entsprechenden Vorschlag machen, der in vielen Fällen der der vierten Alternative des Absatzes 1 der Vorschrift sein wird, also die Empfehlung an die Vertretung enthalten wird, die Wahl für gültig zu erklären, weil keiner der unter den Buchstaben a bis c des Absatzes 1 genannten Fälle vorliegt. Ebenso muss der Wahlprüfungsausschuss entscheiden, auch wenn keine solchen Fälle gegeben sind. Es bedarf einer „Freigabe" durch die Vertretung, deren Entscheidung durch den Wahlprüfungsausschuss vorzubereiten ist.

Der Amtsermittlungsgrundsatz, der sich aus der Formulierung „von Amts wegen" ergibt, gewährt der Vertretung – und damit zuvor dem Wahlprüfungsausschuss – keine uneingeschränkte Prüfungsbefugnis. Da es das Ziel des Verfahrens ist, möglichst schnell Rechtssicherheit bezüglich des Ergebnisses der Kommunalwahl zu erzielen, darf sowohl die Vertretung als auch zuvor der Wahlprüfungsausschuss dann, aber auch nur dann, tätig werden, wenn ein Anlass für ein Einschreiten gegeben ist. Dies ist nicht der Fall bei bloßen knappen oder unerwarteten Ergebnissen in einem Stimmbezirk. Vielmehr müssen objektive Anhaltspunkte hinzukommen, die auf Fehler bei der Ermittlung des Wahlergebnisses schließen lassen. Diese sollten sich bei korrekter Handhabung durch den Wahlvorstand aus der Niederschrift ableiten lassen. Auch bei fehlerhafter Durchführung der Wahl – etwa durch Ausschluss der Öffentlichkeit bei der Stimmauszählung – kommt eine Anwendung der Vorschrift in Betracht, sei es in nur einem oder wenigen Stimmbezirken oder – falls ein solcher Fehler systemisch flächendeckend erfolgt ist – im gesamten Wahlgebiet.

Eine Nachzählung der Stimmen in solchen Stimmbezirken, die keine solchen konkreten Anhaltspunkte für Fehler bei der Ermittlung des Wahlergebnisses aufweisen, kommt nach der Rechtsprechung nur in Ausnahmefällen in Betracht. Eine solche „übergreifende Stimmennachzählung" ist ausnahmsweise dann geboten, wenn bei einer nennenswerten Zahl von Stimmbezirken Fehler bei der Ermittlung des Wahlergebnisses bereits festgestellt worden sind, ein systemisch bedingtes Fehlverhalten also nicht ausgeschlossen werden kann und für Veränderungen der Sitzverteilung nur wenige Stimmen ausreichen würden (BVerfG, Beschl. vom 12.12.1991 – 2 BvR 562/91 –).

6. Alternative „mangelnde Wählbarkeit", Absatz 1 Buchst. a

Wird die Wahl wegen mangelnder Wählbarkeit eines Vertreters für ungültig erachtet, so ist das Ausscheiden dieses Vertreters anzuordnen. Die Wählbarkeitsvoraussetzungen aus § 12 Abs. 1 und 2 KWahlG beinhalten für diejenigen, die sich um einen Sitz in einer Vertretung (Rat oder Kreistag) bewerben,

- die Vollendung des 18. Lebensjahres,
- der Nachweis einer Wohnung im Wahlgebiet seit mindestens drei Monaten vor dem Wahltermin,
- die Staatsangehörigkeit eines Mitgliedsstaates der Europäischen Union (inklusive der deutschen Staatsangehörigkeit),
- kein Verlust der Wählbarkeit infolge Richterspruchs in der Bundesrepublik Deutschland sowie
- der Besitz der Fähigkeit zur Bekleidung öffentlicher Ämter

jeweils zum Termin der Kommunalwahl als Stichtag.

Nach den allgemeinen verwaltungsverfahrensrechtlichen Vorschriften ist der Vertreter, um dessen Ausscheiden aus der Vertretung es geht, als Verfahrensbeteiligter hinzuzuziehen (§ 13 Abs. 2 VwVfG NW) und anzuhören (§ 28 VwVfG NW).

Der Beschluss der Vertretung nach dieser Vorschrift hat lediglich das Ausscheiden des betreffenden Vertreters aus der Vertretung zum Inhalt, nicht aber die Neubesetzung des so frei gewordenen Sitzes. Diese ergibt sich vielmehr aus § 45 KWahlG.

Bei dem Beschluss handelt es sich um einen Verwaltungsakt gemäß § 35 Satz 1 VwVfG NW, für die Bekanntgabe gilt die spezielle Vorschrift des § 65 KWahlO. Wegen der Wirkung dieses Verwaltungsaktes wird auf Absatz 3 der Vorschrift (Termin des Ausscheidens) und Absatz 4 der Vorschrift (Möglichkeit des Beschlusses der Vertretung, dass ein Mitglied, dessen Wahl für ungültig erklärt worden ist, bis zur Unanfechtbarkeit des Beschlusses der Vertretung beziehungsweise bis zur Rechtskraft einer Entscheidung des Verwaltungsgerichtes in dieser Sache) nicht an der Arbeit der Vertretung teilnehmen darf. Auf die Erläuterungen unter Nr. 11 und 13 wird verwiesen.

Eine bereits vor dem Tag der Wahl vorliegende fehlende Wählbarkeit eines Vertreters, für den dessen ungeachtet das Verfahren nach §§ 30, 40 KWahlG gar nicht oder nicht fristgerecht durchgeführt wurde, kann nicht zur nachträglichen Anwendung des Verfahrens führen. Dies ergibt sich aus der strikten Fristgebundenheit des Verfahrens zur Wahlprüfung. Stattdessen ist analog § 44 KWahlG anzuwenden.

7. Alternative „Unregelmäßigkeiten bei der Wahlvorbereitung oder der Wahlhandlung", Absatz 1 Buchst. b

Wird festgestellt, dass bei der Vorbereitung der Wahl oder bei der Wahlhandlung Unregelmäßigkeiten vorgekommen sind, die im jeweils vorliegenden Einzelfall auf das Wahlergebnis im Wahlbezirk oder auf die Zuteilung der Sitze aus der Reserveliste von entscheidendem Einfluss gewesen sein können, so ist die Wahl in dem aus § 42 Abs. 1 KWahlG ersichtlichen Umfang für ungültig zu erklären und dementsprechend eine Wiederholungswahl anzuordnen.

Sind danach in einem Stimmbezirk solche Unregelmäßigkeiten vorgekommen, ist die Wahl im ganzen Wahlbezirk zu wiederholen. Erstrecken sich die Unregelmäßigkeiten auf mehr als die Hälfte der Wahlbezirke, so ist die Wahl im ganzen Wahlgebiet zu wiederholen.

Bei solchen Unregelmäßigkeiten entweder bei der Wahlvorbereitung, also vor dem Wahltage, oder bei der Wahlhandlung, also am Wahltage, handelt es sich um Verhaltensweisen, Verfahrensweisen oder sonstige Umstände vor oder bei der Wahl, die dem Schutzzweck der wahlrechtlichen Bestimmungen (also auch dieses Gesetzes) zuwiderlaufen (OVG NW, Beschl. vom 17.4.1997 – 15 A 5809/96 –; Urt. vom 19.2.1982 – 15 A 1452/81 –) oder sich als Verletzung allgemeiner Wahlrechtsgrundsätze darstellen (BVerwG, Beschl. vom 19.4.2001 – 8 B 33/01 –; NVwZ 2001 S. 928).

Hier kommen insbesondere die Verletzung von Form- oder Fristvorschriften in Betracht. Außerdem betrachtet die Rechtsprechung auch eine Verletzung der Neutralitätspflicht eines gemeindlichen Organs (hier ist insbesondere an den Bürgermeister, Oberbürgermeister oder Landrat zu denken) durch Wahlaufrufe, Öffentlichkeitsarbeit, öffentliche Auftritte und Wahlempfehlungen als Unregelmäßigkeit im Sinne dieser Vorschrift (*Bätge*, § 40 Nr. 10 m. w. N.).

Unregelmäßigkeiten im oben beschriebenen Sinne müssen auch von entscheidendem Einfluss auf das Wahlergebnis gewesen sein. Dazu muss eine nach der allgemeinen Lebenserfahrung konkrete und nicht ganz fern liegende Wahrscheinlichkeit bestehen, dass das Wahlergebnis durch die Unregelmäßigkeit beeinflusst worden ist (BVerfG, Urt. vom 3.7.2008 – 2 BvC 7/07 –; DVBl. 2008 S. 1045).

Die neue Vertretung hat im Falle des Absatzes 1 Buchst. b der Vorschrift zunächst die Feststellung zu treffen, dass es zu näher zu bezeichnenden Unregelmäßigkeiten gekommen ist und sodann festzustellen, dass diese Unregelmäßigkeiten von entscheidendem Einfluss auf das Wahlergebnis gewesen sind. Der nächste Schritt der Vertretung ist dann die Entscheidung, die Wahl in dem aus § 42 Abs. 1 KWahlG ersichtlichen Umfang für ungültig zu erklären und in diesem Umfang eine dementsprechende Wiederholungswahl anzuordnen. Zum Umfang der Wiederholungswahl siehe oben.

Bei Wahlen zu Bürgermeister, Oberbürgermeister oder Landrat gilt, dass – weil es keine Wahlbezirke gibt – die Wahl für das gesamte Wahlgebiet zu wiederholen ist.

Auch für diese Entscheidung der neuen Vertretung gilt, dass es sich um einen Verwaltungsakt nach § 35 Satz 1 VwVfG NW handelt.

8. Alternative „Ungültigkeit der Feststellung des Wahlergebnisses", Absatz 1 Buchst. c

Wird die Feststellung des Wahlergebnisses für ungültig erklärt, ist sie aufzuheben und eine Neufeststellung anzuordnen. Hier geht es um die Zählung der Stimmen, insbesondere um die Frage, ob einzelne Stimmen für gültig oder ungültig erklärt wurden. Fehler beim Zählverfahren können bereits vom Wahlausschuss nach § 34 Abs. 2 KWahlG berichtigt worden sein, auch Rechenfehler bei der Ermittlung der Sitze aus der Reserveliste im Verfahren nach § 33 KWahlG sind denkbar. Die Feststellung des Wahlergebnisses obliegt nach § 34 Abs. 1 KWahlG dem Wahlausschuss. Gegebenenfalls ist also durch die neue Vertretung diese Entscheidung des Wahlausschusses aufzuheben und eine Neufeststellung anzuordnen. Diese Neufeststellung darf sich nur auf die Bewerber beziehungsweise Parteien oder Wählergruppen beziehen, bei denen die bisherige Feststellung unrichtig war.

Wenn die Wahlunterlagen entweder nicht mehr vorhanden sind (zwischenzeitlich vernichtet worden sind) oder wesentliche Mängel aufweisen, die eine Neufeststellung des Wahlergebnisses nicht mehr ermöglichen, ist die unter Absatz 1 Buchst. b geregelte Verfahrensweise anzuwenden. Als Konsequenz ist dann in dem erforderlichen Umfang eine Wiederholungswahl anzuordnen.

Für die Neufeststellung des Wahlergebnisses finden sich die näheren Regelungen in § 43 KWahlG.

9. Alternative „Keiner der obengenannten Fälle", Absatz 1 Buchst.. d

Wird festgestellt, dass keiner der oben genannten Fälle des Absatzes 1 Buchst. a bis c vorliegt, ist die Wahl für gültig zu erklären.

Auch bei dieser Entscheidung der neuen Vertretung handelt es sich um einen Verwaltungsakt nach § 35 Satz 1 VwVfG NW. In Folge der Gültigkeitserklärung aus der Vertretung ausscheidende Mitglieder sind daher klagebefugt und können – ebenso wie die Aufsichtsbehörde – gegen einen Beschluss der neuen Vertretung, der die Gültigkeit der Wahl zum Inhalt hat, das zuständige Verwaltungsgericht anrufen.

10. Kein Mitwirkungsverbot, Absatz 2

Die Mitglieder der (neuen) Vertretung, also des bei der Kommunalwahl gewählten Rates oder Kreistages, sind auch dann nicht gehindert, an der Entscheidung nach Absatz 1 der Vorschrift mitzuwirken, wenn sich die Feststellungen im Einzelfall auf ihre Wahl erstrecken. Damit ist das grundsätzlich in § 31 GO verankerte Mitwirkungsverbot wegen Befangenheit für diesen Fall gesetzlich ausgeschlossen. Dies ist nachvollziehbar, da ansonsten die neue Vertretung regelmäßig mit befangenen Vertretern besetzt wäre. Bei einer solchen Entscheidung über die Gültigkeit einer Kommunalwahl geht es letztendlich um die Berechtigung eines jeden einzelnen Mitgliedes der Vertretung, in dieser weiterhin mitzuwirken. Es sind also – was der Gesetzgeber hier klar gesehen hat und eine entsprechende konsequente Regelung getroffen hat – stets Entscheidungen in eigener Sache. Eine andere Regelung findet sich in § 46e KWahlG für den Fall, dass es um die Wahl der Bürgermeister, Oberbürgermeister oder Landräte geht. Diese dürfen an der Beratung und Entscheidung nicht mitwirken.

11. Zeitpunkt des Ausscheidens der Vertreter, Absatz 3 Satz 1

Die Vertreter scheiden aus, sobald der Beschluss der Vertretung unanfechtbar geworden ist oder im verwaltungsgerichtlichen Verfahren rechtskräftig bestätigt worden ist.

Unanfechtbarkeit im Sinne dieser Vorschrift liegt vor, wenn seit der Bekanntgabe der Entscheidung durch ortsübliche Bekanntmachung innerhalb eines Monats keine Klageerhebung erfolgte. Auf die verwaltungsprozessuale Regelung der Verlängerung der Klagefrist auf ein Jahr bei nicht vorhandener oder falscher Rechtsbehelfsbelehrung wird hingewiesen.

12. Rechtswirksamkeit der bisherigen Tätigkeit, Absatz 3 Satz 2

Die Rechtswirksamkeit der bisherigen Tätigkeit der ausscheidenden Vertreter wird durch das Ausscheiden nicht berührt. Die Vorschrift dient der Rechtssicherheit in Bezug auf die von der neuen Vertretung getroffenen Entscheidungen, Wahlen und Abstimmungen.

13. Entscheidung der Vertretung über Mitwirkung von Mitgliedern, Absatz 4

Die Vertretung kann nach dieser Vorschrift mit einer Mehrheit von zwei Dritteln ihrer Mitglieder beschließen, dass ein Mitglied, dessen Wahl für ungültig erklärt ist, bis zur Unanfechtbarkeit des Beschlusses der Vertretung beziehungsweise bis zur Rechtskraft der verwaltungsgerichtlichen Entscheidung nicht an der Arbeit der Vertretung teilnehmen darf. Bei einer Entscheidung der (neuen) Vertretung nach dieser Vorschrift hat das betroffene Mitglied der Vertretung nach Absatz 2 das Recht, an der Beratung und der Abstimmung teilzunehmen. Kommt die vom Gesetzgeber hier geforderte qualifizierte Mehrheit zustande, bleibt der betroffene Vertreter Mitglied der Vertretung, darf aber sein Recht auf Teilnahme an den Sitzungen (Teilnahmerecht, Rederecht, Antragsrecht, Stimmrecht) nicht wahrnehmen. Einem Wahlberechtigten, der nicht Mitglied der Vertretung ist, steht das Recht nach § 40 Abs. 4 KWahlG nicht zu (dazu VG Köln, Beschl. vom 22.4.2015 – 4 L 204/15 –).

§ 41

(1) Gegen den Beschluss der Vertretung nach § 40 Absatz 1 kann binnen eines Monats nach Bekanntgabe Klage erhoben werden. Die Klage steht auch der Aufsichtsbehörde zu. Ein Vorverfahren nach dem 8. Abschnitt der Verwaltungsgerichtsordnung findet nicht statt. Im Fall der Ungültigkeitserklärung der Wahl durch die Vertretung steht auch einer Partei oder Wählergruppe, die keinen Einspruch eingelegt hat, die Klagebefugnis zu.

(2) Das Verwaltungsgericht kann auf Antrag des Klägers den gemäß § 40 Absatz 4 ergangenen Beschluss durch einstweilige Anordnung aufheben oder, falls ein solcher Beschluss nicht gefasst worden ist, auf Antrag von mindestens einem Viertel der Mitglieder der Vertretung eine Anordnung gemäß § 40 Absatz 4 treffen.

Erläuterungen

Übersicht

1. Grundsätzliches/Allgemeines
2. Möglichkeit der Klage, Absatz 1 Satz 1
3. Klagebefugnis, Absatz 1 Satz 1 bis 3
4. Verzicht auf Vorverfahren, Absatz 1 Satz 4
5. Verwaltungsgerichtliches Verfahren im Falle des § 40 Absatz 4 Satz 4 des Gesetzes, Absatz 2

1. Grundsätzliches/Allgemeines

Gegen einen Beschluss der Vertretung (Rat oder Kreistag), ist nach Absatz 1 Satz 1 der Vorschrift der Klageweg eröffnet. Der zuständige Rechtsweg ist der zu den Verwaltungsgerichten. Damit ist eine Überprüfbarkeit der Entscheidung der Vertretung durch die zuständigen Richter am zuständigen Verwaltungsgericht möglich. Dies entspricht dem Bestreben des Gesetzgebers, das Verfahren so neutral und sachlich wie möglich zu organisieren. Immerhin wäre nach § 40 KWahlG eine Entscheidung der neuen Vertretung, also des neu zusammengesetzten Rates oder Kreistages, in eigener Sache zu treffen. Der Vortrag, dass eigene Rechte des Klägers verletzt seien, ist nicht erforderlich.

2. Möglichkeit der Klage, Absatz 1 Satz 1

Eine Klage vor dem zuständigen Verwaltungsgericht ist ausdrücklich zulässig, Absatz 1 Satz 1 der Vorschrift. Die Klagefrist beträgt einen Monat nach Bekanntgabe, Absatz 1 Satz 2. Es gelten die allgemeinen Vorschriften der VwGO. Die Klageart hat sich nach dem Begehren des Klägers zu richten. Insoweit wird auf § 88 VwGO verwiesen.

3. Klagebefugnis, Absatz 1 Satz 1 bis 3

Die Klagebefugnis steht nach Absatz 1 Satz 2 auch der jeweils zuständigen Aufsichtsbehörde und gemäß Absatz 1 Satz 3 auch denjenigen Parteien oder Wählergruppen, die keinen Einspruch eingelegt haben, zu. Daraus folgt, dass auch diejenigen Parteien oder Wählergruppen, die in dem Verfahren nach § 40 KWahlG Einspruch eingelegt haben, natürlich auch die Klagebefugnis zusteht. Aus den Vorschriften der VwGO ergibt sich die Klagebefugnis für alle Vertreter (Rats-, Bezirksvertretungs- oder Kreistags-Mitglieder), die aufgrund einer Wahlprüfungsentscheidung ihren Sitz in der Vertretung verloren haben, für die Vertreter aus der jeweiligen Reserveliste für den Fall der Ungültigkeit der Wahl, für die Bürgermeister oder Landräte, deren Wahl für ungültig erklärt wurde.

4. Verzicht auf Vorverfahren, Absatz 1 Satz 4

Es wird hier auf § 68 Abs. 1 VwGO verwiesen. Ein Vorverfahren findet weder vor einer Anfechtungsklage noch vor einer Verpflichtungsklage vor dem Verwaltungsgericht statt.

5. Verwaltungsgerichtliches Verfahren, Absatz 2

Absatz 2 der Vorschrift besagt, dass das Verwaltungsgericht auf Antrag des Klägers den gemäß § 40 Abs. 4 KWahlG ergangenen Beschluss durch einstweilige Anordnung aufheben kann. Falls ein solcher Beschluss nicht gefasst worden ist, kann auf Antrag mindestens eines Viertels der Mitglieder der Vertretung eine Anordnung gemäß § 40 Abs. 4 KWahlG getroffen werden. Ein solcher Beschluss betrifft den Ausschluss eines Vertreters von der Teilnahme an der politischen Willensbildung seiner Vertretung.

§ 42

(1) Sind in einem Stimmbezirk Unregelmäßigkeiten gemäß § 40 Absatz 1 Buchstabe b vorgekommen, so ist die Wahl im ganzen Wahlbezirk zu wiederholen. Erstrecken sich die Unregelmäßigkeiten auf mehr als die Hälfte der Wahlbezirke, so ist die Wahl im ganzen Wahlgebiet zu wiederholen.

(2) Bei der Wiederholungswahl wird, vorbehaltlich einer anderen Entscheidung im Wahlprüfungsverfahren, nach denselben Wahlvorschlägen und, wenn seit der Hauptwahl noch nicht sechs Monate verflossen sind, auf Grund derselben Wählerverzeichnisse gewählt, wie bei der für ungültig erklärten Wahl.

(3) Die Verteilung der Sitze aus den Reservelisten ist nach den Ergebnissen der Wiederholungswahl neu zu berechnen.

(4) Wiederholungswahlen müssen baldmöglich stattfinden, spätestens innerhalb von vier Monaten, nachdem der Beschluss der Vertretung unanfechtbar geworden oder im verwaltungsgerichtlichen Verfahren rechtskräftig bestätigt ist. Ist die Wahl nur teilweise für ungültig erklärt worden, so unterbleibt die Wiederholungswahl, wenn feststeht, dass innerhalb von neun Monaten eine neue Vertretung im Rahmen der allgemeinen Kommunalwahlen gewählt wird. Den Tag der Wiederholungswahl und die für ihre Vorbereitung maßgeblichen Fristen und Termine bestimmt die Aufsichtsbehörde.

(5) Wenn eine im ganzen Wahlgebiet erforderliche Wiederholungswahl nicht innerhalb eines Jahres nach der für ungültig erklärten Wahl durchgeführt wird, so findet spätestens innerhalb von vier Monaten, nachdem der Beschluss der Vertretung unanfechtbar geworden oder im verwaltungsgerichtlichen Verfahren rechtskräftig bestätigt ist, eine Neuwahl für den Rest der Wahlperiode statt, sofern nicht innerhalb von neun Monaten eine neue Vertretung im Rahmen der allgemeinen Kommunalwahlen gewählt wird. Den Tag der Neuwahl und die für ihre Vorbereitung maßgeblichen Fristen und Termine bestimmt die Aufsichtsbehörde.

Erläuterungen

Übersicht

1. Grundsätzliches/Allgemeines

Die Vorschrift bezieht sich auf die vorangestellte Vorschrift des § 40 KWahlG und die in dieser Vorschrift vorgesehene Entscheidung der (neuen) Vertretung, im Falle des Absatzes 1 Buchst. b eine Wiederholungswahl anzuordnen. In dieser Vorschrift finden sich die für die Wiederholungswahl erforderlichen Vorgaben organisatorischer Art. Bei Unregelmäßigkeiten in einem Stimmbezirk (oder einigen Stimmbezirken) ist die Wahl in dem gesamten Wahlbezirk zu wiederholen, in welchen es in einem oder einigen Stimmbezirken zu Unregelmäßigkeiten gekommen ist. Wenn sich die Unregelmäßigkeiten auf so viele Stimmbezirke erstrecken, dass die Wahl in mehr als der Hälfte der Wahlbezirke wiederholt werden müsste, gilt die Regelung des Absatzes 1 Satz 2 der Vorschrift. Dann ist die Wahl im ganzen Wahlgebiet zu wiederholen. Der Fall kommt insbesondere bei Unregelmäßigkeiten durch falsche technisch-organisatorische Vorgaben in Betracht.

Die Vorschrift regelt einige organisatorische Vorgaben, die bei einer Wiederholungswahl zu beachten sind (Absatz 2 der Vorschrift). Sie stellt klar, dass die Berechnung der Verteilung der Sitze aus den Reservelisten unter Berücksichtigung der Ergebnisse der Wiederholungswahl zu erfolgen hat (Absatz 3 der Vorschrift) und regelt den Zeitpunkt der Wiederholungswahl (Absatz 4 der Vorschrift).

Absatz 5 der Vorschrift enthält eine Sonderregelung für den Fall, dass die Wahlperiode bereits fortgeschritten ist und die Wiederholungswahl nicht innerhalb eines Jahres nach der für ungültig erklärten Wahl durchgeführt werden kann.

Absatz 4 Satz 2 sowie Absatz 5 Satz 1 Alternative 2 der Vorschrift regeln außerdem, dass ausnahmsweise unter den in den Vorschriften genannten Voraussetzungen – Wahl einer neuen Vertretung im Rahmen der allgemeinen Kommunalwahlen innerhalb der nächsten neun Monate – eine Wiederholungswahl unterbleibt.

2. Unregelmäßigkeiten, Absatz 1 Satz 1

Bei den Unregelmäßigkeiten, die zu einer Wiederholungswahl führen, bezieht sich die Vorschrift auf § 40 Absatz 1 Buchst. b KWahlG. Insoweit kann auf die Erläuterungen zu dieser Vorschrift verwiesen werden. Solche Unregelmäßigkeiten sind Verstöße gegen wahlrechtliche Normen insbesondere – aber nicht ausschließlich – im formalen und technischen Ablauf- und Durchführungsverfahren der Wahl.

3. Umfang der Wiederholungswahl, Absatz 1 Satz 1 und 2

Nach dem Grundsatz des geringstmöglichen Eingriffs in die durchgeführte Wahl bezieht sich der Umfang einer Wiederholungswahl auf die von Unregelmäßigkeiten betroffenen Teilbereiche. Als solche kommen in Betracht der Stimmbezirk, der Wahlbezirk und das Wahlgebiet. Da Unregelmäßigkeiten in einem Stimmbezirk stets Auswirkungen auf das Wahlergebnis in dem jeweiligen Wahlbezirk haben (also dem Teilgebiet des Wahlgebietes, in welchem sich bestimmte Bewerber um einen Sitz in der Vertretung als Direktmandat bewerben), ist die Wahl stets für den gesamten Wahlbezirk zu wiederholen, auch wenn nur in einem Stimmbezirk eine Unregelmäßigkeit festgestellt werden musste.

Bei der Wiederholungswahl bleibt es beim räumlichen Zuschnitt der einzelnen Stimmbezirke und Wahlbezirke, jedenfalls dann, wenn nicht ein fehlerhafter Zuschnitt der Stimmbezirke oder Wahlbezirke die Unregelmäßigkeit darstellt, aufgrund derer die Wiederholungswahl erforderlich wird. Auch die Wahlräume und die personelle Zusammensetzung der Wahlvorstände sollen möglichst mit denen bei der ordentlichen Wahl identisch sein. Sollte der Wahlausschuss Veränderungen für erforderlich halten, um eine ordnungsgemäße Durchführung der Wiederholungswahl sicherzustellen, kann er diese beschließen.

Eine Wiederholungswahl ist für das gesamte Wahlgebiet (also das Gebiet der Gemeinde, der Stadt oder – bei Wahlen zum Kreistag – das Gebiet des Kreises) dann anzuordnen, wenn in mehr als der Hälfte der Wahlbezirke Unregelmäßigkeiten festgestellt werden mussten, die eine Wiederholung der Wahl erforderlich machen. Damit zieht der Gesetzgeber die erforderlichen Konsequenzen aus der gesetzlichen Vermutung, dass eine Wahl in einem Wahlgebiet mit Unregelmäßigkeiten in mehr als der Hälfte der Wahlbezirke grundsätzlich mit Unregelmäßigkeiten behaftet ist und daher komplett wiederholt werden muss. Das kann insbesondere dann der Fall sein, wenn sich organisatorische Fehler – zum Beispiel bei der Aufstellung der Wählerverzeichnisse oder bei der Zulassung von Bewerbern – im gesamten Wahlgebiet bemerkbar machen.

4. Verfahrensvorschriften für die Wiederholungswahl, Absatz 2

Bei der Wiederholungswahl wird grundsätzlich nach denselben Wahlvorschlägen und aufgrund derselben Wählerverzeichnisse gewählt wie bei der für ungültig erklärten Wahl. Die Wählerverzeichnisse sind anzupassen und zu aktualisieren, wenn seit der Hauptwahl mindestens sechs Monate vergangen sind. Für die Wahlvorschläge gilt, dass eine andere Entscheidung im Wahlprüfungsverfahren wegen solcher Unregelmäßigkeiten, die sich auf das Verfahren zur Zulassung von Wahlvorschlägen beziehen, dazu führt, dass zu Unrecht beanstandete Wahlvorschläge durch neue Wahlvorschläge ersetzt werden können, zu Unrecht zugelassene Wahlvorschläge aber nicht ersetzt werden können. Die Einzelheiten ergeben sich aus § 67 KWahlO.

5. Verteilung der Sitze aus den Reservelisten, Absatz 3

Die Verteilung der Sitze aus den Reservelisten ist nach den Ergebnissen der Wiederholungswahl neu zu berechnen. Dies ergibt sich daraus, dass auch bei kleinen Veränderungen des Wahlergebnisses durch die Wiederholungswahl in nur einem oder einigen wenigen Wahlbezirken sich rechnerisch neue Verteilungskonstellationen ergeben können. Im Einzelfall kann dies sogar dazu führen, dass Bewerber um einen Sitz in der Vertretung, die nach dem Ergebnis der ursprüngliche Wahl über die Reserveliste ein solches Mandat errungen haben, dieses Mandates wieder verlustig gehen, auch wenn die Wiederholungswahl einen Wahlbezirk betroffen hat, in welchem sie gar nicht – jedenfalls direkt – zur Wahl standen. Solchen Bewerbern steht die Klage vor dem Verwaltungsgericht offen (OVG NW, Urt. vom 30.4.1991 – 15 A 2036(90 –, NVwZ 1992 S. 282).

6. Zeitraum für Wiederholungswahlen, Absatz 4

Wiederholungswahlen müssen baldmöglichst stattfinden. Spätestens innerhalb von vier Monaten, nachdem der Beschluss der Vertretung unanfechtbar geworden ist oder im verwaltungsgerichtlichen Verfahren rechtskräftig bestätigt worden ist. Davon ist abzusehen, wenn innerhalb von neun Monaten eine neue Vertretung im Rahmen der allgemeinen Kommunalwahlen gewählt werden wird. Damit sollen zwei in relativ kurzem Abstand zueinander von weniger als neun Monaten stattfindende Kommunalwahlen vermieden werden. Grund dafür ist die Akzeptanz bei den Wählern, aber auch der Umstand, dass eine nur für neun Monate oder kürzere Zeit gewählte Vertretung nach der Konstituierung, der Wahl von stellvertretenden Bürgermeistern oder stellvertretenden Landräten und der Bildung von Ausschüssen nur wenig Zeit für sachorientierte kommunalpolitische Entscheidungen hätte.

Den Tag der Wiederholungswahl (einen Sonntag) sowie die erforderlichen Fristen und Termine setzt die zuständige Kommunalaufsichtsbehörde fest.

7. Neuwahl für den Rest der Wahlperiode, Absatz 5

In diesem Absatz geht es um den Fall, dass eine Wiederholungswahl im gesamten Wahlgebiet nach Absatz 1 Satz 2 der Vorschrift durchzuführen ist. Wenn eine solche innerhalb eines Jahres nach der für ungültig erklärten Wahl stattfindet, handelt es sich um eine Wiederholungswahl im Sinne dieser Vorschrift mit der Folge, dass nur die für die ursprüngliche Wahl eingereichten Wahlvorschläge der Parteien und Wählergruppen und nur die zur ursprünglichen Wahl angetretenen Einzelbewerber zur Wahl gestellt werden.

Kommt innerhalb dieser Zeitspanne eine Wiederholungswahl nicht zustande (was angesichts der Möglichkeit vieler Beteiligter, verwaltungsgerichtlichen Rechtsschutz anzurufen, nicht unwahrscheinlich sein dürfte), findet eine Neuwahl für den Rest der Wahlperiode statt. Zu einer solchen Neuwahl können dann neue Wahlvorschläge gemacht werden, das heißt die Parteien und Wählergruppen, die an der ursprünglichen Wahl teilgenommen haben, können sowohl neue Bewerber für die einzelnen Wahlbezirke benennen als auch eine neue Reserveliste erstellen und einreichen. Außerdem können sich neue Parteien und Wählergruppen, die sich an der ursprünglichen Wahl nicht beteiligt haben, jetzt beteiligen.

Auch im Falle des Absatzes 5 gilt, dass die Neuwahl nicht stattfindet, wenn innerhalb von neun Monaten ohnehin eine neue Vertretung im Rahmen von Kommunalwahlen gewählt wird. Auch im Falle des Absatzes 5 obliegt es der Aufsichtsbehörde, den Tag der Wiederwahl sowie die erforderlichen Fristen und Termine festzulegen.

§ 43

(1) Ist der Beschluß über die Neufeststellung des Wahlergebnisses gemäß § 40 Abs. 1 Buchstabe c unanfechtbar geworden oder im verwaltungsgerichtlichen Verfahren rechtskräftig bestätigt, so hat der von der neuen Vertretung gewählte Wahlausschuß das Ergebnis neu festzustellen. Er ist hierbei an die Grundsätze der Entscheidung gemäß Satz 1 gebunden.

(2) Das Wahlergebnis ist vom Wahlleiter neu bekanntzumachen. Auf seine Nachprüfung finden die Vorschriften der §§ 39 bis 41 Anwendung.

Erläuterungen

Übersicht

1. Grundsätzliches/Allgemeines
2. Voraussetzung: Beschluss nach § 40 Abs. 1 Buchst. c; Absatz 1 Satz 1 Halbsatz 1
3. Neufeststellung des Wahlergebnisses, Absatz 1 Satz 1 Halbsatz 2
4. Zuständiges Organ: Neuer Wahlausschuss, Absatz 1 Satz 1 Halbsatz 2
5. Bindung an die Grundsätze der Entscheidung, Absatz 1 Satz 2
6. Erneute Bekanntmachung durch den Wahlleiter, Absatz 2 Satz 1
7. Nachprüfung, Absatz 2 Satz 2

1. Grundsätzliches/Allgemeines

Die Vorschrift regelt das erforderliche Verfahren nach einer Wahlprüfungsentscheidung nach § 40 Absatz 1 Buchst. c KWahlG. Danach ist die Wahl aufzuheben und eine Neufeststellung anzuordnen, wenn die (ursprüngliche) Feststellung des Wahlergebnisses für ungültig erklärt wurde.

2. Voraussetzung: Beschluss nach § 40 Absatz 1 Buchst. c; Absatz 1 Satz 1 Halbsatz 1

Hier kann auf die Kommentierung zu § 40 verwiesen werden. Der Beschluss über die Neufeststellung des Wahlergebnisses muss unanfechtbar geworden sein oder im verwaltungsgerichtlichen Verfahren rechtskräftig bestätigt worden sein.

3. Neufeststellung des Wahlergebnisses, Absatz 1 Satz 1 Halbsatz 2

Liegt die unter Erl. 2 dargestellte Voraussetzung vor, so ist das Ergebnis neu festzustellen.

4. Zuständiges Organ: Neuer Wahlausschuss, Absatz 1 Satz 1 Halbsatz 2

Zuständig hierfür ist nunmehr der von der neuen Vertretung (Rat/Kreistag) gewählte Wahlausschuss, auch wenn dieser nicht personenidentisch mit dem Wahlausschuss ist, der das Ergebnis ursprünglich und fehlerhaft festgestellt hat.

5. Bindung an die Grundsätze der Entscheidung, Absatz 1 Satz 2

Es besteht eine Bindung des nunmehr agierenden neuen Wahlausschusses an die Grundsätze, die sich aus der Wahlprüfungsentscheidung der Vertretung, gegebenenfalls ergänzt um die Feststellungen des Verwaltungsgerichtes in dieser Angelegenheit, ergeben. Damit wird sichergestellt, dass der zu diesem Verfahren führende Wahlfehler nicht erneut begangen wird (vgl. auch VG Köln, Urt. vom 25.3.2015 – 4 K 7076/14 –, KommPWahlen 2015 S. 70).

6. Erneute Bekanntmachung durch den Wahlleiter, Absatz 2 Satz 1

Das neu festgestellte Wahlergebnis ist nach dieser Vorschrift vom Wahlleiter neu bekannt zu machen. Die neue Bekanntmachung gilt für die Teile des Wahlergebnisses, die vom ursprünglich festgestellten Wahlergebnis abweichen, als rechtsbegründend, alle weiteren Teile der Bekanntmachung, die im Regelfalle zur besseren Lesbarkeit und Verständlichkeit mit bekannt gemacht werden und sich nicht von der ursprünglichen Bekanntmachung unterscheiden, haben lediglich deklaratorischen Charakter.

7. Nachprüfung, Absatz 2 Satz 2

Auf die Nachprüfung des so neu vom Wahlleiter festgestellten Wahlergebnisses finden gemäß § 43 Abs. 2 Satz 2 KWahlG die Vorschriften der §§ 39 bis 41 KWahlG Anwendung. Daraus folgt, dass ein erneutes Wahlprüfungsverfahren nach diesen Grundsätzen möglich ist. Es kann sich aber lediglich gegen solche Punkte in der Bekanntmachung beziehen, die im Vergleich zur ursprünglichen Bekanntmachung neu sind und nicht lediglich deklaratorischen Charakter haben.

§ 44

(1) Die Vertretung entscheidet darüber, ob ein Vertreter seinen Sitz verloren hat, weil die Voraussetzungen seiner Wählbarkeit nach der Wahl weggefallen sind oder von Anfang an nicht bestanden haben, sofern der Mangel nicht bereits im Verfahren nach § 39 Absatz 1 und § 40 Absatz 1 Buchstabe a zum Sitzverlust geführt hat; § 39 Absatz 1, § 40 Absatz 2 bis 4 und § 41 finden entsprechende Anwendung.

(2) Die allgemeinen Vorschriften des kommunalen Verfassungsrechts über das Beanstandungsrecht des Bürgermeisters oder Landrates und über die Befugnisse der Aufsichtsbehörden bleiben unberührt.

Erläuterungen

Übersicht

1. Grundsätzliches/Allgemeines
2. Verlust der Wählbarkeit eines Vertreters nach der Wahl, Absatz 1 Halbsatz 1
3. Verfahren, Absatz 1 Halbsatz 2
4. Konsequenzen für den ausscheidenden Vertreter

1. Grundsätzliches/Allgemeines

Die grundsätzliche Rechtsnorm für den Verlust des Sitzes eines Vertreters durch nachträglichen Verlust seiner Wählbarkeit enthält § 37 Nr. 2 KWahlG. Ist dies der Fall, hat die Vertretung (Rat/Kreistag) darüber zu entscheiden, ob ein Vertreter seinen Sitz verloren hat. Die Wählbarkeitsvoraussetzungen müssen während der gesamten Dauer der Tätigkeit des Vertreters in der Vertretung gegeben sein, es handelt sich nicht um eine lediglich punktuell zum Zeitpunkt des Wahltages zu erfüllende Voraussetzung, sondern um eine Dauer-Voraussetzung. In der Praxis dürfte das Fehlen einer Hauptwohnung im Wahlgebiet (durch Wegzug des Vertreters nach dem Wahltage) diejenige der nach § 12 KWahlG zu erfüllenden Voraussetzungen sein, die am ehesten nachträglich wegfällt.

2. Verlust der Wählbarkeit eines Vertreters nach der Wahl, Absatz 1 Halbsatz 1

Jeder Wegfall einer positiven Wählbarkeitsvoraussetzung nach § 12 Abs. 1 KWahlG und jedes Eintreten einer negativen Wählbarkeitsvoraussetzung nach § 12 Abs. 2 KWahlG nach dem Wahltage wird von der Vorschrift erfasst. Da die Voraussetzungen als dauernde Voraussetzungen ohne Unterbrechung während der gesamten Wahlperiode gegeben sein müssen, ist eine Heilung eines so eingetretenen Mangels nicht möglich (so kann ein Ratsmitglied, das seinen Wohnsitz aus der Gebietskörperschaft verlegt hat, diese jetzt fehlende Wählbarkeitsvoraussetzung nicht dadurch heilen, dass er nach Entdeckung des Problems den Wohnsitz wieder in die Gebietskörperschaft zurück verlegt). Vom bisherigen Wortlaut der Vorschrift nicht erfasst war der Fall, dass eine Wählbarkeitsvoraussetzung schon im Zeitpunkt der Wahl nicht vorgelegen hat, dies aber nicht bekannt war oder jedenfalls nicht zu einer Ungültigkeitserklärung der Wahl im Wahlprüfungsverfahren geführt hat. Nach Ablauf der Einspruchsfristen im Wahlprüfungsverfahren wäre nunmehr die Regelung des § 44 KWahlG analog anzuwenden, was die Schließung der sich hier herausstellenden Regelungslücke bedeuten würde (so OVG NW, Beschl. vom 25.8.2009 – 15 A 1372/09 – DÖV 2009 S. 1008; *Rietdorf*, KWahlG § 41 Anm. 2a; *Bätge*, § 44 Anm. 3). Der Fehler der anfänglich fehlenden Wählbarkeit führte auch bisher im Wahlprüfungsverfahren zur Anordnung eines Ausscheidens des Betreffenden aus der Vertretung nach § 40 Abs. 1 Buchst. a KWahlG. Die Rechtsprechung hatte richtigerweise anerkannt, dass die Regelung des Mandatsprüfungsverfahrens analog auch auf den Fall der von Anfang an fehlenden Wählbarkeit anzuwenden war (vgl. OVG NRW, – 15 B 1702/08 – Rn 33; OVG NRW, – 15 A 1372/09 – Rn 10). Der Mangel der fehlenden Wählbarkeit führt auch im Wahlprüfungsverfahren weiterhin zur Anordnung des Ausscheidens. Unabhängig von der Frage, aus welchem Grund ein solches Ausscheiden wegen anfänglich fehlender Wählbarkeit nicht angeordnet wurde, ist dieser Wahlmangel auch im Mandatsprüfungsverfahren zu beachten und führt zum Verlust des Sitzes.

3. Verfahren, Absatz 1 Halbsatz 2

Die Entscheidung ist durch die Kommunalvertretung zu treffen, wie sich aus § 40 Abs. 1 KWahlG ergibt. Ein Mitwirkungsverbot wegen Befangenheit für dasjenige Mitglied der Kommunalvertretung, um dessen Sitzverlust es geht, ist nach § 40 Abs. 2 KWahlG ausdrücklich nicht vorgesehen.

4. Konsequenzen für den ausscheidenden Vertreter

Die Entscheidung der Kommunalvertretung ist ein Verwaltungsakt, da das Grundverhältnis zum Rats- beziehungsweise Kreistagsmitglied betroffen ist. Es geht nicht nur um bloße Rechte aus der Wahrnehmung des Mandats handelt, nicht um organschaftliche Mitwirkungsrechte oder funktionelle Rechte, sondern um die diese Rechte ja gerade begründende Mitgliedschaft in der Vertretung. Daher ist Außenwirkung anzunehmen. Nach § 41 Abs. 1 i. V. m. § 40 Abs. 1 KWahlG kann gegen einen solchen Beschluss der Vertretung Klage (in Form der Anfechtungsklage vor dem zuständigen Verwaltungsgericht) erhoben werden. Es handelt sich konsequenterweise nicht um ein Kommunalverfassungsstreitverfahren, durch das nur die eben erwähnten organschaftlichen Rechte eines Mitglieds der Vertretung gerichtlich überprüft werden kann, so dass ein vor dem Verwaltungsgericht unterliegender Kläger seine Kosten selbst zu tragen hätte und diese nicht im Wege eines Kostenerstattungsanspruches gegen die Gemeinde durchsetzen könnte (so OVG NRW, a. a. O.).

Aus § 40 Abs. 4 KWahlG folgt, dass die Vertretung mit einer Mehrheit von zwei Dritteln ihrer Mitglieder beschließen kann, dass ein Mitglied, dessen Wahl für ungültig erklärt ist, bis zur Unanfechtbarkeit des Beschlusses der Vertretung beziehungsweise bis zur Rechtskraft der Entscheidung des Verwaltungsgerichtes nicht an der Arbeit der Vertretung teilnehmen darf. Der Gesetzgeber fordert die Vertretung also auf, für ein möglichst frühzeitiges Ende der aktiven Tätigkeit eines Mitglieds, dessen Wahl für ungültig erklärt worden ist, hinzuwirken. Dem betroffenen Mitglied der Vertretung bleibt es unbenommen, dagegen einen Antrag auf Erlass einer einstweiligen Anordnung beim zuständigen Verwaltungsgericht zu stellen, wie sich aus § 41 Abs. 2 KWahlG ergibt.

3.

Ersatzbestimmung von Vertretern

§ 45

(1) Wenn ein gewählter Bewerber stirbt oder die Annahme der Wahl ablehnt oder wenn ein Vertreter stirbt oder sonst aus der Vertretung ausscheidet, wird der Sitz aus der Reserveliste der Partei oder Wählergruppe besetzt, für die der Ausgeschiedene bei der Wahl angetreten war. Ein späterer Wechsel des Ausgeschiedenen zu einer anderen Partei oder Wählergruppe ist unbeachtlich.

(2) An die Stelle des nach Absatz 1 Satz 1 Ausgeschiedenen tritt der für ihn in der Reserveliste benannte Ersatzbewerber, falls ein solcher nicht benannt ist, der in der Reserveliste folgende nächste Bewerber. Wenn dieser Ersatzbewerber oder Bewerber die Wählbarkeit verloren oder diese während der laufenden Wahlperiode nicht ununterbrochen bestanden hat, dieser gestorben ist oder die Annahme der Wahl abgelehnt hat, gilt Satz 1 entsprechend.

(3) Nicht berücksichtigt werden Bewerber auf der Reserveliste, die aus der Partei oder Wählergruppe ausgeschieden sind, für die sie bei der Wahl kandidiert hatten, oder die in der nach § 38 vorgesehenen Form auf ihre Anwartschaft verzichtet haben. Gleiches gilt für Bewerber, die die Annahme der Wahl im Wahlbezirk oder die Wahl aus der Reserveliste abgelehnt haben.

(4) Bei der Nachfolge unberücksichtigt bleibt zudem ein Ersatzbewerber, der ausschließlich für einen im Wahlbezirk aufgestellten, aber dort nicht direkt, sondern über die Reserveliste gewählten Bewerber benannt wurde.

(5) Ist der nach Absatz 1 Satz 1 Ausgeschiedene bei der Wahl nicht als Bewerber einer Partei oder Wählergruppe angetreten oder ist deren Reserveliste erschöpft, bleibt ein frei gewordener Sitz unbesetzt. Die gesetzliche Mitgliederzahl der Vertretung vermindert sich entsprechend.

(6) Der Wahlleiter stellt unverzüglich nach Ausscheiden des bisherigen Vertreters den Listennachfolger oder das Freibleiben des Sitzes fest. Der Wahlleiter benachrichtigt den Listennachfolger und fordert ihn auf, binnen einer Woche nach Zustellung schriftlich zu erklären, ob er die Wahl annimmt. Der Listennachfolger erwirbt die Mitgliedschaft in der Vertretung, sobald die auf die Benachrichtigung nach Satz 2 erfolgende Annahmeerklärung beim Wahlleiter eingeht, nicht jedoch vor dem Zeitpunkt des Ausscheidens des Mandatsträgers, dem er nachfolgt. Gibt der Listennachfolger bis zum Ablauf der gesetzten Frist keine Erklärung ab, so gilt die Wahl zu diesem Zeitpunkt als angenommen. Eine Erklärung unter Vorbehalt gilt als Ablehnung. Eine Ablehnung kann nicht widerrufen werden. Der Wahlleiter macht die Feststellung des Listennachfolgers oder das Freibleiben des Sitzes öffentlich bekannt. § 39 Absatz 1, § 40 Absatz 3 und § 41 finden mit der Maßgabe entsprechende Anwendung, dass an die Stelle des Beschlusses der Vertretung die Entscheidung des Wahlleiters tritt.

Erläuterungen

Übersicht

4. Besetzung des Sitzes aus der Reserveliste, für die der Ausgeschiedene angetreten war, Absatz 1 Satz 1
5. Wechsel des Ausgeschiedenen zu einer anderen Partei oder Wählergruppe nach seiner Wahl in die Vertretung, Absatz 1 Satz 2
6. Nachfolger für ausgeschiedenen Vertreter, Absatz 2
7. Bei der Nachfolge eines Ausgeschiedenen nicht zu berücksichtigende Bewerber, Absatz 3 und 4
8. Verfahren bei Einzelbewerbern oder erschöpfter Reserveliste, Absatz 5
9. Verfahrensvorschriften, Absatz 6

1. Grundsätzliches/Allgemeines

Die Vorschrift befasst sich mit den Regelungen, die erforderlich werden bei Freiwerden eines Sitzes in der Vertretung entweder zu Beginn der Wahlperiode (dazu Erl. 2) als auch während der Wahlperiode (dazu Erl. 3). Grundsätzlich ist ein frei werdender Sitz in der Vertretung wieder zu besetzen, und zwar durch einen Vertreter derjenigen Partei oder Wählergruppe, für die der Ausgeschiedene (ursprünglich) kandidiert hatte. Für Einzelbewerber ergibt sich als Konsequenz, dass bei Ausscheiden aus der Vertretung oder Tod der frei gewordene Sitz unbesetzt bleibt. Das Gesetz sieht also keine Nachwahl beim Ausscheiden des Vertreters durch Tod oder sonstige Gründe vor (wie beispielsweise in Großbritannien für Mitglieder des Unterhauses vorgesehen). Verfassungsrechtlich stellt diese Vorgehensweise kein Problem dar, da die Stimmabgabe bei der Kommunalwahl jedenfalls bei Parteien und Wählergruppen auch eine Stimmabgabe für die Reserveliste darstellt und damit nicht nur die zu Beginn der Wahlperiode gewählten Vertreter, sondern auch die weiteren Bewerber auf der Reserveliste vom entsprechenden Wählerwillen getragen werden (BVerfG, Beschl. vom 3.7.1957 – 2 BvR 9/57 –, BVerfGE 63, 71). Erforderlich ist allerdings, dass die auf der Reserveliste stehenden Bewerber einer Partei oder Wählergruppe jedem Wähler bei der Wahl bekannt sind oder jedenfalls bekannt sein können. Aus diesem Grunde ist nach der Zulassung zur Wahl die Reserveliste nicht mehr veränderbar oder erweiterbar.

Die Regelung wird in der kommunalen Praxis relativ häufig zum Einsatz kommen. Entweder durch Verlagerung des Wohnsitzes oder durch Ausscheiden aus der Vertretung aus sonstigen Gründen oder durch Tod werden durchschnittlich zehn Prozent der Sitze in einer Vertretung (Rat oder Kreistag) im Laufe der Wahlperiode vakant und sind neu zu besetzen. Dabei überwiegen die Fälle, in denen ein Vertreter zunächst die Wahl angenommen hat und kürzere oder längere Zeit in der Vertretung mitgearbeitet hat, bis er während der laufenden Wahlperiode ausscheidet.

Für alle diese Fälle gilt der Grundsatz: An die Stelle eines Vertreters, der einen persönlichen Stellvertreter hat (einen sogenannten „Huckepack-Kandidaten"), tritt dieser persönliche Stellvertreter jedenfalls dann, wenn dieser persönliche Vertreter sowohl für den Fall der direkten Wahl im Wahlbezirk als auch für den Fall der Wahl über die Reserveliste aufgestellt worden ist. Für den in der Praxis üblichen Fall der Aufstellung eines persönlichen Vertreters nur für den Fall der direkten Wahl des ursprünglichen Vertreters im Wahlbezirk gilt, dass der persönliche Vertreter nur nachfolgt, wenn der ursprüngliche Bewerber auch ein Direktmandat errungen hat. Ist der ursprüngliche Vertreter aber über die Reserveliste in die Vertretung gelangt ist, kommt der „Huckepack-Kandidat" nicht zum Einsatz, vielmehr rückt dann der auf der Reserveliste Nächstplatzierte nach. Der Erwerb der Mitgliedschaft in einer Gemeindevertretung hängt nach erfolgter Wahl nicht mehr von der Zugehörigkeit zu der Partei oder Wählergruppe ab, für die der gewählte Bewerber bei der Wahl aufgetreten ist. Absatz 1 Satz 2 ist nicht analog auf Fälle anwendbar, in denen der gewählte Bewerber unmittelbar nach der Wahl aus der Partei oder Wählergruppe austritt (OVG NRW, Beschl. vom 18.8.2016 – 15 A 1894/15 –).

2. Tod oder Ablehnung der Annahme der Wahl durch den gewählten Vertreter, Absatz 1 Satz 1 Alternative 1

Eine Regelung über das Verfahren, nach dem ein anderer als der ursprünglich gewählte Bewerber den Sitz in der Vertretung einnimmt, ist zunächst erforderlich für den Fall, dass der ursprüngliche Vertreter entweder nach der Wahl, aber vor der Annahme der Wahl beziehungsweise vor der konstituierenden Sitzung der Vertretung verstirbt oder die Annahme der Wahl ablehnt. In der Praxis ist die Nichtannahme der Wahl wie auch der plötzliche Tod eines gewählten Vertreters vor dem Beginn der Arbeit einer Vertretung höchst selten.

3. Tod eines Vertreters oder Ausscheiden eines Vertreters aus der Vertretung, Absatz 1 Satz 1 Alternative 2

Deutlich häufiger als die oben genannte Alternative ist es, dass ein Vertreter während der (in der Regel fünfjährigen) Wahlperiode der Vertretung aus dieser ausscheidet, sei es durch Tod oder durch Verzicht oder durch sonstige Gründe (siehe § 37 KWahlG).

4. Besetzung des Sitzes aus der Reserveliste, für die der Ausgeschiedene angetreten war, Absatz 1 Satz 1

Die Rechtsfolge des Ausscheidens eine gewählter Vertreters entweder in den oben in Erl. 2 oder in den in Erl. 3 dargestellten Fällen ist, dass in den Fällen, in denen der Ausgeschiedene für eine Partei oder Wählergruppe mit Reserveliste angetreten war, die Nachfolge sich aus dieser Reserveliste ergibt. Das bedeutet nicht, dass der auf der Reserveliste nächstplatzierte Bewerber in jedem Fall als Nachrücker feststeht. Auch die persönlichen Vertreter („Huckepack-Kandidaten") sind in der Reserveliste enthalten. Absatz 1 Satz 1 der Vorschrift regelt also zunächst lediglich, dass zur Nachbesetzung die Reserveliste heranzuziehen ist. Die weiteren Vorschriften, die das entsprechende Verfahren regeln, sind Absatz 2 bis Absatz 5 der Vorschrift.

5. Wechsel des Ausgeschiedenen zu einer anderen Partei oder Wählergruppe nach seiner Wahl in die Vertretung, Absatz 1 Satz 2

Die Regelung stellt klar, dass auch nach einem – grundsätzlich zulässigen – Wechsel des Vertreters von der Partei oder Wählergruppe, für die er ursprünglich kandidiert hatte, zu einer anderen Partei oder Wählergruppe unter Mitnahme seines Mandates für den Fall des Ausscheidens des Vertreters durch Tod oder sonstige Gründe die ursprüngliche Partei oder Wählergruppe das Recht der Nachbesetzung hat.

6. Nachfolger für ausgeschiedenen Vertreter, Absatz 2

Der Grundsatz lautet, dass der Sitz nach der Reserveliste der Partei oder Wählergruppe, für die der Ausgeschiedene bei der Wahl angetreten ist, nachbesetzt wird. Es ist zunächst festzustellen, ob der Ausgeschiedene einen persönlichen Vertreter hatte, der in der Reserveliste entsprechend aufgeführt wird. Ist das nicht der Fall, tritt an die Stelle des Ausgeschiedenen der sich nach der Reihenfolge der Reserveliste ergebende nächste Bewerber, also derjenige, der auf der Reserveliste den höchsten Platz einnimmt, der noch nicht zum Einzug in die Vertretung gereicht hat. Die Änderung des Satzes 2 der Vorschrift durch den Gesetzgeber dahingehend, dass die Wählbarkeit des Ersatzbewerbers bzw. Bewerbers während der gesamten laufenden Wahlperiode ununterbrochen bestanden haben muss, um die Nachfolge eines aus der Vertretung Ausgeschiedenen antreten zu können, beseitigt Auslegungsschwierigkeiten in der Praxis.

> *Beispiel:*
> *In der Gemeinde A verstirbt der V, ein Mitglied der Vertretung. Der Verstorbene war über die Reserveliste seiner P-Partei (Platz 5) in den Rat gelangt. Ein Ersatzbewerber für ihn ist in der Reserveliste nicht benannt. Die auf der Reserveliste der P-Partei auf*

den Plätzen 1 bis 6 sowie Platz 8 bis 10 und Platz 13 aufgeführten Bewerber sind bereits Mitglied des Rates, sei es durch Direktwahl im Wahlbezirk (die Bewerber auf den Reservelisten-Plätzen 1 bis 4 sowie 8 bis 10 und 13), sei es durch das Verfahren nach § 33 KWahlG über die Reserveliste (die Bewerber auf den Reservelisten-Plätzen 5 und 6). Es rückt nach für den Verstorbenen der auf Platz 7 der Reserveliste der P-Partei platzierte Bewerber S.

Hatte der Ausgeschiedene einen persönlichen Vertreter, ist die Frage zu klären, ob sich diese persönliche Vertretung nur auf den Wahlbezirk oder auch auf die Platzierung auf der Reserveliste erstreckt.

Erstreckt sich die persönliche Vertretung nur auf den Wahlbezirk (dieses Verfahren ist in der Praxis weit verbreitet, weil es sicherstellen kann, dass im Falle des Ausscheidens eines im Wahlbezirk direkt gewählten Vertreters der in der Regel ebenfalls mit dem Wahlbezirk vertraute persönliche Vertreter nachrücken kann), so ist die Frage zu klären, ob der Ausgeschiedene seinen Sitz in der Vertretung der Direktwahl im Wahlbezirk oder seiner Platzierung auf der Reserveliste zu verdanken hat. Nur im ersten Fall wäre der persönliche Vertreter der Nachfolger des Ausgeschiedenen, im zweiten Fall derjenige Bewerber auf der Reserveliste, der den höchsten noch nicht zum Einzug in die Vertretung berechtigenden Platz einnimmt.

Beispiel:

Hatte der in obigem Beispiel geschilderte V zwar einen persönlichen Vertreter U für den Wahlbezirk, aber nicht für die Reserveliste, folgt ihm (wie im obigen Beispiel) der Bewerber S.
Abwandlung: Wäre der im obigen Beispiel geschilderte V durch Direktwahl in seinem Wahlbezirk in den Rat gelangt, folgte ihm nunmehr der persönliche Vertreter U.

7. Bei der Nachfolge eines Ausgeschiedenen nicht zu berücksichtigende Bewerber, Absatz 3 und 4

Nicht als Nachfolger zu berücksichtigen sind zunächst diejenigen Bewerber auf der Reserveliste der Partei oder Wählergruppe, die aus der Partei oder Wählergruppe, für die sie bei der Wahl kandidiert hatten, ausgeschieden sind. Das frei gewordene Mandat in der Vertretung soll der Partei oder Wählergruppe, für die es bei der Wahl vergeben worden war, auch weiterhin zur Verfügung stehen. Als Grund für das Ausscheiden kommt sowohl die Entscheidung des Vertreters, also ein freiwilliges Verlassen der Partei oder Wählergruppe, in Betracht als auch ein Ausschluss aus der Partei oder Wählergruppe gegen den Willen des Betroffenen. Das Ausschlussverfahren muss zum Zeitpunkt des Verfahrens zur Nachbesetzung eines frei gewordenen Sitzes in der Vertretung bereits durchgeführt und abgeschlossen worden sein.

Ein zwischen der Wahl und dem Nachbesetzungsverfahren im Sinne dieser Vorschrift aus der Partei oder Wählergruppe ausgetretener und wieder eingetretenen Bewerber ist weiterhin zu berücksichtigen (*Bätge*, § 45 Nr. 7 m. w. N.).

Bei den von einer Partei oder Wählergruppe benannten Ersatzbewerbern („Huckepack-Kandidaten") kommt es nicht darauf an, ob sie Mitglied der Partei oder Wählergruppe sind oder nicht. Sind sie es –auch bereits im Zeitpunkt der Nominierung- nicht, so ist es unschädlich, wenn sie zwischenzeitlich einer anderen Partei oder Wählergruppe beitreten (*Rietdorf*, § 42 Nr. 6).

Auch der Verzicht auf die Anwartschaft nach § 38 des Gesetzes führt zur Nichtberücksichtigung des entsprechenden Bewerbers.

Nach Absatz 3 Satz 2 der Vorschrift gilt dies auch für Bewerber, die die Annahme der Wahl im Wahlbezirk oder die Wahl aus der Reserveliste abgelehnt haben. Eine solche Ablehnung führt zur Nichtberücksichtigung des Betroffenen auch im weiteren Verlauf der Wahlperiode.

Unberücksichtigt bleibt auch ein Ersatzbewerber, der ausschließlich für einen im Wahlbezirk aufgestellten, aber dort nicht direkt, sondern über die Reserveliste gewählten Bewerber benannt wurde (siehe Erl. oben).

8. Verfahren bei Einzelbewerbern oder erschöpfter Reserveliste, Absatz 5

Bei Einzelbewerbern, die es durch Direktwahl in einem Wahlbezirk geschafft haben, einen Sitz in der Vertretung zu erringen, gibt es keine Reserveliste. Daher kann der Sitz in der Vertretung nur durch den Einzelbewerber persönlich bekleidet werden. Scheidet ein Einzelbewerber aus – aus welchem Grunde auch immer –, bleibt der so frei gewordenen Sitz bis zum Ende der Wahlperiode unbesetzt. Die gesetzliche Mitgliederzahl der Vertretung ändert sich dementsprechend.

Auch der Fall einer bereits erschöpften Reserveliste einer Partei oder Wählergruppe ist in Absatz 5 der Vorschrift erfasst. Auch in einem solchen Fall bleibt der frei gewordene Sitz unbesetzt mit der Folge der Verringerung der Zahl der gesetzlichen Mitglieder der Vertretung.

9. Verfahrensvorschriften, Absatz 6

Aufgabe des Wahlleiters ist es nach Absatz 6 Satz 1 der Vorschrift, unverzüglich nach Ausscheiden des bisherigen Vertreters den Listennachfolger oder das Freibleiben des Sitzes festzustellen.

Der Wahlleiter hat den Listenachfolger zu benachrichtigen und ihn aufzufordern, binnen einer Woche nach Zustellung schriftlich zu erklären, ob er die Wahl annimmt. Der Listennachfolger erwirbt die Mitgliedschaft in der Vertretung erst dann, wenn diese seine Annahme-Erklärung beim Wahlleiter eingeht und der ursprüngliche Mandatsträger, dem er nachfolgen soll, ausgeschieden ist.

Die Annahme-Erklärung gilt nach Absatz 6 Satz 4 der Vorschrift als abgegeben, wenn der Listennachfolger bis zum Ablauf der gesetzten Frist keine Erklärung abgegeben hat. Das Schweigen des Listennachfolgers gilt also in diesem Falle als Zustimmung.

Eine unter einem Vorbehalt abgegebene Erklärung des Listennachfolgers gilt nach Absatz 6 Satz 5 der Vorschrift als Ablehnung.

Eine Ablehnung kann nach Absatz 6 Satz 6 der Vorschrift nicht widerrufen werden.

Aufgabe des Wahlleiters ist es, die Feststellung des Listennachfolgers oder des Freibleibens des Sitzes öffentlich (ortsüblich) bekannt zu machen, Absatz 6 Satz 7 der Vorschrift.

Absatz 6 Satz 8 der Vorschrift verweist auf § 39 Abs. 1 KWahlG, § 40 Abs. 3 KWahlG und § 41 KWahlG. Diese finden entsprechende Anwendung mit der Maßgabe, dass an die Stelle des Beschlusses der Vertretung (Rat oder Kreistag) die Entscheidung des Wahlleiters tritt.

4.

Folgen des Verbots einer Partei oder Wählergruppe

§ 46

(1) Wird eine Partei oder die Teilorganisation einer Partei durch das Bundesverfassungsgericht gemäß Artikel 21 des Grundgesetzes für verfassungswidrig erklärt, so verlieren die Vertreter, die dieser Partei oder Teilorganisation zur Zeit der Antragstellung oder der Verkündung des Urteils angehören, ihren Sitz.

(2) Die nach Absatz 1 freigewordenen Sitze bleiben unbesetzt; die gesetzliche Mitgliederzahl der Vertretung vermindert sich entsprechend. Dies gilt nicht, wenn die Vertreter auf Grund eines Wahlvorschlags einer nicht für verfassungswidrig erklärten Partei oder Wählergruppe gewählt waren; in diesem Falle rücken Vertreter aus der Reserveliste gemäß § 45 nach.

(3) Absatz 1 und 2 finden sinngemäß Anwendung, wenn eine Partei oder Wählergruppe als Ersatzorganisation einer für verfassungswidrig erklärten Partei festgestellt, wenn eine Wählergruppe nach Artikel 9 Abs. 2 des Grundgesetzes verboten oder wenn eine Entscheidung nach Artikel 32 Abs. 2 der Landesverfassung getroffen ist.

(4) Den Verlust der Mitgliedschaft nach Absatz 1 oder 3 stellt der Wahlleiter fest. § 45 Abs. 2 findet Anwendung.

Erläuterungen

Übersicht

1. Grundsätzliches/Allgemeines

Die Vorschrift nimmt Bezug auf die in § 37 KWahlG enthaltene grundsätzliche Aufzählung der Gründe, die zu einem Mandatsverlust führen, und enthält konkretisierende Regelungen bezüglich des in § 37 Nr. 3 KWahlG angeführten Verlustgrundes des Verbots der Partei, für die der Vertreter einen Sitz in der Vertretung errungen hat. Die in Art. 21 GG, Art. 9 Abs. 2 GG sowie Art. 32 Abs. 2 LV enthaltenen Regelungen werden in § 46 Abs. 1, Abs. 3 Halbsatz 1 sowie Abs. 3 Halbsatz 2 KWahlG bezüglich der Konsequenzen für Vertreter einer solchen Partei oder Wählergruppe näher geregelt.

Der Mandatsverlust erfolgt für diejenigen Vertreter in kommunalen Vertretungen, die der für verfassungswidrig erklärten Partei beziehungsweise der verbotenen Wählergruppe zum Zeitpunkt der Stellung des Verbotsantrages oder der Verkündung des Urteils angehört haben. Dies gilt auch für den Zeitpunkt der Entscheidung nach Art. 32 Abs. 2 LV. Ein zu einem späteren Zeitpunkt erfolgender Austritt des Vertreters aus der Partei oder Wählergruppe ist unbeachtlich, damit soll der Austritt zum Zwecke der Beibehaltung des Mandats verhindert werden.

Der Wahlleiter hat die Aufgabe, den Verlust der Mitgliedschaft festzustellen. Es handelt sich bei dieser Feststellung um einen Verwaltungsakt (OVG NW, Urt. vom 22.2.1991 – 15 A 1519/90 –; NWVBl 1991 S. 223), der entsprechend angefochten werden kann.

2. Sitzverlust aufgrund Parteiverbots nach Art. 21 GG, Absatz 1

Nach einer Entscheidung des Bundesverfassungsgerichtes aufgrund von Art. 21 GG über die Verfassungswidrigkeit einer Partei liegen sowohl die materiellen als auch die formellen Voraussetzungen für die sich aus der Verfassungswidrigkeit ergebenden Konsequenzen vor. Die materielle Voraussetzung, die Verfassungswidrigkeit, ist nach Art. 21 Abs. 2 Satz 2 GG bereits dann gegeben, wenn die Partei den Tatbestand der Verfassungswidrigkeit erfüllt hat. Als formelle Voraussetzung tritt hinzu die Feststellung des Bundesverfassungsgerichtes nach Art. 93 Abs. 1 Nr. 5 GG i. V. m. Art. 21 Abs. 2 Satz 2 GG. Die Regelungen der §§ 13 Nr. 2 sowie 43, 44 BVerfGG sind ergänzend zu berücksichtigen. Rechtsfolgen aus der materiellen Verfassungswidrigkeit einer Partei können erst nach der Entscheidung des Bundesverfassungsgerichtes gezogen werden. Nicht nur die Auflösung der Partei, sondern auch der Verlust des Mandates für alle Mandatsträger der als verfassungswidrig verbotenen Partei sind zwingende Rechtsfolgen, die sich aus der Feststellung der Verfassungswidrigkeit ergeben (BVerfGE 5, 85, 392). Dies gilt sowohl für das Verbot der gesamten Partei als auch für das Verbot einer Teilorganisation einer Partei, wobei sich die Rechtsfolge des Mandatsverlustes beim Verbot einer räumlich begrenzten Teilorganisation (Landesverband o. Ä.) auf die in dieser Teilorganisation (also gegebenenfalls in diesem Bundesland) aktiven und ein Mandat innehabenden Vertreter erstreckt.

Nach § 46 Abs. 3 Halbsatz 1 KWahlG finden die in den Absätzen 2 und 3 der Vorschrift enthaltenen Regelungen sinngemäß Anwendung, wenn eine Partei oder Wählergruppe als Ersatzorganisation einer als verfassungswidrig erklärten Partei festgestellt worden ist. Dies auch, weil es nach § 33 PartG verboten ist, in bestehenden Organisationen oder zu diesem Zwecke neu gegründeten Organisationen verfassungswidrige Bestrebungen einer nach Art. 21 GG verbotenen Partei an deren Stelle zu verfolgen oder fortzuführen.

3. Rechtsfolgen des Sitzverlustes, Absatz 2

Aus § 46 Abs. 2 Satz 1 KWahlG folgt, dass die frei gewordenen Sitze unbesetzt bleiben und sich die Zahl der gesetzlichen Mitglieder der Vertretung entsprechend vermindert.

Nur in Ausnahmefällen kann es nach § 46 Abs. 2 Satz 2 KWahlG zu einem Nachrücken von Vertretern aus der Reserveliste einer Partei oder Wählergruppe kommen. Das ist dann der Fall, wenn ein von einem Mandatsverlust wegen Verfassungsfeindlichkeit der Partei betroffenes Mitglied einer solchen Partei von einer anderen Partei oder Wählergruppe nominiert worden war und als Direktkandidat im Wahlbezirk oder aus der Reserveliste einer solchen nicht verfassungswidrigen Partei oder Wählergruppe einen Sitz in der Vertretung errungen hat oder wenn ein zunächst parteiloser Bewerber einer nicht verfassungswidrigen Partei oder Wählergruppe nach seiner Wahl in die Vertretung Mitglied der für verfassungswidrig erklärten Partei geworden ist.

4. Sitzverlust aufgrund von Verfahren nach Art. 9 Abs. 2 GG oder Art. 32 Abs. 2 LV, Absatz 3

§ 46 Abs. 3 KWahlG regelt, dass die in den Absätzen 1 und 2 enthaltenen Regelungen auch dann angewendet werden, wenn es sich nicht um das Verbot einer Partei im Verfahren nach Art. 21 GG handelt, sondern um das Verbot einer Wählergruppe (die nicht dem Parteienprivileg unterliegt) nach Art. 9 Abs. 2 GG handelt. Dies gilt für Vereinigungen, die sich gegen die verfassungsmäßige Ordnung oder den Gedanken der Völkerverständigung richten oder deren Zwecke oder deren Tätigkeiten den Strafgesetzen zuwiderlaufen. Handelt es sich in einem solchen Fall bei der Wählergruppe um einen Verein, ist zusätzlich die Vorschrift des § 3 Abs. 1 VereinsG zu beachten, wonach eine entsprechende Verbotsverfügung der zuständigen Behörde ergangen sein muss.

5. Feststellung des Mitgliedschaftsverlustes durch den Wahlleiter, Absatz 4

Nach § 46 Abs. 4 KWahlG stellt der zuständige Wahlleiter den Verlust des Sitzes oder der Sitze fest. Die Verfahrensregelungen des § 45 Abs. 2 KWahlG finden, wie Absatz 4 Satz 2 der Vorschrift klarstellt, Anwendung.

VI.A
WAHL DER BEZIRKSVERTRETUNGEN

§ 46a

(1) Auf die Wahl der Bezirksvertretungen in den kreisfreien Städten finden die Vorschriften dieses Gesetzes entsprechende Anwendung, soweit sich nicht aus den Absätzen 2 bis 6 etwas anderes ergibt.

(2) Die für die Wahl des Rates zuständigen Wahlorgane führen die Wahl der Bezirksvertretungen durch.

(3) Die Wahl der Bezirksvertretungen erfolgt nach den Grundsätzen der Verhältniswahl nach Listenwahlvorschlägen. Der Wähler hat eine Stimme, die er für eine Liste abgeben kann.

(4) Wahlberechtigt für die Wahl der Bezirksvertretung eines Stadtbezirks ist, wer in diesem Stadtbezirk für die Wahl des Rates wahlberechtigt ist. Wählbar für die Bezirksvertretung sind alle nach Satz 1 Wahlberechtigten, die das 18. Lebensjahr vollendet haben und die übrigen Voraussetzungen des § 12 erfüllen, sowie – bei Fehlen eines entsprechenden Wohnsitzes im Stadtbezirk – die Wahlberechtigten, die in einem Gemeindewahlbezirk des Stadtbezirks als Bewerber für die Wahl des Rates aufgestellt sind.

(5) Listenwahlvorschläge können von Parteien und Wählergruppen eingereicht werden. § 16 findet entsprechende Anwendung mit der Maßgabe, dass der Listenwahlvorschlag von der für das Gebiet der kreisfreien Stadt zum Zeitpunkt der Einreichung zuständigen Leitung der Partei oder Wählergruppe unterzeichnet sein muss, dass die Zahl der nach § 16 Absatz 1 Satz 3 erforderlichen Unterschriften von Wahlberechtigten höchstens 50 beträgt und dass ein Bewerber, unbeschadet seiner Bewerbung für die Wahl des Rates, nur in einem Listenwahlvorschlag benannt werden darf. Als Bewerber in einem Listenwahlvorschlag kann nur benannt werden, wer in einer Mitglieder-, Vertreter- oder Wahlberechtigtenversammlung im Gebiet der kreisfreien Stadt oder des Stadtbezirks hierzu gewählt worden ist.

(6) Für die Sitzverteilung zählt der Wahlausschuss zunächst die für alle Listenwahlvorschläge abgegebenen gültigen Stimmen, nach Parteien und Wählergruppen getrennt, zusammen (Gesamtstimmenzahl). Er stellt dann fest, welche Parteien und Wählergruppen weniger als 2,5 Prozent der Gesamtstimmenzahl erhalten haben. Listenwahlvorschläge, die weniger als 2,5 Prozent der Gesamtstimmenzahl erhalten haben, bleiben bei der Sitzverteilung für die Bezirksvertretung unberücksichtigt. Durch Abzug der für diese Listenwahlvorschläge abgegebenen Stimmen von der Gesamtstimmenzahl wird die bereinigte Gesamtstimmenzahl gebildet, die für die anschließende Sitzverteilung maßgeblich ist.

(7) Die Sitze in der Bezirksvertretung werden entsprechend § 33 Absatz 2 Satz 2 bis 8 auf die Parteien und Wählergruppen verteilt. Entfällt bei dieser Sitzverteilung auf den Listenwahlvorschlag einer Partei oder Wählergruppe, die im Stadtbezirk 5 vom Hundert oder mehr der Gesamtstimmenzahl erhalten hat, kein Sitz, so ist die Sitzverteilung mit einer jeweils um 2 erhöhten Gesamtsitzzahl so oft zu wiederholen, bis auf den Listenwahlvorschlag einer solchen Partei oder Wählergruppe mindestens ein Sitz entfallen ist. Die so geänderte Gesamtsitzzahl tritt an die Stelle der satzungsmäßigen Sitzzahl der Bezirksvertretung.

Erläuterungen

Übersicht

1. Grundsätzliches/Allgemeines
2. Entsprechende Anwendbarkeit der Vorschriften des KWahlG, Absatz 1
3. Zuständige Wahlorgane, Absatz 2
4. Wahlsystem, Absatz 3
5. Aktives Wahlrecht, Absatz 4 Satz 1
6. Passives Wahlrecht, Absatz 4 Satz 2
7. Einreichung von Listenwahlvorschlägen, Absatz 5
8. Ermittlung der Gesamtstimmenzahl, Absatz 6 Satz 1
9. Ermittlung der bereinigten Gesamtstimmenzahl, Absatz 6 Satz 2 bis 4
10. Verteilung der Sitze in der Bezirksvertretung, Absatz 7
11. Anwendbare Vorschriften des KWahlG und der KWahlO

1. Grundsätzliches/Allgemeines

Nach §§ 35 ff. GO sind in allen kreisfreien Städten Nordrhein-Westfalens seit der Einführung der sogenannten „Bezirksverfassung" zur Kommunalwahl 1975 Stadtbezirke zu bilden, und zwar mindestens drei und höchstens zehn, § 35 Abs. 3 GO. Seit 1979 ist für jeden Stadtbezirk eine Bezirksvertretung zu wählen, wobei die Vorgaben des § 36 Abs. 1 Satz 2 GO zu beachten sind. Danach sind die Mitglieder der Bezirksvertretungen in allgemeiner, unmittelbarer, freier, gleicher und geheimer Wahl auf die Dauer von fünf Jahren zu wählen. Die Vorschrift verweist auf § 42 Abs. 1 GO, wonach diese Wahlrechtsgrundsätze auch bei der Wahl der Ratsmitglieder anzuwenden sind.

Die ursprüngliche Regelung des Gesetzgebers, wonach sich die Zusammensetzung der Bezirksvertretungen aus den bei der Wahl der Ratsmitglieder im Stadtbezirk abgegebenen Stimmen zu errechnen hatte, hatte keinen Bestand, da sie keine hinreichend konkrete Legitimationskette zwischen der Stimmabgabe durch den Wähler und der Zusammensetzung der Bezirksvertretung sicherstellte, wie das Bundesverfassungsgericht es für erforderlich hält (BVerfG, NJW 1978 S. 1967). Aus diesem Grunde wurde zur Kommunalwahl 1979 ein zusätzlicher Wahlgang für die Kommunalwahlen eingeführt. Neben der Wahl des Rates und des Oberbürgermeisters findet seitdem in den kreisfreien Städten des Landes (und nur in diesen ist die Bezirksverfassung nach §§ 35 ff. GO anwendbar) die unmittelbare Wahl der Bezirksvertretung durch einen eigenen – auf den jeweiligen Stadtbezirk begrenzten – Wahlgang statt. Damit hat der Wähler die Möglichkeit, sein Abstimmungsverhalten für den Rat und die Bezirksvertretung unterschiedlich zu gestalten („Stimmen-Splitting") und so eine ihm besser erscheinende politische Konstellation in der Bezirksvertretung, die sich von der im Rat unterscheidet, mit seiner Stimme auszustatten. Zuvor wurde (zur Kommunalwahl 1975) lediglich das sich im jeweiligen Stadtbezirk ergebende Teil-Wahlergebnis für den Rat der Stadt auf die jeweilige Bezirksvertretung umgerechnet. Die Wiedereinführung einer 2,5 %-Sperrklausel ist vom VerfGH NW nicht beanstandet worden (VerfGH NW – VerfGH 21/16 usw.).

Zu den Konsequenzen des Urteils des VerfGH NRW vom 20.5.2025 zur Verfassungswidrigkeit von Vorschriften des § 33 KWahlG, auf die auch in dieser Vorschrift verwiesen wird, siehe Erläuterung 0 zu § 33 KWahlG.

2. Entsprechende Anwendbarkeit der Vorschriften des KWahlG, Absatz 1

Die Vorschrift verweist auf die grundsätzliche Anwendbarkeit aller Vorschriften des KWahlG auch auf die Wahlen zu den Bezirksvertretungen in den kreisfreien Städten, soweit sich nicht aus den weiteren Absätzen dieser Vorschrift etwas anderes ergibt. Insoweit kann an dieser Stelle auf die Kommentierung der anderen Vorschriften verwiesen werden. Die Kommunalwahlordnung verweist in gleicher Weise, siehe § 70 KWahlO, auf die für die Wahl zu den Bezirksvertretungen geltenden Vorschriften des KWahlO, diese befinden sich in den §§ 70–75 KWahlG.

3. Zuständige Wahlorgane, Absatz 2

Die Vorschrift verweist auf die Zuständigkeit der für die Wahl des Rates zuständigen Wahlorgane (insbesondere Wahlleiter und Wahlausschuss, aber auch Vertretung und Bürgermeister), wie sie sich aus den Vorschriften des I. Teils des KWahlG ergeben (§§ 1–10 KWahlG).

4. Wahlsystem, Absatz 3

Die Wahl der Bezirksvertretungen erfolgt nach den Grundsätzen der Verhältniswahl nach Listenwahlvorschlägen. Der Wähler hat eine Stimme, die er für eine Liste abgeben kann. Insoweit ähnelt die Wahl der Bezirksvertretung sehr der Wahl des Rates, jedenfalls was die Ermittlung des Ergebnisses der über Reservelisten zu vergebenden Sitze angeht. Im Unterschied zur Wahl des Rates gibt der Wähler hier aber seine Stimme nicht einer natürlichen Person, nämlich einem Bewerber im jeweiligen Wahlbezirk, sondern der Liste einer Partei oder Wählergruppe.

5. Aktives Wahlrecht, Absatz 4 Satz 1

Es gelten die für die Wahl des Rates geltenden Vorschriften, insbesondere die des § 7 KWahlG, was das Mindestalter und die Staatsangehörigkeit betrifft. Außerdem muss der Wähler am 16. Tag vor der Wahl seinen Wohnsitz im Wahlgebiet (hier also dem Gebiet der kreisfreien Stadt) haben, wobei hier verschärfend das Erfordernis hinzukommt, dass der Wohnsitz im jeweiligen Stadtbezirk liegt. Da das Stadtgebiet jeder kreisfreien Stadt in Nordrhein-Westfalen komplett in Stadtbezirke aufzuteilen ist, es also keine stadtbezirksfreien Stadtgebiete gibt, ist gewährleistet, dass jeder zur Teilnahme an der Wahl des Rates berechtigte Wähler auch das aktive Wahlrecht für die Wahl der Bezirksvertretung besitzt, in deren Stadtbezirk er seinen Wohnsitz hat.

6. Passives Wahlrecht, Absatz 4 Satz 2

Auch hier gelten die für die Wahl des Rates gültigen Vorschriften, insbesondere die des § 12 KWahlG. Das passive Wahlrecht haben danach grundsätzlich alle im Stadtbezirk wohnhaften Wähler, dazu kommen nach Absatz 4 Satz 2 Halbsatz 2 der Vorschrift diejenigen Wahlberechtigten, die zwar in einem anderen Stadtbezirk des Stadtgebietes ihren Wohnsitz haben, jedoch von ihrer Partei oder Wählergruppe in einem Gemeindewahlbezirk des Stadtbezirks als Bewerber für die Wahl des Rates aufgestellt worden sind. Damit weicht der Gesetzgeber das Wohnsitz-Prinzip als Erfordernis für die Bewerbung um einen Sitz in der Vertretung auf. Die Regelung ähnelt der zur Wahl der Hauptverwaltungsbeamten (Oberbürgermeister, Bürgermeister, Landrat), da auch hier kein Wohnsitz im jeweiligen Wahlgebiet erforderlich ist. Wo allerdings bei diesen Wahlen (geregelt in den §§ 46b bis 46e KWahlG) ein Wohnsitz in Deutschland ausreicht, muss hier bei der Wahl der Bezirksvertretung ein Wohnsitz im Stadtgebiet nachgewiesen werden, der ausnahmsweise außerhalb des Stadtbezirkes liegen darf, um dessen Bezirksvertretung es geht, wenn der Bewerber gleichzeitig sich um einen Sitz in der Vertretung (also dem Rat) bewirbt.

7. Einreichung von Listenwahlvorschlägen, Absatz 5

Nur Parteien und Wählergruppen, nicht aber natürliche Personen (Einzelbewerber) können Listenwahlvorschläge einreichen, wie sich aus Absatz 5 Satz 1 der Vorschrift entnehmen lässt. Diese Einschränkung zu Lasten von Einzelbewerbern, die zwar im Rat und damit für die gesamte kreisfreie Stadt Verantwortung übernehmen können und dürfen, nicht aber in der kleineren und überschaubaren Ebene der Bezirksvertretung, ist wahlrechtlich durchaus problematisch. Denn gerade auf dieser eher örtlichen Ebene werden sich geeignete nicht einer Partei oder Wählergruppe angehörende Interessierte finden, die bereit sind, für ihr engeres lokales Umfeld, also einen Wahlbezirk (insoweit zulässig) oder den Stadtbezirk (nach dieser Vorschrift unzulässig) Verantwortung zu übernehmen und Kreativität freizusetzen.

Der Listenwahlvorschlag muss den Maßgaben von § 16 KWahlG entsprechen (siehe Kommentierung dort), wobei für den Listenwahlvorschlag folgende abweichende Regelungen gelten:

- Er muss von der für das Gebiet der kreisfreien Stadt zuständigen Leitung der Partei oder Wählergruppe unterzeichnet sein (nicht also von der Leitung der entsprechenden Organisationsebene des Stadtbezirkes, soweit überhaupt innerparteilich vorhanden)
- Die Zahl der nach § 16 Abs. 1 Satz 3 KWahlG erforderlichen Unterschriften beträgt höchstens 50
- Jeder Bewerber darf nur in einem Listenwahlvorschlag benannt sein (unbeschadet seiner Bewerbung für die Wahl des Rates)

Die erleichterten Zulassungsbedingungen für Listenwahlvorschläge gelten nach § 72 Abs. 5 KWahlO auch bereits dann, wenn die Partei oder Wählergruppe in nur einer Bezirksvertretung der jeweiligen kreisfreien Stadt vertreten ist.

Nach Absatz 5 Satz 3 der Vorschrift kann als Bewerber in einem Listenwahlvorschlag nur benannt werden, wer in einer Mitglieder- oder Vertreter- oder Wahlberechtigten-Versammlung im Gebiet der kreisfreien Stadt oder des Stadtbezirks hierzu gewählt worden ist. Es gelten die allgemeinen für Aufstellungsversammlungen auch für Bewerber für den Rat erlassenen Vorschriften dieses Gesetzes und der KWahlO.

8. Ermittlung der Gesamtstimmenzahl, Absatz 6 Satz 1

Für die Verteilung der Sitze in der Bezirksvertretung ist das Verhältnis der für die Wahlvorschlagslisten der einzelnen Parteien und Wählergruppen abgegebenen gültigen Stimmen erforderlich, wobei nur diejenigen Listenwahlvorschläge zu berücksichtigen sind, die mehr als 2,5 % der abgegebenen gültigen Stimmen erreicht haben, also die entsprechende Sperrklausel überwunden haben.

Dazu ist zunächst die Gesamtstimmenzahl zu ermitteln. Diese ergibt sich durch Addition aller für die Listenwahlvorschläge im jeweiligen Stadtbezirk abgegebenen gültigen Stimmen. Dabei sind diese nach Parteien und Wählergruppen getrennt aufzulisten.

Das Verfahren entspricht dem in § 33 Abs. 1 KWahlG für die Ermittlung der aus den Reservelisten der Parteien und Wählergruppen für den Rat entfallenden Sitze.

9. Ermittlung der bereinigten Gesamtstimmenzahl, Absatz 6 Satz 2 bis 4

Im zweiten Schritt werden von der so ermittelten Gesamtstimmenzahl nach Absatz 6 Satz 1 der Vorschrift diejenigen abgegebenen gültigen Stimmen abgezogen, die auf solche Listenwahlvorschläge entfallen, die weniger als 2,5 % der Gesamtstimmenzahl erhalten haben. Dazu ist es zunächst erforderlich, die Stimmenzahl zu ermitteln, die 2,5 % der Gesamtstimmenzahl entspricht. Als Rechenoperation ergibt sich die Division der Gesamtstimmenzahl durch die Zahl 40.

Beispielsberechnung: In der kreisfreien Stadt X in NRW ergibt sich für den Stadtbezirk „Mitte" (mit einer durch die Hauptsatzung festgelegten Größe von 15 Sitzen) eine Gesamtzahl von 12.345 Stimmen. Diese entfallen auf die einzelnen Parteien und Wählergruppen wie folgt:

Partei A	4.430 Stimmen
Partei B	3.198 Stimmen
Partei C	2.478 Stimmen
Partei D	1.013 Stimmen
WGr E	850 Stimmen
Partei F	301 Stimmen
Partei G	75 Stimmen

Die Division der Gesamtstimmenzahl durch den Faktor 40 ergibt 308,625. Damit sind alle Listenwahlvorschläge der Parteien und Wählergruppen im Stadtbezirk „Mitte", die 309 oder mehr gültige Stimmen erhalten haben, bei der Sitzverteilung für die Bezirksvertretung zu berücksichtigen. Als bereinigte Gesamtstimmenzahl ergibt sich also 11.969 Stimmen.

Die so ermittelte bereinigte Gesamtstimmenzahl ist für die anschließende Sitzverteilung maßgeblich.

10. Verteilung der Sitze in der Bezirksvertretung, Absatz 7

Die Verteilung der Sitze in der Bezirksvertretung erfolgt, wie sich aus Absatz 7 Satz 1 der Vorschrift ergibt, in entsprechender Anwendung des Verfahrens des § 33 Abs. 2 Satz 2 bis Satz 8 KWahlG und § 33 Abs. 4 KWahlG. Auf die Kommentierung zu § 33 KWahlG wird insoweit verwiesen.

Als Ausgangszahl für die Berechnung der Sitzverteilung nach § 33 Abs. 2 Satz 2 KWahlG ist die Zahl der in der Bezirksvertretung zu vergebenden Sitze (mindestens 11, höchstens 19, siehe § 36 Abs. 2 GO) zu verwenden. Der bei der Ermittlung nach § 33 Abs. 2 für den Rat erforderliche Schritt der Verminderung der Gesamtzahl um die Zahl derjenigen Einzelbewerber oder Vertreter von Parteien oder Wählergruppen ohne Reserveliste ist hier bei der Bezirksvertretung entbehrlich, da keine Direktmandate errungen werden können.

Nunmehr erfolgt die Berechnung der Zuteilungszahlen für die einzelnen Parteien und Wählergruppen.

11. Anwendbare Vorschriften des KWahlG und der KWahlO

Absatz 1 der Vorschrift eröffnet die entsprechende Anwendbarkeit aller Vorschriften dieses Gesetzes auch auf die Wahl der Bezirksvertretungen in den kreisfreien Städten, soweit sich nicht aus den Absätzen 2 bis 7 der Vorschrift etwas anderes ergibt.

Für die KWahlO ist insbesondere auf § 74 KWahlO zu verweisen. Diese Vorschrift regelt sehr detailliert, welche Bestimmungen der KWahlO auf die Wahlen zu den Bezirksvertretungen (und gegebenenfalls mit welcher Maßgabe) anzuwenden sind.

VI.b

Wahl der Bürgermeister und Landräte

§ 46b

Auf die Wahl sowie die Abwahl der Bürgermeister gemäß den §§ 65 und 66 der Gemeindeordnung und der Landräte gemäß den §§ 44 und 45 der Kreisordnung finden die Vorschriften dieses Gesetzes entsprechende Anwendung, soweit sich nicht aus den §§ 46 c bis 46e oder aus der Gemeindeordnung, der Kreisordnung und dem Landesbeamtengesetz etwas anderes ergibt.

Erläuterungen

Übersicht

1. Grundsätzliches/Allgemeines
2. Rechtliche Stellung der Bürgermeister und Landräte
3. Wahl der Bürgermeister und Landräte
4. Abwahl der Bürgermeister und Landräte

1. Grundsätzliches/Allgemeines

Die Vorschrift macht klar, dass die Vorschriften des KWahlG grundsätzlich auch auf die Wahl sowie die Abwahl der Bürgermeister gemäß den §§ 65 und 66 GO und der Landräte gemäß den §§ 44 und 45 KrO entsprechende Anwendung finden. Als Ausnahme von dieser Regel gilt eine abweichende Regelung in den §§ 46c bis 46e KWahlG sowie in der Gemeindeordnung, der Kreisordnung oder dem Landesbeamtengesetz.

Die Vorschriften der §§ 46c bis 46e KWahlG sind vor der Kommunalwahl 1999 in das Gesetz aufgenommen worden, da erst ab der Kommunalwahl 1999 die Bürgerinnen und Bürger des Landes die Bürgermeister (gemeint sind auch hier natürlich auch die Oberbürgermeister in den kreisfreien Städten) und die Landräte direkt gewählt werden.

Die Vorschrift des § 46c KWahlG regelt das Wahlsystem der Wahlen der Bürgermeister und Landräte, die des § 46d KWahlG die Wahlvorschläge und die Abwahl.

Auf die Vorschriften der §§ 75a bis 75e KWahlO wird verwiesen, dort finden sich detaillierte Regelungen bezüglich des Wahlverfahrens und des Abwahlverfahrens für die genannten kommunalen Wahlbeamten.

Zugrunde liegen der Vorschrift die die Rechtsstellung, die Wahl und die Abwahl des Bürgermeisters beziehungsweise Landrates regelnden Vorschriften der Gemeindeordnung (hier §§ 65 f. GO) und der Kreisordnung (hier §§ 44 f. KrO). Auch diese wurden im Vorfeld der Umstellung des kommunalverfassungsrechtlichen Systems von der dualistischen Gemeindeverfassung (nach britischem Vorbild, gültig bis 1994/99) zur monistischen Gemeindeverfassung (seit 1994/99) neu gefasst.

Bei den Wahlen der Bürgermeister und Landräte gilt das System der Mehrheitswahl. Erforderlich ist, dass einer der Bewerber die absolute Mehrheit der abgegebenen gültigen Stimmen erreicht. Da dies in den meisten Fällen – bei mehr als zwei Bewerbern – in der Regel nicht bereits im ersten Wahlgang erfolgt, sieht das Gesetz die Möglichkeit der Stichwahl vor, die zwei Wochen nach dem ersten Wahlgang durchzuführen ist. Bei dieser Stichwahl stehen nur noch zwei Bewerber zur Auswahl, so dass sich (von der eher theoretischen Möglichkeit der genau gleichen auf jeden der beiden Bewerber entfallenden Stimmenzahl abgesehen) in diesem Stichwahlgang ein Bewerber ergeben wird, der mehr als die Hälfte der abgegebenen gültigen Stimmen auf sich vereint hat. Dieser ist dann damit zum Bürgermeister beziehungsweise zum Landrat gewählt.

Aus verschiedenen Erwägungen heraus hat der Landtag des Landes Nordrhein-Westfalen Anfang 2019 mit der Mehrheit der Koalitionsfraktionen von CDU und FDP die Abschaffung der „Stichwahl" für Bürgermeister und Landräte beschlossen. Eingeführt wurde stattdessen ein einstufiges Wahlverfahren, in dem gewählt ist, wer die gegebenenfalls nur relative Mehrheit der abgegebenen gültigen Stimmen auf sich vereint. Diese Abschaffung der Stichwahl für die Hauptverwaltungsbeamten im Lande Nordrhein-Westfalen erfolgte nicht zum ersten Male. Erstmalig wurde sie im Jahre 2007 abgeschafft, nach dem Wechsel der Mehrheitsverhältnisse im Landtag in Düsseldorf aber im Jahre 2011 wieder eingeführt. Eine verfassungsgerichtliche Überprüfung des KWahlG zur Änderung der Vorschriften zur Direktwahl der Bürgermeister und Landräte aus dem Jahre 2009 hatte keine verfassungsrechtlichen durchgreifenden Bedenken ergeben, durch Urteil des Verfassungsgerichtshofes für das Land Nordrhein-Westfalen vom 26.5.2009 (VGH 2/09) wurde der weite Gestaltungsspielraum des Landesgesetzgebers bei der Ausgestaltung der Direktwahl der Bürgermeister und Landräte herausgestellt. Insbesondere bewege sich die Ausgestaltung dieser Wahlen als Direktwahlen in einem Wahlgang mit relativer Mehrheit innerhalb des dem Landesgesetzgeber seitens der Verfassung zukommenden Gestaltungsspielraumes.

Am 20.12.2019 hat der Verfassungsgerichtshof des Landes Nordrhein-Westfalen (– VerfGH 35/19 –) entschieden, dass die Abschaffung der Stichwahlen bei Bürgermeister- und Landratswahlen gegen Grundsätze des demokratischen Rechtsstaates verstößt.

Die Abschaffung der Stichwahl sei nicht mit der Landesverfassung vereinbar. Für die Frage, ob die Bürgermeister- und Landratswahlen den Gewählten eine hinreichende demokratische Legitimation vermitteln, sei neben der Wahlbeteiligung der erreichte Zustimmungsgrad von Bedeutung. Je höher der zu erwartende Anteil der obsiegenden Kandidaten sei, die im einzigen Wahlgang lediglich eine weit von der absoluten Mehrheit entfernte relative Mehrheit erhalten, umso mehr sei das demokratische Prinzip der Mehrheitswahl tangiert. Die diesbezügliche Beurteilung sei grundsätzlich Sache des Gesetzgebers, vom Verfassungsgerichtshof aber daraufhin zu überprüfen, ob sie auf einer vollständigen tatsächlichen und rechtlichen Grundlage beruhe. Gemessen daran verfehle die Prognose des Gesetzgebers, die einstufige Direktwahl der kommunalen Hauptverwaltungsbeamten mit relativer Mehrheit führe zu einer Stärkung demokratischer Legitimation, die verfassungsrechtlichen Anforderungen. Es fehle an einer Einbeziehung relevanter Tatsachen.

Der Gesetzgeber habe sich darauf beschränkt, die vergangenen Kommunalwahlen im Hinblick auf die Wahlbeteiligung und die Bedeutung der Stichwahl statistisch auszuwerten, ohne die in diesem Zusammenhang bedeutsame zunehmende Zersplitterung der Parteienlandschaft zumindest in den Blick zu nehmen. Dies falle umso mehr ins Gewicht, als diese Entwicklung den Gesetzgeber bereits im Jahre 2016 veranlasst habe, eine Sperrklausel für Rats- und Kreistagswahlen einführen zu wollen.

Die Entscheidung des Verfassungsgerichtshofes erfolgte nicht einstimmig, sondern mit 4 zu 3 Richterstimmen. In einem Sondervotum gehen die drei Richter des VGH, die die Mehrheitsentscheidung nicht mitgetragen haben, davon aus, dass die Entscheidung des Landesgesetzgebers zur Abschaffung eines zweiten Wahlganges bei der Wahl der kommunalen Hauptverwaltungsbeamten mit der Landesverfassung, insbesondere mit dem darin verankerten Demokratieprinzip, vereinbar sei. Die Senatsmehrheit überhöhe den demokratischen Gehalt von Stichwahlen und verliere dabei die zumeist sinkende Wahlbeteiligung bei solchen Wahlen aus dem Blick. Das Gericht dürfe nicht die tatsächlichen und rechtlichen Wertungen des demokratisch legitimierten Gesetzgebers durch seine eigenen ersetzen.

2. Rechtliche Stellung der Bürgermeister und Landräte

Die rechtliche Stellung der Bürgermeister und Landräte im Lande Nordrhein-Westfalen hat sich grundlegend geändert durch die Abkehr von der dualistischen Gemeindeverfassung nach britischem Vorbild, wie sie seit Gründung des Landes Nordrhein-Westfalen bis zur Kommunalwahl 1999 galt, und die Übernahme eines modifizierten Modells der süddeutschen Kommunalverfassung in Gestalt einer Verfassung mit einem direkt gewählten Bürgermeister (oder Landrat) mit einer starken Stellung und einem ebenso direkt gewählten mit weitgehenden Kompetenzen ausgestatteten Rat (oder Kreistag, hier mit einigen weniger stark ausgestatteten Rechten). Kennzeichnend ist der unmittelbar durch die Wählerschaft gewählte Bürgermeister zugleich als Leiter der monokratisch strukturierten Verwaltung als auch als Vorsitzender des Rates kraft Amtes. Außerdem ist der Bürgermeister Repräsentant der Bürgerschaft, der Gemeinde und des Rates nach innen und außen sowie geborener Vorsitzender verschiedener Gremien, wie des Hauptausschusses (oder auf der Kreisebene des Kreisausschusses), des Verwaltungsvorstandes oder des Wahlausschusses. Als Chef der Verwaltung trägt der Bürgermeister die Verantwortung für das Funktionieren der Verwaltung und die Einheitlichkeit der Verwaltungsführung.

Die Bürgermeister und Landräte sind jeweils kommunale Wahlbeamte, wie sich aus § 62 Abs. 1 Satz 1 GO ergibt. Die Wahlzeit beginnt mit dem Antritt des Amtes, eine Ernennungsurkunde ist für dieses Beamtenverhältnis nicht vorgesehen und nicht erforderlich, da auch keine Ernennung im Sinne des § 118 LBG NW erforderlich ist.

Regelungen zur Wahl, zur Abwahl von Bürgermeistern und Landräten finden sich nicht nur in diesem Gesetz, sondern auch in der Gemeindeordnung und in der Kreisordnung für das Land Nordrhein-Westfalen.

Wählbar als Bürgermeister oder Landrat in Nordrhein-Westfalen ist derjenige, der am Wahltag die deutsche Staatsangehörigkeit oder die Staatsangehörigkeit eines Mitgliedsstaates der Europäischen Union besitzt. Das Mindestalter beträgt 23 vollendete Lebensjahre. Ein Höchstalter ist nicht vorgesehen. Erforderlich ist ein Wohnsitz in der Bundesrepublik Deutschland. Eine Residenzpflicht ist also weder bei der Kandidatur noch bei der Ausübung der Funktion erforderlich. Anders als ein Ratsmitglied kann ein Bewerber um das Amt des Bürgermeisters in einer anderen Kommune seinen Wohnsitz haben. Außerdem darf ein Bürgermeister nicht vom Wahlrecht ausgeschlossen sein und er muss jederzeit die Gewähr dafür bieten, für die freiheitlich-demokratische Grundordnung einzutreten. Persönliche fachliche oder berufliche Voraussetzungen, wie sie in der GO zum Beispiel für Beigeordnete normiert sind, wie es sie früher für die hauptamtliche Gemeindedirektoren und Oberkreisdirektoren gab, sind weder in der GO noch in der KrO enthalten.

3. Wahl der Bürgermeister und Landräte

Für die Wahl der Bürgermeister und Landräte sind neben den Vorschriften dieses Gesetzes auch § 65 GO und § 44 KrO anzuwenden und zu beachten. Die Wahlorgane für die Wahl des Bürgermeisters und des Landrates sind diejenigen, die auch für die anderen Kommunalwahlen in NRW zur Verfügung stehen. Dabei ist zu berücksichtigen, dass die Funktion des Wahlleiters gekoppelt ist an das Amt des Hauptverwaltungsbeamten. Tritt dieser aber selbst als Kandidat für das Amt des Bürgermeisters oder Landrates an, liegt eine Interessenkollision vor, die § 2 Abs. 2 KWahlG berücksichtigt. In diesem Falle geht die Funktion des Wahlleiters auf den allgemeinen Vertreter des Bürgermeisters oder Landrates über. Tritt auch dieser bei der Kommunalwahl an, ist dessen Vertreter im Hauptamt am Zuge und so weiter. Auf die Erläuterungen zu § 2 KWahlG wird verwiesen. Für die Wahl der Bürgermeister und Landräte gelten die detaillierten Vorschriften der §§ 75a bis 75d KWahlO.

Es bestehen weder beamtenrechtliche noch kommunalverfassungsrechtliche Bedenken, wenn Bedienstete der Verwaltung, insbesondere auch Beigeordnete oder Kämmerer, bei der Kommunalwahl gegen ihren Dienstvorgesetzten, den amtierenden Bürgermeister oder Landrat, kandidieren. So die Landesregierung in der Antwort auf eine kleine Anfrage (LT-Drs. 12/3303 vom 7.9.1998). Die Beachtung der allgemeinen Neutralitätspflichten insbesondere im Wahlkampf ist erforderlich.

Die Stimmzettel, die bei der Wahl der Hauptverwaltungsbeamten zum Einsatz kommen, entsprechen den für die Wahlen der Vertretungen. Die Reihenfolge auf dem Stimmzettel hat auch bei den Wahlen nach dieser Vorschrift den Anforderungen des § 23 Abs. 1 Satz 3 und 4 KWahlG zu erfolgen. Für gemeinsame Wahlvorschläge gilt die Regelung des § 46d Abs. 4 und 5 KWahlG, siehe Erl. dort.

4. Abwahl der Bürgermeister und Landräte

Für die Abwahl der Bürgermeister und Landräte sind neben den Vorschriften dieses Gesetzes auch § 66 GO und § 45 KrO anzuwenden und zu beachten.

§ 46c

(1) Jeder Wähler hat für jede Wahl eine Stimme. Als Bürgermeister oder Landrat ist gewählt, wer mehr als die Hälfte der gültigen Stimmen erhalten hat. Gibt es nur einen zugelassenen Wahlvorschlag, ist der Bewerber gewählt, wenn sich die Mehrheit der Wähler für ihn entschieden hat.

(2) Erhält von mehreren Bewerbern keiner mehr als die Hälfte der gültigen Stimmen, findet am zweiten Sonntag nach der Wahl eine Stichwahl unter den beiden Bewerbern statt, die bei der ersten Wahl die höchsten Stimmenzahlen erhalten haben. Die Aufsichtsbehörde kann einen anderen Termin der Stichwahl festsetzen, wenn besondere Umstände es erfordern. Es wird auf Grund desselben Wählerverzeichnisses gewählt wie bei der ersten Wahl. Bei Stimmengleichheit entscheidet das vom Wahlleiter zu ziehende Los darüber, wer an der Stichwahl teilnimmt. Bei der Stichwahl ist der Bewerber gewählt, der von den gültigen Stimmen die höchste Stimmenzahl erhält. Bei gleicher Stimmenzahl entscheidet das vom Wahlleiter zu ziehende Los.

(3) Scheidet einer der beiden Bewerber vor der Stichwahl durch Tod oder Verlust der Wählbarkeit aus, ist die Wahl insgesamt zu wiederholen. Die Partei oder Wählergruppe, die den betreffenden Bewerber vorgeschlagen hatte, kann einen neuen Wahlvorschlag einreichen. § 20 Absatz 2 Satz 2 gilt entsprechend. Im Übrigen findet die Wahl auf denselben Grundlagen und nach denselben Vorschriften wie die erste Wahl statt.

(4) § 4 ist nicht entsprechend anzuwenden. Abweichend von § 10 Abs. 3 können Inhaber eines Wahlscheins in jedem Stimmbezirk des Wahlgebiets wählen.

Erläuterungen

Überblick

1. Grundsätzliches/Allgemeines
2. Wahlsystem, Absatz 1
3. Stichwahl, Absatz 2
4. Ausscheiden eines Bewerbers vor der Stichwahl, Absatz 3
5. Keine Einteilung des Wahlgebietes in Wahlbezirke, Absatz 4

1. Grundsätzliches/Allgemeines

Die Vorschrift in der Form der bis zum 1.9.2019 gültigen Fassung ist anzuwenden, da das die Vorschrift ändernde Gesetz des Landes vom 11.4.2019, in Kraft getreten am 1.9.2019, gemäß Urteil des Verfassungsgerichtshofes für das Land Nordrhein-Westfalen vom 20.12.2019 – VerfGH 35/19 – mit den Grundsätzen des demokratischen Rechtsstaates im Sinne von Art. 1 Abs. 1 Satz 2 LVerf NW i. V. m. Art. 28 Abs. 1 Satz 1 GG unvereinbar ist.

Zu den näheren Einzelheiten des Urteils wird auf die Erl. zu § 46b KWahlG verwiesen.

Bis auf weiteres kommt also wieder die bis Herbst 2019 geltende Fassung zur Anwendung. Danach ist die Wahl der Bürgermeister und Landräte in Form eines Mehrheitswahlrechtes mit dem Erfordernis des Erringens einer Mehrheit von mehr als der Hälfte der abgegebenen gültigen Stimmen durchzuführen. Für den Fall, dass im ersten Wahlgang eine solche Mehrheit von keinem der Bewerber erreicht wird, ist eine Stichwahl vorgesehen. Diese findet zwei Wochen nach dem ersten Wahlgang statt.

Bei der Wahl des Bürgermeisters und der Wahl des Landrates hat jeder Wahlberechtigte eine Stimme. Eine Einteilung des Wahlgebietes in Wahlbezirke wie bei der Wahl der Vertretung ist hier, wie sich auch aus Absatz 4 der Vorschrift ergibt, nicht erforderlich. Der Stimmzettel ist für die Wahl des Bürgermeisters oder die des Landrates im gesamten Wahlgebiet gleich.

2. Wahlsystem, Absatz 1

Es gilt das Prinzip der Mehrheitswahl. Das Wahlsystem für die Bürgermeister und Landräte weicht also von dem bei der Wahl der Vertretungen anzuwendenden Wahlsystem der personalisierten Verhältniswahl deutlich ab. Je mehr Bewerber um das Amt des Bürgermeisters oder Landrates konkurrieren, desto wahrscheinlicher ist es, dass es im ersten Wahlgang am Wahltage der allgemeinen Kommunalwahl keinem der Bewerber gelingt, das Erfordernis des Erringens einer Mehrheit von mehr als der Hälfte der abgegebenen gültigen Stimmen zu erfüllen. In diesen Fällen ist eine Stichwahl durchzuführen, bei der nur noch zwei Bewerber gegeneinander konkurrieren. Damit ist sichergestellt, dass einer der Bewerber das Erfordernis erfüllen kann.

Es wird im gesamten Wahlgebiet mit einheitlichen Stimmzetteln angestimmt. Die Reihenfolge der Bewerber auf dem Stimmzettel ist in § 46d Abs. 5 KWahlG geregelt.

Für die Gestaltung der Stimmzettel und die weiteren detaillierten Vorgaben für die Wahl wird auf §§ 75a bis 75d KWahlO verwiesen.

Gibt es nur einen zugelassenen Wahlvorschlag, ist gemäß Absatz 1 Satz 2 der Vorschrift der Bewerber gewählt, wenn sich die Mehrheit der Wähler für ihn entschieden hat. In einem solchen Fall ist der Stimmzettel mit „ja" oder „nein" beschriftet. Das Erreichen einer Mindestzahl von „ja"-Stimmen ist in einem solchen Fall nicht erforderlich. Es müssen lediglich mehr Wähler mit „ja" als mit „nein" gestimmt haben. Damit soll sichergestellt werden, dass auch bei nur einem zur Wahl stehenden Bürgermeister- oder Landrats-Bewerber und einer möglicherweise daraus resultierenden geringen Beteiligung an der entsprechenden Wahl bei Erfüllen einer Mindest-Voraussetzung (mehr positive als negative abgegebene gültige Stimmen) eine Besetzung der vakanten Position des Hauptverwaltungsbeamten erfolgt.

3. Stichwahl, Absatz 2

Wenn im Wahlgang um das Amt des Hauptverwaltungsbeamten (Bürgermeister, Oberbürgermeister, Landrat) kein Bewerber mehr als die Hälfte der abgegebenen gültigen Stimmen erreicht hat, findet ein zweiter Wahlgang, die sogenannte „Stichwahl", statt.

Die Stichwahl ist durchzuführen grundsätzlich am zweiten Sonntag nach der Wahl, Absatz 2 Satz 1 der Vorschrift. Nach Absatz 2 Satz 2 der Vorschrift kann die Aufsichtsbehörde einen anderen Termin der Stichwahl festsetzen, wenn besondere Umstände es erfordern. Solche besonderen Umstände können gegeben sein, wenn der eigentliche Stichwahl-Termin auf einen kirchlichen Feiertag (zum Beispiel Pfingsten) fallen würde und wegen des zu erwartenden Verhaltens vieler Wahlberechtigter (Ausnutzung eines verlängerten Wochenendes für Kurzurlaub) mit negativen Folgen für die Wahlbeteiligung zu rechnen wäre. Auch lokale Großereignisse oder Feste können besondere Umstände im Sinne dieser Vorschrift darstellen, ebenso zu erwartende Witterungsbedingungen. Zu berücksichtigen sind aber auch organisatorische Gründe, wie zum Beispiel die Gewinnung von Wahlvorständen für die Stichwahl.

Vorbereitungen für den Fall einer erforderlich werdenden Stichwahl sollten jedenfalls dann vor Ort bereits vor dem eigentlichen Wahltage der Kommunalwahlen getroffen werden, wenn wegen der Anzahl der Bewerberinnen und Bewerber um das Amt des Hauptverwaltungsbeamten zu erwarten ist, dass im ersten Wahlgang keiner der Bewerber die erforderliche Mehrheit auf sich vereinen kann.

Für die Stichwahl gelten die allgemeinen Vorschriften des KWahlG, wie sich aus § 46b KWahlG ergibt.

Die Briefwahl ist auch bei der Stichwahl zulässig, so dass entsprechende organisatorische Vorkehrungen bereits im Vorfeld getroffen werden sollten.

Die Stichwahl findet auf Grund desselben Wählerverzeichnisses statt wie bei der ersten Wahl. Daraus folgt, dass auch nur die bei der ersten Wahl Stimmberechtigten auch bei der Stichwahl stimmberechtigt sind. Die Vollendung des 16. Lebensjahres nach der ersten Wahl, aber vor der Stichwahl führt also nicht zur Wahlberechtigung in der Stichwahl.

Da für die Stichwahl keine gesonderten Wahlbenachrichtigungen erfolgen, ist es sinnvoll, den Termin einer möglichen Stichwahl bereits auf der Wahlbenachrichtigung für die Hauptwahl anzukündigen.

Die Wahlräume für die Hauptwahl und die Stichwahl sollen identisch sein, auch die Wahlvorstände sollen möglichst in gleicher Zusammensetzung arbeiten.

Nach Absatz 2 Satz 4 der Vorschrift entscheidet für den (allerdings recht unwahrscheinlichen) Fall der Stimmengleichheit zweier Bewerber bei der Hauptwahl das vom Wahlleiter zu ziehende Los darüber, wer an der Stichwahl teilnimmt.

Wenn also bei der Hauptwahl der Bewerber A von 5.000 insgesamt abgegebenen gültigen Stimmen 1.600 auf sich hat vereinen können, die Bewerber B und C jeweils 1.200 und der Bewerber D 1.000, so ist das Los bezüglich der Bewerber B und C zu ziehen. Der erfolgreiche (oder glückliche) Bewerber, entweder B oder C, würde dann in der Stichwahl gegen den Bewerber A antreten.

Bei der Stichwahl ist der Bewerber gewählt, der von den gültigen Stimmen die höchste Stimmenzahl erhält, Absatz 2 Satz 5 der Vorschrift.

Für den Fall der Stimmengleichheit beider Bewerber in der Stichwahl (auch dies dürfte eine eher theoretisch denkbare, aber jedenfalls nicht auszuschließende Variante sein) entscheidet das vom Wahlleiter zu ziehende Los, Absatz 2 Satz 6 der Vorschrift.

4. Ausscheiden eines Bewerbers vor der Stichwahl, Absatz 3

Auch der Fall, dass einer der beiden Bewerber, zwischen denen eine Stichwahl durchzuführen ist, nach der Hauptwahl, aber vor der Stichwahl verstirbt oder durch Verlust der Wählbarkeit ausscheidet, ist geregelt. Absatz 3 der Vorschrift regelt in Satz 1, dass in diesem Falle die Wahl der Hauptverwaltungsbeamten insgesamt zu wiederholen ist. Die Partei oder Wählergruppe, die den ausgeschiedenen Bewerber vorgeschlagen hatte, kann einen neuen Wahlvorschlag einreichen. Da nach Absatz 3 Satz 3 der Vorschrift § 20 Abs. 2 Satz 2 KWahlG entsprechend gilt, bedarf es nicht des Verfahrens nach § 17 KWahlG, es ist also nicht erforderlich, dass eine entsprechende Nominierungsversammlung der Partei oder Wählergruppe durchgeführt wird. Auch Unterstützungsunterschriften sind nicht erforderlich.

Für die so erforderliche Wahl gilt, dass sie auf denselben Grundlagen und nach denselben Vorschriften wie die erste Wahl stattfindet, wie sich aus Absatz 3 Satz 4 der Vorschrift ergibt.

5. Keine Einteilung des Wahlgebietes in Wahlbezirke, Absatz 4

Da die Wahl des Hauptverwaltungsbeamten im gesamten Wahlgebiet mit einheitlichen, sich nicht von Wahlbezirk zu Wahlbezirk unterscheidenden Stimmzetteln durchgeführt wird, ist eine Einteilung des Wahlgebietes in Wahlbezirke für diese Wahl nicht erforderlich, wohl aber eine Einteilung in Stimmbezirke, die den Wahlberechtigten verdeutlichen, wo sie ihre Stimme abgeben können. Die Stimmbezirke sind sowohl für die Wahlen zu den Vertretungen (Rat, Kreistag, Bezirksvertretung) als auch für die Wahlen zu den Hauptverwaltungsbeamten (Bürgermeister, Oberbürgermeister, Landrat) identisch.

§ 46d

(1) Jeder Wahlvorschlag darf nur einen Bewerber enthalten. Wer gemäß der Gemeindeordnung oder gemäß der Kreisordnung wählbar ist, kann sich selbst vorschlagen; für einen solchen Vorschlag gelten die Regelungen für Einzelbewerber entsprechend. § 15 Absatz 2 Satz 3 findet mit der Maßgabe Anwendung, dass die dort genannten Wahlvorschläge von mindestens fünfmal, für die Wahl in Gemeinden bis zu 10000 Einwohnern von mindestens dreimal soviel Wahlberechtigten, wie die Vertretung Mitglieder hat, persönlich und handschriftlich unterzeichnet sein müssen; dies gilt nicht, wenn der bisherige Bürgermeister oder Landrat als Bewerber vorgeschlagen wird.

(2) Bewerber können nicht gleichzeitig für die Wahl zum Bürgermeister oder Landrat in mehreren Gemeinden und Kreisen kandidieren.

(3) Gemeinsame Wahlvorschläge sind zulässig. Wird eine Person von mehreren Parteien oder Wählergruppen als gemeinsamer Bewerber benannt, ist sie hierzu in geheimer Abstimmung entweder in einer gemeinsamen Versammlung oder in getrennten Versammlungen der Wahlvorschlagsträger zu wählen. Die Wahlvorschlagsträger des gemeinsamen Wahlvorschlags dürfen keinen anderen als den gemeinsamen Bewerber wählen und zur Wahl vorschlagen.

(4) Ein gemeinsamer Wahlvorschlag mehrerer Parteien oder Wählergruppen muss von den für das Wahlgebiet zum Zeitpunkt der Einreichung zuständigen Leitungen aller beteiligten Parteien oder Wählergruppen unterzeichnet sein und soll anschließend von allen Trägern des Wahlvorschlags gemeinsam eingereicht werden. Jeder Träger eines gemeinsamen Wahlvorschlags soll eine Vertrauensperson und eine stellvertretende Vertrauensperson benennen. Die Zurücknahme oder Änderung eines gemeinsamen Wahlvorschlags nach § 20 setzt eine gemeinsame schriftliche Erklärung der Vertrauensperson und der stellvertretenden Vertrauensperson aller Wahlvorschlagsträger voraus. Erklären die Vertrauensperson und die stellvertretende Vertrauensperson nur eines der beteiligten Träger vor der Entscheidung über die Zulassung die Rücknahme des Wahlvorschlags, bleibt dieser als Wahlvorschlag der übrigen Träger oder des anderen Trägers erhalten.

(5) Sind an einem gemeinsamen Wahlvorschlag Parteien oder Wählergruppen beteiligt, die bei der letzten Wahl zur Vertretung des Wahlgebiets Stimmen erhalten haben, wird der gemeinsame Wahlvorschlag auf dem Stimmzettel aufgrund des Ergebnisses der Partei oder Wählergruppe eingereiht, die die höchste Stimmenzahl erreicht hatte. Innerhalb dieses gemeinsamen Wahlvorschlags werden die Parteien oder Wählergruppen auf dem Stimmzettel in der Reihenfolge der Stimmenzahl bei der letzten Wahl zur Vertretung des Wahlgebiets aufgeführt. Beteiligte Parteien oder Wählergruppen ohne Stimmen bei der letzten Vertretungswahl folgen in alphabetischer Reihenfolge der Namen der Parteien oder Wählergruppen. Andere gemeinsame Wahlvorschläge werden auf dem Stimmzettel in alphabetischer Reihenfolge nach den Wahlvorschlägen von Trägern mit Stimmen bei der letzten Wahl zur Vertretung des Wahlgebiets berücksichtigt. Maßgeblich für ihre Einreihung ist der Anfangsbuchstabe des Namens der Partei oder Wählergruppe, die in dem gemeinsamen Wahlvorschlag alphabetisch an erster Stelle steht. Innerhalb dieses gemeinsamen Wahlvorschlags werden die Parteien oder Wählergruppen auf dem Stimmzettel in alphabetischer Reihenfolge der Namen der Parteien oder Wählergruppen aufgeführt.

(6) Die Abstimmung über die Abwahl eines Bürgermeisters oder eines Landrates muss baldmöglichst, spätestens innerhalb von drei Monaten nach dem Beschluss des Rates gemäß der Gemeindeordnung oder des Kreistages gemäß der Kreisordnung zur Einleitung des Abwahlverfahrens stattfinden. Den Tag der Abstimmung sowie die für ihre Vorbereitung maßgeblichen Fristen und Termine bestimmt die Vertretung.

(7) Wird die Bürgermeister- oder Landratswahl für ungültig erklärt, findet abweichend von § 42 eine Neuwahl statt. § 65 der Gemeindeordnung beziehungsweise § 44 der Kreisordnung finden entsprechende Anwendung.

Erläuterungen

Übersicht

1. Grundsätzliches/Allgemeines
2. Vorgaben für Bürgermeister- oder Landrats-Wahlvorschläge, Absatz 1
3. Verbot von Mehrfach-Kandidaturen, Absatz 2
4. Zulässigkeit gemeinsamer Wahlvorschläge von Parteien und Wählergruppen, Absatz 3
5. Form- und Verfahrensvorschriften für gemeinsame Wahlvorschläge, Absatz 4
6. Positionierung eines gemeinsamen Wahlvorschlages auf dem Stimmzettel, Absatz 5
7. Abwahl eines Bürgermeisters oder Landrates, Absatz 6
8. Neuwahl bei für ungültig erklärter Wahl eines Bürgermeisters oder Landrates, Absatz 7

1. Grundsätzliches/Allgemeines

Die Vorschrift enthält besondere Verfahrens- und Formregelungen für die Wahl von Bürgermeistern, Oberbürgermeistern und Landräten, die seit der Kommunalwahl 1999 in NRW bei der Kommunalwahl von den Wahlberechtigten direkt gewählt werden. Die Vorschrift ist insbesondere deshalb erforderlich, weil sich das Wahlverfahren und das Wahlsystem für die personenbezogene Wahl deutlich vom Wahlverfahren und Wahlsystem für die Vertretungen (Rat oder Kreistag) unterscheiden. Die Vorschriften der §§ 46a bis 46d KWahlG stehen also in einem engen inhaltlichen Zusammenhang miteinander. Gemeinsame Wahlvorschläge mehrerer Parteien und/oder Wählergruppen für die Wahl des Bürgermeisters oder Landrates haben an Bedeutung gewonnen. Die maßgeblichen Bestimmungen sind deshalb durch einen neuen Absatz 4 der Vorschrift ergänzt worden. Der frühere Absatz 4 der Vorschrift, der sich mit der Reihung der gemeinsamen Wahlvorschläge auf dem Stimmzettel befasste, wurde in Absatz 5 der Vorschrift und analog in § 23 Abs. 1 KWahlG neu gefasst.

2. Vorgaben für Bürgermeister- oder Landrats-Wahlvorschläge, Absatz 1

Ein Wahlvorschlag für den Bürgermeister (oder in kreisfreien Städten den Oberbürgermeister, hier bezieht sich die Bezeichnung „Bürgermeister" auf den oder die ehrenamtlichen stellvertretenden Bürgermeister nach § 67 GO, die vom Rat aus seiner Mitte ohne Aussprache gewählt werden) oder den Landrat kann vorgelegt werden von Parteien und Wählergruppen, die dieses Vorschlagsrecht jeweils entweder alleine oder in Gemeinsamkeit mit anderen Parteien oder Wählergruppen ausüben können, sowie von Einzelbewerbern im Sinne des Absatzes 1 Satz 2 der Vorschrift.

Die Notwendigkeit des Beibringens von Unterstützungs-Unterschriften ergibt sich bereits aus der Verweisungs-Vorschrift des § 46b KWahlG. Für Einzelbewerber, die sich selbst vorschlagen dürfen, wenn sie gemäß der Gemeindeordnung oder der Kreisordnung wählbar sind, gelten die Regelungen des Gesetzes für Einzelbewerber entsprechend.

Insbesondere ist für alle Wahlvorschläge für Bürgermeister, Oberbürgermeister oder Landräte, seien sie von einer Partei oder einer Wählergruppe als Allein-Vorschlag eingereicht worden, seien sie als gemeinsamer Wahlvorschlag mehrerer Parteien und/oder Wählergruppen eingereicht worden oder seien sie Vorschläge von Selbst-Bewerbern, Absatz 1 Satz 3 der Vorschrift zu beachten. Danach findet vom Grundsatz her (mit in der Folge erläuterten Abweichungen) § 15 Abs. 2 Satz 3 KWahlG Anwendung. Diese Vorschrift regelt die Notwendigkeit des Vorlegens von Unterstützungs-Unterschriften, siehe Kommentierung dort.

Abweichend von der für die Wahl der Vertretungen geltenden Regelung des § 15 Abs. 2 Satz 3 KWahlG bestimmt Absatz 1 Satz 2 der Vorschrift, dass für den Fall, dass Unterstützungs-Unterschriften grundsätzlich erforderlich sind (also insbesondere dann, wenn die Partei oder Wählergruppe der Vertretung nicht bereits angehört), die erforderliche Anzahl von Unterstützungs-Unterschriften für den Wahlvorschlag zum Bürgermeister, Oberbürgermeister oder Landrat sich aus der Größe der Vertretung ergibt. In kleinen Gemeinden mit weniger als 10.000 Einwohnern (nicht „Wahlberechtigten") sind dreimal so viele Unterschriften vorzulegen, wie die Vertretung (also der Rat) Mitglieder hat, in allen größeren Gemeinden oder Städten sowie in allen Kreisen sind fünfmal so viele Unterschriften vorzulegen, wie die Vertretung (also der Rat oder der Kreistag) Mitglieder hat.

Zur Berechnung dieser Zahl ist auf die tatsächliche Größe der Vertretung zum Zeitpunkt der Einreichung der Wahlvorschläge abzustellen. Der Grundsatz für die Größe der Vertretung ergibt sich aus § 3 Abs. 2 KWahlG. Zu berücksichtigen sind aber auch Verkleinerungen der Vertretung aufgrund von Beschlüssen der Vertretung nach § 3 Abs. 2 Satz 2 KWahlG (Verkleinerung der Vertretung um 2, 4, 6, 8 oder 10 Mitglieder möglich). Dies muss sich auf die im Zeitpunkt der Aufforderung zur Einreichung der Wahlvorschläge im Amt befindliche Vertretung beziehen, nicht auf die bei der anstehenden Kommunalwahl zu wählende Vertretung. Weiterhin zu berücksichtigen sind auch die Überhang- und Ausgleichsmandate nach § 33 Abs. 4 KWahlG, die die Vertretung vergrößern. Außerdem sind zu berücksichtigen die unbesetzt bleibenden Sitze in einer Vertretung entweder durch Erschöpfung der Reserveliste einer Partei oder Wählergruppe oder durch Parteiverbot oder ähnliche in § 37 KWahlG normierte Fälle. Für die Kommunalwahl 2020 gilt nach dem Gesetz zur Durchführung der Kommunalwahlen 2020 vom 29.5.2020 folgende Corona-bedingte Sonderregelung: Wahlvorschläge, für die nach § 46d Abs. 1 Satz 3 KWahlG Unterstützungsunterschriften erforderlich sind, müssen von mindestens dreimal, für die Wahl in Gemeinden bis zu 10 000 Einwohnern von mindestens zweimal so vielen Wahlberechtigten persönlich und handschriftlich unterzeichnet sein, wie die Vertretung Mitglieder hat.

Der hauptamtliche Bürgermeister, Oberbürgermeister oder Landrat, der der Vertretung kraft Gesetzes angehört, ist bei der Berechnung der erforderlichen Zahl von Unterstützungs-Unterschriften nicht mitzurechnen.

Es empfiehlt sich, mehr als die so errechneter Unterstützungs-Unterschriften zu sammeln und vorzulegen, um für den Fall, dass eine oder einige der Unterstützungs-Unterschriften nicht alle Voraussetzungen des § 15 KWahlG erfüllen, gewappnet zu sein.

Nicht erforderlich ist die Beibringung von Unterstützungs-Unterschriften, wie sich aus dem Verweis auf § 15 KWahlG ergibt, für diejenigen Wahlvorschläge, bei denen zumindest eine vorschlagende Partei oder Wählergruppe bereits Mitglieder in die Vertretung entsandt hat. Ebenfalls entfällt die Notwendigkeit des Vorlegens von Unterstützungs-Unterschriften, wenn der Amtsinhaber, also der im Amte befindliche Bürgermeister oder Landrat, als Bewerber zur Wiederwahl vorgeschlagen wird. Dies gilt allerdings nur für die jeweilige Gebietskörperschaft, das heißt, dass der amtierende Bürgermeister der Stadt X sich selbst zur Wiederwahl vorschlagen kann, ohne Unterstützungs-Unterschriften vorlegen zu müssen. Wollte er aber statt – wie bisher – in der Stadt X nunmehr in der benachbarten, größeren Stadt Y kandidieren wollen, müsste er Unterstützungs-Unterschriften vorlegen.

3. Verbot von Mehrfach-Kandidaturen, Absatz 2

Bewerber können nicht gleichzeitig für die Wahl zum Bürgermeister oder Landrat in mehreren Gemeinden oder Kreisen kandidieren. Damit soll verhindert werden, dass sich ein

Kandidat, der in mehreren Gebietskörperschaften gleichzeitig kandidiert und in mehreren auch gewählt wird, sich die nach seiner Auffassung attraktivste Alternative aussucht, dort die Wahl annimmt, in den anderen Gebietskörperschaften aber Neuwahlen mit allen damit verbundenen organisatorischen und finanziellen Konsequenzen auslöst. Auch soll das Vertrauen der Wählerschaft in die Ernsthaftigkeit einer Bewerbung zum Hauptverwaltungsbeamten geschützt werden.

4. Zulässigkeit gemeinsamer Wahlvorschläge von Parteien und Wählergruppen, Absatz 3

Aus Absatz 3 Satz 1 der Vorschrift ergibt sich ausdrücklich, dass gemeinsame Wahlvorschläge für die Wahl des Bürgermeisters, Oberbürgermeisters oder Landrates zulässig sind. Die entsprechenden Wahlvorschlagsträger, also die einen gemeinsamen Wahlvorschlag für die Wahl zum Hauptverwaltungsbeamten einreichenden Parteien oder Wählergruppen, dürfen nach Absatz 3 Satz 3 der Vorschrift keinen anderen als den gemeinsamen Bewerber wählen (damit ist gemeint: In einer Vertreter- oder Mitgliederversammlung zum Kandidaten oder Bewerber für die Position des jeweiligen Hauptverwaltungsbeamten nominieren) und zur Wahl vorschlagen.

Erforderlich für einen gemeinsamen Wahlvorschlag ist nach Absatz 3 Satz 2 der Vorschrift, dass jede einen gemeinsamen Wahlvorschlag unterbreiten wollende Partei oder Wählergruppe die Person, auf die sich der gemeinsame Wahlvorschlag beziehen soll, in geheimer Abstimmung wählt. Dies ist möglich entweder in einer gemeinsamen Versammlung aller den gemeinsamen Wahlvorschlag tragenden Parteien oder Wählergruppen (was in der Praxis schon aufgrund der meist nicht völlig kompatiblen innerparteilichen Formvorgaben aufgrund von Satzungen etc. unüblich sein dürfte) oder durch getrennte Versammlungen der Wahlvorschlagsträger. Erforderlich ist – neben der Beachtung der Wahlrechtsgrundsätze, insbesondere der Nominierung in geheimer Wahl – bei jeder einzelnen dieser Nominierungsveranstaltungen das Erreichen der erforderlichen Mehrheit der abgegebenen gültigen Stimmen der anwesenden Mitglieder oder Delegierten der Partei oder Wählergruppe. Das Erreichen einer qualifizierten Mehrheit ist hingegen nicht erforderlich.

5. Form- und Verfahrensvorschriften für gemeinsame Wahlvorschläge, Absatz 4

Absatz 4 Satz 1 der Vorschrift sieht vor, dass ein gemeinsamer Wahlvorschlag mehrerer Parteien oder Wählergruppen von den für das Wahlgebiet zuständigen Leitungen aller Parteien und Wählergruppen, die den gemeinsamen Wahlvorschlag tragen, unterzeichnet sein muss. Dies entspricht der Regelung des § 16 Abs. 1 Satz 2 KWahlG.

Des Weiteren soll (ausdrücklich nicht: muss) der gemeinsame Wahlvorschlag nach der Unterzeichnung durch die Leitungen aller Wahlvorschlagsträger gemeinsam eingereicht werden. Die Formulierung der Vorschrift lässt auch die Einreichung durch nicht alle, sondern einige oder einen Wahlvorschlagsträger zu, geht aber von der gemeinsamen Einreichung als Regelfall aus, von dem bei Vorliegen besonderer Umstände insbesondere organisatorisch-technischer Art abgewichen werden kann.

Jeder Wahlvorschlagsträger soll (auch hier gilt: nicht „muss") eine Vertrauensperson und eine stellvertretende Vertrauensperson benennen, wie sich aus Absatz 4 Satz 2 der Vorschrift ergibt. Erforderlich sind aber zumindest eine Vertrauensperson und eine stellvertretende Vertrauensperson. Diese können unterschiedlichen Wahlvorschlagsträgern oder einem der Wahlvorschlagsträger des gemeinsamen Wahlvorschlages angehören. Auf § 15 Abs. 4 KWahlG kann verwiesen werden.

Nach Absatz 4 Satz 3 der Vorschrift setzt die Zurücknahme oder Änderung eines gemeinsamen Wahlvorschlages eine gemeinsame schriftliche Erklärung der Vertrauenspersonen und der stellvertretenden Vertrauenspersonen aller beteiligten Wahlvorschlagsträger voraus. Auch hier kann auf § 20 Abs. 1 Satz 1 KWahlG verwiesen werden.

Schließlich enthält Absatz 4 Satz 4 der Vorschrift die Möglichkeit für einen Wahlvorschlagsträger eines gemeinsamen Wahlvorschlages, diese Gemeinsamkeit aufzukündigen. Dazu ist eine entsprechende Erklärung über die Rücknahme des Wahlvorschlages der Vertrauensperson und der stellvertretenden Vertrauensperson der jeweiligen Partei oder Wählergruppe erforderlich. Diese Erklärung muss vor der Entscheidung über die Zulassung des gemeinsamen Wahlvorschlages durch den Wahlausschuss erfolgen. In der Konsequenz wird dann der Bewerber, auf den sich der ursprüngliche gemeinsame Wahlvorschlag erstreckte, als Bewerber des oder der verbleibenden Wahlvorschlagsträger auf den Stimmzetteln erscheinen. Die Partei oder Wählergruppe, die die Rücknahme des gemeinsamen Wahlvorschlages für sich gegenüber den Wahlbehörden erklärt hat, kann sodann – unter Berücksichtigung der sich aus dem Gesetz und der KWahlO ergebenden Fristen – einen eigenen Bewerber nominieren und das erforderliche Verfahren durchführen.

6. Positionierung eines gemeinsamen Wahlvorschlages auf dem Stimmzettel, Absatz 5

Die Vorschrift regelt die – in der Praxis bedeutsame – Positionierung eines gemeinsamen Wahlvorschlages für einen Bewerber um das Amt der Hauptverwaltungsbeamten auf dem Stimmzettel. Maßgeblich ist hier nach Absatz 5 Satz 1 der Vorschrift das Stimmergebnis der Partei oder Wählergruppe, die die höchste Stimmenzahl erreicht hat. Abzustellen ist hier auf die jeweils unmittelbar vorgehende – letzte – Kommunalwahl, und hier auf das Ergebnis der Wahl zur Vertretung, da für den Fall eines gemeinsamen Wahlvorschlages für die Wahl des Hauptverwaltungsbeamten auch bei der letzten Wahl diese auf die Partei oder Wählergruppe zu beziehende Stimmenzahl nicht zu ermitteln wäre.

Der gemeinsame Wahlvorschlag wird nach dieser Vorschrift auf dem Stimmzettel dort eingereiht, wo ein eigener Vorschlag der Partei oder Wählergruppe mit der höchsten Stimmenzahl bei der letzten Kommunalwahl platziert worden wäre. Das kann eine prominente, „hohe" Position auf dem Stimmzettel sein, so dass die Wähler nach dem gemeinsamen Wahlvorschlag nicht lange suchen müssen und so die Wahlchancen des gemeinsamen Wahlvorschlages verbessert sind.

Innerhalb des so platzierten gemeinsamen Wahlvorschlages werden die Wahlvorschlagsträger ebenfalls in der Reihenfolge der Stimmenzahl bei der letzten Wahl zur Vertretung des Wahlgebietes aufgeführt, so Absatz 5 Satz 2 der Vorschrift. Parteien oder Wählergruppen ohne Stimmergebnis bei der letzten Wahl der Vertretung folgen sodann in alphabetischer Reihenfolge, Absatz 5 Satz 3 der Vorschrift.

Sollte keine Partei oder Wählergruppe, die bei der letzten Wahl zur Vertretung teilgenommen hat und Stimmen erhalten hat, Wahlvorschlagsträger sein, gilt die alphabetische Reihenfolge und nicht – wie früher – der Zeitpunkt der Einreichung des Wahlvorschlages. Maßgeblich ist der Anfangsbuchstabe derjenigen Partei oder Wählergruppe, die in dem gemeinsamen Wahlvorschlag an erster Stelle steht. Auch die Reihenfolge der Wahlvorschlagsträger innerhalb des Wahlvorschlages bestimmt sich nach dem Alphabet, die entsprechenden Regelungen sind in Absatz 5 Sätze 4 bis 6 der Vorschrift enthalten.

7. Abwahl eines Bürgermeisters oder Landrates, Absatz 6

Auch der Fall der nach § 66 GO und § 45 KrO möglichen und zulässigen Abwahl von gewählten Hauptverwaltungsbeamten ist von den Regelungen der Vorschrift erfasst. Diese Gesetzes-Normen regeln einheitlich das Verfahren zur Einleitung einer Abwahl. Erforderlich ist jeweils entweder ein Antrag von mindestens der Hälfte der gesetzlichen Zahl der Mitglieder der Vertretung und ein daraufhin zu fassender Beschluss der Vertretung mit der qualifizierten Mehrheit von zwei Dritteln der gesetzlichen Zahl der Mitglieder der Vertretung (Abwahlverfahren auf Initiative der Vertretung) oder eines von mindestens 20 Prozent der wahlberechtigten Bürger der Gemeinde (ab 50.000 Einwohner: von 17,5 Prozent, ab 100.000 Einwohner: von 15 Prozent) gestellten Antrags. Liegt eine dieser Voraussetzungen vor und hat der Hauptverwaltungsbeamte nicht von der Möglichkeit Gebrauch gemacht, auf die Entscheidung der Bürger über seine Abwahl zu verzichten und ohne eine solche Entscheidung aus dem Amt des Hauptverwaltungsbeamten auszuscheiden, hat das Abwahlverfahren nach den Regelungen dieses Gesetzes durchgeführt zu werden.

Nach Absatz 6 Satz 1 der Vorschrift muss die Abstimmung über die Abwahl eines Bürgermeisters oder eines Landrates baldmöglichst, spätestens innerhalb von drei Monaten nach dem Beschluss des Rates gemäß der Gemeindeordnung oder des Kreistages gemäß der Kreisordnung zur Einleitung des Abwahlverfahrens stattfinden. Den Tag der Abstimmung sowie die für ihre Vorbereitung maßgeblichen Fristen und Termine bestimmt die Vertretung, also der Rat oder Kreistag, wie sich aus Absatz 6 Satz 2 der Vorschrift ergibt. Die weiteren zu beachtenden Verfahrensvorschriften ergeben sich nach § 66 Abs. 1 Satz 4 GO NW aus diesem Gesetz. Bei der Abstimmung ist der Stimmzettel so vorzubereiten, dass die Wahlberechtigten entweder mit „ja" oder mit „nein" stimmen können, § 75e Abs. 2 KWahlO. Leiter des Abstimmungsverfahrens ist wegen der natürlich ansonsten gegebenen Befangenheitsproblematik der allgemeine Vertreter im Hauptamt des Hauptverwaltungsbeamten, um dessen Abwahl es geht, also in der Regel der Erste Beigeordnete oder der Kreisdirektor.

Der Hauptverwaltungsbeamte ist abgewählt, wenn sich dafür eine Mehrheit der abgegebenen gültigen Stimmen ergibt und diese Mehrheit gleichzeitig mindestens 25 Prozent der Wahlberechtigten beträgt.

Beispiele:

Beispielsfall 1:

Bei einem Abwahlverfahren um den Bürgermeister der Gemeinde X haben sich von 8.000 Wahlberechtigten 3.600 Wahlberechtigte an der Abstimmung beteiligt. Es wurden 100 ungültige und 3.500 gültige Stimmen abgegeben. Für die Abwahl des Bürgermeisters (also mit „ja") stimmten 1.950 Wahlberechtigte, gegen die Abwahl (also mit „nein") stimmten 1.550 Wahlberechtigte. Zwar hat eine Mehrheit der abgegebenen gültigen Stimmen sich für die Abwahl ausgesprochen, doch wurde die Marke von 25 Prozent der Wahlberechtigten (hier: 2.000 Wahlberechtigte, also 2.000 Stimmen für die Abwahl) verfehlt. Der Bürgermeister bleibt im Amt.

Beispielsfall 2:

Bei einem Abwahlverfahren um den Bürgermeister der Gemeinde Y haben sich von 8.000 Wahlberechtigten 4.200 Wahlberechtigte an der Abstimmung beteiligt. Es wurden 100 ungültige und 4.100 gültige Stimmen abgegeben. Für die Abwahl des Bürgermeisters (also mit „ja") stimmten 2.060 Wahlberechtigte, gegen die Abwahl (also mit „nein") stimmten 2.040 Wahlberechtigte. Hier hat eine Mehrheit (wenn auch eine knappe Mehrheit von nur 20 Stimmen) der abgegebenen gültigen Stimmen sich für die Abwahl ausgesprochen, die Marke von 25 Prozent der Wahlberechtigten (hier: 2.000 Wahlberechtigte, also 2.000 Stimmen für die Abwahl) wurde ebenfalls erreicht. Der Bürgermeister ist also abgewählt, obwohl sich (prozentual gesehen) in diesem Fall mehr Wahlberechtigte gegen seine Abwahl ausgesprochen haben als im Beispielsfall 1.

Das vom Gesetzgeber vorgeschriebene Verfahren soll verhindern, dass ein Hauptverwaltungsbeamter von einer seine Abwahl aktiv betreibender relativ kleiner Gruppe von Wahlberechtigten allein deshalb abgewählt wird, weil bei der Abstimmung mehrheitlich die den Hauptverwaltungsbeamten abwählen wollenden Wahlberechtigten sich beteiligen.

8. Neuwahl bei für ungültig erklärter Wahl eines Bürgermeisters oder Landrates, Absatz 7

Wird die Bürgermeister- oder Landratswahl für ungültig erklärt, findet abweichend von § 42 KWahlG eine Neuwahl statt, Absatz 7 der Vorschrift. Damit wird klargestellt, dass die in diesem Falle erforderliche Wahl keine Wiederholungswahl ist, sondern eine Neuwahl. Dies bringt den Wahlvorschlagsträgern die Möglichkeit, einen anderen Bewerber für die Wahl zu nominieren. Auf die entsprechende Anwendung der einschlägigen Vorschriften der Gemeindeordnung (§ 65) sowie der Kreisordnung (§ 44) wird nach der Klarstellung des Gesetzgebers 2024 ausdrücklich in Absatz 7 hingewiesen.

§ 46e

(1) Der Bürgermeister oder der Landrat darf an der Beratung und Entscheidung der Vertretung über die Gültigkeit seiner Wahl oder Abwahl (§ 40) nicht mitwirken.

(2) Nach der Gemeindeordnung oder Kreisordnung wählbare Bewerber für das Amt des Bürgermeisters oder des Landrats können auch dann gegen die Gültigkeit der Wahl binnen eines Monats nach Bekanntgabe des Wahlergebnisses Einspruch erheben, wenn sie nicht wahlberechtigt gemäß § 7 sind.

Erläuterungen

Übersicht

1. Grundsätzliches/Allgemeines

Die Vorschrift betrifft die Wahl der Bürgermeister, Oberbürgermeister und Landräte gemäß § 46b KWahlG. Die Norm ist als die spezielle Norm im Verhältnis zu den in GO und KrO enthaltenen Vorschriften anzusehen. Diese werden damit durch die hier in Rede stehende Norm verdrängt, ebenso gilt dies für die in der GO enthaltenen Regelungen über die Mitwirkungsverbote wegen Befangenheit nach § 31 GO. Die Vorschrift ist über § 50 Abs. 6 GO auch für Hauptverwaltungsbeamte grundsätzlich anwendbar.

2. Mitwirkungsverbot des betroffenen Hauptverwaltungsbeamten, Absatz 1

Während § 40 Abs. 2 KWahlG ausdrücklich für Wahlprüfungsentscheidungen der Vertretung die Mitwirkung von solchen Mitgliedern der Vertretung, die von einer Entscheidung persönlich betroffen sein könnten (durch Verlust ihres Sitzes in der Vertretung) positiv entscheidet, so dass solche betroffenen Mitglieder der Vertretung mitwirken dürfen, gilt für Hauptverwaltungsbeamte, dass sie an der Beratung und Entscheidung der Vertretung über die Gültigkeit ihrer Wahl oder Abwahl nicht mitwirken dürfen. Zwar ist im Wortlaut der Vorschrift nur die Entscheidung in der Vertretung (Rat oder Kreistag) genannt, jedoch ist aus Sinn und Zweck der Vorschrift abzuleiten, dass sich das Mitwirkungsverbot des Hauptverwaltungsbeamten auch auf die die Entscheidung des Rates oder Kreistages vorbereitende Sitzung des Wahl(prüfungs)ausschusses erstreckt.

3. Einspruchsberechtigung, Absatz 2

Durch die zunächst überraschende Formulierung des Absatzes 2 der Vorschrift, wonach wählbare Bewerber für das Amt des Hauptverwaltungsbeamten auch dann Einspruch gegen die Gültigkeit der Wahl erheben können, wenn sie nicht wahlberechtigt gemäß § 7 KWahlG sind, wird sichergestellt, dass auch externe Kandidaten um das Amt des Bürgermeisters oder Landrates, die nicht in der Gebietskörperschaft wohnen und demzufolge nicht aktiv wahlberechtigt sind, gegen die Gültigkeit der Hauptverwaltungsbeamten-Wahl Einspruch erheben können.

VI.C
WAHL DER VERBANDSVERSAMMLUNG DES REGIONALVERBANDS RUHR

§ 46f

Auf die Wahl der stimmberechtigten Mitglieder der Verbandsversammlung des Regionalverbands Ruhr gemäß § 10 Absatz 1 und 2 des Gesetzes über den Regionalverband Ruhr finden die Vorschriften dieses Gesetzes entsprechende Anwendung, soweit sich nicht aus den §§ 46g bis 46k oder aus dem Gesetz über den Regionalverband Ruhr etwas anderes ergibt.

Erläuterungen

Übersicht

1. Wahlrechtliche Grundsätze für die Wahl der Verbandsversammlung des Regionalverbands Ruhr, § 10 Abs. 1 RVRG

Der Regionalverband Ruhr ist ein sogenannter Höherer Kommunalverband und hat 15 kreisfreie Städte (Bochum, Bottrop, Dortmund, Duisburg, Essen, Gelsenkirchen, Hagen, Hamm, Herne, Mülheim an der Ruhr, Oberhausen) und Kreise (Ennepe-Ruhr-Kreis, Kreis Recklinghausen, Kreis Unna, Kreis Wesel) als Mitgliedskörperschaften.

Im Nachgang zur Kommunalwahl 2014 wurde die Verbandsversammlung des Regionalverbands Ruhr letztmalig mittelbar gewählt. Dabei waren die 15 Hauptverwaltungsbeamten der Mitgliedskörperschaften geborene Mitglieder, die übrigen Mitglieder der Verbandsversammlung wurden von den Vertretungen der Mitgliedskörperschaften innerhalb von 10 Wochen nach ihrer Wahl für die Wahlzeit bis 2020 gewählt.

Es wird in Artikel 2 des Gesetzes zur Stärkung des Regionalverbands Ruhr vom 12.5.2015 (GV. NRW. S. 436) geregelt, dass die Verbandsversammlung des Regionalverbands Ruhr ab der im Jahr 2020 beginnenden Wahlperiode unmittelbar und direkt von den bei Kommunalwahlen wahlberechtigten Bürgerinnen und Bürgern im Verbandsgebiet gewählt wird.

Die zum Zeitpunkt des Inkrafttretens dieser Neuregelung bestehende Verbandsversammlung ist noch auf der Grundlage des bis dahin geltenden § 10 gebildet worden. Ein Fortfall dieser bisher für die Bildung der Verbandsversammlung geltenden Regelung würde für den Zeitraum ab Inkrafttreten der Neuregelung bis zum Ablauf der Wahlperiode im Hinblick auf die bestehende Verbandsversammlung zu Rechtsunsicherheit führen. Deshalb ordnet die Übergangsvorschrift (§ 26 RVRG) an, dass § 10 RVRG in seiner bisherigen Fassung auf die bestehende Verbandsversammlung bis zum Ablauf der allgemeinen Wahlzeit der Mitgliedskörperschaften im Jahr 2020 (§ 10 Abs. 10 RVRG in seiner früheren Fassung i. V. m. Artikel 5 § 2 des Gesetzes zur Stärkung der kommunalen Demokratie vom 9.4.2013 (GV. NRW. S. 194) in der Fassung des Gesetzes zur Änderung des Kommunalwahlgesetzes und zur Änderung kommunalverfassungsrechtlicher Vorschriften vom 1.10.2013 (GV. NRW. S. 564) weiter anzuwenden ist.

Mit der Gesetzesänderung ist die Absicht verbunden, die unmittelbare Wahl der Verbandsversammlung sei – mehr als das bisherige Wahlsystem – geeignet, ein hohes Maß an

Identifikation der Bürgerinnen und Bürgern mit dem Regionalverband Ruhr als einem gemeinsamen, über die Grenzen der eigenen Gebietskörperschaft hinaus verbindenden Lebensraum zu schaffen (vgl. Vorlage LT-Drs. 16/1801, Gesetzesbegründung zu Artikel 2, § 10).

Weiter führt die Gesetzesbegründung dazu aus: *„Eine direkt und unmittelbar gewählte Verbandsversammlung erhält auf dieser Grundlage die Chance, sich zukünftig als Motor für mehr regionale Vernetzung und interkommunale Zusammenarbeit in der Metropolle (sic!) Ruhr zu erweisen."*

Vor diesem Hintergrund sollte wegen der Besorgnis noch mangelnder Bekanntheit bei der Bevölkerung des Verbandsgebiets die erstmals unmittelbare Wahl der Verbandsversammlung des Regionalverbands Ruhr zur Kommunalwahl 2020 mit einer Informations- und Motivationskampagne zur unmittelbaren Wahl begleitet werden. Dabei wird es inhaltlich darum gehen, der Bevölkerung im Verbandsgebiet die materiellen Aufgaben der Verbandsversammlung und des Regionalverbands Ruhr selbst parteipolitisch neutral näher zu bringen.

Die Information sollte sich vorwiegend auf die Themen konzentrieren, die für die Bevölkerung des Verbandsgebiet von besonderem Interesse sein dürften, wie beispielsweise die Route der Industriekultur, Fahrradwege und die Revierparks. Der Regionalverband Ruhr plant die Kampagne zur erstmaligen Wahl ihrer Verbandsversammlung rechtzeitig vor dem Kommunalwahlkampf der Parteien und Wählergruppen.

Im Hinblick auf die rechtlichen Rahmenbedingungen normiert § 10 Absatz 1 RVRG den Grundsatz, dass die Verbandsversammlung des Regionalverbands künftig in allgemeiner, unmittelbarer, freier, gleicher und geheimer Wahl von den wahlberechtigten Bürgerinnen und Bürgern gewählt wird. Die Wahl erfolgt gemeinsam mit den allgemeinen Kommunalwahlen.

Entsprechend wird die Wahlperiode wie bei den allgemeinen Kommunalwahlen (§ 42 Abs. 1 GO und § 27 Abs. 1 KrO) auf fünf Jahre festgelegt. Erstmalig erfolgte die gemeinsame direkte Wahl im Jahr 2020. Die Größe der Verbandsversammlung wird auf 91 Mitglieder bestimmt. § 3 Abs. 2 Satz 1 Buchst. a KWahlG regelt – abhängig von der Größe der Gemeinde – die Anzahl der zu wählenden Vertreterinnen und Vertreter für die Räte der Gemeinden. Höchstgrenze sind für Gemeinden mit einer Bevölkerungszahl von über 700.000 Einwohnern 90 zu wählende Vertreterinnen und Vertreter. Daran orientiert ist es angemessen, auch für die künftig direkt zu wählende Verbandsversammlung des RVR mit einer Einwohnerzahl von rd. 5 Mio. Einwohnern im Verbandsgebiet diese Höchstgrenze heranzuziehen und – zur Vermeidung von Pattsituationen – diese um einen Sitz auf die ungerade Zahl 91 zu erhöhen.

2. § 10 Absatz 2 RVRG

§ 10 Abs. 2 RVRG enthält wesentliche Festlegungen zum Wahlsystem. Danach erfolgt die Wahl der Verbandsversammlung nach den Grundsätzen der Verhältniswahl als reine Listenwahl. Jede Wählerin bzw. jeder Wähler hat eine Stimme, die sie oder er für eine Liste abgeben kann. Listenwahlvorschläge können nur von Parteien und Wählergruppen eingereicht werden. Damit wird ein für die Wählerinnen und Wähler einfaches und leicht nachvollziehbares Wahlsystem geschaffen, das gleichzeitig den organisatorischen Aufwand der mit der Durchführung der Wahlen befassten Wahlorgane und sonstigen Stellen begrenzt.

Das RVRG sieht vor, die weiteren Einzelheiten im Kommunalwahlgesetz zu regeln. Dies gilt auch für die Möglichkeit, für jede Bewerberin oder jeden Bewerber eines Listenwahlvorschlags Ersatzbewerberinnen oder Ersatzbewerber (entsprechend §§ 16 Abs. 2, 45 KWahlG) für den Fall zu benennen, dass gewählte Bewerberinnen oder Bewerber aus der Verbandsversammlung ausscheiden.

3. § 10 Absatz 3 RVRG

§ 10 Abs. 3 RVRG nimmt wortgleich den bisherigen § 10 Abs. 9 RVRG auf und regelt in unveränderter Weise die Wahl beratender Mitglieder der Verbandsversammlung.

4. § 10 Absatz 4 RVRG

§ 10 Abs. 4 RVRG entspricht der Regelung in § 42 Abs. 2 GO und stellt die Handlungsfähigkeit des Regionalverbands Ruhr bis zur Konstituierung der neu gewählten Verbandsversammlung sicher.

5. Artikel 3 des Gesetzes zur Stärkung des Regionalverbands Ruhr

Artikel 3 des Gesetzes zur Stärkung des Regionalverbands Ruhr ordnete ein gespaltenes Inkrafttreten an. Nach Satz 1 trat das Gesetz am Tag nach einer Verkündung in Kraft. Artikel 2, der die weitere Änderung des § 10 mit dem Ziel der Direktwahl der Verbandsversammlung ab 2020 enthält, trat bereits am 1.1.2016 in Kraft. Damit war ein ausreichender Vorlauf zur ersten Direktwahl der Verbandsversammlung in 2020 gewährleistet.

§ 46g

(1) Wahlleiter für die Wahl der Verbandsversammlung im Wahlgebiet des Regionalverbands Ruhr ist der Regionaldirektor, stellvertretender Wahlleiter ist sein Vertreter im Amt. Bewirbt sich der Regionaldirektor oder sein Vertreter im Amt um das Amt eines Bürgermeisters oder eines Landrats im Wahlgebiet des Regionalverbands Ruhr, kann er ab seiner Aufstellung nicht Wahlleiter oder stellvertretender Wahlleiter für die Wahl der Verbandsversammlung des Regionalverbands Ruhr sein. An seine Stelle tritt der jeweilige Vertreter im Amt.

(2) Der Wahlausschuss für die Wahl der Verbandsversammlung des Regionalverbands Ruhr besteht aus dem Wahlleiter nach Absatz 1 als Vorsitzendem und zehn Beisitzern, die die Verbandsversammlung des Regionalverbands Ruhr wählt. Eine Benennung oder Bestellung weiterer Mitglieder ist nicht zulässig.

(3) Die für die Wahl des Rates zuständigen Wahlvorstände und Briefwahlvorstände führen im Wahlgebiet des Regionalverbands Ruhr auch die Wahl der Verbandsversammlung des Regionalverbands Ruhr durch.

Erläuterungen

Übersicht

1. Spezifische Regelung zum Wahlleiter, Absatz 1
2. Spezifische Regelung zum Wahlausschuss, Absatz 2
3. Spezifische Regelung zu den Wahlvorständen, Absatz 3

1. Spezifische Regelung zum Wahlleiter, Absatz 1

§ 46g Abs. 1 KWahlG enthält eine spezifische Regelung zum Wahlleiter der Wahl zur Verbandsversammlung. Die im KWahlG getroffenen allgemeinen Vorgaben des § 2 KWahlG zur Person des Wahlleiters sind ausschließlich bezogen auf die Gemeinden bzw. Kreise. Es gelten allerdings die allgemeinen Grundsätze. Demnach kann ein Regionaldirektor, der für das Amt eines Landrats oder eines (Ober-)Bürgermeisters im Verbandsgebiet des Regionalverbands Ruhr kandidiert, nicht gleichzeitig die Funktion des Wahlleiters übernehmen. In diesem Falle wäre der Vertreter des Regionaldirektors als Wahlleiter zu benennen.

Für den Regionalverband Ruhr ist eine direkte Wahl des Regionaldirektors – auch wenn diese politisch diskutiert wurde – weiterhin nicht vorgesehen. Die rechtliche Stellung der Verbandsleitung richtet sich nach § 16 Abs. 1 ff. RVRG und ist der Rechtsstellung kommunaler Wahlbeamter nachgebildet. Eine Interessenskollision für die Funktion des Wahlleiters mit einer Kandidatur zum Regionaldirektor – auch eine künftige Kandidatur während der Wahlperiode der nächsten Verbandsversammlung – besteht deshalb nicht (eine andere Auffassung hierzu vertritt *Bätge*, a. a. O., Nr. 11.46g, Nummer 2, der unter Hinweis auf die Möglichkeit einer erneuten Kandidatur des Regionaldirektors eine Interessenskollision eher bejaht).

2. Spezifische Regelung zum Wahlausschuss, Absatz 2

Auch für den Wahlausschuss sieht das KWahlG eine spezifische Regelung vor. Die in § 46g Abs. 2 Satz 1 KWahlG mit zehn Beisitzern definierte Größe des RVR-Wahlausschusses ohne Variationsmöglichkeit erscheint im Vergleich zu § 2 Abs. 3 Satz 1 KWahlG angemessen, wenn insbesondere die Zahl von Einwohnern (ca. 5,05 Millionen) und Wahlberechtigten im Verbandsgebiet berücksichtigt wird.

3. Spezifische Regelung zu den Wahlvorständen, Absatz 3

In Bezug auf die Wahlvorstände trifft § 46g Abs. 3 KWahlG die Regelung, dass die Wahl der Verbandsversammlung des Regionalverbands Ruhr von den gleichen Wahlvorständen, die für Durchführung der allgemeinen Kommunalwahlen zuständig sind, miterledigt wird. Da die Wahlen nach den gesetzlichen Festlegungen am selben Tag stattfinden (§ 10 Abs. 1 Satz 2 RVRG), müssen nach § 75g Abs. 1 KWahlO in den betroffenen Gemeinden die Stimmbezirke, die Wahlvorstände und die Wahlräume für diese Wahlen dieselben sein.

Die gemeinsame Wahl mit identischen Wahlvorständen bedeutet eine erhebliche Reduzierung des organisatorischen Aufwands. Gleichwohl ist nicht zu übersehen, dass mit der zusätzlichen Wahl der Verbandsversammlung des Regionalverbandes Ruhr für die Wahlvorstände im Verbandsgebiet eine erhebliche Mehrbelastung einhergeht.

Die Wahlvorstände haben unbedingt zu berücksichtigen, dass nach § 75n Abs. 1 Satz 1 KWahlO die Ergebnisse der landesweit durchgeführten allgemeinen Kommunalwahlen vor dem Ergebnis der Wahl der Verbandsversammlung des Regionalverbands Ruhr zu ermitteln sind. Mit der Stimmenzählung für die Wahl der Verbandsversammlung des Regionalverbands Ruhr darf deshalb nach § 75n Abs. 2 erst begonnen werden, wenn die Niederschrift über die Gemeindewahl abgeschlossen (§ 49 Abs. 2 KWahlG) und die Schnellmeldung erstattet ist sowie die zugehörigen Unterlagen verpackt und versiegelt worden sind.

Diese Entscheidung die im Rahmen der Kommunalwahlordnung getroffen wurde, folgt der Überlegung, dass bei der gemeinsamen Wahl insbesondere die Entscheidung über die kommunalen Vertretungen und die Wahl der kommunalen Hauptverwaltungsbeamten gegenüber der Wahl zur Verbandsversammlung des Regionalverbands Ruhr vorrangig sein soll. Der erste Blick des Wählers wird auf der örtlichen Entscheidung auf den originär verfassungsrechtlich garantierten Selbstverwaltungskörperschaften liegen. Es ist davon auszugehen, dass die Wahl zur Verbandsversammlung des Regionalverbandes Ruhr als lediglich abgeleiteter Mitgliedskörperschaft der allgemeinen Kommunalwahl für den Wähler eher nachrangig ist.

Dabei ist es nach § 75k Abs. 4 KWahlO zulässig, für die allgemeinen Kommunalwahlen und die Wahl zur Verbandsversammlung des Regionalverbandes Ruhr eine gemeinsame Urne zu verwenden. Gleichwohl ist geregelt, dass bei Verwendung gemeinsamer Wahlurnen in den Stimmbezirken vor Beginn der Auszählung die Stimmzettel für die allgemeinen Kommunalwahlen und die Stimmzettel für die Wahl der Verbandsversammlung des Regionalverbands Ruhr zu trennen sind (§ 75n Abs. 1 Satz 2 KWahlO). Dies ist zur getrennt durchzuführenden Zählung der Wähler nach § 50 Satz 2 KWahlO notwendig.

Für eine Reduzierung des organisatorischen Aufwands sorgt in nicht unerheblicher Weise zudem, dass nach § 75g Abs. 2 KWahlO ein einheitliches Wählerverzeichnis für die allgemeinen Kommunalwahlen und die Wahl zur Verbandsversammlung zu erstellen ist.

Nach § 75g Abs. 1 KWahlO sind die Wahlbenachrichtigungen für die allgemeinen Kommunalwahlen und für die Wahl der Verbandsversammlung des Regionalverbands Ruhr miteinander zu verbinden. Der Wahlbenachrichtigung soll ein Vordruck für einen Antrag auf Erteilung eines gemeinsamen Wahlscheins für die allgemeinen Kommunalwahlen und die Wahl der Verbandsversammlung des Regionalverbands Ruhr beigefügt werden.

§ 75h Abs. 1 KWahlO sieht zudem vor, dass für die allgemeinen Kommunalwahlen und die Wahl der Verbandsversammlung des Regionalverbands Ruhr ein gemeinsamer Wahlschein ausgestellt wird (vgl.: Anlage 5b (für kreisangehörige Gemeinden) und 5c (für kreisfreie Städte). Mit dieser Grundentscheidung ist eine getrennte Wahlform (z. B. Urnenwahl) für die allgemeine Kommunalwahl und Briefwahl für die Wahl zur Verbandsversammlung des Regionalverbands Ruhr nicht mehr möglich.

Für die einheitliche Briefwahl hat sich der Verordnungsgeber vor dem Hintergrund eines organisatorisch möglichst sicheren Briefwahlverfahren entschieden. Parallel geführte Listen mit Wahlscheinvermerken hätte zu erheblichem Zusatzaufwand geführt und hätte die Beteiligten am Wahlverfahren unnötig verunsichert. Mit dieser Entscheidung hat man möglichen Bedenken Rechnung getragen, dass ein selbständiges Briefwahlverfahren eine verringerte Beteiligung an der Wahl der Verbandsversammlung des Regionalverbands Ruhr zur Folge haben könnte.

§ 46h

(1) Unter Berücksichtigung der in § 10 Absatz 1 Satz 1 des Gesetzes über den Regionalverband Ruhr festgeschriebenen Mitgliederzahl findet § 3 auf die Wahl der Verbandsversammlung des Regionalverbands Ruhr keine Anwendung.

(2) Wegen der Listenwahl aller 91 Mitglieder nach § 10 Absatz 2 Satz 1 des Gesetzes über den Regionalverband Ruhr findet für die Wahl der Verbandsversammlung des Regionalverbands Ruhr eine Einteilung des Wahlgebietes in Wahlbezirke nach § 4 nicht statt.

(3) Beamte und Arbeitnehmer (soweit sie nicht überwiegend körperliche Arbeit verrichten oder sonst die Verwaltungsführung ihres Dienstherrn oder Arbeitgebers inhaltlich nicht beeinflussen können) im Dienst des Regionalverbands Ruhr können nicht gleichzeitig seiner Verbandsversammlung angehören. Gleiches gilt für Beamte und Arbeitnehmer, die im Dienst des Landes stehen und in einer staatlichen Behörde unmittelbar mit der Ausübung der allgemeinen Aufsicht oder der Sonderaufsicht über Gemeinden und Gemeindeverbände im Wahlgebiet des Regionalverbands Ruhr oder über den Regionalverband Ruhr selbst befasst sind. Im Übrigen gilt § 13 entsprechend.

(4) Der Listenwahlvorschlag einer Partei muss vom Vorstand des Landesverbands oder, wenn Landesverbände nicht bestehen, von den Vorständen der nächstniedrigen Gebietsverbände nach § 7 Absatz 2 des Parteiengesetzes, die im Bereich des Landes liegen, unterzeichnet sein, der Listenwahlvorschlag einer Wählergruppe von deren Vorstand. Ist die Partei oder Wählergruppe in der im Zeitpunkt der Wahlausschreibung nach § 14 Absatz 1 laufenden Wahlperiode nicht ununterbrochen in der Verbandsversammlung des Regionalverbands Ruhr, im Landtag oder auf Grund eines Wahlvorschlags aus dem Land im Bundestag vertreten, so kann sie einen Wahlvorschlag nur einreichen, wenn sie nachweist, dass sie einen nach demokratischen Grundsätzen gewählten Vorstand, eine schriftliche Satzung und ein Programm hat. Dies gilt nicht für Parteien, die die Unterlagen gemäß § 6 Absatz 3 Satz 1 Nummer 1 und 2, Absatz 4 des Parteiengesetzes bis zum Tage der Wahlausschreibung ordnungsgemäß beim Bundeswahlleiter eingereicht haben.

(5) Der Listenwahlvorschlag einer Partei oder Wählergruppe im Sinne von Absatz 4 Satz 2 muss von mindestens 250 Wahlberechtigten aus dem Wahlgebiet des Regionalverbands Ruhr persönlich und handschriftlich unterzeichnet sein.

(6) Ein Bewerber für die Wahl zur Verbandsversammlung des Regionalverbands Ruhr darf nur in einem Listenwahlvorschlag benannt werden.

Erläuterungen

Übersicht

1. Spezifische Regelung zur Größe der Verbandsversammlung, Absatz 1

Mit Blick auf die vom Gesetzgeber in § 10 Abs. 1 Satz 1 RVRG festgelegten 91 Mitglieder wird durch die Regelung hervorgehoben, dass die in § 3 KWahlG festgelegten Größenklassen für die kommunalen Vertretungen für das die Wahl der Verbandsversammlung nicht (auch nicht entsprechend) anzuwenden sind. Es besteht bei der Verbandsversammlung des Regionalverbands Ruhr auch keine Möglichkeit zur Verringerung der Mandatszahl durch eine Satzung.

2. Wahlrechtliche Grundsätze, Absatz 2

Die Regelung verdeutlicht, dass die für Gemeinde- und Kreisgebiete in § 4 KWahlG vorgesehene Einteilung des Wahlgebietes in Wahlbezirke für die Wahl zur Verbandsversammlung des Regionalverbands Ruhr entfällt, da die Mitglieder der Verbandsversammlung des Regionalverbands Ruhr nach § 10 Abs. 2 RVRG ausschließlich durch Listenwahl bestimmt werden.

3. Inkompatibilität, Absatz 3

Die Sätze 1 und 2 passen die Inkompatibilitätsvorschriften des § 13 Abs. 1 Buchst. a und b KWahlG an. Nach § 75j Abs. 4 Nr. 4 KWahlO gilt insoweit auch für die Wahl zur Verbandsversammlung des Regionalverbands Ruhr, dass – sofern sich Beamte oder Arbeitnehmer nach § 46h Abs. 3 RVRG bewerben, diese eine Bescheinigung über ihr Dienst- oder Arbeitsverhältnis sowie ihre ausgeübte Tätigkeit vorzulegen haben, falls der Wahlleiter dies zur Behebung von Zweifeln für erforderlich hält.

Wie für die allgemeinen Kommunalwahlen ist auch für die Wahl zur Verbandsversammlung des Regionalverbands Ruhr festgelegt, dass – sofern der Wahlleiter dies nachträglich feststellt – ein Mitglied der Verbandsversammlung des Regionalverbands Ruhr das Mandat ausübt, obwohl es wegen der Unvereinbarkeit von Amt und Mandat an der gleichzeitigen Zugehörigkeit zur Verbandsversammlung des Regionalverbands Ruhr gehindert ist, und das Mitglied nicht innerhalb einer Frist von einer Woche nach Zustellung der nachträglichen Feststellung die Beendigung seines Dienstverhältnisses nachweist, das Mitglied mit Ablauf der Frist aus der Verbandsversammlung des Regionalverbands Ruhr ausscheidet. Zuständig für die Feststellung des Verlusts der Mitgliedschaft ist der Wahlleiter.

Die vorstehenden Regelungen finden auf abgeordnete Beamte sinngemäße Anwendung, wenn die Abordnung zum Regionalverband Ruhr die Dauer von insgesamt drei Monaten überschreitet.

Aufgrund der expliziten Konzernstruktur des Regionalverbands Ruhr ist die Vorschrift, dass Beamte oder Arbeitnehmer einer rechtsfähigen Gesellschaft oder Anstalt, an der der Regionalverband maßgeblich beteiligt ist, soweit sie allein oder mit anderen ständig, auch vertretungsweise, berechtigt sind, das Unternehmen in seiner Gesamtheit zu vertreten, stellvertretende Vorstandsmitglieder, Geschäftsführer, stellvertretende Geschäftsführer und Prokuristen, nicht zugleich der Verbandsversammlung des Regionalverbands Ruhr angehören können (vgl. dazu auch die Wahlausschreibung des Wahlleiters des Regionalverbands Ruhr zur Kommunalwahl 2020), von besonderer Bedeutung.

4. Vorschriften für die Einreichung der Listenwahlvorschläge, Absatz 4

Der Wahlleiter des Regionalverbands Ruhr fordert zur Einreichung von Listenwahlvorschlägen für die Wahl der Verbandsversammlung des Regionalverbands Ruhr durch öffentliche Bekanntmachung auf. Er soll in der Bekanntmachung nach § 75i KWahlO darauf hinweisen,

1. dass die Wahlvorschläge nach Möglichkeit frühzeitig vor dem Stichtag (§ 15 Abs. 1 KWahlG) einzureichen sind, damit etwaige Mängel, die die Gültigkeit der Wahlvorschläge berühren, rechtzeitig behoben werden können;
2. wie viele Unterschriften die Listenwahlvorschläge gemäß § 46h Abs. 5 i. V. m. § 46h Abs. 4 Satz 2 KWahlG enthalten müssen;
3. wo Vordrucke für die Wahlvorschläge zu erhalten sind (§ 79 KWahlG)
4. dass Unionsbürger unter den gleichen Voraussetzungen wie Deutsche wählbar sind.

Für das Aufstellungsverfahren finden aufgrund der Verweisung in § 46f KWahlG die Vorschriften des § 17 KWahlG Anwendung. Die Vertreter (Delegierten) sind demnach

- in geheimer Wahl zu bestimmen,

- die Stimmberechtigung und die Wählbarkeitsvoraussetzungen sind zu beachten,
- die näheren Wahlmodalitäten der Vertreterwahl richten sich nach der jeweiligen Satzung der aufstellenden Partei oder Wählergruppe.

Selbstverständlich muss auch das Aufstellungsverfahren für Listenwahlvorschläge zur Wahl des Regionalverbands Ruhr den Mindestregeln einer demokratischen Wahl genügen.

Vor diesem Hintergrund erscheint es rechtlich unbedenklich, wenn – im Wahlgebiet des Regionalverbands Ruhr – Ortsvereine von Parteien ihre Delegierten für die Kreisvertreterversammlungen zur Wahl der Bewerber für die allgemeinen Kommunalwahlen wählen und diesen als neue, zusätzliche Aufgabe gleichzeitig die Wahl der Delegierten für die Aufstellungsversammlung des Listenwahlvorschlags für die Wahl zur Verbandsversammlung des Regionalverbands Ruhr übertragen.

Die Mindestregeln einer demokratischen Wahl sind in diesen Fällen dann eingehalten, soweit den wahlberechtigten Ortsvereinsmitgliedern die Umstände der Wahl bekannt sind. Mit einer entsprechenden Information können die Mitglieder eine Kreisvertreterversammlung wählen, die gleichzeitig sowohl die Bewerber der Partei für die allgemeinen Kommunalwahlen als auch die Vertreter für die Vertreterversammlung zur Aufstellung des Wahlvorschlags für die Wahl zur Verbandsversammlung des Regionalverbands Ruhr bestimmt.

Das Aufstellungsverfahren für die Liste für die Wahl zur Verbandsversammlung des Regionalverbands Ruhr im Wege einer doppelten Delegation – zunächst auf Kreis- und dann auf Verbandsebene – würde in einem derartigen Fall ohne größeren Aufwand durch die Parteien zu bewältigen sein. Insofern ist es auch nicht erforderlich, dass alle Ortsvereine unmittelbar – ohne Einschaltung der Kreisebene – Delegierte für die Aufstellungsversammlung für die Wahl der Verbandsversammlung des Regionalverbands Ruhr wählen.

Die in § 46h Abs. 4 Satz 1 KWahlG enthaltene Regelung zur Unterzeichnung des Listenwahlvorschlags geht davon aus, dass eine speziell für das Verbandsgebiet des Regionalverbands Ruhr zuständige Leitung von Parteien oder Wählergruppen im Sinne des § 16 Abs. 1 Satz 2 KWahlG nicht existiert, da Parteien und Wählergruppen regelmäßig nicht auf den Regionalverband Ruhr bezogen organisiert sein dürften. Da das Verbandsgebiet gleichzeitig sowohl Teile des Rheinlands und als auch Teile Westfalens umfasst, bietet sich für Parteien an, dass grundsätzlich der Vorstand des Landesverbands den Listenwahlvorschlag zu unterzeichnen hat.

Die Sätze 2 und 3 übertragen den Inhalt des § 16 Abs. 3 i. V. m. § 15 Abs. 2 Satz 2 KWahlG sinngemäß auf den Regionalverband Ruhr. Bei bisher fehlender Vertretung in der Verbandsversammlung, im Landtag oder im Bundestag müssen Nachweise über einen demokratisch gewählten Vorstand, eine schriftliche Satzung und ein Programm beigebracht werden (§ 75j Abs. 5 KWahlO).

Der Listenwahlvorschlag soll nach § 75j Abs. 1 KWahlO entsprechend dem Muster der Anlage 11e beim Wahlleiter des Regionalverbands Ruhr eingereicht werden. Er muss enthalten:

- den Namen der Partei oder Wählergruppe
- den Familiennamen, die Vornamen, Beruf, Geburtsdatum, Geburtsort, Anschrift (Hauptwohnung), E-Mail-Adresse oder Postfach sowie Staatsangehörigkeit der Bewerber in erkennbarer Reihenfolge
- Ferner die Namen und Anschriften der Vertrauensperson und der stellvertretenden Vertrauensperson.

In den Wahlvorschlägen dürfen auf den Listen auch Reservebewerber benannt werden.

Zur Fragestellung, in welcher Form örtlich organisierte Wählergruppen bzw. Wählergruppen, die sich in einem überörtlichen Verband zusammengeschlossen haben, sich an der

Wahl zur Verbandsversammlung des Regionalverbands Ruhr beteiligen können, ist festzuhalten, dass das Gesetz den Parteien und Wählergruppen keine bestimmte Organisationsform im Wahlgebiet vorschreibt. Das Gesetz trifft ebenso keine Festlegung dazu, wer zu einer Aufstellungsversammlung einzuladen hat. Diese Frage beantwortet sich – ebenso wie Inhalt und Form der Einladung – nach der Satzung der jeweiligen Partei oder Wählergruppe.

Das BVerwG hat mit Urteil vom 22.10.2008 – 8 C 20.07 – klargestellt, dass Wählergruppen auf regionaler Ebene gleichberechtigten Zugang zum politischen Wettbewerb erhalten müssen. Daraus folgt (wie bislang auch bereits praktiziert), dass ein Landesverband als Zusammenschluss örtlicher Wählergruppen einen für die dem Landesverband angehörenden Wählergruppen einen gemeinsamen Listenwahlvorschlag auch für die Wahl der Verbandsversammlung des Regionalverbands Ruhr einreichen kann.

Für Wählergruppen sei nach diesem Urteil die grundrechtliche Vereinigungsfreiheit nach Art. 9 GG einschlägig. Diese gewährleiste auch den Wählergruppen die Freiheit der Rechtsformwahl. Dabei sei unbestritten, dass der Aufbau einer Gesamtpartei aus Gebietsverbänden verschiedener Stufen bestehen kann. Eine Organisation von Wählergruppen auf regionaler Ebene als Verbändeverband örtlicher Wählergruppen müsse deshalb möglich sein. Anderenfalls wären die kommunalen Wählergruppen gegenüber den politischen Parteien wegen eines organisationsspezifischen Merkmals benachteiligt (siehe BVerwG, Urt. vom 22.10.2008, Rz. 23).

Voraussetzung für eine rechtskonforme Zulassung sei allerdings, dass die dem Landesverband angehörenden Wählergemeinschaften bei den allgemeinen Kommunalwahlen im Wahlgebiet des Regionalverbands Ruhr nicht gegeneinander antreten dürfen (formale Bestimmung der Konkurrentenfreiheit, vgl. BVerwG, Urt. vom 22.10.2008, Rz. 32). Dies ist anhand der Vereinssatzung des Landesverbands zu prüfen.

Die programmatischen Anforderungen an einen überregionalen Zusammenschluss von örtlichen Wählergruppen beschränken sich auf Mindeststandards. Es reicht dafür bereits aus, wenn sich der Landesverband für verstärktes bürgerschaftliches Engagement oder für kommunalpolitische Betätigung einsetzt. Das Programm für einen überörtlichen Zusammenschluss von örtlichen Wählergruppen wird über das Programm seiner jeweiligen Mitglieder vermittelt.

5. Unterstützungsunterschriften, Absatz 5

§ 75j Abs. 3 KWahlO legt fest, dass neben der Unterzeichnung des Listenwahlvorschlags (§ 46h Abs. 4 Satz 1 KWahlG) für die Unterzeichnung durch Wahlberechtigte nach § 46h Abs. 5 KWahlG § 26 Abs. 3 KWahlG entsprechend mit der Maßgabe gilt, dass die von einer im Wahlgebiet des Regionalverbands Ruhr liegenden Gemeinde gemäß Nummer 3 für eine Unterstützungsunterschrift zu erteilende Bescheinigung dahin zu lauten hat, dass der Unterzeichner in der Gemeinde wahlberechtigt ist. Die Prüfung der Gültigkeit von Unterstützungsunterschriften obliegt im Wahlgebiet des Regionalverbands Ruhr den dortigen Gemeindebehörden. Für eine gesonderte Bescheinigung des Wahlrechts ist die Anlage 15 zu verwenden

Die Unterschriften sind auf amtlichen Formblättern nach Anlage 14d zu erbringen; bei Anforderung der Formblätter beim Wahlleiter des Regionalverbands Ruhr ist die Bezeichnung der Partei oder Wählergruppe anzugeben.

Als für die Wahl zur Verbandsversammlung der Regionalverbandes Ruhr spezifische Vorgabe setzt § 46h Abs. 5 KWahlG im Fall bisher fehlender Mandate im Sinne des Absatzes 4 Satz 2 eine Unterzeichnung des Listenwahlvorschlags durch mindestens 250 Wahlberechtigte voraus (Unterstützungsunterschriften). § 16 Abs. 1 Satz 3 KWahlG verlangt für kommunale Reservelisten Unterschriften von einem Promille oder maximal 100 Wahlberechtigten, § 20 Abs. 1 Satz 2 LWahlG für Landeslisten mindestens 1.000 Unterschriften. Da der Regionalverband Ruhr mit ca. 5,05 Millionen etwa 28 % der ca. 17,88 Millionen Einwohner des Landes aufweist, erscheint dieUnterstützung durch mindestens 250 Wahlberechtigte sachgerecht, da nur ernsthafte Wahlvorschläge mit einem gewissen Rückhalt in der Wahlbevölkerung zur Wahl zugelassen werden sollen.

6. Absatz 6

Ein Bewerber für die Wahl zur Verbandsversammlung des Regionalverbands Ruhr darf nur in einem Listenwahlvorschlag benannt werden. Die Vorschrift orientiert sich an § 15 Abs. 3 Satz 3 KWahlG und dient einer entsprechenden Klarstellung auch für die Wahl zur Verbandsversammlung des Regionalverbands Ruhr.

§ 46i

(1) Die Beschwerde gegen eine Entscheidung des Wahlausschusses des Regionalverbands Ruhr ist an den Landeswahlausschuss nach § 9 Absatz 2 des Landeswahlgesetzes zu richten.

(2) Die Stimmzettel für die Wahl der Verbandsversammlung des Regionalverbands Ruhr enthalten die für das Wahlgebiet zugelassenen Wahlvorschläge der Parteien und Wählergruppen mit den Namen der ersten fünf Bewerber.

(3) Die Reihenfolge der Listenwahlvorschläge auf dem Stimmzettel richtet sich bei der ersten Direktwahl der Verbandsversammlung des Regionalverbands Ruhr nach der Stimmenzahl, die die Parteien oder Wählergruppen bei der Wahl der Vertretungen der Mitgliedskörperschaften des Regionalverbands Ruhr im Jahr 2014 erreicht haben. Andere Listenwahlvorschläge schließen sich in alphabetischer Reihenfolge der Namen der Parteien oder Wählergruppen an. Bei nachfolgenden Wahlen gilt § 23 Absatz 1.

Erläuterungen

Übersicht

1. Spezifische Regelung zur Beschwerdeentscheidung und zur Reihenfolge der Listenwahlvorschläge auf dem Stimmzettel, Absatz 1

Für die Vorprüfung durch den Wahlleiter des Regionalverbands Ruhr und die Zulassung durch den Wahlausschuss des Regionalverbands Ruhr sowie die Beschwerdeerhebung an den Landeswahlausschuss nach § 46i Abs. 1 KWahlG gelten die §§ 27 bis 29 KWahlG entsprechend (§ 75j Abs. 7 KWahlO).

§ 46i Abs. 1 KWahlG stellt in Anlehnung an § 18 Abs. 4 Satz 3 KWahlG klar, dass Beschwerden gegen Entscheidungen des Wahlausschusses des Regionalverbandes Ruhr an den Landeswahlausschuss zu richten sind. Dies trägt dem überörtlichen Charakter des Regionalverbandes Ruhr Rechnung und weist dem Landeswahlausschuss auch in diesen Fällen die abschließende Entscheidung zu.

2. Spezifische Regelung zum Stimmzettel, Absatz 2

§ 46i Abs. 2 KWahlG modifiziert § 23 Abs. 1 Satz 2 KWahlG, wonach die ersten 5 Bewerber der jeweiligen Liste auf dem Stimmzettel abzubilden sind. Diese Modifikation entspricht der Überlegung, dass die Wahl zur Verbandsversammlung des Regionalverbands Ruhr, die ja eine reine Verhältniswahl darstellt, aufgrund des überörtlichen Charakters eine breitere Personalisierung erfordert. Dabei hat der Gesetzgeber letztendlich aus praktischen Erwägungen eine maßvoll höhere Anzahl der auf dem Stimmzettel jeweils aufgeführten Listenbewerbern festgesetzt (im Vergleich beispielsweise die Europawahl bei der die ersten 10 Listenbewerber auf dem Stimmzettel aufgeführt werden).

Dem ursprünglich vorgetragenen Wunsch des Regionalverbands Ruhr, je Liste die Namen der ersten zehn Bewerber auf dem Stimmzettel aufzuführen, ist im Gesetzgebungsverfahren zur Änderung des Kommunalwahlgesetzes und weiterer wahlrechtlicher Vorschriften auch im Hinblick auf vergleichbare Regelungen nicht weiter nachgegangen worden. Für die allgemeinen Kommunalwahlen sieht § 23 Abs. 1 Satz 2 KWahlG auf dem Stimmzettel bei den Reservelisten für Rat und Kreistag die Namen der ersten drei Bewerber vor. Maximal fünf namentlich aufgezählte Bewerber bei den Landeslisten sieht § 29 Abs. 2 Satz 1

i. V. m. der Anlage 17 der Landeswahlordnung (LWahlO) für eine Landtagswahl vor. Gleiches gilt für die Bundestagswahl nach § 45 Abs. 1 Satz 3 Nr. 2 BWO.

Für jede Wahl sind besondere und andersfarbige Stimmzettel zu verwenden. Der Stimmzettel für die Wahl der Verbandsversammlung des Regionalverbands Ruhr muss sich nach § 75k Abs. 1 KWahlO farblich deutlich von den Stimmzetteln für die allgemeinen Kommunalwahlen unterscheiden und nach Absatz 2 Satz so groß sein, dass alle Angaben übersichtlich auf ihm erscheinen. Je nach Anzahl der zugelassenen Parteien oder Wählergruppen kann sich die Größe des Stimmzettels verändern.

Auch für die Stimmzettel für die Wahl der Verbandsversammlung des Regionalverbands Ruhr ist obere rechte Ecke abzuschneiden. Mit dieser Vorschrift wird für blinde und sehbehinderte Menschen der Einsatz einer Stimmzettelschablone ermöglicht (§ 32 Abs. 1 Satz 3 KWahlO).

Neben der farblichen Unterscheidbarkeit der verschiedenen Stimmzettel sollen die Stimmzettel zur Unterscheidung für blinde und sehbehinderte Menschen mit einer entsprechenden Lochung versehen werden. Für die Stimmzettel für die Wahl zur Verbandsversammlung des Regionalverbands Ruhr sollten am unteren Rand 5 Löcher vorgesehen werden.

Die abgeschnittene Ecke sowie die Lochung der Stimmzettel sollte mit erläuternden Begleittexten versehen werden, um Missverständnissen bei den Wählern vorzubeugen. Für einen barrierefreien Umgang mit der Stimmzettelschablone sind die kommunalen Wahlleiter verpflichtet, den blinden und sehbehinderten Menschen die Stimmzettel akustisch aufzubereiten. Es ist davon auszugehen, dass die Blinden- und Sehbehindertenverbände hierzu eine zentrale Lösung für die Gemeinde bereitstellen.

3. Reihenfolge auf dem Stimmzettel, Absatz 3

Der Wahlleiter des Regionalverbands Ruhr setzt die Reihen- und Nummernfolge der Parteien und Wählergruppen auf dem Stimmzettel für die Wahl der Verbandsversammlung gemäß § 46i Abs. 3 KWahlG fest. Er stellt den Gemeinden im Wahlgebiet des Regionalverbands Ruhr die Stimmzettel für die Wahl der Verbandsversammlung rechtzeitig zur Verfügung. Organisation des Versands

Die in Absatz 3 Satz 1 getroffeneRegelung über die Reihung der Listenwahlvorschläge auf dem Stimmzettel war lediglich für die erste Direktwahl der RVR-Verbandsversammlung anstelle des § 23 Abs. 1 KWahlG erforderlich, da nicht auf das Ergebnis einer vorherigen (Direkt-)Wahl dieser Vertretung zurückgegriffen werden kann. Stattdessen soll einmalig auf die Stimmenzahl abgestellt werden, die der Wahlvorschlagsträger bei der letzten Wahl der Vertretungen der RVR-Mitgliedskörperschaften insgesamt erreicht hat. Andere Listenwahlvorschläge schließen sich wie üblich in alphabetischer Reihenfolge an.

Nach § 75k Abs. 2 KWahlO ist für den Stimmzettel der Wahl für die Verbandsversammlung des Regionalverbands Ruhr ist die Anlage 17g maßgebend.

§ 46j

(1) Im Wahlgebiet des Regionalverbands Ruhr stellen die Wahlausschüsse der Gemeinden auch fest, wie viele gültige Stimmen die Listenwahlvorschläge der Parteien und Wählergruppen für die Wahl der Verbandsversammlung des Regionalverbands Ruhr in ihrer Gemeinde erhalten haben. Auf dieser Grundlage zählt der Wahlausschuss des Regionalverbands Ruhr die für alle Listenwahlvorschläge in seinem Wahlgebiet abgegebenen gültigen Stimmen, nach Parteien und Wählergruppen getrennt, zusammen (Gesamtstimmenzahl). Der Wahlausschuss des Regionalverbands Ruhr stellt zugleich fest, welche Parteien und Wählergruppen weniger als 2,5 Prozent der Gesamtstimmenzahl erhalten haben.

(2) Listenwahlvorschläge, die weniger als 2,5 Prozent der Gesamtstimmenzahl erhalten haben, bleiben bei der Sitzverteilung für die Verbandsversammlung unberücksichtigt. Durch Abzug der für diese Listenwahlvorschläge abgegebenen Stimmen von der Gesamtstimmenzahl wird die bereinigte Gesamtstimmenzahl gebildet.

(3) Den hiernach bei der Sitzverteilung zu berücksichtigenden Parteien und Wählergruppen werden nach dem Divisorverfahren mit Standardrundung so viele von den 91 Sitzen zugeteilt, wie ihnen im Verhältnis der auf ihren Listenwahlvorschlag entfallenden Stimmenzahl zur bereinigten Gesamtstimmenzahl nach Absatz 2 zustehen. Für die Berechnung gelten die Regelungen des § 33 Absatz 2 Satz 3 bis 8 sowie Absatz 4 und 6 sinngemäß.

(4) Der Wahlausschuss des Regionalverbands Ruhr stellt fest, wie viele Sitze den Parteien und Wählergruppen in der Verbandsversammlung zuzuteilen und welche Bewerber aus den Listenwahlvorschlägen gewählt sind.

(5) Ein Mitglied der Verbandsversammlung verliert seinen Sitz auch durch Annahme der Wahl zum Regionaldirektor des Regionalverbands Ruhr.

Erläuterungen

Übersicht

1. Ergebnisfeststellung durch die Wahlausschüsse, Absatz 1

Abgesehen von der Festlegung der Verhältniswahl in § 10 Abs. 2 Satz 1 RVRG enthält das RVRG keine Vorgaben zur Sitzverteilung in der Verbandsversammlung, so dass die entsprechenden Bestimmungen im KWahlG gelten oder spezifische Regelungen zu treffen sind.

Auch nach den Urteilen des VGH NRW (Az.:9, 11, 15, 16, 17, 18, 21/16) vom 21.11.2017 und der Feststellung, dass die 2,5 % Sperrklausel bei Kommunalwahlen unter den bestehenden tatsächlichen Verhältnissen verfassungswidrig seien, hat die in Art. 78 Abs. 1 Satz 3 LV enthaltene 2,5 %-Sperrklausel für die Wahlen der Bezirksvertretungen und der Verbandsversammlung des Regionalverbands Ruhr weiterhin Bestand.

Der Regionalverband Ruhr ist als eine Körperschaft des öffentlichen Rechts mit dem Recht der Selbstverwaltung in einem gesetzlich fest umschriebenen Aufgabenbereich ausgestattet. In dem Gemeindeverband sind insgesamt 15 kreisfreie Städte und Kreise Mitglieder zusammengeschlossen. Der Regionalverband Ruhr soll dabei dem Gemeinwohl der sogenannten Metropole Ruhr dienen. Die Mitglieder der Verbandsversammlung werden von den Bürgerinnen und Bürgern der Mitgliedskörperschaften für die Dauer von fünf Jahren am Tag der allgemeinen Kommunalwahlen gewählt (vgl. Fragen und Antworten zu den Urteilen des Verfassungsgerichtshofs zur 2,5 %-Sperrklausel, Pressemitteilung des VerfGH NRW vom 21.11.2017).

Der VerfGH NRW begründet seine Entscheidung, dass eine differenzierende Regelung bei den Wahlen der Bezirksvertretungen und der Verbandsversammlung des Regionalverbandes Ruhr möglich sei, mit den weniger strengen verfassungsrechtlichen Anforderungen. Es sei bei diesen Wahlen verfassungsrechtlich lediglich der auch auf Bundesebene unabänderliche Kern des Demokratieprinzips gewährleistet. Dieser Kernbereich werde durch die 2,5 %-Sperrklausel nicht berührt.

Zur Umsetzung der Sperrklausel legt Art. 78 Abs. 1 Satz 4 LV fest, dass das Nähere das Gesetz bestimmt. § 46j Abs. 1 KWahlG regelt daher, dass zunächst die Gesamtstimmenzahl zu ermitteln und anschließend festzustellen ist, welche Parteien oder Wählergruppen weniger als 2,5 % der Stimmen erhalten haben.

Für den Wahlabend ist deshalb in § 75n Abs. 3 Nr. 4 KWahlO in Ergänzung zu § 53 KWahlO für das vorläufige Ergebnis der Wahl geregelt, dass die Schnellmeldungen der Wahlvorsteher an den Wahlleiter einer im Wahlgebiet des Regionalverbands Ruhr liegenden Gemeinde nach § 74 Abs. 1 Satz 1 KWahlO auch das Ergebnis der Wahl für die Verbandsversammlung des Regionalverbands Ruhr im Stimmbezirk enthält und der Wahlleiter der Gemeinde das Ergebnis der Wahl der Verbandsversammlung in der Gemeinde dem Wahlleiter des Regionalverbands Ruhr meldet. Damit ist zur Verfahrensvereinfachung eine direkte Meldung aller Gemeinden – auch aus den kreisangehörigen – ohne Einbeziehung der Wahlleiter auf der Ebene der Kreise an den Wahlleiter des Regionalverbands Ruhr vorgesehen.

2. Ermittlung bereinigte Gesamtstimmenzahl, Absatz 2

Nach Absatz 2 werden Listenwahlvorschläge, die weniger als 2,5 % der Gesamtstimmenzahl erhalten haben, bei der Sitzverteilung nicht berücksichtigt und deren Stimmen bei der Ermittlung der bereinigten Gesamtstimmenzahl abgezogen.

3. Sitzzuteilung, Absatz 3

§ 46j Abs. 3 KWahlG sieht seit dem Kommunalwahländerungsgesetz vom 5.7.2024 auch für die Sitzverteilung in der Verbandsversammlung des Regionalverbands Ruhr die Nutzung des in § 33 Abs. 2 Satz 2 bis 6 KWahlG beschriebenen Quotenverfahren mit prozentualem Restausgleich vor. Die wahlbezirksbezogenen Regelungen in § 33 Abs. 3, 3a (sogenannte Überhangmandate) und 5 KWahlG lassen sich auf die Listenwahl zur Verbandsversammlung des Regionalverbands Ruhr nicht übertragen.

4. Feststellung des Wahlergebnisses und der gewählten Bewerber, Absatz 4

Die Prüfung des Wahlleiters einer Gemeinde im Wahlgebiet des Regionalverbands Ruhr erstreckt sich auch auf die Listenwahl für die Verbandsversammlung des Regionalverbands Ruhr im Gebiet seiner Gemeinde erstreckt. Das Ergebnis stellt der Wahlleiter nach dem Muster der Anlage 25b zusammen.

Zudem hat der Wahlleiter einer Gemeinde über die Feststellung des Wahlergebnisses der Wahl der Verbandsversammlung des Regionalverbands Ruhr in der Gemeinde eine Niederschrift im Sinne nach dem Muster der Anlage 26d zu fertigen und unverzüglich an den Wahlleiter des Regionalverbands Ruhr zu übermitteln.

Der Wahlleiter des Regionalverbands Ruhr stellt das endgültige Wahlergebnis für das Wahlgebiet des Regionalverbands Ruhr nach den Wahlniederschriften der Wahlausschüsse der Gemeinden nach dem Muster der Anlage 25c zusammen (vgl. hierzu § 75n Abs. 3 KWahlO).

Der Wahlausschuss trifft nach § 46j Abs. 4 KWahlG die Feststellung über die an die Parteien und Wählergruppen zuzuteilenden Sitze (und über die gewählten Bewerber. Diese Regelung tritt an die Stelle der allgemeinen kommunalwahlrechtlichen Regelung in § 34 Abs. 1 KWahlG.

Zusätzlich dazu regelt § 75n Abs. 3 Nr. 8 KWahlO in Ergänzung von § 61 KWahlO, dass der Wahlausschuss des Regionalverbands Ruhr das endgültige Wahlergebnis und die gewählten Bewerber der Listenvorschläge feststellt.

5. Mandatsverlust, Absatz 5

Die Regelung über den Mandatsverlust in Absatz 5 ist an § 37 Nr. 6 KWahlG angelehnt.

§ 46k

Sind in einer kreisangehörigen Gemeinde oder in einem Stadtbezirk einer kreisfreien Stadt im Wahlgebiet des Regionalverbands Ruhr Unregelmäßigkeiten bei der Wahl der Verbandsversammlung des Regionalverbands Ruhr im Sinne von § 40 Absatz 1 Buchstabe b vorgekommen, ist die Wahl in dieser Gemeinde oder dem betroffenen Stadtbezirk zu wiederholen. Erstrecken sich die Unregelmäßigkeiten auf Gemeinden im Wahlgebiet mit mehr als der Hälfte der Wahlberechtigten, so ist die Wahl im ganzen Wahlgebiet zu wiederholen.

Erläuterungen

Es handelt sich dabei um eine spezifische Regelung zu § 42 Abs. 1 KWahlG.

Für die Verbandsversammlung des Regionalverbandes Ruhr werden ausschließlich Listen der Wahlvorschlagsträger gewählt. Die Wahlbezirke der Gemeinden und Kreise (§ 46h Abs. 2 KWahlG) sind irrelevant. Die Systematik des § 42 Abs. 1 Satz 2 KWahlG, dass Unregelmäßigkeiten im Stimmbezirk eine Wiederholungswahl im Wahlbezirk und Unregelmäßigkeiten in mehr als der Hälfte der Wahlbezirke zu einer Wiederholungswahl im ganzen Wahlgebiet führt, ist deshalb hier nicht anwendbar und daher als Maßstab für eine Wiederholungswahl ungeeignet.

Der Gesetzgeber hat sich für die Wahl der Verbandsversammlung Regionalverbands Ruhr im Sinne einer Vergrößerung des Maßstabes und einer gleichzeitigen räumlichen Begrenzung für eine Wiederholungswahl entschieden, im Wahlgebiet des Regionalverbands Ruhr auf kreisangehörige Gemeinden und Stadtbezirke der kreisfreien Mitgliedsstädte nach § 35 GO und danach auf das Verbandsgebiet des Regionalverbands Ruhr abzustellen.

Wären danach Gemeinden des Verbandsgebiets mit mehr als der Hälfte der Wahlberechtigten von den Unregelmäßigkeiten betroffen, so ist die gesamte Wahl zur Wahl der Verbandsversammlung des Regionalverbands Ruhr zu wiederholen. Entscheidungen zu möglichen Wiederholungswahlen im Rahmen der allgemeinen Kommunalwahlen sind weiterhin gemäß § 42 KWahlG zu treffen.

Auch im Rahmen von § 46k KWahlG führt nicht jede Unregelmäßigkeit sofort zu einer Wiederholungswahl im Gemeindegebiet oder Stadtbezirk. § 40 Abs. 1 Buchst. b KWahlG setzt auch hier für das Erfordernis einer Wiederholungswahl Unregelmäßigkeiten voraus, die für die Zuteilung der Sitze aus den Listenwahlvorschlägen von entscheidendem Einfluss gewesen sein können (mandatsrelevante Wahlfehler in Bezug auf das Wahlgebiet Regionalverband Ruhr).

§ 75a Abs. 3 KWahlO sieht diesbezüglich vor, dass § 67 KWahlO mit der Maßgabe gilt, dass bei der Wiederholungswahl nach § 46k des Gesetzes und Absatz 1 nicht auf Wahlbezirke abzustellen ist. Zudem sollen die Stimmbezirke, Wahlräume und Wahlvorstände nach Möglichkeit dieselben bleiben wie bei der Hauptwahl, es sei denn, dass Beanstandungen gegen die Stimmbezirkseinteilung als begründet anerkannt sind.

Zudem wird ausdrücklich geregelt, dass bei einer Wiederholungswahl die von den neuen Vertretungen gewählten Wahlausschüsse tätig werden. Die Anordnung nach § 40 Abs. 1b KWahlG ist ausschließlich von der Verbandsversammlung des Regionalverbands Ruhr zu treffen, auch wenn lediglich in einzelnen Gemeinden bzw. Stadtbezirken eine Wiederholungswahl stattfinden muss.

§ 75o KWahlO regelt für den Fall, dass in einer Gemeinde im Verbandsgebiet des Regionalverbands Ruhr der Hinderungsgrund für die Durchführung einer Ratswahl (§ 21 Abs. 1 KWahlG) die Wahl der Verbandsversammlung nicht betrifft, die Wahl zur Verbandsversammlung stattfindet. Anderenfalls findet auch die Nachwahl der Verbandsversammlung des Regionalverbands Ruhr in dieser Gemeinde am Tag der Nachwahl des Rates statt. Damit wird die Unabhängigkeit der Wahl zur Verbandsversammlung in Bezug auf die allgemeinen Kommunalwahlen – trotz der gesetzlich festgelegten Gleichzeitigkeit – betont.

Gleiches müsste dann auch im umgekehrten Fall – Notwendigkeit einer Nachwahl für die Wahl der Verbandsversammlung des Regionalverbands Ruhr – gelten.

VII.

SCHLUßBESTIMMUNGEN

1.

Kosten

§ 47

Jedes Wahlgebiet trägt die Kosten der Wahl seiner Vertretung. Finden Wahlen zu den Vertretungen der Gemeinden und Kreise gleichzeitig statt, so hat hinsichtlich der Kosten, die im Interesse der verschiedenen Wahlgebiete aufgewendet werden, ein billiger Ausgleich zwischen den Wahlgebieten zu erfolgen. Falls diese sich nicht einigen, entscheidet die für den Kreis zuständige Aufsichtsbehörde.

Erläuterungen

Mit der Einführung der unmittelbaren Wahl der Verbandsversammlung des Regionalverbands Ruhr stellte sich auch hier die Frage der Kostenerstattung. Da diese Wahl organisatorisch auf der Ebene der 53 Gemeinden im Verbandsgebiet abgewickelt wird, fällt dort entsprechend höherer Aufwand an. Dabei hat der Gesetzgeber im Rahmen der vorgegebenen rechtlichen Regelungen eine gemeinsame Wahl vorgeschrieben, so dass der zusätzliche Aufwand als relativ gering anzusehen ist.

Eine besondere Rolle spielt in diesem Zusammenhang die größere Belastung für die Wahlvorstände, die – aufgrund der zusätzlichen Wahl – folgerichtig eine höheres „Erfrischungsgeld" durch die Kommunen erhalten dürften. Der Ausgleich könnte dementsprechend – insbesondere im Hinblick auf den gestiegenen Aufwand bei der Auszählung der Wahl – durch eine pauschale Erstattung z. B. von 20 % durch den Regionalverband Ruhr erfolgen.

Als direkte Aufsichtsbehörde über den Regionalverband Ruhr wäre bei einer fehlenden Einigung das für Kommunale zuständige Ministerium.

§ 48

Eine Erstattung von Wahlkampfkosten findet nicht statt.

2.
Funktionsbezeichnungen; Fristen und Termine

§ 49

(1) Die Funktionsbezeichnungen dieses Gesetzes werden in weiblicher oder männlicher Form geführt.

(2) Die in diesem Gesetz vorgesehenen Fristen und Termine verlängern oder ändern sich nicht dadurch, daß der letzte Tag der Frist oder ein Termin auf einen Sonnabend, einen Sonntag, einen gesetzlichen oder staatlich geschützten Feiertag fällt. Eine Wiedereinsetzung in den vorigen Stand ist ausgeschlossen.

3.

Wahlstatistik

§ 50

(1) Die Ergebnisse der Kommunalwahlen sind vom Landesbetrieb Information und Technik NRW (IT. NRW) statistisch auszuwerten; die Auswertung ist zu veröffentlichen.

(2) Aus den Ergebnissen der Wahlen zu den Vertretungen der Kreise und kreisfreien Städte ist vom Landesbetrieb Information und Technik NRW (IT. NRW) eine Landesstatistik auf repräsentativer Grundlage über

a) die Wahlberechtigten und ihre Beteiligung an der Wahl nach Geschlecht und Geburtsjahresgruppen,

b) die Wähler und ihre Stimmabgabe nach Geschlecht und Geburtsjahresgruppen

zu erstellen und zu veröffentlichen. Die Durchführung der Statistiken ist nur zulässig, wenn das Wahlgeheimnis gewahrt bleibt und die Feststellung des Wahlergebnisses nicht verzögert wird. Ergebnisse für einzelne Stimmbezirke dürfen nicht bekanntgegeben werden. Die Erhebung wird mit einem Auswahlsatz von höchstens 5 vom Hundert in ausgewählten Stimmbezirken durchgeführt. Die Stimmbezirke werden vom Landesbetrieb Information und Technik NRW (IT. NRW) im Einvernehmen mit dem für Inneres zuständigen Ministerium ausgewählt. Ein ausgewählter Stimmbezirk muss mindestens 400 Wahlberechtigte umfassen.

(3) Für die Erhebung nach Absatz 2 Satz 1 Buchstabe a dürfen höchstens elf Geburtsjahresgruppen gebildet werden, in denen jeweils mindestens drei Geburtsjahrgänge zusammengefasst sind. Für die Erhebung nach Absatz 2 Satz 1 Buchstabe b dürfen höchstens sechs Geburtsjahresgruppen gebildet werden, in denen mindestens neun Geburtsjahrgänge zusammengefasst sind.

(4) In Gemeinden mit einer Statistikdienststelle, die die Voraussetzungen des § 32 Abs. 2 des Datenschutzgesetzes Nordrhein-Westfalen erfüllt, kann der Bürgermeister anordnen, dass in weiteren Stimmbezirken für eigene statistische Zwecke wahlstatistische Auszählungen durchgeführt werden. Absatz 2 Satz 2, 3 und 6 sowie Absatz 3 gelten entsprechend.

Erläuterungen

Nach § 50 Abs. 2 KWahlG erfolgt die wahlstatistische Erhebung anlässlich der Kommunalwahlen ausschließlich bei den Wahlen zu den Vertretungen der kreisfreien Städte und der Kreise. Die Ratswahlen in den kreisangehörigen Städten und Gemeinden und die Bezirksvertretungswahlen in den kreisfreien Städten sowie die Wahlen der Hauptverwaltungsbeamtinnen und -beamten sind hiervon nicht erfasst. Auch bei der Wahl zur Verbandsversammlung des Regionalverbands Ruhr findet keine wahlstatistische Erhebung statt.

Im Wahlablauf in den repräsentativen Auswahlbezirken bestehen die Besonderheiten nur darin, dass Stimmzettel mit Unterscheidungsbezeichnungen ausgehändigt werden. Das Wahlergebnis wird hier in gleicher Weise wie in allen übrigen Wahlbezirken festgestellt.

Nach § 80 Abs. 4 KWahlO sind die Wahlberechtigten in den Stichprobenauswahlbezirken in geeigneter Weise über die Durchführung der repräsentativen Wahlstatistik zu unterrichten

Wegen der zunehmenden datenschutzrechtlichen Sensibilisierung der Bevölkerung wird neben den in § 80 Abs. 4 KWahlO ausdrücklich bezeichneten Maßnahmen regelmäßig durch das für Inneres zuständige Ministerium (Erlass des Ministeriums für Inneres und Kommunales vom 20.3.2014) empfohlen, auch im Rahmen der Öffentlichkeitsarbeit der Gemeinden und der Wahlleiter über die repräsentative Wahlstatistik zu unterrichten und bei Anfragen die gesetzlichen Regelungen zur Durchführung der repräsentativen Wahlstatistik, die eine Verletzung des Wahlgeheimnisses ausschließen, zu erläutern.

Nach diesem Erlass dienen folgende Vorkehrungen der Sicherung des Wahlgeheimnisses:

- Stimm- bzw. Wahlbezirke, in denen die repräsentative Wahlstatistik durchgeführt wird, müssen mindestens 400 Wahlberechtigte umfassen,
- Briefwahlbezirke, in denen die repräsentative Wahlstatistik durchgeführt wird, müssen mindestens 400 Wähler umfassen, wobei bei der Kommunalwahl auf die vorangegangene Wahl zu der zu wählenden Vertretung abzustellen ist,
- die Geburtsjahrgänge werden bei der Erhebung über die Stimmabgabe zu so großen Gruppen zusammengefasst, dass keine Rückschlüsse auf das Wahlverhalten einzelner Wählerinnen und Wähler möglich sind,
- Wählerverzeichnisse und gekennzeichnete Stimmzettel dürfen nicht zusammengeführt werden,
- die Stimmauszählung hat im Wahllokal ohne statistische Auswertung zu erfolgen und die Auswertung für statistische Zwecke darf erst später unter dem Schutz des Statistikgeheimnisses und nur ohne Wählerverzeichnisse erfolgen,
- die Statistikstellen sind einer engen Zweckbindung hinsichtlich der ihnen zur Auswertung überlassenen Wahlunterlagen unterworfen,
- Ergebnisse der repräsentativen Wahlstatistik für einzelne Wahlbezirke dürfen nicht veröffentlicht werden.

Die Gemeinden leiten die Wahlniederschriften, deren Anlagen sowie die ihnen von den Wahlvorsteherinnen und Wahlvorstehern übergebenen verpackten und versiegelten Stimmzettel der für die Statistik ausgewählten Stimmbezirke ungeöffnet zur Auswertung an IT.NRW weiter. Die Übermittlung erfolgt getrennt nach den für die Stichproben ausgewählten Stimmbezirken.

Kreisfreie Städte oder Kreise mit einer nach den datenschutzrechtlichen Regelungen abgeschotteten eigenen Statistikstelle können die Auszählung entweder durch IT.NRW vornehmen lassen oder selbst in der Statistikstelle vor Ort durchführen.Im Gesetz zur Änderung des Kommunalwahlgesetzes und weiterer wahlrechtlicher Vorschriften vom 11.4.2019 wurde eine Erhöhung der maximal zulässigen Anzahl der Geburtsjahresgruppen von fünf auf sechs bei der repräsentativen Statistik zur Stimmabgabe nach § 50 Abs. 2 Buchst. b) KWahlG festgelegt. Diese Erhöhung stellt für die Zukunft sicher, dass die jüngste Altersgruppe „16 bis etwa 25 Jahre" bei den Kommunalwahlen der bei anderen Wahlen üblichen Altersgruppe „18 bis etwa 25 Jahre" möglichst ähnlich ist. Bei Bundestags- und Landtagswahlen liegt das Mindestalter für die Wahlteilnahme derzeit bei 18 Jahren.

4.
Wahlordnung

§ 51

(1) Das für Inneres zuständige Ministerium erlässt in der Kommunalwahlordnung die zur Ausführung dieses Gesetzes erforderlichen Vorschriften, insbesondere in

§ 2

über Bildung, Beschlussfassung und Verfahren der Wahlausschüsse und Wahlvorstände einschließlich der Briefwahlvorstände, über die Berufung in ein Wahlehrenamt, über den Ersatz von Auslagen der Inhaber von Wahlehrenämtern sowie die Pauschalierung dieses Auslagenersatzes,

§ 3

über den maßgeblichen Zeitpunkt für die Bevölkerungszahl,

§§ 4 bis 6

über die Einteilung der Stimmbezirke sowie über die Bekanntmachung der Wahlbezirke, Stimmbezirke und Wahlräume,

§ 9

über die Ausgabe von Wahlscheinen,

§§ 10 und 11

über Führung der Wählerverzeichnisse und Einsichtnahme in diese, über die Eintragung auf Antrag sowie über das Verfahren bei Einsprüchen und über die Benachrichtigung der Wahlberechtigten,

§§ 14, 21, 22 und 42

über die Durchführung von einzelnen Neuwahlen, Nachwahlen und Wiederholungswahlen; dabei bestimmt er, inwieweit Wahlvorschläge geändert oder durch neue ersetzt werden dürfen, wenn die Entwicklung seit dem Tage der Hauptwahl dies erfordert, im Besonderen wenn ein Bewerber gestorben ist, seine Wählbarkeit verloren hat, seine Zustimmung zurückgezogen hat oder aus der Partei ausgeschieden ist, für die er bei der Wahl aufgestellt war,

§§ 15 bis 20

über Art, Einreichung und Form der Wahlvorschläge (einschließlich beizubringender Nachweise, auch hinsichtlich der nach § 15a), der Form und Art der nach § 15 Absatz 2 sowie § 46h Absatz 4 notwendigen Veröffentlichung, über die Aufstellung der Bewerber, über das Verfahren für ihre Prüfung, Zulassung und Bekanntgabe, über die Befugnisse der Vertrauenspersonen, über die Berechnung der Zahl der Wahlberechtigten im Zusammenhang mit der Unterzeichnung von Wahlvorschlägen und über die Befugnis zur Unterzeichnung von Wahlvorschlägen sowie der Erklärungen und Mitteilungen nach § 15a Absatz 1, 2 und 3, wobei ein vereinfachtes Nachweisverfahren für solche Parteien und Wählergruppen vorgesehen werden kann, die sich gleichzeitig in mehreren Wahlgebieten oder innerhalb eines Wahlgebiets in mehreren Wahlbezirken bewerben,

§ 23

über Form und Inhalt des Stimmzettels,

§ 25

über Wahlschutzvorrichtungen, Wahlurnen, die Stimmabgabe sowie die Zulassung von Wahlgeräten und die Stimmabgabe am Wahlgerät,

§§ 26 und 27

über die Briefwahl,

§ 29

über die Stimmenzählung, wobei besondere Bestimmungen über die Feststellung der am Wahlgerät abgegebenen gültigen und ungültigen Stimmen getroffen werden können,

§ 30

über die Ungültigkeit der Stimmzettel,

§ 33

über die Sitzberechnung und Verteilung der Sitze,

§§ 34 bis 36

über die Feststellung des Wahlergebnisses, die Benachrichtigung der Gewählten und die Aufbewahrung der Wahlunterlagen,

§§ 39 bis 44

über die Bekanntmachung von Entscheidungen im Wahlprüfungsverfahren,

§ 45

über die Durchführung der Ersatzbestimmung,

§ 46a

über die Wahl der Bezirksvertretungen,

§§ 46b bis 46d

über die Wahl und Abwahl der Bürgermeister und Landräte,

§§ 46f bis 46k

über die Wahl der Verbandsversammlung des Regionalverbands Ruhr,

§ 47

über die Erstattung von Kosten, insbesondere durch Festlegung von Pauschsätzen,

§ 50

über die Wahlstatistik.

(2) In der Wahlordnung kann das Wahlverfahren in Krankenhäusern, Alten- und Pflegeheimen, Klöstern sowie in sozialtherapeutischen und Justizvollzugsanstalten unter Anpassung an die Besonderheiten dieser Einrichtungen besonders geregelt werden.

(3) In der Wahlordnung sind besondere Bestimmungen zu treffen über die gemeinsame Durchführung von Gemeinde-, Kreis-, Bürgermeister- und Landratswahlen sowie der Kommunalwahlen mit anderen Wahlen, um insbesondere die gemeinsame Benutzung der Wahlunterlagen und die Zusammenarbeit der Wahlorgane sicherzustellen.

(4) In der Wahlordnung sind besondere Bestimmungen zu treffen, in welcher Weise Wahlbekanntmachungen zu veröffentlichen und ob und in welcher Weise amtliche Vordrucke zu verwenden und von Amts wegen zu beschaffen sind.

Erläuterungen

Mit § 51 Abs. 1 KWahlG wird für die Vorbereitung und Durchführung der Kommunalwahlen das für Inneres zuständige Ministerium zum Erlass einer die rechtlichen Vorschriften konkretisierenden Wahlordnung ermächtigt. Die allgemeine Ermächtigung wird in Absatz 1 zudem durch eine Festlegung von unabdingbaren Regelungsbereiche ergänzt.

Aus der allgemein gültigen Normenhierarchie ergibt sich, dass die Kommunalwahlordnung den parlamentarisch beschlossenen gesetzlichen Regelungen nachrangig ist. In der wahlrechtlichen Praxis ist es deswegen üblich, vor jeder Kommunalwahl das Kommunalwahlgesetz zu novellieren und danach die Regelungen der Kommunalwahlordnung an die veränderten gesetzlichen Vorschriften anzupassen.

Die Ermächtigung richtet sich ausdrücklich lediglich an das Ministerium und nicht an die Landesregierung insgesamt. Damit ist ohne Kabinettbeschluss eine zügige Reaktion auf unvorhersehbare Entwicklungen möglich. Dies kann in der Wahlpraxis insbesondere wegen möglicherweise beginnender beziehungsweise bereits laufender wahlrechtlicher Fristen von wichtiger Bedeutung sein.

Insbesondere in der Verbindung mit der Vielzahl an Anlagen als Muster für die amtlichen Vordrucke, die von den kommunalen Wahlleitern an die an der operativen Durchführung der Wahl Beteiligten (Parteien, Wahlvorstände, Wahlausschüsse, Unterstützer etc.) ausgegeben werden, zeigt sich die spezifische Rolle der Kommunalwahlordnung. Diese dient einer ausgesprochen detaillierten Konkretisierung der Vorschriften des Kommunalwahlgesetzes und der weiteren gesetzlichen Regelungen.

Unterhalb der Ebene der Kommunalwahlordnung konkretisieren Erlasse des für das Innere zuständige Ministerium die wahlrechtliche Ausgestaltung.

Mit Absatz 1 (§§ 46 f bis 46k KWahlG) wurde der Anwendungsbereich der Kommunalwahlordnung auch auf die Wahl der Verbandsversammlung des Regionalverbands Ruhr bezogen.

§ 52

(1) Für die allgemeinen Kommunalwahlen im Jahr 2025 können die Gemeinden und Kreise bis spätestens 31. August 2024 durch Satzung die Zahl der zu wählenden Vertreter um zwei, vier, sechs, acht, zehn oder zwölf, davon je zur Hälfte in Wahlbezirken, verringern. Die Zahl von 20 Vertretern darf nicht unterschritten werden.

(2) Für die allgemeinen Kommunalwahlen im Jahr 2025 kann das für Inneres zuständige Ministerium abweichend von § 46c Absatz 2 Satz 1 den Termin für etwaig notwendige Stichwahlen auf den dritten Sonntag nach der Wahl festsetzen und bekanntmachen. Die Festsetzung und Bekanntmachung nach Satz 1 kann gesondert von der Wahlausschreibung nach § 14 Absatz 1 erfolgen, spätestens jedoch bis zum Ende der Frist zur Einreichung von Wahlvorschlägen nach diesem Gesetz.

Erläuterungen

Die vorstehenden Übergangsregelung betreffen die Kommunalwahlen 2025. Mit der Fristverlängerung in § 52 Abs. 1 wird den Bedürfnissen der Gemeinden Rechnung getragen. Absatz 2 sollte Vorsorge für eine mögliche Zusammenlegung der Stichwahlen und der Bundestagswahl im September 2025 treffen. Mit der Neuwahl des Deutschen Bundestages am 23.2.2025 ist diese Regelung hinfällig geworden.

Anhang

Kommunalwahlordnung (KWahlO)

vom 31. August 1993 (GV. NW. 1993 S. 592, ber. S. 967), zuletzt geändert durch Gesetz vom 4. Juni 2025

Inhaltsübersicht

Anlage 1 Zu § 12 Absatz 7 und 8
Antrag auf Eintragung in das Wählerverzeichnis für Unionsbürger

Anlage 2 Zu § 13 Absatz 1 und Absatz 2 Satz 1, §§ 70, 75a, 75g Absatz 3
Wahlbenachrichtigung

Anlage 3 Zu § 13 Absatz 2 Satz 2, §§ 70, 75a, 75h Absatz 1
Wahlscheinantrag

Anlage 4 Zu § 18 Absatz 1 Satz 2, §§ 70, 75a, 75f
Beurkundung des Abschlusses des Wählerverzeichnisses

Anlage 5a Zu § 20 Absatz 2, §§ 70, 75a
Wahlschein – Einzelne Wahlen

Anlage 5b Zu § 20 Absatz 2, §§ 75a, 75h Absatz 1
Wahlschein – Bürgermeisterwahl, Gemeinderatswahl, Landratswahl, Kreistagswahl und Wahl der Verbandsversammlung des Regionalverbands Ruhr

Anlage 5c Zu § 20 Absatz 2, § 75 Absatz 4 Satz 1, §§ 75a, 75h Absatz 1
Wahlschein – Oberbürgermeisterwahl, Ratswahl, Bezirksvertretungswahl und Wahl der Verbandsversammlung des Regionalverbands Ruhr

Anlage 6 Zu § 20 Absatz 4, § 32 Absatz 4, §§ 70, 75a, 75m Absatz 2 Satz 1
Stimmzettelumschlag für die Briefwahl
– Vorder- und Rückseite –

Anlage 7 Zu § 20 Absatz 4, § 32 Abs. 5, §§ 70, 75a, 75m Absatz 2 Satz 2
Wahlbriefumschlag
– Vorder- und Rückseite –

Anlage 8a Zu § 20 Absatz 4, §§ 70, 75a
Merkblatt für die Briefwahl – Einzelne Wahlen
– Vorder- und Rückseite –

Anlage 8b Zu § 20 Absatz 4, §§ 75a, 75h Absatz 2
Merkblatt für die Briefwahl – Gemeinderatswahl, Bürgermeisterwahl, Kreistagswahl, Landratswahl und Wahl der Verbandsversammlung des Regionalverbands Ruhr
– Vorder- und Rückseite –

Anlage 8c Zu § 75 Absatz 4 Satz 2, §§ 75a, 75h Absatz 2
Merkblatt für die Briefwahl – Ratswahl, Oberbürgermeisterwahl, Bezirksvertretungswahl und Wahl der Verbandsversammlung des Regionalverbands Ruhr
– Vorder- und Rückseite –

Anlage 9a Zu § 26 Absatz 4 Nummer 3, § 31 Absatz 3 Satz 3
Niederschrift über die Mitglieder-/Vertreterversammlung zur Aufstellung der Bewerber für die Wahlbezirke und die Reserveliste – Gemeinderatswahl und Kreistagswahl

Anlage 9b Zu § 72 Absatz 4 Nummer 3
Niederschrift über die Mitglieder-/Vertreterversammlung zur Aufstellung der Listenwahlvorschläge für die Bezirksvertretungswahl

Anlage 9c Zu § 75b Absatz 4
Niederschrift über die Mitglieder-/Vertreterversammlung zur Aufstellung des Bewerbers für das Amt des (Ober-)Bürgermeisters und des Landrats

Anlage 9d Zu § 75j Absatz 4 Nummer 3
Niederschrift über die Mitglieder-/Vertreterversammlung zur Aufstellung der Listenwahlvorschläge für die Wahl der Verbandsversammlung des Regionalverbands Ruhr

Anlage 10a Zu § 26 Absatz 4 Nummer 3
Versicherung an Eides statt für die Aufstellung der Bewerber für die Wahlbezirke und die Reserveliste

Anlage 10b Zu § 72 Absatz 4 Nummer 3
Versicherung an Eides statt für die Aufstellung der Bewerber für die Listenwahlvorschläge der Bezirksvertretungswahlen

Anlage 10c Zu § 75b Absatz 4
Versicherung an Eides statt für die Aufstellung des Bewerbers für das Amt des (Ober-) Bürgermeisters und des Landrats

Anlage 10d Zu § 75j Absatz 4 Nummer 3
Versicherung an Eides statt für die Aufstellung der Bewerber für die Listenwahlvorschläge der Wahl der Verbandsversammlung des Regionalverbands Ruhr

Anlage 11a Zu § 26 Absatz 1 Satz 1
Wahlvorschlag für die Wahl im Wahlbezirk

Anlage 11b Zu § 31 Absatz 1 Satz 1
Wahlvorschlag für die Reserveliste

Anlage 11c Zu § 72 Absatz 1 Satz 1
Listenwahlvorschlag für die Bezirksvertretungswahl

Anlage 11d Zu § 75b Absatz 2

Wahlvorschlag für die Wahl des (Ober-)Bürgermeisters und des Landrats

Anlage 11e Zu § 75j Absatz 1

Listenwahlvorschlag für die Wahl der Verbandsversammlung des Regionalverbands Ruhr

Anlage 12a Zu § 26 Absatz 4 Nummer 1

Zustimmungserklärung (Wahlbezirksvorschlag)

Anlage 12b Zu § 31 Absatz 3 Satz 5, § 72 Absatz 4 Nummer 1

Zustimmungserklärung (Reserveliste und Listenwahlvorschlag)

Anlage 12c Zu § 75b Absatz 4

Zustimmungserklärung zur Aufnahme in den Wahlvorschlag ((Ober-)Bürgermeister und Landrat)

Anlage 12d Zu § 75j Absatz 4 Nummer 1

Zustimmungserklärung zur Aufnahme in den Listenwahlvorschlag für die Wahl der Verbandsversammlung des Regionalverbands Ruhr

Anlage 13a Zu § 26 Absatz 4 Nummer 2, § 72 Absatz 4 Nummer 2

Wählbarkeitsbescheinigung (Vertretungen)

Anlage 13b Zu § 75b Absatz 4

Wählbarkeitsbescheinigung ((Ober-)Bürgermeister und Landrat)

Anlage 13c Zu § 75j Absatz 4 Nummer 2

Wählbarkeitsbescheinigung (Wahl der Verbandsversammlung des Regionalverbands Ruhr)

Anlage 14a Zu § 26 Absatz 3 Satz 1

Unterstützungsunterschrift für einen Wahlvorschlag im Wahlbezirk

Anlage 14b Zu § 31 Absatz 3 Satz 2, § 72 Absatz 3 Satz 2

Unterstützungsunterschrift für eine Reserveliste/einen Listenwahlvorschlag

Anlage 14c Zu § 75b Absatz 3

Unterstützungsunterschrift für einen Wahlvorschlag zur Wahl des (Ober-)Bürgermeisters und des Landrats

Anlage 14d Zu § 75j Absatz 3 Satz 2

Unterstützungsunterschrift für einen Listenwahlvorschlag zur Wahl der Verbandsversammlung des Regionalverbands Ruhr

Anlage 15 Zu § 26 Absatz 3 Satz 1 Nummer 3, § 72 Absatz 3 Satz 1, §§ 75a, 75j Absatz 3 Satz 4

Wahlrechtsbescheinigung

Anlage 16 Zu § 28 Absatz 6, §§ 70, 75a, 75j Absatz 7

Niederschrift über die Sitzung des Wahlausschusses

Anlage 17a Zu § 32 Absatz 1 Satz 1

Stimmzettel – Gemeinderatswahl und Kreistagswahl

Anlage 17b Zu § 73 Absatz 1

Stimmzettel – Bezirksvertretungswahl

Anlage 17c Zu § 75c

Stimmzettel – Wahl des (Ober-)Bürgermeisters und des Landrats

Anlage 17d Zu § 75d

Stimmzettel – Stichwahl des (Ober-)Bürgermeisters und des Landrats

Anlage 17e Zu § 75c

Stimmzettel – Wahl des (Ober-)Bürgermeisters und des Landrats bei nur einem Bewerber

Anlage 17f Zu § 75e

Stimmzettel – Abwahl des (Ober-)Bürgermeisters und des Landrats

Anlage 17g Zu § 75k Absatz 2 Satz 1

Stimmzettel – Wahl der Verbandsversammlung des Regionalverbands Ruhr

Anlage 18a Zu § 54 Absatz 1 Satz 1, §§ 75a, 75n Absatz 3

Wahlniederschrift – Bürgermeisterwahl, Gemeinderatswahl, Landratswahl, Kreistagswahl und Wahl der Verbandsversammlung des Regionalverbands Ruhr

Anlage 18b Zu §§ 74, 75a, 75n Absatz 3

Wahlniederschrift – Oberbürgermeisterwahl, Ratswahl, Bezirksvertretungswahl und Wahl der Verbandsversammlung des Regionalverbands Ruhr

Anlage 19a Zu § 58 Absatz 3 Satz 1, §§ 75a, 75n Absatz 3

Briefwahlniederschrift – Bürgermeisterwahl, Gemeinderatswahl, Landratswahl, Kreistagswahl und Wahl der Verbandsversammlung des Regionalverbands Ruhr

Anlage 19b Zu § 58 Absatz 3 Satz 1, §§ 74, 75a, 75n Absatz 3

Briefwahlniederschrift – Oberbürgermeisterwahl, Ratswahl, Bezirksvertretungswahl und Wahl der Verbandsversammlung des Regionalverbands Ruhr

Anlage 19c Zu § 75d

Briefwahlniederschrift – nur (Ober-)Bürgermeisterwahl und Landratswahl

Anlage 20a Zu § 60 Satz 4, §§ 75a, 75n Absatz 3

Ergänzung zur Briefwahlniederschrift – Bürgermeisterwahl, Gemeinderatswahl, Landratswahl, Kreistagswahl und Wahl der Verbandsversammlung des Regionalverbands Ruhr

Anlage 20b Zu § 60 Satz 4, §§ 74, 75a, 75n Absatz 3

Ergänzung zur Briefwahlniederschrift – Oberbürgermeisterwahl, Ratswahl, Bezirksvertretungswahl und Wahl der Verbandsversammlung des Regionalverbands Ruhr

Anlage 21 Zu § 58 Absatz 5 Satz 2, §§ 70, 75a, 75f

Mitteilung des Briefwahlvorstands an den Wahlvorstand des Stimmbezirks

Anlage 22 Zu § 58 Absatz 6 Satz 2, §§ 70, 75a, 75f

Empfangsbescheinigung durch den Wahlvorstand des Stimmbezirks

Anlage 23 Zu § 53 Absatz 2 Satz 1, §§ 70, 75a, 75f

Schnellmeldung an den Wahlleiter

Anlage 24a Zu § 53 Absatz 3

Schnellmeldung an das für Inneres zuständige Ministerium (Vertretung der kreisfreien Stadt und des Kreises)

Anlage 24b Zu § 75d i. V. m. § 53 Absatz 3

Schnellmeldung an das für Inneres zuständige Ministerium (Wahl des Oberbürgermeisters und des Landrats)

Anlage 25a Zu § 61 Absatz 1 Satz 5, §§ 70, 75a

Zusammenstellung des endgültigen Wahlergebnisses der allgemeinen Kommunalwahlen

Anlage 25b Zu § 75n Absatz 3

Zusammenstellung des endgültigen Wahlergebnisses der Wahl der Verbandsversammlung des Regionalverbands Ruhr in der Gemeinde durch den Wahlleiter der Gemeinde

Anlage 25c Zu § 75n Absatz 3

Zusammenstellung des endgültigen Wahlergebnisses der Wahl der Verbandsversammlung des Regionalverbands Ruhr durch den Wahlleiter des Regionalverbands Ruhr

Anlage 26a Zu § 61 Absatz 5 Satz 1

Niederschrift über die Sitzung des Wahlausschusses zur Feststellung des Wahlergebnisses – Gemeinderatswahl und Kreistagswahl

Anlage 26b Zu § 74

Niederschrift über die Sitzung des Wahlausschusses zur Feststellung der Ergebnisse der Bezirksvertretungswahlen

Anlage 26c Zu § 75d in Verbindung mit § 61 Absatz 5 Satz 1

Niederschrift über die Sitzung des Wahlausschusses zur Feststellung des Ergebnisses der Wahl des (Ober-)Bürgermeisters und des Landrats

Anlage 26d Zu § 75n Absatz 3

Niederschrift über die Sitzung des Wahlausschusses der Gemeinde zur Feststellung des Ergebnisses der Wahl der Verbandsversammlung des Regionalverbands Ruhr in der Gemeinde

Anlage 26e Zu § 75n Absatz 3

Niederschrift über die Sitzung des Wahlausschusses des Regionalverbands Ruhr zur Feststellung des Ergebnisses der Wahl der Verbandsversammlung im Wahlgebiet

Anlage 27 Zu § 26 Absatz 5a und 5b, § 31 Absatz 3, § 72 Absatz 5a und 5b, 75b Absatz 5, 75j Absatz 5a und 5b

Erklärung nach § 15a Absatz 2 des Kommunalwahlgesetzes

Anlage 28 Zu § 26 Absatz 5c, § 31 Absatz 3, § 72 Absatz 5c, 75b Absatz 5, 75j Absatz 5c

Erklärung nach § 15a Absatz 3 des Kommunalwahlgesetzes

Aufgrund des § 50 des Kommunalwahlgesetzes in der Fassung der Bekanntmachung vom 15. August 1993 (GV. NW. S. 521) (Fn 3), zuletzt geändert durch Gesetz vom 12. Dezember 1995 (GV. NW. S. 1198), und des § 96 Abs. 1 Satz 3 des Verwaltungsverfahrensgesetzes vom 21. Dezember 1976 (GV. NW. S. 438) (Fn 4), zuletzt geändert durch Gesetz vom 24. November 1992 (GV. NW. S. 446), wird verordnet:

Anhang

I.

WAHLORGANE UND WAHLBEHÖRDEN

§ 1
Aufgaben der Vertretung

Der für das Wahlgebiet zuständigen Vertretung obliegen folgende Aufgaben:

1. die Beisitzer des Wahlausschusses und ihre Stellvertreter nach § 2 Absatz 3 Satz 1 des Kommunalwahlgesetzes in der Fassung der Bekanntmachung vom 30. Juni 1998 (GV. NRW. S. 454, ber. S. 509 und 1999 S. 70) in der jeweils geltenden Fassung, im Folgenden des Gesetzes, sowie § 6 Absatz 1 zu wählen,
2. die Entscheidung über eine Verringerung der Zahl der zu wählenden Vertreter für die folgende Wahlperiode zu treffen (§ 3 Abs. 2 Satz 2 des Gesetzes),
3. einen Wahlprüfungsausschuss zu bestellen und über die Einsprüche sowie über die Gültigkeit der Wahl von Amts wegen aufgrund § 40 Absatz 1 des Gesetzes zu beschließen,
4. nach § 44 Absatz 1 des Gesetzes darüber zu entscheiden, ob ein Vertreter seinen Sitz verloren hat, weil die Voraussetzungen seiner Wählbarkeit nach der Wahl weggefallen sind oder von Anfang an nicht bestanden haben,
5. gegebenenfalls zu beschließen, dass ein Mitglied, dessen Wahl für ungültig erklärt ist oder das durch nachträglichen Verlust der Wählbarkeit seinen Sitz verloren hat, vorläufig nicht an der Arbeit der Vertretung teilnehmen darf (§§ 40 Abs. 4, 44 Abs. 1 des Gesetzes).

§ 2
Aufgaben des Wahlausschusses

(1) Dem für das Wahlgebiet zuständigen Wahlausschuss obliegen folgende Aufgaben:

1. das Wahlgebiet in Wahlbezirke nach § 4 Absatz 1 des Gesetzes einzuteilen, wobei er die tragenden Erwägungen für die Einteilung der Wahlbezirke transparent und nachvollziehbar zu dokumentieren hat; ab einer Abweichung von mehr als 15 Prozent der durchschnittlichen Wahlbezirksgröße sind die hierfür herangezogenen verfassungslegitimen Rechtfertigungsgründe zu erläutern,
2. über Verfügungen des Wahlleiters bei der Prüfung von Wahlvorschlägen zu entscheiden, wenn die Vertrauensperson den Wahlausschuss anruft (§ 18 Absatz 1 Satz 3 des Gesetzes),
3. über die Zulassung der Wahlvorschläge zu entscheiden (§ 18 Absatz 3 des Gesetzes),
4. das Wahlergebnis festzustellen (§ 34 Absatz 1 des Gesetzes).

(2) Dem Wahlausschuss der Gemeinde obliegt es, einen früheren Beginn der Wahlzeit festzusetzen, wenn besondere Gründe es erfordern (§ 14 Absatz 3 Satz 2 des Gesetzes).

(3) Der Wahlausschuss des Kreises entscheidet über Beschwerden gegen die Zurückweisung oder Zulassung von Wahlvorschlägen durch die Wahlausschüsse der kreisangehörigen Gemeinden. Der Landeswahlausschuss entscheidet über Beschwerden gegen die Zurückweisung oder Zulassung von Wahlvorschlägen durch die Wahlausschüsse der kreisfreien Städte und Kreise und des Regionalverbands Ruhr sowie in allen Fällen, in denen die oberste Aufsichtsbehörde gegen die Zulassung oder Zurückweisung eines Wahlvorschlags Beschwerde eingelegt hat (§ 18 Absatz 4 des Gesetzes).

§ 3
Aufgaben des Wahlleiters

Dem Wahlleiter obliegen insbesondere folgende Aufgaben:

1. den Vorsitz im Wahlausschuss zu führen (§ 2 Absatz 3 Satz 1 des Gesetzes),
2. bei einem Verzicht auf das Amt des Wahlleiters oder des stellvertretenden Wahlleiters (§ 2 Absatz 2 Satz 4 des Gesetzes) den Verzicht schriftlich der Aufsichtsbehörde anzuzeigen,
3. die Einteilung des Wahlgebiets in Wahlbezirke bekanntzugeben (§ 6 des Gesetzes, § 24 Satz 2 Nummer 2); vereinfachte Bekanntmachung genügt,
4. die Namen der Mitglieder des Wahlausschusses und ihrer Vertreter bekanntzumachen (§ 6 Absatz 1 Satz 2); vereinfachte Bekanntmachung genügt,

5. zur Einreichung von Wahlvorschlägen aufzufordern (§ 24), Wahlvorschläge entgegenzunehmen (§ 15 Absatz 1, § 16 Absatz 3 des Gesetzes) und zur Beseitigung etwaiger Mängel aufzufordern (§ 18 Absatz 1 Satz 2 des Gesetzes, § 27 Absatz 1),
6. nach § 15a Absatz 4 des Gesetzes die Erklärungen und Mitteilungen nach § 15a Absatz 2 und 3 des Gesetzes am 16. Tag vor der Wahl sowie etwaige Nachmeldungen am Tag vor dem Wahltermin in geeigneter Weise bekanntzumachen, wobei eine vereinfachte Bekanntmachung genügt,
7. nach § 15a Absatz 6 Satz 4 des Gesetzes der Gemeinde oder dem Kreis die eingereichten Erklärungen, Mitteilungen sowie weiteren Unterlagen zur Feststellung der Verpflichtung zur Zahlung des Betrags zur Verfügung zu stellen,
8. bei der Vorbereitung und Durchführung der Entscheidungen des Wahlausschusses über die Wahlvorschläge mitzuwirken sowie die zugelassenen Wahlvorschläge öffentlich bekanntzumachen (§ 18 Absatz 3, § 19 Absatz 1 des Gesetzes, §§ 27 bis 30),
9. die Nummernfolge der Wahlvorschläge festzusetzen (§§ 32 Absatz 2 und 75c Satz 5 und 6) sowie die Stimmzettel zu beschaffen (§ 79 Absatz 4),
10. die Schnellmeldungen zu erstatten (§ 53),
11. das Los bei Stimmengleichheit nach § 32 Satz 3 und § 46c Absatz 2 Satz 4 und 6 des Gesetzes oder bei gleichen Zahlenbruchteilen im Verhältnisausgleich nach § 33 Absatz 2 Satz 6 und Absatz 4 Satz 3 des Gesetzes zu ziehen,
12. das Wahlergebnis einschließlich der Namen der gewählten Bewerber öffentlich bekanntzugeben (§ 35 Absatz 2 des Gesetzes, § 63),
13. die Gewählten von der Wahl zu benachrichtigen (§ 35 Absatz 1 des Gesetzes, § 62),
14. erforderlichenfalls die Wahl abzusagen und bekannt zu geben, dass eine Nachwahl stattfinden wird (§ 64 Absatz 2 Satz 1 und Absatz 3 Satz 1),
15. die Entscheidung der Vertretung über den Verlust eines Sitzes wegen Wegfalls der Wählbarkeitsvoraussetzungen öffentlich bekanntzugeben (§ 44 Absatz 1 des Gesetzes, § 65),
16. den Nachfolger aus der Reserveliste oder das Freibleiben des Sitzes festzustellen und öffentlich bekanntzugeben (§ 45 Absatz 6 des Gesetzes),
17. den Verlust des Sitzes auf Grund eines Parteiverbots gemäß Artikel 21 des Grundgesetzes, auf Grund einer Entscheidung nach Artikel 9 Abs. 2 des Grundgesetzes und auf Grund einer Entscheidung nach Artikel 32 Abs. 2 der Landesverfassung festzustellen und öffentlich bekanntzugeben (§ 46 Absatz 4 des Gesetzes),
18. die Ordnungswidrigkeiten nach § 24 Absatz 5 des Gesetzes zu ahnden.

§ 4
Aufgaben des Bürgermeisters

Dem Bürgermeister obliegen bei Gemeinde- und Kreiswahlen und bei der Wahl der Verbandsversammlung des Regionalverbands Ruhr insbesondere folgende Aufgaben:

1. die Zahl der Mitglieder des Wahlvorstandes zu bestimmen, sowie den Wahlvorsteher, den stellvertretenden Wahlvorsteher und die Beisitzer zu berufen oder den Wahlvorsteher mit der Berufung der Beisitzer zu beauftragen (§ 2 Abs. 4 Satz 1 bis 3 des Gesetzes, § 7 Abs. 1 und 3),
2. die Zahl der Briefwahlvorstände und ihrer Mitglieder zu bestimmen, die Briefwahlvorsteher, die stellvertretenden Briefwahlvorsteher und die Beisitzer zu berufen (§ 2 Abs. 1 des Gesetzes, § 8), die Wahlbriefe entgegenzunehmen, die Tätigkeit der Briefwahlvorstände vorzubereiten (§ 26 Abs. 1 des Gesetzes, §§ 56, 57) und die Wahlbezirke zu bestimmen, für die der Briefwahlvorstand auch das Ergebnis der Briefwahl ermittelt (§ 57 Abs. 3),
3. darüber zu entscheiden, ob ein wichtiger Grund für die Ablehnung einer ehrenamtlichen Tätigkeit im Sinne von § 2 Absatz 9 des Gesetzes vorliegt, sofern der Rat ihm diese Entscheidung nach § 29 Absatz 2 der Gemeindeordnung für das Land Nordrhein-Westfalen in der Fassung der Bekanntmachung vom 14. Juli 1994 (GV. NRW. S. 666) in der jeweils geltenden Fassung übertragen hat,
4. die Wahlbezirke, soweit erforderlich, in Stimmbezirke einzuteilen (§ 5 Abs. 1 des Gesetzes, § 10),
5. dem Landrat die Abgrenzung der Wahl- und Stimmbezirke mitzuteilen und einen Abdruck der Wahlbekanntmachung zu übersenden, wenn Gemeinde- und Kreiswahlen gleichzeitig stattfinden (§ 5 Abs. 3 Satz 2 des Gesetzes, § 33 Abs. 3),
6. Wahlscheine zu erteilen und über Einsprüche zu entscheiden (§ 9 Abs. 2 und 3, § 11 Abs. 3 des Gesetzes, §§ 20 bis 23),

7. das Wählerverzeichnis aufzustellen, es zur Einsichtnahme bereitzuhalten und dies öffentlich bekannt zu machen, die eingetragenen Wahlberechtigten schriftlich zu benachrichtigen, über Einsprüche zu entscheiden und das Wählerverzeichnis nach Abschluss rechtzeitig dem Wahlvorsteher zu übergeben (§§ 10 und 11 Abs. 3 des Gesetzes, §§ 11 bis 18 und 34 Nr. 1 und 2),
8. die für die Einreichung der Wahlvorschläge erforderlichen Bescheinigungen auszustellen (§ 26 Abs. 3 Nr. 3 und Abs. 4 Nr. 2),
9. Ort, Zeit und nähere Einzelheiten der Wahl bekanntzugeben (§ 33),
10. bei der Stimmabgabe in besonderen Fällen mitzuwirken (§§ 45 bis 48),
11. öffentlich bekannt zu geben, bei welchem oder welchen Post- oder Zustellunternehmen amtliche Wahlbriefumschläge ohne besondere Versendungsform innerhalb des Bundesgebietes eingeliefert werden können (§ 56 Abs. 5).

§ 5
Aufgaben der Aufsichtsbehörden

Die Aufsichtsbehörden nach § 120 der Gemeindeordnung für das Land Nordrhein-Westfalen, § 57 der Kreisordnung für das Land Nordrhein-Westfalen in der Fassung der Bekanntmachung vom 14. Juli 1994 (GV. NRW. 646) in der jeweils geltenden Fassung sowie § 22 des Gesetzes über den Regionalverband Ruhr in der Fassung der Bekanntmachung vom 3. Februar 2004 (GV. NRW. S. 96) in der jeweils geltenden Fassung wachen darüber, dass die Kommunalwahlen und die Wahl der Verbandsversammlung des Regionalverbands Ruhr im Einklang mit den Gesetzen durchgeführt werden. Hierbei sind sie insbesondere zuständig,

1. über Beschwerden gegen die Entscheidung des Bürgermeisters wegen Versagung von Wahlscheinen zu entscheiden (§ 9 Absatz 3, § 11 Absatz 4 des Gesetzes),
2. über Beschwerden gegen die Entscheidung des Bürgermeisters wegen der Unrichtigkeit oder Unvollständigkeit des Wählerverzeichnisses zu entscheiden (§ 11 Absatz 4 des Gesetzes),
3. Beschwerde gegen die Entscheidungen der Wahlausschüsse zu erheben, wenn sie die Vorschriften des Wahlgesetzes oder der Wahlordnung bei der Entscheidung über die Zulassung von Wahlvorschlägen für verletzt halten (§ 18 Absatz 4 des Gesetzes),
4. bei der Durchführung von Nachwahlen, Wiederholungswahlen oder einzelnen Neuwahlen mitzuwirken, insbesondere den Tag der Nachwahl (§ 21 Absatz 2 Satz 3 des Gesetzes), den Tag der Wiederholungswahl (§ 42 Absatz 4 Satz 3 des Gesetzes) und den Wahltag bei einzelnen Neuwahlen (§ 14 Absatz 1 Satz 3, § 22 Absatz 2, § 42 Absatz 5 des Gesetzes) festzusetzen,
5. Einspruch gegen die Gültigkeit der Wahl (§ 39 Absatz 1 des Gesetzes), gegen den Beschluss der Vertretung über den Verlust eines Sitzes (§ 44 Abs. 1 des Gesetzes) und gegen die Feststellung des Nachfolgers oder des Freibleibens des Sitzes durch den Wahlleiter (§ 45 Absatz 6 des Gesetzes) zu erheben,
6. Klage gegen den Beschluss der Vertretung über die Gültigkeit oder Ungültigkeit der Wahl (§ 41 des Gesetzes) und über den Verlust eines Sitzes (§ 44 des Gesetzes) sowie gegen die Entscheidung des Wahlleiters über den Nachfolger oder das Freibleiben des Sitzes (§ 45 Absatz 6 des Gesetzes) zu erheben,
7. über die Verteilung der Wahlkosten zu entscheiden, falls sich die für das jeweilige Wahlgebiet zuständigen Gebietskörperschaften nicht auf einen billigen Ausgleich einigen (§ 47 Satz 3 des Gesetzes, § 77),
8. einen anderen Termin für die Stichwahl festzusetzen, wenn besondere Umstände es erfordern (§ 46c Absatz 2 Satz 2 des Gesetzes).

§ 6
Allgemeine Vorschriften für Wahlausschüsse

(1) Für jeden Beisitzer des Wahlausschusses soll die Vertretung einen Stellvertreter wählen. Die Namen der Beisitzer des Wahlausschusses und ihrer Stellvertreter sollen vom Wahlleiter öffentlich bekanntgemacht werden; vereinfachte Bekanntmachung genügt.

(2) Ort, Zeit und Gegenstand der Beratungen des Wahlausschusses sind öffentlich bekanntzumachen; vereinfachte Bekanntmachung, verbunden mit dem Hinweis, daß jedermann Zutritt zu der Sitzung hat, genügt. Der Wahlleiter weist die Beisitzer in der Ladung darauf hin, daß der Wahlausschuß ohne Rücksicht auf die Zahl der erschienenen Beisitzer beschlußfähig ist.

(3) Der Vorsitzende verpflichtet die Beisitzer zur unparteiischen Wahrnehmung ihres Amtes und zur Verschwiegenheit über die ihnen bei ihrer amtlichen Tätigkeit bekannt gewordenen Tatsachen, insbesondere über alle dem Wahlgeheimnis unterliegenden Angelegenheiten. Die Mitglieder des Wahlausschusses sind nicht gehindert, an einer Entscheidung mitzuwirken, die sich auf ihre Wahl oder Bewerbung erstreckt.

(4) Zur Abgeltung des den Beisitzern des Wahlausschusses durch die Teilnahme an der Sitzung entstandenen Aufwandes kann ein Sitzungstagegeld gewährt werden. Auf die Entschädigung für den Verdienstausfall und die Erstattung von Vertretungskosten und Fahrkosten finden die für die Ausschüsse der jeweiligen kommunalen Vertretung des Wahlgebiets geltenden Vorschriften entsprechende Anwendung. Die Beisitzer des Landeswahlausschusses werden nach den Grundsätzen entschädigt, welche für die Landtagsabgeordneten bei der Teilnahme an Sitzungen der Ausschüsse des Landtags gelten.

§ 7
Wahlvorsteher und Wahlvorstand

(1) Der Bürgermeister bestimmt die Zahl der Beisitzer im Rahmen des § 2 Abs. 4 Satz 1 des Gesetzes.

(2) Bei verbundenen Wahlen und gleichzeitiger Wahl der Verbandsversammlung des Regionalverbands Ruhr wird nur ein Wahlvorstand für jeden Stimmbezirk gebildet.

(3) Der Bürgermeister beruft nach Möglichkeit aus den Wahlberechtigten der Gemeinde den Wahlvorsteher und dessen Stellvertreter sowie die Beisitzer des Wahlvorstandes. Die Beisitzer können auch im Auftrag des Bürgermeisters vom Wahlvorsteher berufen werden. § 2 Abs. 7 des Gesetzes bleibt unberührt.

(4) Der Bürgermeister oder in seinem Auftrag der Wahlvorsteher bestellt aus den Beisitzern den Schriftführer und dessen Stellvertreter.

(5) Der Bürgermeister hat die Mitglieder des Wahlvorstandes vor der Wahl so über ihre Aufgaben zu unterrichten, daß ein ordnungsmäßiger Ablauf der Wahlhandlung sowie der Ermittlung und Feststellung des Wahlergebnisses gesichert ist.

(6) Der Wahlvorsteher und sein Stellvertreter werden, wenn sie nicht schon für ihr Hauptamt verpflichtet sind, vom Bürgermeister vor der Wahl zur unparteiischen Wahrnehmung ihres Amtes und zur Verschwiegenheit über die ihnen bei ihrer amtlichen Tätigkeit bekannt gewordenen Tatsachen, insbesondere über alle dem Wahlgeheimnis unterliegenden Angelegenheiten, verpflichtet. Die Verpflichtung der Beisitzer obliegt dem Wahlvorsteher zu Beginn der Wahlhandlung (§ 38 Abs. 1). Die Mitglieder des Wahlvorstandes dürfen während ihrer Tätigkeit kein auf eine politische Überzeugung hinweisendes Zeichen sichtbar tragen.

(7) Der Wahlvorstand wird vom Bürgermeister oder in seinem Auftrag vom Wahlvorsteher einberufen. Er tritt am Wahltage rechtzeitig vor Beginn der Wahlzeit im Wahlraum zusammen. Er sorgt für die ordnungsmäßige Durchführung der Wahl. Der Wahlvorsteher leitet die Tätigkeit des Wahlvorstandes.

(8) Während der Wahlhandlung müssen immer mindestens drei Mitglieder des Wahlvorstandes, darunter der Wahlvorsteher und der Schriftführer oder ihre Stellvertreter, anwesend sein. Bei der Ermittlung und Feststellung des Wahlergebnisses sollen alle Mitglieder des Wahlvorstandes anwesend sein.

(9) Der Wahlvorstand ist beschlußfähig

- während der Wahlhandlung, wenn mindestens drei Mitglieder,
- bei der Ermittlung und Feststellung des Wahlergebnisses, wenn mindestens fünf Mitglieder,

darunter jeweils der Wahlvorsteher und der Schriftführer oder ihre Stellvertreter, anwesend sind. Fehlende Beisitzer sind vom Wahlvorsteher durch Wahlberechtigte, die nicht zugleich Wahlbewerber im Wahlbezirk sein dürfen, zu ersetzen, wenn es mit Rücksicht auf die Beschlussfähigkeit des Wahlvorstandes erforderlich ist; sie sind vom Wahlvorsteher nach § 38 Abs. 1 Satz 1 zu verpflichten.

(10) Bei Bedarf stellt der Bürgermeister dem Wahlvorstand die erforderlichen Hilfskräfte zur Verfügung.

(11) Den Mitgliedern des Wahlvorstandes kann für den Wahltag ein Erfrischungsgeld gewährt werden.

§ 8

Briefwahlvorsteher und Briefwahlvorstand

(1) Für die Briefwahlvorsteher und Briefwahlvorstände gilt § 7 mit der Maßgabe entsprechend, dass der Bürgermeister Ort und Zeit des Zusammentritts der Briefwahlvorstände im Rahmen der Wahlbekanntmachung nach § 33 Absatz 1 Satz 2 Nummer 1a öffentlich bekannt macht.

(2) Der Bürgermeister bestimmt, wieviel Briefwahlvorstände zu bilden sind, um das Ergebnis der Briefwahl noch am Wahltag feststellen zu können.

§ 9

Beweglicher Wahlvorstand

Für die Stimmabgabe in kleineren Krankenhäusern, kleineren Alten- oder Pflegeheimen, Klöstern, sozialtherapeutischen Anstalten und Justizvollzugsanstalten sollen bei entsprechendem Bedürfnis und soweit möglich bewegliche Wahlvorstände gebildet werden. Der bewegliche Wahlvorstand besteht aus dem Wahlvorsteher des zuständigen Stimmbezirks oder seinem Stellvertreter und zwei Beisitzern des Wahlvorstandes. Der Bürgermeister kann jedoch auch den beweglichen Wahlvorstand eines anderen Stimmbezirks des Wahlbezirks der Gemeinde mit der Entgegennahme der Stimmzettel beauftragen.

§ 10

Sonderstimmbezirke

(1) Für Krankenhäuser, Altenheime, Altenwohnheime, Pflegeheime, Erholungsheime und gleichartige Einrichtungen mit einer größeren Anzahl von Wahlberechtigten, die keinen Wahlraum außerhalb der Einrichtung aufsuchen können, soll der Bürgermeister bei entsprechendem Bedürfnis Sonderstimmbezirke zur Stimmabgabe für Wahlscheininhaber bilden.

(2) Mehrere Einrichtungen können zu einem Sonderstimmbezirk zusammengefaßt werden.

(3) Wird ein Sonderstimmbezirk nicht gebildet, gilt § 9 entsprechend.

II.

WÄHLERVERZEICHNIS UND WAHLSCHEIN

§ 11

Führung des Wählerverzeichnisses, Datenschutz

(1) Der Bürgermeister legt vor jeder Wahl für jeden allgemeinen Stimmbezirk (§ 5 Abs. 1 des Gesetzes) ein Verzeichnis der Wahlberechtigten nach Familiennamen, Vornamen, Tag der Geburt und Wohnung an. Das Wählerverzeichnis kann auch im automatisierten Verfahren geführt werden.

(2) Das Wählerverzeichnis wird unter fortlaufender Nummer in der Buchstabenfolge der Familiennamen, bei gleichen Familiennamen der Vornamen, angelegt. Es kann auch nach Ortsteilen, Straßen und Hausnummern gegliedert werden. Es enthält bei verbundenen Wahlen zwei Spalten, sonst eine Spalte, für Vermerke über die Stimmabgabe und eine Spalte für Bemerkungen. Wähler, die bei verbundenen Wahlen nicht für die Gemeindewahl wahlberechtigt sind, werden in der betreffenden Spalte mit dem Vermerk „Nicht wahlberechtigt" oder „N" bezeichnet.

(3) Der Bürgermeister sorgt dafür, daß die Unterlagen für die Wählerverzeichnisse jederzeit so vollständig vorhanden sind, daß diese vor Wahlen rechtzeitig angelegt werden können.

(4) Hinsichtlich der für die Führung des Wählerverzeichnisses und für die Erteilung eines Wahlscheines verarbeiteten personenbezogenen Daten erfolgt die Information der betroffenen Person abweichend von Artikel 13 der Verordnung (EU) 2016/679 des Europäischen Parlaments und des Rates vom 27. April 2016 zum Schutz natürlicher Personen bei der Verarbeitung personenbezogener Daten, zum freien Datenverkehr und zur Aufhebung der Richtlinie 95/46/EG (Datenschutz-Grundverordnung) (ABl. L 119 vom 4.5.2016, S. 1; L 314 vom 22.11.2016, S. 72; L 127 vom 23.5.2018 S. 2; L 74 vom 4.3.2021, S. 35), im Folgenden Datenschutz-Grundverordnung, durch die Bekanntmachung nach den §§ 9 und 26 des Gesetzes in Verbindung mit § 14 dieser Verordnung.

(5) Hinsichtlich der im Wählerverzeichnis enthaltenen personenbezogenen Daten besteht abweichend von Artikel 15 Absatz 1 und Absatz 3 der Datenschutz-Grundverordnung das Recht auf Auskunft und das Recht auf Erhalt einer Kopie abschließend durch das unter den Voraussetzungen des § 10 Absatz 4 des Gesetzes in Verbindung mit § 15 dieser Verordnung gewährleistete Recht auf Einsicht in das Wählerverzeichnis und das Recht auf Anfertigen von Auszügen aus dem Wählerverzeichnis.

(6) Hinsichtlich der im Wählerverzeichnis enthaltenen personenbezogenen Daten besteht abweichend von Artikel 16 und Artikel 18 der Datenschutz-Grundverordnung das Recht auf Berichtigung und das Recht auf Einschränkung der Verarbeitung abschließend durch die unter den Voraussetzungen des § 10 Absatz 5 und § 11 Absatz 1 des Gesetzes in Verbindung mit § 16 dieser Verordnung gewährleisteten Einspruchsrechte.

§ 12
Eintragung der Wahlberechtigten

(1) Von Amts wegen sind in das Wählerverzeichnis alle Wahlberechtigten einzutragen, die am 42. Tag vor der Wahl (Stichtag) bei der Meldebehörde für eine Wohnung, bei mehreren Wohnungen für die Hauptwohnung, gemeldet sind. In den Fällen des § 10 Abs. 1 Satz 3 und 4 des Gesetzes sind die Wahlberechtigten unverzüglich nach ihrer Anmeldung in das Wählerverzeichnis einzutragen. Hierauf sollen sie bei der Anmeldung hingewiesen werden.

(2) Wahlberechtigte, die nicht nach Absatz 1 von Amts wegen in das Wählerverzeichnis eingetragen worden sind, werden bis zum Beginn der Einsichtsfrist nach § 10 Absatz 4 Satz 1 des Gesetzes auf Antrag eingetragen. Zuständig für die Eintragung von Wahlberechtigten, die sich im Wahlgebiet sonst gewöhnlich aufhalten, ohne eine Wohnung innezuhaben, ist die Gemeinde, in der sie ihren gewöhnlichen Aufenthalt am Stichtag haben oder hatten. § 11 Absatz 3 bis 5 des Gesetzes und § 16 sind sinngemäß anzuwenden.

(3) Verlegen Wahlberechtigte, die nach Absatz 1 in das Wählerverzeichnis eingetragen sind, nach dem Stichtag ihre Wohnung aus dem Wahlgebiet oder wird ihre Wohnung im Wahlgebiet zur Nebenwohnung, so sind sie aus dem Wählerverzeichnis zu streichen.

(4) In den Fällen des § 10 Abs. 1 Satz 3 und 4 des Gesetzes sind die Betroffenen im Wählerverzeichnis der Fortzugsgemeinde zu streichen. Sie sollen bei ihrer Anmeldung darauf entsprechend hingewiesen werden.

(5) Wahlberechtigte, die nach dem Stichtag und bis zu dem Tag des Endes der Einsichtsfrist (§ 10 Abs. 4 Satz 1 des Gesetzes) ihre Wohnung, bei mehreren Wohnungen die Hauptwohnung,

a) innerhalb der Gemeinde von einem Wahlbezirk in einen anderen verlegen oder
b) innerhalb desselben Kreises von einer Gemeinde in eine andere verlegen,

sollen bei der Anmeldung darauf hingewiesen werden, dass sie von Amts wegen in das Wählerverzeichnis des für die neue Wohnung maßgeblichen Stimmbezirks eingetragen werden und nur dort wählen können, und dass bereits erhaltene Wahlscheine und abgegebene Briefwahlstimmen ungültig werden (§ 20 Abs. 8).

(6) Wahlberechtigte, die nach der Einsichtsfrist (§ 10 Abs. 4 Satz 1 des Gesetzes) ihre Wohnung, bei mehreren Wohnungen die Hauptwohnung innerhalb des Kreises von einer Gemeinde in eine andere verlegen, sollen bei der Anmeldung darauf hingewiesen werden, dass sie für die Kreiswahl von Amts wegen in das Wählerverzeichnis der Gemeinde der neuen Wohnung oder Hauptwohnung aufgenommen werden und dort nur für die Kreiswahl wählen können, und dass in der Fortzugsgemeinde bereits abgegebene Briefwahlstimmen ungültig werden (§ 27 Abs. 4 Satz 2 des Gesetzes).

(7) Wahlberechtigte Unionsbürger, die nach den melderechtlichen Vorschriften von der Meldepflicht befreit sind, sind auf Antrag in das Wählerverzeichnis einzutragen, der bis zum 16. Tag vor der Wahl zu stellen ist. Sie sind hierüber spätestens am 42. Tag vor der Wahl in geeigneter Form vom Bürgermeister zu unterrichten.

(8) Der Antrag nach Absatz 7 Satz 1 muss Familiennamen, Vornamen, Geburtsdatum, Geburtsort und Anschrift sowie Staatsangehörigkeit enthalten und persönlich und handschriftlich unterzeichnet sein. In seinem Antrag hat der Unionsbürger durch Abgabe einer Versicherung an Eides Statt den Nachweis für seine Wahlberechtigung zu erbringen. Gegenstand der Versicherung an Eides Statt ist eine Erklärung

1. über seine Staatsangehörigkeit,

2. über seine Anschrift in der Gemeinde,
3. dass er am Wahltag seit mindestens dem 16. Tag vor der Wahl im Wahlgebiet ununterbrochen eine Wohnung, bei mehreren Wohnungen die Hauptwohnung innehaben wird.

Der Bürgermeister kann die Vorlage eines gültigen Identitätsausweises und eines Nachweises über die Wohnung und den Zeitpunkt des Innehabens der Wohnung verlangen. Ein Wahlberechtigter mit Behinderung kann sich der Hilfe einer anderen Person bedienen; § 41 gilt entsprechend. Bedient sich der Wahlberechtigte einer Hilfsperson, so hat diese an Eides Statt zu versichern, daß sie den Antrag entsprechend den Angaben des Wahlberechtigten ausgefüllt hat und daß die darin gemachten Angaben nach ihrer Kenntnis der Wahrheit entsprechen. Für den Antrag ist das Muster der Anlage 1 zu verwenden. Der Bürgermeister ist zur Abnahme der Versicherungen an Eides Statt zuständig; er ist Behörde im Sinne des § 156 des Strafgesetzbuches.

§ 13
Benachrichtigung der Wahlberechtigten

(1) Spätestens am Tage vor Beginn der Einsichtsfrist in das Wählerverzeichnis benachrichtigt der Bürgermeister alle Wahlberechtigten, die in das Wählerverzeichnis eingetragen sind, nach dem Muster der Anlage 2 (Wahlbenachrichtigung). In den Fällen des § 10 Absatz 1 Satz 3 und 4 des Gesetzes benachrichtigt der Bürgermeister die Wahlberechtigten unverzüglich nach der Anmeldung.

(2) Die äußerlich als amtliche Wahlunterlage erkennbare Wahlbenachrichtigung soll enthalten:

1. den Familiennamen, die Vornamen und die Wohnung des Wahlberechtigten,
2. den Stimmbezirk und den Wahlraum und die Angabe, ob dieser barrierefrei ist,
3. die Wahlzeit,
4. die Nummer, unter der der Wahlberechtigte in das Wählerverzeichnis eingetragen ist,
5. die Aufforderung, die Wahlbenachrichtigung und den gültigen Personalausweis, Unionsbürger einen gültigen Identitätsausweis, oder einen Reisepass zur Wahl mitzubringen, verbunden mit dem Hinweis, dass das Wahlrecht auch bei Verlust der Wahlbenachrichtigung ausgeübt werden kann,

5a. die Belehrung, dass jeder Wahlberechtigte nach § 25 des Gesetzes sein Wahlrecht nur einmal und nur persönlich ausüben kann,

6. die Belehrung, dass die Wahlbenachrichtigung nicht zur Wahl in einem anderen als dem angegebenen Wahlraum berechtigt,
7. einen Hinweis, wo Wahlberechtigte Informationen über barrierefreie Wahlräume und Hilfsmittel erhalten können,
8. die Belehrung über die Beantragung eines Wahlscheins und über die Übersendung von Briefwahlunterlagen. Sie muss mindestens Hinweise darüber enthalten,
   a) dass der Wahlscheinantrag nur auszufüllen ist, wenn der Wahlberechtigte in einem anderen Stimmbezirk seines Wahlbezirks oder durch Briefwahl wählen will,
   b) dass der Wahlschein von einem anderen als dem Wahlberechtigten nur beantragt werden kann, wenn die Berechtigung zur Antragstellung durch Vorlage einer schriftlichen Vollmacht nachgewiesen wird (§ 19 Absatz 3), und
   c) dass Wahlschein und Briefwahlunterlagen an eine andere Person als den Wahlberechtigten persönlich nur ausgehändigt werden dürfen, wenn die Berechtigung zur Empfangnahme durch Vorlage einer schriftlichen Vollmacht nachgewiesen wird (§ 20 Absatz 5),
9. gegebenenfalls den Hinweis, dass der Stimmbezirk in eine repräsentative Wahlstatistik (§ 50 Absatz 2 des Gesetzes) oder eine wahlstatistische Auszählung (§ 50 Absatz 4 des Gesetzes) einbezogen ist und mit Stimmzetteln gewählt wird, die mit Unterscheidungsbezeichnungen nach Geschlecht und Geburtsjahresgruppen versehen sind.

Die Rückseite der Wahlbenachrichtigung muss einen Vordruck für einen Antrag auf Erteilung eines Wahlscheins nach dem Muster der Anlage 3 enthalten.

§ 14
Bekanntmachung über Wählerverzeichnisse und Wahlscheine

Der Bürgermeister macht spätestens am 24. Tage vor der Wahl öffentlich bekannt,

1. wo, wie lange und zu welchen Tagesstunden das Wählerverzeichnis eingesehen werden kann,
2. dass innerhalb der Einsichtsfrist beim Bürgermeister Einspruch gegen das Wählerverzeichnis eingelegt werden kann (§ 11 Abs. 1 des Gesetzes, § 16),
3. wo, in welcher Zeit und unter welchen Voraussetzungen ein Wahlschein beantragt werden kann (§ 19 und 20 Absatz 2),
4. bis zu welchem Tage vor der Wahl den Wahlberechtigten, die in das Wählerverzeichnis eingetragen sind, spätestens eine Wahlbenachrichtigung zugeht (§ 13 Abs. 1),
5. wie durch Briefwahl gewählt wird (§ 56).

§ 15
Einsicht in das Wählerverzeichnis

(1) Die Gemeindebehörde hält das Wählerverzeichnis während der allgemeinen Öffnungszeiten zur Einsichtnahme bereit.

(2) Bei Führung im automatisierten Verfahren kann die Einsichtnahme in das Wählerverzeichnis auch durch ein Datensichtgerät ermöglicht werden. Es ist sicherzustellen, dass Bemerkungen (§ 17 Abs. 3) im Klartext gelesen werden können. Das Datensichtgerät darf nur von Bediensteten der Gemeindeverwaltung bedient werden.

(3) Innerhalb der Einsichtsfrist ist das Anfertigen von Auszügen aus dem Wählerverzeichnis durch Wahlberechtigte zulässig, soweit dies im Zusammenhang mit der Prüfung des Wahlrechts einzelner bestimmter Personen steht. Die Auszüge dürfen nur für diesen Zweck verwendet und unbeteiligten Dritten nicht zugänglich gemacht werden.

§ 16
Einspruch und Beschwerde gegen das Wählerverzeichnis

(1) Der Einspruch ist schriftlich oder zur Niederschrift bei dem Bürgermeister einzulegen. Soweit die behaupteten Tatsachen nicht offenkundig sind, hat der Einspruchsführer die erforderlichen Beweismittel beizubringen.

(2) Will der Bürgermeister einem Einspruch gegen die Eintragung eines anderen stattgeben, so hat er diesem vor der Entscheidung Gelegenheit zur Äußerung zu geben (§ 11 Abs. 2 des Gesetzes).

(3) Der Bürgermeister hat seine Entscheidung dem Einspruchsführer und dem Betroffenen spätestens am zehnten Tage vor der Wahl zuzustellen und auf den zulässigen Rechtsbehelf hinzuweisen. Einem auf Eintragung gerichteten Einspruch gibt der Bürgermeister in der Weise statt, daß er dem Wahlberechtigten nach Berichtigung des Wählerverzeichnisses die Wahlbenachrichtigung zugehen läßt.

(4) Die Beschwerde gegen die Entscheidung des Bürgermeisters ist bei diesem schriftlich oder zur Niederschrift einzulegen. Der Bürgermeister legt die Beschwerde, sofern er ihr nicht sogleich abhilft, mit den Vorgängen unverzüglich der Aufsichtsbehörde vor. Diese hat über die Beschwerde spätestens am vierten Tage vor der Wahl zu entscheiden; Absatz 2 gilt entsprechend. Die Beschwerdeentscheidung ist den Beteiligten und dem Bürgermeister bekanntzugeben.

(5) Ein Wahlberechtigter mit Behinderungen kann sich bei der Einlegung von Einspruch oder Beschwerde der Hilfe einer anderen Person bedienen. § 41 dieser Verordnung gilt entsprechend.

§ 17
Berichtigung des Wählerverzeichnisses

(1) Nach Beginn der Einsichtsfrist sind die Eintragung oder Streichung von Personen sowie die Vornahme sonstiger Änderungen im Wählerverzeichnis nur zulässig

a) aufgrund eines rechtzeitigen Einspruchs (§ 10 Abs. 5, 1. Teilsatz und § 11 Abs. 1 des Gesetzes),
b) zur Berichtigung offenbarer Unrichtigkeiten (§ 10 Abs. 5, 2. Teilsatz des Gesetzes); dazu gehört auch, daß Wahlberechtigte aus dem Wahlgebiet fortziehen oder die Wohnung zur Nebenwohnung wird,
c) im Falle nachträglich ausgestellter Wahlscheine (§ 38 Abs. 2).

Die Pflicht zur Eintragung von Amts wegen nach § 10 Absatz 1 Satz 3 und 4 des Gesetzes bleibt unberührt.

(2) Im Falle der Berichtigung offenbarer Unrichtigkeiten gilt § 16 Abs. 2 bis 4 entsprechend. Die Frist für die Zustellung der Entscheidung (§ 16 Abs. 3 Satz 1) und für die Beschwerdeentscheidung (§ 16 Abs. 4 Satz 3) gilt nur, wenn die von Amts wegen behebbaren Mängel vor dem zwölften Tage vor der Wahl bekannt werden.

(3) Alle vom Beginn der Einsichtsfrist ab vorgenommenen Änderungen sind in der Spalte „Bemerkungen" zu erläutern und mit Datum und Unterschrift des vollziehenden Bediensteten, im automatisierten Verfahren an Stelle der Unterschrift mit einem Hinweis auf den verantwortlichen Bediensteten, zu versehen.

§ 18
Abschluß des Wählerverzeichnisses

(1) Das Wählerverzeichnis ist spätestens am Tage vor der Wahl, jedoch nicht früher als am dritten Tage vor der Wahl abzuschließen. Der Abschluß wird nach dem Muster der Anlage 4 beurkundet. Bei automatisierter Führung des Wählerverzeichnisses ist vor der Beurkundung ein Ausdruck herzustellen.

(2) Änderungen nach § 17 Abs. 1 Satz 1 können auch noch nach dem Abschluss des Wählerverzeichnisses vorgenommen werden.

§ 19
Wahlscheinantrag

(1) Die Erteilung eines Wahlscheines kann schriftlich oder mündlich beantragt werden. Die Schriftform gilt auch durch Telefax, E-Mail oder durch sonstige dokumentierbare Übermittlung in elektronischer Form als gewahrt. Eine fernmündliche Antragstellung ist unzulässig. Ein Wahlberechtigter mit Behinderung kann sich bei der Antragstellung der Hilfe einer anderen Person bedienen; § 41 gilt entsprechend.

(2) Die Antragsteller müssen Familienname, Vornamen, Geburtsdatum und Wohnanschrift (Straße, Hausnummer, Postleitzahl, Ort) angeben.

(3) Wer den Antrag für einen anderen stellt, muß durch Vorlage einer schriftlichen Vollmacht nachweisen, daß er dazu berechtigt ist.

(4) Wahlscheine können bis zum zweiten Tage vor der Wahl, 15 Uhr, beantragt werden. In den Fällen des § 9 Abs. 2 Satz 2 des Gesetzes können Wahlscheine noch bis zum Wahltage, 15 Uhr, beantragt werden. Gleiches gilt, wenn bei nachgewiesener plötzlicher Erkrankung der Wahlraum nicht oder nur unter nicht zumutbaren Schwierigkeiten aufgesucht werden kann; in diesem Falle hat der Bürgermeister vor Ausstellung des Wahlscheines den für den Stimmbezirk des Wahlberechtigten zuständigen Wahlvorsteher davon zu unterrichten, der nach § 38 Abs. 2 zu verfahren hat.

(5) Verspätet eingegangene schriftliche Anträge sind unbearbeitet mit den dazugehörigen Briefumschlägen zu verpacken und vorläufig aufzubewahren.

§ 20
Erteilung von Wahlscheinen, Datenschutz

(1) Wahlscheine dürfen nicht vor Zulassung der Wahlvorschläge erteilt werden.

(2) Der Wahlschein wird nach dem Muster der Anlage 5a, bei verbundenen Wahlen nach dem Muster der Anlage 5b oder der Anlage 5c, von derjenigen Gemeinde erteilt, in deren Wählerverzeichnis der Wahlberechtigte eingetragen ist oder hätte eingetragen werden müssen.

(3) Der Wahlschein muß von dem mit der Erteilung beauftragten Bediensteten eigenhändig unterschrieben werden und mit dem Dienstsiegel versehen sein. Das Dienstsiegel kann eingedruckt werden, wenn die sichere Aufbewahrung der Wahlscheinvordrucke gewährleistet ist. Bei Erteilung des Wahlscheines im automatisierten Verfahren kann anstelle der eigenhändigen Unterschrift der Name des beauftragten Bediensteten ausgedruckt werden.

(4) Dem Wahlschein sind beizufügen

1. ein amtlicher Stimmzettel des Wahlbezirks,
2. ein amtlicher Stimmzettelumschlag nach dem Muster der Anlage 6,
3. ein amtlicher Wahlbriefumschlag nach dem Muster der Anlage 7, auf dem die vollständige Anschrift, an die der Wahlbrief zu übersenden ist, und der Wahlbezirk anzugeben sind; daneben kann auch die Wahlscheinnummer angegeben werden;
4. ein Merkblatt für die Briefwahl nach dem Muster der Anlage 8a, bei verbundenen Wahlen nach dem Muster der Anlage 8b oder der Anlage 8c.

(5) An eine andere Person als den Wahlberechtigten persönlich dürfen Wahlschein und Briefwahlunterlagen nur ausgehändigt werden, wenn die Berechtigung zur Empfangnahme durch Vorlage einer schriftlichen Vollmacht nachgewiesen wird. Von der Vollmacht kann nur Gebrauch gemacht werden, wenn die bevollmächtigte Person nicht mehr als vier Wahlberechtigte vertritt; dies hat sie der Gemeindebehörde vor der Empfangnahme der Unterlagen schriftlich zu versichern. Auf Verlangen hat sich die bevollmächtigte Person auszuweisen. Postsendungen sind von der Gemeinde freizumachen und äußerlich erkennbar als amtliche Wahlunterlagen zu kennzeichnen. Die Gemeinde übersendet den Wahlberechtigten Wahlschein und Briefwahlunterlagen mit Luftpost, wenn sich aus dem Antrag ergibt, dass sie aus einem außereuropäischen Gebiet wählen wollen, oder wenn dies sonst geboten erscheint.

(6) Holt der Wahlberechtigte persönlich den Wahlschein und die Briefwahlunterlagen beim Bürgermeister ab, so soll ihm Gelegenheit gegeben werden, die Briefwahl an Ort und Stelle auszuüben. Es ist sicherzustellen, dass der Stimmzettel unbeobachtet gekennzeichnet und in den Stimmzettelumschlag gelegt werden kann, und dass der Wähler den Stimmzettelumschlag sowie den Wahlbriefumschlag verschlossen abgibt; der Bürgermeister sammelt die abgegebenen Wahlbriefe ungeöffnet, hält sie unter Verschluss und übergibt sie am Wahltag dem zuständigen Briefwahlvorstand.

(7) Über die erteilten Wahlscheine führt der Bürgermeister ein Wahlscheinverzeichnis, in dem die Fälle des § 9 Abs. 2 Satz 1 und 2 des Gesetzes getrennt gehalten werden. Das Verzeichnis wird als Liste oder als Sammlung der Durchschriften der Wahlscheine geführt. Auf dem Wahlschein wird die Nummer eingetragen, unter der er im Wahlscheinverzeichnis vermerkt ist, sowie der Wahlbezirk. Bei nicht in das Wählerverzeichnis eingetragenen Wahlberechtigten wird auf dem Wahlschein vermerkt, daß dessen Erteilung nach § 9 Abs. 2 Satz 2 des Gesetzes erfolgt ist und welchem Stimmbezirk der Wahlberechtigte zugeordnet wird. Werden nach Abschluß des Wählerverzeichnisses noch Wahlscheine erteilt, so ist darüber ein besonderes Verzeichnis nach Satz 1 bis 3 zu führen.

(8) Werden Wahlberechtigte, die bereits einen Wahlschein erhalten haben, im Wählerverzeichnis gestrichen, so ist der Wahlschein für ungültig zu erklären. Der Bürgermeister führt darüber ein Verzeichnis, in das die Namen der Wahlberechtigten und die Nummern der für ungültig erklärten Wahlscheine aufzunehmen sind; das Wahlscheinverzeichnis ist zu berichtigen. Der Bürgermeister verständigt alle Wahlvorstände des Wahlbezirks über die Ungültigkeit der Wahlscheine. In den Fällen des § 27 Abs. 4 Satz 1 des Gesetzes ist im Wahlscheinverzeichnis und im Verzeichnis der für ungültig erklärten Wahlscheine zu vermerken, daß die Stimme eines Wählers, der bereits an der Briefwahl teilgenommen hat, nicht ungültig ist.

(9) Versichert ein Wahlberechtigter glaubhaft, dass ihm der beantragte Wahlschein nicht zugegangen ist oder er ihn verloren hat, kann ihm bis zum Tag vor der Wahl, 12 Uhr, ein neuer Wahlschein erteilt werden; die Absätze 7 und 8 gelten entsprechend.

(10) Hinsichtlich der für die Erteilung von Wahlscheinen verarbeiteten personenbezogenen Daten besteht im Zeitraum von der Zulassung der Wahlvorschläge bis zum Ablauf des Wahltages abweichend von Artikel 16 und Artikel 18 der Datenschutz-Grundverordnung das Recht auf Berichtigung und das Recht auf Einschränkung der Verarbeitung abschließend nach Maßgabe des § 9 Absatz 2 des Gesetzes in Verbindung mit §§ 19 und 23 dieser Verordnung.

§ 21

Erteilung von Wahlscheinen an bestimmte Personengruppen

(1) Der Bürgermeister fordert spätestens am achten Tage vor der Wahl von den Leitungen

1. der Einrichtungen, für die ein Sonderstimmbezirk gebildet worden ist (§ 10),
2. der kleineren Krankenhäuser, kleineren Alten- oder Pflegeheime, Klöster, sozialtherapeutischen Anstalten und Justizvollzugsanstalten, für deren Wahlberechtigte die Stimmabgabe vor einem beweglichen Wahlvorstand vorgesehen ist (§§ 9 und 46 bis 48),

ein Verzeichnis der wahlberechtigten Personen aus dem Wahlbezirk, die sich in der Einrichtung befinden oder dort beschäftigt sind und die am Wahltage in der Einrichtung wählen wollen. Er erteilt die erforderlichen Wahlscheine und übersendet sie unmittelbar an die jeweiligen Wahlberechtigten.

(2) Der Bürgermeister veranlaßt die Leitungen der Einrichtungen spätestens am 13. Tage vor der Wahl, die Personen, die sich in der Einrichtung befinden oder dort beschäftigt sind und die in Wählerverzeichnissen anderer Wahlbezirke oder anderer Gemeinden geführt werden, zu verständigen, daß sie ihr Wahlrecht durch Briefwahl in ihrem Heimatwahlbezirk oder ihrer Heimatgemeinde ausüben können und sich dafür einen Wahlschein mit Briefwahlunterlagen beschaffen müssen.

(3) Der Bürgermeister ersucht spätestens am 13. Tage vor der Wahl die Truppenteile und die in Gemeinschaftsunterkünften untergebrachten Polizeieinheiten in der Gemeinde, die wahlberechtigten Soldaten und Bediensteten entsprechend Absatz 2 zu verständigen.

§ 22
Vermerk im Wählerverzeichnis

Hat ein Wahlberechtigter einen Wahlschein erhalten, so wird in das Wählerverzeichnis in der Spalte für den Vermerk über die Stimmabgabe „Wahlschein" oder „W" eingetragen.

§ 23
Einspruch und Beschwerde gegen die Versagung eines Wahlscheins

(1) Der Einspruch wird bei dem Bürgermeister schriftlich oder durch Erklärung zur Niederschrift eingelegt, sofern ihm nicht sogleich abgeholfen wird. Der Bürgermeister soll seine Entscheidung unverzüglich treffen und bekanntgeben sowie auf den zulässigen Rechtsbehelf hinweisen.

(2) Die Beschwerde wird bei dem Bürgermeister schriftlich oder durch Erklärung zur Niederschrift eingelegt. Der Bürgermeister legt die Beschwerde, sofern er ihr nicht sogleich abhilft, mit den Vorgängen unverzüglich der Aufsichtsbehörde vor.

III.
WAHLVORSCHLÄGE, WAHLVORBEREITUNG

§ 24
Aufforderung zur Einreichung von Wahlvorschlägen

Der Wahlleiter fordert zur Einreichung von Wahlvorschlägen für die Wahl in den Wahlbezirken und aus den Reservelisten durch öffentliche Bekanntmachung auf. Er soll in der Bekanntmachung darauf hinweisen,

1. daß die Wahlvorschläge nach Möglichkeit frühzeitig vor dem Stichtag einzureichen sind (§ 15 Abs. 1 des Gesetzes), damit etwaige Mängel, die die Gültigkeit der Wahlvorschläge berühren, rechtzeitig behoben werden können;
2. in welche Wahlbezirke das Wahlgebiet eingeteilt ist (§ 6 des Gesetzes);
3. wieviel Unterschriften die Wahlvorschläge gemäß § 15 Abs. 2 Satz 3 und § 16 Abs. 1 Satz 3 des Gesetzes enthalten müssen;
4. dass Wählergruppen ihren Wahlvorschlägen die nach § 15a Absatz 1 oder 2 des Gesetzes sowie Einzelbewerber die nach § 15a Absatz 7 in Verbindung mit § 15a Absatz 2 des Gesetzes beizubringenden Unterlagen beifügen müssen;
5. wo Vordrucke für die Wahlvorschläge zu erhalten sind (§ 79);
6. daß Unionsbürger unter den gleichen Voraussetzungen wie Deutsche wählbar sind.

§ 25
Nachweis von Satzung und Programm

Das für Inneres zuständige Ministerium macht öffentlich bekannt,

1. welche Parteien, die auf Landesebene organisiert sind, gemäß § 15 Absatz 2 Satz 2 zweiter Halbsatz des Gesetzes dem Bundeswahlleiter die Unterlagen eingereicht haben,

2. wo und bis zu welchem Zeitpunkt Anträge auf Bestätigung der ordnungsgemäßen Einreichung von Satzung und Programm (§ 26 Absatz 5 Satz 3) eingereicht werden können,
3. wer hierfür antragsberechtigt ist,
4. wie die Bestätigung dem Antragsteller und den zuständigen Wahlorganen bekanntgegeben wird.

§ 26
Inhalt und Form der Wahlvorschläge für die Wahlbezirke, Datenschutz

(1) Der Wahlvorschlag soll nach dem Muster der Anlage 11a eingereicht werden. Er muss enthalten

1. den Namen und gegebenenfalls die Kurzbezeichnung der Partei oder Wählergruppe, die den Wahlvorschlag einreicht; Wahlvorschläge von Einzelbewerbern können durch ein Kennwort gekennzeichnet werden und
2. Familiennamen, die Vornamen, Beruf, Geburtsdatum, Geburtsort, Anschrift (Hauptwohnung), E-Mail-Adresse, Telefonnummer sowie Staatsangehörigkeit des Bewerbers; bei Beamten und Arbeitnehmern nach § 13 Absatz 1 und 6 des Gesetzes sind auch der Dienstherr und die Beschäftigungsbehörde oder die Gesellschaft, Stiftung oder Anstalt, bei der sie beschäftigt sind, anzugeben; bei mehreren Vornamen kann eine Angabe erfolgen, unter welchem Vornamen der Bewerber auf dem Stimmzettel anzugeben ist.

Der Wahlvorschlag einer Partei oder Wählergruppe muss nach § 15 Absatz 2 Satz 1 des Gesetzes von der für das Wahlgebiet zum Zeitpunkt der Einreichung zuständigen Leitung unterzeichnet sein. Bei anderen Wahlvorschlägen muss mindestens ein Unterzeichner seine Unterschrift auf dem Wahlvorschlag selbst leisten; Absatz 3 Nummer 3 und 4 gilt entsprechend. Der Wahlvorschlag soll ferner Namen, Anschrift, Telefonnummer und E-Mail-Adresse der Vertrauensperson und der stellvertretenden Vertrauensperson enthalten.

(2) Ist der Name, die Kurzbezeichnung oder das Kennwort geeignet, Verwechslungen mit einer Partei oder Wählergruppe hervorzurufen, die gemäß § 15 Absatz 2 Satz 2 des Gesetzes vertreten ist oder die bei der letzten Wahl zur Vertretung des Wahlgebiets Stimmen erhalten hat oder deren Wahlvorschlag früher eingereicht worden ist, so kann die Vertrauensperson bis zur Entscheidung über die Zulassung eine Bezeichnung des Wahlvorschlags festsetzen, durch die die Verwechslungsgefahr beseitigt wird.

(3) Muss ein Wahlvorschlag nach § 15 Absatz 2 Satz 3 des Gesetzes von Wahlberechtigten unterzeichnet sein, so sind die Unterschriften auf amtlichen Formblättern nach Anlage 14a unter Beachtung folgender Vorschriften zu erbringen:

1. die Formblätter werden auf Anforderung vom Wahlleiter kostenfrei geliefert; bei der Anforderung sind die Bezeichnung der Partei oder Wählergruppe, die den Wahlvorschlag einreichen will, bei Einzelbewerbern das Kennwort, sowie Familienname, Vornamen und Wohnort des vorzuschlagenden Bewerbers und die Kontaktdaten anzugeben, die in die Datenschutzhinweise auf der Rückseite der Anlage 14a unter Nummer 3 aufzunehmen sind; Parteien und Wählergruppen haben ferner die Aufstellung des Bewerbers in einer Mitglieder- oder Vertreterversammlung nach § 17 des Gesetzes zu bestätigen; der Wahlleiter hat die Angaben des Wahlvorschlagsträgers im Kopf der Formblätter zu vermerken,
2. die Wahlberechtigten, die einen Wahlvorschlag unterstützen, müssen die Erklärung auf dem Formblatt persönlich und handschriftlich unterschreiben; die Angaben zum Familiennamen, Vornamen, Tag der Geburt, zur Anschrift (Hauptwohnung) sowie E-Mail-Adresse und Telefonnummer, sofern vorhanden, des Unterzeichners sowie der Tag der Unterzeichnung sollen vom Unterzeichner persönlich und handschriftlich ausgefüllt werden,
3. für jeden Unterzeichner ist auf dem Formblatt oder gesondert eine Bescheinigung seiner Gemeinde nach dem Muster der Anlage 15 beizufügen, dass er im Wahlbezirk wahlberechtigt ist; gesonderte Bescheinigungen des Wahlrechts sind vom Träger des Wahlvorschlags bei der Einreichung des Wahlvorschlags mit den Unterstützungsunterschriften zu verbinden; wer für einen anderen eine Bescheinigung des Wahlrechts beantragt, muss nachweisen, dass der Betreffende den Wahlvorschlag unterstützt,
4. ein Wahlberechtigter darf nur einen Wahlvorschlag unterzeichnen; hat jemand mehrere Wahlvorschläge unterzeichnet, so ist seine Unterschrift auf allen weiteren Wahlvorschlägen ungültig; leistet ein Wahlberechtigter mehrere Unterstützungsunterschriften für verschiedene Wahlvorschläge mit unterschiedlichem oder gleichem Datum, kommt es für die Gültigkeit ausschließlich auf die Reihenfolge der Vorlage durch die Wahlvorschlagsträger bei der Gemeinde an, die die Wahlberechtigung bescheinigt; gültig ist die zuerst vorgelegte Unterstützungsunterschrift; die gleichzeitige

Unterzeichnung einer Reserveliste bleibt unberührt; die Unterzeichnung des Wahlvorschlags durch den Bewerber ist zulässig; un

5. Wahlvorschläge von Parteien und Wählergruppen dürfen erst nach Aufstellung des Bewerbers durch eine Mitglieder- oder Vertreterversammlung unterzeichnet werden; vorher geleistete Unterschriften sind ungültig.

(4) Dem Wahlvorschlag sind beizufügen

1. die Erklärung des vorgeschlagenen Bewerbers nach dem Muster der Anlage 12a, dass er seiner Aufstellung zustimmt und für keinen anderen Wahlvorschlag in einem Wahlbezirk des Wahlgebiets seine Zustimmung zur Benennung als Bewerber gegeben hat,
2. eine Bescheinigung des zuständigen Bürgermeisters nach dem Muster der Anlage 13a, dass der Bewerber wählbar ist,
3. bei Wahlvorschlägen von Parteien oder Wählergruppen eine Ausfertigung der Niederschrift über die Versammlung der Partei oder Wählergruppe zur Aufstellung der Bewerber, im Falle eines Einspruchs nach § 17 Absatz 6 des Gesetzes auch eine Niederschrift über die wiederholte Abstimmung, mit den nach § 17 Absatz 8 des Gesetzes vorgeschriebenen Versicherungen an Eides statt; ihrer Beifügung bedarf es nicht, soweit eine Ausfertigung der Niederschrift und der Versicherungen an Eides statt einem anderen Wahlvorschlag im Wahlgebiet beigefügt ist; die Niederschrift soll nach dem Muster der Anlage 9a gefertigt, die Versicherung an Eides statt nach dem Muster der Anlage 10a abgegeben werden,
4. die erforderliche Zahl von Unterstützungsunterschriften nebst Bescheinigungen des Wahlrechts der Unterzeichner nach Absatz 3 Nummer 2 und 3, sofern der Wahlvorschlag von Wahlberechtigten des Wahlbezirks unterzeichnet sein muss und
5. sofern sich Beamte oder Arbeitnehmer nach § 13 Absatz 1 oder 6 des Gesetzes bewerben, eine Bescheinigung über ihr Dienst- oder Beschäftigungsverhältnis sowie im Falle des § 13 Absatz 1 Satz 1 Buchstabe b oder d des Gesetzes auch die ausgeübte Tätigkeit, falls der Wahlleiter dies zur Behebung von Zweifeln für erforderlich hält.

(5) Parteien und Wählergruppen, die in der zum Zeitpunkt der Wahlausschreibung laufenden Wahlperiode nicht ununterbrochen in der zu wählenden Vertretung, in der Vertretung des zuständigen Kreises, im Landtag oder auf Grund eines Wahlvorschlags aus dem Land im Bundestag vertreten sind und für die die Unterlagen gemäß § 15 Absatz 2 Satz 2 zweiter Halbsatz des Gesetzes dem Bundeswahlleiter nicht vorliegen, haben außerdem einzureichen

1. den Nachweis, dass der für das Wahlgebiet zuständige Vorstand nach demokratischen Grundsätzen gewählt ist, und zwar durch beglaubigte Abschrift oder eine Ausfertigung der bei der Wahl gefertigten Niederschrift oder durch die schriftliche Erklärung mehrerer bei der Wahlhandlung anwesender Personen,
2. ihre Satzung und ihr Programm sowie
3. den Nachweis, dass die Namen der Vorstandsmitglieder, die Satzung und das Programm auf geeignete Weise veröffentlicht sind.

Reicht die Partei oder Wählergruppe mehrere Wahlvorschläge im Wahlgebiet ein, so brauchen diese Nachweise nur einmal eingereicht zu werden. Hat die Partei oder Wählergruppe eine über das Wahlgebiet hinausgehende Organisation, so brauchen Satzung und Programm dem Wahlleiter nicht eingereicht zu werden, wenn

a) im Falle einer nicht über das Gebiet des Kreises hinausgehenden Organisation der Landrat,
b) im Falle einer nicht über den Regierungsbezirk hinausgehenden Organisation die Bezirksregierung oder
c) im Falle einer über einen Regierungsbezirk hinausgehenden Organisation das für Inneres zuständige Ministerium auf Antrag

bestätigt, dass Satzung und Programm ordnungsgemäß eingereicht sind.

(5a) Wählergruppen, die nach § 2 Absatz 1 des Wählergruppentransparenzgesetzes vom 25. März 2022 (GV. NRW. S. 412) in der jeweils geltenden Fassung zur Rechenschaftslegung verpflichtet sind, haben dem Wahlvorschlag nach § 15a Absatz 1 des Gesetzes außerdem die Bescheinigung beizufügen, die ihnen der Präsident des Landtags nach § 4 Absatz 2 des Wählergruppentransparenzgesetzes über die Vorlage ihrer Rechenschaftsberichte über die letzten zwei abgeschlossenen Rechnungsjahre erteilt hat. Soweit die Frist zur Einreichung des Rechenschaftsberichts nach § 4 Absatz 1 des Wählergruppentransparenzgesetzes zum Zeitpunkt der Einreichung des Wahlvorschlags noch nicht abgelaufen ist, ist für das letzte abgeschlossene Rechnungsjahr die Vorlage einer Erklärung nach § 15a Absatz 2 des Gesetzes ausreichend, aus der sich ergibt, ob und in welcher Gesamthöhe die Wählergruppe in den vorangegangenen zwölf Monaten Zuwendungen erhalten hat; Zuwendungen eines einzelnen Zuwenders gemäß § 2 Absatz 2 Satz 4 des Wählergruppentransparenzgesetzes sind hierbei anzugeben. Die Erklärung nach § 15a Absatz 2 des Gesetzes ist von der im Wahlgebiet zum Zeitpunkt der Abgabe der Erklärung zuständigen Leitung der Wählergruppe zu unterzeichnen und soll nach dem Muster der Anlage 27 eingereicht werden. Reicht die Wählergruppe mehrere Wahlvorschläge im Wahlgebiet ein, so brauchen diese Nachweise nur einmal eingebracht zu werden.

(5b) Wählergruppen, die nicht zur Rechenschaftslegung nach § 2 Absatz 1 des Wählergruppentransparenzgesetzes verpflichtet sind, haben dem Wahlvorschlag eine Erklärung nach § 15a Absatz 2 des Gesetzes beizufügen, aus der sich ergibt, ob und in welcher Gesamthöhe sie in den vorangegangenen zwölf Monaten Zuwendungen erhalten haben; Zuwendungen eines einzelnen Zuwenders gemäß § 2 Absatz 2 Satz 4 des Wählergruppentransparenzgesetzes sind hierbei anzugeben. Absatz 5a Satz 3 und 4 gilt entsprechend. Für Einzelbewerber sind die Sätze 1 und 2 mit der Maßgabe anzuwenden, dass sich die Mitteilungspflicht auf Angaben über Zuwendungen beschränkt, die der Einzelbewerber zum Zwecke seiner Bewerbung und Wahlkampfführung von Dritten erhalten hat.

(5c) Erhält eine Wählergruppe nach Einreichung eines Wahlvorschlags bis zum Zeitpunkt der Wahl eine Zuwendung, die die Bedingungen des § 2 Absatz 2 Satz 4 des Wählergruppentransparenzgesetzes erfüllt, sind diese dem Wahlleiter nach § 15a Absatz 3 des Gesetzes unter Angabe des Namens und der Anschrift des Zuwenders sowie der Gesamthöhe der Zuwendung unverzüglich mitzuteilen. Die Erklärung ist von der im Wahlgebiet zum Zeitpunkt der Abgabe der Erklärung zuständigen Leitung der Wählergruppe zu unterzeichnen und soll nach dem Muster der Anlage 28 eingereicht werden. Für Einzelbewerber sind die Sätze 1 und 2 mit der Maßgabe anzuwenden, dass sich die Mitteilungspflicht auf Angaben über Zuwendungen beschränkt, die der Einzelbewerber zum Zwecke seiner Bewerbung und Wahlkampfführung von Dritten erhalten hat.

(5d) Die Erklärungen und Mitteilungen nach Absatz 5a Satz 2 sowie den Absätzen 5b und 5c macht der Wahlleiter am 16. Tag vor der Wahl, sowie etwaige Nachmeldungen am Tag vor der Wahl, ohne Angabe des Namens und der Anschrift des Zuwenders in geeigneter Weise bekannt, wobei eine vereinfachte Bekanntmachung genügt.

(6) Die Bescheinigung des Wahlrechts der Unterzeichner nach Absatz 3 Nummer 3 und der Wählbarkeit der Bewerber nach Absatz 4 Nummer 2 sowie die Beglaubigung von Kopien der beizubringenden Unterlagen sind kostenfrei zu erteilen. Die Gemeindebehörde darf für jeden Wahlberechtigten die Bescheinigung des Wahlrechts nur einmal zu einem Wahlbezirksvorschlag erteilen; dabei darf sie nicht festhalten, für welchen Wahlvorschlag die erteilte Bescheinigung bestimmt ist. Bestehen Zweifel an der geleisteten Unterschrift, ermittelt die Gemeindebehörde den notwendigen Sachverhalt vor einer abschließenden Entscheidung.

(7) Hinsichtlich der in Wahlvorschlägen enthaltenen personenbezogenen Daten besteht im Zeitraum vom Ablauf der Frist für die Einreichung der Wahlvorschläge bis zum Ablauf des Wahltages abweichend von Artikel 16 und Artikel 18 der Datenschutz-Grundverordnung das Recht auf Berichtigung und das Recht auf Einschränkung der Verarbeitung abschließend durch das unter den Voraussetzungen des § 18 Absatz 1 und 2 des Gesetzes in Verbindung mit § 27 dieser Verordnung gewährleistete Mängelbeseitigungsverfahren.

§ 27

Vorprüfung der Wahlvorschläge für die Wahlbezirke durch den Wahlleiter

(1) Der Wahlleiter vermerkt auf jedem eingereichten Wahlvorschlag den Tag und die Uhrzeit des Eingangs. Er prüft unverzüglich, ob die eingegangenen Wahlvorschläge vollständig sind und den Erfordernissen des Gesetzes und dieser Verordnung entsprechen. Stellt der Wahlleiter Mängel fest, die einen gültigen Wahlvorschlag bis zum Ablauf der Einreichungsfrist nicht zustande kommen lassen (§ 15 Abs. 2 Satz 5 und Abs. 3 Satz 5, § 17 Abs. 8 Satz 5 des Gesetzes), so fordert er unverzüglich auf, diese Mängel zu beseitigen. Stellt er Mängel fest, die die Gültigkeit des Wahlvorschlags bei Ablauf der Einreichungsfrist nicht berühren, so fordert er unverzüglich auf, diese Mängel bis zur Zulassung zu beseitigen.

(2) Sofern Zweifel bestehen, ob die Versammlung zur Aufstellung der Bewerber gemäß § 17 des Gesetzes ordnungsgemäß einberufen oder zusammengesetzt war, kann der Wahlleiter die erforderlichen Nachweise hierüber, insbesondere eine Liste über die Teilnehmer an der Versammlung, verlangen.

(3) Wird der Wahlausschuß nach § 18 Abs. 1 Satz 3 des Gesetzes im Mängelbeseitigungsverfahren angerufen, so hat er über Verfügungen des Wahlleiters unverzüglich zu entscheiden. Der Vertrauensperson des betroffenen Wahlvorschlags ist Gelegenheit zur Äußerung zu geben.

(4) Der Wahlleiter hat der Aufsichtsbehörde spätestens nach Ablauf der Einreichungsfrist unverzüglich einen Abdruck aller Wahlvorschläge zu übersenden oder in sonstiger Weise schriftlich Familiennamen, Vornamen, Beruf oder Stand, Geburtsdatum, Geburtsort, Anschrift, E-Mail-Adresse und Telefonnummer der Bewerber aller Wahlvorschläge unter Angabe des Namens der Partei oder Wählergruppe oder des Kennworts mitzuteilen.

§ 28

Zulassung der Wahlvorschläge für die Wahlbezirke

(1) Der Wahlleiter lädt die Vertrauenspersonen der Wahlvorschläge zu der Sitzung ein, in der über die Zulassung der eingereichten Wahlvorschläge entschieden wird.

(2) Der Wahlleiter legt dem Wahlausschuß alle eingegangenen Wahlvorschläge für die Wahlbezirke vor und berichtet ihm über das Ergebnis der Vorprüfung.

(3) Der Wahlausschuß prüft die eingegangenen Wahlvorschläge und beschließt über ihre Zulassung oder Zurückweisung. Vor einer Entscheidung ist der erschienenen Vertrauensperson des betroffenen Wahlvorschlages Gelegenheit zur Äußerung zu geben.

(4) Geben die Namen mehrerer Parteien oder Wählergruppen oder deren Kurzbezeichnung Anlaß zu Verwechslungen, so fügt der Wahlausschuß einem der Wahlvorschläge eine Unterscheidungsbezeichnung bei, sofern nicht die Vertrauensperson für den Wahlvorschlag eine Bezeichnung gemäß § 26 Abs. 2 festgesetzt hat. Ist das Kennwort eines Einzelbewerbers (§ 26 Absatz 1 Satz 2 Nummer 1) dem demokratischen Wahlverfahren unangemessen oder ist es geeignet, Verwechslungen mit anderen Wahlvorschlägen hervorzurufen, so erhält der Wahlvorschlag den Nachnamen des Bewerbers als Kennwort.

(5) Der Wahlleiter gibt die Entscheidung des Wahlausschusses im Anschluß an die Beschlußfassung unter kurzer Angabe der Gründe bekannt und weist auf den zulässigen Rechtsbehelf hin.

(6) Über die Sitzung ist eine Niederschrift nach dem Muster der Anlage 16 zu fertigen.

(7) Nach der Sitzung übersendet der Wahlleiter der Aufsichtsbehörde unverzüglich eine Ausfertigung oder einen Abdruck der Niederschrift und weist dabei auf ihm bedenklich erscheinende Entscheidungen besonders hin. Er ist verpflichtet, den Aufsichtsbehörden auf Verlangen alle für die Einlegung einer Beschwerde erforderlichen Auskünfte zu erteilen und Feststellungen zu treffen.

§ 29

Beschwerde gegen Entscheidungen des Wahlausschusses

(1) Die Beschwerde gegen eine Entscheidung des Wahlausschusses ist schriftlich oder zur Niederschrift beim Wahlleiter einzulegen. Die Schriftform gilt auch durch Telefax, E-Mail oder durch sonstige dokumentierbare Übermittlung als gewahrt. Der Wahlleiter unterrichtet unverzüglich den Vorsitzenden des für die Beschwerdeentscheidung zuständigen Wahlausschusses, übersendet ihm unverzüglich die angefochtene Entscheidung und den von der Entscheidung betroffenen Wahlvorschlag mit seiner Stellungnahme und verfährt nach den Anweisungen des Vorsitzenden des Wahlausschusses.

(2) Der Wahlleiter einer kreisangehörigen Gemeinde hat seine Beschwerde beim Wahlleiter des Kreises, der Wahlleiter einer kreisfreien Stadt oder eines Kreises seine Beschwerde beim Landeswahlleiter einzulegen; Absatz 1 Satz 3 gilt sinngemäß.

(3) Die Aufsichtsbehörde und die oberste Aufsichtsbehörde haben ihre Beschwerde beim Wahlleiter einzulegen und gleichzeitig dem Vorsitzenden des für die Beschwerdeentscheidung zuständigen Wahlausschusses einen Abdruck der Beschwerde zu übersenden; Absatz 1 Satz 3 gilt sinngemäß.

(4) Der Vorsitzende des für die Beschwerdeentscheidung zuständigen Wahlausschusses lädt die Beschwerdeführer, die Vertrauenspersonen der betroffenen Wahlvorschläge sowie die betroffenen Wahlleiter zu der Sitzung ein, in der über die Beschwerden entschieden wird. Der Vorsitzende gibt die Entscheidung im Anschluß an die Beschlußfassung in der Sitzung unter kurzer Angabe der Gründe bekannt.

§ 30

Bekanntmachung der Wahlvorschläge für die Wahlbezirke

Der Wahlleiter macht die für die Wahlbezirke zugelassenen Wahlvorschläge mit den in § 26 Absatz 1 Satz 2 Nummer 1 und Nummer 2 Halbsatz 1 bezeichneten Angaben mit Ausnahme der Staatsangehörigkeit bekannt. Statt des Geburtsdatums ist jedoch jeweils nur das Geburtsjahr und statt der vollständigen Anschrift sind der Wohnort mit Postleitzahl und die E-Mail-Adresse der Bewerber anzugeben. Weist ein Bewerber bis zum Ablauf der Einreichungsfrist gegenüber dem Wahlleiter nach, dass für ihn im Melderegister eine Auskunftssperre nach den melderechtlichen Vorschriften eingetragen ist, ist anstelle von Wohnort und E-Mail-Adresse eine Erreichbarkeitsanschrift zu verwenden, die sich ebenfalls aus der Angabe einer Gemeinde mit Postleitzahl und einer E-Mail-Adresse zusammensetzt.

§ 31

Reservelisten

(1) Die Reserveliste soll nach dem Muster der Anlage 11b eingereicht werden. Sie muss enthalten

1. den Namen der einreichenden Partei oder Wählergruppe und
2. Familiennamen, die Vornamen, Beruf, Geburtsdatum, Geburtsort, Anschrift (Hauptwohnung), E-Mail-Adresse, Telefonnummer sowie Staatsangehörigkeit der Bewerber in erkennbarer Reihenfolge; bei Beamten und Arbeitnehmern nach § 13 Absatz 1 und 6 des Gesetzes sind auch der Dienstherr und die Beschäftigungsbehörde oder die Gesellschaft, Stiftung oder Anstalt, bei der sie beschäftigt sind, anzugeben; bei mehreren Vornamen kann eine Angabe erfolgen, unter welchem Vornamen der Bewerber auf dem Stimmzettel anzugeben ist.

Sie soll ferner Namen, Anschrift, Telefonnummer und E-Mail-Adresse der Vertrauensperson und der stellvertretenden Vertrauensperson enthalten.

(2) Soll ein Bewerber auf der Reserveliste Ersatzbewerber für einen im Wahlbezirk oder für einen auf der Reserveliste aufgestellten anderen Bewerber sein (§ 16 Absatz 2 des Gesetzes), so muss die Reserveliste ferner enthalten

1. den Familien- und die Vornamen des zu ersetzenden Bewerbers,
2. den Wahlbezirk oder die laufende Nummer der Reserveliste, in dem oder unter der der zu ersetzende Bewerber aufgestellt ist.

(3) Für die Unterzeichnung der Reserveliste gilt § 26 Absatz 1 Satz 3 und Absatz 3 entsprechend. Die Unterstützungsunterschriften sind auf amtlichen Formblättern nach Anlage 14b zu erbringen; bei Anforderung der Formblätter ist die Bezeichnung der Partei oder Wählergruppe anzugeben. Der Reserveliste sind für die betreffende Partei oder Wählergruppe und für die in ihr enthaltenen Bewerber die in § 26 Absatz 4 und 5 Satz 1 genannten Unterlagen beizufügen. § 26 Absatz 5 Satz 2 und 3 findet Anwendung. Die Zustimmungserklärung ist nach dem Muster der Anlage 12b abzugeben. § 26 Absatz 6 gilt entsprechend. Einer Bescheinigung der Wählbarkeit bedarf es nicht, soweit Bewerber gleichzeitig für einen Wahlbezirk aufgestellt sind und die Bescheinigung für diesen Wahlvorschlag vorliegt oder beigebracht wird. Für Wählergruppen findet § 26 Absatz 5a bis 5d entsprechende Anwendung.

(4) Der Wahlleiter macht die zugelassenen Reservelisten mit den in Absatz 1 Satz 2 Nummer 1 und Nummer 2 erster Halbsatz sowie mit den in Absatz 2 bezeichneten Angaben mit Ausnahme der Staatsangehörigkeit bekannt; statt des Geburtsdatums ist jedoch nur das Geburtsjahr und statt der vollständigen Anschrift sind der Wohnort mit Postleitzahl und die E-Mail-Adresse der Bewerber anzugeben. § 30 Satz 2 gilt entsprechend.

(5) Für die Vorprüfung durch den Wahlleiter und die Zulassung sowie die Beschwerde gelten die §§ 27 bis 29 entsprechend.

§ 32

Stimmzettel, Stimmzettelschablonen, Umschläge

(1) Für die Stimmzettel ist das Muster der Anlage 17a maßgebend; bei einem Nachweis nach § 30 Satz 3 ist anstelle des Wohnortes die Gemeinde der Erreichbarkeitsanschrift anzugeben. Der Stimmzettel muss so groß sein, dass alle Angaben übersichtlich auf ihm erscheinen. Zur Verwendung von Stimmzettelschablonen wird die rechte obere Ecke des Stimmzettels abgeschnitten.

(2) Der Wahlleiter setzt auf dem Stimmzettel die Nummernfolge der Parteien, Wählergruppen und Einzelbewerber nach der Anzahl der Stimmen fest, die sie bei der letzten Wahl zur Vertretung des Wahlgebiets erreicht haben. An erster Stelle wird die höchste und danach jeweils die nächstgrößte Stimmenzahl berücksichtigt. Parteien, Wählergruppen und Einzelbewerber, die bei der letzten Wahl zur Vertretung des Wahlgebiets keine Stimmen errungen oder nicht teilgenommen haben, erhalten die nächstfolgenden Nummern nach der Reihenfolge ihrer Namen im Alphabet. Beteiligt sich eine Partei oder Wählergruppe in einem Wahlbezirk nicht mit einem Wahlvorschlag oder wurde der Wahlvorschlag zurückgewiesen, so entfällt auf dem Stimmzettel dieses Wahlbezirks die Nummer dieser Partei oder Wählergruppe, ohne dass ein Leerraum auf dem Stimmzettel bleibt. Entsprechendes gilt für Wahlvorschläge von Einzelbewerbern.

(3) Die Stimmzettel müssen in jedem Wahlbezirk von gleicher Farbe und Beschaffenheit sein. Das Papier muss so beschaffen sein, dass nach Kennzeichnung und Faltung durch den Wähler andere Personen nicht erkennen können, wie er gewählt hat. Bei verbundenen Wahlen sind für jede Wahl besondere und andersfarbige Stimmzettel zu verwenden; der Wahlleiter des Kreises teilt den Wahlleitern der Gemeinde rechtzeitig die Farbe der Stimmzettel für die Kreiswahl mit. Die Unterscheidungsbezeichnungen nach § 23 Absatz 2 des Gesetzes legt das für Inneres zuständige Ministerium fest.

(4) Die Stimmzettelumschläge für die Briefwahl sollen mindestens 16,2 x 11,4 cm (DIN C 6) groß und blau und nach dem Muster der Anlage 6 beschriftet sein.

(5) Die Wahlbriefumschläge sollen mindestens 17,6 x 12 cm groß und hellrot und nach dem Muster der Anlage 7 beschriftet sein.

(6) Schriftart, Schriftgröße und Kontrast sollen so gewählt werden, dass die Lesbarkeit erleichtert wird.

(7) Der Wahlleiter beschafft die erforderlichen Stimmzettelschablonen für blinde und sehbeeinträchtigte Menschen (§ 23 Absatz 1 Satz 1 des Gesetzes) nebst akustischer Wiedergabe aller Wahlvorschläge auf den Stimmzetteln in Zusammenarbeit mit den Blindenverbänden, die ihre Bereitschaft zur Herstellung und zum Versand erklärt haben. Dazu werden den Blindenverbänden Muster der Stimmzettel unverzüglich nach ihrer Fertigstellung zur Verfügung gestellt. Der Wahlleiter einer kreisangehörigen Gemeinde kooperiert im Bedarfsfall mit dem Wahlleiter des Kreises und den Wahlleitern der anderen kreisangehörigen Gemeinden. Den Blindenverbänden sind die für Herstellung und Versand der Stimmzettelschablonen notwendigen Kosten zu erstatten.

IV.
DURCHFÜHRUNG DER WAHL

§ 33
Wahlbekanntmachung

(1) Der Bürgermeister macht spätestens am sechsten Tage vor der Wahl Beginn und Ende der Wahlzeit sowie die Stimmbezirke und Wahlräume öffentlich bekannt. Dabei weist er darauf hin,

1. soweit dies zutrifft, daß Gemeinde- und Kreiswahlen gemeinsam stattfinden und wie sich die Stimmbezirke auf die Wahlbezirke der verbundenen Wahlen verteilen; an Stelle der Aufzählung der Stimmbezirke und Wahlräume kann auf die Angaben in der Wahlbenachrichtigung verwiesen werden,

1a. an welchem Ort und zu welcher Zeit die Briefwahlvorstände zusammentreten,

2. daß die Stimmzettel amtlich hergestellt und im Wahlraum bereitgehalten werden; bei verbundenen Wahlen, wie sich die Stimmzettel für die verbundenen Wahlen durch Aufdruck und Farbe des Papiers voneinander unterscheiden,

3. daß die Wahlbenachrichtigung mitgebracht werden soll und daß der Personalausweis oder Reisepaß mitzubringen ist, damit sich der Wähler auf Verlangen über seine Person ausweisen kann,

4. daß der Wähler eine Stimme, bei verbundenen Wahlen jeweils eine Stimme hat, die abgegeben wird, indem durch Ankreuzen oder auf andere Weise kenntlich gemacht wird, welchem Bewerber die Stimme gelten soll, und dass eine Stimmabgabe durch einen Vertreter anstelle des Wählers unzulässig ist,

4a. dass ein Wähler, der des Lesens unkundig oder aufgrund einer Behinderung an der Abgabe seiner Stimme gehindert ist, sich zur Stimmabgabe der Hilfe einer anderen Person bedienen kann, die Hilfeleistung auf technische Hilfe bei der Kundgabe einer vom Wähler selbst getroffenen und geäußerten Wahlentscheidung beschränkt und eine Hilfeleistung unzulässig ist, die unter missbräuchlicher Einflussnahme erfolgt, die die selbstbestimmte Willensbildung oder Entscheidung des Wählers ersetzt oder verändert oder wenn ein Interessenskonflikt der Hilfsperson besteht,

5. in welcher Weise mit Wahlschein und insbesondere durch Briefwahl gewählt werden kann,
6. dass nach § 107a Absatz 1 des Strafgesetzbuches mit Freiheitsstrafe bis zu fünf Jahren oder mit Geldstrafe bestraft wird, wer unbefugt wählt oder sonst ein unrichtiges Ergebnis einer Wahl herbeiführt oder das Ergebnis verfälscht und dass unbefugt auch wählt, wer im Rahmen zulässiger Assistenz entgegen der Wahlentscheidung oder ohne eine geäußerte Wahlentscheidung des Wahlberechtigten eine Stimme abgibt, und dass nach § 107a Absatz 3 des Strafgesetzbuches auch der Versuch strafbar ist.

(2) Ein Abdruck der Wahlbekanntmachung ist vor Beginn der Wahlhandlung am Eingang des Gebäudes, in dem sich der Wahlraum befindet, anzubringen. Dem Abdruck ist ein Stimmzettel, bei verbundenen Wahlen je einer für die jeweilige Wahl, als Muster beizufügen. Ist ein im Wahlbezirk vorgeschlagener Bewerber nach der Zulassung des Wahlvorschlages, aber noch vor dem Wahltage gestorben oder hat ein im Wahlbezirk vorgeschlagener Bewerber in diesem Zeitraum seine Wählbarkeit verloren und ist für den Bewerber ein Ersatzbewerber auf der Reserveliste vorgesehen (§ 16 Abs. 2 des Gesetzes), so ist die Wahlbekanntmachung um einen deutlich sichtbaren Hinweis zu ergänzen, welcher Ersatzbewerber für den ausgefallenen Bewerber eingetreten ist. Hat ein im Wahlbezirk vorgeschlagener Bewerber in dem genannten Zeitraum seine Wählbarkeit verloren und ist für ihn ein Ersatzbewerber nicht vorgesehen, so ist die Wahlbekanntmachung um den Hinweis zu ergänzen, daß der Bewerber zwar nicht in die Vertretung berufen werden kann, die auf den Wahlvorschlag entfallenden Stimmen jedoch für die Verteilung der Sitze nach § 33 des Gesetzes berücksichtigt werden.

(3) Bei verbundenen Wahlen ist ein Abdruck der Wahlbekanntmachung dem Landrat zu übersenden.

§ 34
Ausstattung des Wahlvorstandes

Der Bürgermeister übergibt dem Wahlvorsteher eines jeden Stimmbezirks vor Beginn der Wahlhandlung

1. das abgeschlossene Wählerverzeichnis,
2. das Verzeichnis der eingetragenen Wahlberechtigten, denen nach Abschluß des Wählerverzeichnisses noch Wahlscheine erteilt worden sind,
3. amtliche Stimmzettel in genügender Zahl,
4. Vordrucke der Wahlniederschrift,
5. Vordrucke der Schnellmeldung,
6. Abdrucke des Kommunalwahlgesetzes und dieser Wahlordnung, die die Anlagen nicht zu enthalten brauchen,
7. Abdruck der Wahlbekanntmachung,
8. Verschlußmaterial für die Wahlurne,
9. Verpackungs- und Siegelmaterial zum Verpacken der Wahlunterlagen.

§ 34a
Wahlräume

Die Gemeindebehörde bestimmt die erforderlichen Wahlräume. Soweit möglich stellen die Gemeinden Wahlräume in Gemeindegebäuden zur Verfügung. Die Wahlräume sollen nach den örtlichen Verhältnissen so ausgewählt und eingerichtet werden, dass allen Wahlberechtigten, insbesondere Menschen mit Behinderung und anderen Menschen mit Mobilitätsbeeinträchtigung, die Teilnahme an der Wahl möglichst erleichtert wird. Die Gemeindebehörde teilt frühzeitig und in geeigneter Weise mit, welche Wahlräume barrierefrei sind.

§ 35
Wahlkabine

(1) In jedem Wahlraum richtet der Bürgermeister eine oder mehrere Wahlkabinen mit Tischen ein, in denen jeder Wähler den oder die Stimmzettel unbeobachtet kennzeichnen und falten kann. Der Zugang zur oder zu den Wahlkabinen muss vom Tisch des Wahlvorstandes aus überblickt werden

können. Als Wahlkabine kann auch ein nur durch den Wahlraum zugänglicher Nebenraum dienen, wenn dessen Eingang vom Tisch des Wahlvorstands aus überblickt werden kann.

(2) In der Wahlkabine sollen nicht radierfähige Schreibstifte bereitliegen.

§ 36

Wahlurnen

(1) Die Gemeindebehörde stellt die erforderlichen Wahlurnen zur Verfügung.

(2) Die Wahlurne muß mit einem Deckel versehen und verschließbar sein. Ihre innere Höhe soll in der Regel 90 cm, der Abstand jeder Wand von der gegenüberliegenden mindestens 35 cm betragen. Im Deckel muß die Wahlurne einen Spalt haben, der nicht weiter als 2 cm sein darf.

(3) Bei verbundenen Wahlen wird eine Wahlurne verwendet. Sollte das Fassungsvermögen einer Wahlurne nicht ausreichen, kann eine zweite Wahlurne im Wahlraum verwendet werden. Für die Stimmenabgabe in Sonderstimmbezirken und vor einem beweglichen Vorstand können kleinere Wahlurnen verwendet werden.

§ 37

Wahltisch

Der Tisch, an dem der Wahlvorstand Platz nimmt, muß von allen Seiten zugänglich sein. An oder auf diesen Tisch wird die Wahlurne gestellt.

§ 38

Eröffnung der Wahlhandlung

(1) Der Wahlvorsteher eröffnet die Wahlhandlung damit, daß er die Beisitzer zur unparteiischen Wahrnehmung ihres Amtes und zur Verschwiegenheit über die ihnen bei ihrer amtlichen Tätigkeit bekannt gewordenen Tatsachen, insbesondere über alle dem Wahlgeheimnis unterliegenden Angelegenheiten, verpflichtet. Werden zu Beginn oder während der Wahlhandlung Hilfskräfte hinzugezogen, so sind auch diese zu verpflichten.

(2) Vor Beginn der Stimmabgabe berichtigt der Wahlvorsteher das Wählerverzeichnis nach dem Verzeichnis der etwa nachträglich ausgestellten Wahlscheine (§ 20 Abs. 7 Satz 5), indem er bei den in diesem Verzeichnis aufgeführten Wahlberechtigten in der Spalte für den Stimmabgabevermerk „Wahlschein" oder „W" einträgt. Er berichtigt dementsprechend die Abschlußbescheinigung des Wählerverzeichnisses in der daneben vorgesehenen Spalte und bescheinigt dies an der vorgesehenen Stelle. Erhält der Wahlvorsteher später die Mitteilung von der Ausstellung von Wahlscheinen nach § 19 Abs. 4 Satz 3, verfährt er entsprechend.

(3) Der Wahlvorstand überzeugt sich vor Beginn der Stimmabgabe davon, daß die Wahlurne leer ist. Der Wahlvorsteher verschließt die Wahlurne. Sie darf bis zum Schluß der Wahlhandlung nicht mehr geöffnet werden.

§ 39

Öffentlichkeit der Wahl, Ordnung im Wahlraum

(1) Während der Wahlhandlung sowie der Ermittlung und Feststellung des Wahlergebnisses hat jedermann zum Wahlraum Zutritt, soweit das ohne Störung des Wahlgeschäfts möglich ist.

(2) Der Wahlvorstand sorgt für Ruhe und Ordnung im Wahlraum. Er ordnet bei Andrang den Zutritt zum Wahlraum.

(3) Eine Bedeckung von Mund und Nase zum Zwecke des Infektionsschutzes stellt kein Verhüllen im Sinne von § 2 Absatz 8 des Gesetzes dar. Die Mitglieder der Wahlorgane sind verpflichtet, eine Bedeckung nach Satz 1 kurzzeitig abzunehmen, soweit dies zur Identitätsfeststellung notwendig ist.

§ 40
Stimmabgabe

(1) Im Wahlraum geht der Wähler zum Tisch des Wahlvorstandes und legt seine Wahlbenachrichtigung vor. Auf Verlangen hat er seine Wahlbenachrichtigung abzugeben und, insbesondere wenn er seine Wahlbenachrichtigung nicht vorlegt, sich über seine Person auszuweisen.

(2) Sobald der Schriftführer den Namen des Wählers im Wählerverzeichnis gefunden hat und die Wahlberechtigung festgestellt worden ist, erhält der Wähler einen entfalteten amtlichen Stimmzettel. Bei verbundenen Wahlen erhält der Wähler für jede Wahl, für die er wahlberechtigt ist, einen entfalteten Stimmzettel. Die Mitglieder des Wahlvorstandes sind, wenn nicht die Feststellung der Wahlberechtigung es erfordert, nicht befugt, Angaben zur Person des Wählers so zu verlautbaren, dass sie von sonstigen im Wahlraum Anwesenden zur Kenntnis genommen werden können.

(3) Der Wähler begibt sich in die Wahlkabine, kennzeichnet dort seinen Stimmzettel und faltet ihn so zusammen, dass bei der Abgabe von Umstehenden nicht erkannt werden kann, wie er gewählt hat. In der Wahlkabine darf nicht fotografiert oder gefilmt werden. Danach tritt er wieder an den Tisch des Wahlvorstandes und wirft den Stimmzettel in die Wahlurne. Der Schriftführer vermerkt erst dann die Stimmabgabe im Wählerverzeichnis in der dafür bestimmten Spalte.

(4) Der Wahlvorstand hat darüber zu wachen, dass das Wahlgeheimnis gewahrt bleibt. Er achtet insbesondere darauf, dass sich immer nur ein Wähler in der Wahlkabine aufhält.

(5) Der Wahlvorstand hat einen Wähler zurückzuweisen, der

1. nicht in das Wählerverzeichnis eingetragen ist und keinen Wahlschein besitzt,
2. sich auf Verlangen des Wahlvorstandes nicht ausweisen kann oder die zur Feststellung der Identität erforderlichen Mitwirkungshandlungen verweigert,
3. keinen Wahlschein vorlegt, obwohl sich im Wählerverzeichnis ein Wahlscheinvermerk (§ 22) befindet, es sei denn, es wird festgestellt, dass er nicht im Wahlscheinverzeichnis eingetragen ist,
4. bereits einen Stimmabgabevermerk im Wählerverzeichnis hat (§ 42), es sei denn, er weist nach, dass er noch nicht gewählt hat,
5. seinen Stimmzettel außerhalb der Wahlkabine gekennzeichnet oder gefaltet oder so gefaltet hat, dass seine Stimmabgabe erkennbar ist,
6. seinen Stimmzettel mit einem äußerlich sichtbaren, das Wahlgeheimnis offensichtlich gefährdenden Kennzeichen versehen hat,
7. für den Wahlvorstand erkennbar in der Wahlkabine fotografiert oder gefilmt hat oder
8. für den Wahlvorstand erkennbar einen oder mehrere nicht amtlich hergestellte Stimmzettel abgeben oder mit einem Stimmzettel einen weiteren Gegenstand in die Wahlurne werfen will.

Ein Wähler, bei dem die Voraussetzungen des Satzes 1 Nummer 1 vorliegen und der im Vertrauen auf die ihm übersandte Benachrichtigung, dass er im Wählerverzeichnis eingetragen ist, keinen Einspruch eingelegt hat, ist gegebenenfalls bei der Zurückweisung darauf hinzuweisen, dass er bei dem Bürgermeister bis 15.00 Uhr einen Wahlschein beantragen kann.

(6) Glaubt der Wahlvorsteher, das Wahlrecht einer im Wählerverzeichnis eingetragenen Person beanstanden zu müssen, oder werden sonst aus der Mitte des Wahlvorstandes Bedenken gegen die Zulassung eines Wählers zur Stimmabgabe erhoben, so beschließt der Wahlvorstand über die Zulassung oder Zurückweisung. Der Beschluss ist in der Wahlniederschrift zu vermerken.

(7) Hat der Wähler seinen Stimmzettel verschrieben oder versehentlich unbrauchbar gemacht oder wird der Wähler nach Absatz 5 Nummer 5 bis 8 zurückgewiesen, so ist ihm auf Verlangen ein neuer Stimmzettel auszuhändigen, nachdem er den alten Stimmzettel im Beisein eines Mitglieds des Wahlvorstandes vernichtet hat.

§ 41
Stimmabgabe von Wählern mit Behinderungen

(1) Ein Wähler, der des Lesens unkundig oder aufgrund einer Beeinträchtigung nicht in der Lage ist, den Stimmzettel zu kennzeichnen, zu falten oder in die Wahlurne zu werfen, bestimmt eine andere Person, deren technischer Hilfe er sich bei der Stimmabgabe bedienen will, und gibt dies dem Wahlvorstand bekannt. Hilfsperson kann auch ein vom Wähler bestimmtes Mitglied des Wahlvorstandes

sein. Blinden oder sehbeeinträchtigten Personen steht es nach § 25 Absatz 5 Satz 5 des Gesetzes frei, sich stattdessen einer amtlich hergestellten Stimmzettelschablone zu bedienen.

(2) Die Hilfeleistung ist nach § 25 Absatz 5 Satz 2 des Gesetzes auf technische Hilfe bei der Kundgabe einer vom Wähler selbst getroffenen und geäußerten Wahlentscheidung beschränkt. Die Hilfsperson darf gemeinsam mit dem Wähler die Wahlkabine aufsuchen, soweit das zur Hilfeleistung erforderlich ist.

§ 42
Vermerk über die Stimmabgabe

Der Schriftführer vermerkt die Stimmabgabe neben dem Namen des Wählers im Wählerverzeichnis in der dafür bestimmten Spalte (§ 11 Abs. 2 Satz 3).

§ 43
Stimmabgabe mit Wahlschein

Der Inhaber eines Wahlscheines weist sich aus und übergibt den Wahlschein dem Wahlvorsteher. Dieser prüft den Wahlschein. Entstehen Zweifel über die Gültigkeit des Wahlscheines oder über den rechtmäßigen Besitz, so klärt sie der Wahlvorstand nach Möglichkeit und beschließt über die Zulassung oder Zurückweisung des Inhabers. Der Vorgang ist in der Wahlniederschrift zu vermerken. Der Wahlvorsteher behält den Wahlschein auch im Falle der Zurückweisung ein.

§ 44
Schluss der Wahlhandlung

Ist die Wahlzeit abgelaufen, wird dies vom Wahlvorsteher bekanntgegeben. Von da an sind nur noch die Wahlberechtigten zur Stimmabgabe zuzulassen, die vor Ablauf der Wahlzeit erschienen sind und sich im Wahlraum oder aus Platzgründen davor befinden. Nach Ablauf der Wahlzeit eintreffenden Personen ist der Zutritt zur Stimmabgabe zu sperren. Nachdem die vor Ablauf der Wahlzeit erschienenen Wähler ihre Stimme abgegeben haben, erklärt der Wahlvorsteher die Wahlhandlung für geschlossen.

V.
BESONDERE REGELUNGEN DER STIMMABGABE

§ 45
Wahl in Sonderstimmbezirken

(1) Zur Stimmabgabe in Sonderstimmbezirken (§ 10) wird jeder in der Einrichtung anwesende Wahlberechtigte zugelassen, der einen für den Wahlbezirk gültigen Wahlschein hat.

(2) Es ist zulässig, für die verschiedenen Teile eines Sonderstimmbezirks verschiedene Personen als Beisitzer des Wahlvorstandes zu bestellen.

(3) Der Bürgermeister bestimmt im Einvernehmen mit der Leitung der Einrichtung einen geeigneten Wahlraum. Für die verschiedenen Teile eines Sonderstimmbezirks können verschiedene Wahlräume bestimmt werden. Der Bürgermeister richtet die Wahlräume her.

(4) Der Bürgermeister bestimmt die Wahlzeit für den Sonderstimmbezirk im Einvernehmen mit der Leitung der Einrichtung im Rahmen der allgemeinen Wahlzeit nach dem tatsächlichen Bedürfnis.

(5) Die Leitung der Einrichtung gibt den Wahlberechtigten den Wahlraum und die Wahlzeit am Tage vor der Wahl bekannt und weist auf die Möglichkeit der Stimmabgabe nach Absatz 6 hin.

(6) Der Wahlvorsteher oder sein Stellvertreter und zwei Beisitzer können sich unter Mitnahme einer verschlossenen Wahlurne und der erforderlichen Stimmzettel auch in die Krankenzimmer und an die Krankenbetten begeben. Dort nehmen sie die Wahlscheine entgegen und verfahren nach den §§ 43 und 40 Absatz 2 bis 7. Dabei muss auch bettlägerigen Wählern Gelegenheit gegeben werden, ihre Stimmzettel unbeobachtet zu kennzeichnen und zu falten. Der Wahlvorsteher oder sein Stellvertreter weist Wähler, die sich bei der Stimmabgabe der Hilfe einer anderen Person bedienen wollen, darauf hin, dass sie auch ein von ihnen bestimmtes Mitglied des Wahlvorstandes als Hilfsperson in Anspruch

nehmen können. Nach Schluss der Stimmabgabe sind die verschlossene Wahlurne und die Wahlscheine unverzüglich in den Wahlraum des Sonderstimmbezirks zu bringen. Dort ist die Wahlurne bis zum Schluss der allgemeinen Stimmabgabe unter Aufsicht des Wahlvorstandes verschlossen zu verwahren. Danach wird ihr Inhalt mit dem Inhalt der allgemeinen Wahlurne vermengt und zusammen mit den übrigen Stimmen des Sonderstimmbezirks ausgezählt. Der Vorgang ist in der Wahlniederschrift zu vermerken.

(7) Die Öffentlichkeit der Wahlhandlung sowie der Ermittlung und Feststellung des Wahlergebnisses soll nach Möglichkeit durch die Anwesenheit anderer Wahlberechtigter gewährleistet werden.

(8) Die Leitung der Einrichtung hat bei Kranken mit ansteckenden Krankheiten insbesondere § 30 Abs. 1 des Infektionsschutzgesetzes zu beachten.

(9) Das Wahlergebnis des Sonderstimmbezirks darf nicht vor Schluß der allgemeinen Wahlzeit ermittelt werden.

(10) Im übrigen gelten die allgemeinen Bestimmungen.

§ 46

Stimmabgabe in kleineren Krankenhäusern und kleineren Alten- oder Pflegeheimen

(1) Der Bürgermeister soll bei entsprechendem Bedürfnis und soweit möglich im Benehmen mit der Leitung eines kleineren Krankenhauses oder eines kleineren Alten- oder Pflegeheimes zulassen, daß dort anwesende Wahlberechtigte, die einen für den Wahlbezirk gültigen Wahlschein besitzen, vor einem beweglichen Wahlvorstand (§ 9) wählen.

(2) Der Bürgermeister vereinbart mit der Leitung der Einrichtung die Zeit der Stimmabgabe innerhalb der allgemeinen Wahlzeit. Die Leitung der Einrichtung stellt, soweit erforderlich, einen geeigneten Wahlraum bereit. Der Bürgermeister richtet ihn her. Die Leitung der Einrichtung gibt den Wahlberechtigten Ort und Zeit der Stimmabgabe bekannt.

(3) Der bewegliche Wahlvorstand begibt sich unter Mitnahme einer verschlossenen Wahlurne und der erforderlichen Stimmzettel in das Krankenhaus oder in das Alten- oder Pflegeheim, nimmt die Wahlscheine entgegen und verfährt nach den §§ 43 und 40 Abs. 2 bis 7.

(4) § 45 Abs. 6 bis 8 gilt entsprechend. Im übrigen gelten die allgemeinen Bestimmungen.

§ 47

Stimmabgabe in Klöstern

Der Bürgermeister soll bei entsprechendem Bedürfnis und soweit möglich im Benehmen mit der Leitung eines Klosters die Stimmabgabe im Kloster entsprechend § 46 regeln.

§ 48

Stimmabgabe in sozialtherapeutischen Anstalten und Justizvollzugsanstalten

(1) In sozialtherapeutischen Anstalten und Justizvollzugsanstalten soll der Bürgermeister bei entsprechendem Bedürfnis und soweit möglich Gelegenheit geben, daß die in der Anstalt anwesenden Wahlberechtigten, die einen für den Wahlbezirk gültigen Wahlschein besitzen, in der Anstalt vor einem beweglichen Wahlvorstand (§ 9) wählen.

(2) Der Bürgermeister vereinbart mit der Leitung der Anstalt die Zeit der Stimmabgabe innerhalb der allgemeinen Wahlzeit. Die Anstaltsleitung stellt, soweit erforderlich, einen geeigneten Wahlraum bereit. Der Bürgermeister richtet ihn her. Die Anstaltsleitung gibt den Wahlberechtigten Ort und Zeit der Stimmabgabe bekannt und sorgt dafür, dass sie zur Stimmabgabe den Wahlraum aufsuchen können.

(3) §§ 46 Abs. 3 und 45 Abs. 6 bis 8 gelten entsprechend. Im Übrigen gelten die allgemeinen Bestimmungen.

VI.

ERMITTLUNG UND FESTSTELLUNG DER WAHLERGEBNISSE, WAHLNIEDERSCHRIFT

§ 49

Ermittlung und Feststellung des Wahlergebnisses im Stimmbezirk

(1) Im Anschluß an die Wahlhandlung ermittelt der Wahlvorstand ohne Unterbrechung das Wahlergebnis im Stimmbezirk. Er stellt fest

1. die Zahl der Wahlberechtigten,
2. die Zahl der Wähler,
3. die Zahlen der gültigen und ungültigen Stimmen,
4. die Zahlen der für die einzelnen Bewerber abgegebenen gültigen Stimmen,
5. die Zahlen der für die einzelnen Parteien und Wählergruppen abgegebenen gültigen Stimmen.

(2) Bei verbundenen Wahlen wird das Wahlergebnis in der Reihenfolge Kreiswahl, Gemeindewahl für jede Wahl getrennt festgestellt. Für jede Wahl ist eine besondere Niederschrift zu fertigen. Mit der Ermittlung des Gemeindewahlergebnisses darf erst begonnen werden, wenn die Wahlniederschrift über die Kreiswahl abgeschlossen ist und die dazugehörigen Unterlagen verpackt und versiegelt worden sind (§ 55 Abs. 1).

§ 50

Zählung der Wähler

Vor dem Öffnen der Wahlurne werden alle nicht benutzten Stimmzettel vom Wahltisch entfernt. Sodann werden die Stimmzettel der Wahlurne entnommen, bei verbundenen Wahlen nach ihrer Farbe sortiert, und anschließend gezählt. Zugleich werden die Stimmabgabenvermerke im Wählerverzeichnis und die eingenommenen Wahlscheine gezählt. Ergibt sich dabei auch nach wiederholter Zählung keine Übereinstimmung, so ist dies in der Wahlniederschrift anzugeben und, soweit möglich, zu erläutern. In diesem Fall gilt die Zahl der in der Wahlurne enthaltenen Stimmzettel als Zahl der Wähler.

§ 51

Zählung der Stimmen

(1) Nachdem die Zahl der Wähler ermittelt worden ist (§ 50), bilden mehrere Beisitzer unter Aufsicht des Wahlvorstehers folgende Stimmzettelstapel, die sie unter Aufsicht behalten:

1. nach Bewerbern getrennte Stapel mit zweifelsfrei gültiger Stimme,
2. einen Stapel mit ungekennzeichneten Stimmzetteln,
3. einen Stapel mit Stimmzetteln, die Anlaß zu Bedenken geben.

(2) Die Beisitzer, die die nach Absatz 1 Nr. 1 geordneten Stimmzettel unter ihrer Aufsicht haben, übergeben die einzelnen Stapel nacheinander zu einem Teil dem Wahlvorsteher, zum anderen Teil seinem Stellvertreter. Diese prüfen, ob die Kennzeichnung eines jeden Stapels gleichlautet, und sagen zu jedem Stapel laut an, für welchen Bewerber er Stimmen enthält. Gibt ein Stimmzettel dem Wahlvorsteher oder seinem Stellvertreter Anlaß zu Bedenken, so fügt er diesen den nach Absatz 1 Nr. 3 ausgesonderten Stimmzetteln bei.

(3) Hierauf prüft der Wahlvorsteher die ungekennzeichneten Stimmzettel (Absatz 1 Nr. 2), die ihm hierzu von dem Beisitzer, der sie in Verwahrung hat, übergeben werden. Der Wahlvorsteher sagt an, daß hier die Stimmen ungültig sind.

(4) Danach zählen je zwei vom Wahlvorsteher bestimmte Beisitzer nacheinander die vom Wahlvorsteher und seinem Stellvertreter nach den Absätzen 2 und 3 geprüften Stimmzettelstapel unter gegenseitiger Kontrolle durch und ermitteln die Zahl der für den jeweiligen Bewerber abgegebenen gültigen Stimmen sowie die Zahl der ungültigen Stimmen.

(5) Zum Schluß entscheidet der Wahlvorstand über die Gültigkeit der Stimmen des nach Absatz 1 Nr. 3 gebildeten Stimmzettelstapels. Der Wahlvorsteher gibt die Entscheidung mündlich bekannt und sagt bei gültigen Stimmen an, für welchen Bewerber die Stimme abgegeben worden ist. Er vermerkt auf der Rückseite jedes Stimmzettels, ob die Stimme für gültig oder ungültig erklärt worden ist, und versieht die Stimmzettel mit fortlaufenden Nummern.

(6) Die nach den Absätzen 4 und 5 ermittelten Zahlen der ungültigen und der für die einzelnen Bewerber abgegebenen Stimmen werden vom Schriftführer zusammengezählt und in die Wahlniederschrift eingetragen. Zwei vom Wahlvorsteher bestimmte Beisitzer überprüfen die Zusammenstellung. Beantragt ein Mitglied des Wahlvorstandes vor der Unterzeichnung der Wahlniederschrift eine erneute Zählung der Stimmen, so ist diese nach den Absätzen 1 bis 5 zu wiederholen. Die Gründe für die erneute Zählung sind in der Wahlniederschrift zu vermerken.

§ 52
Ungültige Stimmen

(1) Zu den Stimmzetteln, die zu ungültigen Stimmen führen, weil sie den Willen des Wählers nicht zweifelsfrei erkennen lassen (§ 30 Nummer 3 des Gesetzes), gehören insbesondere solche,

a) bei denen mehrere Bewerber angekreuzt oder bezeichnet sind,
b) deren Ankreuzung oder Kennzeichnung nicht zweifelsfrei erkennen lässt, welcher Bewerber gemeint ist,
c) die zerrissen oder stark beschädigt sind.

(2) Zusätze, Vorbehalte oder Anlagen auf dem Stimmzettel machen die Stimme dann ungültig, wenn der Wähler mit ihnen über die zulässige Bezeichnung des Bewerbers hinaus eine weitere Willensäußerung zum Ausdruck bringt. Eine solche Willensäußerung ist nicht darin zu sehen, dass der Wähler bei einem Bewerber mehrere Kreuze anbringt oder ein Kreuz oder den Teil eines Kreuzes hinter einem Bewerber streicht.

(3) Bei der Briefwahl sind Stimmen auch als ungültig zu werten, wenn der Stimmzettel nicht in einem amtlichen Stimmzettelumschlag oder in einem Stimmzettelumschlag abgegeben worden ist, der offensichtlich in einer das Wahlgeheimnis gefährdenden Weise von den übrigen abweicht, aber gleichwohl eine Zurückweisung gemäß § 27 Absatz 2 Nummer 7 oder 8 des Gesetzes nicht erfolgt ist.

(4) Befinden sich bei der Briefwahl in einem Stimmzettelumschlag mehrere Stimmzettel für dieselbe Wahl, so gelten diese als ein Stimmzettel. Lauten die Stimmabgaben gleich oder ist nur ein Stimmzettel gekennzeichnet, zählen sie als eine gültige Stimme; andernfalls sind sie als ungültige Stimme zu werten.

§ 53
Schnellmeldungen

(1) Sobald das Wahlergebnis im Stimmbezirk ermittelt ist, meldet es der Wahlvorsteher dem Wahlleiter der Gemeinde. Dieser meldet das Ergebnis der Kreiswahl in der Gemeinde dem Wahlleiter des Kreises.

(2) Die Meldung wird auf schnellstem Weg nach dem Muster der Anlage 23 erstattet. Sie enthält folgende Zahlen:

1. Wahlberechtigte (Zahl der in den Wählerverzeichnissen eingetragenen Wahlberechtigten),
2. Wähler,
3. ungültige Stimmen,
4. gültige Stimmen,
5. die für die einzelnen Bewerber sowie die für die einzelnen Parteien und Wählergruppen abgegebenen Stimmen.

(3) Die Ergebnisse der Gemeindewahlen in kreisfreien Städten und der Kreiswahlen werden von dem zuständigen Wahlleiter auf schnellstem Weg dem für Inneres zuständigen Ministerium nach dem Muster der Anlage 24a übermittelt.

(4) Meldewege und informationstechnische Systeme zur Erfassung, Verarbeitung und Präsentation von Ergebnisdaten sind durch geeignete Maßnahmen der Informationssicherheit gegen Einflussnahmen von außen zu schützen.

§ 54

Wahlniederschrift

(1) Über die Wahlhandlung sowie die Ermittlung und Feststellung des Wahlergebnisses ist vom Schriftführer eine Wahlniederschrift nach dem Muster der Anlage 18a zu fertigen. Die Niederschrift ist von den Mitgliedern des Wahlvorstandes zu unterzeichnen. Verweigert ein Mitglied des Wahlvorstandes die Unterschrift, so ist der Grund hierfür in der Wahlniederschrift zu vermerken. Beschlüsse nach § 40 Abs. 6 und § 43 Satz 3 sowie Beschlüsse über die Gültigkeit von Stimmen nach § 51 Abs. 5 sowie die Gründe für eine erneute Zählung nach § 51 Abs. 6 Satz 3 und zu besonderen Vorkommnissen bei der Wahlhandlung und bei der Ermittlung und Feststellung des Wahlergebnisses sind in der Wahlniederschrift zu vermerken.

(2) Der Wahlniederschrift sind, verpackt und versiegelt, beizufügen

1. die Stimmzettel, über die der Wahlvorstand nach § 51 Abs. 5 besonders beschlossen hat, sowie
2. die Wahlscheine, über die der Wahlvorstand nach § 43 Satz 3 besonders beschlossen hat.

Die Unterlagen nach Satz 1 sind, je für sich, laufend durchzunummerieren.

(3) Der Wahlvorsteher hat die Wahlniederschrift mit den Anlagen unverzüglich dem Bürgermeister zu übergeben. Dieser übersendet die Wahlniederschriften für die Kreiswahl unverzüglich dem zuständigen Wahlleiter unter Beifügung einer Zusammenstellung des Ergebnisses der Kreiswahl innerhalb der Gemeinde.

(4) Wahlvorsteher und Wahlleiter haben sicherzustellen, daß die Wahlniederschriften mit den Anlagen Unbefugten nicht zugänglich sind.

§ 55

Abschluß des Wahlgeschäfts

(1) Hat der Wahlvorstand seine Aufgaben erledigt, so verpackt der Wahlvorsteher

1. die gültigen Stimmzettel, nach Bewerbern geordnet und gebündelt,
2. die ungekennzeichneten Stimmzettel sowie
3. die eingenommenen Wahlscheine,

soweit sie nicht der Wahlniederschrift beigefügt sind, versiegelt die einzelnen Pakete und übergibt sie dem Bürgermeister. Bis zur Übergabe an den Bürgermeister hat der Wahlvorsteher sicherzustellen, daß die Unterlagen Unbefugten nicht zugänglich sind.

(2) Der Bürgermeister hat die Pakete zu verwahren, bis die Vernichtung der Wahlunterlagen zugelassen ist (§ 82). Er hat sicherzustellen, daß die Pakete Unbefugten nicht zugänglich sind.

(3) Der Wahlvorsteher gibt dem Bürgermeister die ihm zur Verfügung gestellten Unterlagen und Ausstattungsgegenstände sowie die eingenommenen Wahlbenachrichtigungen zurück.

VII.

BRIEFWAHL

§ 56

Briefwahl

(1) Wer durch Briefwahl wählt,

- kennzeichnet persönlich den Stimmzettel, bei verbundenen Wahlen die Stimmzettel, legt ihn oder sie in den amtlichen Stimmzettelumschlag und verschließt diesen,
- unterzeichnet die auf dem Wahlschein vorgedruckte Versicherung an Eides Statt zur Briefwahl unter Angabe des Tages,
- steckt den verschlossenen amtlichen Stimmzettelumschlag und den unterschriebenen Wahlschein in den amtlichen Wahlbriefumschlag,
- verschließt den Wahlbriefumschlag und
- übersendet den Wahlbrief an den Bürgermeister. Der Wahlbrief kann dort auch abgegeben werden. Nach Eingang des Wahlbriefes beim Bürgermeister darf er nicht mehr zurückgegeben werden.

(2) Der Stimmzettel ist unbeobachtet zu kennzeichnen und in den Stimmzettelumschlag zu legen; § 40 Abs. 7 gilt entsprechend, wobei an die Stelle des Wahlvorstands Bedienstete der Gemeindebehörde treten. Für die Stimmabgabe von Wählern mit Behinderung gilt § 41 entsprechend. Hat der Wähler den Stimmzettel durch eine Hilfsperson kennzeichnen lassen, so hat diese auf dem Wahlschein durch Unterschreiben der Versicherung an Eides Statt zur Briefwahl zu bestätigen, daß sie den Stimmzettel gemäß dem erklärten Willen des Wählers gekennzeichnet hat (§ 26 Abs. 2 Satz 1 des Gesetzes). Die Hilfsperson muss das 16. Lebensjahr vollendet haben.

(3) In Krankenhäusern, Altenheimen, Altenwohnheimen, Pflegeheimen, Erholungsheimen, sozialtherapeutischen Anstalten und Justizvollzugsanstalten sowie Gemeinschaftsunterkünften ist Vorsorge zu treffen, daß der Stimmzettel unbeobachtet gekennzeichnet und in den Stimmzettelumschlag gelegt werden kann. Die Leitung der Einrichtung bestimmt einen geeigneten Raum, veranlaßt dessen Ausstattung und gibt den Wahlberechtigten bekannt, in welcher Zeit der Raum für die Ausübung der Briefwahl zur Verfügung steht. § 40 Abs. 7 gilt entsprechend, wobei an die Stelle des Wahlvorstands Bedienstete der Gemeindebehörde treten.

(4) Der Bürgermeister weist die Leitungen der Einrichtungen spätestens am 13. Tage vor der Wahl auf die Regelung des Absatzes 3 hin.

(5) Die Gemeinde sorgt dafür, dass den Wahlberechtigten bei der Übersendung des amtlichen Wahlbriefumschlages ohne besondere Versendungsform innerhalb des Bundesgebietes keine Portokosten entstehen. Der Bürgermeister hat vor der Wahl öffentlich bekannt zu machen, bei welchem oder welchen Versandunternehmen die Wahlberechtigten den amtlichen Wahlbriefumschlag ohne besondere Versendungsform innerhalb des Bundesgebietes unentgeltlich einliefern können.

§ 57

Aufgaben des Bürgermeisters bei der Briefwahl

(1) Der Bürgermeister sammelt die Wahlbriefe ungeöffnet und hält sie unter Verschluß. Er vermerkt auf jedem am Wahltage nach 16.00 Uhr eingegangenen Wahlbrief Tag und Uhrzeit des Eingangs, auf den vom nächsten Tag an eingehenden Wahlbriefen nur den Eingangstag.

(2) Der Bürgermeister ordnet die Wahlbriefe nach den darauf vermerkten Wahlbezirken und gegebenenfalls nach den darauf verzeichneten Wahlscheinnummern und übergibt sie am Wahltage dem Briefwahlvorstand oder, falls mehrere Briefwahlvorstände eingesetzt werden, verteilt sie auf die Briefwahlvorstände. Er übergibt jedem Briefwahlvorstand das Verzeichnis über die in den ihm zugeteilten Wahlbezirken für ungültig erklärten Wahlscheine sowie die Nachträge dazu oder die Mitteilung, daß keine Wahlscheine für ungültig erklärt worden sind. Jeder Briefwahlvorstand erhält so viele Wahlurnen, wie ihm Wahlbezirke zugeteilt sind; hierfür können kleinere Wahlurnen verwendet werden. Auf jeder Wahlurne muß der Wahlbezirk deutlich sichtbar bezeichnet sein.

(3) In Wahlbezirken, die gemäß § 5 Abs. 1 des Gesetzes in mehrere Stimmbezirke eingeteilt sind, dürfen Wahlvorstände von Stimmbezirken, die an der repräsentativen Wahlstatistik (§ 50 Abs. 2 des Gesetzes) oder an wahlstatistischen Auszählungen (§ 50 Abs. 4 des Gesetzes) teilnehmen, nicht mit der Feststellung des Briefwahlergebnisses für Stimmbezirke beauftragt werden, die daran nicht teilnehmen. Ist zu erwarten, daß für Wahlbezirke 50 oder mehr Wahlbriefe eingehen werden, so kann der Bürgermeister anordnen, daß für diese Wahlbezirke der Briefwahlvorstand auch das Ergebnis der Briefwahl ermittelt.

(4) Verspätet eingegangene Wahlbriefe werden vom Bürgermeister angenommen, mit den in Absatz 1 vorgeschriebenen Vermerken versehen und ungeöffnet verpackt. Das Paket wird vom Bürgermeister versiegelt, mit Inhaltsangabe versehen und verwahrt, bis die Wahl unanfechtbar geworden ist. Der Bürgermeister hat sicherzustellen, dass das Paket Unbefugten nicht zugänglich ist.

§ 58

Tätigkeit des Briefwahlvorstandes

(1) Ein vom Briefwahlvorsteher bestimmtes Mitglied des Briefwahlvorstandes öffnet die Wahlbriefe nacheinander und entnimmt ihnen den Wahlschein und den Stimmzettelumschlag. Ist der Wahlschein in einem Verzeichnis für ungültig erklärter Wahlscheine aufgeführt oder werden Bedenken gegen die Gültigkeit des Wahlscheines erhoben, so ist der betroffene Wahlbrief samt Inhalt unter Kontrolle des Briefwahlvorstehers auszusondern und später entsprechend Absätze 2 und 4 zu behandeln. Die aus den übrigen Wahlbriefen entnommenen Stimmzettelumschläge werden ungeöffnet in die Wahlurne

des Wahlbezirks gelegt, der auf dem Wahlschein bezeichnet ist. Die Wahlscheine werden, nach Wahlbezirken getrennt, gesammelt.

(2) Werden gegen einen Wahlbrief Bedenken erhoben, so beschließt der Briefwahlvorstand über die Zulassung oder Zurückweisung. Der Wahlbrief ist vom Briefwahlvorstand zurückzuweisen, wenn ein Tatbestand nach § 27 Abs. 2 Satz 1 des Gesetzes vorliegt. Die Einsender zurückgewiesener Wahlbriefe werden nicht als Wähler gezählt; ihre Stimmen gelten als nicht abgegeben (§ 27 Abs. 2 Satz 2 des Gesetzes).

(3) Über die Tätigkeit des Briefwahlvorstandes ist vom Schriftführer eine Niederschrift nach dem Muster der Anlage 19a zu fertigen. Für verbundene Wahlen wird eine gemeinsame Niederschrift gefertigt. Die Niederschrift ist von den Mitgliedern des Briefwahlvorstandes zu unterzeichnen. Verweigert ein Mitglied des Briefwahlvorstandes die Unterschrift, so ist der Grund hierfür in der Briefwahlniederschrift zu vermerken.

(4) Die Zahlen der beanstandeten, der nach besonderer Beschlußfassung zugelassenen und der zurückgewiesenen Wahlbriefe sind in der Wahlniederschrift zu vermerken. Die zurückgewiesenen Wahlbriefe sind samt Inhalt auszusondern, mit einem Vermerk über den Zurückweisungsgrund zu versehen, wieder zu verschließen, fortlaufend zu nummerieren und der Wahlniederschrift in einem versiegelten Paket beizufügen. Entsprechend ist mit den Wahlbriefumschlägen und Wahlscheinen der nach besonderer Beschlußfassung zugelassenen Wahlbriefe zu verfahren.

(5) Nachdem alle dem Briefwahlvorstand zugeteilten Wahlbriefe behandelt worden sind, wird in der Briefwahlniederschrift eingetragen, wie viele Wahlbriefe insgesamt eingegangen und wie viele Wahlbriefe zurückgewiesen worden sind. Die Zahl der zugelassenen Wahlbriefe wird, nach Wahlbezirken getrennt, in die Wahlniederschrift und außerdem in die Mitteilung nach dem Muster der Anlage 21 eingetragen, die von dem Briefwahlvorsteher und dem Schriftführer zu unterzeichnen ist. Bei verbundenen Wahlen sind die Zahlen der für beide Wahlen und der nur für die Kreiswahl gültigen Wahlscheine sowie die Zahlen der Wähler für die Gemeinde- und für die Kreiswahl einzutragen. Der Niederschrift sind, verpackt und versiegelt, die Wahlscheine in der in Satz 3 genannten Reihenfolge beizufügen. Die leeren Briefwahlumschläge sind zu vernichten. Die Niederschrift wird dem Bürgermeister übergeben.

(6) Hat der Briefwahlvorstand seine Aufgaben beendet, so übergibt der Briefwahlvorsteher oder sein Stellvertreter mit zwei Beisitzern die verschlossene Wahlurne nebst Schlüssel und Mitteilung nach dem Muster der Anlage 21 dem Wahlvorsteher des Stimmbezirks, der vom Bürgermeister zur Ermittlung des Briefwahlergebnisses im Wahlbezirk bestimmt ist. Der Empfang der Wahlurne und der Mitteilung ist vom Wahlvorsteher auf einem Vordruck nach dem Muster der Anlage 22 zu bestätigen.

§ 59
Ermittlung des Briefwahlergebnisses

(1) Die Briefwahlurne bleibt verschlossen, bis die Zählung der Wähler im Stimmbezirk (§ 50) beendet ist. Danach werden die Stimmzettelumschläge aus der Briefwahlurne entnommen und ungeöffnet gezählt. Ergibt sich dabei, auch nach wiederholter Zählung, eine Abweichung von der vom Briefwahlvorstand mitgeteilten Zahl der Briefwähler, bei verbundenen Gemeinde- und Kreiswahlen von der vom Briefwahlvorstand mitgeteilten Zahl der Briefwähler für die Kreiswahlen, so ist dies in der Wahlniederschrift zu vermerken. Bei verbundenen Gemeinde- und Kreiswahlen wird die vom Briefwahlvorstand mitgeteilte Zahl der Briefwähler für die jeweilige Wahl in die Wahlniederschrift übernommen.

(2) Die Stimmzettel werden den Stimmzettelumschlägen entnommen, bei verbundenen Wahlen nach ihrer Farbe sortiert, und gezählt. Ergibt sich dabei auch nach wiederholter Zählung keine Übereinstimmung zu der nach Absatz 1 ermittelten Zahl der Briefwähler, so ist dies in der Wahlniederschrift anzugeben und, soweit möglich, zu erläutern. In diesem Fall gilt, abweichend von Absatz 1 Satz 4, § 50 Satz 5 mit der Maßgabe, dass die Anzahl der Stimmzettel jeweils als Zahl der Briefwähler gilt.

(3) Die im Stimmbezirk und durch Briefwahl abgegebenen Stimmen werden gemeinsam ausgezählt, nachdem sie vermengt worden sind.

§ 60
Ermittlung des Ergebnisses der Briefwahl durch den Briefwahlvorstand

Ist vom Bürgermeister angeordnet, daß der Briefwahlvorstand auch das Ergebnis der Briefwahl ermittelt (§ 57 Abs. 3), so finden § 58 Abs. 6 und § 59 Abs. 1 und 3 keine Anwendung. Mit der Ermittlung des Ergebnisses der Briefwahl darf nicht vor Abschluß der Tätigkeit des Briefwahlvorstandes nach § 58 Abs. 1 bis 5 und nicht vor Schluß der allgemeinen Wahlzeit begonnen werden. Im übrigen gelten die allgemeinen Vorschriften sinngemäß. Die Niederschrift über die Tätigkeit des Briefwahlvorstandes ist nach dem Muster der Anlage 20a zu ergänzen.

VIII.
VERTEILUNG DER SITZE

§ 61
Feststellung des Wahlergebnisses

(1) Der Wahlleiter prüft die Wahlniederschriften auf Vollständigkeit und Ordnungsmäßigkeit. Gibt die Wahlniederschrift eines Stimmbezirks zu Bedenken Anlass, so fordert der Wahlleiter die notwendigen Unterlagen an. Über die Einsichtnahme in die gemäß § 54 Absatz 2, § 55 Absatz 1 und § 58 Absatz 4 und 5 versiegelten Unterlagen ist eine Niederschrift in Gegenwart von mindestens zwei Zeugen zu fertigen. Nach Einsichtnahme sind die Unterlagen wieder zu versiegeln. Der Wahlleiter stellt nach den Wahlniederschriften der Stimmbezirke das endgültige Wahlergebnis im Wahlgebiet nach dem Muster der Anlage 25a zusammen.

(2) Der Wahlausschuss ist berechtigt, rechnerische Berichtigungen in den Feststellungen der Wahlvorstände vorzunehmen. Im Übrigen ist er an deren Entscheidungen gebunden (§ 34 Absatz 2 des Gesetzes). Bedenken gegen sie vermerkt er in der Niederschrift.

(3) Der Wahlausschuss stellt fest

1. die Zahl der Wahlberechtigten (Zahl der in den Wählerverzeichnissen eingetragenen Wahlberechtigten zuzüglich der Wahlberechtigten mit Wahlschein gemäß § 9 Absatz 2 Satz 2 des Gesetzes),
2. die Zahl der Wähler,
3. die Zahlen der gültigen und ungültigen Stimmen,
4. die Zahlen der in jedem Wahlbezirk für die Bewerber abgegebenen Stimmen und die danach gewählten Bewerber,
5. die Zahlen der in jedem Wahlbezirk und im Wahlgebiet insgesamt für die Parteien und Wählergruppen abgegebenen Stimmen,
6. wieviel Sitze den Parteien und Wählergruppen gemäß § 33 Absatz 1 bis 4 des Gesetzes zuzuteilen sind,
7. welche Bewerber gemäß § 33 Absatz 6 des Gesetzes aus der Reserveliste gewählt sind.

Die Ziehung des Loses bei Stimmengleichheit nach § 32 Satz 3 des Gesetzes und bei gleichen Zahlenbruchteilen nach § 33 Absatz 2 Satz 6 und § 33 Absatz 4 Satz 3 des Gesetzes ist in der Sitzung des Wahlausschusses vorzunehmen.

(4) Die Sitzberechnung erfolgt gemäß § 33 des Gesetzes. Hierbei wird der prozentuale Rest nach § 33 Absatz 2 Satz 6 und nach § 33 Absatz 4 Satz 3 des Gesetzes auf vier Stellen nach dem Komma gerundet.

Hat eine Partei oder Wählergruppe keinen einzigen Sitz nach § 33 Absatz 2 des Gesetzes, aber mindestens ein Direktmandat errungen, findet eine erneute Sitzberechnung nach § 33 Absatz 2 des Gesetzes statt. Dabei wird von der bereinigten Gesamtstimmenzahl nach § 33 Absatz 1 des Gesetzes die Stimmenzahl der Partei oder Wählergruppe abgezogen, die nach § 33 Absatz 2 des Gesetzes keinen einzigen Sitz errungen hat. Die bereinigte Gremiengröße nach § 33 Absatz 2 Satz 1 des Gesetzes wird um die errungenen Direktmandate vermindert.

(5) Über die Feststellung des Wahlergebnisses und die Zuteilung der Sitze ist eine Niederschrift nach dem Muster der Anlage 26a anzufertigen. Die Niederschrift und die ihr beigefügte Zusammenstellung des Wahlergebnisses sind von allen Mitgliedern, die an der Feststellung mitgewirkt haben, und dem Schriftführer zu unterzeichnen. Eine Abschrift der Niederschrift ist unverzüglich der Aufsichtsbehörde vorzulegen.

§ 62

Benachrichtigung der Gewählten

Bei der Benachrichtigung der am Wahltag Gewählten weist der Wahlleiter darauf hin, dass

1. ein Bewerber, der im Wahlbezirk und auf der Reserveliste aufgestellt ist, auch aus der Reserveliste ausscheidet, wenn er die Annahme der Wahl im Wahlbezirk ablehnt,
2. ein Bewerber der Reserveliste, der gleichzeitig als Ersatzbewerber für einen anderen Bewerber aufgestellt ist, auch als Ersatzbewerber ausscheidet, wenn er die Annahme der auf ihn nach der Reihenfolge entfallenen Wahl ausschlägt,
3. der Gewählte, falls auf ihn die Voraussetzungen des § 13 Abs. 1 Satz 1 Buchstabe a, c, e oder Abs. 6 des Gesetzes zutreffen, die Beendigung seines Dienst- oder Arbeitsverhältnisses (§ 13 Abs. 3 Satz 1 und Abs. 6 Satz 3 des Gesetzes) durch eine schriftliche Bescheinigung des Dienstherrn oder der Gesellschaft, Stiftung oder Anstalt, bei der er beschäftigt ist, nachweisen muss oder, falls auf ihn die Voraussetzungen des § 13 Abs. 1 Satz 1 Buchstabe b oder d des Gesetzes zutreffen, durch eine schriftliche Bescheinigung des Dienstherrn nachweisen muss, dass er nicht mehr unmittelbar mit der Ausübung der allgemeinen Aufsicht oder Sonderaufsicht befasst ist, und dass die Wahl als abgelehnt gilt, falls dieser Nachweis nicht bis zum Ablauf der Frist erbracht wird,
4. eine Ablehnung nicht widerrufen werden kann,
5. die Mitgliedschaft mit der Feststellung der Wahl durch den Wahlausschuss erworben wird, jedoch nicht vor Ablauf der Wahlperiode der alten Vertretung.

§ 63

Veröffentlichung des Wahlergebnisses

(1) Der Wahlleiter gibt das vom Wahlausschuß festgestellte Wahlergebnis öffentlich bekannt. § 30 Satz 2 gilt entsprechend. Die Veröffentlichung erfolgt unbeschadet einer Ablehnung der Wahl durch die Bewerber.

(2) Vom Tage der Bekanntmachung ab läuft die Frist zur Erhebung von Einsprüchen gegen die Wahl nach § 39 Absatz 1 Satz 1 des Gesetzes. Hierauf ist in der Bekanntmachung hinzuweisen.

IX.

NACHWAHLEN

§ 64

(1) Ist die Wahl in einem Wahlgebiet, einem Wahlbezirk oder einem Stimmbezirk nicht durchgeführt worden (§ 21 Abs. 1 Nr. 1 des Gesetzes), so wird bei der Nachwahl

1. in den für die ausgefallene Wahl bestimmten Stimmbezirken,
2. nach den für die ausgefallene Wahl aufgestellten Wählerverzeichnissen und
3. nach den für die ausgefallene Wahl zugelassenen Wahlvorschlägen

gewählt.

(2) Stirbt ein im Wahlbezirk vorgeschlagener Bewerber nach der Zulassung des Wahlvorschlags, aber noch vor dem Wahltage und ist für ihn ein Ersatzbewerber auf der Reserveliste nicht vorhanden (§ 21 Abs. 1 Nr. 2 des Gesetzes), so sagt der Wahlleiter die Wahl ab und gibt bekannt, daß eine Nachwahl stattfinden wird. Er benachrichtigt gleichzeitig die Aufsichtsbehörde. Diese setzt den Tag der Nachwahl fest und bestimmt, bis zu welchem Zeitpunkt an Stelle des Bewerbers ein anderer benannt werden kann. Der Ersatzvorschlag muß von der Vertrauensperson und von der stellvertretenden Vertrauensperson unterzeichnet sein. Das Verfahren nach § 17 des Gesetzes braucht nicht eingehalten zu werden; der Unterschriften nach § 15 Abs. 2 Satz 3 des Gesetzes bedarf es nicht.

(3) Werden in einem Wahlbezirk keine Bewerber oder im Wahlgebiet weniger Bewerber zugelassen, als Vertreter zu wählen sind (§ 21 Abs. 1 Nr. 3 des Gesetzes), so sagt der Wahlleiter die Wahl ab und gibt bekannt, dass eine Nachwahl stattfinden wird. Er benachrichtigt gleichzeitig die Aufsichtsbehörde. Diese soll den Tag der Nachwahl und die für deren Vorbereitung maßgeblichen Fristen und Termine so festsetzen, daß zwischen der erneuten Aufforderung zur Einreichung von Wahlvorschlägen und dem Ablauf der Einreichungsfrist ein Zeitraum von wenigstens zwei Wochen liegt.

(4) Die Nachwahl ist nach § 33 neu bekanntzumachen.

(5) Findet die Nachwahl wegen des Todes eines Wahlbezirksbewerbers statt, so haben die für die Hauptwahl erteilten Wahlscheine für die Nachwahl keine Gültigkeit. Sie werden von Amts wegen ersetzt. § 20 Abs. 4 ist anzuwenden. Neue Wahlscheine werden nach den allgemeinen Vorschriften erteilt. Wahlbriefe mit alten Wahlscheinen, die beim Bürgermeister eingegangen sind, werden von diesem gesammelt und unter Beachtung des Wahlgeheimnisses vernichtet.

(6) Findet die Nachwahl statt, weil die Wahl infolge höherer Gewalt oder aus sonstigem Grund nicht durchgeführt werden konnte, so behalten die für die Hauptwahl ausgestellten Wahlscheine für die Nachwahl Gültigkeit.

X.
WAHLPRÜFUNG, AUSSCHEIDEN UND ERSATZ VON VERTRETERN

§ 65
Bekanntgabe von Entscheidungen

Die folgenden Entscheidungen sind der Aufsichtsbehörde, dem vom Verlust des Sitzes betroffenen Vertreter und, wenn sie einen Einspruch betreffen, dem Einspruchsführer zuzustellen:

1. Beschluß der Vertretung über die Gültigkeit der Wahl gemäß § 40 Abs. 1 des Gesetzes,
2. Beschluß der Vertretung über den Verlust eines Sitzes gemäß § 44 Abs. 1 des Gesetzes,
3. nachträgliche Feststellung des Wahlleiters, daß ein Bewerber das Mandat angetreten hat, obwohl er an der Zugehörigkeit zur Vertretung gehindert war (§ 13 Abs. 3 Satz 2, Abs. 4 und Abs. 6 Satz 3 des Gesetzes), und Feststellung des Verlustes der Mitgliedschaft (§ 13 Abs. 3 Satz 3 und Abs. 6 Satz 3 des Gesetzes),
4. Feststellung des Wahlleiters über den Nachfolger oder das Freibleiben des Sitzes bei der Ersatzbestimmung von Vertretern (§ 45 Abs. 6 des Gesetzes),
5. Feststellung des Wahlleiters über den Verlust des Sitzes auf Grund eines Parteiverbots gemäß Artikel 21 des Grundgesetzes, auf Grund einer Entscheidung nach Artikel 9 Abs. 2 des Grundgesetzes und auf Grund einer Entscheidung nach Artikel 32 Abs. 2 der Landesverfassung (§ 46 Abs. 4 des Gesetzes).

Der Beschluß der Vertretung und die Feststellung des Wahlleiters sind öffentlich bekanntzumachen; vereinfachte Bekanntmachung genügt. § 30 Satz 2 gilt entsprechend. Die Bekanntmachung gilt als Bekanntgabe im Sinne des § 41 Satz 1 des Gesetzes, soweit der Beschluß oder die Feststellung nicht zugestellt ist.

§ 66
Wahlprüfung

Der Wahlleiter legt dem nach § 40 Abs. 1 Satz 1 des Gesetzes zu bildenden Wahlprüfungsausschuß die bei ihm eingegangenen Einsprüche sowie die sonstigen Unterlagen über die amtliche Vorprüfung des Wahlergebnisses unverzüglich vor.

§ 67
Wiederholungswahl

(1) Erstreckt sich die Wiederholungswahl nur auf einzelne Wahlbezirke, so bleiben die Wahlbezirke und die Stimmbezirke die gleichen wie bei der Hauptwahl, es sei denn, daß Beanstandungen gegen die Wahlbezirks- oder Stimmbezirkseinteilung als begründet anerkannt sind. Im übrigen sollen Wahlbezirke, Stimmbezirke, Wahlräume und Wahlvorstände nach Möglichkeit die gleichen bleiben wie bei der Hauptwahl; jedoch kann der Wahlausschuß diejenigen Veränderungen vornehmen, die er zur ordnungsgemäßen Durchführung der Wiederholungswahl für erforderlich hält. Bei der Wiederholungswahl in einzelnen Wahlbezirken wird der von der neuen Vertretung gewählte Wahlausschuß tätig. Bei der Wiederholungswahl im ganzen Wahlgebiet beruft die Aufsichtsbehörde die Beisitzer des Wahlausschusses.

(2) Findet die Wiederholungswahl wegen Unregelmäßigkeiten bei der Aufstellung von Wählerverzeichnissen statt, so ist, vorbehaltlich einer abweichenden Entscheidung im Wahlprüfungsverfahren, in

den betroffenen Stimmbezirken das Verfahren zur Aufstellung, Einsichtnahme, Berichtigung und zum Abschluß der Wählerverzeichnisse nach dem Stande am Tage der Hauptwahl gemäß den allgemeinen Vorschriften neu durchzuführen.

(3) Findet die Wiederholungswahl später als sechs Monate nach der für ungültig erklärten Wahl statt, so werden die Wählerverzeichnisse in den Stimmbezirken, in denen die Wahl zu wiederholen ist, nach den allgemeinen Vorschriften neu aufgestellt.

(4) Wenn im Wahlprüfungsverfahren eine Wiederholung wegen Unregelmäßigkeiten bei der Zulassung von Wahlvorschlägen angeordnet worden ist, können, vorbehaltlich einer abweichenden Entscheidung im Wahlprüfungsverfahren, zu Unrecht beanstandete Wahlvorschläge durch neue ersetzt und zu Unrecht zugelassene Wahlvorschläge nicht ersetzt werden. Im übrigen können für eine Wiederholungswahl Wahlvorschläge geändert oder durch neue ersetzt werden, wenn dies durch Entscheidung im Wahlprüfungsverfahren angeordnet worden ist, wenn ein Bewerber gestorben ist, seine Wählbarkeit verloren hat, seine Zustimmung zurückgezogen hat oder aus der Partei ausgeschieden ist, für die er bei der Hauptwahl aufgestellt war; § 69 Abs. 1 findet sinngemäß Anwendung. Erstreckt sich die Wiederholungswahl nur auf einzelne Wahlbezirke, so können die Reservelisten nicht ergänzt oder geändert werden.

§ 68
Verzicht

Bestimmt der Wahlleiter einen Beauftragten zur Entgegennahme der Verzichtserklärung gemäß § 38 des Gesetzes, so soll der Auftrag hierzu schriftlich erteilt und der Niederschrift eine amtlich beglaubigte Abschrift des Beauftragungsschreibens beigefügt werden.

§ 69
Ersatzbestimmung von Vertretern

(1) Der Wahlleiter soll sich vor der Feststellung des Nachfolgers des freigewordenen Sitzes von den zuständigen Leitungen der Parteien und Wählergruppen bestätigen lassen, dass der betreffende Bewerber nicht aus der Partei oder Wählergruppe, für die er bei der Wahl aufgestellt war, ausgeschieden ist oder sich, sofern der betreffende Bewerber auf der Reserveliste zum Zeitpunkt der Listenaufstellung nicht Mitglied einer Partei oder Wählergruppe war, von dem Bewerber bestätigen lassen, dass er in der Zwischenzeit nicht in eine andere als die ihn aufstellende Partei oder Wählergruppe eingetreten ist. Soweit er es für erforderlich hält, kann der Wahlleiter weitere Nachweise von den zuständigen Leitungen der Parteien und Wählergruppen verlangen.

(2) Die Vorschriften über die Benachrichtigung der Gewählten finden bei der Ersatzbestimmung (§ 45 des Gesetzes) entsprechende Anwendung. Der Ersatzbewerber ist ergänzend darauf hinzuweisen, daß er auch als Bewerber nach der Reihenfolge ausscheidet, wenn er die Annahme der Wahl ausschlägt.

XI.
WAHL DER BEZIRKSVERTRETUNGEN

§ 70
Anwendbarkeit der allgemeinen Vorschriften

Für die Wahl der Bezirksvertretungen gelten die Vorschriften des I. bis X. sowie des XII. Abschnitts sinngemäß, soweit sich nicht aus den §§ 71 bis 75 etwas anderes ergibt.

§ 71
Aufforderung zur Einreichung von Listenwahlvorschlägen

Der Wahlleiter fordert zur Einreichung von Listenwahlvorschlägen für die Wahl der Bezirksvertretungen durch öffentliche Bekanntmachung auf. Er soll in der Bekanntmachung darauf hinweisen, in welche Stadtbezirke das Gebiet der kreisfreien Stadt eingeteilt ist, wie viele Unterschriften die Listenwahlvorschläge gemäß § 46a Absatz 5 Satz 2 in Verbindung mit § 16 Absatz 1 Satz 3 des Gesetzes enthalten müssen und dass Wählergruppen ihren Listenwahlvorschlägen die nach § 15a Absatz 1 oder 2 des

Gesetzes beizubringenden Unterlagen beifügen müssen. § 24 Satz 2 Nummer 1, 5 und 6 findet Anwendung.

§ 72

Listenwahlvorschläge

(1) Der Listenwahlvorschlag soll nach dem Muster der Anlage 11c eingereicht werden. Er muss enthalten

1. den Namen der Partei oder Wählergruppe, die den Listenwahlvorschlag einreicht und
2. Familiennamen, die Vornamen, Beruf, Geburtsdatum, Geburtsort, Anschrift (Hauptwohnung), E-Mail-Adresse, Telefonnummer sowie Staatsangehörigkeit der Bewerber in erkennbarer Reihenfolge; bei Beamten und Arbeitnehmern nach § 13 Absatz 1 und 6 des Gesetzes sind auch der Dienstherr und die Beschäftigungsbehörde oder die Gesellschaft, Stiftung oder Anstalt, bei der sie beschäftigt sind, anzugeben; bei mehreren Vornamen kann eine Angabe erfolgen, unter welchem Vornamen der Bewerber auf dem Stimmzettel anzugeben ist.

Er soll ferner Namen, Anschrift, Telefonnummer und E-Mail-Adresse der Vertrauensperson und der stellvertretenden Vertrauensperson enthalten.

(2) Soll ein Bewerber in dem Listenwahlvorschlag nach § 46a Absatz 5 Satz 2 in Verbindung mit § 16 Absatz 2 des Gesetzes Ersatzbewerber für einen in dem Listenwahlvorschlag benannten anderen Bewerber sein, so muss der Listenwahlvorschlag ferner enthalten

1. den Familien- und die Vornamen des zu ersetzenden Bewerbers und
2. die laufende Nummer des Listenwahlvorschlags, unter der der zu ersetzende Bewerber aufgestellt ist.

(3) Der Listenwahlvorschlag muss nach § 46a Absatz 5 Satz 2 des Gesetzes von der für das Gebiet der kreisfreien Stadt zum Zeitpunkt der Einreichung zuständigen Leitung der Partei oder Wählergruppe unterzeichnet sein; § 26 Absatz 3 gilt entsprechend mit der Maßgabe, dass die von dem Oberbürgermeister gemäß § 26 Absatz 3 Nummer 3 zu erteilende Bescheinigung dahin zu lauten hat, dass der Unterzeichner im Stadtbezirk wahlberechtigt ist. Die Unterschriften sind auf amtlichen Formblättern nach Anlage 14b zu erbringen; bei Anforderung der Formblätter ist die Bezeichnung der Partei oder Wählergruppe anzugeben.

(4) Dem Listenwahlvorschlag sind beizufügen:

1. die Erklärung des Bewerbers nach dem Muster der Anlage 12b, dass er seiner Aufstellung zustimmt und dass er für keinen anderen Listenwahlvorschlag in einem Stadtbezirk der kreisfreien Stadt seine Zustimmung zur Benennung als Bewerber gegeben hat,
2. eine Bescheinigung des Oberbürgermeisters nach dem Muster der Anlage 13a, dass der Bewerber in dem Stadtbezirk wählbar ist; einer Bescheinigung der Wählbarkeit bedarf es nicht, soweit Bewerber gleichzeitig in einem Wahlbezirk oder auf einer Reserveliste für die Wahl des Rates aufgestellt sind und die Bescheinigung für diese Wahlvorschläge vorliegt oder beigebracht wird,
3. eine Ausfertigung der Niederschrift über die Versammlung der Partei oder Wählergruppe zur Aufstellung der Bewerber mit den nach § 46a Absatz 1 in Verbindung mit § 17 Absatz 8 des Gesetzes vorgeschriebenen Versicherungen an Eides statt; ihrer Beifügung bedarf es nicht, soweit eine Ausfertigung der Niederschrift und der Versicherungen an Eides statt einem anderen Listenwahlvorschlag im Gebiet der kreisfreien Stadt beigefügt ist; die Niederschrift soll nach dem Muster der Anlage 9b gefertigt, die Versicherungen an Eides statt nach dem Muster der Anlage 10b abgegeben werden und
4. sofern sich Beamte oder Arbeitnehmer nach § 13 Absatz 1 oder 6 des Gesetzes bewerben, eine Bescheinigung über ihr Dienst- oder Arbeitsverhältnis sowie ihre ausgeübte Tätigkeit, falls der Wahlleiter dies zur Behebung von Zweifeln für erforderlich hält.

(5) Parteien und Wählergruppen, die in der zum Zeitpunkt der Wahlausschreibung laufenden Wahlperiode nicht ununterbrochen in der zu wählenden Bezirksvertretung, im Rat oder in einer anderen Bezirksvertretung der kreisfreien Stadt, im Landtag oder aufgrund eines Wahlvorschlags aus dem Land im Bundestag vertreten sind und für die die Unterlagen gemäß § 15 Absatz 2 Satz 2 zweiter Halbsatz des Gesetzes dem Bundeswahlleiter nicht vorliegen, haben außerdem einzureichen

1. den Nachweis, dass der für das Gebiet der kreisfreien Stadt zuständige Vorstand nach demokratischen Grundsätzen gewählt ist, und zwar durch beglaubigte Abschrift oder eine Ausfertigung der

bei der Wahl gefertigten Niederschrift oder durch die schriftliche Erklärung mehrerer bei der Wahlhandlung anwesenden Personen,
2. ihre Satzung und ihr Programm sowie
3. den Nachweis, dass die Namen der Vorstandsmitglieder, die Satzung und das Programm auf geeignete Weise veröffentlicht sind.

Reicht die Partei oder Wählergruppe mehrere Wahlvorschläge im Gebiet der kreisfreien Stadt ein, so brauchen diese Nachweise nur einmal eingereicht zu werden. Hat die Partei oder Wählergruppe eine über das Gebiet der kreisfreien Stadt hinausgehende Organisation, so gilt § 26 Absatz 5 Satz 3 Buchstabe b und c.

(5a) Wählergruppen, die nach § 2 Absatz 1 des Wählergruppentransparenzgesetzes zur Rechenschaftslegung verpflichtet sind, haben dem Wahlvorschlag nach § 15a Absatz 1 des Gesetzes außerdem die Bescheinigung beizufügen, die ihnen der Präsident des Landtags nach § 4 Absatz 2 des Wählergruppentransparenzgesetzes über die Vorlage ihrer Rechenschaftsberichte über die letzten zwei abgeschlossenen Rechnungsjahre erteilt hat. Soweit die Frist zur Einreichung des Rechenschaftsberichts nach § 4 Absatz 1 des Wählergruppentransparenzgesetzes zum Zeitpunkt der Einreichung des Wahlvorschlags noch nicht abgelaufen ist, ist für das letzte abgeschlossene Rechnungsjahr die Vorlage einer Erklärung nach § 15a Absatz 2 des Gesetzes ausreichend, aus der sich ergibt, ob und in welcher Gesamthöhe die Wählergruppe in den vorangegangenen zwölf Monaten Zuwendungen erhalten hat; Zuwendungen eines einzelnen Zuwenders gemäß § 2 Absatz 2 Satz 4 des Wählergruppentransparenzgesetzes sind hierbei anzugeben. Die Erklärung nach § 15a Absatz 2 des Gesetzes ist von der im Wahlgebiet zum Zeitpunkt der Abgabe der Erklärung zuständigen Leitung der Wählergruppe zu unterzeichnen und soll nach dem Muster der Anlage 27 eingereicht werden. Reicht die Wählergruppe mehrere Wahlvorschläge im Gebiet der kreisfreien Stadt ein, so brauchen diese Nachweise nur einmal eingebracht zu werden.

(5b) Wählergruppen, die nicht zur Rechenschaftslegung nach § 2 Absatz 1 des Wählergruppentransparenzgesetzes verpflichtet sind, haben dem Wahlvorschlag eine Erklärung nach § 15a Absatz 2 des Gesetzes beizufügen, aus der sich ergibt, ob und in welcher Höhe sie in den vorangegangenen zwölf Monaten Zuwendungen erhalten haben; Zuwendungen eines einzelnen Zuwenders gemäß § 2 Absatz 2 Satz 4 des Wählergruppentransparenzgesetzes sind hierbei anzugeben. Absatz 5a Satz 3 und 4 gilt entsprechend.

(5c) Erhält eine Wählergruppe nach Einreichung eines Wahlvorschlags bis zum Zeitpunkt der Wahl eine Zuwendung, die die Bedingungen des § 2 Absatz 2 Satz 4 des Wählergruppentransparenzgesetzes erfüllt, sind diese dem Wahlleiter nach § 15a Absatz 3 des Gesetzes unter Angabe des Namens und der Anschrift des Zuwenders sowie der Gesamthöhe der Zuwendung unverzüglich mitzuteilen. Die Erklärung ist von der im Wahlgebiet zum Zeitpunkt der Abgabe der Erklärung zuständigen Leitung der Wählergruppe zu unterzeichnen und soll nach dem Muster der Anlage 28 eingereicht werden.

(5d) Die Erklärungen und Mitteilungen nach Absatz 5a Satz 2 sowie den Absätzen 5b und 5c macht der Wahlleiter am 16. Tag vor der Wahl, sowie etwaige Nachmeldungen am Tag vor der Wahl, ohne Angabe des Namens und der Anschrift des Zuwenders in geeigneter Weise bekannt, wobei eine vereinfachte Bekanntmachung genügt.

(6) Die Bescheinigung des Wahlrechts nach Absatz 3 Satz 1 in Verbindung mit § 26 Absatz 3 Nummer 3 und der Wählbarkeit nach Absatz 4 Nummer 2 sowie die Beglaubigung von Kopien der beizubringenden Unterlagen sind kostenfrei zu erteilen.

(7) Der Wahlleiter macht die zugelassenen Listenwahlvorschläge mit den in Absatz 1 Nummer 1 und 2 erster Halbsatz sowie mit den in Absatz 2 bezeichneten Angaben mit Ausnahme der Staatsangehörigkeit bekannt; statt des Geburtsdatums ist jeweils nur das Geburtsjahr und statt der vollständigen Anschrift sind der Wohnort mit Postleitzahl und die E-Mail-Adresse der Bewerber anzugeben. § 30 Satz 2 gilt entsprechend.

(8) Für die Vorprüfung durch den Wahlleiter und die Zulassung sowie Beschwerdeerhebung gelten die §§ 27 bis 29 entsprechend.

§ 73

Stimmzettel

(1) Für die Stimmzettel ist das Muster der Anlage 17b maßgebend. Sie müssen so groß sein, dass alle Angaben übersichtlich auf ihnen erscheinen. § 32 Absatz 3 und 6 gilt entsprechend.

(2) Der Wahlleiter setzt die Reihen- und Nummernfolge der Parteien und Wählergruppen auf dem Stimmzettel für jeden Stadtbezirk gesondert fest. Die Reihenfolge der Parteien und Wählergruppen, die bei der letzten Wahl der Bezirksvertretung in dem Stadtbezirk beteiligt waren, richtet sich nach der Reihenfolge ihrer Stimmenzahlen in diesem Stadtbezirk. An erster Stelle wird die höchste und danach jeweils die nächstgrößte Stimmenzahl berücksichtigt. Parteien und Wählergruppen, die bei der letzten Wahl der Bezirksvertretung keine Stimmen errungen oder nicht teilgenommen haben, erhalten die nachfolgenden Nummern nach der Reihenfolge ihrer Namen im Alphabet.

§ 74
Anwendung einzelner Bestimmungen

Es gelten

1. § 12 mit der Maßgabe, dass
   a) in Absatz 5 Satz 1 Buchstabe a an die Stelle des Wahlbezirks der Stadtbezirk tritt und
   b) Absatz 6 keine Anwendung findet;
2. § 13 Absatz 2 Nummer 8, § 20 Absatz 4 Satz 1, Absatz 7 Satz 3 und Absatz 8 Satz 3, § 21 Absatz 1 Satz 1 und Absatz 2 mit der Maßgabe,
   dass an die Stelle des Wahlbezirks jeweils der Stadtbezirk tritt;
3. § 33 mit der Maßgabe, dass
   a) in Absatz 1 Satz 2 Nummer 1 an die Stelle der Wahlbezirke die Stadtbezirke treten,
   b) an die Stelle des Hinweises in Absatz 1 Satz 2 Nummer 4 der Hinweis darauf tritt, dass der Wähler bei der Stimmabgabe den Listenwahlvorschlag, dem er seine Stimme geben will, durch Ankreuzen oder auf andere Weise in der dafür vorgesehenen Spalte kennzeichnen muss, und
   c) Absatz 2 Satz 3 keine Anwendung findet;
4. § 45 Absatz 1, § 46 Absatz 1 und § 48 Absatz 1 mit der Maßgabe,
   dass an die Stelle des für einen Wahlbezirk gültigen Wahlscheins jeweils der für einen Stadtbezirk gültige Wahlschein tritt;
5. § 49 Absatz 1 Satz 2 mit der Maßgabe,
   dass an die Stelle der Zahlen nach Nummer 4 und 5 die Zahlen der für die einzelnen Listenwahlvorschläge abgegebenen gültigen Stimmen treten;
6. § 51 Absatz 1 Nummer 1, Absatz 2 Satz 2, Absatz 4, Absatz 5 Satz 2 und Absatz 6 Satz 1 sowie § 52 Absatz 1 Buchstabe a und b und Absatz 2 mit der Maßgabe,
   dass an die Stelle der Bewerber jeweils die Listenwahlvorschläge treten;
7. § 53 mit der Maßgabe, dass
   a) die Meldung nach Absatz 2 anstelle der Angaben nach Satz 2 Nummer 5 die Zahlen der für die einzelnen Listenwahlvorschläge abgegebenen gültigen Stimmen enthält und
   b) Absatz 3 keine Anwendung findet;
8. § 54 Absatz 1 Satz 1 mit der Maßgabe,
   dass über die Wahlhandlung eine Wahlniederschrift nach dem Muster der Anlage 18b aufgenommen wird;
9. § 55 Absatz 1 Nummer 1 mit der Maßgabe,
   dass der Wahlvorsteher die gültigen Stimmzettel nach Listenwahlvorschlägen zu ordnen und zu bündeln hat;
10. § 57 Absatz 2 und 3 mit der Maßgabe,
    dass an die Stelle der Wahlbezirke jeweils die Stadtbezirke treten;
11. § 58 mit der Maßgabe, dass
    a) an die Stelle der Wahlbezirke in Absatz 1 Satz 3 und 4, Absatz 5 Satz 2 und Absatz 6 Satz 1 jeweils die Stadtbezirke treten und
    b) die in Absatz 3 Satz 1 vorgeschriebene Niederschrift über die Tätigkeit des Briefwahlvorstandes nach dem Muster der Anlage 19b aufgenommen wird;
12. § 60 Satz 4 mit der Maßgabe,
    dass die Niederschrift über die Tätigkeit des Briefwahlvorstandes nach dem Muster der Anlage 20b zu ergänzen ist;

13. § 61 mit der Maßgabe, dass
    a) der Wahlausschuss die Feststellungen nach Absatz 3 für jeden Stadtbezirk gesondert trifft, wobei ersetzt werden
    die Feststellungen nach Nummer 4 und 5 durch die Zahlen der in jedem Stadtbezirk für die Listenwahlvorschläge abgegebenen Stimmen,
    die Feststellungen nach Nummer 6 und 7 durch die Feststellungen, wie viele Sitze den Parteien und Wählergruppen gemäß § 46a Absatz 6 und 7 des Gesetzes in Verbindung mit § 33 Absatz 2 Satz 2 bis 6 des Gesetzes zuzuteilen sind und welche Bewerber gemäß § 46a Absatz 7 des Gesetzes in Verbindung mit § 33 Absatz 6 Satz 1 und 2 des Gesetzes aus den Listenwahlvorschlägen gewählt sind,
    b) die nach Absatz 5 Satz 1 vorgeschriebene Niederschrift über die Feststellung des Wahlergebnisses nach dem Muster der Anlage 26b angefertigt wird;
14. § 62 Satz 2 mit der Maßgabe,
    dass an die Stelle der Hinweise nach Nummer 3 und 4 der Hinweis tritt, dass ein Bewerber, der in dem Listenwahlvorschlag als Ersatzbewerber für einen anderen Bewerber aufgestellt ist, auch als Ersatzbewerber ausscheidet, wenn er die Annahme der auf ihn nach der Reihenfolge entfallenen Wahl ausschlägt,
15. § 67 mit der Maßgabe, dass
    a) bei der Wiederholungswahl die Stimmbezirke, Wahlräume und Wahlvorstände nach Möglichkeit dieselben bleiben sollen wie bei der Hauptwahl, es sei denn, dass Beanstandungen gegen die Stimmbezirkseinteilung als begründet anerkannt sind; dass jedoch der Wahlausschuss diejenigen Veränderungen vornehmen kann, die er zur ordnungsmäßigen Durchführung der Wahl für erforderlich hält, und
    b) Absatz 1, mit Ausnahme des Satzes 4, und Absatz 4 Satz 3 keine Anwendung finden.

§ 75

Gleichzeitige Wahl des Rates und der Bezirksvertretungen

(1) Finden die Wahlen des Rates und der Bezirksvertretungen gleichzeitig statt, so müssen die Stimmbezirke, die Wahlräume und die Wahlvorstände für beide Wahlen dieselben sein.

(2) Zur Einsicht bereitgehalten und benutzt wird für beide Wahlen ein und dasselbe Wählerverzeichnis. Der Abschluß des Wählerverzeichnisses gemäß § 18 ist für beide Wahlen gemeinsam zu beurkunden.

(3) Die Wahlbenachrichtigungen sind miteinander zu verbinden. Der Wahlbenachrichtigung soll ein Vordruck für einen Antrag auf Erteilung eines gemeinsamen Wahlscheins nach Anlage 3 beigefügt werden.

(4) Für beide Wahlen wird ein gemeinsamer Wahlschein nach dem Muster der Anlage 5c ausgestellt. Den Briefwahlunterlagen (§§ 70, 74 i. V. m. § 20 Abs. 4) ist ein Merkblatt für die Briefwahl nach dem Muster der Anlage 8c beizufügen.

(5) Für jede Wahl sind besondere und andersfarbige Stimmzettel zu verwenden. Es wird eine Wahlurne verwandt.

(6) Für beide Wahlen wird eine gemeinsame Wahlbekanntmachung vom Oberbürgermeister veröffentlicht, auf die § 33 mit folgenden Besonderheiten Anwendung findet:

1. Zu § 33 Abs. 1 Satz 1:
   Es ist darauf hinzuweisen, daß Rats- und Bezirksvertretungswahlen gleichzeitig stattfinden, und wie sich die Stimmbezirke auf die Wahlbezirke und auf die Stadtbezirke verteilen.
2. Zu § 33 Abs. 1 Satz 2 Nr. 1:
   Es ist darauf hinzuweisen, wie sich die Stimmzettel für beide Wahlen durch Aufdruck und Farbe des Papiers voneinander unterscheiden.
3. Zu § 33 Abs. 2 Satz 2:
   Dem Abdruck der Wahlbekanntmachung ist je ein Stimmzettel für die beiden Wahlen beizufügen.

(7) Bei der Briefwahl sind vom Wähler beide Stimmzettel in einen Stimmzettelumschlag und dieser zusammen mit dem Wahlschein in einen für beide Wahlen geltenden Wahlbriefumschlag zu legen. Auf dem Wahlbrief sind die Anschrift des Oberbürgermeisters sowie der Wahlbezirk und der Stadtbezirk anzugeben. Für beide Wahlen fertigt der Briefwahlvorstand nur eine Niederschrift und nur eine Mitteilung an (§§ 70, 74 i. V. m. § 58 Abs. 3 und § 60 Satz 4).

(8) Vor der Ermittlung des Wahlergebnisses sind die Stimmzettel für jede Wahl zu trennen und anschließend jeweils zu vermengen. Alsdann werden die Stimmzettel in der Reihenfolge Ratswahl, Bezirksvertretungswahl gezählt. Der Schriftführer des Wahlvorstands hat für jede Wahl eine besondere Niederschrift zu fertigen. Mit der nächsten Stimmenzählung darf erst begonnen werden, wenn die Niederschrift über die vorangegangene Zählung abgeschlossen und die zugehörigen Unterlagen verpackt und versiegelt sind (§§ 70, 74 i. V. m. § 55 Abs. 1).

(9) Soweit die Wahl des Rates nicht durchgeführt wird (§ 21 Abs. 1 des Gesetzes), ist auch die Wahl der Bezirksvertretung abzusagen. Mit der Nachwahl für den Rat findet die Nachwahl der Bezirksvertretung statt.

XI A.
WAHL DER BÜRGERMEISTER UND LANDRÄTE

§ 75a
Anwendbarkeit der allgemeinen Vorschriften

Für die Direktwahl sowie die Abwahl der Bürgermeister und Landräte gelten die Vorschriften der Abschnitte I bis XIII sinngemäß, soweit sich nicht aus den §§ 75b bis 75e etwas anderes ergibt.

§ 75b
Wahlvorschläge

(1) Der Wahlleiter fordert zur Einreichung von Wahlvorschlägen durch öffentliche Bekanntmachung auf. Findet die Wahl gleichzeitig mit der Wahl einer kommunalen Vertretung statt, kann die Bekanntmachung mit der Bekanntmachung gemäß § 24 verbunden werden.

(2) Der Wahlvorschlag soll nach dem Muster der Anlage 11d eingereicht werden. Er muss enthalten:

1. den Namen und gegebenenfalls die Kurzbezeichnung der Partei oder Wählergruppe, die den Wahlvorschlag einreicht; andere Wahlvorschläge können auch durch ein Kennwort des Wahlvorschlagsträgers gekennzeichnet werden und
2. Familiennamen, Vornamen, Beruf, Geburtsdatum, Geburtsort, Anschrift (Hauptwohnung), E-Mail-Adresse, Telefonnummer sowie Staatsangehörigkeit des Bewerbers; bei mehreren Vornamen kann eine Angabe erfolgen, unter welchem Vornamen der Bewerber auf dem Stimmzettel anzugeben ist.

Der Wahlvorschlag einer Partei oder Wählergruppe muss nach § 15 Absatz 2 Satz 1 des Gesetzes von der für das Wahlgebiet zum Zeitpunkt der Einreichung zuständigen Leitung unterzeichnet sein. Bei anderen Wahlvorschlägen muss der Unterzeichner des Wahlvorschlags im Wahlgebiet wahlberechtigt sein; § 46d Absatz 1 Satz 2 des Gesetzes bleibt unberührt. Aus dem Wahlvorschlag sollen ferner Namen, Anschrift, Telefonnummer und E-Mail-Adresse der Vertrauensperson und der stellvertretenden Vertrauensperson hervorgehen.

(3) § 26 Absatz 3 gilt sinngemäß. Die Unterstützungsunterschriften sind auf amtlichen Formblättern nach Anlage 14c zu erbringen; bei der Anforderung der Formblätter ist die Bezeichnung des Wahlvorschlagsträgers, bei Parteien und Wählergruppen auch deren Kurzbezeichnung, anzugeben.

(4) § 26 Absatz 4 Nummer 1 bis 4 gilt mit der Maßgabe sinngemäß, dass die Zustimmungserklärung nach dem Muster der Anlage 12c abzugeben ist und der Bewerber darauf zu versichern hat, dass er für keine andere Wahl zum Bürgermeister oder Landrat kandidiert. Für die Bescheinigung der Wählbarkeit durch die zuständige Gemeinde ist das Muster der Anlage 13b zu verwenden. Die Niederschrift über die Versammlung der Partei oder Wählergruppe zur Aufstellung des Bewerbers soll nach dem Muster der Anlage 9c gefertigt, die Versicherung an Eides statt nach dem Muster der Anlage 10c abgegeben werden.

(5) § 26 Absatz 5a bis 5d gilt entsprechend.

(6) Für gemeinsame Wahlvorschläge nach § 46d Absatz 3 des Gesetzes gelten die Absätze 2 bis 5 entsprechend. Es sind dabei jeweils alle Wahlvorschlagsträger zu benennen. Ein gemeinsamer Wahlvorschlag muss von der jeweiligen für das Wahlgebiet zum Zeitpunkt der Einreichung zuständigen Leitung aller Wahlvorschlagsträger unterzeichnet sein. Unterstützungsunterschriften nach dem Muster der Anlage 14c sind beizubringen, wenn keiner der Wahlvorschlagsträger die Voraussetzungen des § 15 Absatz 2 Satz 2 des Gesetzes erfüllt.

(7) Für die Vorprüfung und die Zulassung der Wahlvorschläge gelten die §§ 27 bis 29 entsprechend. Der Wahlausschuss prüft bei den Wählbarkeitsvoraussetzungen der Bewerber auch, ob diese die nach § 65 Absatz 2 Satz 1 der Gemeindeordnung für das Land Nordrhein-Westfalen beziehungsweise § 44 Absatz 2 Satz 1 der Kreisordnung für das Land Nordrhein-Westfalen notwendige Gewähr dafür bieten, jederzeit für die freiheitlich demokratische Grundordnung im Sinne des Grundgesetzes einzutreten.

(8) Der Wahlleiter macht die zugelassenen Wahlvorschläge mit den in Absatz 2 Satz 2 enthaltenen Angaben mit Ausnahme der Staatsangehörigkeit bekannt; statt des Geburtsdatums ist jeweils nur das Geburtsjahr und statt der vollständigen Anschrift sind der Wohnort mit Postleitzahl und die E-Mail-Adresse des Bewerbers anzugeben. § 30 Satz 2 gilt entsprechend.

§ 75c
Stimmzettel

Für die Stimmzettel zur Wahl ist das Muster der Anlage 17c, für die Stichwahl das Muster der Anlage 17d maßgebend. Steht nur ein Bewerber zur Wahl, ist mit „ja" oder „nein" zu stimmen; es sind Stimmzettel nach dem Muster der Anlage 17e zu verwenden. § 32 Absatz 1 Satz 1, 2. Halbsatz gilt entsprechend. Die Stimmzettel müssen so groß sein, dass alle Angaben übersichtlich erscheinen. Die Nummernfolge mehrerer Wahlvorschläge, die vom Wahlleiter festgesetzt wird, richtet sich nach der Nummernfolge der Wahlvorschläge der letzten Vertretungswahl (§ 23 Absatz 1 Satz 3 des Gesetzes). Für gemeinsame Wahlvorschläge gilt § 46d Absatz 4 des Gesetzes. § 32 Absatz 3 und 6 gilt entsprechend.

§ 75d
Anwendung einzelner Bestimmungen

Es gelten

1. § 13 Absatz 2 Nummer 8, § 20 Absatz 4, Absatz 7 Satz 3 und Absatz 8 Satz 3, § 21 Absatz 1 Satz 1 und Absatz 2 mit der Maßgabe,
   dass an die Stelle des Wahlbezirks jeweils das Wahlgebiet tritt;
2. § 45 Absatz 1, § 46 Absatz 1 und § 48 Absatz 1 mit der Maßgabe,
   dass an die Stelle des Wahlbezirks jeweils das Wahlgebiet tritt;
3. § 49 Absatz 1 Satz 1 mit der Maßgabe,
   dass bei gleichzeitig stattfindenden Wahlen mit der kommunalen Vertretung jeweils zuerst das Wahlergebnis für die Wahl des Landrats und des (Ober-) Bürgermeisters festzustellen ist;
4. § 53 Absatz 3 mit der Maßgabe,
   dass die Ergebnisse der Oberbürgermeister- und Landratswahlen dem für Inneres zuständigen Ministerium nach dem Muster der Anlage 24b zu übermitteln sind;
5. § 58 Absatz 3 Satz 1 mit der Maßgabe,
   dass die Briefwahlniederschrift nach dem Muster der Anlage 19c zu fertigen ist;
6. § 61 Absatz 3 mit der Maßgabe,
   dass an Stelle der Feststellungen nach den Nummern 4 bis 7 die auf die Bewerber jeweils entfallenen Stimmen und der nach § 46c Absatz 1 des Gesetzes gewählte Bewerber oder das Erfordernis einer Stichwahl unter den gemäß § 46c Absatz 2 Satz 1 des Gesetzes zu beteiligenden Bewerbern festzustellen ist,
7. § 61 Absatz 5 Satz 1 mit der Maßgabe,
   dass über die Feststellung des Wahlergebnisses eine Niederschrift nach dem Muster der Anlage 26c anzufertigen ist;
8. § 75 mit der Maßgabe,
   dass Absatz 9 keine entsprechende Anwendung findet.

§ 75e
Abwahl von Bürgermeistern und Landräten

(1) Der Wahlleiter macht den Beschluss der Vertretung über den Termin der Abstimmung über die Abwahl sowie die für ihre Vorbereitung maßgebenden Fristen und Termine unverzüglich bekannt.

(2) Bei der Abstimmung ist mit ‚ja' oder ‚nein' zu stimmen; es sind Stimmzettel nach dem Muster der Anlage 17 f zu verwenden. Die Stimmzettel müssen so groß sein, dass alle Angaben übersichtlich erscheinen. § 32 Absatz 3 und 6 gilt entsprechend.

XI B.

WAHL DER VERBANDSVERSAMMLUNG DES REGIONALVERBANDS RUHR (FN 7)

§ 75f

Anwendbarkeit der allgemeinen Vorschriften

Für die Wahl der Verbandsversammlung des Regionalverbands Ruhr gelten die Vorschriften des I. bis X. sowie des XII. Abschnitts sinngemäß, soweit sich nicht aus den §§ 75g bis 75o etwas anderes ergibt.

§ 75g

Stimmbezirke, Wahlvorstände, Wahlräume, Wählerverzeichnis, Wahlbenachrichtigung

(1) Da die allgemeinen Kommunalwahlen und die Wahl der Verbandsversammlung des Regionalverbands Ruhr am selben Tag stattfinden (§ 10 Absatz 1 Satz 2 des Gesetzes über den Regionalverband Ruhr in der Fassung der Bekanntmachung vom 3. Februar 2004 (GV. NRW. S. 96) in der jeweils geltenden Fassung), müssen in den betroffenen Gemeinden die Stimmbezirke, die Wahlvorstände und die Wahlräume für diese Wahlen dieselben sein.

(2) Für die Wahlen nach Absatz 1 wird ein einheitliches Wählerverzeichnis erstellt und zur Einsicht bereitgehalten. Der Abschluss des Wählerverzeichnisses gemäß § 18 ist für diese Wahlen gemeinsam zu beurkunden.

(3) Die Wahlbenachrichtigungen für die allgemeinen Kommunalwahlen und für die Wahl der Verbandsversammlung des Regionalverbands Ruhr sind miteinander zu verbinden. Der Wahlbenachrichtigung soll ein Vordruck für einen Antrag auf Erteilung eines gemeinsamen Wahlscheins für die allgemeinen Kommunalwahlen und die Wahl der Verbandsversammlung des Regionalverbands Ruhr nach Anlage 3 beigefügt werden.

§ 75h

Wahlscheine, Briefwahlunterlagen

(1) Für die allgemeinen Kommunalwahlen und die Wahl der Verbandsversammlung des Regionalverbands Ruhr wird ein gemeinsamer Wahlschein nach dem Muster der Anlagen 5b und 5c ausgestellt.

(2) Für die dem gemeinsamen Wahlschein beizufügenden Unterlagen gilt in Bezug auf die Wahl der Verbandsversammlung des Regionalverbands Ruhr § 20 Absatz 4

1. Nummer 1 (Stimmzettel) mit der Maßgabe,
   dass an die Stelle des Wahlbezirks auf dem Stimmzettel für die Wahl der Verbandsversammlung des Regionalverbands Ruhr das Wahlgebiet tritt;
2. Nummer 4 mit der Maßgabe,
   dass ein Merkblatt nach dem Muster der Anlagen 8b oder 8c beizufügen ist.

§ 75i

Aufforderung zur Einreichung von Listenwahlvorschlägen

Der Wahlleiter des Regionalverbands Ruhr fordert zur Einreichung von Listenwahlvorschlägen für die Wahl der Verbandsversammlung des Regionalverbands Ruhr durch öffentliche Bekanntmachung auf. Er soll in der Bekanntmachung darauf hinweisen,

1. dass die Wahlvorschläge nach Möglichkeit frühzeitig vor dem Stichtag (§ 15 Absatz 1 des Gesetzes) einzureichen sind, damit etwaige Mängel, die die Gültigkeit der Wahlvorschläge berühren, rechtzeitig behoben werden können;
2. wie viele Unterschriften die Listenwahlvorschläge gemäß § 46h Absatz 5 in Verbindung mit § 46h Absatz 4 Satz 2 des Gesetzes enthalten müssen;
3. dass Wählergruppen ihren Wahlvorschlägen die nach § 15a Absatz 1 oder 2 des Gesetzes beizubringenden Unterlagen beifügen müssen;

4. wo Vordrucke für die Wahlvorschläge zu erhalten sind (§ 79) und
5. dass Unionsbürger unter den gleichen Voraussetzungen wie Deutsche wählbar sind.

§ 75j
Inhalt und Form der Listenwahlvorschläge

(1) Der Listenwahlvorschlag soll nach dem Muster der Anlage 11e beim Wahlleiter des Regionalverbands Ruhr eingereicht werden. Er muss enthalten

1. den Namen der Partei oder Wählergruppe, die den Listenwahlvorschlag einreicht, und
2. Familiennamen, die Vornamen, Beruf, Geburtsdatum, Geburtsort, Anschrift (Hauptwohnung), E-Mail-Adresse, Telefonnummer sowie Staatsangehörigkeit der Bewerber in erkennbarer Reihenfolge; bei Beamten und Arbeitnehmern nach § 46h Absatz 3 des Gesetzes sind auch der Dienstherr und die Beschäftigungsbehörde oder die Gesellschaft, Stiftung oder Anstalt, bei der sie beschäftigt sind, anzugeben; bei mehreren Vornamen kann eine Angabe erfolgen, unter welchem Vornamen der Bewerber auf dem Stimmzettel anzugeben ist.

Er soll ferner Namen, Anschrift, Telefonnummer und E-Mail-Adresse der Vertrauensperson und der stellvertretenden Vertrauensperson enthalten.

(2) Soll ein Bewerber in dem Listenwahlvorschlag Ersatzbewerber für einen in dem Listenwahlvorschlag benannten anderen Bewerber sein (§ 46 f in Verbindung mit § 16 Absatz 2 des Gesetzes), so muss der Listenwahlvorschlag ferner enthalten

1. den Familien- und die Vornamen des zu ersetzenden Bewerbers und
2. die laufende Nummer des Listenwahlvorschlags, unter der der zu ersetzende Bewerber aufgestellt ist.

(3) Neben der Unterzeichnung des Listenwahlvorschlags nach § 46h Absatz 4 Satz 1 des Gesetzes durch den zum Zeitpunkt der Einreichung des Wahlvorschlags amtierenden Vorstand gilt für die Unterzeichnung durch Wahlberechtigte nach § 46h Absatz 5 des Gesetzes (Unterstützungsunterschriften) § 26 Absatz 3 entsprechend mit der Maßgabe, dass die von einer im Wahlgebiet des Regionalverbands Ruhr liegenden Gemeinde gemäß § 26 Absatz 3 Nummer 3 zu erteilende Bescheinigung dahin zu lauten hat, dass der Unterzeichner in der Gemeinde wahlberechtigt ist. Die Unterschriften sind auf amtlichen Formblättern nach Anlage 14d zu erbringen, bei Anforderung der Formblätter beim Wahlleiter des Regionalverbands Ruhr ist die Bezeichnung der Partei oder Wählergruppe anzugeben. Die Prüfung der Gültigkeit von Unterstützungsunterschriften obliegt im Wahlgebiet des Regionalverbands Ruhr den dortigen Gemeindebehörden. Für eine gesonderte Bescheinigung des Wahlrechts ist die Anlage 15 zu verwenden.

(4) Dem Listenwahlvorschlag sind beizufügen:

1. die Erklärung des Bewerbers nach dem Muster der Anlage 12d, dass er seiner Aufstellung zustimmt und dass er für keinen anderen Listenwahlvorschlag für die Verbandsversammlung des Regionalverbands Ruhr seine Zustimmung zur Benennung als Bewerber gegeben hat,
2. eine Bescheinigung einer im Wahlgebiet des Regionalverbands Ruhr liegenden Gemeinde nach dem Muster der Anlage 13c, dass der Bewerber in der Gemeinde wählbar ist,
3. eine Ausfertigung der Niederschrift über die Versammlung der Partei oder Wählergruppe zur Aufstellung der Bewerber mit den nach § 46 f in Verbindung mit § 17 Absatz 8 des Gesetzes vorgeschriebenen Versicherungen an Eides statt; die Niederschrift soll nach dem Muster der Anlage 9d gefertigt, die Versicherungen an Eides Staat sollen nach dem Muster der Anlage 10d abgegeben werden, und
4. sofern sich Beamte oder Arbeitnehmer nach § 46h Absatz 3 des Gesetzes bewerben, eine Bescheinigung über ihr Dienst- oder Arbeitsverhältnis sowie ihre ausgeübte Tätigkeit, falls der Wahlleiter dies zur Behebung von Zweifeln für erforderlich hält.

(5) Parteien und Wählergruppen, die in der zum Zeitpunkt der Wahlausschreibung laufenden Wahlperiode nicht ununterbrochen in der Verbandsversammlung des Regionalverbands Ruhr, im Landtag oder aufgrund eines Wahlvorschlags aus dem Land im Bundestag vertreten sind und für die die Unterlagen gemäß 46h Absatz 4 Satz 3 des Gesetzes dem Bundeswahlleiter nicht vorliegen, haben außerdem einzureichen

1. den Nachweis, dass der für das Gebiet des Regionalverbands Ruhr zuständige Vorstand nach demokratischen Grundsätzen gewählt ist, und zwar durch beglaubigte Abschrift oder eine Ausfer-

tigung der bei der Wahl gefertigten Niederschrift oder durch die schriftliche Erklärung mehrerer bei der Wahlhandlung anwesenden Personen,

2. ihre Satzung und ihr Programm sowie
3. den Nachweis, dass die Namen der Vorstandsmitglieder, die Satzung und das Programm auf geeignete Weise veröffentlicht sind.

Hat die Partei oder Wählergruppe eine über das Gebiet des Regionalverbands Ruhr hinausgehende Organisation, so gilt § 26 Absatz 5 Satz 3 Buchstabe c.

(5a) Wählergruppen, die nach § 2 Absatz 1 des Wählergruppentransparenzgesetzes zur Rechenschaftslegung verpflichtet sind, haben dem Wahlvorschlag nach § 15a Absatz 1 des Gesetzes außerdem die Bescheinigung beizufügen, die ihnen der Präsident des Landtags nach § 4 Absatz 2 des Wählergruppentransparenzgesetzes über die Vorlage ihrer Rechenschaftsberichte über die letzten zwei abgeschlossenen Rechnungsjahre erteilt hat. Soweit die Frist zur Einreichung des Rechenschaftsberichts nach § 4 Absatz 1 des Wählergruppentransparenzgesetzes zum Zeitpunkt der Einreichung des Wahlvorschlags noch nicht abgelaufen ist, ist für das letzte abgeschlossene Rechnungsjahr die Vorlage einer Erklärung nach § 15a Absatz 2 des Gesetzes ausreichend, aus der sich ergibt, ob und in welcher Gesamthöhe die Wählergruppe in den vorangegangenen zwölf Monaten Zuwendungen erhalten hat; Zuwendungen eines einzelnen Zuwenders gemäß § 2 Absatz 2 Satz 4 des Wählergruppentransparenzgesetzes sind hierbei anzugeben. Die Erklärung nach § 15a Absatz 2 des Gesetzes ist von der im Wahlgebiet zum Zeitpunkt der Abgabe der Erklärung zuständigen Leitung der Wählergruppe zu unterzeichnen und soll nach dem Muster der Anlage 27 eingereicht werden.

(5b) Wählergruppen, die nicht zur Rechenschaftslegung nach § 2 Absatz 1 des Wählergruppentransparenzgesetzes verpflichtet sind, haben dem Wahlvorschlag eine Erklärung nach § 15a Absatz 2 des Gesetzes beizufügen, aus der sich ergibt, ob und in welcher Höhe sie in den vorangegangenen zwölf Monaten Zuwendungen erhalten haben; Zuwendungen eines einzelnen Zuwenders gemäß § 2 Absatz 2 Satz 4 des Wählergruppentransparenzgesetzes sind hierbei anzugeben. Absatz 5a Satz 3 gilt entsprechend.

(5c) Erhält eine Wählergruppe nach Einreichung eines Wahlvorschlags bis zum Zeitpunkt der Wahl eine Zuwendung, die die Bedingungen des § 2 Absatz 2 Satz 4 des Wählergruppentransparenzgesetzes erfüllt, sind diese dem Wahlleiter nach § 15a Absatz 3 des Gesetzes unter Angabe des Namens und der Anschrift des Zuwenders sowie der Gesamthöhe der Zuwendung unverzüglich mitzuteilen. Die Erklärung ist von der im Wahlgebiet zum Zeitpunkt der Abgabe der Erklärung zuständigen Leitung der Wählergruppe zu unterzeichnen und soll nach dem Muster der Anlage 28 eingereicht werden.

(5d) Die Erklärungen und Mitteilungen nach Absatz 5a Satz 2 sowie den Absätzen 5b und 5c macht der Wahlleiter am 16. Tag vor der Wahl, sowie etwaige Nachmeldungen am Tag vor der Wahl, ohne Angabe des Namens und der Anschrift des Zuwenders in geeigneter Weise bekannt, wobei eine vereinfachte Bekanntmachung genügt.

(6) Die Bescheinigung des Wahlrechts (Absatz 3 Satz 1 in Verbindung mit § 26 Absatz 3 Nummer 3) und der Wählbarkeit (Absatz 4 Nummer 2) sowie die Beglaubigung von Kopien der beizubringenden Unterlagen sind kostenfrei zu erteilen.

(7) Für die Vorprüfung durch den Wahlleiter des Regionalverbands Ruhr und die Zulassung durch den Wahlausschuss des Regionalverbands Ruhr sowie die Beschwerdeerhebung an den Landeswahlausschuss nach § 46i Absatz 1 des Gesetzes gelten die §§ 27 bis 29 entsprechend.

(8) Der Wahlleiter des Regionalverbands Ruhr macht die zugelassenen Listenwahlvorschläge mit den in Absatz 1 Satz 2 Nummer 1 und 2 Halbsatz 1 sowie mit den in Absatz 2 bezeichneten Angaben mit Ausnahme der Staatsangehörigkeit bekannt. Statt des Geburtsdatums ist jeweils nur das Geburtsjahr und statt der vollständigen Anschrift sind der Wohnort mit Postleitzahl und die E-Mail-Adresse der Bewerber anzugeben. Weist ein Bewerber bis zum Ablauf der Einreichungsfrist dem Wahlleiter nach, dass für ihn im Melderegister eine Auskunftssperre nach den melderechtlichen Vorschriften eingetragen ist, ist anstelle von Wohnort mit Postleitzahl und E-Mail-Adresse eine Erreichbarkeitsanschrift, die sich ebenfalls aus der Angabe einer Gemeinde mit Postleitzahl und einer E-Mail-Adresse zusammensetzt, zu verwenden.

§ 75k

Stimmzettel, Wahlurne

(1) Für jede Wahl sind besondere und andersfarbige Stimmzettel zu verwenden. Der Stimmzettel für die Wahl der Verbandsversammlung des Regionalverbands Ruhr muss sich farblich deutlich von den Stimmzetteln für die allgemeinen Kommunalwahlen unterscheiden.

(2) Für den Stimmzettel der Wahl für die Verbandsversammlung des Regionalverbands Ruhr ist das Muster der Anlage 17g maßgebend. Er muss so groß sein, dass alle Angaben übersichtlich auf ihm erscheinen. § 32 Absatz 3 Satz 2 bis 4 und Absatz 6 gelten entsprechend.

(3) Der Wahlleiter des Regionalverbands Ruhr setzt die Reihen- und Nummernfolge der Parteien und Wählergruppen auf dem Stimmzettel für die Wahl der Verbandsversammlung gemäß § 46i Absatz 3 des Gesetzes fest. Er stellt den Gemeinden im Wahlgebiet des Regionalverbands Ruhr die Stimmzettel für die Wahl der Verbandsversammlung rechtzeitig zur Verfügung.

(4) Bei der Urnenwahl im Stimmbezirk können für die allgemeinen Kommunalwahlen und für die Wahl der Verbandsversammlung des Regionalverbands Ruhr dieselben Wahlurnen benutzt werden.

§ 75l

Wahlbekanntmachung

Für die allgemeinen Kommunalwahlen und die Wahl der Verbandsversammlung des Regionalverbands Ruhr wird vom Bürgermeister eine gemeinsame Wahlbekanntmachung veröffentlicht, für die

1. § 33 Absatz 1 Satz 2 Nummer 1 mit der Maßgabe gilt, dass darauf hinzuweisen ist, dass die allgemeinen Kommunalwahlen und die Wahl der Verbandsversammlung des Regionalverbands Ruhr gleichzeitig stattfinden;
2. § 33 Absatz 1 Satz 2 Nummer 2 mit der Maßgabe gilt, dass darauf hinzuweisen ist, wie sich die Stimmzettel für die jeweilige Wahl durch Farbe und Aufdruck voneinander unterscheiden;
3. § 33 Absatz 1 Satz 2 Nummer 4 mit der Maßgabe gilt, dass darauf hinzuweisen ist, dass der Wähler bei der Wahl der Verbandsversammlung des Regionalverbands Ruhr eine Stimme hat, die er durch Ankreuzen einer Liste oder durch anderweitige eindeutige Kennzeichnung einer Liste auf dem zugehörigen Stimmzettel abgibt;
4. § 33 Absatz 1 Satz 1 Nummer 5 mit der Maßgabe gilt, dass darauf hinzuweisen ist, dass für die allgemeinen Kommunalwahlen und die Wahl der Verbandsversammlung des Regionalverbands Ruhr nur ein Wahlbrief an den Bürgermeister abzusenden ist, der einen Stimmzettelumschlag mit allen Stimmzetteln und den unterschriebenen Wahlschein enthalten muss; und
5. § 33 Absatz 2 Satz 2 mit der Maßgabe gilt, dass dem Abdruck der Wahlbekanntmachung ist je ein Stimmzettel für die jeweils anstehenden Wahlen beizufügen.

§ 75m

Ausübung der Briefwahl

Bei Ausübung der Briefwahl hat der Wähler den Stimmzettel für die Wahl der Verbandsversammlung des Regionalverbands Ruhr zusammen mit den Stimmzetteln für die allgemeinen Kommunalwahlen in den blauen Stimmzettelumschlag zu legen. Der Stimmzettelumschlag ist mit dem unterschriebenen Wahlschein in den hellroten Wahlbriefumschlag zu legen, der bei dem Bürgermeister der Wohnortgemeinde fristgemäß nach § 26 Absatz 1 des Gesetzes eingehen muss.

§ 75n

Ermittlung und Feststellung des Wahlergebnisses

(1) Die Ergebnisse der landesweit durchgeführten allgemeinen Kommunalwahlen sind vor dem Ergebnis der Wahl der Verbandsversammlung des Regionalverbands Ruhr zu ermitteln. Bei Verwendung gemeinsamer Wahlurnen in den Stimmbezirken sind zur getrennt durchzuführenden Zählung der Wähler (§ 50) vor Beginn der Auszählung die Stimmzettel für die allgemeinen Kommunalwahlen und die Stimmzettel für die Wahl der Verbandsversammlung des Regionalverbands Ruhr zu trennen. § 49 Absatz 2 Satz 1 und § 75d in Verbindung mit § 49 Absatz 1 bleiben unberührt.

(2) Mit der Stimmenzählung für die Wahl der Verbandsversammlung des Regionalverbands Ruhr darf erst begonnen werden, wenn die Niederschrift über die Gemeindewahl abgeschlossen (§ 49 Absatz 2) und die Schnellmeldung erstattet ist sowie die zugehörigen Unterlagen verpackt und versiegelt worden sind (§ 75 f in Verbindung mit § 55 Absatz 1).

(3) Für die Wahl der Verbandsversammlung des Regionalverbands Ruhr gelten

1. § 49 Absatz 1 Satz 2 mit der Maßgabe, dass an die Stelle der Zahlen nach den Nummern 4 und 5 die Zahlen der für die einzelnen Listenwahlvorschläge abgegebenen gültigen Stimmen treten;
2. § 49 Absatz 2 Satz 2 mit der Maßgabe, dass der Schriftführer des Wahlvorstands eine besondere Niederschrift über die Wahl der Verbandsversammlung des Regionalverbands Ruhr nach dem Muster der Anlagen 18a oder 18b fertigt;
3. § 51 Absatz 1 Nummer 1, Absatz 2 Satz 2, Absatz 4, Absatz 5 Satz 2 und Absatz 6 Satz 1 sowie § 52 Absatz 1 Buchstabe a und b und Absatz 2 mit der Maßgabe, dass an die Stelle der Bewerber jeweils die Listenwahlvorschläge treten;
4. § 53 mit der Maßgabe, dass
   a) die Schnellmeldung eines im Wahlgebiet des Regionalverbands Ruhr tätigen Wahlvorstehers an den Wahlleiter der Gemeinde nach Absatz 1 Satz 1 auch das Ergebnis der Wahl für die Verbandsversammlung des Regionalverbands Ruhr im Stimmbezirk enthält,
   b) der Wahlleiter der Gemeinde das Ergebnis der Wahl der Verbandsversammlung in der Gemeinde dem Wahlleiter des Regionalverbands Ruhr meldet,
   c) die Meldung nach Absatz 2 anstelle der Angaben nach Satz 2 Nummer 5 die Zahlen der für die einzelnen Listenwahlvorschläge abgegebenen gültigen Stimmen enthält, und
   d) Absatz 3 keine Anwendung findet;
5. § 55 Absatz 1 Satz 1 Nummer 1 mit der Maßgabe, dass der Wahlvorsteher die gültigen Stimmzettel nach Listenwahlvorschlägen zu ordnen und zu bündeln hat;
6. § 58 Absatz 3 Satz 1 und 2 mit der Maßgabe, dass der Briefwahlvorstand für die allgemeinen Kommunalwahlen und die Wahl der Verbandsversammlung des Regionalverbands Ruhr nur eine Niederschrift nach dem Muster der Anlage 19a oder Anlage 19b fertigt, die im Falle seiner Zuständigkeit auch für die Ermittlung des Briefwahlergebnisses (§ 60) nach dem Muster der Anlage 20a oder Anlage 20b zu ergänzen ist;
7. § 59 Absatz 2 und 3 mit der Maßgabe, dass die Stimmzettel für die Wahl der Verbandsversammlung des Regionalverbands Ruhr zuletzt ausgezählt werden;
8. § 61 mit der Maßgabe, dass
   a) sich die Prüfung des Wahlleiters einer Gemeinde im Wahlgebiet des Regionalverbands Ruhr nach Absatz 1 auch auf die Listenwahl für die Verbandsversammlung des Regionalverbands Ruhr im Gebiet seiner Gemeinde erstreckt, deren endgültiges Ergebnis er nach dem Muster der Anlage 25b zusammenstellt,
   b) in den Feststellungen des Wahlausschusses der Gemeinde nach § 46j Absatz 1 des Gesetzes die Zahlen nach Absatz 3 Satz 1 Nummer 4 und 5 durch die Zahlen der in der Gemeinde für die Listenwahlvorschläge jeweils abgegebenen Stimmen ersetzt werden,
   c) Absatz 3 Satz 1 Nummer 6 und 7 und Absatz 4 auf den Wahlausschuss einer Gemeinde bei der Ergebnisfeststellung für die Wahl der Verbandsversammlung des Regionalverbands Ruhr keine Anwendung finden,
   d) über die Feststellung des Wahlergebnisses der Wahl der Verbandsversammlung des Regionalverbands Ruhr in der Gemeinde eine Niederschrift im Sinne des Absatzes 5 nach dem Muster der Anlage 26d zu fertigen und vom Wahlleiter der Gemeinde unverzüglich an den Wahlleiter des Regionalverbands Ruhr zu übermitteln ist,
   e) der Wahlleiter des Regionalverbands Ruhr nach den Wahlniederschriften der Wahlausschüsse der Gemeinden im Wahlgebiet des Regionalverbands Ruhr das endgültige Wahlergebnis nach dem Muster der Anlage 25c zusammenstellt,
   f) der Wahlausschuss des Regionalverbands Ruhr das endgültige Wahlergebnis für die Wahl der Verbandsversammlung feststellt und die Verteilung der Sitze unter Berücksichtigung von § 46j des Gesetzes feststellt und welche Bewerber aus den Listenwahlvorschlägen gewählt sind, und
   g) die nach Absatz 5 Satz 1 vorgeschriebene Niederschrift über die Feststellung des Wahlergebnisses für die Verbandsversammlung des Regionalverbands Ruhr nach dem Muster der Anlage 26e angefertigt wird;

9. § 62 mit der Maßgabe,
dass an die Stelle der Hinweise nach Satz 2 Nummer 1 und 2 der Hinweis tritt, dass ein Bewerber, der in dem Listenwahlvorschlag als Ersatzbewerber für einen anderen Bewerber aufgestellt ist, auch als Ersatzbewerber ausscheidet, wenn er die Annahme der auf ihn nach der Reihenfolge entfallenen Wahl ablehnt; sowie
10. § 67 mit der Maßgabe, dass
    a) bei der Wiederholungswahl nach § 46k des Gesetzes und Absatz 1 nicht auf Wahlbezirke abzustellen ist und die Stimmbezirke, Wahlräume und Wahlvorstände nach Möglichkeit dieselben bleiben sollen wie bei der Hauptwahl, es sei denn, dass Beanstandungen gegen die Stimmbezirkseinteilung als begründet anerkannt sind, und
    b) bei einer Wiederholungswahl die von den neuen Vertretungen gewählten Wahlausschüsse tätig werden.

§ 75o

Nachwahlen

Betrifft im Wahlgebiet des Regionalverbands Ruhr der Hinderungsgrund für die Durchführung einer Ratswahl (§ 21 Absatz 1 des Gesetzes) die Wahl der Verbandsversammlung nicht, findet diese statt. Anderenfalls findet auch die Nachwahl der Verbandsversammlung des Regionalverbands Ruhr in dieser Gemeinde am Tag der Nachwahl des Rates statt.

XII.

ALLGEMEINE VORSCHRIFTEN

§ 76

Funktionsbezeichnungen

Die Funktionsbezeichnungen dieser Verordnung werden in weiblicher oder männlicher Form geführt.

§ 77

Wahlkosten

(1) Können sich Gemeinde und Kreis über den Ausgleich der Kosten einer gemeinsam durchgeführten Wahl nicht einigen (§ 47 Satz 3 des Gesetzes), so hat die Bezirksregierung ihrer Entscheidung die Pauschsätze zugrunde zu legen, die bei der letzten vorausgegangenen Landtagswahl vom Land je Wahlberechtigten erstattet worden sind. Als billiger Ausgleich ist es in der Regel anzusehen, wenn der Kreis der Gemeinde die Hälfte des Pauschsatzes je Wahlberechtigten erstattet.

(2) Können sich der Regionalverband Ruhr und seine Mitgliedskörperschaften über den Ausgleich der Kosten gemeinsam durchgeführter Wahlen nicht einigen, entscheidet die für den Regionalverband Ruhr zuständige Aufsichtsbehörde (§ 22 des Gesetzes über den Regionalverband Ruhr) nach billigem Ermessen.

§ 78

Feststellung der Bevölkerungs- und Einwohnerzahlen und der Zahl der Wahlberechtigten

(1) Die Bevölkerungszahl für die Bestimmung der Zahl der zu wählenden Vertreter gemäß § 3 Absatz 2 Satz 1 des Gesetzes richtet sich nach der vom Landesbetrieb Information und Technik NRW halbjährlich fortgeschriebenen Bevölkerungszahl, die 42 Monate nach Beginn der Wahlperiode veröffentlicht ist.

(2) Die Anzahl der Wahlberechtigten für die Einteilung des Wahlgebiets in Wahlbezirke gemäß § 4 Absatz 2 Satz 3 und 4 des Gesetzes ist nach dem Stand des Melderegisters 42 Monate nach Beginn der Wahlperiode zu ermitteln.

(3) Die Einwohnerzahl des Wahlgebiets für die Bestimmung der Einwohnerzahl des Wahlbezirks nach § 15 Absatz 2 Satz 3 des Gesetzes ist nach dem Stand des Melderegisters 42 Monate nach Beginn der Wahlperiode zu bestimmen. Als Einwohnerzahl des Wahlbezirks nach § 15 Absatz 2 Satz 3 des Gesetzes gilt die Zahl, die sich aus der Teilung der Einwohnerzahl des Wahlgebiets gemäß Satz 1 durch die Zahl der Wahlbezirke ergibt.

(4) Die Zahl der Wahlberechtigten gemäß § 16 Absatz 1 des Gesetzes ist zum Halbjahresstichtag, der 42 Monate nach Beginn der Wahlperiode liegt, nach dem Melderegister zu ermitteln. Die Feststellung der Zahl der Wahlberechtigten bei der Ermittlung der Wahlergebnisse nach § 61 Absatz 3 Satz 1 Nummer 1 bleibt unberührt.

§ 79

Beschaffung von Vordrucken und Stimmzetteln

(1) Die (Ober-)Bürgermeister und Landräte beschaffen für die Wahl in ihrem Wahlgebiet folgende Vordrucke:

1. Niederschrift über die Aufstellung der Bewerber nach den Mustern der Anlagen 9a und 9c,
2. Versicherung an Eides statt nach den Mustern der Anlagen 10a und 10c,
3. Wahlvorschlag für die Wahl im Wahlbezirk nach dem Muster der Anlage 11a,
4. Wahlvorschlag für die Wahl aus der Reserveliste nach dem Muster der Anlage 11b,
5. Wahlvorschlag für die (Ober-)Bürgermeister- und Landratswahl nach dem Muster der Anlage 11d,
6. Zustimmungserklärung zur Aufnahme in einen Wahlvorschlag für den Wahlbezirk nach dem Muster der Anlage 12a,
7. Zustimmungserklärung zur Aufnahme in eine Reserveliste nach dem Muster der Anlage 12b,
8. Zustimmung zur Aufnahme in den Wahlvorschlag für die (Ober-)Bürgermeister- und Landratswahl nach dem Muster der Anlage 12c,
9. Bescheinigung der Wählbarkeit nach den Mustern der Anlagen 13a und 13b,
10. Unterschriftenformblatt nach den Mustern der Anlagen 14a, 14b und 14c,
11. Bescheinigung des Wahlrechts nach dem Muster der Anlage 15,
12. Erklärung nach § 15a Absatz 2 des Gesetzes nach dem Muster der Anlage 27 und
13. Erklärung nach § 15a Absatz 3 des Gesetzes nach dem Muster der Anlage 28.

Die Oberbürgermeister haben darüber hinaus folgende Vordrucke zu beschaffen:

1. Niederschrift über die Aufstellung der Listenwahlvorschläge nach dem Muster der Anlage 9b,
2. Versicherung an Eides statt zur Niederschrift über die Aufstellung der Listenwahlvorschläge nach dem Muster der Anlage 10b und
3. Listenwahlvorschlag nach dem Muster der Anlage 11c.

(1a) Der Regionaldirektor des Regionalverbands Ruhr beschafft für die Wahl der Verbandsversammlung des Regionalverbands Ruhr

1. die Niederschrift über die Aufstellung der Listenwahlvorschläge nach den Mustern der Anlage 9d,
2. die Versicherung an Eides statt über die Aufstellung der Listenwahlvorschläge nach den Mustern der Anlage 10d,
3. Listenwahlvorschläge nach dem Muster der Anlage 11e,
4. die Zustimmungserklärung zur Aufnahme in den Listenwahlvorschlag nach dem Muster der Anlage 12d,
5. die Bescheinigung der Wählbarkeit nach dem Muster der Anlage 13c,
6. das Unterschriftenformblatt nach den Mustern der Anlagen 14d,
7. Erklärung nach § 15a Absatz 2 des Gesetzes nach dem Muster der Anlage 27 und
8. Erklärung nach § 15a Absatz 3 des Gesetzes nach dem Muster der Anlage 28.

(2) Die in den Absätzen 1 und 1a aufgeführten Vordrucke sind auf Anforderung bei glaubhaft gemachtem Bedarf kostenlos an Wahlvorschlagsberechtigte, Bewerber und Wahlberechtigte abzugeben.

(3) Die Vordrucke für die Schnellmeldung nach § 53 Absatz 3 nach den Mustern der Anlagen 24a und 24b beschafft das für Inneres zuständige Ministerium und stellt sie den Oberbürgermeistern und Landräten zur Verfügung.

(4) Die Stimmzettel nach den Anlagen 17a bis 17g sind nach § 2 Absatz 2 Satz 5 des Gesetzes von dem für das Wahlgebiet zuständigen Wahlleiter zu beschaffen.

§ 80
Wahlstatistik

(1) Erhebungsmerkmale für die Statistik nach § 50 Absatz 2 Satz 1 Buchstabe a des Gesetzes sind Wahlscheinvermerk, Beteiligung an der Wahl, Geburtsjahresgruppe und Geschlecht sowie Kreis und Gemeinde. Erhebungsmerkmale für die Statistik nach § 50 Absatz 2 Satz 1 Buchstabe b des Gesetzes sind abgegebene Stimme, ungültige Stimme, Geburtsjahresgruppe und Geschlecht sowie Kreis und Gemeinde. Hilfsmerkmal für beide Erhebungen ist der Stimmbezirk.

(2) Die Erhebung nach § 50 Absatz 2 Satz 1 Buchstabe a des Gesetzes wird von den Gemeinden, in denen ausgewählte Stimmbezirke liegen, unter Auszählung der Wählerverzeichnisse durchgeführt. Das Ergebnis wird dem Landesbetrieb Information und Technik NRW getrennt für die einzelnen Stimmbezirke übermittelt.

(3) Die Erhebung nach § 50 Absatz 2 Satz 1 Buchstabe b des Gesetzes wird unter Verwendung von Stimmzetteln gemäß § 23 Absatz 2 des Gesetzes durchgeführt. Der Bürgermeister leitet die Wahlniederschriften, deren Anlagen sowie die vom Wahlvorsteher übergebenen verpackten und versiegelten Stimmzettel der für die Erhebung ausgewählten Stimmbezirke ungeöffnet zur Auswertung an den Landesbetrieb Information und Technik NRW weiter, das diese Unterlagen nach der Auswertung unverzüglich zurückzusenden hat. Eine Gemeinde mit einer Statistikdienststelle, die die Voraussetzungen des § 32 Absatz 2 Datenschutzgesetz Nordrhein-Westfalen erfüllt, kann die Auswertung der Stimmzettel selbst in der Statistikdienststelle vornehmen; in diesem Falle teilt der Bürgermeister dem Landesbetrieb Information und Technik NRW die Ergebnisse getrennt für die einzelnen Stimmbezirke mit.

(4) Die Wahlberechtigten in den ausgewählten Stimmbezirken sind in der Wahlbenachrichtigung darauf hinzuweisen, dass ihr Stimmbezirk in eine repräsentative Wahlstatistik einbezogen ist, bei der die Stimmzettel nach Geschlecht und Geburtsjahresgruppen gekennzeichnet sind. Im Wahllokal ist ferner durch einen Aushang auf die repräsentative Wahlstatistik hinzuweisen.

(5) Briefwähler sind nur dann in die repräsentative Wahlstatistik oder in wahlstatistische Auszählungen einzubeziehen, wenn die Feststellung des Briefwahlergebnisses durch den Wahlvorstand eines daran teilnehmenden Stimmbezirks erfolgt. Wählerverzeichnisse und gekennzeichnete Stimmzettel dürfen nicht zusammengeführt werden.

(6) Für wahlstatistische Auszählungen, die Gemeinden gemäß § 50 Absatz 4 des Gesetzes durchführen, gelten die Absätze 1, 2, 3 Satz 1 und Absatz 4 entsprechend.

(7) Ergebnisse für eine Gemeinde dürfen nur im Falle des § 50 Absatz 4 des Gesetzes veröffentlicht werden.

(8) Für die Auszählung der Stimmen und die Feststellung des Ergebnisses sind die vom Landesbetrieb Information und Technik NRW im Einvernehmen mit dem für Inneres zuständigen Ministerium festgelegten Vordrucke zu verwenden. §§ 54, 55 und 61 Absatz 1 finden entsprechende Anwendung.

§ 81
Sicherung der Wahlunterlagen

(1) Die Wählerverzeichnisse, die Wahlscheinverzeichnisse, die Verzeichnisse nach § 20 Abs. 8 Satz 2 und § 21 Abs. 1, die Formblätter mit Unterstützungsunterschriften für Wahlvorschläge sowie eingenommene Wahlbenachrichtigungen sind so zu verwahren, daß sie gegen Einsichtnahme durch Unbefugte geschützt sind.

(2) Auskünfte aus Wählerverzeichnissen, Wahlscheinverzeichnissen und den Verzeichnissen nach § 20 Abs. 8 Satz 2 und § 21 Abs. 1 dürfen nur Behörden, Gerichten und sonstigen amtlichen Stellen und nur dann erteilt werden, wenn sie für den Empfänger im Zusammenhang mit der Wahl erforderlich sind. Ein solcher Anlaß liegt insbesondere bei Verdacht von Wahlstraftaten, bei Wahlprüfungsangelegenheiten und bei wahlstatistischen Arbeiten vor.

(3) Mitglieder von Wahlorganen, Amtsträger und für den öffentlichen Dienst besonders Verpflichtete dürfen Auskünfte über Unterstützungsunterschriften für Wahlvorschläge nur Behörden, Gerichten und sonstigen amtlichen Stellen und nur dann erteilen, wenn die Auskunft zur Durchführung der Wahl oder eines Wahlprüfungsverfahrens oder zur Aufklärung des Verdachts einer Wahlstraftat erforderlich ist.

§ 82
Vernichtung von Wahlunterlagen

(1) Die eingenommenen Wahlbenachrichtigungen sind unverzüglich zu vernichten.

(2) Wählerverzeichnisse, Wahlscheinverzeichnisse, Verzeichnisse nach § 20 Abs. 8 Satz 2 und § 21 Abs. 1 sowie Formblätter mit Unterstützungsunterschriften für Wahlvorschläge sind nach Ablauf von sechs Monaten seit der Wahl zu vernichten, wenn nicht der Wahlleiter mit Rücksicht auf ein schwebendes Wahlprüfungsverfahren etwas anderes anordnet oder sie für die Strafverfolgungsbehörde zur Ermittlung einer Straftat von Bedeutung sein können.

(3) Die übrigen Wahlunterlagen können 60 Tage vor der Wahl der neuen Vertretung vernichtet werden. Der Wahlleiter kann zulassen, daß die Unterlagen schon früher vernichtet werden, soweit sie nicht für ein schwebendes Wahlprüfungsverfahren oder für die Strafverfolgungsbehörde zur Ermittlung einer Wahlstraftat von Bedeutung sein können.

§ 83
Öffentliche Bekanntmachung

(1) Wahlbekanntmachungen des für Inneres zuständigen Ministeriums und des Landeswahlleiters werden im Ministerialblatt für das Land Nordrhein-Westfalen veröffentlicht.

(2) Wahlbekanntmachungen der Bezirksregierungen werden in ihren Amtsblättern veröffentlicht.

(3) Wahlbekanntmachungen der Wahlleiter sowie der Landräte, Oberbürgermeister und Bürgermeister sind in ortsüblicher Weise vorzunehmen.

(4) Ist durch das Kommunalwahlgesetz, diese Wahlordnung oder durch Satzung vereinfachte Bekanntmachung zugelassen, so genügt es, wenn der Aushang oder der Plakatanschlag am Dienstgebäude der für die Veröffentlichung verantwortlichen Stelle angebracht wird.

(5) Die Bekanntmachung ist bewirkt, sobald das Amtsblatt oder die Zeitung ausgegeben oder der Aushang oder Plakatanschlag der Öffentlichkeit erstmalig zugänglich gemacht ist, oder im Falle einer öffentlichen Bekanntmachung durch Bereitstellung im Internet mit Ablauf des Tages, an dem das digitalisierte Dokument im Internet verfügbar ist. Wird die Bekanntmachung in mehreren Amtsblättern oder Zeitungen veröffentlicht oder ist sie durch Aushang oder Plakatanschlag an mehreren Stellen vorzunehmen, so ist die erste Veröffentlichung oder der erste Aushang oder Plakatanschlag maßgebend.

(6) Der Inhalt der nach dem Kommunalwahlgesetz und dieser Verordnung vorgeschriebenen öffentlichen Bekanntmachungen kann zusätzlich im Internet veröffentlicht werden. Dabei sind die Unversehrtheit, Vollständigkeit und Ursprungszuordnung der Veröffentlichung nach aktuellem Stand der Technik zu gewährleisten. Statt einer Anschrift ist nur der Wohnort anzugeben. Personenbezogene Daten in Internetveröffentlichungen von öffentlichen Bekanntmachungen nach § 30, § 31 Absatz 4, § 72 Absatz 7, § 75b Absatz 8 und 75j Absatz 8 sind spätestens sechs Monate nach Bekanntgabe des endgültigen Wahlergebnisses, von öffentlichen Bekanntmachungen nach § 63 spätestens sechs Monate nach dem Ende der Wahlperiode zu löschen.

§ 84
(aufgehoben)

XIII.
GLEICHZEITIGE DURCHFÜHRUNG MIT PARLAMENTSWAHLEN (FN 15)

§ 85
Grundsatz

Bei gleichzeitiger Durchführung der kommunalen Wahlen mit der Wahl der Abgeordneten des Europäischen Parlaments aus der Bundesrepublik Deutschland finden die kommunalwahlrechtlichen Vorschriften Anwendung, soweit sich aus den nachfolgenden Bestimmungen nicht etwas anderes ergibt.

§ 86

Stimmbezirk, Wahlraum, Wahlorgane

(1) Die Stimmbezirke für die Kommunalwahlen müssen mit den Wahlbezirken für die Europawahl übereinstimmen.

(2) Die Wahlräume müssen für die verbundenen Wahlen dieselben sein.

(3) Die nach den bundesrechtlichen Vorschriften für die Europawahl zu bestellenden Mitglieder der Wahlorgane können zugleich Mitglieder der Wahlorgane für die Kommunalwahlen sein, sofern sie die Voraussetzungen hierfür erfüllen. Wenn von der Möglichkeit eines gemeinsamen Wahlvorstandes Gebrauch gemacht wird, sind die zu Mitgliedern des Wahlvorstandes für die Europawahl berufenen Personen zugleich als Mitglieder des Wahlvorstandes für die Kommunalwahlen zu bestellen. Bei der Briefwahl kann ebenso verfahren werden.

§ 87

Wählerverzeichnis und Wahlbenachrichtigung

(1) Das Wählerverzeichnis für die Kommunalwahlen kann mit dem Wählerverzeichnis für die Europawahl in der Weise verbunden werden, dass die nach § 14 Abs. 2 Satz 3 der Europawahlordnung (EuWO) notwendigen Spalten um die nach § 11 Abs. 2 Satz 3 erforderlichen Spalten ergänzt werden. Ist eine zur Europawahl wahlberechtigte Person zu den Kommunalwahlen nicht wahlberechtigt, so ist in der jeweiligen Spalte der Vermerk „Nicht wahlberechtigt" oder „N" einzutragen; im umgekehrten Fall ist entsprechend zu verfahren.

(2) Der Abschluss des Wählerverzeichnisses ist für jede Wahl getrennt zu beurkunden (nach Anlage 7 der EuWO, Anlage 4).

(3) Die Wahlbenachrichtigungen für die Europawahl und für die Kommunalwahlen sollen nach Möglichkeit zusammengefasst werden; dabei ist kenntlich zu machen, für welche Wahl das Wahlrecht besteht. Die Benachrichtigungen sind im Fall der Zusammenfassung auf der Rückseite mit einem Vordruck für einen gemeinsamen Antrag auf Erteilung eines Wahlscheins für die Europawahl und eines Wahlscheins für die Kommunalwahl zu verbinden. Die zusammengefasste Wahlbenachrichtigung soll die in § 18 EuWO und § 13 Abs. 2 genannten Angaben enthalten und darf den Anlagen 3 und 4 der EuWO nicht widersprechen.

§ 88

Mitteilungspflichten bei Umzügen

Sofern ein Wahlberechtigter nach dem Stichtag seine Wohnung verlegt, ist er bei Zuzug sowie bei einem Umzug innerhalb derselben Gemeinde von der Meldebehörde bei der Anmeldung ergänzend zu den Hinweisen nach § 12 Abs. 4 und Abs. 5 KWahlO sowie zu der Belehrung nach § 15 Abs. 3 Satz 3 EuWO auf die Möglichkeit der Beantragung eines Wahlscheins mit Briefwahlunterlagen für die Europawahl hinzuweisen.

§ 89

Stimmzettel, Wahlurne, Verfahren bei der Stimmabgabe

(1) Für jede Wahl wird mit einem gesonderten Stimmzettel gewählt.

(2) Die Stimmzettel für die Kommunalwahlen müssen sich farblich deutlich von den Stimmzetteln für die Europawahl unterscheiden.

(3) Für die Europawahl und für die Kommunalwahlen können im Stimmbezirk dieselben Wahlurnen benutzt werden.

(4) Das Verfahren bei der Stimmabgabe (Aushändigung der Stimmzettel, Prüfung der Wahlberechtigung) richtet sich nach § 49 EuWO; § 40 findet insoweit keine Anwendung.

§ 90

Wahlscheine, Briefwahlunterlagen

(1) Für die Europawahl und für die Kommunalwahlen sind zwei getrennte Wahlscheine zu erteilen, die sich farblich deutlich unterscheiden. Über die erteilten Wahlscheine für die Europawahl und die Kommunalwahlen kann ein gemeinsames Wahlscheinverzeichnis geführt werden; dies gilt auch für besondere Wahlscheinverzeichnisse nach § 27 Abs. 6 Satz 5 EuWO und § 20 Abs. 7 Satz 5. Über die für ungültig erklärten Wahlscheine kann ein gemeinsames Verzeichnis nach § 27 Abs. 8 Satz 2 EuWO und § 20 Abs. 8 Satz 2 geführt werden, wenn die Mitglieder des Briefwahlvorstandes für die Europawahl zugleich zu Mitgliedern des Briefwahlvorstandes für die Kommunalwahlen berufen werden.

(2) Bei der Briefwahl muss sich die Farbe des Stimmzettelumschlages und des Wahlbriefumschlages für die Kommunalwahlen deutlich von der Farbe des Stimmzettelumschlages und des Wahlbriefumschlages für die Europawahl unterscheiden. Die Farbhinweise auf den Briefwahlunterlagen und die Farben auf der Rückseite des Merkblatts für die Briefwahl (Anlagen 8a bis 8c) sind entsprechend zu ändern.

(3) Die Briefwahlunterlagen einschließlich der Stimmzettelumschläge und der Wahlbriefumschläge für die Kommunalwahlen sind durch den Aufdruck „Kommunalwahlen" zu kennzeichnen.

§ 91

Bekanntmachungen

(1) Die Bekanntmachung über das Recht auf Einsichtnahme in das Wählerverzeichnis und die Erteilung von Wahlscheinen nach § 14 und nach § 19 Abs. 1 EuWO können miteinander verbunden werden. In der Bekanntmachung ist darauf hinzuweisen, dass die Kommunalwahlen und die Europawahlen gleichzeitig stattfinden, und dass Wahlberechtigte, die bei den Kommunalwahlen und bei der Europawahl durch Briefwahl wählen wollen, jeweils gesonderte Wahlbriefe absenden müssen.

(2) Die Wahlbekanntmachung nach § 33 Abs. 1 und nach § 41 Abs. 1 EuWO können miteinander verbunden werden. In diesem Fall findet § 33 mit folgenden Maßgaben Anwendung:

1. Zu Absatz 1 Nr. 1
   Es ist darauf hinzuweisen, dass die Europawahl und die Kommunalwahlen gleichzeitig miteinander durchgeführt werden.
2. Zu Absatz 1 Nr. 2:
   Es ist darauf hinzuweisen, wie sich die Stimmzettel für die jeweilige Wahl durch Farbe und Aufdruck voneinander unterscheiden.
3. Zu Absatz 1 Nr. 5:
   Es ist darauf hinzuweisen, dass für die Europawahl und für die Kommunalwahlen jeweils gesonderte Wahlbriefe abzusenden sind.
4. Zu Absatz 2 Satz 2:
   Der Wahlbekanntmachung sind die Stimmzettel für die Europawahl und die jeweiligen Kommunalwahlen beizufügen.

§ 92

Ermittlung der Wahlergebnisse

(1) Das Ergebnis der Europawahl ist vor den Ergebnissen der Kommunalwahlen zu ermitteln. Zur getrennt durchzuführenden Zählung der Wähler (§ 61 EuWO, § 50) sind bei Verwendung gemeinsamer Wahlurnen vor Beginn der Auszählung die Stimmzettel für die Europawahl und für die Kommunalwahlen zu trennen. Die Stimmzettel der Kommunalwahlen müssen bis zum Abschluss der Ermittlung des Ergebnisses für die Europawahl unter Verschluss gehalten werden. § 49 Absatz 2 Satz 1 und § 75d i. V. mit § 49 Absatz 1 bleiben unberührt.

(2) Für jede Wahl ist eine besondere Niederschrift zu fertigen. Sofern von der Möglichkeit eines gemeinsamen Wahlvorstandes gemäß § 86 Absatz 3 Gebrauch gemacht wird, darf mit der nächsten Stimmenzählung erst begonnen werden, wenn die Niederschrift über die vorangegangene Zählung abgeschlossen und die Schnellmeldung erstattet ist sowie die dazugehörigen Unterlagen verpackt und versiegelt sind.

§ 93

Gleichzeitige Durchführung mit der Bundestags- oder Landtagswahl

Bei der gleichzeitigen Durchführung von kommunalen Wahlen mit der Wahl der Abgeordneten des Deutschen Bundestags oder des Landtags gelten die §§ 85 bis 92 entsprechend.

§ 94

(weggefallen)

XIV.

SCHLUSSBESTIMMUNG

§ 95

Inkrafttreten

Diese Verordnung tritt am Tage nach ihrer Verkündung in Kraft (Fn 23).

Stichwortverzeichnis

Die fett gedruckten Ziffern verweisen auf die Paragrafen des Kommunalwahlgesetzes, die mager gedruckten Zahlen auf die jeweilige Gliederungsnummer.

Stichwortverzeichnis

K

L

M

N

P

R